"十三五"国家重点出版物出版规划项目

经济科学译丛

经济学精要

（第六版）

罗宾·巴德（Robin Bade）
迈克尔·帕金（Michael Parkin） 著
王秋石 等 译

Essential Foundations of Economics

(Sixth Edition)

中国人民大学出版社
·北京·

《经济科学译丛》总序

中国是一个文明古国，有着几千年的辉煌历史。近百年来，中国由盛而衰，一度成为世界上最贫穷、落后的国家之一。1949 年中国共产党领导的革命，把中国从饥饿、贫困、被欺侮、被奴役的境地中解放出来。1978 年以来的改革开放，使中国真正走上了通向繁荣富强的道路。

中国改革开放的目标是建立一个有效的社会主义市场经济体制，加速发展经济，提高人民生活水平。但是，要完成这一历史使命绝非易事，我们不仅需要从自己的实践中总结教训，也要从别人的实践中获取经验，还要用理论来指导我们的改革。市场经济虽然对我们这个共和国来说是全新的，但市场经济的运行在发达国家已有几百年的历史，市场经济的理论亦在不断发展完善，并形成了一个现代经济学理论体系。虽然许多经济学名著出自西方学者之手，研究的是西方国家的经济问题，但它们归纳出来的许多经济学理论反映的是人类社会的普遍行为，这些理论是全人类的共同财富。要想迅速稳定地改革和发展我国的经济，我们必须学习和借鉴世界各国包括西方国家在内的先进经济学的理论与知识。

本着这一目的，我们组织翻译了这套经济学教科书系列。这套译丛的特点是：第一，全面系统。除了经济学、宏观经济学、微观经济学等基本原理之外，这套译丛还包括了产业组织理论、国际经济学、发展经济学、货币金融学、公共财政、劳动经济学、计量经济学等重要领域。第二，简明通俗。与经济学的经典名著不同，这套丛书都是国外大学通用的经济学教科书，大部分都已发行了几版或十几版。作者尽可能地用简明通俗的语言来阐述深奥的经济学原理，并附有案例与习题，对于初学者来说，更容易理解与掌握。

经济学是一门社会科学，许多基本原理的应用受各种不同的社会、政治或经济体制的影响，许多经济学理论是建立在一定的假设条件上的，假设条件不同，结论也就不一定成立。因此，正确理解掌握经济分析的方法而不是生搬硬套某些不同条件下产生的结论，才是我们学习当代经济学的正确方法。

本套译丛于 1995 年春由中国人民大学出版社发起筹备并成立了由许多经济学专家学者组织的编辑委员会。中国留美经济学会的许多学者参与了原著的推荐工作。中国人民大学出版社向所有原著的出版社购买了翻译版权。北京大学、中国人民大学、复旦大学以及中国社会科学院的许多专家教授参与了翻译工作。前任策划编辑梁晶女士为本套译丛的出版做出了重要贡献，在此表示衷心的感谢。在中国经济体制转轨的历史时期，我们把这套译丛献给读者，希望为中国经济的深入改革与发展做出贡献。

《经济科学译丛》编辑委员会

前 言

同学们都知道在生活中，他们会做出许多经济抉择，同时又会受到许多经济力量的影响。他们想了解一些经济学原理，用以引导这些经济力量和指导其决策。《经济学精要（第六版）》正是我们为满足这一需要所做出的努力。

数以百计的美国同行乃至全世界同行对之前版本的反响与回应告诉我们，他们中的大多数都同意我们的这一观点，即为达到经济学精要课程的目标，这一课程必须把四件事做好。它必须：

- 由引人入胜的问题所促动。
- 集中于核心观点。
- 在过于详尽和过于简单之间做出平衡。
- 鼓励并帮助通过实践来学习。

《经济学精要（第六版）》以这四点为标志，这意味着这四点要求在我们撰写教科书、制作综合教学和学习补充材料中指引着我们的选择。

第六版的创新之处

美国和全球经济中的重大事件为运转中的经济力量提供了一个丰富的展示，通过这些事件，同学们深受激励从而发现经济学思维方式。全球经济危机、衰退、疲弱的经济复苏，源于全球化和国际外包的持续经济紧缩，中国和印度在信息经济时代持续的、惊人的扩张，对气候变化的关注度的提高，老年人的需求、日益增长的国防和安全支出给联邦预算带来的严酷压力，缓慢的经济复苏和政府债务上升所形成的两难局面，日益增长的联邦预算赤字和国家债务，这些只是激发同学们的兴趣的一小部分事件。这些事件都在《经济学精要（第六版）》中的适当地方出现，同时正文及其中的例子都得到了彻底的更新，以反映最近可获得的数据资料和事件。

每一章都有许多微小的变动，这一切都是为了使阐述更清晰、使内容更具时效性。同时，通过精心选择，我们还对教材做了一些重大的变动，如下所述。

□ 新特征

每章都设有“关注”专栏来讨论该章所要解决的一个或两个核心问题和该章章末的

一个或两个问题。这一特征使得学生能够快速地明白该章的要点、把该章内容联系在一起，使得教师能在课堂上集中于核心问题并便于将理论与实践相结合。

每章章末的检查站（共分为三个部分）都得到了彻底的修订。第一部分包括可供学生解答的问题与应用。第二部分包括可供教师布置家庭作业、进行课堂测验或课后测试的问题与应用。许多问题与应用都是《经济学精要（第六版）》的创新之处，其中包括源于近期新闻故事的小型案例分析。第三部分包括一个简短的选择题测验，供学生练习，直击每章的重点，使得学生能够像在考试中那样检验自己对各类问题的掌握程度。

我们对每章中各节末尾的检查站做了调整，将基础分析中的“现实问题”与“新闻摘要”应用题分开，并为这两种类型的问题分别提供了答案。

□ 介绍性章节的主要内容变动（第 1～4 章）

你现在在校读书！你做出正确的决策了吗？谁在制造 iPhone？风能是免费的吗？为什么 2010 年和 2011 年咖啡价格狂涨？这些分别是 4 个介绍性章节所提出并讨论的具有激励性的核心问题。

我们改写了第 1 章，通过关注学生做出继续在校读书还是从事一份全日制工作的决定，来加强对经济学思维方式的解释和说明。我们的目标是使得学生在课程开始时就融入进来，吸引他们的注意力，给他们展现经济学与他们每天的生活之间的联系。与此同时，我们还改进了对经济学中的科学方法的解释。

第 3 章对源于比较优势的贸易给贸易双方带来的收益进行了一个更为全面和彻底的解释与描述，一个新的“关注”专栏通过讲述关于铅笔制作的经典故事阐述了专业化和贸易的巨大能量。

□ 微观章节的主要内容变动（第 5～13 章）

当汽油的价格上升时，你会怎么做？价格欺诈是违法的吗？总统可以废除供给和需求法则吗？全球化中谁赢谁输？我们如何减慢气候变化？医疗保健需要调整吗？沃尔玛和 7—11 便利店，哪一家成本更低？为什么通用汽车公司破产了？微软的价格太高了吗？选择哪款手机？两家电脑芯片生产商太少吗？这些都是各章“关注”专栏中的激励性问题和专题，同时也是 9 个微观章节章末设置的问题。

总的来说，这些章节都得到了好评，所以对于大部分内容我们尽量少做改动，只精炼与更新了一些数据和案例。除了这些微小的改动外，我们还对一些章节做了较大的结构性变动。

我们对涉及外部性、公共产品和公共资源的章节进行了重组。在第五版里，我们把公共产品和正外部性放在一章中，而把负外部性和公共资源放在另一章中。在第六版里，我们还原了之前对这些资料的编排与处理。第 9 章解释了所有类型的外部性。它把污染作为解释负外部性的例子，把知识（教育和研究）作为解释正外部性的例子。一个新的“关注”专栏以卡罗琳·霍克斯比（Caroline Hoxby）对特许学校和代金券的研究为主题。该章还介绍了医疗保健市场和公共医疗的外部性。对美国和其他国家的医疗保健市场进行了对比，同时对劳伦斯·科特利科夫（Laurence Kotlikoff）提出的以代金券为基础的医疗保健计划进行了描述。

□ 宏观章节的主要内容变动（第 14～20 章）

由 2007 年全球金融危机、2008—2009 年的经济衰退、顽固缓慢的经济复苏和 2011 年欧洲债务危机问题触发的宏观经济事件与争论被融入这些宏观章节，我们从根本上对这些内容进行了更新和修订。在这些章节里我们对每一个可能的政策都做了讨论。

如何追踪美国经济的繁荣与衰退？找一份工作究竟需要花费多长时间？哪部电影才是真正的票房冠军？为什么美国人比欧洲人赚得更多、生产得更多？为什么有些国家富裕而有些国家贫穷？美联储是如何创造和调控货币的？为什么美国经济在 2008 年出现衰退？财政刺激能够终结衰退吗？美联储能够将我们从另一场大萧条中拯救出来吗？这些都是各章“关注”专栏的激励性问题和专题，同时也是 7 个宏观章节章末设置的问题。

和微观章节一样，我们的宏观章节也普遍地得到了好评，所以我们再次使得大部分变动限于精炼解释，并保证我们所阐述的内容是最新的。

除了这些精心的更新和微调，我们在宏观章节还做了四个比较重大的变动。第一，在第 17 章“潜在 GDP 与经济增长”中，我们对“劳动生产率的增长”这一节进行了彻底的修订。我们围绕生产率曲线——每劳动小时实际 GDP 与每劳动小时资本量之间的关系——对影响劳动生产率的因素进行了解释。这一变动使得我们对这一问题的阐述更加主流且更少地依赖之前的章节和潜在 GDP。该章还更为生动地对比了资本积累和技术进步的作用。

第二，在第 18 章“货币与货币体系”中，我们加入了对第二轮量化宽松（QE2）和“扭曲操作”的描述。

第三，在第 19 章“总供给和总需求”中，我们修订并改进了图形阐述部分来展示 *AS*—*AD* 模型是如何解释经济增长、通货膨胀和经济周期的。该章还增加了对“需求拉动的”和“成本推进的”通货膨胀螺旋的解释。这些运用了 *AS*—*AD* 模型的应用和练习，不仅提供了与模型相关的额外练习，同时也展示了它们与当今美国经济的相关性。

第四，在第 20 章“财政政策与货币政策”中，我们加入了新的一小节内容，用以解释结构性赤字与周期性赤字之间的区别。

经济学精要：灵活性的方案图

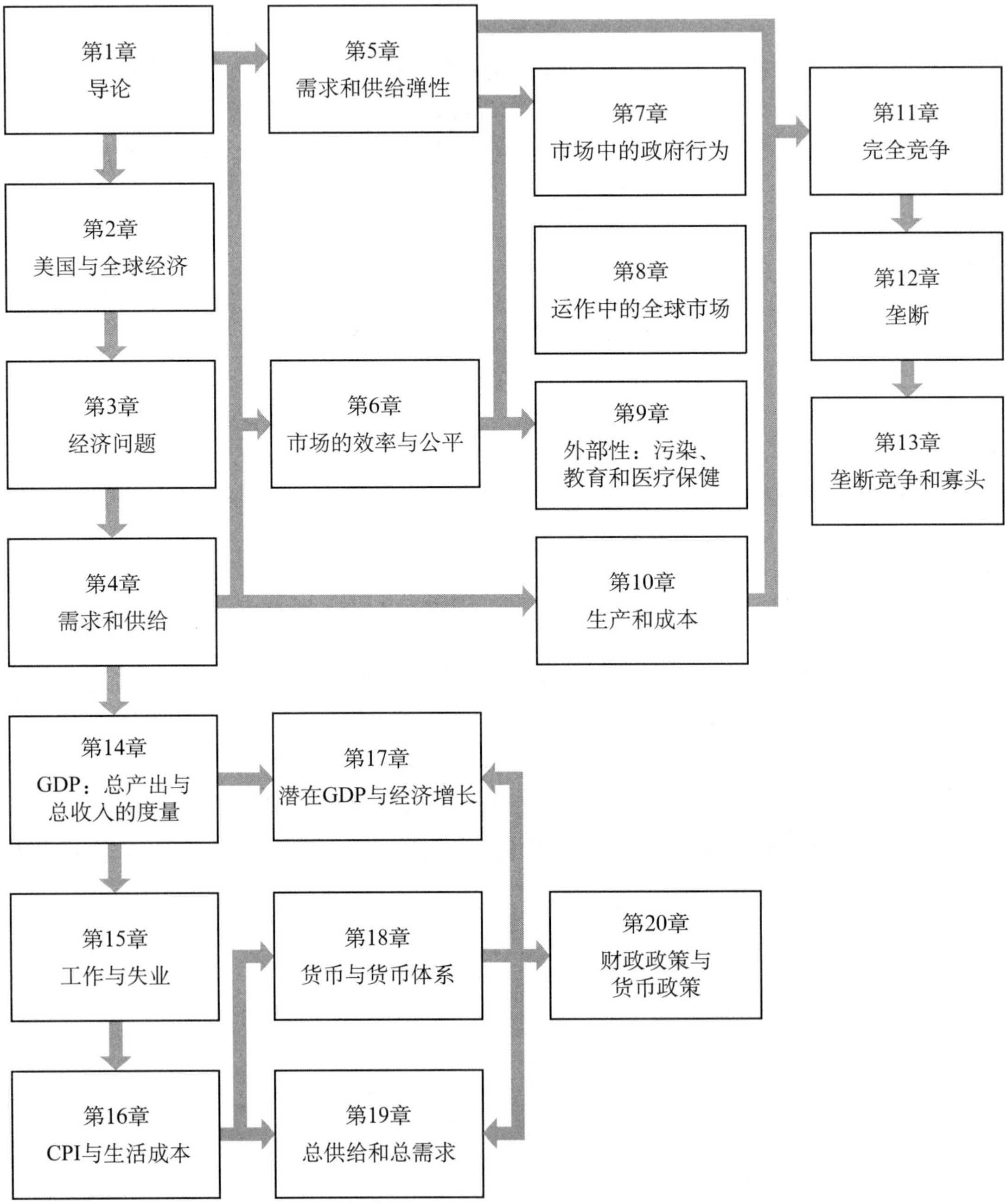

目　录

第1章 导 论

本章要点

学完本章，你将能够：

1. 定义经济学并且解释经济学家试图回答的各种问题。
2. 解释那些界定经济学思维方式的核心观点。

1.1 定义和问题

我们大家都想要的大于我们能够得到的。我们想要健康和长寿；我们想要宽敞和舒适的住宅；我们想要跑鞋和滑雪板；我们想要有时间去享受喜爱的体育比赛、电子游戏、小说、音乐以及与朋友聚会。人类的欲望超出了资源所限，这一事实就是所有经济问题的根源。

□ 稀缺

我们无力满足自己所有的需要被称为**稀缺**（scarcity）。我们每个人满足自身欲望的能力受约于我们拥有的时间、我们赚取的收入以及我们购买东西所支付的价格。这些约束意味着每个人都有没能实现的愿望。作为一个社会，我们所有人满足自身欲望的能力受约于现存的生产性资源。这些资源包括大自然的恩赐、我们自己的劳动与创造力、我们已经生产出来的工具与设备。

每一个人，无论是穷人还是富人，都面临着稀缺。一位学生想要碧昂丝的最新唱片以及一本平装版书，然而他的口袋里只有 10 美元。他面临着稀缺。布拉德·皮特（Brad Pitt）* 想花一周的时间去新奥尔良讨论他的节约型、友好型住宅计划，他还想花一周的时间去推销他的新电影。他面临着稀缺。美国政府既想增加国防开支又想减税。它面临着稀缺。整个社会想要有所改善的医疗保健、每间教室都能接通互联网、雄心勃勃的宇宙空间探索计划、清澈的河流和湖泊，等等。社会面临着稀缺。

面对稀缺，我们必须做出选择。我们必须从可供选择的方案中进行选择。那位学生必须选择光盘或者平装版书。布拉德·皮特必须选择去新奥尔良或者推销他的新电影。

* 美国电影演员及制片人。——译者注

美国政府必须选择增加国防开支还是减税。整个社会必须在医疗保健、计算机、宇宙空间探索、生态环境保护等方面做出选择。甚至鹦鹉也面临着稀缺。

□ 经济学定义

经济学（economics）是一门社会科学，它研究个人、企业、政府和整个社会面对稀缺所做出的选择、影响这些选择的激励以及协调它们的安排。

这一学科有两大部分：

- 微观经济学
- 宏观经济学

微观经济学

微观经济学（microeconomics）研究个人和企业做出的选择、这些选择互动的方式以及如何受到政府的影响。一些微观经济学问题有：你是去购买三维电视还是标准电视？如果降价，任天堂将卖出更多的 Wii 游戏机吗？降低所得税率将鼓励人们工作更长的时间吗？增加汽油税将鼓励人们驾驶混合动力汽车或者更小的汽车吗？是 MP3 下载打败了 CD 光盘吗？

宏观经济学

宏观经济学（macroeconomics）研究个人、企业和政府所做出的选择对国民经济和全球经济的总的效应。一些宏观经济学问题有：为什么在 2010 年和 2011 年美国的生产和工作岗位扩张得较慢呢？为什么中国和印度的收入增长快于美国呢？为什么日本的生产和收入正停滞不前呢？

以下两大问题对经济学的研究范围给出了一个有用的总结。

- 人们的选择最终是如何决定生产什么、如何生产以及为谁生产产品和服务的？
- 以追求自我利益做出的选择什么时候还能促进社会利益？

□生产什么、如何生产和为谁生产？

产品和服务是人们评价高并用于满足人类需要的物体和行为。产品是满足需要的物体，运动鞋和番茄酱就是例子。服务是满足需要的行为，理发和摇滚音乐会就是例子。我们生产一系列产品和服务，从类似于食品、住宅、保健这样的必需品到类似于 DVD 播放器以及过山车这样的休闲产品。

生产什么？

是什么决定着我们种植的玉米、建造的住房以及生产的医疗服务的数量的呢？60 年以前，25％的美国人在农场工作，这一数字到今天已降到小于 3％。在同样这段时间里，那些从事矿产、建筑和制造业生产的人数也从 30％下降到 20％。农业和产品生产的下降与服务业生产的上升遥相呼应。随着技术的进步，我们所能得到的产品和服务越来越广泛，上述数字又如何与时俱变呢？

如何生产?

产品和服务（goods and services）是如何生产出来的呢？在法国的一家葡萄园，提着篮子的工人用手采摘着一年一度丰收的葡萄。在加利福尼亚的一家葡萄园，一台大型机器和少数几个工人与100个法国葡萄采摘工人所干的活一样多。看一看你的周围，你会发现许许多多用不同的方式做着相同工作的例子。在一些商场，收银员靠用键盘输入价格来结账，而在另外一些商场，他们使用一种激光扫描器结账。某个农民用纸和笔记录着他的牲畜饲养计划和存货情况，而另外一个农民则用上了个人电脑。通用汽车公司在一些工厂中雇用工人焊接汽车车体，而在另一些工厂中机器人却在从事着同样的工作。

为什么我们在某些情况下使用机器，而在另外一些情况下使用工人呢？机械化和技术进步所毁灭的工作岗位比它所创造的岗位更多吗？它究竟使我们变得更好还是更坏呢？

为谁生产?

这些产品和服务是为谁生产的呢？这一问题的答案取决于人们所赚的收入的多少以及他们购买产品和服务时所支付的价格的高低。在给定的价格条件下，高收入的人比低收入的人可以购买到更多的产品和服务。医生所赚到的收入比护士或医务助理要高出许多，所以，医生所购买的产品和服务比护士或医务助理也多出许多。

你也许知道人与人之间存在着持久性的收入差距。平均而言，男人比女人赚的钱更多；平均而言，白人比少数民族赚的钱更多；平均而言，大学毕业生比高中毕业生赚的钱更多；平均而言，美国人比欧洲人赚的钱更多；而欧洲人赚的钱平均而言又比亚洲人和非洲人更多。但也有一些重要的例外。日本人和中国香港人现在赚的钱与美国人差不多。而且，全世界范围内存在大量的收入不平等问题。

决定我们所赚取的收入的因素是什么？为什么医生赚的钱比护士多？为什么平均而言男性赚的钱比女性多？为什么平均而言大学毕业生赚的钱比高中毕业生多？为什么平均而言美国人赚的钱比非洲人多？

经济学解释了个人、企业、政府是如何做出这些选择的，以及这些相互影响的选择最终是如何决定生产什么、如何生产以及为谁生产这些产品和服务的。在回答这些问题时，我们应当想到更深的议程。我们不仅仅对生产了多少蓝光播放器、如何生产它们以及谁在享用它们感兴趣，我们最终想知道第二大经济问题的答案，现在我们讨论如下。

□ 追求自我利益什么时候能符合社会利益?

每天你都与3.11亿美国人和世界上另外70亿人在做出经济选择，这些选择决定了“生产什么”、“如何生产”以及“为谁生产”。

生产出来的产品和服务以及它们的数量是正确的吗？生产要素是以最佳方式在被使用吗？生产出来的产品和服务是被那些从中受益最大的人得到了吗？

自我利益和社会利益

个人自己做出的最佳选择是基于对**自我利益**（self-interest）追求所做出的选择，对整个社会而言为最佳选择便被说成是符合**社会利益**（social interest）。社会利益有两个维度：效率和公平。我们将在以后的章节中讨论这些问题。现在，我们只要把效率看作尽可能地做大馅饼，把公平看成以最为公正的方式分配这块馅饼。

你知道，你自己的选择对你而言是最佳选择，至少你认为在你做出选择的那个时刻它是最佳的。你把时间和其他资源用得最合你意。但你并不考虑你的选择对他人会产生的影响。你在家里叫一份比萨饼外卖，因为你饿了，想吃东西。你不是考虑到送外卖的人或者烤比萨饼的人需要挣钱才叫外卖的。你做出了符合自我利益的选择——做出了对你最佳的选择。

当你按照你的经济决策行动时，你与成千上万的人发生着联系。他们要么生产或者运送着你要买的东西，要么购买你要卖出的东西。这些人也做出了他们自己的决策——生产什么、如何生产以及雇用什么人或者被什么人雇用，等等。

与你一样，每个人都是以最有利于自己的利益的方式做出选择。比萨饼的送货员出现在你门口的时候，他不是白来的，他在赚取他的收入，并期盼较高的小费。

有没有这样一种可能：我们每个人为了自己最佳的利益做出的选择对整个社会也是最佳的选择呢?

本书的绝大部分都在帮助你了解经济学家是如何理解并回答这些问题的。为了帮助你开始思考上述问题，我们将借助于以下四个话题来说明问题，它们都是在当今世界产生过热烈讨论的问题。它们是：

- 全球化
- 信息时代
- 气候变化
- 社会保障定时炸弹

全球化

全球化——国际贸易的扩张以及由其他国家的企业生产零配件和提供服务——已经持续了几个世纪。但是在 20 世纪 90 年代，芯片、卫星和光纤技术的发展大大降低了通信的成本，加速了全球化的进程。与相隔万里的人们通个电话、举行一个视频会议以及面对面的会见已是寻常之事，并且负担得起。

通信技术的突飞猛进使生产决策也全球化了。耐克公司生产的运动鞋越多，马来西亚的就业机会就越多。当史蒂芬·斯皮尔伯格（Steven Spielberg）想在一部新电影中增强动画效果时，新西兰的程序师们为其编写代码。当中国的航空公司想要一架新飞机的时候，在波音工作的美国人为其制造。

全球化正在带来快速的收入增长，特别是在亚洲。中国已经成为世界第二大经济体，在 21 世纪 20 年代它将成为最大的经济体。

但是全球化也把一些人抛在后面。美国和欧洲的制造业与常规服务业的工作岗位正在缩减，非洲国家和南美的一部分国家并没有分享到全球化给这个世界其他部分所带来的繁荣。

跨国企业的所有者们从较低的生产成本中受益，消费者从低成本的进口商品中受益。但是，游离失所的美国工人难道没有受损吗？马来西亚的工人以一小时几美分的工资缝制你的新跑鞋难道就没有损失吗？全球化符合社会利益吗？或者它让一部分人受益是以一部分人受损为代价的吗？

信息时代

我们生活在一个急剧变化的被称为信息革命的时代。20 世纪 80 年代和 90 年代是非同寻常的经济变迁的时代，它们被称为信息革命的时代。这个称谓与发生在大约 1800 年的产业革命以及 12 000 年以前的农业革命是可以相提并论的。

过去 25 年所发生的变化是基于一次重大的技术：微处理器或者计算机芯片。更快捷和更便宜的计算能力所带来的附产品也在通信、音乐和电影录制方面得到了广泛的应用。过去要靠人力的数以百万计的日常工作，现在都自动化了。当你每天在超市结账、使用自动柜员机（ATM）或者给政府部门或大公司打电话的时候，就会碰到自动化的服务。所有这些新的产品和过程，以及低成本的计算能力，都是由追求自我利益的人创造出来的。它们不是来自任何一个伟大的设计或者政府计划。

当戈登·摩尔（Gordon Moore）创立英特尔公司和制造芯片的时候，他没有想到一旦你有了更快的个人电脑，你按时交纳作业会变得如此容易。当比尔·盖茨（Bill Gates）从哈佛大学退学创办微软公司的时候，他也不曾想到去创造一个操作系统来改进人们的计算经历。摩尔和盖茨以及成千上万的企业家是在努力追求自己的巨大回报，他们中的很多人做到了，尽管他们的作为使很多人受益，他们也的确增进了社会利益。

但是，资源是以尽可能最佳的方式被使用的吗？或者英特尔公司和微软公司是否定价太高以至于太多的人用不上它们的产品？真的有必要奖励它们数亿美元吗？

气候变化

地球正在变暖，两极的冰块正在融化。自 19 世纪后期以来，地球表面的温度升高了大致 1 华氏度，其中，将近一半的上升是在近 25 年之内发生的。

大多数气象科学家认为，目前气候变暖至少有一部分源于人类的经济行为——追求自我利益的选择，同时，如果听之任之的话，气候变暖在未来会带来大量的经济成本。

我们每个人做出的使用能源的选择是否在伤害社会利益？我们还需要做些什么以便使我们的选择符合社会利益？美国是否可能和其他国家一起限制二氧化碳的排放以服务于社会利益？还可以采取其他什么措施？

社会保障定时炸弹

自 2001 年以来，美国政府每年都是财政赤字。平均而言，美国政府每天比这个数税收多支出 18 亿美元，政府的赤字每天以这个数值增加着。从 2002 年到 2011 年的十年间，政府赤字已经增加了 6.5 万亿美元，个人分享的债务高达 21 600 美元。

同样地，自 2001 年以来，美国人从世界其他地方购买的产品和服务超出了外国人从美国购买的数量达 5.7 万亿美元。为了支付这些产品和服务，美国人从外国借债。

这些巨额的赤字仅仅是一个更大问题的开始。大致从 2019 年开始，对美国老龄人支付的退休金和医疗保险金将会超过现有的社会保障税收。如果税收或收益率不变，美国的赤字及其债务还将进一步膨胀。

赤字和它们所产生的债务不能无限制地持续下去，债务是必须偿还的。它们很有可能是由你而不是你的父母去支付。当我们进行投票选择或进行进口或出口的选择时，我们在追求自我利益。我们的选择符合社会利益吗？

我们在本书的不同地方还会回过来探讨这些问题。

检查站 1.1☞ 定义经济学并且解释经济学家试图回答的各种问题。

现实问题

1. 经济学研究来自某一个事实的选择。那个事实是什么？

2. 请给出在当今美国非常紧迫但又无法满足其需要的三个例子。

3. 从以下 3 篇新闻标题——《伴随着更多的研究，我们将医治癌症》《良好的教育对任何一个小孩都是正确的》《国会提高税收以降低赤字》中，寻找到有关生产什么、如何生产以及为谁生产的问题。

4. 位于中国北京的一家新开张的星巴克是如何影响自我利益和社会利益的？

5. 脸谱公司（Facebook）是如何影响自我利益和社会利益的？

新闻摘要

1. 按照美国劳工统计局的预计，高薪酬的医疗保健行业的工作岗位，以及休闲、医疗和教育行业的工作岗位在未来五年中将会快速扩张。劳工统计局如何预计在未来五年中生产什么以及为谁生产的问题的变化呢？

2. 在 2011 年 5 月，更高的天然气价格推动了成本的上升，企业因此减少了劳动雇佣，更高的食品价格逼迫消费者减少支出。

资料来源：CNNMoney，June 4，2011.

企业和消费者是以自我利益还是以社会利益行事的呢？

现实问题参考答案

1. 这一事实就是稀缺——人类的需要超出了有限的资源。

2. 有国际恐怖主义存在时的安全性问题，在我们的城市中更清洁的空气以及更好的公立学校（也许你可能想出更多的例子）。

3. 更多的研究是一个如何生产的问题，医治癌症是一个生产什么的问题。良好的教育是一个生产什么的问题，任何一个小孩是一个为谁生产的问题。提高税收是一个为谁生产的问题。

4. 星巴克所做出的决策是为了自我利益，但是它为顾客的自我利益提供了服务，并对社会利益做出了贡献。

5. 脸谱公司为其投资者、使用者和广告者的自我利益提供了服务。它还通过使人们更好地分享信息而为社会利益提供了服务。

新闻摘要参考答案

1. 劳工统计局预计，从事医疗保健、休闲、医疗和教育工作的人生产的产品和服务将增加。为在这些扩张行业工作的人们生产产品和服务。

2. 企业基于其成本做出决策，所以它们是以自我利益行事的。消费者减少支出是基于他们面临的价格，所以他们是以自我利益行事的。

1.2 经济学思维方式

经济学的定义以及经济学家试图回答的各种问题给了你关于经济学研究范围的感觉。但是，这并没有告诉你经济学家是如何思考这些问题以及如何回答它们的。你正在发现经济学家是如何工作的。

我们把这一任务分成两个部分。第一，我们将探讨经济学家们经常和重复使用的核心思想，这些会构成他们对世界的看法。这些思想不久将使得你能够像经济学家一样思考；第二，我们将看一看作为社会科学的经济学和作为政策工具的经济学是如何被政府、企业和你使用的。

□ 经济学观点

以下六大核心观点定义了经济学思维方式：

- 任一选择都是一种取舍。
- 人们通过比较收益和成本做出理性选择。
- 收益是你得到某些东西时的受益。
- 成本是你为了得到某些东西所必须放弃的东西。
- 大多数选择都是在边际上做出的有关“多少”的选择。
- 选择是对激励做出的反应。

□ 任一选择都是一种取舍

因为我们面临稀缺，我们必须做出选择。当我们做出选择时，我们从一些可获取的可替代方案中挑选。例如，你可以在周六晚上为下一次经济学测试而读书，也可以与你的朋友找乐子，但你不能同时选择这两项活动。你必须选择在各项活动上花多少时间。无论你做出什么选择，你都本来可以选择其他的东西。

你可以把你的选择看作是一种取舍。**取舍**（tradeoff）就是一种交换——为了得到一种东西而必须放弃其他的东西。当你选择如何支配周六的时间时，你面临着在学习和与朋友待在一起的取舍。

□ 理性选择

经济学中最基本的思想就是，人们在做出选择的时候，总是按照理性的方式行事。**理性选择**（rational choice）是利用可得资源实现决策者最佳目标的选择。

决策者根据自身的需要与其偏好做出某一选择，需要和偏好可用于确定选择是否理性。例如，你在巧克力冰淇淋和香草冰淇淋之间偏好前者，而你的朋友却偏好后者。因此，你选择巧克力冰淇淋是理性的，而你的朋友选择香草冰淇淋也是理性的。

然而，在某一事件之后，一项理性选择可能变成不再是最好的选择了。一个农民可能决定种小麦而不是种大豆。在小麦上市后，他却发现大豆的价格比小麦的价格高出许多。在做出决策之时，该农民是理性的。之后发生的事件使得这一选择比其他选择所带来的利润要更少。

理性选择的观点为第一个经济学的问题提供了一个答案：生产什么产品和服务以及生产多少数量？其答案是：人们理性地选择购买的那些产品和服务。

然而，人们如何进行理性选择呢？为什么绝大多数人选择使用微软视窗操作系统而不是其他系统呢？为什么与过去相比今天有越来越多的人选择 iPhone 而不是黑莓手机呢？为什么美国政府选择建造一条跨州高速公路系统，而不是跨州高速铁路系统呢？

其答案是，我们是在比较收益和成本后做出理性选择的。

□ 收益：你所得到的

某件东西的**收益**（benefit）是指依个人偏好该件东西所带来的好处或者愉悦。偏好是指某个人喜欢或者不喜欢以及这些感觉的程度。如果你超级喜欢玩《吉他英雄》，那么这款游戏就给你带来很大的收益。如果你不太喜欢听马友友弹奏维瓦尔第大提琴协奏曲，那么这项活动就给你带来较小的收益。

有些收益是较大的且容易识别，比如你在校读书所得到的收益。这项收益中较大的一块就是，等你毕业时你所能享受的产品和服务，这些将有利于提升你的赚钱能力。有些收益很小，例如，从一小片比萨饼中所得到的收益。

经济学家用一个人为了得到某件东西所愿意放弃的东西来衡量其收益。你愿意放弃很多而在学校读书。但是，你仅仅愿意放弃一次 iTunes 下载去换取一片比萨饼。

□ 成本：你必须放弃的

某个东西的**机会成本**（opportunity cost）就是你为了得到它所必须放弃的最好的东西。

为了使机会成本概念更加具体，让我们想一想你在校读书的机会成本。它包括两大部分：你不能购买的那些东西和在你的这段时间中你不能干的那些事情。

从你不能购买的那些东西说起。你已经把你的所有收入用于支付学费、住宿费以及在图书和笔记本电脑上的花费。如果你不是在校读书，你就可能用这笔钱购买你喜欢的球类比赛的门票和电影票或者其他什么东西。然而，这些仅仅是你为了读书而不能购买的东西的开始，你还放弃了得到一份工作的机会，以及用这笔更多的收入购买其他东西的机会。假如你不在校读书而能够找到的最好的工作就是在花旗银行做出纳，年收入 24 000美元。其他一部分在校读书的机会成本就是用这笔 24 000 美元可能购买到的东西。

你知道，作为一个学生，你要花很多时间在课堂上、做课后练习、准备考试，等等。为了从事这些学校活动，你就必须放弃本应和你的朋友休闲的大把时间。

所以，在校读书的机会成本就是可供你选择但你又没有选择的最佳选择，即那些无力购买的东西以及你不能享受的时光。你也许想用金钱衡量此成本，或者你想将此机会成本列成一份清单。

我们刚才考虑的机会成本的例子是“要么全部要么全无的成本”（all-or-nothing cost）——你要么在校读书要么不在学校。大多数情况都不像这样。它们包含了在一项活动中选择多少的问题。

□ 多少？在边际上选择

你可以在学习和发短信给朋友之间配置你的下一个小时，但是，这种选择不是要么全部要么全无。你必须决定多少分钟用于学习，多少分钟用于发信息。为了做出这一选择，你会比较花一点点时间用于学习的收益和成本——你在**边际**（margin）上做出选择。

边际意味着“边界”或“边缘”。你可以把在边际上的选择看成是某一项计划在边界或边缘上调整，以便实现最佳的行为方式。在**边际上**（on the margin）做出选择是指通过系统地、逐步递增式地比较所有可供选择的选项所做出的选择。

边际成本

追加一个单位来从事某一活动的机会成本被称为**边际成本**（marginal cost）。某一事物的边际成本是你为了多得到一个单位的某件东西所必须放弃的其他东西。想象一下，你在一周之内第三次去看电影的边际成本。你的边际成本就是你为了多看这次电影所必须放弃的东西。它不是你为了看所有三部电影所必须放弃的东西。其道理就是你已经为看前两次电影放弃了什么东西，因此，你不会把这些成本都视作看第三次电影的成本。

任何活动的边际成本通常都随着你做得越来越多而递增。你知道，看电影会减少你的学习时间、降低你的分数。假定一周看两次电影会使你的分数降低 5 个百分点，那么，看第三次电影就会使你的分数降低 5 个百分点以上。你看电影的机会成本在递增。

边际收益

追加一个单位来从事某一活动所得到的收益被称为**边际收益**（marginal benefit）。边际收益是你多得到一个单位的某件东西所得到的收益。但是，某一事物的边际收益是用你为了获得该事物的一个单位的增量所愿意放弃的东西来度量的。边际收益是用你为了多得到一个单位的某件东西所愿意放弃的最好的东西来度量的。

边际收益的一个重要特征就是它通常是递减的。想象一下你看电影的边际收益。如果你一周之内学习很用功，没去看一场电影，那么，你看下一场电影的边际收益就很大。但是，如果这一周你都待在电影狂欢节上，你现在都想歇一会儿，那么你看下一场电影的边际收益就很低。

这是因为看一场电影的边际收益会随着你看得越来越多而下降。例如，你知道，看电影会减少你的学习时间、降低你的分数。你用更低的分数看了一场电影。你可能愿意放弃 10 个百分点的分数在一周之内看一场电影，但你不大愿意用分数大跌来换取在一周内看第二场电影。你看一场电影所愿意支付的费用随着你看电影的次数的增加而减少。

做出理性选择

那么，你在一周之内会看第三场电影吗？如果看电影的边际成本小于边际收益，你的理性选择就是去看第三场电影。如果边际成本大于边际收益，你的理性选择就是看一个晚上的书。只要边际收益大于或等于边际成本，我们的选择就是理性的，我们的稀缺资源就得到了尽可能好的使用。

□ 选择是对激励做出的反应

我们做出的选择取决于我们面对的激励。某项**激励**（incentive）就是一项奖赏或者一项惩罚——“萝卜”或“大棒”——它们鼓励或不鼓励某一行为。我们对“萝卜”会有正面的反应，而对“大棒”会有负面的反应。萝卜便是边际收益，大棒便是边际成本。边际收益的变化或者边际成本的变化均会改变我们所面对的激励，这将导致我们改变我们的行为。

大多数学生认为，在某一考试临近之前学习的收益要大于在考试之前一个月学习的收益。换言之，随着考试日期的临近，学习的边际收益递增，学习的激励变得更强。基于这个原因，我们发现，在考试前的几天，学习时间增加、娱乐时间减少。考试越重要，这一效应就越强。

边际成本的改变也改变着激励。例如，假如在上一周，你发现你的课程学习很轻松，在所有的小测验中你都得了 100 分。你琢磨用一个晚上去享受电影的边际成本很低，对你在下一场测试中的分数不会有太大的影响。所以，你去享受了一次电影盛宴。但是，这一周课程突然难了起来，你都听不太懂。你的小测验分数很低。如果你再拿出一个晚上去看电影，下一周测试的成绩将受到很大的不利影响。现在看一场电影的边际成本很高，因此，你决定做一个电影梦吧。

经济学的一个中心思想就是，通过观察激励的变化，我们就能够预测选择如何变化。

□ 作为社会科学的经济学

通过使用最初由物理学家开创的科学方法，经济学家试图理解和预测经济力量的效应。这种科学方法其实就是一种常识性的方法，它系统地检查什么起作用、什么不起作用。

科学家从一些可观察的事实产生的因果关系所产生的问题或者困惑开始。经济学家也许怀疑计算机为什么更加便宜且得到更为广泛的使用。是更多的人购买计算机而导致计算机更加便宜吗？或者是第三方因素导致计算机的价格下跌和购买量上升吗？

经济模型

科学家的第二步是建立一个模型，使之对所感兴趣的问题提供一种可能的答案。所有的科学都使用模型。**经济模型**（economic model）是对经济世界的一些特征的描述，它们仅仅包括一部分假设的特征以便对所观察的事实做出解释。

一个模型可以和一张地图类比。如果你想了解峡谷和高山，你就去使用物理地图；如果你在研究国家，你就去使用政治地图；如果你要在一个陌生的城市从 A 驾驶到 B，你就去使用交通地图；如果你是一个电话工程师，需要处理电话不通的问题，你就去使用街道的网管地图。

在自然科学中，有时候模型是实物对象，比如一个原子或者 DNA 的塑料模型。然而，模型也可以是数学模型，它们通常用图表来表述。你可以想象一个关于经济的乐高模型（Lego model），但你也能发现这样的模型不会有很强的说服力。所以，在经济学中，我们使用数学的和以图表为基础的模型。

对于我们提出的关于计算机价格和数量的问题，第 4 章的需求和供给模型会给出答案。

用事实检验模型

科学家的第三步就是用事实检验所提出的模型。物理学家通过做实验来检验其模型是否对应于事实。例如，在一定的加速器中，物理学家可以检验原子结构的模型。

经济学家比物理学家更加困难，然而，他们依然以科学的态度对待其任务。为了用事实检验经济模型，经济学家使用自然实验、统计调查和经济实验等方法。

自然实验适用于一般的经济生活过程中所出现的一种场景，在此过程中，经济学家所感兴趣的一个要素不同于其他要素，而且其他的事情保持不变（或者相似）。例如，加拿大比美国有更高的失业救济金，而两个国家的人文特点十分相似。若要研究失业补贴对失业率的影响，经济学家便可以对美国和加拿大进行比较。

统计调查试图寻找事物间的相关性。**相关性**（correlation）是两个变量的值以一种可预测的、相关的方式变动的趋势（或者是相同方向或者相反方向）。例如，吸烟和肺癌是相关的，某种相关性表明一个变量对另一个变量的随机影响。吸烟的确导致肺癌。但是，影响的方向有时候难以确定。

经济实验把人们放在某种决策的环境中，在某个时间点上改变一个因素以便发现他们如何反应。

争论：规范对实证

经济学家有时候对假设和模型有争议。他们有时候对应该采取什么政策也争论不休。有些争论可以通过揭示更多的事实得以解决，但是有些又不行。

不能用事实解决的争论是规范表述——关于应该是什么的表述。这类表述取决于人们所持有的价值观，因而是不能被检验的。“我们应该减少使用煤”就是一个规范性表述。你可以同意或不同意上述表述，但你不能检验它们。它们在表达一种观点，但是，它们不能确保这一事实可以被检验。经济学家尽可能避免使用规范表述。

能够用事实解决的争论是实证表述——关于是什么的表述。一个实证表述可能是正确的，也可能是错误的。我们可以用事实来检验某一实证表述的真伪。“由于我们燃烧的碳的数量在增加，我们的星球正在变暖”便是一句实证表述。每个实证表述都可对可错，它可以被检验。

∵关注过去 亚当·斯密与作为社会科学的经济学的诞生

很多人在亚当·斯密（Adam Smith）之前在经济学方面有所著述，但就是他使经济学成为一门社会科学。

斯密于1723年出生于距苏格兰爱丁堡不远的一个叫做科克尔第（Kirkcaldy）的小渔村，他是该村海关官员的独子。受到一个富有的苏格兰公爵提供的每年300英镑（10倍于当时的人均收入）退休金的吸引，斯密辞去了教授职位（斯密28岁时便获得正教授职位），而用10年的时间写出了他的名作——1776年出版的《国民财富的性质和原因的研究》（简称《国富论》）。

亚当·斯密在该书中提出这样的问题：为什么有些国家富有而有些国家贫穷？他思考这些问题时正值工业革命的高潮。那些年间，一些新技术正在应用于纺织、炼铁、运输和农业。

亚当·斯密对这些问题的回答在于强调劳动分工与自由市场的作用。为说明他的论点，他举了一个别针工厂的例子。他估计，利用18世纪70年代的手工工具，一个工人一天能够制造20枚别针。然而他通过观察发现，借助于同样的手工工具，如果把整个别针的生产过程分解为每个工人专门完成的若干工序，即通过劳动分工，10个工人一天可以惊人地完成48 000枚别针。一个人拉出铁丝，另一个人将其拉直，第三人将其切断，第四人将其削尖，第五人将其磨光。三个专业人员制作针帽，第四个专业人员将其固定在针上。最后别针被擦亮并包装起来。

要想支持这种劳动分工，必须有较大的市场规模。一个雇用10个工人的工厂每年需要销售1 500万枚别针才能维持生存。

□ 作为政策工具的经济学

经济学是有用的。你没有必要成为一名经济学家后才能像他们那样思考，你现在就可以把经济学的深刻思想当作政策工具使用。经济学这一课程为你提供了思考我们生活中所有层面的问题的思路：

- 个人
- 企业
- 政府

个人经济政策

你应该申请学生贷款吗？你应该从事周末零工吗？你应该购买一辆旧车还是新车？你应该租房还是用贷款买房？你应该一次性支付你的信用卡欠款还是设置你的最低支付额度？你应该在学习、赚钱、关心家人以及娱乐方面如何配置你的时间？你应该在学习经济学和其他课程方面如何配置你的时间？在获得学士学位之后，你应该离开学校还是继续攻读硕士学位或考取职业证书？

所有这些问题都包含着边际收益和边际成本的比较。尽管有些数据难以写出来，但如果你能够利用经济学工具思考这些问题，你将做出强有力的决策。

企业经济政策

索尼公司应该只生产平板电视，停止生产常规电视吗？德士古公司（Texaco）应该从墨西哥湾还是从阿拉斯加得到更多的石油和天然气？手掌公司（Palm）应该把其在线顾客服务外包给印度人还是在加利福尼亚州运作？奇迹影业（Marvel Studios）在制作《蜘蛛侠3》之后还应该制作《蜘蛛侠4》吗？微软能与谷歌在搜索引擎上相抗衡吗？易趣公司（eBay）能和一波又一波新的互联网拍卖服务公司相抗衡吗？艾力士·罗德里奎兹（Alex Rodriguez）对纽约洋基队来说真的值3 200万美元吗？

像个人经济问题一样，这些企业的问题都包含着评估边际收益和边际成本。有些问题还有待于对个人和企业进行更为广泛深入的调研。但是，再一次，利用经济学工具思考这些问题，聘请经济学家作为顾问，企业就能做出更好的决策。

政府经济政策

加利福尼亚州政府如何平衡其预算？联邦政府应该减税还是增税？税收制度如何得以简化？人们是否应该被许可使用其社会保障的资金来投资于他们个人喜欢的股票？医疗补助（Medicaid）和医疗保险（Medicare）是否应该拓展到覆盖所有人口？对那些把工作机会送到海外的公司是否要开征某种特别税收以便惩罚它们？对廉价的外国家具和纺织品进口是否应该实施限制？对那些种植西红柿和甜菜的农民是否应该进行补贴？水是否应该从华盛顿州和俄勒冈州调运到加利福尼亚州？

这些政府经济问题需要基于边际收益和边际成本的评估以及个人和企业的相互关系的调研做出决策。但是，再一次，利用经济学工具思考这些问题，政府就能做出更好的决策。

请注意，我们刚才提出的所有政策问题都混杂着实证和规范问题。经济学在规范问题上就无能为力了——具有主观性。给定某种主观性，经济学还能提供一种评估不同的解决方案的方法，这种方法就是评估其边际收益和边际成本，以便找到尽可能好的解决方案。

∴关注在校读书的收益和成本　你做出正确的决策了吗？

你考虑了全日制工作后依然选择在校读书，你的决策正确吗？或者，如果你拥有一份全日制工作，又在校读书，你的休闲时间是多少？你的决策正确吗？在校读书提供了足够多的收益来弥补成本吗？

在校读书的收益

在校读书有许多收益，但主要是两大类：目前的快乐和更高的未来收入。

你可以很容易地列举出在学校与你的朋友在一起可以做的所有有趣的事情，如果你不上学，你就很难有这些朋友和机会进行社交。

对你的清单中的每个项目赋予一个货币价值是很难的，但还是可能给出一个货币价值。对其他的收益——未来更高的收入，或许可以给出一个预期的货币价值。

平均而言，一位高中毕业生一年可赚40 000美元，一位拥有学士学位的毕业生一年可赚76 000美元。

所以，在校读书预期每年可以（平均地）使你的年收入增加36 000美元。

这一数字很有可能随着生产力以及价格和收入的提高而增加。

在校读书的成本

全日制学生在校读书的成本包括：

学费

图书

其他学习费用

失去的工资收入

在学生本人所在州的州立大学读书，一年的学费大概是 7 000 美元。图书和其他学习费用大概是 1 000 美元。失去的工资收入是高中毕业生的第一份工作的收入，大约是一年24 000美元。所以，总成本一年大概是 32 000 美元，三年就是 96 000 美元，四年就是 128 000 美元。

收益—成本余额

读书的收益 1 年是 36 000 美元，10 年是 360 000 美元，40 年的工作生涯是1 440 000 美元。

成本是现在发生的，而收益是未来出现的，所以，我们可以降低一点收益，以便更为合适地与成本进行比较。在以后的经济学课程中，你将学习如何进行比较，然而，即便考虑了成本是现在的、收益是未来的，净收益也是很大的！

上学读书总是最好的吗？

艾力士·罗德里奎兹——收入最高的棒球选手（在 2011 年收入为 32 000 000 美元）——拒绝了迈阿密大学的奖学金，而是高中一毕业就选择了与西雅图水手队签约。凭着平均而言 0.311 的棒球击球率，他很快从选手排名中提升，在他 18 岁那年，他第一次成功地打入了大联盟比赛。

艾力士·罗德里奎兹的大学教育的机会成本极大地超出了他有可能从中获得的收益，所以，像你一样，艾力士做了正确的选择。

检查站 1.2 解释那些界定经济学思维方式的核心观点。

现实问题

凯特每周打两个小时的网球，她每次的数学测试成绩都为 70%。上周，在打了两个小时的网球之后，凯特盘算了很久要不要再多打一个小时。她后来决定再多打一个小时的网球，减少一个小时的学习时间。但就在上周，她的数学测试成绩下降到了 60%。利用上述信息回答问题 1～4。

1. 凯特打第三个小时网球的机会成本是什么？

2. 给定凯特打了三个小时的网球，你能总结出她打第二个小时网球的边际收益与边际成本吗？

3. 凯特再打三个小时的网球是理性的吗？

4. 凯特是在边际上做出决策的吗？

新闻摘要

据《纽约时报》报道，游轮公司大幅度降价，游轮票的销售量上涨。这种兴趣大增告诉我们，尽管经济环境不确定，但人们明显喜欢生活中有更多的乐子，并且，把他们的假期看作生活中有价值的和必要的一部分。

1. 在决定是否乘坐游轮时，你面临着取舍吗?
2. 如何做出乘坐游轮的理性选择?
3. 乘坐游轮的边际收益是什么? 乘坐游轮的边际成本是什么?
4. 你为什么预计更低的价格会增加愿意乘坐游轮的人数?

现实问题参考答案

1. 凯特打第三个小时网球的机会成本便是她的成绩下降了10个百分点。
2. 由于凯特已选择了去打第三个小时的网球，因此，打第二个小时网球的边际收益一定超出了打第二个小时网球的边际成本。
3. 如果凯特的边际收益超出了边际成本，她的选择便是理性的。
4. 因为凯特所考虑的是增加打一个小时网球的收益与成本（边际收益和边际成本），所以她的决定是在边际上做出的。

新闻摘要参考答案

1. 在给定你的资源（时间和预算）的情况下，你做出了选择，你就必须放弃其他东西，所以，你面临着取舍。
2. 通过比较乘坐游轮的边际收益和边际成本来做出理性选择。
3. 乘坐游轮的边际收益是你乘坐一次游轮所愿意支付的最高价钱。边际成本是你乘坐一次游轮所支付的费用。
4. 随着价格的下降，更多的人将拥有更高的边际收益，它超出了边际成本，于是他们将选择乘坐一次游轮。

本章总结

□ 要点

1. 定义经济学并且解释经济学家试图回答的各种问题。

- 经济学是一门社会科学，它研究人们面临稀缺所做出的选择以及能够影响、协调人们选择的激励。
- 微观经济学研究个体的选择及其相互关系，而宏观经济学则研究国民经济和全球经济。
- 经济学的第一大问题是：人们的选择最终是如何决定生产什么、如何生产以及为谁生产产品和服务的?
- 经济学的第二大问题是：以追求自我利益做出的选择什么时候还能促进社会利益?

2. 解释那些界定经济学思维方式的核心观点。

• 六大核心观点界定了经济学思维方式：

（1）任一选择都是一种取舍。

（2）人们通过比较成本和收益做出理性选择。

（3）收益是你得到某些东西时的受益（用你为了得到它所愿意放弃的其他东西来度量）。

（4）成本是你为了得到某些东西所必须放弃的东西。

（5）一项事关“多少”的选择是在边际上通过比较边际收益和边际成本做出的。

6）选择是对激励做出的反应。

• 经济学家使用科学方法去努力理解经济世界的运行。他们创造了经济模型，利用自然实验、统计调查和经济实验去检验它们。

• 经济学是可供个人、企业和政府决策的一种工具。

□ 关键术语

收益	宏观经济学	理性选择	相关性	边际	稀缺
经济模型	边际收益	自我利益	经济学	边际成本	社会利益
产品和服务	微观经济学	取舍	激励	机会成本	

本章检查站

□ 学习计划中的问题与应用

1. 提供三个稀缺的例子来说明为什么这个世界上的 1 210 个亿万富翁也面临着稀缺？

2. 对清单 1 中的每一项标明是微观经济学话题还是宏观经济学话题。解释其答案。

清单 1

• 印度当地的汽车近两年的销售量逐年下降。

• 咖啡价格狂飙。

• 全球化减少了非洲的贫困。

• 政府必须减少赤字。

• 苹果公司每个月销售 200 万台 iPhone。

利用下述信息回答问题 3～6。

《社交网络》(*The Social Network*) 电影全球票房高达 2.25 亿美元。该电影的生产预算为 7 000 万美元，追加的营销成本为 5 000 万美元。制作一部成功的电影给千百万人带来了愉悦，带来了上千个就业岗位，使得一些人富裕。

3. 像《社交网络》这样一部电影对处置稀缺性做出了什么贡献？当你在电影院购票看一场电影时，你是在购买某种产品还是服务？

4. 是谁决定了一部电影能一鸣惊人？你认为制作一部一鸣惊人的电影是如何影响生产什么、如何生产以及为谁生产产品和服务的？

5. 电影制片人面临的边际成本和边际收益有哪些组成部分？

6. 假如影星杰西·艾森伯格（Jesse Eisenberg）在另外一部电影中有更好的角色和更高的报酬，以至于雇用他来主演《社交网络》的制片人要将支付给他的报酬翻番才行，激励发生了什么变化？这一改变的激励是如何改变人们的选择的？

7. 帕姆、普鲁和帕特在考虑如何庆贺新年。帕姆偏爱乘游船航行，去夏威夷会很开心，但不愿意去滑雪。普鲁偏爱滑雪，去夏威夷会很开心，但不愿意乘坐游船。帕特偏好去夏威夷或乘游船航行，而不愿意去滑雪。他们最终决定去夏威夷。这一决定是否理性？去夏威夷旅行对每个人来说的机会成本是什么？给每个人带来的收益又是什么？

8. 对清单2中的每一项标明是实证表述还是规范表述？

清单2

- 低收入的人们购房时支付了太多的钱。
- 在过去的50年间，美国的农场数量有所下降。
- 丰田公司扩大了在美国的零部件生产。
- 美国百货大楼充斥着中国的进口商品。
- 美国人口在下降。

9. 什么是社会利益？区分社会利益与自我利益。举一个关于自我利益与社会利益的例子。

利用下述信息回答问题10～12。

数百名粉丝排队以求下午5点发放的阿姆免费门票

著名歌星艾米纳姆（Eminem，中文昵称为阿姆）的数百名粉丝排起了长队，等待一个免费门票的机会，去底特律听一场说唱歌手的秘密音乐会。尽管在下午5点前不可能发放门票，但是，粉丝们却排了一整天。在同一天，阿姆发行他的首张光盘《复发》（*Relapse*）——5年内的第一张专辑。

资料来源：*Detroit Free Press*，May 18，2009.

10. 阿姆免费发出了在底特律的一家容纳1 500个座位的剧院的门票。什么是免费的？什么是稀缺的？解释其答案。

11. 你认为阿姆发放免费门票的动机是什么？他是出于自我利益还是社会利益做出决策的？解释之。

12. 所有的门票都是免费的，那么，音乐会的边际收益为零吗？解释其答案。

□ 教师可布置的问题与应用

1. 下例中的哪一项是一名全日制学生的机会成本？

- 学费和图书
- 住宿和餐饮计划
- 订购《纽约人》杂志
- 毕业后一名学生可能赚的收入

2. 想一想以下新闻事件，对每一个标出生产什么、如何生产和为谁生产的问题。

- 今天，大多数商店使用电脑记录存货情况，而在20年前，大多数商店用笔记录。
- 健康保健专家和医药企业建议：用医保卡购买药品的回扣应该给那些需要的人。
- 对汽油翻番征税可能导致更好的公共运输系统。

3. 在2011年6月16日（星期五），清单1中的标题出现在了《华尔街日报》上。对每一个标题标明是微观经济学话题还是宏观经济学话题。解释其答案。

清单1

- 苹果公司开发了歌曲存储功能。
- 美国家庭债务下降。
- 印度航空公司决定购买60架空客飞机。
- 美国贸易缺口收缩。

4. 你的学校决定明年开始扩招新生。做出这一决定需要考虑哪些经济学概念？该校在做出此项决策时有没有采用“经济学思维方式”呢？该校是在边际上做出决策的吗？

5. 给出两个货币的和非货币激励的例子，“萝卜”和“大棒”各一个，说明政府政策是如何影响人们的行为的。

6. 思考清单 2 中的每一项，并说明它们如何影响激励以及它们如何改变人们的选择。

清单 2

- 一场飓风袭击了佛罗里达州中部。
- 世界系列棒球赛今晚开赛，但在体育馆附近区域的风暴警告正在应验。
- 一台个人电脑的价格下降到 50 美元。
- 中东动乱导致汽油价格上扬到 5 美元/加仑。

7. 制作一部一鸣惊人的电影是否意味着其他一些更为期盼的活动就不能得到应有的资源？你的答案是实证的还是规范的？解释其答案。

8. 经济学可被学生、企业和政府中的任一方用作工具，请给出两例加以说明。将你的例子区分为微观经济学话题和宏观经济学话题。

利用下述新闻剪辑回答问题 9～12。

奥巴马将提高每加仑里程标准

奥巴马政府将宣布，汽车排放标准和经济燃油标准将在一揽子方案中公布。该方案要求汽车制造商全面提高汽车燃油标准，到 2016 年提高到每加仑 35.5 英里，从 2012 年起每年提高 5%，目的是限制汽车的二氧化碳排放。

资料来源：*USA Today*，May 18，2009.

9. 新的每加仑里程标准的两大收益是什么？这些收益是符合某些人的自我利益还是符合社会利益？

10. 新的汽车排放标准的两大收益是什么？

11. 符合自我利益和社会利益的每加仑里程新标准各自产生了什么成本？

12. 符合自我利益和社会利益的汽车排放新标各自产生了什么成本？

□ 单项选择题*

1. 下列哪一项描述了稀缺存在的理由？

   A. 政府制定较差的经济决策　　B. 穷人和富人的差距太大了

   C. 需要超出了可得资源能够满足的程度　　D. 存在着太多的失业

2. 下列哪一项界定了经济学？

   经济学是一门社会科学，它研究________。

   A. 消除稀缺的最佳方法

   B. 应对稀缺所做出的选择，激励是如何影响这些选择的，以及这些选择是如何协调的

   C. 如何创造和使用货币

   D. 自我利益和社会利益不可避免的冲突

3. 在生产什么、如何生产和为谁生产这三大问题之中，下列哪一项是有关生产什么的问题？

   A. 为什么存在收入不公平？

   B. 为什么我们不多生产医生，少生产律师？

   C. 为什么我们使用机器而不是移民工人去采摘葡萄？

   D. 为什么政府提供学校教育？

4. 下列哪一项不是经济学思维方式中的核心观点呢？

   A. 人们通过比较边际成本和边际收益做出理性选择

   B. 穷人受到了歧视，应该受到更为公平的对待

---

* 英文原文为 Multiple Choice Quiz，直译为“多项选择题”。但英文的原意为老师提供了多项选择，学生挑选一个最好的答案。在中文语境下，这是单项选择题，多项选择题是指老师提供多项选择，而学生可以选择多于一个的正确答案。因此，本书译为“单项选择题”，学生只选一个最佳答案。——译者注

C. 一项理性选择是在边际上做出的

D. 选择是对激励做出的反应

5. 一个理性选择是________。

A. 为了得到一些东西你必须放弃的最好的东西

B. 为了得到一些东西你愿意放弃的东西

C. 通过比较边际收益和边际成本做出的

D. 对稀缺而言是最好的

6. 下列哪一项最好地说明了你学习的边际收益？

A. 历时一个月每晚学习两个小时你所学到的知识

B. 历时一个月每晚学习两个小时所要放弃的最好的东西

C. 为了多学习一个小时你所愿意放弃的东西

D. 为了能够多学习一个小时你所必须放弃的东西

7. 科学方法利用模型去________。

A. 澄清规范争议

B. 回避研究实际问题的需要

C. 复制显示世界所有的特征

D. 聚焦现实的一些特征，即那些与理解因果关系相关的现实

8. 下列哪一项是实证表述？

A. 我们不应该用玉米制作乙醇，因为这将提高粮食的成本

B. 如果你每周运动一次，你将得到最好的大学生活

C. 跨加拿大、墨西哥和美国的手机竞争导致漫游费率下降

D. 比尔·盖茨应该花更多的钱去帮助非洲根除疟疾

附录：绘制和使用图形

附录要点

学完本附录，你将能够：

1. 解释数据图。
2. 解释经济模型中所使用的图形。
3. 定义和计算斜率。
4. 图示两个以上变量之间的图像关系。

□ 基本知识

所谓图形就是用距离来表示数量的方法，它使我们能够通过视觉来理解两个变量之间的关系。绘制图形时，我们首先画出两条相互垂直的直线，称为坐标轴，如图 A1-1 所示。垂直线叫做 y 轴，水平线叫做 x 轴。两条直线相交处的共同零点叫做原点。在图 A1-1中，x 轴度量温度（华氏度）。沿 x 轴向右移动表明温度的提高，向左移动表明温度的下降。y 轴代表着冰淇淋消费量，以加仑/天来度量。

作图时我们需要 x 轴所示变量的一个取值，以及 y 轴所示变量的相应的取值。例如，如果温度是华氏 40°F，冰淇淋的消费量是 5 加仑/天，图中用 A 点表示。如果温度是华

氏 80°F，冰淇淋的消费量是 20 加仑/天，图中用 B 点表示。图 A1－1 所示的图形可以用来表示任意数据类型的两个变量。

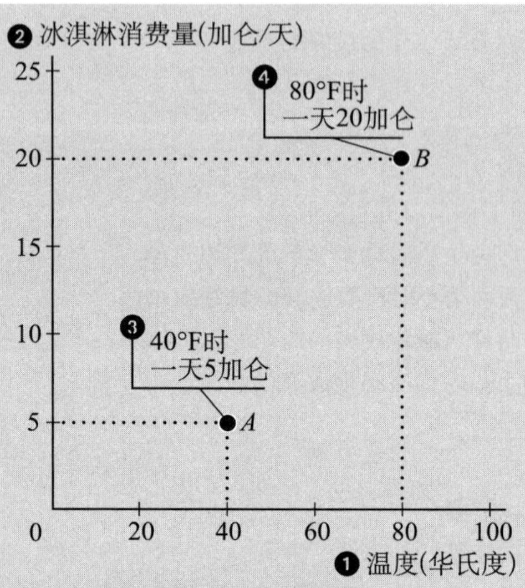

图 A1－1　绘制图形

所有图形都有轴，用其距离度量数量。

①水平轴（x 轴）度量温度（华氏度），向右移动代表着温度的提高。

②垂直轴（y 轴）度量冰淇淋的消费量（加仑/天），向上移动代表着冰淇淋消费量的增加。

③A 点表示当温度为 40°F 时，冰淇淋消费量为 5 加仑/天。

④B 点表示当温度为 80°F 时，冰淇淋消费量为 20 加仑/天。

□ 解释数据图

散点图（scatter diagram）是表示一个变量的值与另一个变量的值的对应关系的某种坐标图。它被用于考查两个变量之间是否存在某种关系，并且用于描述这种关系。图 A1－2 给出了两个例子。

图 A1－2（a）表明了支出与收入之间的关系。每一点都表示美国 2000—2010 年间各年的人均支出与人均收入。这些点在图中处于“分散”状态。每一个点旁边的数字都表示年份。标明 04 的点代表 2004 年，此时人均收入为 28 990 美元，人均支出为 27 401 美元。这幅散点图表明当收入增加时，支出也在增加。

图 A1－2（b）表明了美国拥有手机的人口所占的百分比与平均每月手机话费账单之间的关系。这幅散点图表明当手机话费下降时，手机用户的数量在上升。

时间序列图（time-series graph）是以时间（比如月或年）为 x 轴、以所研究的一个变量或多个变量为 y 轴的坐标图。图 A1－2（c）给出了一个例子。在这幅图中，时间（x 轴）用年来衡量，它从 1980 年到 2010 年。我们感兴趣的变量是咖啡的价格，在 y 轴上衡量。

从这个例子可以看出，时间序列图可以很快、很容易地传递大量的信息。它表明其取值：

1. 较高或较低。当曲线距离 x 轴较远时，价格较高，比如 2008 年；当曲线接近 x 轴时，价格较低，比如 1993 年。

2. 上升或下降。当曲线向上倾斜时，比如 1994 年，价格在上升。当曲线向下倾斜时，比如 1998 年，价格在下降。

3．上升或下降的速度很快或很慢。如果曲线非常陡峭，价格上升或下降的速度很快。如果曲线不是很陡峭，价格上升或下降的速度很慢。例如，价格在 1994 年上升得很快，而在 1984 年上升得较慢。例如，价格在 1998 年下降得很快，而在 2003 年下降得较慢。

时间序列图还可表示一个变量是否存在着某种变化趋势。所谓**趋势**（trend）是一个变量的值上升或下降的总体倾向。你可以发现咖啡的价格从 1980 年到 20 世纪 90 年代后期呈现总体上升的趋势。也就是说，虽然价格有升有降，但它拥有上升的总体趋势。

我们可以利用时间序列图很快地比较不同时期的情况。图 A1－2（c）表明了 1990 年之后与 1990 年之前的差异。咖啡的价格在 20 世纪 90 年代早期跳涨，数年之后一直保持高位。这幅图传递了很多信息，它所占据的空间也小于用其他方式仅揭示该图部分信息时所需占用的空间。

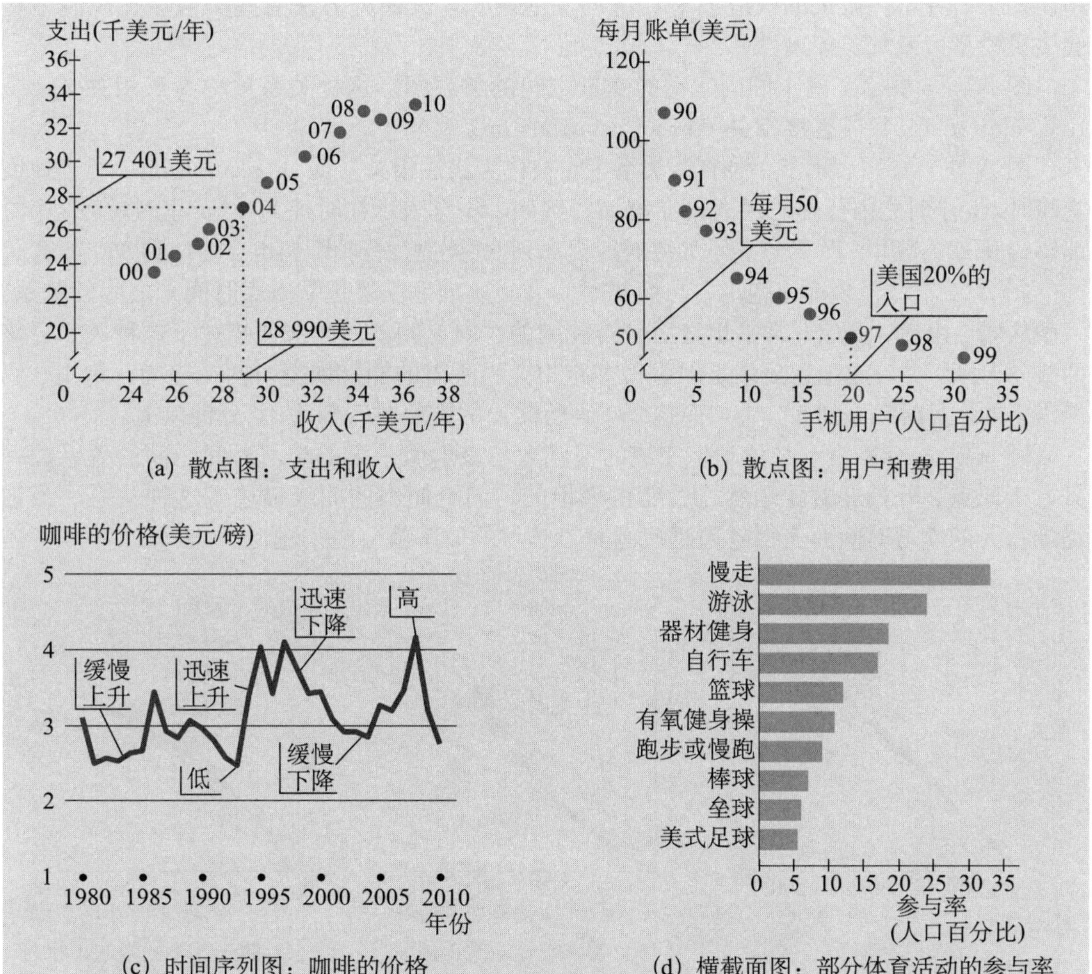

图 A1－2 数据图

散点图表明了两个变量之间的关系。在图（a）中，随着收入的增加，支出也增加。在图（b）中，随着手机话费的下降，人们拥有手机的数量上升。

时间序列图是以 y 轴代表一个变量、x 轴代表时间的一种图。图（c）图示了从 1980 年到 2010 年每年的咖啡价格。该图表明了咖啡的价格什么时间高和低、什么时间上升和下降，以及什么时间变化得很快和很慢。

横截面图表明了某一变量在不同人口数下的不同取值。图（d）表明了美国人在十项体育活动中的参与率。

横截面图（cross-section graph）显示了在某一时点不同的经济群体的同一个经济变量的值。图 A1－2（d）是横截面图的一个例子。它表示美国参与代表性的体育活动的人口百分比。这幅图使用条形带，而不是点或线。每根条形带的长度都表示参与人口比率。图 A1－2（d）能够让你比较十大运动项目中的参与率。你利用这种方法进行比较比看一组数据要快得多、清楚得多。

□ 解释经济模型所使用的图形

我们用图形来表明经济模型中变量之间的相互关系。经济模型是对经济或经济的某一部分（如企业或家庭）的某种简单化的描述。一个经济模型是由一系列有关经济行为的表述组成的，这些表述可以用方程来表示，也可以用图形中的曲线来表示。经济学家用模型来研究不同政策的效应或对经济的其他影响，其研究方法有些类似于在风洞中检验飞机模型以及气象模型。

图 A1－3 展示了两个同向运动的变量之间的关系图。这种关系被称为**正相关**（positive relationship）或**直接相关**（direct relationship）。

图 A1－3（a）表示了一种直线关系，它被称为**线性相关**（linear relationship）。当速度提高时，5 小时之内行驶的距离也在增加。例如，*A* 点表示在时速为 40 英里时，5 个小时能够行驶 200 英里。而 *B* 点表示如果时速提高到 60 英里，行驶距离也会增加到 300 英里。

图 A1－3（b）表示速跑距离与恢复时间（心跳频率恢复正常所需时间）之间的关系。一条从原点出发、开始非常平坦之后变得陡峭的、向上倾斜的曲线便描述了这种关系。该曲线向上倾斜并且越来越陡峭是因为每多跑 100 码所需的额外恢复时间在递增。跑 100 码所需要的恢复时间不到 5 分钟，而跑 200 码所需要的恢复时间却为 10 分钟以上。

图 A1－3（c）表示某位学生完成的习题数与该学生一天的学习时间之间的关系。一条始于原点、开始非常陡峭然之后变得平坦的、向上倾斜的曲线描述了这种关系。当你增加每天的学习时间而变得越来越疲倦时，学习的效率就会越来越低。

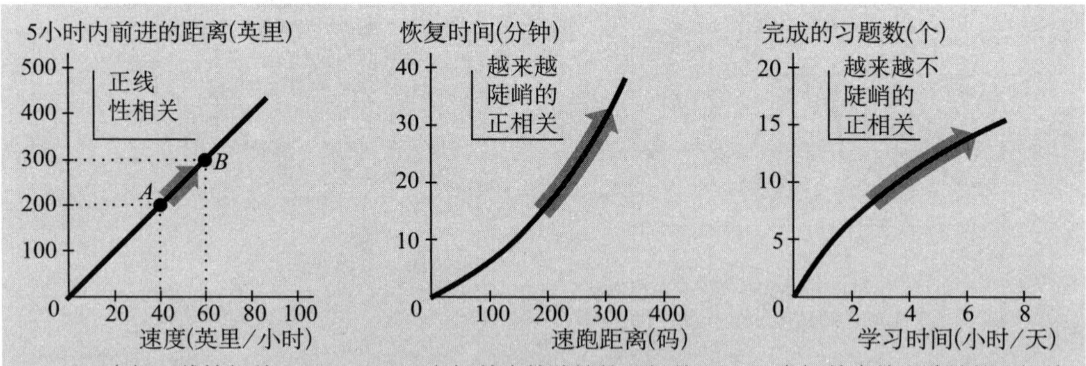

（a）正线性相关 （b）越来越陡峭的正相关 （c）越来越不陡峭的正相关

图 A1－3 正（直接）相关

图（a）表明，当速度加快时，行驶距离沿着一条直线增加。

图（b）表明，随着速跑距离的增加，所需的恢复时间沿着一条越来越陡峭的曲线递增。

图（c）表明，随着学习时间的增加，完成的习题数沿着一条越来越平坦的曲线递增。

图 A1－4 表明了两个反向运动的变量之间的关系图。这种关系被称为**负相关**（negative relationship）或**反相关**（inverse relationship）。

图 A1－4（a）表明了在总的可利用时间为 5 个小时的情况下，打橡皮球的时间和打网球的时间之间的一种分配关系。增加一个小时打网球的时间就意味着减少一个小时打橡皮球的时间，反过来也一样。这种关系被称为线性负相关。

图 A4－4（b）表明了每英里的旅行成本与总旅行路程之间的关系。路程越长，每英里的成本就越低。然而当路程增加时，虽然单位成本越来越低，但成本降低的幅度越来越小。这一关系的特点在图中表现为曲线向下倾斜，当路程很短时曲线较陡峭，当路程延长时曲线变得越来越平坦。这种关系的形成是由于一部分成本是固定的，比如汽车保险，这种固定成本在越长的路程上分摊得越少。

图 A1－4（c）表示一个学生的闲暇与其完成的习题数之间的关系。闲暇的增加导致完成的习题数越来越多地减少。这种负相关关系表现为，闲暇较少时倾斜度也较小，随着闲暇的增加，曲线变得越来越陡峭。这种关系与图 A1－3（c）所示的关系是不同的。

经济模型中的很多关系都有最大值和最小值。例如，企业希望获得尽可能的最大利润，并尽可能地以最小成本生产。图 A1－5 表明了拥有最大值或最小值的关系。

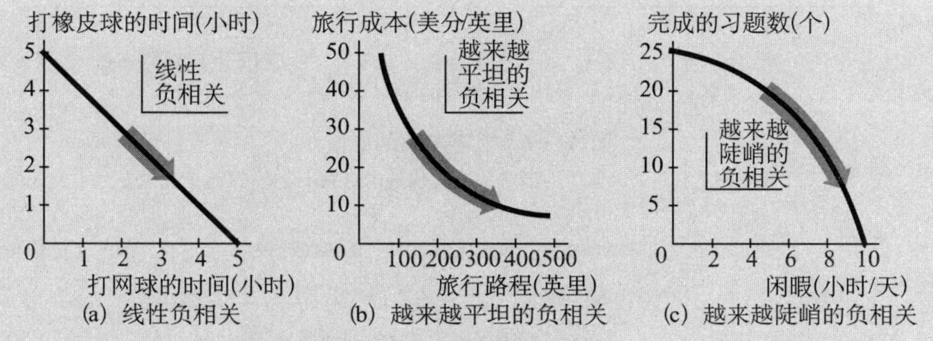

图 A1－4 负（反）相关

图（a）表明，当打网球的时间增加时，打橡皮球的时间沿着直线下降。

图（b）表明，当路程增加时，旅行成本沿越来越平坦的曲线下降。

图（c）表明，当闲暇增加时，完成的习题数沿着这条越来越陡峭的曲线下降。

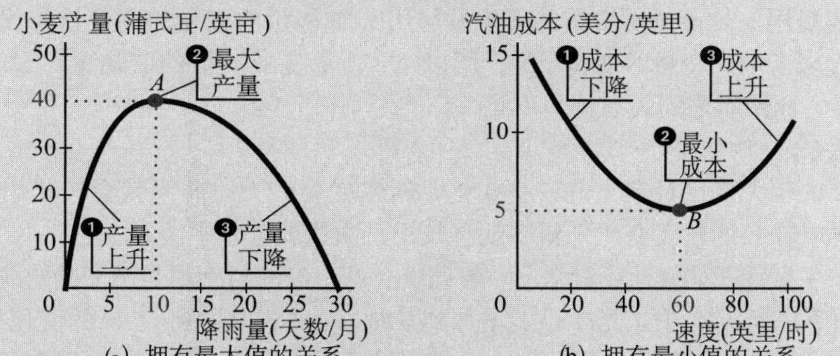

图 A1－5 最大值和最小值

在图（a）中，当降雨量增加时，曲线①随着每英亩产量的上升而向上倾斜，②在 A 点达到最大产量，曲线呈水平状态，然后③随着每英亩产量的下降而向下倾斜。

在图（b）中，当速度上升时，曲线①随着每英里成本的下降而向下倾斜，②在 B 点达到最小值，曲线呈水平状态，然后，③随着每英里成本的上升而向上倾斜。

图 A1－5（a）表明，曲线先向上倾斜，达到最大值后继而向下倾斜。图 A1－5（b）表明，曲线先向下倾斜，达到最小值后继而向上倾斜。

最后，在很多情况下，不管一个变量的值发生什么变化，另一个变量都保持不变。我们往往需要在图形中表示两个不相关的变量。图 A1－6 展示出变量之间相互独立的两种情形。

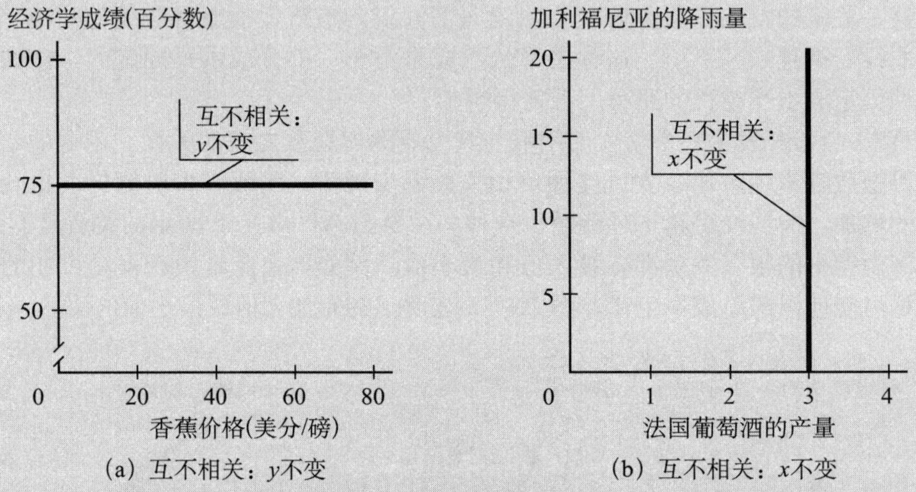

图 A1－6　互不相关的变量

在图（a）中，当香蕉价格上升时，某学生的经济学成绩依然保持在 75%。这两个变量是互不相关的，曲线呈水平状态。

在图（b）中，不管加利福尼亚的降雨量如何，法国葡萄酒的产量都保持在 30 亿加仑。这些变量是互不相关的，曲线呈垂直状态。

□ 某种关系的斜率

我们可以通过相关关系的斜率来度量一个变量对另一个变量的影响。某种关系的**斜率**（slope）是用 y 轴衡量的变量的变化量与用 x 轴衡量的变量的变化量的比值。我们用希腊字母 Δ 来表示"变量的变化量"。所以 Δy 表示变量 y 值的变化量，Δx 表示变量 x 值的变化量，而两者之间关系的斜率是

$$\Delta y \div \Delta x$$

如果 y 的较大变化对应 x 的较小变化，斜率就会较大，曲线就会较陡峭。如果 y 的较小变化对应着 x 的较大变化，斜率就会较小，曲线就会较平缓。

图 A1－7 解释了如何计算斜率。一条直线上每一点的斜率都是不变的——斜率是一个常数。在图 A1－7（a）中，当 x 从 2 增加到 6 时，y 从 3 增加到 6。x 的变化是＋4——也就是说，Δx 是 4。y 的变化是＋3——也就是说，Δy 是 3。这条直线的斜率为 3/4。在图 A1－7（b）中，当 x 从 2 增加到 6 时，y 从 6 减少到 3。y 的变化是－3——也就是说，Δy 是（－3）。x 的变化是＋4——也就是说，Δx 是 4。这条曲线的斜率是（－3/4）。

在图 A1－7（c）中，我们计算曲线上某一点的斜率。为此我们用一把直尺接触 A 点，而又不与曲线上其他点相接触。然后沿直尺的边画一条直线。这条直线的斜率便是曲线在 A 点处的斜率，该斜率等于 3/4。

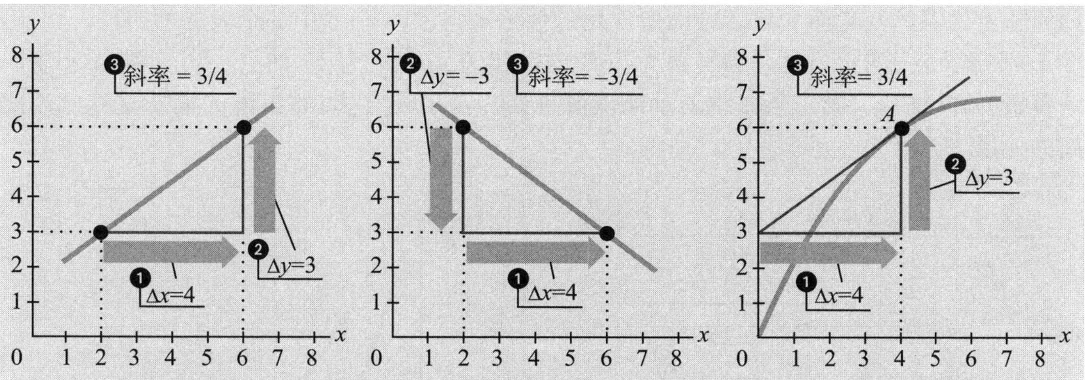

(a) 正斜率　(b) 负斜率　(c) 某点的斜率

图 A1-7　计算斜率

在图（a）中，①当 Δx 为 4 时，②Δy 为 3，所以，③斜率（$\Delta y/\Delta x$）为 3/4。

在图（b）中，当①Δx 为 4 时，②Δy 为（−3），所以，③斜率（$\Delta y/\Delta x$）为（−3/4）。

在图（c）中，该曲线在 A 点的斜率等于斜直线的斜率。①当 Δx 为 4 时，②Δy 为 3，所以，③斜率（$\Delta y/\Delta x$）为 3/4。

□ 两个以上变量之间的关系

我们知道，由 x 和 y 的值所形成的一个点可以图示两个变量之间的相互关系。但是，经济学中的绝大多数关系常常是许多变量而不仅仅是两个变量之间的关系。比如，冰淇淋的消费量取决于冰淇淋的价格和天气的温度。当价格高而且气温低时，人们消费的冰淇淋就会比价格便宜而且气温高时要更少。对于给定的冰淇淋价格，消费量随着气温而变化；对于给定的气温，消费量随着价格而变化。

图 A1-8 表明了 3 个变量之间的关系。图中的表表明了在不同的气温和冰淇淋价格下每天消费冰淇淋的加仑数。我们如何根据这些数字做出图形呢？

为了用图形描述两个以上变量之间的关系，我们需要采用“其他条件相同”的假设。

其他条件相同

“其他条件相同”最早源于拉丁语，意思是“其他事物保持不变”。每一项实验室中的实验都是为了保证“其他条件相同”，从而将我们所感兴趣的关系孤立起来进行研究。我们用同样的方法来绘制图形。

图 A1-8（a）是其中一个例子。这幅图表示在冰淇淋的价格发生变化而气温保持不变时，冰淇淋的消费量如何变化。标有 70℉的曲线表明了，在气温为华氏 70℉时冰淇淋价格与消费量之间的关系。绘制这条曲线的数字来自图 A1-8 中表的第一列和第四列。例如，如果气温是 70℉，当价格为 2.75 美元/勺时消费量为 10 加仑，而当价格为每勺 2.25 美元时消费量为 18 加仑。标有 90℉的曲线表明了，如果温度为 90℉，消费量如何随着价格的变化而变化。

同理，我们在保持价格不变时可以画出冰淇淋的消费量和气温之间的关系，如图 A1-8（b)所示。标有 2.75 美元的曲线表明了，当冰淇淋价格为 2.75 美元/勺时消费量如何随着气温的变化而变化。绘图所使用的数据来自图 A1－8 中那个表的第四行。例如，在 2.75 美元/勺的价格下，当气温为 70℉时冰淇淋消费量为 10 加仑，当气温为 90℉时消费量为 20 加仑。第二条曲线表示冰淇淋价格为 2 美元/勺时冰淇淋的消费量和气温之间的关系。

价格(美元/勺)	冰淇淋的消费量(加仑/天) 30°F	50°F	70°F	90°F
2.00	12	18	25	50
2.25	10	12	18	37
2.50	7	10	13	27
2.75	5	7	10	20
3.00	3	5	7	14
3.25	2	3	5	10
3.50	1	2	3	6

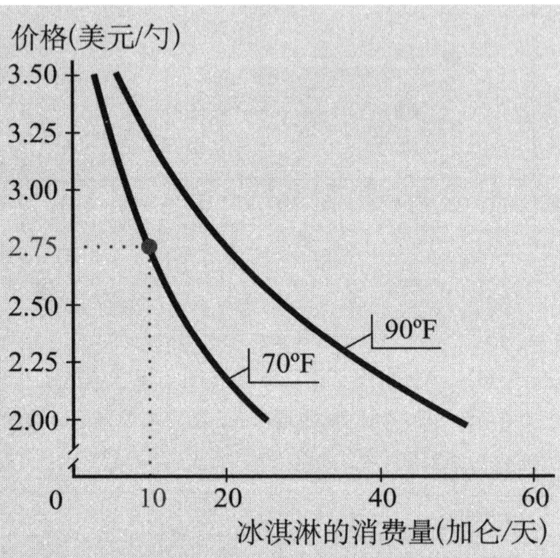

(a) 给定气温时的价格和消费量

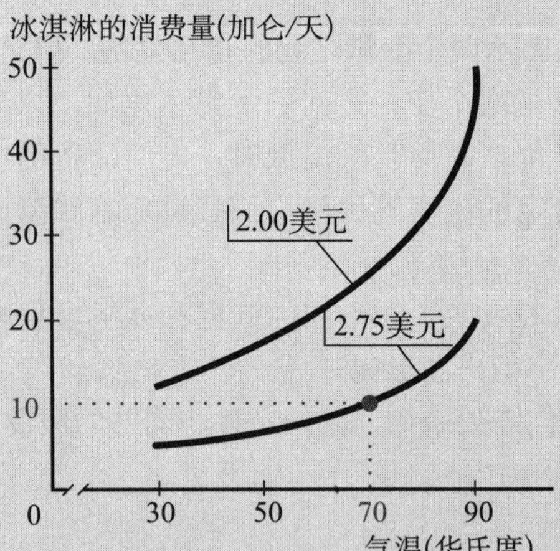

(b) 给定价格时的气温和消费量

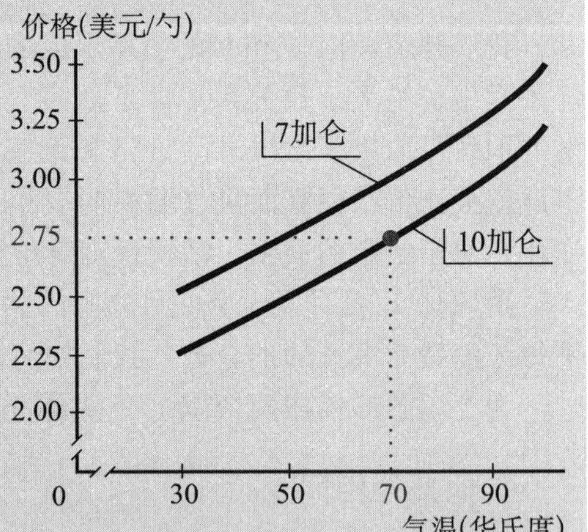

(c) 给定消费量时的气温和价格

图 A1－8　图示三个以上变量之间的关系

图中的表告诉了我们不同价格和不同气温下每天冰淇淋的消费量。例如，如果价格是 2.75 美元/勺并且气温为 70℉，冰淇淋的消费量是 10 加仑。这组数据在表中和每幅图中都清晰地标示出来了。

图（a）表示在气温一定时价格与消费量之间的关系。一条是气温保持在 90℉时的曲线，另一条是气温保持在 70℉时的曲线。

图（b）表示在价格一定时气温与消费量之间的关系。一条是价格保持在 2.75 美元/勺时的曲线，另一条是价格保持在 2.00 美元/勺时的曲线。

图（c）表示在消费量一定时气温与价格之间的关系。一条是消费量保持在 10 加仑时的曲线，另一条是消费量保持在 7 加仑时的曲线。

图 A1－8（c）表示当冰淇淋的消费量保持不变时气温和价格的各种组合。一条曲线表示每天消费 10 加仑时的各种组合，另一条曲线表示每天消费 7 加仑时的各种组合。较高的价格和较高的气温会与较低的价格和较低的气温导致同样的消费量。例如，10 加仑的冰淇淋可以是在 90℉和 3.25 美元/勺时消费的，也可以是在 70℉和 2.75 美元/勺时消费的，还可以是在 50℉和 2.5 美元/勺时消费的。

学完了本附录的有关图形的知识，你可以开始下一步的经济学学习。在本书中出现的图形都不会比你在本附录中所学到的复杂。

□ 附录检查站

学习计划中的问题

表 1 给出了有关美国经济的一些数据。A 列为年份；其他列为每人每年的销售量（百万计），B 列为压缩光盘，C 列为音乐录影带，D 列为单一下载数量。利用此表回答问题 1 和 2。

1. 用散点图表示压缩光盘数量和音乐录影带数量之间的关系，并描述这一关系。

2. 画出压缩光盘的时间序列图。说出在哪些年份（a）数量最高，（b）数量最低，（c）增加得最快，（d）增加得最慢。说明数据是否存在某种趋势，描述之。

表 1

	A	B	C	D
1	2000	943	18	19
2	2002	803	15	51
3	2004	767	33	139
4	2006	620	23	586
5	2008	385	13	1 033
6	2010	226	9	1 162

3. 下表中的数据表明了两个变量 x 和 y 的相关性。

x	0	1	2	3	4	5
y	32	31	28	23	16	7

x 和 y 的关系是正相关还是负相关？计算当 x 分别为 2 和 4 时，这一关系的斜率。当 x 的值增加时，斜率有何变化？

4. 表 2 给出了一些有关乘坐气球旅行的价格、气温以及一天乘坐次数的数据。绘图说明以下关系：

表 2

价格（美元/次）	乘坐气球旅行（次数/天）		
	50℉	70℉	90℉
5	32	50	40
10	27	40	32
15	18	32	27
20	10	27	18

- 在气温为 70℉时价格和乘坐次数之间的关系。
- 在价格为 15 美元/次时乘坐次数和气温之间的关系。

教师可布置的问题

利用表 1 的下列信息回答问题 1 和 2。

1. 用散点图表示音乐录影带数量和单一下载数量之间的关系，并描述此关系。

2. 画出音乐录影带数量的时间序列图。说出在哪个或者哪些年份（a）销售量最高，（b）销售量最低，（c）下降得最多，（d）下降得最少。如果数据存在某种趋势，描述之。

利用变量 x 和 y 的关系，回答问题 3 和 4。

x	0	1	2	3	4	5
y	0	1	4	9	16	25

3. x 和 y 的关系是正相关还是负相关？解释之。

4. 计算当 x 分别为 2 和 4 时这一关系的斜率。当 x 的值增加时，斜率有何变化？

5. 表 3 提供了热巧克力的价格、气温以及一周销售杯数的数据。绘图说明以下关系：

表 3

价格（美元/杯）	热巧克力（每周销售杯数）		
	50℉	70℉	90℉
2.00	40	30	20
2.50	30	20	10
3.00	20	10	0
3.50	10	0	0

- 当气温不变时热巧克力的价格和销售量之间的关系。
- 当价格不变时气温和热巧克力的销售量之间的关系。

第2章 美国与全球经济

本章要点

学完本章，你将能够：

1. 描述美国生产什么、如何生产以及为谁生产产品和服务。

2. 描述全球经济生产什么、如何生产以及为谁生产产品和服务。

3. 借助于循环流量模型，理解在美国经济中家庭、企业和政府是如何相互影响的，以及在全球经济中美国和其他经济体是如何相互影响的。

2.1 生产什么、如何生产以及为谁生产？

围绕着购物摩尔（shopping malls）* 闲逛，留心用于出售的产品和服务的种类，走进其中一些商店，观察一下标签，看看这些种类繁多的产品是哪儿制造的；下次当你行驶在州际高速公路上的时候，看看周围的大卡车，留心印在车身上的公司名、卡车上的产品以及卡车注册地；打开黄页电话簿，浏览一些区域，注意商家所提供的大量的产品和服务。

你刚刚做了一份关于目前美国社会生产与消费什么产品和服务的抽样调查。

□ 我们生产什么？

我们把无数的产品和服务分成以下四大类别：

- 消费性产品和服务
- 资本品
- 政府的产品和服务
- 出口的产品和服务

消费性产品和服务（consumption goods and services）是指那些个人所购买的项目，它们可以带来个人快乐，为个人的生活质量做出贡献。它们包括住宅、SUV 车、瓶装

---

* 即为超大型购物中心。——译者注

水、拉面、巧克力棒、宝宝三明治、电影、溜冰课、医生和护士的服务，等等。

资本品（capital goods）是企业购买的、为了增加生产性资源的产品。它们包括：汽车装配线、购物摩尔、飞机和油轮。

政府的产品和服务（government goods and services）是政府购买的那些项目。政府购买导弹和武器系统、出行服务、网络服务、警察保护、道路、纸张和回形针，等等。

出口的产品和服务（export goods and services）是在一个国家生产而在另外一个国家消费的产品和服务。美国供出口的产品和服务包括新加坡航空公司购买的波音生产的飞机、欧洲人购买的戴尔生产的电脑以及在欧洲影院放映的美国电影，等等。

在上述讨论的产品和服务的四大分类中，消费性产品和服务是最大的一个份额，而且这一份额波动不大。所生产的资本品的数量随着从繁荣到萧条的经济周期的波动而波动。政府购买的产品和服务大致接近总产量的20%，出口产品大约占10%。

如果把产品和服务分成更小的分类，医疗是最大的一块，占总产值的17%。下一个是不动产，占12%，其主要部分是租赁服务以及自有自用住宅。教育是下一个最大的服务，紧接着是零售和批发以及交通和存储业。

产品生产的分类比服务的分类要更细一些。最大类别的产品就是建筑，它占总产值的比重仅仅为4%。排在之后的三项分别为公用事业、食品以及化工产品，每项占总产值的比重都不超过2%。

❖关注美国经济　　我们生产什么

2011年消费性产品和服务占总产量的61%，资本品与出口的产品和服务两者各占11%，政府的产品和服务占17%（见下图）。

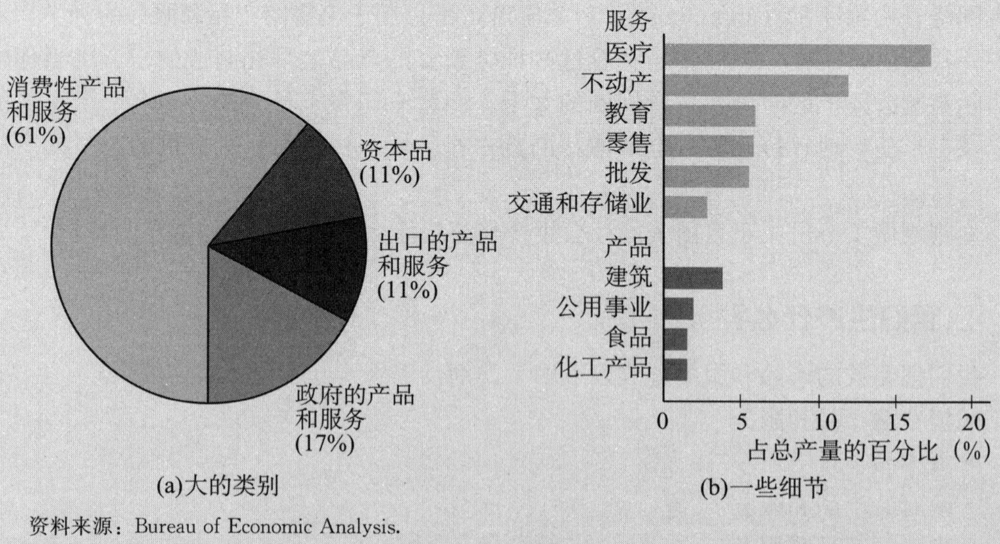

(a)大的类别　　(b)一些细节

资料来源：Bureau of Economic Analysis.

医疗、不动产、教育、零售、批发、交通和存储业是我们市场的六大服务业。建筑、公用事业、食品以及化工产品是生产出来的最大的产品类别。

服务产出已经极大地超过了产品产出，并将持续快速地增长。

❖关注过去　　我们生产什么及其变化

70 年以前，4 个美国人当中就有一个人在某家农场工作。这一数字已锐减到 1/35。生产产品（比如矿业、建筑业和制造业）的人数从 1/3 降到了 1/5。相反，生产服务的人数从 1/2 扩大到了几乎 4/5（见下图）。就业的这些变化折射了我们生产什么的变化，即我们主要生产的是服务。

我们常常听说全球化以及美国的制造业的工作机会转移到了海外，但是，服务业工作的扩张和制造业工作的减少不再是什么新鲜事。过去的 60 年都是这样，而且会继续这样。

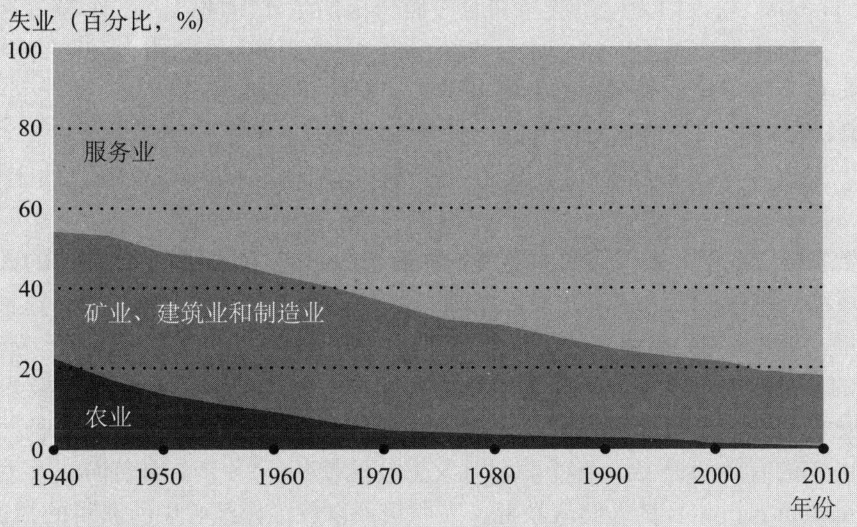

资料来源：U. S. Census Bureau，*Statistical Abstract of the United States*，1999 and 2010.

□ 我们如何生产？

产品和服务是利用生产性资源生产出来的。经济学家将生产性资源称作**生产要素**(factors of production)。生产要素被分解为以下四大类型：

- 土地
- 劳动
- 资本
- 企业家才能

土地

在经济学中，**土地**（land）是指“大自然的赠予”，我们用它生产产品和服务，在日常生活中，我们称土地为自然资源。它包括了日常用语中的土地，以及矿产、能源、水、空气、野生植物、动物、鸟类及鱼类等。这些资源有些是可重复使用的，有些是不可重复使用的。美国地质调查局调查自然资源的数量及质量状况并监管其变化。

美国覆盖了近20亿英亩的土地。大约45%的土地为森林、湖泊和国家公园。在2009年，接近50%的土地用于农业，5%的土地为城市所用。但是，城市用地在扩张，而农业用地在萎缩。

我们的土地表面以及水资源是可重复使用的（renewable）。我们的一部分矿产资源可被循环使用，但是许多矿产资源以及我们用于创造能源的资源都仅仅能使用一次。它们是不可复重使用的（nonrenewable）资源。美国拥有丰富的已探明的煤炭资源，但我们已探明的石油和天然气资源少了很多。

劳动

劳动（labor）指人们为生产产品和服务而付出的工作时间以及工作努力。它包括一切在农场、建筑工地、工厂、商店以及办公室工作的全体人员的体力和脑力努力。美国人口调查局以及劳工统计局每月都会统计美国劳动的相关数据。

在2011年4月，1.53亿人有工作，或者说能够去工作。有些是全日制的，有些是非全日制的，还有一些失业了但在寻找可接受的空置岗位。在2011年总的工作时间为2 500亿小时。

劳动数量随着成年人人口数量的不断增加而增加，同时也随着参加工作的人口百分比的上升而增加。在过去的50年里，大批妇女开始从事非全日制的有偿工作，这种趋势增加了劳动数量。与此同时，从事有偿工作的男性比例略有下降，这种趋势减少了劳动数量。

劳动的质量取决于人们掌握技能的熟练程度。只能用力推手推车而不能开大卡车的工人肯定比能够开大卡车的工人更缺乏生产力。会使用电脑的办公室的文职人员肯定比不会使用电脑的有效率得多。经济学家对人力技能使用了一个专用名词：人力资本。**人力资本**（human capital）是人们从教育、在职培训以及工作经验中所获得的知识和技能。

在你学习经济学和其他课程时，你就是在积累自己的人力资本，而且你的人力资本将会随着你得到一份全职工作并且做得越来越好而不断提高。人力资本的改善会提高劳动的质量进而提高产量。

资本

资本（capital）是指在过去生产出来的、现在被企业用于生产产品和服务的工具、仪器、机器、厂房以及其他建筑物等实物的总称。资本包括榔头和螺丝起子、电脑、自动装配生产线、办公大楼和仓库、州际高速公路、大坝和电厂、机场和飞机、制衣厂和购物摩尔。

资本还包括未售出的产品的存货，以及在生产线上未完成品的存货。资本包括有时被称为基础设施资本的实物，如高速公路和机场。

像人力资本一样，资本使得劳动更加具有生产力。卡车司机比手推车推手生产的运输服务要多得多。州际高速公路系统比过去的老系统提供了更多的运输服务。

美国商务部的经济分析局负责调查美国的资本总价值以及它是如何变化的。今天，美国经济中的资本价值大约为50万亿美元。

金融资本不是资本　在日常用语中，我们把货币、股票以及债券都说成是资本。其实，这些项目都是金融资本，不是生产性资源。它们在帮助人们为企业提供金融性资源方面扮演了一个重要的角色。但它们不是用于生产产品和服务的。所以它们不是资本。

❖关注美国经济　在信息经济中我们的生产是如何变化的

信息经济包含了这样一些生产和使用以计算机芯片为动力的计算机及设备的工作岗位和工商活动。信息经济在你的日常生活中到处可见。

下面两组照片说明了两大例子。在每组照片中，某种新技术能使资本替代劳动。

第一组照片说明了自动柜员机（资本）替代了银行柜台人员。尽管将近 40 年前自动柜员机就被研制出来了，但在最开始露面时，它只是坐落在银行里面，并且不能及时更新储户的余额。仅仅在上一个十年间，自动柜员机就几乎遍布商场的各个角落，使得在世界上任何地方都能提款并查询账户余额。

第二组照片说明了更新的资本替代劳动的事例：自动领取登机牌。今天的航空旅行者通常可以在出家门之前在自己的电脑上为自己出登机牌。对国际航班，有些机器还能检查护照的细节。

银行柜员、办理登机服务的人员的数量在减少，然而，这些新技术正在创造出全新的工作机会：生产、编程、安装以及维修人员。

企业家才能

企业家才能（entrepreneurship）指组织土地、劳动以及资本进行生产的人力资源。企业家具有很强的创造性和想象力。企业家提出生产什么以及如何生产的新见解，做出商业决策并承担相应的决策风险。如果决策正确，他们便赚取利润；如果决策失误，他们就承担亏损。

企业家才能难以量化，也难以度量。在某一时段，周围好像有许多想象力丰富的企业家，例如创建了世界上最大的零售商沃尔玛的山姆·沃尔顿（Sam Walton）、创建了美国微软帝国的比尔·盖茨、创建了美国第二大社交网站脸谱公司（Facebook）的马克·扎克伯格（Mark Zuckerberg），都是杰出的天才企业家的典型。但是这些显赫的企业家只是冰山一角，冰山之下还有成千上万的人在经营着许多或大或小的企业。

□ 我们为谁生产？

产品和服务的获取取决于人们赚取的收入。收入高的人可以购买更多的产品和服务，而收入低的人则只能购买更少的产品和服务。

人们通过出售他们所拥有的生产要素来赚取收入。**租金**（rent）是对使用土地的支付，**工资**（wages）是对劳动服务的支付，**利息**（interest）是对使用资本的支付。企业家因为经营企业才赚取**利润**（profit）[或发生**亏损**（loss）]。在美国上述四大类各占有多大的份额呢？哪一类要素得到最大的份额呢？

图 2-1（a）回答了上述问题。它表明在 2010 年工资占总收入的 69%，租金、利息和利润占总收入的 31%。这一比例很长时间以来都惊人地保持不变。我们把按生产要素进行的收入分配称为功能性收入分配。

图 2-1（b）显示了个人收入分配——在家庭之间的收入分配。有些家庭，像泰格·伍兹（Tiger Woods）一年赚几百万美元。这些家庭在美国是最富裕的 20%的家庭，他们赚取了总收入的 51%。在此分类的另外一端，像那些快餐服务员一类，是在最贫穷的 20%之列，他们仅仅赚取了总收入的 3%。收入分配格局一直在变化，而且变得越来越不公平。富的更富；但从总体看，并不是穷的更穷，他们只是没有富人富得那么快罢了。

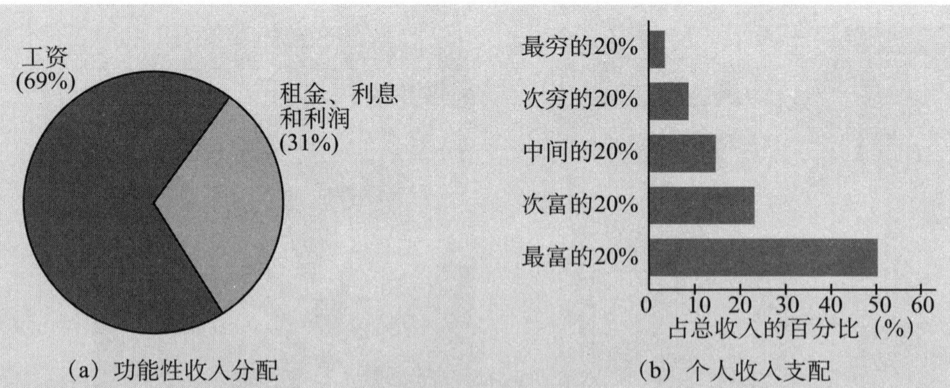

图 2-1 为谁生产？

在 2010 年，工资（从劳动中得到的收入）占总收入的 69%，租金、利息和利润（从土地、资本和企业家才能所提供的服务中得到的收入）合计占剩下的 31%。

在 2010 年，收入最高的 20%的人口得到了 51%的总收入，收入最低的 20%的人口仅仅得到了 3%的总收入。

资料来源：Bureau of Economic Analysis，National Income and Product Accounts，Table1. 10 and U. S. Census Bureau，Income，Poverty，and Health Insurance in the United States：2010，Current Population Reports P60－235，2010.

检查站 2.1☞ 描述美国生产什么、如何生产以及为谁生产产品和服务。

现实问题

1. 请说出我们在经济学中使用的四大类型的产品和服务，对每种提出一个不同于本书的实例，并说出在 2011 年它们在总产量中所占的比重。

2. 请说出四种生产要素以及它们赚取的收入。

3. 区分功能性收入分配和个人收入分配。

4. 在美国，哪一种生产要素在 2010 年赚取的收入分配的份额最大以及份额为多少？

新闻摘要

小额贷款失去了什么？

穆罕默德·尤努斯（Muhammad Yunus）（以及孟加拉国乡村银行）被授予 2006 年诺贝尔和平奖。尤努斯曾说过："所有的人都是企业家"，小额贷款将帮助穷人摆脱贫困。仅有 14%的美国人是企业家，而近 40%的秘鲁人是企业家。

资料来源：James Surowiecki，*The New Yorker*，March 17，2008.

仅有 14%的美国人是企业家，大多数美国人是以什么生产要素赚取他们的收入的？这种收入叫什么？你如何理解这么多秘鲁人是企业家？

现实问题参考答案

1. 四大类型是消费性产品和服务、资本品、政府的产品和服务、出口的产品和服务。衬衣是一种消费性产品，理发是一种消费性服务，石油钻机是一种资本品，警察保护是一种政府服务，出售给冰岛的计算机芯片是一种出口产品。2011 年在总产量中，消费性产品和服务占 61%，资本品占 11%，政府的产品和服务占 17%，出口的产品和服务占 11%。

2. 生产要素是土地、劳动、资本和企业家才能。土地赚取租金，劳动赚取工资，资本赚取利息，企业家才能赚取利润或者发生亏损。

3. 功能性收入分配显示了每种生产要素收入占总收入的百分比，个人收入分配显示了家庭收入占总收入的百分比。

4. 在美国，劳动在 2010 年赚取了份额最大的收入分配，其赚取了 69%的总收入。

新闻摘要参考答案

大多数美国人是依靠劳动赚取他们的收入，这被称为工资。秘鲁是一个贫穷国家，工资岗位相比美国更有限，为了赚取收入，他们很多人都是自我雇佣，作为一个小企业家工作。

2.2 全球经济

我们现在来看看在全球经济中生产什么、如何生产和为谁生产。我们首先简要介绍组成全球经济的人和国家。

□ 人

访问美国人口调查局的网页，找到人口钟，查出美国和整个世界今天的人口数量。

就在写下这些文字的时候，2011 年 6 月 5 日，美国钟记录的人口数为 311 495 726，世界钟记录的全球人口数为 6 923 027 156。美国钟显示每 12 秒在人口总数中增加 1 人，世界钟转得更快一些，在同样的 12 秒钟增加了 30 人。

□ 国家

世界 70 亿人口（还在增加）生活在 176 个国家和地区，国际货币基金组织（IMF）将其分成两大类别的经济体：

- 发达经济体
- 新兴市场和发展中经济体

发达经济体

发达经济体是指最为富裕的 29 个国家（或地区）。美国、日本、意大利、德国、法国、英国和加拿大属于这一小组。四个新型工业化亚洲国家和地区也是如此：中国香港、韩国、新加坡和中国台湾。其他发达经济体包括澳大利亚、新西兰以及大多数西欧国家。将近 10 亿的人口（15%的世界人口）生活在发达经济体中。

新兴市场和发展中经济体

新兴市场经济体是由中欧、东欧和亚洲的 28 个国家所组成的，20 世纪 90 年代早期之前，苏联的一部分或者其卫星城属于亚洲，俄罗斯是这些经济体中最大的。其他的包括捷克共和国、匈牙利、波兰、乌克兰和蒙古国。

将近 5 亿人口在这些国家和地区生活——仅占发达国家和地区人口数的一半。然而，这些国家是重要的，这是因为它们是从国有生产、中央经济计划、深度管制市场的体制转型为自由企业和放松管制的国家和地区（由此得名）。

发展中经济体是由非洲、亚洲、中东、欧洲、中非和南非（包括中国、印度、印度尼西亚以及巴西）的 119 个国家和地区所组成的，它们还没有为它们的人民实现高的平均收入。在这些经济体中，平均收入差距很大，但是，在所有情形下，其平均收入比发达经济体低出许多，在极端情况下，它们的收入极其低下。50 多亿人口——几乎五分之四的人口——生活在发展中经济体中。

□ 全球经济生产什么？

首先，让我们看看大的场景。想象一下每年全球经济生产一块巨大的馅饼。在 2011 年这块馅饼值 70 万亿美元！赋予这一数字一定的意义，如果这块馅饼在全球 69 亿人口中均等分配，我们中的每一个人都可以得到价值 10 145 美元的一小片。

全球馅饼是在哪里烤制的呢？

图 2－2 向我们说明了在世界上这块馅饼是在哪里烤制的。发达经济体生产了

53%——20%由美国生产，15%由欧元区生产，其他发达经济体生产了18%。另外，有8%是由新兴市场经济体生产的。生产了世界产量（价值）61%的上述经济体仅占世界人口的20%。

剩下的大部分全球馅饼来自亚洲。中国生产了总量的13%，剩下的亚洲发展中经济体生产了10%。非洲和中东的发展中经济体生产了7%。西半球——墨西哥和南非——生产了其余的份额。

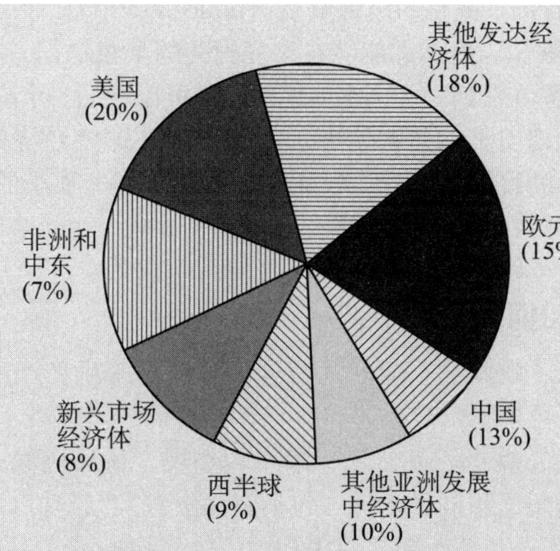

图2-2 全球经济2010年生产什么

如果我们把全球经济的产品价值用一块馅饼来表示，美国生产的那一小片为20%，其他发达经济体生产了总产量的33%。

大部分剩余馅饼来自亚洲。中国生产的一小片为13%。剩下的亚洲发展中经济体生产了10%。非洲、中东以及西半球生产了16%，新兴市场经济体生产了其余的份额。

资料来源：International Monetary Fund，World Economic Outlook Database，April 2011.

一片片全球产量馅饼的大小正在逐步发生变化。美国的份额正在减少，中国的份额正在扩张。

不像一片片苹果馅饼那样，这些全球馅饼有不同的填充物。有些有更多的油，有些有更多的食物，有些有更多的服装，有些有更多的住宅服务，有些有更多的汽车，等等。让我们看看这些不同的填充物。

生产上的差异性

在发展中经济体中，生产什么的问题和发达经济体形成了鲜明的对比。制造业占的比重很大。发展中经济体拥有占很大比例和正在扩张的产业，这些产业生产纺织品、鞋类、运动器材、玩具、电子产品、家具、钢材甚至汽车和飞机。

食物生产在美国和发达经济体中占很小的一部分，而在像巴西、中国和印度这样的国家中占有很大的份额。但是，发达经济体也生产了世界食物的三分之一。怎么可能呢？这是因为发达经济体的总产量远远大于发展中经济体，一个大数的小百分比可能比一个小数的大百分比还要大。

生产上的相似性

如果你在加拿大、英格兰、澳大利亚、日本或者任何一个其他发达经济体的购物摩尔购物，你会怀疑你是否离开了美国。你将看到星巴克（Starbucks）、汉堡王（Burger King）、必胜客（Pizza Hat）、肯德基（KFC）、凯马特（Kmart）、沃尔玛（Wal-Mart）、塔吉特（Target）、贝纳通（United Colors of Benetton）、盖璞（Gap）、汤米·希尔菲杰（Tommy Hilfiger）、泰利格（Tie Rack）、高档的路易威登（Louis Vuitton）和巴宝莉（Burberry）以及一大串你熟悉的其他品牌。当然，你能够看见麦当劳的金色拱门。30 000 个麦当劳店分布在 119 个国家和地区，你在任何一个国家或地区中都可以看见一个或多个麦当劳店。

发达经济体的相似性超出了上述购物摩尔的视角。在这些经济体中生产什么的结构是很相似的。从总体经济的百分比来看，农业和制造业占一个很小的比例，并且在缩小，服务业占很大的比例，并且在扩大。

□ 在全球经济中如何生产?

人们使用土地、劳动、资本和企业家才能这四种资源来生产产品和服务，利用这些资源的组合来选择一个尽可能低的成本进行生产。能源的生产体现了这一点。

能源的生产来自石油、煤炭、天然气、瀑布、水坝、核反应堆、风车、太阳能电池板。每一种力量来源都利用了不同的土地（包括自然资源）、劳动以及资本的组合。

图 2－3 向我们说明了一些关于能源使用和生产的有趣的事实。在我们所使用的能源中有 80%是以电的形式存在的，另外 20%被用于运输［见图 2－3（a）］。世界上大多数的电是利用煤炭（占 33%）、天然气（占 29%）、石油（占 21%）、风能和太阳能（仅仅占 1%）生产的［见图 2－3（b）］。世界上几乎所有运输所需要的动力都来自石油（汽油和柴油），仅仅有 2%的动力来自乙醇［见图 2－3（c）］。

每一个国家和地区都有其独特的土地、劳动和资本的融合。然而，在我们所讨论的发达经济体和发展中经济体之间，还是有一些有趣的共同点和明显的不同点。

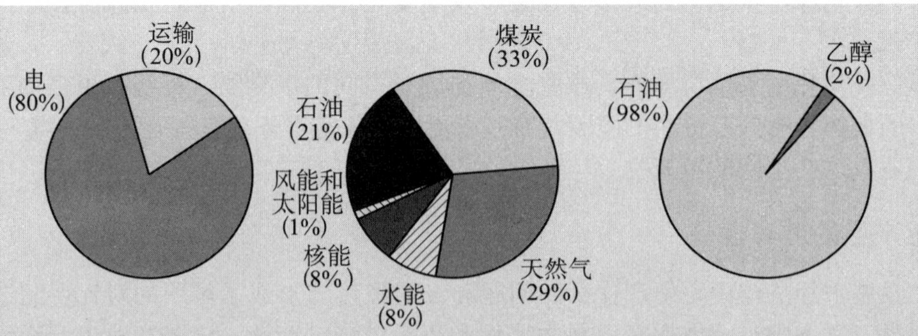

图 2－3 全球经济是如何使用和生产能源的

图（a）显示，80%的能源被用于发电，20%的能源被用于运输。

图（b）显示，大多数的电来自煤炭、天然气以及石油，只有 9%的电来自水能、风能和太阳能。

图（c）显示，几乎所有运输所需要的动力都来自石油（汽油和柴油），仅仅有 2%的动力来自乙醇。

资料来源：Energy Information Administration and BP Review of World Energy，June 2011.

人力资本差距

在发展中经济体中，那些获得学位或者完成高中学习的人口比例是比较低的。在发展中经济体中那些最为贫穷的国家里，许多儿童失去了接受初级教育的机会。他们根本就没上过学。发展中经济体中的在职培训以及经验比发达经济体中的要少得多。

❖关注 iPhone　谁在制造 iPhone?

苹果公司设计并在市场上出售 iPhone，但并不生产 iPhone 所需的各种元件。苹果公司想以尽可能低的成本生产 iPhone。它通过在三大洲 30 多家公司雇用成千上万个工人实现这一目标。下表显示了部分公司以及它们所花费的成本。

苹果公司以及其他 30 多家企业做出生产决策，向其工人、投资者以及原材料供应商支付报酬，各自扮演着在影响生产什么、如何生产和为谁生产方面的角色。

4G iPhone 的成本和生产者

项目	成本（美元）	生产者（不完全）	国家和地区
处理芯片	31.40	台湾半导体	中国台港
		联合微电子公司	中国台湾
		三星	韩国
		奇迹	美国
		美光科技公司	美国
记忆芯片	45.80	CSR 公司	美国
蓝牙	19.10	英特尔	英国
印刷电路板	36.05	正崴	中国台湾
		乾坤科技	中国台湾
手机界面	19.25	英飞凌	德国
相机模块	11.00	大立光电	中国台湾
		阿尔特斯科技、致伸、建兴	中国台湾
显示屏	33.50	国家半导体	美国
		联咏科技	中国台湾
		三洋、爱普生、夏普、TMD	日本
触摸屏控制器	1.15	巴尔达	德国
		博通	美国
电池和能源管理	8.60	台达电子	中国台湾
盒子	8.50	可成科技、富士康科技	中国台湾
组装	15.50	富士康、广达	中国台湾
特许权使用费	15.98		
总成本	245.83		

实际资本差距

发达经济体异于发展中经济体的重大特征就是生产产品和服务所能获得的资本数量

的不同。其差异首先开始于基础性的交通系统。在发达经济体中，一个运行良好的高速公路系统连接着主要城市和生产地。你可以打开北美道路地图集，比较一下美国跨州高速公路系统和墨西哥稀少的高速公路，便可以最为形象地看出这一差异。如果你翻一翻西欧和非洲的道路地图集，也可以看出相似的反差。

然而，发展中经济体也不是没有高速公路。事实上，它们中的一部分有着最新最好的高速公路，但是，这里最新最好也只限于大型城市之间。发展中经济体中一些更小的中心或者乡村之间经常拥有某些世界上最为糟糕的道路。

与高速公路的反差相比，车辆的反差也许更大一些。在任一发达经济体中，你很难碰上载物马车。但是，在发展中经济体中，你可以经常看见用动物作动力的车辆，卡车通常很陈旧或者很不可靠。

交通运输的反差与在农场以及工厂方面的反差是相匹配的。一般来说，经济越发达，生产所用的资本设备数量就越多，复杂性就越强。然而，这一对比并非那么一清二楚。印度、中国以及亚洲其他地方的工厂也许使用了最新的技术。家具制造便是一个案例。为了使得美国人愿意购买它们所生产的家具，亚洲企业使用的机器就像美国北卡罗来纳州的企业使用的机器一样。

再一次指出，正是现代资本密集型技术使用的广泛性区分了发展中经济体和发达经济体。发达经济体中的所有工厂都是资本密集型的，而在发展中经济体中只有一些工厂如此。

发达经济体与发展中经济体之间人力资本和物质资本的差异对谁能够得到产品和服务有很大的影响。

□ 在全球经济中为谁生产？

世界的产品和服务的获取取决于人们所赚取的收入。那么，在全世界收入是如何分配的呢？

个人收入分配

你在前面已经看到，收入最低的20%的人口只得到3%的总收入，而收入最高的20%的人口却得到51%的总收入。在世界经济中个人收入分配就更为不平等了。按照世界银行的数据，收入最低的20%的人口只得到2%的全球总收入，而收入最高的20%的人口却得到70%的全球总收入。

国际分配

在全球层面上，更大程度的不平等来源于不同国家的平均收入。图2-4说明了某些差异。它显示了人们一天平均支付的货币价值。你可以发现，在美国这一数字是129美元一天——美国平均每人每天可以花费129美元去购买产品和服务。这一数值是世界平均数的大约5倍之多。加拿大每人一天的平均支付非常接近美国，为126美元，日本这一数字是116美元一天。英国和欧元区拥有美国人平均收入的80%左右。当我们继续往下看图的时候，收入水平下降得很快，非洲和印度分别仅实现了人均收入4美元一天和

3 美元一天。

当人们失去收入不错的制造业的工作，而找到一份收入较低的服务业的工作时，美国以及大多数其他发达经济体中的不平等便增强了。在发展中经济体中，不平等也在增强。有技能的人享受着增长的收入，而无技能者的收入却在下降。

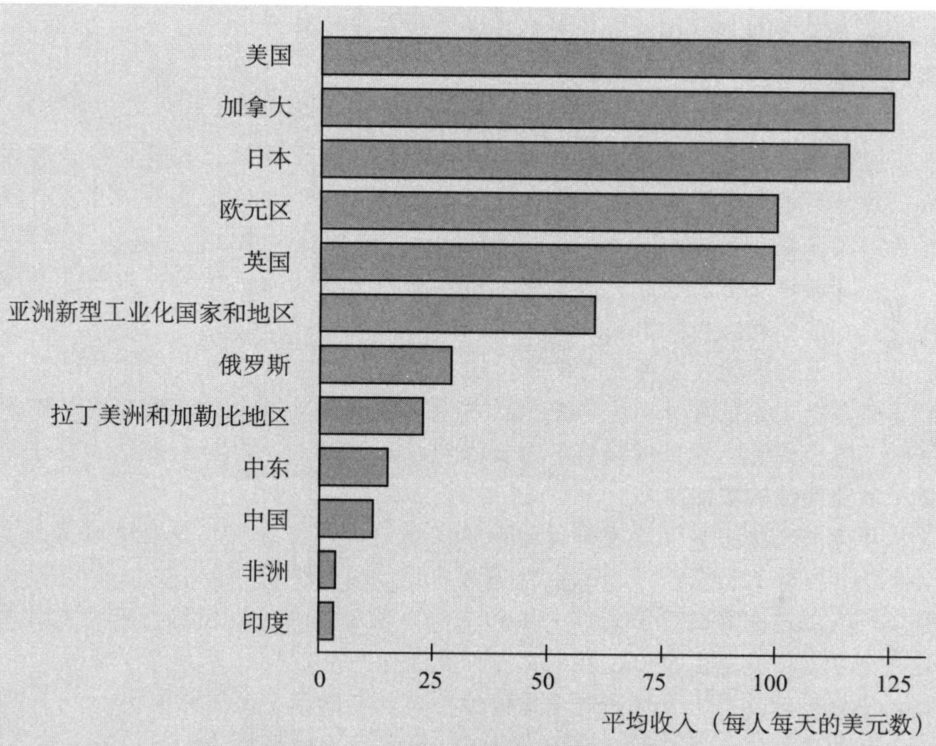

图 2-4　2010 年在全球经济中为谁生产

在 2010 年，美国每人每天的平均收入是 129 美元，加拿大为 126 美元，英国为 99 美元。日本为 116 美元，欧元区为 100 美元。这一数字在俄罗斯降到了 29 美元，中国为 12 美元，印度为 4 美元，非洲为 3 美元。

资料来源：International Monetary Fund，World Economic Outlook Database，April 2011.

幸福悖论和重大挑战

尽管大多数国家内部的不平等在扩大，但是，在过去 20 年间，全世界的收入不平等却在缩小。按照哥伦比亚大学经济学教授 Xavier Sala-i-Martin 的观点，最为重要的是极度贫困在缩小。他估算了在 1976—1998 年间，一天赚取一美元或更少的人口减少了 2.35 亿，一天赚取两美元或更少的人口减少了 4.5 亿。这一幸福情景的出现主要归功于中国——最大的国家的收入急剧上升，使数百万极度贫困的人口脱贫。

使非洲摆脱贫困在今天是一项重大的挑战。在 1960 年，世界上最贫穷的 11%的人口生活在非洲，但在 1998 年，这一数值达到了 66%！在 1976—1998 年间，在非洲一天赚取一美元或更少的人口增加了 1.75 亿，一天赚取两美元或更少的人口增加了 2.27 亿。

❖关注你的生活　在你的生活中的美国以及全球经济

你已经多次领教了有关美国和全球经济生产什么、如何生产以及为谁生产产品和服务的事实及其趋势。你如何使用这一信息呢？你可以在两方面使用它：

1. 对你的事业选择提供信息。
2. 对你的关于保护美国就业岗位的政治立场提供信息。

事业选择

当你思考你的未来事业的时候，你现在就应该掌握关于关键趋势的信息。你知道，制造业正在萎缩。美国经济有时候被称为后工业经济。曾为数代人提供经济脊梁的产业今天已经降到了大约五分之一的地步，这一趋势还在继续。到21世纪中期，从提供就业机会的角度看，制造业完全有可能就像今天的农业那样少。

因此，在制造业中的一份工作很有可能成为一份很艰难的工作，该行业的就业者有可能需要在整个就业生涯中换几回工作。

随着制造业的萎缩，服务业在扩张，这一扩张还在持续。医疗保健、教育、通信、批发和零售以及娱乐很有可能在未来大为扩展，就业机会增加，工资提高。在服务业中的一份工作很有可能提供一份稳定增长的收入。

保护就业岗位的政治立场

当你思考关于保护美国就业岗位的政治立场的时候，你现在就应该较好地掌握有关基本事实和趋势的信息。

当你听到制造业的工作正在消失并且流向中国时，你应该能够用产业发展的眼光看待这一消息。你有理由担心，特别是在你或者你的家庭成员失去工作的时候。但是，你知道，试图扭转甚至阻止这一进程是悍然不顾坚定的历史发展趋势。

在以后的章节中你将学到，对形成保护、限制竞争的怀疑是有其经济学道理的。

检查站 2.2☞　描述全球经济生产什么、如何生产以及为谁生产产品和服务。

现实问题

1. 描述发展中经济体生产什么、如何生产以及为谁生产产品和服务。
2. 成功的故事：卢旺达咖啡农场。

克林顿基金会向卢旺达咖啡种植者发放贷款23 000美元，以支持其改善咖啡冲洗站并提供技术支持。成功的根源是什么？

现实问题参考答案

1. 在发展中经济体中，农业占有最大的百分比，制造业所占的百分比日益上升，服务业很重要，但占总产量的比重很小。大多数生产并没有使用现代资本密集型技术，但是某些产业使用了。在工厂工作的人收入提高，但那些在乡村工作的人被甩在了后面。

2. 卢旺达咖啡种植者改进了其咖啡种植的知识，因而提高了其人力资本。咖啡冲洗站的改善则意味着物质资本的变化，这使得农民增加其水洗咖啡的数量。

2.3 循环流量

我们可以借助于**循环流量模型**（circular flow model）重新组织我们刚刚学习的那些数据。循环流量模型是一种显示支出与收入循环流量的经济模型，这些循环流量产生于各类决策者的选择及其相互作用的方式，这些选择相互作用决定着一个社会生产什么、如何生产以及为谁生产产品和服务的问题。图 2－5 显示了循环流量模型。

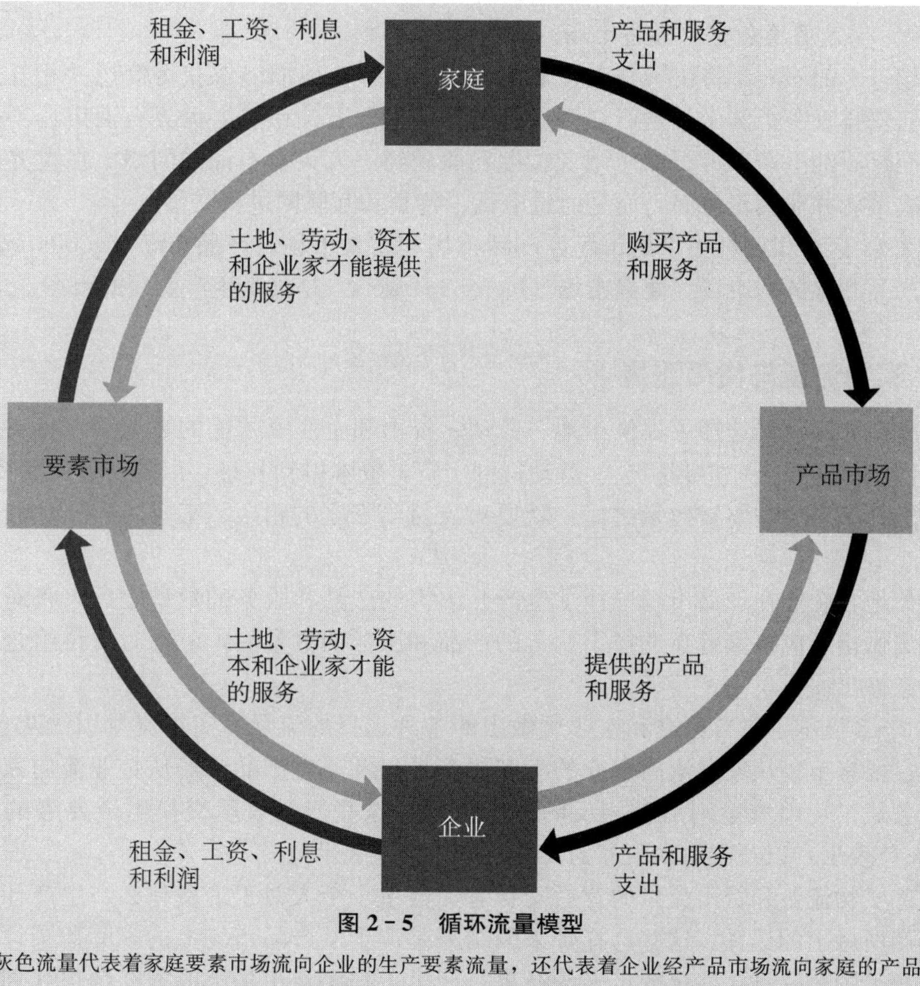

图 2－5 循环流量模型

浅灰色流量代表着家庭要素市场流向企业的生产要素流量，还代表着企业经产品市场流向家庭的产品和服务的流量。这些流量是实物流量。

深灰色流量代表来自生产要素的收入，黑色流量代表对产品和服务的支付。这些流量是货币流量。

产生这些流量的选择决定着生产什么、如何生产以及为谁生产这些产品和服务的问题。

□ 家庭与企业

家庭（households）是居住在一起的个人或者一群人。在美国，1.18 亿的家庭拥有土地、劳动、资本和企业家才能等生产要素，并且决定向企业提供多少资源。家庭同时还要决定购买的产品和服务的数量。

企业（firms）是组织产品和服务的生产的机构。在美国，2 000 万家企业决定使用的生产要素的数量及生产的产品和服务的数量。

□ 市场

家庭选择提供给企业的生产要素的数量，而企业选择雇用的生产要素的数量。家庭选择购买的产品和服务的数量，而企业选择生产的产品和服务的数量。这些选择如何协调并取得一致？答案就是：通过市场。

市场（market）是将买者与卖者聚集在一起，并使他们能够获得信息并相互进行交易的任何安排。一个例子就是石油买卖市场，即世界石油市场。世界石油市场不是一个地方，而是石油生产商、石油使用者、批发商和经纪人买卖石油的网络。在世界石油市场中，决策者并非真正见面，而是通过电话、传真和互联网进行交易。

图 2－5 区分了两种类型的市场：产品市场和要素市场。**产品市场**（goods markets）是买卖产品和服务的市场。**要素市场**（factor markets）是买卖生产要素的市场。

□ 实物流量与货币流量

家庭在要素市场选择了提供土地、劳动、资本和企业家才能的数量后，将对所得到的收入做出反应：土地得到租金，劳动得到工资，资本得到利息，以及企业家得到利润。企业在选择了雇用的要素数量之后，就要对支付给家庭的租金、工资、利息和利润做出反应。

类似地，企业在产品市场选择了生产并出售的产品和服务的数量之后，将对来自家庭的支出做出反应。家庭在选择了购买的产品和服务的数量后，就要对支付给企业的相应的数额做出反应。

图 2－5 显示了来自家庭和企业所做出的各种选择的流量。实物流量用浅灰色表示，这是通过要素市场从家庭流向企业的生产要素量以及通过产品市场从企业流向家庭的产品和服务量。货币流量则沿着相反的方向流动，这些流量表示交换生产要素的支付量（用深灰色表示）以及产品和服务的支出量（用黑色表示）。

这些实物流量和货币流量的背后隐含着无数单个个人对于消费什么、生产什么以及如何生产所做出的选择。这些选择带来的结果是产生了产品市场上的家庭购买计划和企业的销售计划，并且这些选择带来的结果是产生了在要素市场上的家庭销售计划和企业的购买计划。在这些购买计划和销售计划实施后，它们就决定了人们所要支付的价格和赚取的收入，于是也就决定了为谁生产产品和服务的问题。你在第 4 章中将学到市场是如何协调家庭的购买计划和企业的销售计划，并如何使之相互一致的。

企业生产了我们消费的绝大多数产品和服务。但是，政府也提供了一些令我们愉快的服务。同时，通过改变收入分配，政府在修正谁得到产品和服务方面起了很重要的作用。因此，我们现在看一看政府在美国经济中的作用，并把它们加到循环流量模型之中。

□ 政府

美国有超过 8.6 万个组织，它们像政府一样运作，其中一些是微小的，例如亚利桑那州尤马的校区；有些却是庞大的，例如美国联邦政府。我们将政府分成两类：

- 联邦政府
- 州政府和地方政府

联邦政府

联邦政府的主要支出是提供：

（1）产品和服务

（2）社会保障和福利救济

（3）向州政府和地方政府的转移支付

由联邦政府提供的产品和服务包括立法系统，它界定了财产权利、合同执行、国家安全等。社会保障和福利救济包括退休养老金、医疗保险和医疗补助项目，它们是联邦政府向家庭的转移支付。而联邦政府向州政府和地方政府的转移支付旨在保证州和地区之间的公平。

联邦政府通过征收一系列税收为其支出融资。上缴给联邦政府的主要税种有：

（1）个人所得税

（2）企业（工商）所得税

（3）社会保障税

2010 年，联邦政府支出了超过 3.5 万亿美元的税，占当年美国生产的产品和服务总值的 24%。它们所征收的税收小于其支出，政府出现赤字。

州政府和地方政府

州政府和地方政府的主要支出是提供：

（1）产品和服务

（2）福利救济

由州政府和地方政府提供的产品和服务包括州法院、警察、学校、道路、垃圾收集与处理、供水以及污水管理。州政府提供的福利救济包括失业救助和其他对低收入家庭的补助。

州政府和地方政府通过征税和联邦政府的转移支付为其支出融资。上缴给州政府和地方政府的主要税种有：

（1）销售税

（2）财产税

（3）州所得税

2007—2008 年，州政府和地方政府花费超过 2.1 万亿美元，占当年美国生产的产品和服务总值的 17%。

□ 循环流量模型中的政府

图 2－6 把政府加到了循环流量模型之中。当你学习这幅图时，首先会注意到，它的外圈与图 2－5 是一样的。除了上述流量之外，政府从企业购买产品和服务。图中的黑色箭头代表了这一支出，它是从政府经产品市场流向企业的流量。

家庭和企业向政府缴税。从家庭和企业直接流向政府的浅灰色箭头代表着这些流量。同样，政府对家庭和企业也有货币性转移支付，从政府直接流向家庭和企业的浅灰色箭头代表着这些流量。税收和转移支付是家庭和政府的直接交易，并没有经过产品市场和要素市场。

政府提供了法律框架，在此框架之内发生了交易活动。例如，政府开设法庭和法律系统以保障合同的签订和执行。但是，这些活动没有成为图 2－6 中的一部分循环流量，因此在该图中是看不到的。

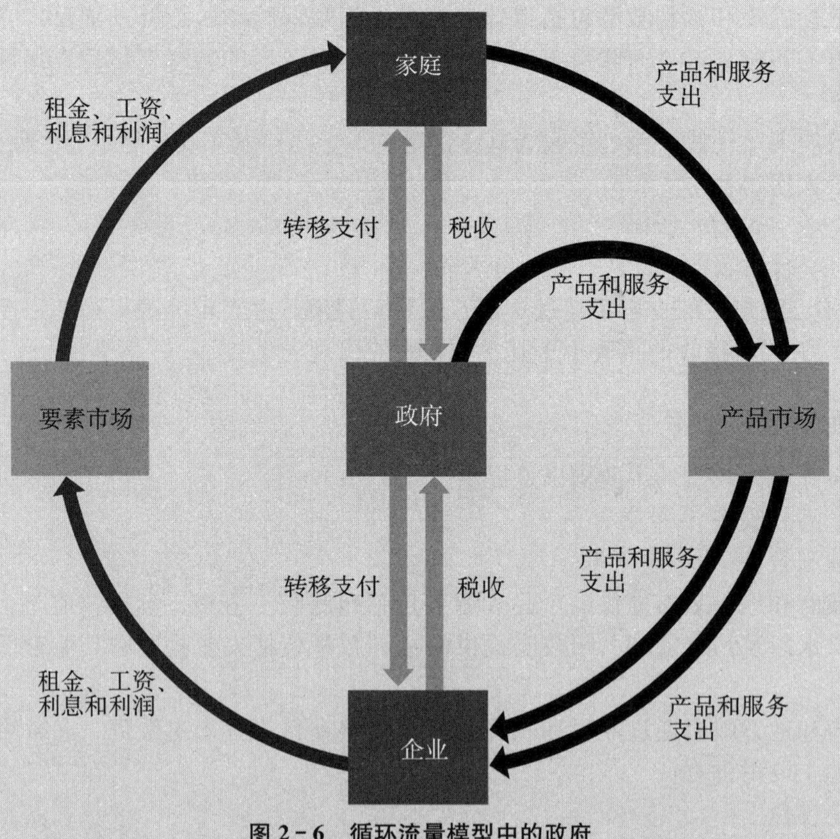

图 2－6　循环流量模型中的政府

从家庭和企业流向政府的浅灰色箭头是指税收，而从政府流向家庭和企业的浅灰色箭头是货币性转移支付。政府经产品市场流向企业的黑色流量是政府购买产品和服务的支出。

□ 联邦政府的支出与收入

联邦政府的产品和服务支出以及转移支付支出主要有哪些项目呢？税收收入的来源是什么？图 2－7 回答了这些问题。

三大支出项目从数量上来说很接近，也很大。它们是社会保障性救济、医疗保险和医疗补助以及国防和国土安全。上述三项占政府支出的 64%。对个人的其他转移支付，包括失业救济金，也是很大的。“其他”项涵盖了很多内容，包括转移给地方政府的支出、美国航空航天局（NASA）空间项目以及国家科学基金会对大学研究的资助。

对国民债务的利息支出是另外一个重要的支出。**国民债务**（national debt）是指联邦政府为弥补税收不足所造成的预算赤字而举借的债务。国民债务有点像一张大额信用卡，支付政府负债利息就像是每月必须支付的最低金额。

联邦政府的大部分税收收入来源于个人所得税和社会保障税，企业所得税和其他税收只占联邦政府收入的很小一部分。

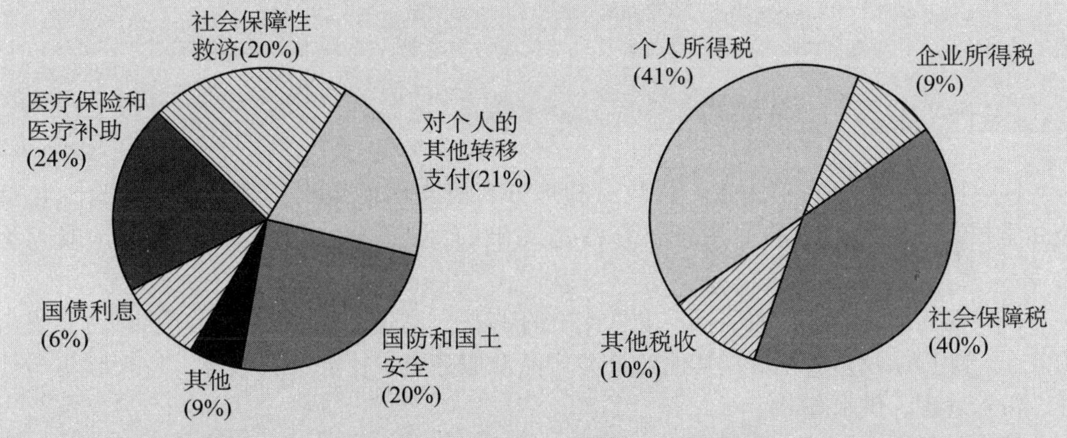

(a) 联邦政府支出　　(b) 联邦政府收入

图 2－7　联邦政府的支出与收入

社会保障性救济、医疗保险和医疗补助以及国防和国土安全占联邦政府支出的 64%，对国民债务的利息支出是另外一项重要的支出。

联邦政府的大部分税收收入来源于个人所得税和社会保障税，企业所得税和其他税收只占联邦政府收入的很小一部分。

资料来源：Budget of the United States Government，Historical Tables，Table 2. 1 and Table 3. 1，2010 data.

□ 州政府和地方政府的支出与收入

州政府和地方政府的产品和服务支出以及转移支付支出主要有哪些项目？州政府和地方政府的主要收入来源是什么？图 2－8 回答了这些问题。

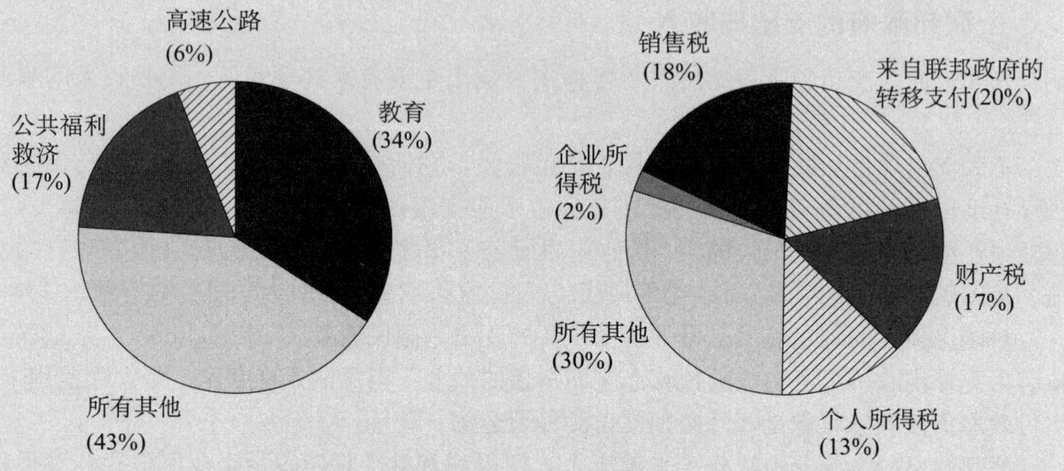

(a) 州政府和地方政府支出　　(b) 州政府和地方政府收入

图 2－8　州政府和地方政府的支出与收入

教育、公共福利救济及高速公路占州政府和地方政府支出的最大部分。

大多数州政府和地方政府的收入来源于销售税（18%）、财产税（17%）以及来自联邦政府的转移支付（20%）。

资料来源：*Economic Report of the President 2009*，Table B－86，2007—2008 data.

你可以看到，到目前为止，州政府和地方政府支出的最大一部分便是教育。包括公立学校、学院和大学的费用。教育占总支出的 34%，接近 8 260 亿美元，或人均 2 650美元。

公共福利救济是第二大项目，占总支出的 17%。高速公路为第三大项目，占总支出的 6%。剩下的 43%被花费在其他的公共产品和服务上，比如警察服务、垃圾收集与处理、污水管理、供水等。

销售税和来自联邦政府的转移支付数额接近，各自约占总收入的 18%和 20%。财产税占总收入的 17%，个人所得税占 13%，企业所得税占 2%，剩下的收入来自对天然气和烟酒等所征的税收。

∵关注过去　　增长中的政府

一百年以前，美国联邦政府花费了美国所赚的每一美元中的 2 美分：今天美国联邦政府花费了 23 美分。在两次世界大战期间以及 20 世纪六七十年代，政府随着社会项目的扩张而扩大。

仅在 20 世纪八九十年代，大政府才开始处于缩小的进程，这是从罗纳德·里根（Ronald Reagan）开始并由比尔·克林顿（Bill Clinton）继续推动的。但是，“9·11”事件又成为了开创一个扩大的政府的新纪元（见下页图）。

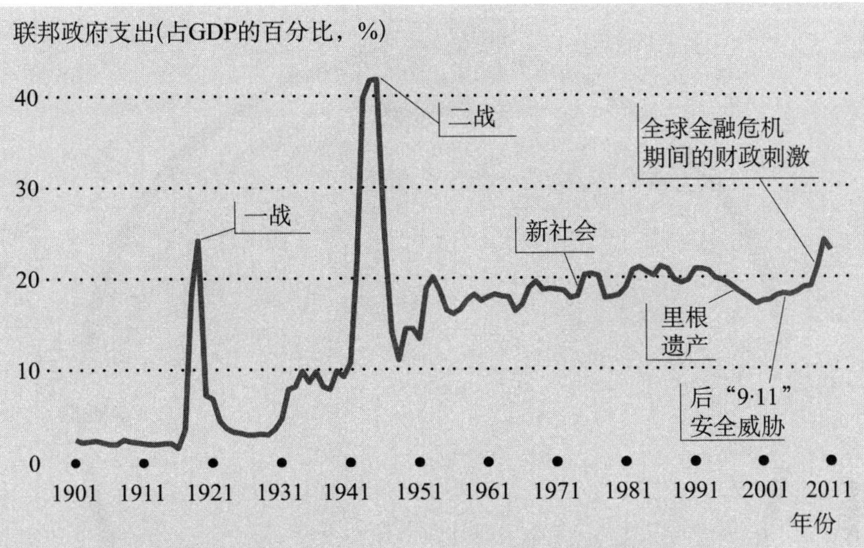

资料来源：Budget of the United States Government，Historical Tables，Table 1.1.

□ 全球经济的循环流量

美国经济中的家庭和企业与其他经济体中的家庭和企业以以下两种方式发生联系：它们买卖产品和服务，它们借款和贷款。我们把这两种活动称为：

- 国际贸易
- 国际金融

国际贸易

你购买的许多产品和服务都不是在美国生产的。你的 iPod、Wii 游戏机、耐克鞋、手机、T 恤衫以及自行车都是在亚洲或者有可能是欧洲、南美或中美洲的什么地方生产的。我们从其他国家购买的产品和服务是美国的进口。

在美国生产的大部分都不仅仅在这里销售。例如，波音公司为外国航线生产了许多飞机。华尔街的银行家们出售银行服务给欧洲人和亚洲人。我们销售给外国的家庭和企业的产品和服务被称为美国的出口。

国际金融

当企业或政府想借款的时候，它们在寻找可得的最低利率。有时候，它在美国之外。同样地，当我们的进口价值大于出口价值时，我们必须向世界其他地方借款。

在世界其他地方的企业和政府以同样的方式行事。它们在寻找可得的最低利率进而借款，以及寻找可得的最高利率进而贷款。它们有可能向美国人借款或贷款。

图 2－9 显示了在全球经济中的产品市场和金融市场的流量。美国的家庭和企业在全球产品市场和金融市场上与世界其他地方（外国）的家庭和企业相互影响。

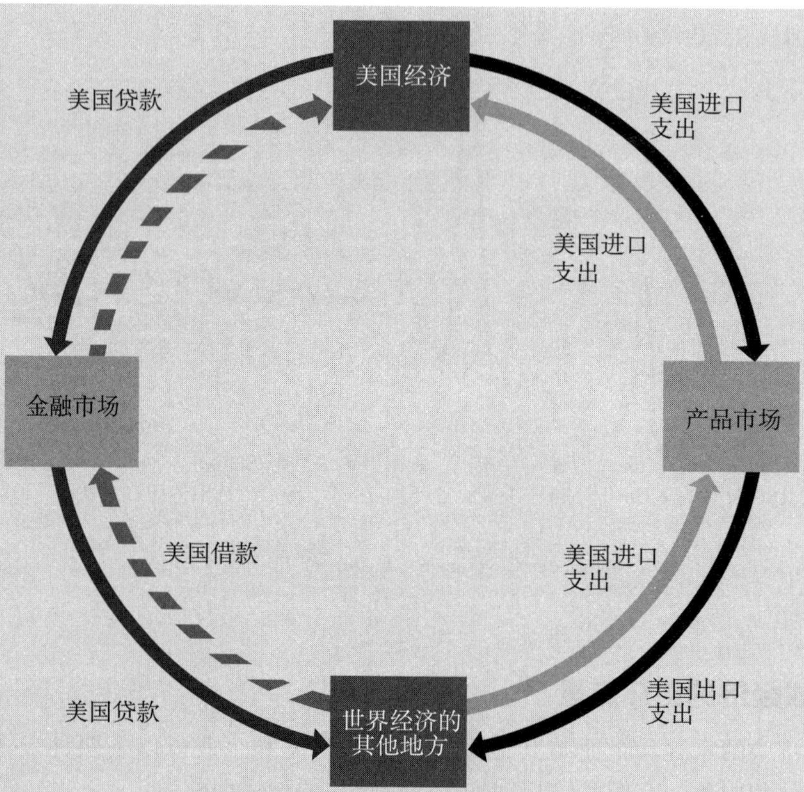

图 2-9　全球经济的循环流量

美国的家庭和企业在全球产品市场和金融市场上与世界其他地方（外国）的家庭和企业相互影响。

黑色流量显示了美国人对进口产品和服务的支出量，浅灰色流量显示了世界其他地方对美国出口（其他国家的进口）的支出。

深灰色流量显示了美国向世界其他地方贷款，虚线条流量显示了美国向世界其他地方借款。

黑色流量显示了美国人对进口产品和服务的支出量，浅灰色流量显示了世界其他地方对美国出口（其他国家的进口）的支出，深灰色流量显示了美国向世界其他地方贷款，虚线条流量显示了美国向世界其他地方借款。

正是这些国际贸易和国际金融流量使得世界各国在全球经济中联系起来，这样，全球繁荣和衰退便传递开来。

∴关注全球经济　　2009 年国际贸易衰退

在过去的 25 年间，国际贸易迅速扩张。以近 7%的平均增长率，世界贸易每十年翻一番。

在 2001 年，美国的小型衰退导致世界贸易增长呈爬行状态。

2001 年的衰退与 2009 年全球经济衰退期间世界贸易的崩溃相比，真是小巫见大巫。尽管在 2009 年国际贸易呈现出了衰退，但是在 2010 年和 2011 年已经回归到正常水平了（见下页图）。

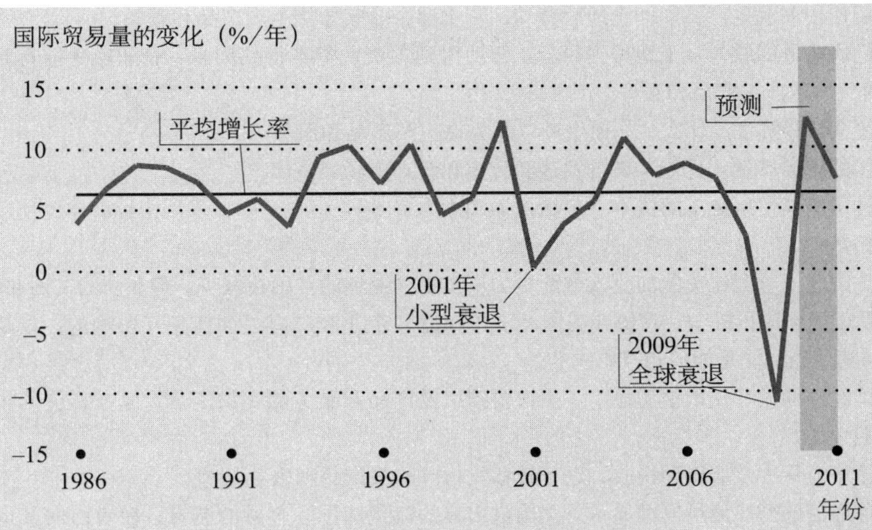

资料来源：International Monetary Fund，World Economic Outlook Database，April 2011.

检查站 2.3 **借助于循环流量模型，理解在美国经济中家庭、企业和政府是如何相互影响的，以及在全球经济中美国和世界是如何相互影响的。**

现实问题

1. 描述消费支出、新的国防设备采购以及劳动服务支出在循环流量模型中出现时是如何循环流动的，以及在流动过程中，会经过哪个市场？

2. 在循环流量模型中家庭、企业和政府之间的实物流量和货币流量是什么？

现实问题参考答案

1. 消费支出通过产品市场从家庭流向企业。新的国防设备采购同样是通过产品市场从政府流向企业。劳动服务支出是通过要素市场从企业流向家庭。

2. 实物流量是指在要素市场中要素服务从家庭到企业的流动，以及在产品市场中产品和服务从企业到家庭、从企业到政府的流动。货币流量是指要素收入、家庭和政府对产品和服务的支出、税收以及转移支付。

本章总结

□ 要点

1. 描述美国生产什么、如何生产和为谁生产产品和服务。

- 消费性产品和服务占总产量的 61%，资本品占 11%。

• 人们使用四大生产要素即土地、劳动、资本和企业家才能生产产品和服务。

• 人们所赚取的收入（土地得到租金，劳动得到工资，资本得到利息，企业家才能得到利润）决定着谁能得到所生产的产品和服务。

2. 描述全球经济生产什么、如何生产以及为谁生产产品和服务。

• 61%的世界产量（价值）来自发达经济体和新兴市场经济体。

• 发达经济体使用更多的资本（包括机器和人力资本），但是，一些发展中经济体也使用一些最新的资本和技术。

• 全球的收入分配比美国的收入分配更为不公平。亚洲的贫困在减少，但非洲的贫困在增加。

3. 借助于循环流量模型，理解在美国经济中家庭、企业和政府是如何相互影响的，以及在全球经济中美国和其他经济体是如何相互影响的。

• 美国经济的循环流量模型显示了生产要素以及产品和服务的实物流量，以及相应的收入和支出的货币流量。

• 在循环流量中政府得到税收、进行转移支付并购买产品和服务。

• 全球经济的循环流量模型显示了美国进出口的流量和国际金融的流量，后者由向其他国家借款和贷款所致。

□关键术语

资本	生产要素	劳动	资本品	企业
土地	循环流量模型	产品市场	市场	消费性产品和服务
政府的产品和服务	国民债务	企业家才能	家庭	利润（或亏损）
出口的产品和服务	人力资本	租金	要素市场	利息
工资				

本章检查站

□ 学习计划中的问题与应用

1. 解释下列三项中哪一些项目不是消费性产品和服务：

• 巧克力棒

• 滑雪缆车

• 高尔夫球

2. 解释下列哪一些项目不是资本品：

• 汽车装配线

• 购物摩尔

• 高尔夫球

3. 解释下列哪一些项目不是生产要素：

• 面包师送面包的车辆

• 1 000 股亚马逊的股票

• 北冰洋未探明的石油

4. 在四大生产要素中，哪个要素收入占美国总收入的比例最高？分别给出生产要素的定义以及它们赚取的收入。

5. 在给予美国贫困学生更多的岗位培训和更多奖学金的条件下，与过去相比，哪个特殊的生产要素增长的速度会更快?

6. 给出生产要素资本的定义并举出三个不同于本章的关于资本的例子。区分生产要素资本与金融资本。

7. 2009 年在国会讨论的《通过〈企业家法〉创造工作岗位》对小企业给予奖励性贷款，有些是针对女性、本土美国人以及退伍军人的。这一法案在 2010 年提供了 1.89 亿美元的支持，在 2010—2014 年间，提供了 5.31 亿美元的支持。解释这一法案是如何影响在美国生产什么、如何生产以及为谁生产产品和服务的。

8. 在循环流量模型的图上，标明下列事项是属于实物流量还是货币流量：

- 你支付你的学费。
- 得克萨斯大学购买一些戴尔电脑。
- 在联邦快递金考公司工作的学生。
- 美国地产大亨唐纳德·特朗普（Donald Trump）将其曼哈顿楼租给一家酒店。
- 你支付你的所得税。

9. 营利性大学可能面临着援助削减。

奥巴马政府提出了一项新的法令：如果从职业培训学校毕业的学生获得的学位毫无价值，联邦政府将会削减对营利性大学的援助。数以百万的低收入家庭将通过大量借贷来上大学，其中还有很多人辍学并且没有找到工作。

资料来源：*USA Today*，June 2，2011.

如果所有毕业生利用在学校所学的知识都能找到一份收入很好的工作，那么个人收入分配将如何变化?

□ 教师可布置的问题与应用

1. 社交及通信工具商 Buzz 总是围绕在苹果公司的 iPhone 周围，你能否解释：

- 为什么苹果公司不在美国自己的工厂生产 iPhone?
- 为什么苹果公司不生产不带相机的便宜的 iPhone?
- 回头看看 iPhone 的生产成本（参见本章第二节“关注 iPhone”专栏中的表），你认为为什么 iPhone 的价格如此之高? 除去制造成本以外，还要付出其他什么成本才能使得 iPhone 进入市场?

2. 在全球经济中，对应于每一个固定电话用户，就有 3 个移动电话用户，每 3 个移动电话用户中有 2 个用户生活在发展中国家，非洲的移动电话用户的增长率最高。在 2000 年，每 50 个非洲人中有 1 人拥有手机。在 2009 年，这一数量是每 50 个非洲人中有 14 人。描述全球公司生产什么、如何生产以及为谁生产电信服务的变化。

利用清单 1 回答问题 3～5。

清单 1

- 一条跨州高速公路
- 一架飞机
- 一位学校老师
- 一架隐形轰炸机
- 一辆垃圾车
- 一包泡泡糖
- 美国总统
- 一块草莓地

- 一部电影
- 一台自动柜员机

3. 在清单 1 中，哪些是消费性产品和服务？哪些是政府的产品？给出理由。

4. 在清单 1 中，哪些是资本品？给出理由。

5. 在清单 1 中，哪些是生产要素？给出理由。

6. 在非洲国家塞内加尔，小孩在小学注册时需要提供出生证明，这要花费 25 美元。这一价格是大多数家庭几个星期的收入。请解释一下这种要求是如何影响塞内加尔人力资本的增长的。

7. 在亚洲，有些国家的富人和穷人的收入差距很大，并不是富人变得越来越富、穷人变得越来越穷，而是富人变富的速度要快于穷人。

解释这类国家的个人收入分配是如何变得越来越不公平的，尽管最穷的 20%的人口变得更富有了。

8. 比较发达和发展中经济体中的农业生产规模。哪一个的百分比更高？哪一个的总产量更大？

9. 在循环流量模型的图上，标明清单 2 中哪些属于实物流量，哪些属于货币流量。

清单 2

- 通用汽车支付其工人的工资。
- IBM 向其股东支付红利。
- 克莱斯勒购买机器人。
- 你购买杂货。
- 西南航空租赁飞机。
- 耐克就泰格·伍兹为其宣传高尔夫球而对他支付。

贫穷的印度以最快的速度造就百万富翁

印度是世界上贫困人口最多的国家，然而奇怪的是，它也是世界上以最快的速度造就百万富翁的国家。百万富翁的人数已上升了 22.7%至 123 000。相反，生活在每天一美元之下的贫困的印度人高达 3.5 亿，生活在每天两美元之下的贫困的印度人高达 7 亿。换言之，对应于每一个百万富翁，就有 7 000个很穷的印度人。

资料来源：*The Times of India*，June 25，2008.

10. 印度的个人收入分配将如何变化？

11. 为什么一天一美元和一天两美元有可能低估了这些家庭实际消费的产品和服务呢？

□ 单项选择题

1. 下列分类中哪项是正确的？

   A. 城市的街道是消费性产品，因为它们一直被提供给人们使用并不断地在磨损

   B. 股票是资本品，因为当人们购买和销售它们时，它们可以带来利润

   C. 机场附近咖啡店的咖啡机是消费性产品，因为人们购买咖啡机所生产的咖啡

   D. 白宫安全是政府的服务，因为政府支付维护安全所需要的各种费用

2. 下列关于美国生产的陈述哪项是正确的？

   A. 政府的产品和服务与出口的产品和服务占总产量的比重是相同的

   B. 与消费性产品和服务相比，资本品占总产量的比重更大一些

   C. 美国生产的大多数是消费性产品和服务

   D. 美国生产的大多数是产品而不是服务

3. 下列哪项不是生产要素？

   A. 墨西哥湾的石油钻机　　B. 犹他州的滑雪跳跃

   C. 向一个农民发放的银行贷款　　D. 佛罗里达州的橘子林

4. 下列哪项属于人力资本?

A. 移民劳工

B. 操作重型设备的人

C. 你讲授的经济知识

D. 汽车装配线上的机器人

5. 下列陈述中哪项是正确的?

A. 劳动赚取工资，企业家才能赚取红利

B. 土地赚取利息，资本赚取租金

C. 企业家才能赚取利息，资本赚取利润

D. 资本赚取利息，劳动赚取工资

6. 全球经济中的产品和服务是如何生产的?

A. 与发达国家相比，发展中国家使用更少的人力资本、更多的物质资本进行生产

B. 与发展中经济体相比，新兴经济体使用更多的资本密集型技术进行生产

C. 在所有经济体中，人力资本是相似的

D. 与发展中经济体相比，发达经济体使用更少的资本进行生产

7. 在循环流量模型中，下列哪项属于实物流量?

A. 通过对产品的购买流向企业的政府支出量

B. 企业通过雇用生产要素的服务而流向家庭的收入量

C. 美国向世界其他地区的借贷量

D. 从家庭流向企业的劳动服务量

第3章 经济问题

本章要点

学完本章，你将能够：

1. 利用生产可能性边界解释并说明稀缺、生产效率和取舍的概念。
2. 计算机会成本。
3. 解释是什么导致了生产可能性扩展。
4. 解释人们如何从专业化和贸易中受益。

3.1 生产可能性

每个工作日，在整个美国的每一个矿山、工厂、商店、办公室、农场和工地上，我们都在生产着大量的产品和服务。在2011年，装备了价值50万亿美元资本的2.5千亿个小时的劳动，生产了价值15万亿美元产品和服务。

尽管我们拥有巨大的生产能力，但是它仍然受到我们所拥有的资源和技术的约束。在任意给定的时点上，我们都拥有这一时点各个生产要素的数量以及一个固定的技术水平。由于我们想要的东西超出了我们的资源，因此，我们必须做出选择。我们必须对各种需要排序，然后决定哪些需要应该优先满足，哪些需要应当搁置。在使用我们的稀缺资源时，我们要做出理性选择。为了做出某一理性选择，我们必须在可供选择的方案中决定它们的成本和收益。

你在本章的首要任务就是学习有关稀缺、选择和机会成本的一个经济模型——一个被称为生产可能性边界的模型。

□ 生产可能性边界

在给定的可用的生产要素——土地、劳动、资本、企业家才能和给定的技术水平下，我们所能生产的产品和服务组合与我们所不能生产的组合之间的边界被称为**生产可能性边界**（production possibility frontier，PPF）。

尽管我们生产数百万种不同的产品和服务，但如果我们假设一个更为简单的经济，仅仅生产两种产品，我们就能够最为简捷地想象出生产的有限性。想象一个经济仅仅生产DVD和手机。所有可获得的土地、劳动、资本和企业家才能全部被用来生产这两种产品。

土地可以被用于电影制片厂和DVD工厂，或被用于手机工厂。劳动者可以被培训成电影演员、摄影和音响师、制片人以及DVD生产者，或者被培训成手机生产者。资本可以被用来生产电影、制作光盘，或者用作生产手机的设备。企业家可以把他们的创新性才华投入经营电影厂以及管理生产DVD的电子业务中，或者用于经营手机生产业务。在任何情况下，投入DVD生产中的资源越多，剩下的可供投入到手机生产中的资源就会越少。

假如没有生产要素被配置到手机生产上，可以被生产出来的DVD的最大产量是一年1 500万张。所以，一种生产可能性就是没有手机、1 500万张DVD。另外一种可能性就是配置足够多的资源使得一年生产100万部手机，但是，这些资源必定要从生产DVD中被转走。假定该经济现在一年只能生产1 400万张DVD，随着资源从生产DVD转向生产手机，该经济生产越来越多的手机，但是生产越来越少的DVD。

图3-1中的表以A点和B点描述了以上这两种生产手机和DVD的数量组合的可能性。假定C、D、E、F是该经济生产这两种产品的其他组合。可能性F表明使用所有资源一年生产了500万部手机，但没有花费资源生产DVD。这六种可能性是在给定技术水平的情况下，该经济使用所有资源所能够生产的这两种产品的可供选择的数量组合。

图3-1中的图说明了手机和DVD的生产可能性边界。这是表中的生产可能性的一种图示。x轴代表手机的产量，y轴代表DVD的产量。图中标有A到F的每一个点都代表着表中相应的一列。例如，B点表示年产100万部手机和1 400万张DVD的组合，这些数量也在表中的B列出现了。

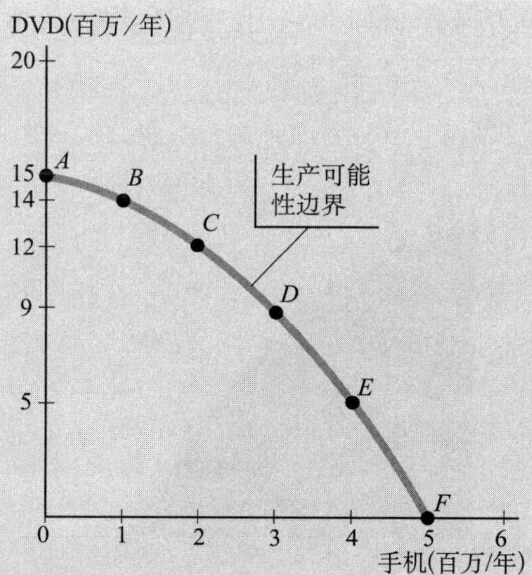

手机（百万）	0	1	2	3	4	5
DVD（百万）	15	14	12	9	5	0
可能性	A	B	C	D	E	F

表和图都描述了手机和DVD的生产可能性边界。

A点告诉我们，如果不生产手机，那么我们能够生产的DVD的最大数量为一年1 500万张。图中的A、B、C、D、E和F每一点都对应着表中的相应列。经过这些点的连线便是生产可能性边界。

图3-1　生产可能性边界

PPF 向我们显示了在资源和技术给定的情况下生产的最大极限，若资源或技术水平任意一个发生变化，生产可能性边界都会发生移动。资源变多或者技术进步会使得生产可能性边界向外平移，资源变少或者技术退步会使得生产可能性边界向内平移。

PPF 是一个非常有价值的工具，它有利于我们说明稀缺的影响及其结果。它强调了生产可能性的三大特征，也就是下列问题之间的区分：

- 可实现的和不可实现的组合
- 有效率和缺乏效率的生产
- 取舍和免费的午餐

可实现的和不可实现的组合

PPF 向我们显示了生产的最大极限，所以它正好将可实现的与不可实现的产品组合分隔开来。我们可以生产任意低于 *PPF* 的手机和 DVD 的产品组合，也可以生产在 *PPF* 上的任意组合。这些组合都是可实现的。但是我们不能生产那些高于 *PPF* 的产品组合，这些组合是不可实现的。

图 3-2 强调了可实现的与不可实现的一些组合。只有在 *PPF* 上或者以内的点（图中的深灰色区域）才是可实现的。而在 *PPF* 之外（图中的白色区域）的产品组合是不可实现的，例如图中的 *G* 点。这些不可实现的点代表了我们在现有的资源和技术水平下所不能够生产的产品组合。*PPF* 告诉我们，*E* 点表明了我们有能力生产 400 万部手机和 500 万张 DVD，或是 *C* 点表明了我们有能力生产 200 万部手机和 1 200 万张 DVD。但是，该经济不能生产 400 万部手机和 1 200 万张 DVD（如 *G* 点所示）。

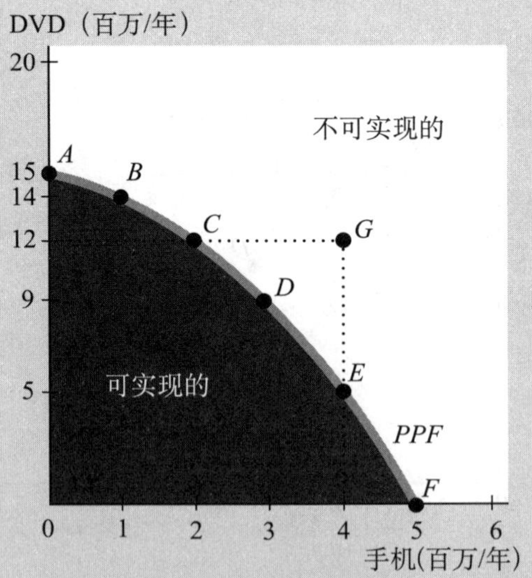

图 3-2 可实现的与不可实现的组合

生产可能性边界将可实现的产品组合与不可实现的产品组合分隔开来。我们能够在 *PPF* 上或者以内（深灰色区域）的任意点上进行生产，而在 *PPF* 之外的点（如 *G* 点）代表着不可实现的产品组合。

有效率和缺乏效率的生产

当一个经济从其资源中得到了所有能够得到的资源的时候，**生产效率**（production efficiency）便出现了。如果不减少某种产品的产量就不可能增加另外一种产品的产量，那么生产是有效率的。为了实现生产的效率，必然出现充分就业——不仅仅是劳动，而是所有生产要素，并且，每一种资源都要被配置到这样一种任务上，即它比其他资源相对做得更好。

图 3－3 中说明了有效率的生产和缺乏效率的生产的差异。当生产缺乏效率的时候，该经济可能生产 300 万部手机和 500 万张 DVD，如在 H 点上。当经济的资源得到有效率的使用的时候，就有可能在 PPF 上诸如 D 点或 E 点生产。在 D 点，我们可以比在 H 点时生产更多的 DVD，而手机的产量不变。而在 E 点，我们可以比在 H 点时生产更多的手机，而 DVD 的产量不变。

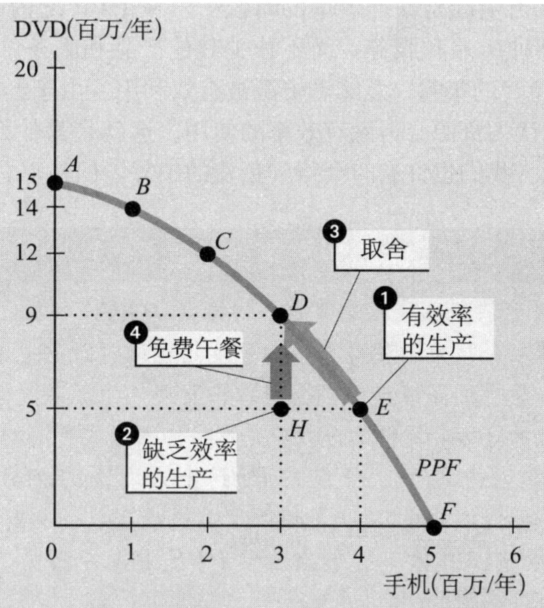

图 3－3　有效率和缺乏效率的生产，取舍和免费的午餐

①当生产出现在 PPF 上的某一点的时候，如 E 点，资源被充分利用了。②当生产出现在 PPF 内的某一点的时候，如 H 点，资源被缺乏效率地使用了。③当经济在 PPF 上有效率地生产时，它面临某种取舍。从 E 点移动到 D 点的时候，该经济为了多生产 DVD 就必须放弃一些手机。④当经济在 PPF 之内缺乏效率地生产时，就存在免费的午餐。

取舍和免费的午餐

取舍（tradeoff）是一种交换——放弃一种东西以便得到另外一种东西。如果你决定削减周末打工的时间以便有更多的额外时间用于学习，你就是在取更高的分数、舍去收入。当福特汽车公司削减卡车生产并利用所省下的资源生产更多的混合动力 SUV 车型的时候，它面临着一种取舍。如果美国联邦政府决定减少对国家航空航天局空间探测项目的投入，并且配置更多的资源到国土安全上，它面临着一种取舍。当我们决定砍伐森林并毁灭斑点猫头鹰时，作为一个社会，我们面临着取舍。

生产可能性边界说明了取舍的思想。图 3－3 中的 PPF 解释了为什么。如果该经济在 E 点生产，当人们想要更多的 DVD 时，他们就必须放弃一些手机。在从 E 点移动到 D 点的过程中，人们取 DVD 而舍了手机。

经济学家经常用“世上没有免费的午餐”来表达经济学的一个中心思想——每次选择都是有机会成本的。免费的午餐就是一种礼物——得到一种东西而不必放弃另外一种东西。这句名言究竟意味着什么呢？假设某些资源并没有被利用或者没有被最有效率地利用，那么有没有可能避免取舍而获得免费的午餐呢？

答案是肯定的。你可以从图3-3看出为什么。如果生产是在*PPF*以内的点（如*H*点）进行的，那么，我们可以启用那些未被利用的资源，或者最有效地使用已有的资源，这样，我们就可能将生产提高到*D*点。增加了产量，而没有放弃什么——这就是免费的午餐。

因此，当生产是有效率的时候——在*PPF*上的某一点，选择生产更多的某种产品就涉及一种取舍。但是，当生产是缺乏效率的时候——在*PPF*之内的某一点，存在免费的午餐。可生产更多的某种产品和服务，而不减少其他产品和服务。

所以，“世上没有免费的午餐”意味着资源被有效利用。由于经济学家认为人做出的是理性选择，因而，他们认为资源会得到有效率的使用。这就是为什么他们强调取舍的思想，并否认免费午餐的存在。我们也许有时会得到免费的午餐，但几乎总是面临着某种取舍。

∴关注你的生活　　你的生产可能性边界

你考虑的较多的两种“产品”就是你的平均绩点（GPA）和你休闲的时间量或者赚得的一份收入。你面临着取舍。为了获得更高的平均绩点，你就必须放弃闲暇或收入。你所放弃的闲暇或收入是你获得更高绩点的机会成本。同理，为了获得更多的闲暇或更高的收入，你就必须接受更低的分数。更低的分数就是更多的闲暇或更高的收入的机会成本。

下图说明了某一学生的*PPF*。任何在*PPF*上或之下的点都是可实现的。任何在*PPF*之上的点都是不可能实现的。一个浪费时间的或者学习效率低的学生通常得到更低的分数，但是，一个有工作效率的学生位于*PPF*上，并实现了生产效率。

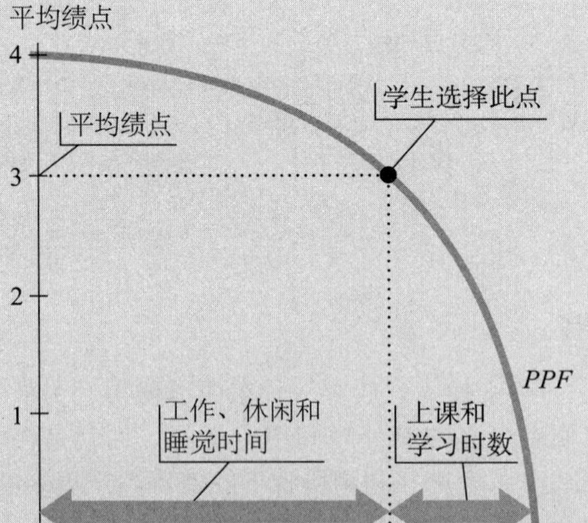

在图中，该学生把自己一周稀缺的168小时在学习（上课和学习）和其他活动（工作、休闲和睡觉）之间进行配置。该学生每周上课和学习48小时，剩余的120小时用于工作或玩耍（和睡觉）。对于这样一种时间配置，如果学习有效率，该学生的平均绩点为3。

检查站 3.1 ☞ 利用生产可能性边界解释并说明稀缺、生产效率和取舍的概念。

现实问题

1. 表1给出了一个小型的太平洋岛屿经济的生产可能性，画出该经济的 *PPF*。

表1

可能性	鱼（磅）		浆果（磅）
A	0	和	20
B	1	和	18
C	2	和	15
D	3	和	11
E	4	和	6
F	5	和	0

图1显示了某一经济的生产可能性边界并确定了一些生产点。利用该图回答问题2～4。

2. 哪些点是可实现的？解释为什么。
3. 哪些点是有效率的？哪些点是缺乏效率的？解释为什么。
4. 哪些点说明了某种取舍？解释为什么。

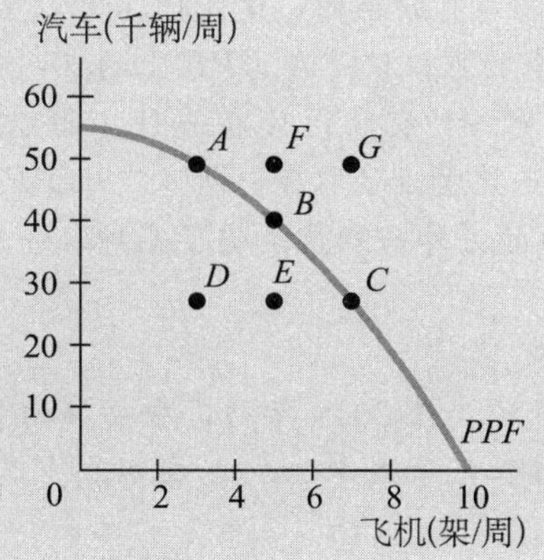

图1

新闻摘要

蜜蜂的损失少于预期但仍构成威胁

在加利福尼亚州的中央谷蜜蜂是杏仁授粉的关键因素。在2008年期间，美国30%的蜜蜂死亡了。

资料来源：*USA Today*, May 20, 2009.

解释蜜蜂的损失如何影响中央谷的 *PPF*。

现实问题参考答案

1. 生产可能性边界是可实现的和不可实现的产品组合之间的边界。图2显示了该经

济的 PPF。该图将表 1 中的每一行绘成了用相应字母表示的一点。

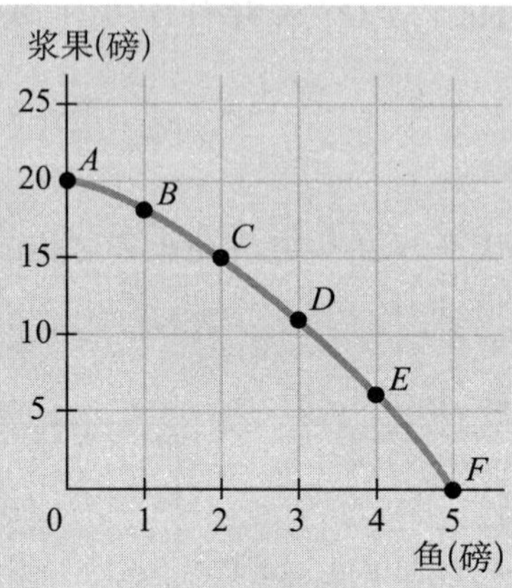

图 2

2. 可实现的点：在 PPF 上的点是可实现的，在 PPF 之内的点是可实现的。在 PPF 之外的点是不可实现的。在图 1 中，仅有 F 点和 G 点是 PPF 之外的点，所以，它们是不可实现的。其他的点（A 点、B 点、C 点、D 点和 E 点）是可实现的。

3. 效率点：如果不减少某种产品的产量就不可能增加另外一种产品的产量，那么生产是有效率的。一个点要有效率就必须是可实现的。所以，图 1 中的 F 点和 G 点不可能有效率。PPF 之内的点不可能是有效率的，这是因为可以生产更多的产品。所以，D 点和 E 点是缺乏效率的。有效率的点仅仅是在 PPF 上的点，如 A 点、B 点和 C 点。

4. 取舍：先回忆，取舍是一种交换，放弃一种东西以便得到另外一种东西。沿着 PPF 上从一点移动到另外一点就发生了取舍。所以，从 PPF 上的任意一点——A 点、B 点和 C 点——移动到 PPF 上的另外一点就说明了某种取舍。

新闻摘要参考答案

蜜蜂是用于生产杏仁的资源。在 2008 年初，中央谷的农民们是在 PPF 的某一点上的。30％的蜜蜂的减少将使杏仁产量减少 30％。在不减少其他农作物的情况下，中央谷的 PPF 将向内移动。

3.2 机会成本

在上一节中你可以看到，在 PPF 上从一点移动到另外一点涉及某种取舍。但是，取舍的条件是什么呢？为了得到额外一个单位的某种产品，我们必须放弃多少另外一种产品呢——是一个较大的量还是一个较小的量？这些问题的最好答案便是机会成本——人们为了得到某个东西所需要放弃的最好的东西。我们可以使用 PPF 来计算机会成本。

□ 一部手机的机会成本

一部手机的机会成本就是为了得到一部新增加的手机所必须放弃的 DVD 的数量。它等于所放弃的 DVD 产量除以所增加的手机产量。

图 3-4 显示了这一计算。在 A 点，所生产的产量是 0 部手机和 1 500 万张 DVD；在 B 点，所生产的产量是 100 万部手机和 1 400 万张 DVD。如果将生产从 A 点移动到 B 点，手机的产量会增加 100 万部，DVD 的产量就会减少 100 万张，这样每一部手机的机会成本就是一张 DVD。

在 C 点，所生产的产量是 200 万部手机和 1 200 万张 DVD。如果我们将生产从 B 点移动到 C 点，手机的产量会增加 100 万部，DVD 的产量会减少 200 万张，于是现在每一部手机的机会成本是两张 DVD。

如果你重复上述计算，将生产从 C 点移动到 D 点，从 D 点移动到 E 点，从 E 点移动到 F 点，你将得到如图 3-4 中的图和表所示的机会成本。

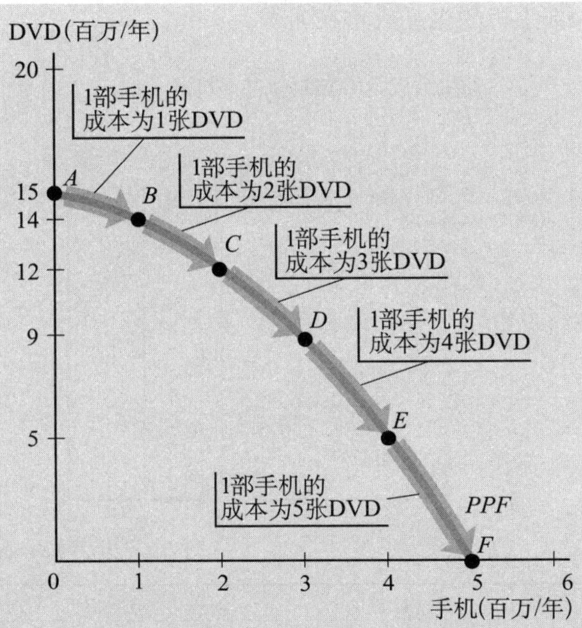

沿着 *PPF* 移动	DVD 的减少量	手机的增加量	DVD 减少量除以手机增加量
从 A 点到 B 点	100 万	100 万	每部手机 1 张 DVD
从 B 点到 C 点	200 万	100 万	每部手机 2 张 DVD
从 C 点到 D 点	300 万	100 万	每部手机 3 张 DVD
从 D 点到 E 点	400 万	100 万	每部手机 4 张 DVD
从 E 点到 F 点	500 万	100 万	每部手机 5 张 DVD

图 3-4　计算一部手机的机会成本

沿着 ***PPF*** 从 ***A*** 点移动到 ***F*** 点，一部手机的机会成本随着生产的手机数量的增加而增加。

□ 机会成本和 *PPF* 的斜率

看一看我们刚才计算一部手机的机会成本的数据，注意到它们遵循一个令人惊讶的模式。一部手机的机会成本随着生产的手机数量的增加而增加。

PPF 斜率的大小度量了机会成本。由于图 **3－4** 中的 ***PPF*** 是向外凸出的，所以其斜率在变化，并随着生产的手机数量的增加而变得更为陡峭。

当生产少量手机时——介于 **A**、**B** 两点之间——此时的 ***PPF*** 不是很陡峭，一部手机的机会成本较低。一个给定数量的手机产量的增加付出的代价就是 **DVD** 较小数量的减少。当生产大量的手机时——介于 ***E***、***F*** 两点之间——此时的 ***PPF*** 变得很陡峭，一部手机的机会成本很高。一个给定数量的手机产量的增加付出的代价就是 **DVD** 较大数量的减少。图 **3－5** 显示了一部手机的机会成本在递增。

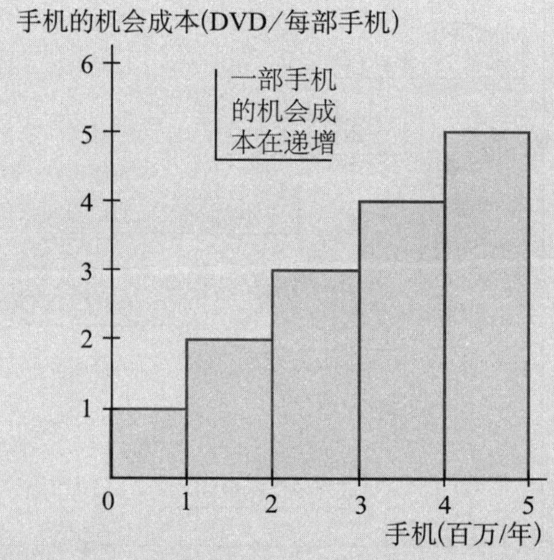

手机（百万/年）	0 到 1	1 到 2	2 到 3	3 到 4	4 到 5
机会成本（DVD/每部手机）	1	2	3	4	5

图 3－5　一部手机的机会成本

由于图 3－4 中的 *PPF* 是向外凸出的，所以一部手机的机会成本随着生产的手机数量的增加而增加。

□ 机会成本是一个比率

一部手机的机会成本是所放弃的 DVD 的数量与手机的增量的一个比率。同样地，一张 DVD 的机会成本是用所放弃的手机数量除以 DVD 的增量。所以，一张 DVD 的机会成本等于一部手机的机会成本的倒数。例如，在图 3－4 中沿着 *PPF* 从 *C* 点移动到 *D* 点，一部手机的机会成本是 3 张 DVD；沿着 *PPF* 向相反的方向移动，从 *D* 点移动到 *C* 点，一张 DVD 的机会成本是 1/3 部手机。

∴关注环境　风能是免费的吗？

风能不是免费的。它的机会成本包括：(1) 风力涡轮机，(2) 输电线路，(3) 电力输送损失。

当且仅当有风之时，风力涡轮机才可以发电。经证明，最好时，40%的时间有风，平均来说，25%的时间有风。另外，最佳风源地一般都坐落在离人口聚集地很远的地方，所以，输电线路很长，电力输送损失很大。

如果我们利用南达科他州的风源生产了 55%的电力，那么我们将在 *PPF* 之内的点如 *Z* 点运作（见下图）。

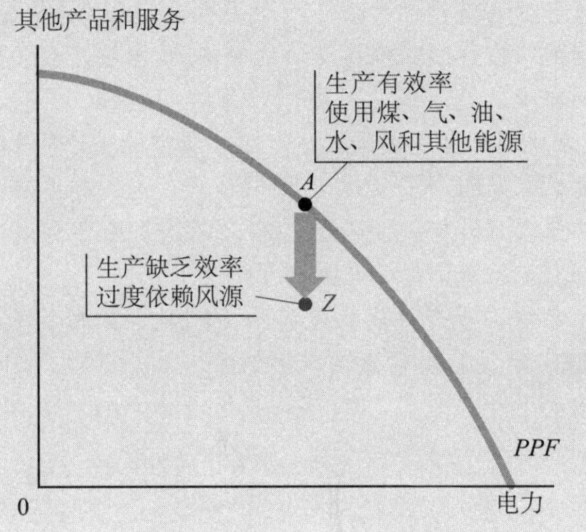

□ 递增的机会成本无处不在

几乎你可以想到的任何生产行为都有递增的机会成本。我们配置最熟练的农民和最肥沃的土地来生产粮食，配置最好的医生和最不肥沃的土地来提供医疗保健服务。有些资源在两项活动中具有同等的生产力，如果我们将这些具有同等生产力的资源从农业种植中转移到医院，我们就以较低的机会成本增加了医疗保健服务。但是，如果我们不断地增加医疗保健服务，最终我们必然要在最肥沃的土地上建医院，让最好的农民来做医院的搬运工人。粮食的产量大幅度减少，但是医疗保健服务的产出只提高了一小部分。一个单位的医疗保健服务的机会成本在上升。类似地，如果我们将原来用于医疗保健服务的资源投入粮食生产，那么我们必须使一部分医生和护士改行成农民，将医院改造成无土栽培西红柿的农舍。医疗保健服务的产出会大量减少，但是粮食的产量增加得不多。一个单位的粮食的机会成本在上升。

□ 你递增的机会成本

向前翻到第 3.1 节中“关注你的生活”专栏，想一想你要得到一个更高的分数的机会成本的含义。

用你的分数来衡量，和你的朋友在一起所花费的时间的机会成本是多少呢？用你为了学习所放弃的活动来衡量，更高分数的机会成本是多少呢？在这些活动中，你面临着递增的机会成本吗？

∵关注美国经济　大炮对黄油

大炮对黄油是经济学中经典的取舍。“大炮”代表着国防产品和服务，“黄油”代表着食物以及更为一般的所有其他产品和服务。近年来，美国经济生产了更多的大炮和更少的黄油。

图 1 表明了所生产的国防产品和服务的数量的波动。（其数量是用 2005 年价格计算的国防支出来衡量的，以便扣除价格变动的影响。）国防产品和服务的数量在战争期间增加，在和平时期减少。

图 2 利用 *PPF* 来说明近些年美国国防产品和服务的生产的变化情况。

在 20 世纪 90 年代，*PPF* 是 PPF_0，里根总统在美国和苏联之间展开的冷战期间提高了赌注，大力扩张军事开支，如 *A* 点。在 20 世纪 90 年代之中，苏联解体，我们享受到了一种和平红利，沿着 PPF_0 移动到了 *B* 点。

在接下的一个十年中，生产可能性边界从 PPF_0 扩张到了 PPF_1。国防生产和其他生产都增加了。2001 年我们在 *C* 点运作。然后，为了应对 2001 年 9 月 11 日的恐怖袭击，国防开支再一次增加，到了 2009 年，我们沿着 PPF_1 移动到了 *D* 点。

图 1　所生产的国防产品和服务的数量

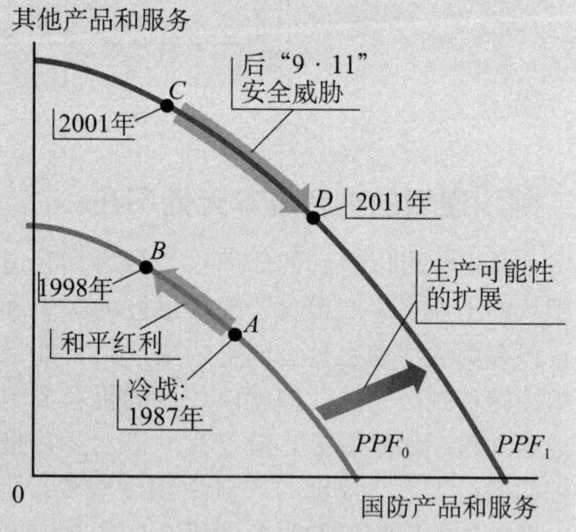

图 2　大炮和黄油的取舍

资料来源：Budget of the United States Government and Bureau of Economic Analysis.

检查站 3.2☞　计算机会成本。

现实问题

表 1 显示了鲁滨逊·克鲁索在夏天的生产可能性。

1. 如果克鲁索从生产 21 磅浆果增加到生产 26 磅浆果，并且，他的生产是有效率的，那么，他多生产一磅浆果的机会成本为多少？随着克鲁索生产更多的浆果，他生产浆果的机会成本在增加吗？

2. 如果克鲁索生产 10 磅鱼和 21 磅浆果，他多生产一磅浆果的机会成本是多少？他多生产一磅鱼的机会成本是多少？解释之。

表 1

可能性	鱼（磅）		浆果（磅）
A	0	和	36
B	4.0	和	35
C	7.5	和	33
D	10.5	和	30
E	13.0	和	26
F	15.0	和	21
G	16.5	和	15
H	17.5	和	8
I	18.0	和	0

新闻摘要

奥巴马提高每加仑英里的要求

奥巴马当局宣布，新轿车的排放标准要从 2009 年的平均 354 克下降到 2016 年的 250 克。为了满足这一标准，一辆新车的价格将上升 1 300 美元。

资料来源：*USA Today*，May 20，2009.

计算减少 1 克排放水平的机会成本为多少？

现实问题参考答案

1. 如果克鲁索的生产是有效率的，则他就在其 *PPF* 上的某一点生产。他多生产一磅浆果的机会成本就是他为了多生产浆果所必须放弃的鱼的数量。它是这样计算的：沿着其 *PPF* 向增加浆果的方向移动，用鱼的减少量除以浆果的增加量。

由表 1 可知，从生产 21 磅浆果增加到生产 26 磅浆果，克鲁索从 *F* 行移动到了 *E* 行，他的鱼的产量从 15 磅下降到 13 磅。为了增加 5 磅浆果，克鲁索要放弃 2 磅鱼，他生产一磅浆果的机会成本为 2/5 磅鱼。

随着克鲁索生产更多的浆果，他生产浆果的机会成本在增加。为了理解其中的原因，将克鲁索从表 1 中的 *E* 行移动到 *D* 行，他的浆果产量上升了 4 磅，达到 30 磅，他的鱼的产量下降了 2.5 磅，只有 10.5 磅，他生产一磅浆果的机会成本为 5/8 磅鱼。

2. 图 1 将表 1 中的数据绘成了图，它是克鲁索的 *PPF*。如果克鲁索生产 10 磅鱼和 21 磅浆果，他在 *Z* 点生产，你可以发现 *Z* 点是他的 *PPF* 之内的一点。当克鲁索生产 21 磅浆果时，他有足够多的时间在其 *PPF* 上的 *F* 点生产 15 磅鱼。为了生产更多的浆果，克鲁索可以从 *Z* 点移动到其 *PPF* 上的 *D* 点，没有损失鱼。他多生产一磅浆果的机会成本为零。

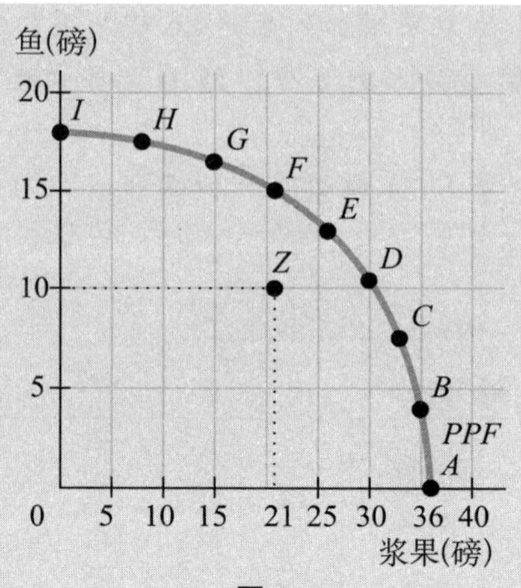

图 1

新闻摘要参考答案

购买一辆新车需增加开支 1 300 美元，你失去了用 1 300 美元买其他东西的机会。有一辆新车时，你的排放从 354 克下降到 250 克，减少了 104 克。减少 1 克排放的机会成本是 1 300 美元的其他产品除以 104 克，等于 12.50 美元的其他产品。

3.3　经济增长

经济增长（economic growth）是生产可能性的持续扩展。当我们开发出生产产品和服务的更好的技术时，通过教育、在职培训以及工作经验提升劳动力的素质时，获得更多的机器帮助我们生产时，我们的经济便出现了增长。

为了研究经济增长，我们必须改变两种产品，看看有一种消费品和一种资本品的生产可能性。手机是消费品，手机工厂是资本品。通过利用今天的资源来增加生产手机的工厂，该经济扩大了未来生产手机的可能性。新资本——新的手机工厂——的数量越大，生产可能性的扩展就越快。

图 3－6 显示了 *PPF* 是如何扩展的。假如没有建设新的手机工厂（在 *L* 点），生产可能性不会扩展，*PPF* 保持原有状态。如果生产更少的手机以及利用资源建设 2 个新的手机工厂（在 *K* 点），那么，生产可能性将扩展，*PPF* 朝外向新的 *PPF* 移动。

但是，经济增长不是免费的。欲使之发生，消费必须减少。从图 3－6 中的 *L* 点移动到 *K* 点，意味着现在放弃 200 万部手机。建设更多的手机工厂的机会成本就是今天生产更少的手机。

而且，经济增长不是消除稀缺的神奇公式。经济增长使 *PPF* 向外移动，当在新的 *PPF* 上时，我们继续面对着机会成本。为了生产资本，现行消费必须小于其最大可能水平。

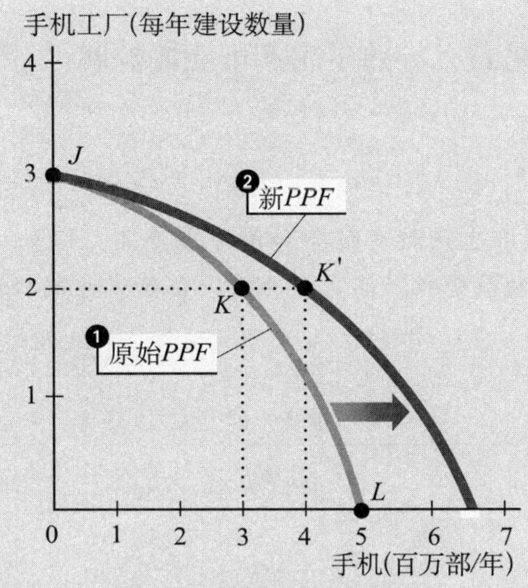

图 3-6　生产可能性扩展

①如果企业不配置资源去建设手机工厂，并在 L 点生产 500 万部手机，PPF 不会改变。②如果企业将手机生产减少到一年 300 万部，并建设两个手机工厂，如在 K 点，生产可能性将扩展。一年之后，PPF 将朝外移动到新的 PPF，生产移动到 K'点。

∵关注全球经济　　中国香港的快速经济增长

在 1960 年，中国香港的人均生产可能性是美国的 25%，到了 2011 年，香港增长到了人均生产可能性与美国相等。香港比美国增长得更快，这是因为香港比美国配置了更多的资源来积累资本、更少去消费。

在 1960 年，美国和香港都在各自的 PPF 的 A 点上生产。在 2009 年，香港在 B 点，美国在 C 点（见下图）。

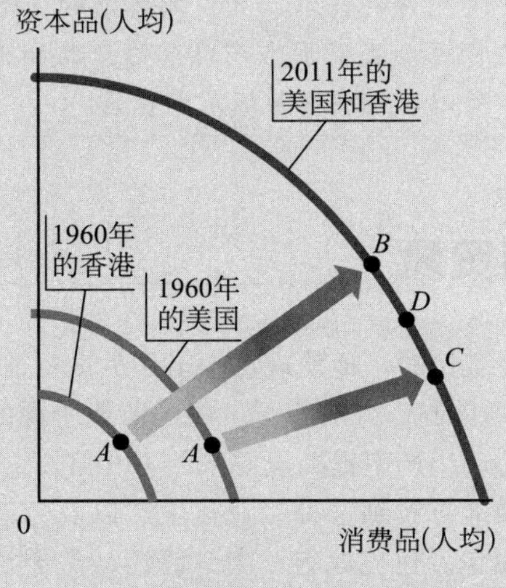

如果香港继续在像 B 点那样的点生产，它将会比美国增长得更快，它的 PPF 最终会超过美国的 PPF。但是，如果香港在像 D 点那样的点生产，它的 PPF 扩展的步伐将放缓。

检查站 3.3 解释是什么导致了生产可能性扩展。

现实问题

1. 表 1 显示了某一经济生产教育服务和消费性产品。假如该经济目前每年生产 500 位研究生和 2 000 个单位的消费性产品，多生产一位研究生的机会成本为多少？

表 1

可能性	教育服务（研究生）	消费品（单位）
A	1 000	0
B	750	1 000
C	500	2 000
D	0	3 000

2. 经济是如何增长的？解释经济增长不是免费的。

现实问题参考答案

1. 通过使研究生从 500 位增加到 750 位，所生产的消费品将从 2 000 个单位下降到 1 000个单位。一位研究生的机会成本就是消费品的减少量除以研究生的增加量。这就是说，一位研究生的机会成本等于 1 000 个单位除以 250，或 4 个单位的消费品。

2. 经济增长就是一个经济体的生产可能性边界向外扩展——如果能开发出更好的技术，能通过教育、在职培训以及工作经验提升劳动力的素质，能获得更多的机器用于生产。当现今的资源被用于开发更好的技术、生产高素质的劳动力和更多的机器时，经济增长才会发生。正因为那些资源无法用于生产现今的产品和服务，所以经济增长的代价是放弃现今的产品和服务。所以，经济增长不是免费的。

3.4 专业化和贸易

当亚当・斯密参观别针工厂时，他发现每个工人负责一道工序时 10 个工人每天可生产 48 000 枚别针。通过将别针制作分成若干工序，即他所说的专业化，与一个人完成全部工序相比，可将工人的劳动生产率提高至原来的 240 倍。

你可在许多每日经过的地方看到这种专业化生产以及劳动分工，快餐店是最好的例子。有员工专门守着储存面包、色拉原料、肉、酱汁、盒子与纸巾的厨房；有的负责烤架，有的负责油炸机；还有的负责传菜，或者负责点菜和收银；此外，还有专人负责清理以及打扫卫生。

如果一人完成汉堡包制作的全部工序，那么等候时间会很长。下单后你在等候，15分钟后和善的服务生拿着你的点餐从厨房重新回到你的座位旁。

专业化导致的生产率上升可以使得有些人比其他人更多产。麦当劳服务生可以比烤架操作工更有效率地完成下单以及收银的工作，烤架操作工可以比麦当劳服务生更有效率地烤制汉堡。

当一人（或国家）比其他人（或国家）更有效率——使用更少的投入或者花更少的时间生产产品或者完成生产任务时，即可说他（或者国家）具有**绝对优势**（absolute advantage）。

你将发现另一种通过专业化使得人们受益的方式：通过生产具有相对优势的产品。

∴关注美国经济　　无人知道如何制作铅笔

当今世界再也找不到能与铅笔一样简单的商品了，但是你手头上的铅笔的制作过程阐述了专业化和贸易的巨大能量。

当你握住铅笔时，你正握着俄勒冈州的雪松、斯里兰卡的石墨、密西西比河的黏土、墨西哥的石蜡、印度尼西亚的菜油、意大利的浮石、亚利桑那的铜和阿拉斯加的锌。

这些商品是无数工人使用很多由另一批工人使用复杂的工具制造出来的专业设备所采集和挖掘出来的。这些工具是用钢材制造出来的，钢材本身源自铁矿、其他矿物和原材料。

铁路、公路和海运部门将这些原材料送到各自的工厂内制作成石墨铅和橡皮，以及可用于包覆橡皮、颜料以及胶水的金属片。

最后，铅笔厂将所有这些原料全部买来，使用厂内价值不菲的机器将其制成铅笔。

为了制作铅笔，无数人为此做出了贡献，他们中的大部分甚至不知道什么是铅笔，也无法得知它的制作工艺。这种行为完全是自发的而非有人主宰一切。每个工人以及工厂都出于自我利益在市场中进行专业化生产，并且相互进行贸易。

资料来源：节选自 *I Pencil*，Leonard Read，Foundation for Economic Education，1958。

□ 比较优势

某个人拥有从事某一活动的**比较优势**（comparative advantage），如果他能够比其他人以更低的机会成本从事这项活动的话。请关注绝对优势与比较优势的差异。绝对优势是劳动生产率——生产一单位产品的工时。比较优势是机会成本——为生产一单位某种产品而放弃的另一种产品的数量。

我们先通过两个思慕雪吧（smoothie bar）* 来理解比较优势的概念，一个思慕雪吧由利兹经营，另外一个由乔经营。

* 思慕雪为一种杯中的健康食品。——译者注

利兹的思慕雪吧

利兹生产思慕雪和色拉。在利兹高科技的吧中，她能够在 2 分钟之内制作思慕雪或色拉。如果她把自己所有的时间用于制作思慕雪，她一小时生产 30 杯。如果她把自己所有的时间用于制作色拉，她一小时也能生产 30 盘（见表 3－1）。如果她把时间平分在两种产品上，她可以一小时生产 15 杯思慕雪和 15 盘色拉。每当利兹多生产 1 杯思慕雪时，她必须减少 1 盘色拉的产量。同时，每当利兹多生产 1 盘色拉时，她必须减少 1 杯思慕雪的产量。所以，利兹生产 1 杯思慕雪的机会成本是 1 盘色拉，同时，利兹生产 1 盘色拉的机会成本是 1 杯思慕雪。利兹的顾客以相等的数量购买她的思慕雪和色拉。所以，利兹将其时间平分，生产 15 杯思慕雪和 15 盘色拉。

乔的思慕雪吧

乔也生产思慕雪和色拉。乔的吧比利兹的吧要小一些，并且只有一台搅拌机——一台又慢又老的机器。即便乔使用其所有资源生产思慕雪，他一小时也只能生产 6 杯。然而，乔制作色拉很在行，如果他把自己所有的时间都用于制作色拉，他一小时能生产 30 盘（见表 3－2）。无论乔如何在一小时之内分配两项活动的时间，他制作思慕雪或色拉的能力都是一样的。他可以 2 分钟制作 1 盘色拉，或者 10 分钟制作 1 杯思慕雪。每当乔多生产 1 杯思慕雪时，他必须减少 5 盘色拉的产量。同时，每当乔多生产 1 盘色拉时，他必须减少 1/5 杯思慕雪的产量。所以，乔生产 1 杯思慕雪的机会成本是 5 盘色拉，同时，乔生产 1 盘色拉的机会成本是 1/5 杯思慕雪。

表 3－1　利兹的生产可能性

产品	生产 1 单位的分钟数	数量/小时
思慕雪	2	30
色拉	2	30

表 3－2　乔的生产可能性

产品	生产 1 单位的分钟数	数量/小时
思慕雪	10	6
色拉	2	30

乔的顾客和利兹的顾客一样，以相等的数量购买他的思慕雪和色拉。乔在每一小时内花费 50 分钟制作思慕雪，花费 10 分钟制作色拉。按这种时间分配，乔一小时生产 5 杯思慕雪和 5 盘色拉。

利兹和乔的生产可能性边界

图 3－7 即我们刚才描述的情况。在图 3－7（a）中，利兹的生产可能性边界是可以生产 15 杯思慕雪和 15 盘色拉。在图 3－7（b）中，乔的生产可能性边界是可以生产 5 杯思慕雪和 5 盘色拉。在利兹的生产可能性边界上，1 杯思慕雪的机会成本是 1 盘色拉。在

乔的生产可能性边界上，1 杯思慕雪的机会成本是 5 盘色拉。

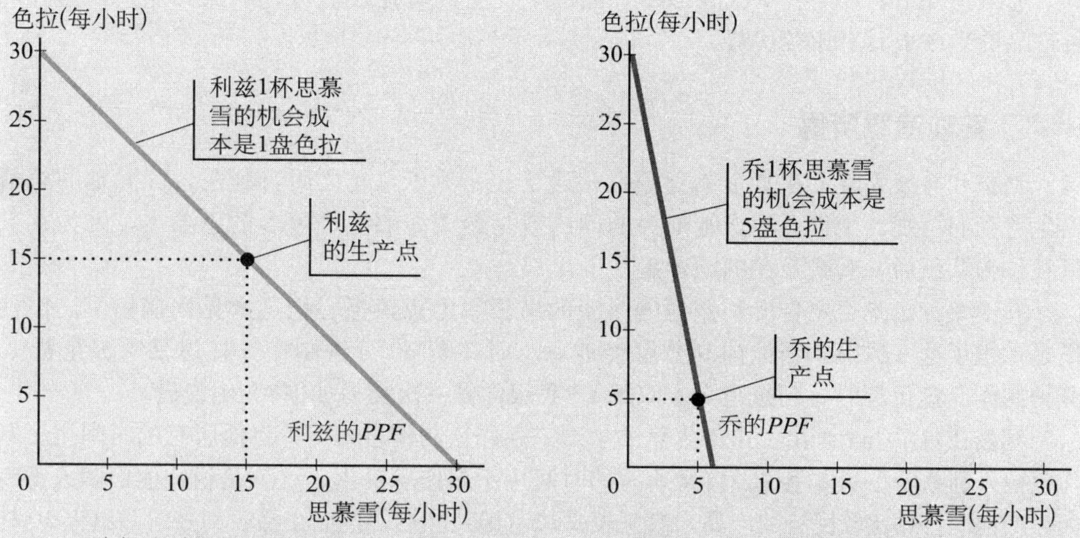

图 3-7　生产可能性边界

根据图（a）中的生产可能性边界，利兹一小时生产 30 杯思慕雪或 30 盘色拉，抑或是二者的其他组合。利兹选择一小时生产 15 杯思慕雪和 15 盘色拉。

根据图（b）中的生产可能性边界，乔一小时生产 6 杯思慕雪或 30 盘色拉，抑或是二者的其他组合。乔选择一小时生产 5 杯思慕雪和 5 盘色拉。

利兹的更高的劳动生产率

你可能从这两个思慕雪吧的数据中看出来了，利兹的生产能力是乔的 3 倍——她一小时生产 15 杯思慕雪和 15 盘色拉是乔一小时生产 5 杯思慕雪和 5 盘色拉的 3 倍。利兹拥有绝对优势——她在生产思慕雪和色拉两种产品方面都比乔更具生产力。但她仅在一项活动中拥有比较优势。

利兹的比较优势

在两项活动中的哪一项上利兹拥有比较优势？回忆一下，比较优势是这样一种状态，即某个人生产某种产品的机会成本比其他人生产同一种产品的机会成本要更低。

你已经看到，利兹生产 1 杯思慕雪的机会成本是 1 盘色拉，而乔生产 1 杯思慕雪的机会成本是 5 盘色拉。为了生产 1 杯思慕雪，利兹必须放弃 1 盘色拉，而乔必须放弃 5 盘色拉。所以，因为利兹放弃更少的色拉来生产 1 杯思慕雪，她在生产思慕雪上具有比较优势。

乔呢？他在任何一项上都没有比较优势吗？就像你将看到的，他具有比较优势。

乔的比较优势

现在来看生产色拉的机会成本。对利兹来说，生产 1 盘色拉的机会成本为 1 杯思慕雪。但对乔来说，生产 1 盘色拉的机会成本仅为 1/5 杯思慕雪。由于乔生产 1 盘色拉的机会成本比利兹的少，所以乔在生产色拉上具有比较优势。

通常情况下，如果一个人在一种产品的生产上具有比较优势，那么其他人在另外一种产品的生产上具有比较优势。

□ 实现贸易所得

利兹和乔某天晚上在某个单身酒吧相遇了。寒暄了几句之后，利兹告诉乔她的思慕雪生意利润可观。她告诉乔，她唯一的问题就是希望能够生产更多的思慕雪，因为在看见长长的队伍后，有些潜在的顾客走开了。

乔不太肯定是否要告诉利兹他的惨淡的思慕雪生意，担心把这次见面搞糟了。但他还是承担了这一风险。当他向利兹解释他每小时花费 50 分钟制作 5 杯思慕雪、花费 10 分钟制作 5 盘色拉时，利兹瞪大了双眼。“我跟你做一次交易如何?”她说道。

利兹在餐巾纸上画出了这份生意的草图。乔停止制作思慕雪，将他所有的时间用于制作色拉；利兹停止制作色拉，将她所有的时间用于制作思慕雪。这就是说，他们两人都专门生产他们各具比较优势的产品，参见表 3－3（b）。然后，他们交易：利兹向乔出售 10 杯思慕雪，乔向利兹出售 20 盘色拉——1 杯思慕雪的价格为 2 盘色拉，参见表 3－3（c）。

交易之后，乔拥有 10 盘色拉（他生产的 30 盘减去他出售给利兹的 20 盘），以及他从利兹那里购买的 10 杯思慕雪。所以，乔可以出售的思慕雪和色拉都翻了一番。利兹拥有 20 杯思慕雪（她生产的 30 杯减去她出售给乔的 10 杯），以及她从乔那里购买的 20 盘色拉，参见表 3－3（d）。每个人都从专业化和贸易中获得了 5 杯思慕雪和 5 盘色拉。参见表 3－3（e）。

表 3－3　利兹和乔的贸易所得

(a) 贸易前	利兹	乔
思慕雪	15	5
色拉	15	5
(b) 专业化	利兹	乔
思慕雪	30	0
色拉	0	30
(c) 贸易	利兹	乔
思慕雪	出售 10	购买 10
色拉	购买 20	出售 20
(d) 贸易后	利兹	乔
思慕雪	20	10
色拉	20	10
(e) 贸易所得	利兹	乔
思慕雪	+5	+5
色拉	+5	+5

利兹画了一个图（图 3－8）来说明她的看法。深灰色 *PPF* 是乔的，浅灰色 *PPF* 是利兹的。他们每个人都在 *A* 点生产。利兹的建议就是他们每个人都在 *B* 点生产。然后他们交换思慕雪和色拉。

他们可以以一组价格交换思慕雪和色拉。若每杯思慕雪的价格是 5 盘色拉，或以每盘色拉换 1/5 杯思慕雪的价格交换思慕雪和色拉，利兹获得全部好处。若每杯思慕雪的价格是 1 盘色拉，或者以每盘色拉换 1 杯思慕雪，乔获得全部好处。

利兹建议他们以每杯思慕雪换 2 盘色拉的价格，或者以每盘色拉换 1/2 杯思慕雪的价格交换思慕雪和色拉。

利兹以 1/2 杯思慕雪得到了 1 盘色拉，这要小于 1 杯思慕雪，而这是她生产 1 盘色拉的成本。乔以 2 盘色拉得到了 1 杯思慕雪，这要小于 5 盘色拉，而这是他生产 1 杯思慕雪的成本。每个人都移动到了 *C* 点，利兹拥有 20 杯思慕雪和 20 盘色拉，比她只为自己生产时每种产品都多出了 5 份。乔拥有 10 杯思慕雪和 10 盘色拉，比他只为自己生产时每种产品都多出了 5 份。由于贸易所得，总产量增加了 10 杯思慕雪和 10 盘色拉。

注意 *C* 点在两人的生产可能性边界之外。这是贸易的巨大魔力。每个人都可以从中受益并获得远超自身生产能力的产品和服务数量。

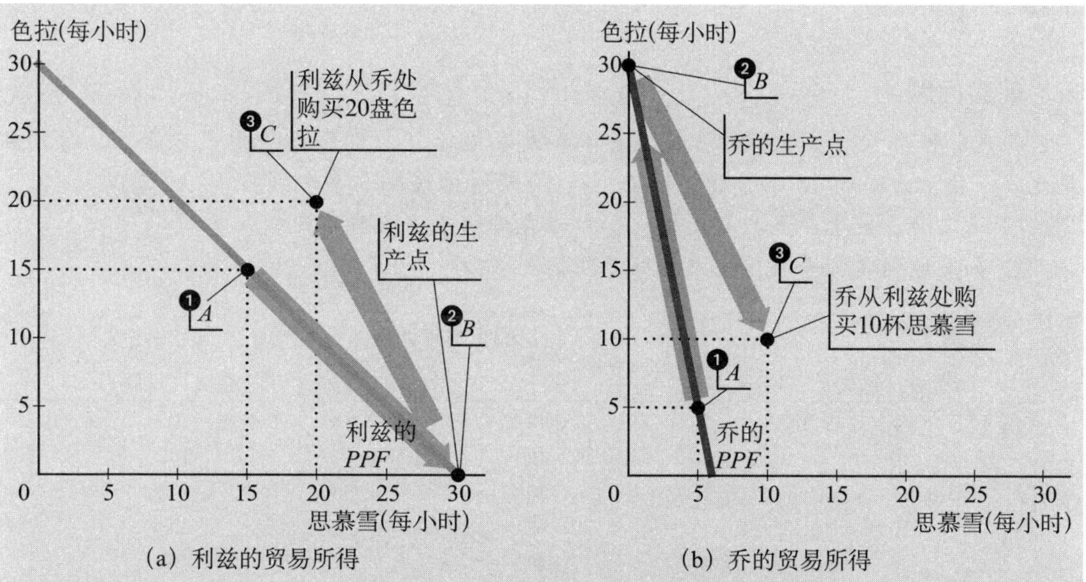

图 3-8　专业化和贸易所得

①利兹和乔都在自己的生产可能性边界上的 *A* 点生产。利兹在生产思慕雪上具有比较优势，乔在生产色拉上具有比较优势。

②乔专业化生产色拉，利兹专业化生产思慕雪，因此每个人都在各自生产可能性边界上的 *B* 点生产。

③他们以每杯思慕雪换 2 盘色拉的价格进行贸易。每个人都到达 *C* 点——在各自生产可能性边界外的一点上。每个人的贸易所得都是 5 杯思慕雪和 5 盘色拉——*C* 点的数量减去 *A* 点的数量。

❖关注你的生活　　你的比较优势

你在本章学到的理论对你如何组织你的生活有着很强的含义。它还对你如何看待离岸外包这样有争议的问题有意义。

就像一个经济通过资本积累来扩展其生产可能性一样，你也可以通过积累你的人力资本来扩展你的生产可能性。这就是你现在在学校所做的。

通过发现你的比较优势，你将能够集中做那些你可能做得好的项目。认真想一想，你享受做些什么以及你相对来说比别人做得更好的是什么？这很有可能就是你的比较优势所在。

当今世界，努力保持易变性是一个好主意，这样你就可以在发现你的比较优势变化之后转换工作。

跳出你个人的自我利益，你准备对离岸外包这件事发表支持或反对的意见吗？

你在本章已经学到了，无论外包发生在美国，就像利兹和乔那样，还是全球化，就像美国的生产者把工作外包给印度那样，双方都从贸易中有所收益。

美国人为产品和服务付更少的钱，印度人赚取了更高的收入。但是，有一部分美国人受损，至少在短期如此。

检查站 3.4　解释人们如何从专业化和贸易中受益。

现实问题

托尼和帕蒂生产雪橇和滑雪板。表 1 和表 2 显示了他们每天的生产可能性。每周托尼生产 5 块滑雪板和 40 个雪橇，帕蒂生产 10 块滑雪板和 5 个雪橇。

1. 谁在滑雪板生产上拥有比较优势？谁在雪橇生产上拥有比较优势？
2. 如果他们实行专业化生产，贸易所得为多少？

表 1　托尼的生产可能性

滑雪板（每周）		雪橇（每周）
25	和	0
20	和	10
15	和	20
10	和	30
5	和	40
0	和	50

表 2　帕蒂的生产可能性

滑雪板（每周）		雪橇（每周）
20	和	0
10	和	5
0	和	10

新闻摘要

甘蔗大丰收，巴西满足了燃料需要

巴西几乎拥有自给自足的乙醇，巴西从糖中提炼乙醇，每加仑的成本为 0.83 美元；美国从玉米中提炼乙醇，每加仑的成本为 1.14 美元。但美国不进口乙醇。

资料来源：*The New York Times*，April 12，2006.

哪个国家拥有生产乙醇的比较优势？解释为什么美国和巴西都可以从专业化和贸易中受益。

现实问题参考答案

1. 拥有生产滑雪板的比较优势的人就是那个以更低机会成本生产滑雪板的人。托尼的生产可能性表明，要多生产 5 块滑雪板，他必须少生产 10 个雪橇，所以，托尼生产 1 块滑雪板的机会成本是 2 个雪橇。

帕蒂的生产可能性表明，要多生产 10 块滑雪板，她必须少生产 5 个雪橇，所以，帕蒂生产 1 块滑雪板的机会成本是 1/2 个雪橇。帕蒂拥有生产滑雪板的比较优势，这是因为她生产滑雪板的机会成本要低于托尼。托尼拥有生产雪橇的比较优势。对于所生产的每一个雪橇来说，托尼必须放弃生产 1/2 块滑雪板，而对于帕蒂所生产的每一个雪橇来说，她必须放弃生产 2 块滑雪板。所以，托尼生产雪橇的机会成本要低于帕蒂。

2. 帕蒂拥有生产滑雪板的比较优势，所以她专业化生产滑雪板。托尼拥有生产雪橇的比较优势，所以他专业化生产雪橇。帕蒂生产 20 块滑雪板，托尼生产 50 个雪橇。在专业化生产之前，他们共生产 15 块滑雪板（帕蒂的 10 块和托尼的 5 块）与 45 个雪橇（托尼的 40 个和帕蒂的 5 个）。

通过专业化生产，他们的总产出增加了 5 块滑雪板和 5 个雪橇。他们可以以 1 个雪橇换 1 块滑雪板的价格分享所得。帕蒂可以以低于其雪橇的生产成本的价格得到雪橇。托尼可以以低于其滑雪板的生产成本的价格购得滑雪板。帕蒂和托尼都从专业化和贸易中受益。

新闻摘要参考答案

巴西生产 1 加仑乙醇的成本要低于美国，所以，巴西拥有生产乙醇的比较优势。如果巴西专门生产乙醇，而美国生产其他产品（比如电影或食物），并进行自由贸易，那么每个国家都能获益，因为它们都能够达到其自身的 *PPF* 之外的点上。

本章总结

□ 要点

1. 利用生产可能性边界解释并说明稀缺、生产效率和取舍的概念。

• 生产可能性边界（*PPF*）描述了当所有可得资源得到有效率使用时生产的极限。

• 在 *PPF* 上或者之内的点都是可实现的，在 *PPF* 之外的点都是不可实现的。

• 在 *PPF* 上的任意一点都实现了生产效率，在 *PPF* 曲线之内的生产都是缺乏效率的。

• 当生产是有效率的时候——在 *PPF* 上，人们面临着某种取舍。如果生产是在 *PPF* 之内的点进行的，就存在免费的午餐。

2. 计算机会成本。

• 沿着 *PPF*，x（在 x 轴上的那一项）的机会成本就是 y（在 y 轴上的那一项）的减少量除以 x 的增加量。

- y 的机会成本就是 x 的机会成本的倒数。
- 生产某一产品的机会成本随着该产品的增加而递增。

3. 解释是什么导致了生产可能性扩展。

- 技术进步、资本和人力资本的增加扩展着生产可能性。
- 经济增长的机会成本就是减少现行消费。

4. 解释人们如何从专业化和贸易中受益。

- 如果她或他能够比其他人以更低的机会成本从事某项活动，那么，这个人在这项活动方面就具有比较优势。
- 人们从增加生产那些他们拥有比较优势的项目并且进行交易中受益。

□ 关键术语

绝对优势	生产效率	比较优势
生产可能性边界	经济增长	取舍

本章检查站

□ 学习计划中的问题与应用

1. 表 1 显示了某家农场在一年能够生产的玉米和牛排的数量。画出该农场的 PPF 图，并在图上标出：

- 玉米和牛排的一个缺乏效率的组合，标记为 A 点。
- 玉米和牛排的一个不可实现的组合，标记为 B 点。
- 玉米和牛排的一个有效率的组合，标记为 C 点。

表 1

玉米（蒲式耳）		牛排（磅）
250	和	0
200	和	300
100	和	500
0	和	550

利用下列信息回答问题 2 和 3。

闲暇岛的人们一天劳动 50 个小时，可以用于生产娱乐和优质食品。表 2 显示了闲暇岛在不同的劳动时间里所能生产的娱乐和优质食品的最大数量组合。

表 2

劳动（小时）	娱乐（单位）		优质食品（单位）
0	0	或者	0
10	20	或者	30
20	40	或者	50
30	60	或者	60
40	80	或者	65
50	100	或者	67

2. 50 个单位的娱乐和 50 个单位的优质食品的产量组合是可实现并有效率的吗？在生产 50 个单位的娱乐和 50 个单位的优质食品的产量组合时，闲暇岛的人们面临着取舍吗？

3. 增加生产一个单位娱乐的机会成本是什么？解释为什么生产一个单位娱乐的机会成本随着生产娱乐的数量的增多而递增。

利用下列信息回答问题 4 和 5。

疟疾可以被控制

世界卫生组织的疟疾首席专家说，试图根除这种疾病的成本过于高昂。他说，通过使用蚊帐、药物和滴滴涕（DDT），有可能消除 90%的这种疾病。但要 100%地消除是要付出极高的代价的。

资料来源：*The New York Times*，March 4，2008.

4. 用 x 轴表示疟疾控制，用 y 轴表示其他产品和服务，画出生产可能性边界图。

5. 描述控制疟疾的机会成本是如何随着更多的资源被用于降低疟疾发病率而递增的。

6. 解释下列事件是如何影响到美国的生产可能性的：

- 一些零售工人再就业，从事大坝和风场建设。
- 更多的人提前退休。
- 干旱重击了加利福尼亚的经济。

利用下列信息回答问题 7 和 8。

图 1 显示了汤姆的生产可能性，图 2 显示了阿比的生产可能性。汤姆使用他的所有资源在一小时内生产 2 个网球拍和 20 个网球。阿比使用她的所有资源在一小时内生产 2 个网球拍和 40 个网球。

7. 汤姆生产 1 个网球拍的机会成本为多少？阿比生产 1 个网球拍的机会成本为多少？谁拥有生产网球拍的比较优势？谁拥有生产网球的比较优势？

8. 如果汤姆和阿比进行专业化生产并且以 15 个网球换 1 个网球拍的价格进行交易，贸易所得为多少？

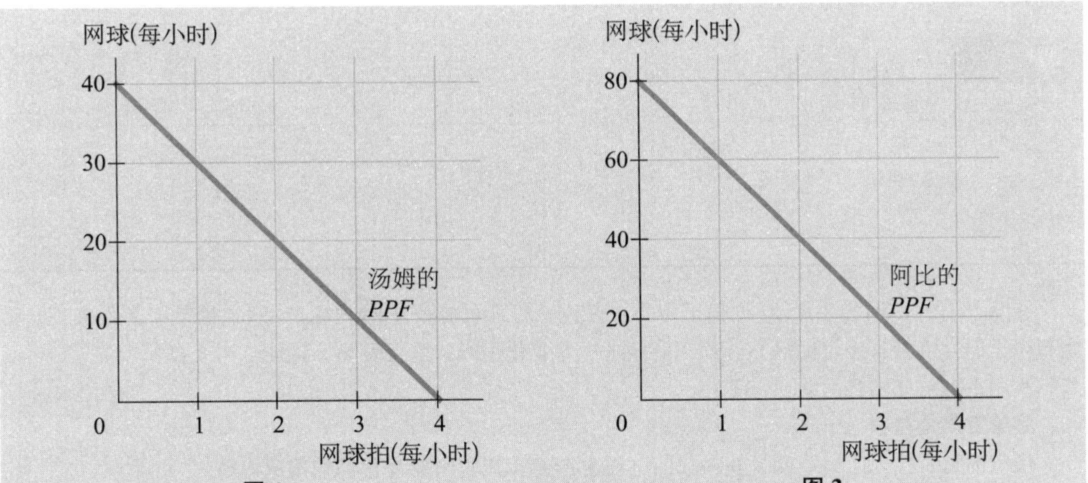

图 1　　图 2

□ 教师可布置的问题与应用

利用下列信息回答问题 1～4。

加利福尼亚州议员 Waxman 与马萨诸塞州议员 Markey 提出议案限制发电用途的温室气体排放，并要求发电厂使用可再生能源生产满足最低限量比例的电力，并且政府拍卖一部分温室气体排放权。据美国国会预算办公室估计，政府从拍卖中获益 8 460 亿美元，但要支出 8 210 亿美元，用于支持激励计划和对更高能源价格的补贴。电力生产者一年将需花费 2 080 亿美元用于遵从这一新的规则。（把这些美元的数量想象成它们所值的产品和服务。）

1. 这一新的法律会实现生产效率吗？

2. 电力生产者在温室气体排放权拍卖中向政府支付的 8 460 亿美元是不是生产电力的机会成本？

3. 政府在激励计划上的花费和对更高能源价格的补贴共 8 210 亿美元是不是生产电力的机会成本？

4. 电力生产者为了遵从这一新的规则所花费的 2 080 亿美元是不是生产电力的机会成本？

5. Foodland 的人们一天劳动 40 个小时，可以用于烤制比萨饼和面包。表 1 显示了 Foodland 在不同的劳动时间里所能生产的比萨饼和面包的最大数量组合。Foodland 的人们可以使用不同的劳动数量。Foodland 的人们一天可能生产 30 块比萨饼和 30 条面包吗？如果可能，它是有效率的吗？Foodland 的人们面临着取舍吗？生产一块额外的面包的机会成本是什么？

表 1

劳动（小时）	比萨饼（块）		面包（条）
0	0	或者	0
10	30	或者	10
20	50	或者	20
30	60	或者	30
40	65	或者	40

利用表 2 中一家农场的生产可能性来回答问题 6 和 7。

6. 若农场有效地使用资源，鸡肉产量从每年 300 磅升至每年 500 磅的机会成本是多少？解释之。

7. 若农场引进先进技术可以节省资源来催肥肉鸡，农场的生产可能性边界会发生什么变化？生产一蒲式耳大豆的机会成本会发生何种变化？

表 2

大豆（蒲式耳/年）		鸡肉（磅/年）
500	和	0
400	和	300
200	和	500
0	和	400

8. 苏可在一小时内生产 40 顶帽子与 4 件夹克，特莎可在一小时内生产 80 顶帽子与 4 件夹克。就生产帽子而言谁具有比较优势？若苏和特莎进行专业化生产并进行贸易，谁能从中受益？

利用下列信息回答问题 9～11。

廉价宽带是赢家

便宜的宽带接入已经造就了新一代的电视生产商，互联网成为它们的国家媒体。

资料来源：*The New York Times*，December 2，2007.

9. 便宜的宽带是如何改变视频娱乐及其他产品和服务的生产可能性的？

10. 请画出在有宽带前的视频娱乐及其他产品和服务的 *PPF*。

11. 请显示便宜宽带的到来是如何改变 *PPF* 的。

□ 单项选择题

1. 表 1 为一岛屿社区的生产可能性边界，请选出最恰当的描述。

A. 该社区有充足的资源生产 2 磅鱼与 36 磅浆果

B. 该社区无法生产 2 磅鱼与 36 磅浆果，因为该组合缺乏效率

C. 该社区若生产 2 磅鱼与 22 磅浆果，会浪费资源

D. 该社区可生产 2 磅鱼与 30 磅浆果，但该组合缺乏效率

表 1

可能性	鱼（磅）		浆果（磅）
A	0	和	40
B	1	和	36
C	2	和	30
D	3	和	22
E	4	和	12
F	5	和	0

2. 表 1 为一岛屿社区的生产可能性边界，请选出最恰当的描述。
   A. 假设该社区生产 3 磅鱼与 20 磅浆果，如果它决定收集更多的浆果，就面临取舍
   B. 该社区生产 4 磅鱼与 12 磅浆果时面临取舍，但该生产组合缺乏效率
   C. 假设该社区生产 5 磅鱼与 0 磅浆果，如果它决定收集更多的浆果，就可以获得免费的午餐
   D. 假设该社区生产 3 磅鱼与 22 磅浆果，生产达到有效率点，如果它决定生产更多的鱼，就面临取舍
3. 表 1 为一岛屿社区的生产可能性边界，该社区生产 1 磅鱼的机会成本是________。
   A. 当鱼的产量增加 1 磅时可收集的浆果数量
   B. 随着可收集的浆果数量的增加而上升
   C. 当鱼的产量从 2 磅上升至 3 磅时是 10 磅浆果
   D. 随着捕获的鱼的数量的增加而上升
4. 表 1 为一岛屿社区的生产可能性边界，请选出最恰当的描述。
   A. 若岛屿大旱，生产可能性边界外移
   B. 当岛民的捕鱼技术进步时，生产可能性边界外移
   C. 当岛民减少收集浆果的时间时，生产可能性边界内移
   D. 当岛民增加收集浆果的时间并维持原有捕鱼数量时，他们面临取舍
5. 玛丽每天可做 10 个馅饼和 20 个蛋糕，她做 1 个蛋糕的机会成本是 1/2 个馅饼。蒂姆每天可做 20 个馅饼和 10 个蛋糕，她做 1 个蛋糕的机会成本是 2 个馅饼。若他们选择自己具有比较优势的项目进行专业化生产，那么，________。
   A. 玛丽做馅饼
   B. 蒂姆做馅饼和蛋糕
   C. 玛丽做蛋糕，蒂姆做馅饼
   D. 玛丽做馅饼，蒂姆做蛋糕

第4章 需求和供给

本章要点

学完本章，你将能够：

1. 区分需求量和需求，解释是什么决定着需求。
2. 区分供给量和供给，解释是什么决定着供给。
3. 解释需求和供给在市场中如何决定着价格和数量，解释供给和需求变化的效应。

竞争性市场

当你需要一双新跑鞋、一个面包圈和一杯拿铁咖啡，或者想要飞回家过感恩节的时候，你都必须找到一个有人出售这些东西或者提供这些服务的地方。我们所寻找的任何这样一个地方就叫做市场。

从第2章中我们已经知道，市场是将买者和卖者聚合在一起的任何一种安排。任何一个市场均有两个方面：买者（需求者）和卖者（供给者）。现实中的市场有很多类型：提供产品的，例如苹果和旅行皮靴；提供服务的，例如理发和网球课程；提供资源的，例如电脑程序设计员和大型推土机；或者提供其他生产投入的，例如存储芯片和汽车零件。还有提供日元的货币市场，提供雅虎股票的金融证券市场。实际上，你所能想象到的一切都可以在市场上进行交易。

有些市场是有形的，在这样的市场中买者和卖者相聚，通过拍卖或者经纪人的帮助决定其价格。这种类型的市场的例子有纽约证券交易所，鱼、肉等产品市场，二手车拍卖市场。

有些市场是虚拟的空间，买卖双方并不见面，而是通过电话或互联网进行联系。这种类型的市场的例子有货币市场，电子商务网站如 Amazon. com（亚马逊网）和 bananarepublic. com（香蕉共和国），以及拍卖网站如 eBay（易趣网）。

但是，绝大多数市场都是买者和卖者的无组织的集合。你所进行的大多数交易都是在这样的市场中进行的。一个例子就是篮球鞋市场。在这个每年交易额高达30亿美元的市场中，买者是4 500万打篮球的美国人（或者那些想要跟随潮流的人）以及想要一双新鞋的人。卖者则是成千上万家体育用品零售商和鞋店。每一个买者都可以光顾几家商店，而且每一个卖者都知道买者会选择一家商店购买。

市场在买卖双方所面临的竞争密度方面是有所不同的。在本章中，我们将研究一种竞争性市场。在这种市场中，由于有足够多的买者和卖者，所以，没有人能够影响市场价格。

4.1 需求

首先，我们研究某一竞争性市场中的买者的行为。对任何产品、服务或者资源的**需求量**（quantity demanded）是指在特定时期、在某一特定价格下，人们愿意并且有能力购买的数量。例如，当矿泉水为 1 美元/瓶的时候，你决定每天买两瓶。于是，这 2 瓶/天就是你对矿泉水的需求量。

需求量是用单位时间的数量来衡量的。例如你对矿泉水的需求量是 2 瓶/天，也可以表示为 14 瓶/周，或者其他的每月或每年的某个数字。然而，如果没有时间尺度的话，一个单纯的数字是没有任何意义的。

许多因素会影响到购买计划，其中的因素之一就是价格。我们首先看一下需求量和价格之间的关系。为了研究这种关系，我们假设其他影响购买计划的因素都相同，于是我们的问题就出现了：在其他因素相同的情况下，随着价格的变动，对一种产品的需求量是如何变化的呢？需求法则回答了这个问题。

□ 需求法则

需求法则（law of demand）表述为：

在其他因素相同的情况下，如果产品价格上升，则对这种产品的需求量减少；如果产品价格下降，其需求量增加。

因此，需求法则表明，在其他因素相同的情况下，如果一部 iPhone 的价格降低，人们就会购买更多的 iPhone；或者当篮球赛门票的价格上升时，人们就会购买更少的篮球赛门票。

为什么当其他因素相同时，价格下降会使得需求量增加呢？

答案是，面对着有限的预算，人们往往有激励去寻找他们所能够实现的最佳交易。如果某一产品的价格下降，而其他产品的价格不变，那么，购买这个更低价格的产品比降价前购买更为合算，于是人们就会更多地购买这种降价产品。例如，如果瓶装水的价格从 1 美元/瓶降到 25 美分/瓶，而“佳得乐”（Gatorade）饮料的价格保持在 1 美元/瓶不变，会不会有一些人从喝佳得乐转向喝瓶装水呢？假设如此，那么这些人将会节省 75 美分/瓶，他们可以将这些钱用于购买一些他们以前无力支付的其他东西。

回想一下你所购买的东西，并且自问一下：哪些东西不符合需求法则？如果一本新教材的价格降低了，而其他的东西（包括二手教材的价格）保持不变，你会更多地购买新教材吗？然后再想一下那些你现在没有购买，但是一旦你有能力购买，你就会购买的那些东西。个人电脑要便宜到何种程度你才会考虑同时购买一台台式机和一台笔记本电脑？相信有一个足够低的价格会诱使你这样做。

□ 需求表与需求曲线

需求（demand）是指当影响购买计划的其他因素都保持不变时，一种产品的需求量和价格之间的关系。需求量是在某一个价格下的一个数量，而需求是在不同价格下的一系列数量，后者可用需求表和需求曲线来表示。

需求表（demand schedule）是当所有其他影响购买计划的因素都保持不变时，在每一个不同的价格下的需求量的一份列表。图 4-1 中的表就是某人（如蒂娜）对瓶装水的需求表。它告诉我们，当水的价格是 2.00 美元/瓶时，蒂娜不会买瓶装水。她的需求量是 0 瓶/天。如果水的价格下降到 1.50 美元/瓶，她的需求量为 1 瓶/天。当价格分别为 1.00 美元/瓶和 50 美分/瓶时，她的需求量分别上升为 2 瓶/天和 3 瓶/天。

需求曲线（demand curve）是当所有其他影响销售计划的因素都保持不变时，表示需求量和价格之间的关系的一种图形。需求曲线上从 *A* 点到 *D* 点的四个点依次代表了需求表中从 *A* 行到 *D* 行的四行。例如，图中的 *B* 点代表需求表中的 *B* 行，意为当价格为 1.50 美元/瓶时，需求量为 1 瓶/天。需求曲线上的 *C* 点代表需求表中的 *C* 行，表示当价格为 1.00 美元/瓶时，需求量为 2 瓶/天。

需求曲线向下倾斜说明了需求法则。沿着需求曲线，当产品价格下降时，需求量增加。例如，在图 4-1 中当瓶装水的价格从 1.00 美元/瓶降到 50 美分/瓶时，需求量则从 2 瓶/天增加到 3 瓶/天。当产品价格上升时，需求量减少。例如，当瓶装水的价格从 1.00 美元/瓶上升到 1.50 美元/瓶时，需求量从 2 瓶/天减少到 1 瓶/天。

	价格（美元/瓶）	供给量（瓶/天）
A	2.00	0
B	1.50	1
C	1.00	2
D	0.50	3

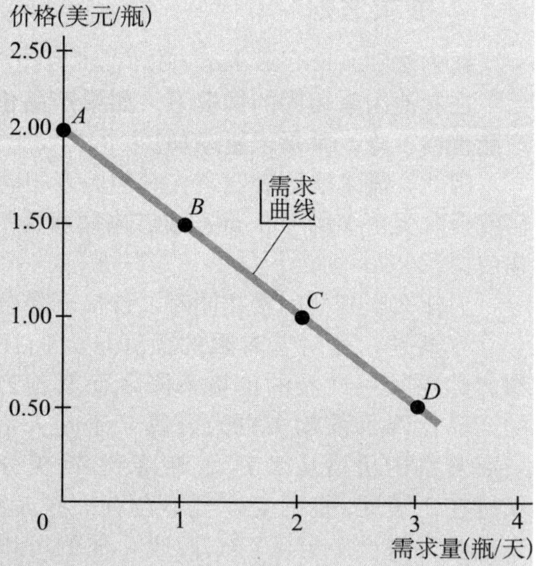

图 4-1　需求表和需求曲线

该表显示了蒂娜的需求表，它列出了在所有其他影响购买计划的因素都保持不变的情况下对水的需求量的一种列表。当水的价格是 1.50 美元/瓶时，需求量为 1 瓶/天。

需求曲线表示了在所有其他影响购买计划的因素都保持不变的情况下需求量和价格之间的关系。向下倾斜的需求曲线说明了需求法则。当价格下降时，需求量增加；当价格上升时，需求量减少。

□ 个人需求和市场需求

你刚才所学习的需求表和需求曲线是针对某一个人的。为了学习某一个市场，我们需要研究市场需求。

市场需求（market demand）是某一市场所有买者需求的总和。为了得到市场需求，想象一个只有两个买者的市场：蒂娜和蒂姆。图 4-2 中的表显示了三种需求表：蒂娜的、蒂姆的和市场的需求表。蒂娜的需求表和之前的一样，它表明了在每一个不同的价格上蒂娜对水的需求量。蒂姆的需求表告诉我们，在每一个不同的价格上蒂姆对水的需求量。为了得到市场的需求量，我们把蒂娜和蒂姆的需求量加总。例如，在 1.00 美元/瓶的价格上，蒂娜的需求量为 2 瓶/天，蒂姆的需求量为 1 瓶/天，因此，市场的需求量为3 瓶/天。

图 4-2（a）中的蒂娜的需求曲线和图 4-2（b）中的蒂姆的需求曲线是两个个人的需求表的图像。图 4-2（c）中的需求曲线则是市场需求表的图像。在某一给定的价格上，在市场需求曲线上的需求量等于在个人需求曲线上的需求量的水平和。

价格（美元/瓶）	需求量（瓶/天）				
	蒂娜		蒂姆		市场
2.00	0		0		0
1.50	1		0		1
1.00	2	+	1	=	3
0.50	3		2		5

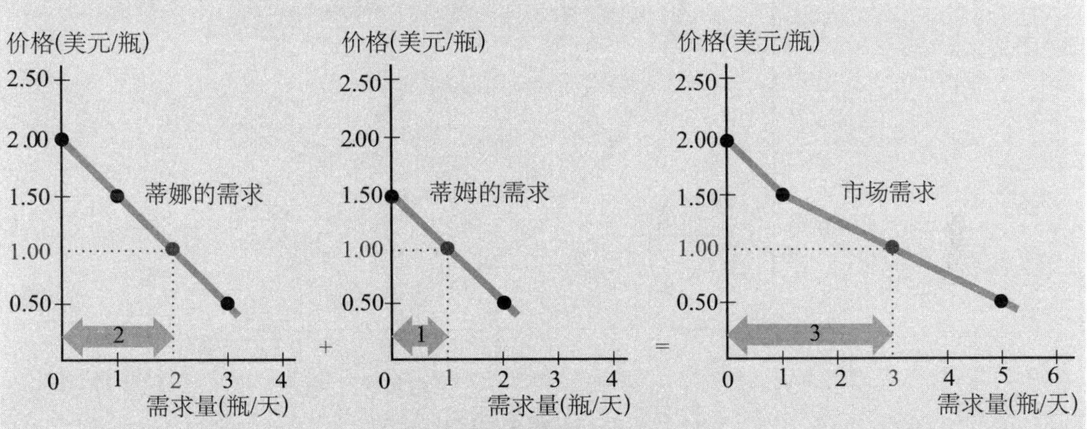

(a) 蒂娜的需求　　(b) 蒂姆的需求　　(c) 市场需求

图 4-2　个人需求和市场需求

市场需求表是个人需求表之和，市场需求曲线是个人需求曲线的水平和。

当价格为 1.00 美元/瓶时，蒂娜的需求量为 2 瓶/天，蒂姆的需求量为 1 瓶/天，因此，市场需求量为 3 瓶/天。

□ 需求的变化

需求曲线描述了在影响购买计划的所有其他因素都保持不变的情况下，需求量随着价格的变化而变化。当除价格之外的任何一种影响购买计划的因素发生变化时，就会产生**需求的变化**（change in demand）。这意味着一个新的需求表和新的需求曲线。需求曲线发生位移。

需求会增加或减少，图 4-3 说明了这两种情况。假定初始需求曲线为 D_0。当需求减少时，需求曲线向左位移至 D_1。在需求曲线 D_1 上，在每一价格水平上需求量都更少。

当需求增加时，需求曲线向右位移至 D_2。在需求曲线 D_2 上，在每一价格水平上需求量都更多。

能够引起需求变化的购买计划的主要影响因素有：

- 相关产品的价格
- 预期未来价格
- 收入
- 预期未来收入和信用
- 购买者的数量
- 偏好

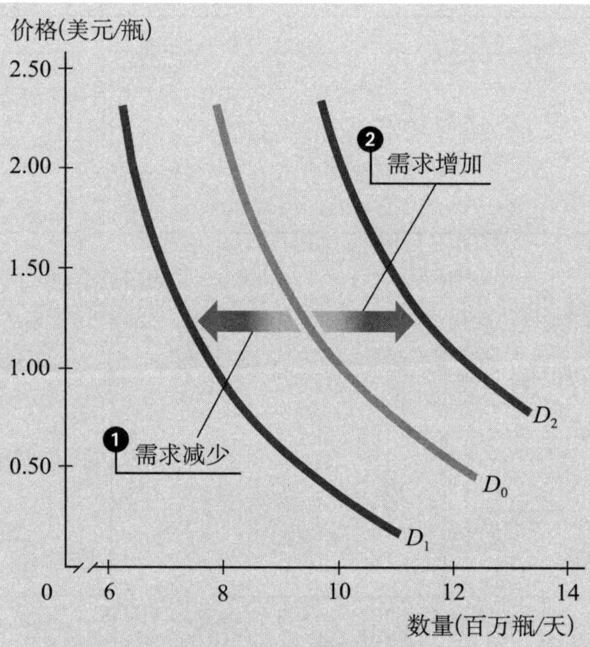

图 4-3 需求的变化

除产品自身价格变化之外的、影响买者购买计划的任何一种因素的变化都会改变需求，并且导致需求曲线的位移。

①当需求减少时，需求曲线从 D_0 向左位移至 D_1。

②当需求增加时，需求曲线从 D_0 向右位移至 D_2。

相关产品的价格

一种产品的价格变化可以引起对相关产品需求的变化。相关产品可以是替代品，也可以是互补品。一种产品的**替代品**（substitute）是指可以代替这种产品消费的另外一种产品。例如，巧克力蛋糕是奶酪蛋糕的替代品，瓶装水是佳得乐饮料的替代品。一种产品的**互补品**（complement）是指必须和该产品一起消费的另外一种产品。例如，护腕和滚轴溜冰鞋是互补品，瓶装水和健身中心服务是互补品。

某种产品的需求和其替代品的价格同向变动。如果某种产品的替代品的价格上升，那么这种产品的需求增加；如果某种产品的替代品的价格下降，那么这种产品的需求减少。例如，奶酪蛋糕是巧克力蛋糕的替代品。当巧克力蛋糕的价格上涨时，对奶酪蛋糕的需求会有所增加。

某种产品的需求与其互补品的价格反向变动。如果某种产品的互补品的价格上升，对该产品的需求便减少；如果某种产品的互补品的价格下降，对该产品的需求便增加。例如，当滑冰的价格上升时，护腕的需求就会有所减少。

预期未来价格

预期某种产品的未来价格上升会增加对该产品的现行需求，预期未来价格下降会减少现行需求。如果你预期在接下来的几周面条的价格将上升，你就会买足够多的面条以应付接下来的几周，你今天对面条的需求就会增加。如果你预期在接下来的几周面条的价格会下降，你今天就不会购买面条。你今天对面条的需求就会减少。

收入

如果一种产品的需求会随着收入的增加而增加，随着收入的减少而减少，那么我们就称这种产品为**正常品**（normal good）。如果一种产品的需求随着收入的增加而减少，随着收入的减少而增加，那么我们就称这种产品为**劣品**（inferior good）。例如，当你的收入增加时，你会购买更多的鸡、更少的面食，对你来说，鸡是一种正常品，面食是一种劣品。

预期未来收入和信用

当预期未来收入上升时，或者信用很容易获得，借款成本较低时，对一些产品的需求上升。当预期未来收入下降时，或者信用很难获得，借款成本较高时，对一些产品的需求下降。

预期未来收入以及信贷的可得性和成本的改变对一些大面额项目（如住房和汽车）的需求有很大的影响。对未来收入和价格的预期也会影响到需求。预期未来收入和信贷的可得性的适度调整对这类产品的需求会带来很大的波动。

购买者的数量

市场中购买者的数量越多，需求量就越大。例如，纽约市对于停车场、电影、瓶装水以及其他任何东西的需求都要比爱达荷州的博伊西市的需求多得多。

偏好

兴趣，或者经济学家所称谓的偏好，会影响到需求。当偏好发生变化时，人们对某种产品的需求有可能减少而对另一种产品的需求有可能增加。例如，人们对吸烟有害健康的知识了解得越多，就越会改变其偏好，这种偏好的变化会降低对香烟的需求，同时增加对尼古丁药贴的需求。当新产品出现时，偏好也会发生变化。例如，MP3 技术的发展减少了对 CD 光盘的需求，同时增加了对互联网服务以及个人计算机的需求。

□ 需求量的变化对需求的变化

你刚才发现的影响购买者计划的因素导致了需求的变化。这些因素包括了除产品自身价格之外的所有其他因素。为了避免混淆，当自身价格变化，而其他所有影响因素都保持不变时，我们称之为**需求量的变化**（change in the quantity demanded）。

区分需求的变化和需求量的变化，在了解市场如何对此做出反应方面是非常重要的。图 4 - 4 说明和总结了上述区分。

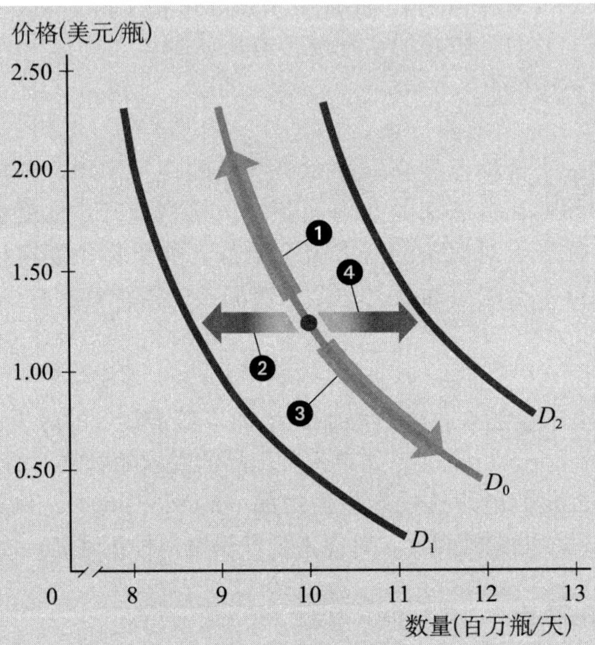

图 4 - 4　需求量变化对需求变化

①需求量的减少。

如果某种产品价格上升，其他因素不变，则需求量减少，它沿着需求曲线 D_0 向上移动。

②需求的减少。

需求减少，需求曲线向左位移（从 D_0 到 D_1），如果

- 替代品的价格下降。
- 互补品的价格上升。
- 预期该产品未来价格下降。
- 收入减少。*
- 购买者的数量减少。

③需求量的增加。

如果某种产品价格下降，其他因素不变，则需求量增加，它沿着需求曲线 D_0 向下移动。

④需求的增加。

需求增加，需求曲线向右位移（从 D_0 到 D_2），如果

- 替代品的价格上升。
- 互补品的价格下降。
- 预期该产品未来价格上升。
- 收入增加。
- 购买者的数量增加。

* 瓶装水为一种正常品。

- 如果瓶装水价格上升，其他因素保持不变，则瓶装水的需求量减少，它沿着需求

曲线 D_0 向上移动。当价格下降，其他因素保持不变时，瓶装水的需求量增加，它沿着需求曲线 D_0 向下移动。

• 如果影响购买者计划的其他因素发生变化，需求就会发生变化。当瓶装水的需求减少时，需求曲线向左位移（移至需求曲线 D_1）。当瓶装水的需求增加时，需求曲线向右位移（移至求曲线 D_2）。

当你在思考影响需求的因素时，最好养成一个良好的习惯问问自己：这一影响因素是改变需求量还是需求？这一测试就是：是产品价格的变化还是其他影响因素的变化？如果该产品价格变化，则需求量发生变化；如果其他因素变化，而价格保持不变，则需求发生变化。

检查站 4.1 区分需求量和需求，解释是什么决定着需求。

现实问题

下列事件发生在手机市场上的某个时点上：

• 手机价格下降。

• 每个人都预期下个月手机价格将下降。

• 手机话费下降。

• 用座机打手机的花费上升。

• 带相机的手机使得手机更为流行。

1. 解释上述每件事对手机需求的影响。

2. 使用一个图来说明每件事的效应。

3. 哪件（些）事说明了需求法则。

新闻摘要

航空公司，现在过好日子，唯恐下滑

今年到目前为止，航空公司有能力提高票价，但飞机依然满座。

资料来源：*The New York Times*，June 10，2011.

这一新闻摘要是否隐含着需求法制在现实生活中不成立？解释为什么。

现实问题参考答案

1. 手机价格下降增加了对手机的需求量，但对需求没有影响。

预期下个月手机价格下降减少了今天的手机需求，因为人们在等待更为便宜的手机。

手机话费下降增加了对手机的需求，因为手机和手机话费互为互补品。

用座机打手机的花费上升增加了手机的需求，因为座机和手机互为替代品。

由于手机更为流行，手机的需求增加。

2. 图 1 显示了手机价格下降的效应是沿着需求曲线 D 的移动。

图 2 显示了对手机的需求增加的效应表现为需求曲线从 D_0 右移到 D_1；对手机的需求减少的效应表现为需求曲线从 D_0 左移到 D_2。

3. 手机价格下降（其他因素保持不变）说明了需求法则。图 1 显示了需求法则。其他因素改变着需求，不能说明需求法则。

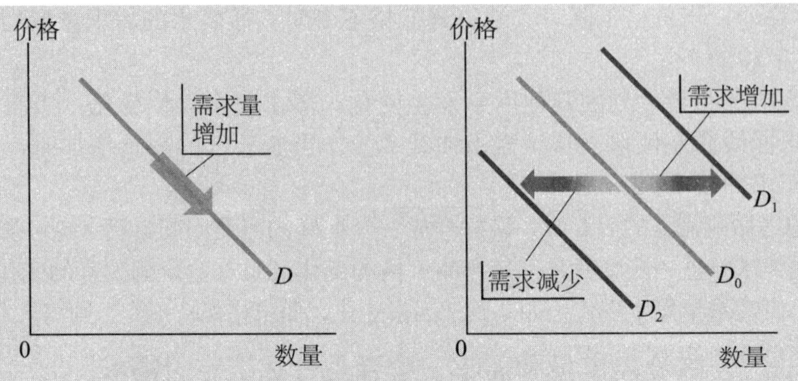

图 1 **图 2**

新闻摘要参考答案

需求法则表明：飞机票价上升，在其他条件保持不变的情况下，对飞机票的需求量将下降。飞机票的需求曲线向右下方倾斜。需求法则在现实世界确实有用。航空公司依然可以填满座位，是因为“其他条件”没有保持不变。其他条件增加了对机票的需求。

4.2 供给

一个市场有两个方面，一面是买者，即需求者，我们刚刚研究过了；另一面是卖者，即供给者。现在，我们研究那些决定着供给者计划的力量。

一种产品、服务或者资源的**供给量**（quantity supplied）是指在特定时期、在某一特定价格下，人们愿意并且有能力提供的数量。例如，当矿泉水的价格是 1.50 美元/瓶时，矿泉水的拥有者决定出售 2 000 瓶/天，那么，这 2 000 瓶/天便是此生产者的矿泉水供给量（与需求的例子一样，供给量是以某一单位时间来衡量的）。

许多因素都会影响到销售计划，其中之一就是价格。我们首先看一下供给量和价格之间的关系。为了研究这种关系，我们假设影响销售计划的其他因素都保持不变，于是我们要问：在其他因素相同的情况下，随着价格的变动，该产品的供给量如何变化？供给法则回答了这个问题。

□ 供给法则

供给法则（law of supply）表述为：

在其他因素相同的情况下，如果产品价格上升，这种产品的供给量增加；如果产品价格下降，其供给量减少。

所以，供给法则表明，在所有其他因素都保持不变的情况下，如果瓶装水的价格上升，矿泉水拥有者就会提供更多的瓶装水来出售；而当平板电视的价格下降时，索尼公司就会出售更少的平板电视。

为什么当其他因素都相同时，价格上升会使供给量增加，价格下降会使供给量减少呢？部分原因可能在于机会成本递增的原理。因为生产要素不是在所有的活动中都具有同等的生产力，所生产的某种产品的数量越多，生产它的机会成本就越大。更高的价格对承受由生产增加所导致的更高机会成本的生产者提供了一种激励。另外一部分原因是，在给定成本的条件下，更高的价格带来更大的利润，所以，生产者有更大的激励去增加产量。

想象一下你拥有的并可供出售给他人的资源，问问自己：这些东西中有哪些不符合供给法则呢？如果暑期打工的工资上升，你有没有激励工作更长时间而承受失去休闲的更高的机会成本？如果银行提高存款利息率，你有没有激励在该银行存更多的钱而承受放弃消费的更高的机会成本？如果二手教材的书商提高了去年的教材的价格，你有没有激励卖掉手头上的数学教材，但每当你需要读这本书的时候，要承受去图书馆（或者找朋友借）的更高的机会成本？

□ 供给表与供给曲线

供给（supply）是指当影响销售计划的其他因素都保持不变时，某种产品的供给量和价格之间的关系。供给量是在某一个价格下的一个数量，而供给是在不同价格下的一系列数量，后者可用供给表和供给曲线来表示。

供给表（supply schedule）是当所有其他影响销售计划的因素都保持不变时，在每一个不同价格下的供给量的一份列表。图 4－5 中的表就是埃加瓶装水的供给表。它告诉我们，当水的价格是 50 美分/瓶时，埃加计划不卖水，其供给量为 0 瓶/天；当水的价格是 1.00 美元/瓶时，埃加的供给量为 1 000 瓶/天；而当水的价格上升到 1.50 美元/瓶的时候，埃加的供给量增加到 2 000 瓶/天，当价格上升到 2.00 美元/瓶时，埃加的供给量增加到 3 000 瓶/天。

	价格（美元/瓶）	供给量（千瓶/天）
A	2.00	3
B	1.50	2
C	1.00	1
D	0.50	0

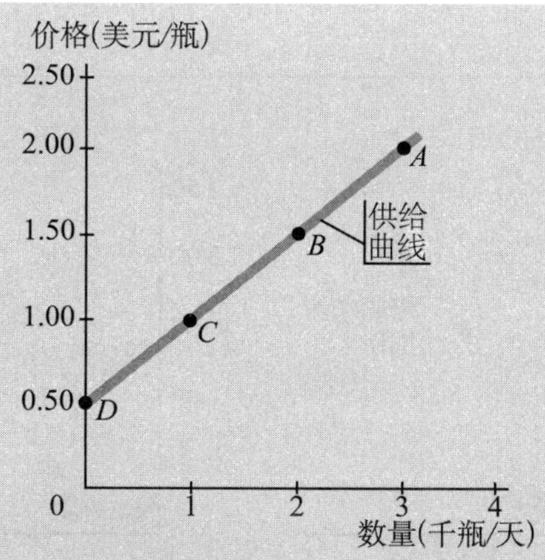

图 4－5　供给表和供给曲线

图中的表就是供给表，它显示了在影响销售计划的所有其他因素都保持不变的情况下，在不同价格上瓶装水的一系列供给量。当瓶装水的价格是 1.50 美元/瓶时，供给量为 2 000 瓶/天。

供给曲线表示了在所有其他因素都保持不变的情况下供给量和价格之间的关系。向上倾斜的供给曲线说明了供给法则。当产品价格上升时，供给量增加；当产品价格下降时，供给量减少。

供给曲线（supply curve）是当影响销售计划的所有其他因素都保持不变时，表明供给量和价格之间关系的一个图像。供给曲线上从 A 点到 D 点的四个点依次代表着供给表中从 A 行到 D 行的四行。例如，供给曲线上的 C 点代表供给表中的 C 行，它表明当价格为 1.00 美元/瓶时，供给量为 1 000 瓶/天。供给曲线上的 B 点代表供给表中的 B 行，表明当价格为 1.50 美元/瓶时，供给量为 2 000 瓶/天。

供给曲线向上倾斜说明了供给法则。沿着供给曲线，当产品价格上升时，供给量会有所增加。例如，在图 4－5 中，当瓶装水的价格从 1.50 美元/瓶上升到 2.00 美元/瓶时，供给量从 2 000 瓶/瓶增加到 3 000 瓶/天。当其价格下降时，供给量减少。例如，当瓶装水的价格从 1.50 美元/瓶下降到 1.00 美元/瓶时，供给量从 2 000 瓶/天减少到 1 000 瓶/天。

□ 个别供给和市场供给

你刚才所学习的供给表和供给曲线是针对某一个卖者而言的。为了研究某一市场，我们必须研究市场供给。

市场供给（market supply）是市场中所有卖者的供给之和。为了得到水的市场供给，想象一个仅有两个卖者（埃加和普利马）的市场。图 4－6 中的表显示了三种供给表：埃加的、普利马的和市场的供给表。埃加的供给表和之前的一样。普利马的供给表告诉我们他在每一价格下所计划出售的水量。为了得到市场的水的供给量，我们把埃加和普利马的供给量加总起来。例如，在 1.00 美元/瓶的价格下，埃加的供给量为 1 000 瓶/天，普利马的供给量为 2 000 瓶/天。因此，该市场的供给量为 3 000 瓶/天。

价格	供给量（千瓶/天）				
（美元/瓶）	埃加		普利马		市场
2.00	3		4		7
1.50	2		3		5
1.00	1	+	2	=	3
0.50	0		0		0

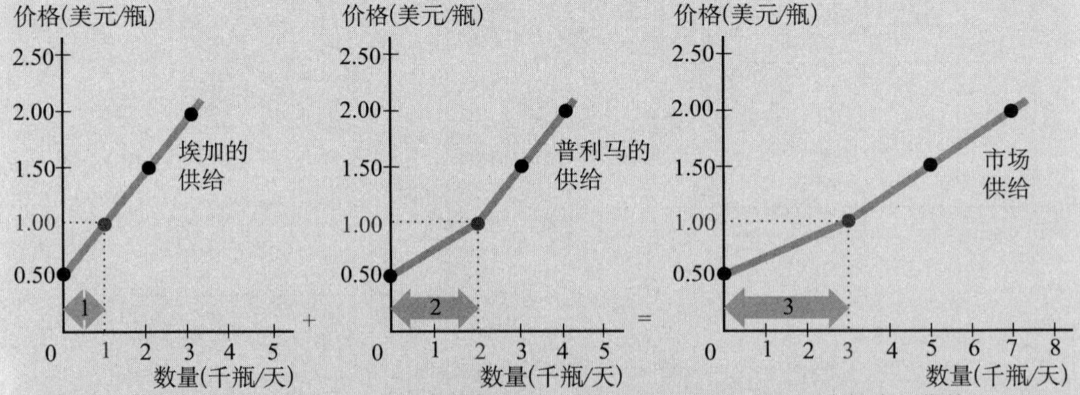

(a) 埃加的供给　　(b) 普利马的供给　　(c) 市场供给

图 4－6　个别供给和市场供给

市场供给表是个别供给表之和，市场供给曲线是个别供给曲线的水平和。

在价格为 1.00 美元/瓶时，埃加的供给量为 1 000 瓶/天，普利马的供给量为 2 000 瓶/天，因此，市场供给量为 3 000 瓶/天。

图 4－6（a）中埃加的供给曲线和图 4－6（b）中普利马的供给曲线是这两个个人供给表的图像。图 4－6（c）中的市场供给曲线是市场供给表的图像。在任一价格下，市场供给曲线上的供给量都等于在单个供给曲线上的供给量的水平和。

□ 供给的变化

供给曲线描述了在影响销售计划的所有其他因素都保持不变的情况下，供给量随着价格的变化而变化。当除价格之外的任何一种影响销售计划的因素发生变化时，就会产生**供给的变化**（change in supply）这意味着一个新的供给表和新的供给曲线。供给曲线发生位移。

供给会增加或减少，图 4－7 显示了这两种情况。假定初始供给曲线为 S_0，当瓶装水的供给减少时，供给曲线向左位移至 S_1。在供给曲线 S_1 上，在任一价格下供给量都更少。当瓶装水的供给增加时，供给曲线向右位移至 S_2。在供给曲线 S_2 上，在任一价格下供给量都更多。

能够引起供给变化的销售计划的主要影响因素有：

- 相关产品的价格
- 资源的价格和其他投入的价格
- 预期未来价格
- 销售者的数量
- 生产率

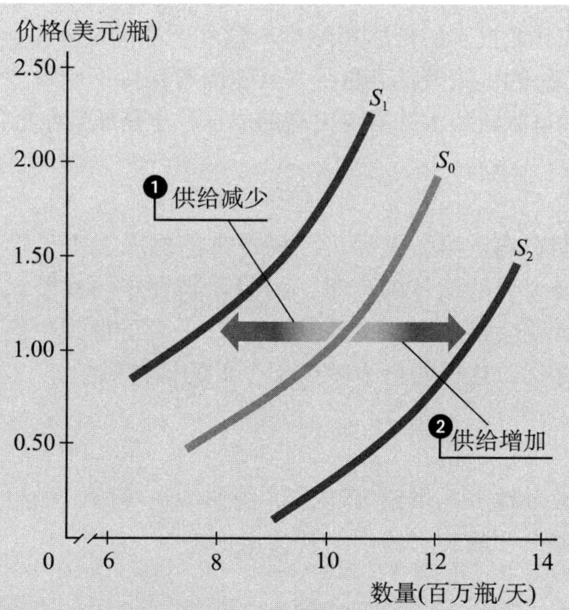

图 4－7　供给的变化

除自身价格变化之外的所有影响销售计划的因素的改变都会引起供给的变化，并且导致供给曲线的位移。

①当供给减少时，供给曲线从 S_0 向左位移至 S_1。

②当供给增加时，供给曲线从 S_0 向右位移至 S_2。

相关产品的价格

相关产品要么是生产性替代品，要么是生产性互补品。一种产品的**生产性替代品**

（substitute in production）是指可以代替这种产品进行生产的另一种产品。在制衣厂中，苗条牛仔裤是瘦身牛仔裤的生产性替代品。

一种产品的**生产性互补品**（complement in production）是指必须和这种产品一起生产的另外一种产品。在乳制品厂，奶油是脱脂牛奶的生产性互补品。

生产性替代品的价格变化　如果某一种产品的生产性替代品之一的价格上升，那么这种产品的供给就会减少；而如果某种产品的生产性替代品之一的价格下降，那么这种产品的供给就会增加。也就是说，一种产品的供给与其替代品的价格反向变动。例如，某制衣厂既可以生产工装裤，也可以生产排扣式牛仔裤。因此，这些产品是生产性替代品。当排扣式牛仔裤的价格上升时，该制衣厂的生产从工装裤转向排扣式牛仔裤，因此工装裤的供给减少。

生产性互补品的价格变化　如果一种产品的生产性互补品之一的价格上升，那么这种产品的供给就会增加；而如果一种产品的生产性互补品之一的价格下降，那么这种产品的供给就会减少。也就是说，一种产品的供给与其互补品的价格同向变动。例如，乳制品厂生产脱脂牛奶的时候也生产了奶油。当脱脂牛奶的价格上升时，乳制品厂生产更多的脱脂牛奶，奶油的供给也增加了。

资源价格和其他投入的价格

一旦用于生产某种产品的资源或者其他投入的价格发生变化，该产品的供给也会发生变化。这是因为资源和其他投入的价格影响生产这种产品的成本。生产单位产品的成本越高，在任一价格下该产品的供给量就会越少（其他因素保持不变）。例如，如果瓶装水厂工人的工资率上升，生产每瓶瓶装水就需要更高的成本，于是瓶装水的供给就会减少。

预期未来价格

对未来价格的预期影响供给。例如，一场严重的霜冻袭击了佛罗里达州的柑橘类作物，这场霜冻不会改变今天的橘汁的产量，但是，当今年的橘子产量少于正常丰收年份的产量时，橘汁的卖者就会预期未来的价格会上升。为了得到更高的价格，一些卖者将增加他们冰冻橘汁的存货，这样的行为减少了今天的橘汁供给。

销售者的数量

市场中销售者的数量越多，供给就越多。例如，在美国，如果更多新的企业进入矿泉水和瓶装水市场，那么，瓶装水的供给就会增加。

生产率

生产率是指每单位投入的产出。生产率的提高会降低成本，增加供给。生产率的降低则具有相反的影响，减少供给。

技术进步和加速使用资本会提高生产率。例如，电子科技的进步降低了生产电脑的成本，增加了电脑的供给。技术进步带来诸如 iPod 这样的产品，而这种产品以前的供给为零。

诸如恶劣的气候以及地震的自然事件会降低生产率，减少供给。例如，2004 年印度洋的海啸减少了周边农产品和海产品的供给。

□ 供给量变化对供给变化

你刚才考虑的影响销售者计划的因素会带来供给的变化。它们包括了除产品自身价格之外的所有其他因素。为了避免混淆，当自身价格变化，而其他所有影响因素都保持不变时，我们称之为**供给量的变化**（change in the quantity supplied）。

区分供给的变化和供给量的变化，在了解市场如何对此做出反应方面是非常重要的。图 4－8 说明和总结了上述区分。

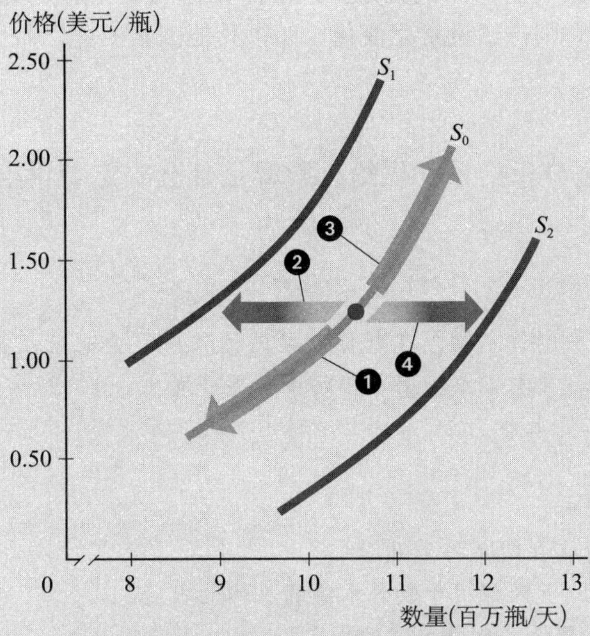

图 4－8　供给量变化对供给变化

①供给量的减少。

如果某种产品的价格下降，其他因素不变，则供给量减少，它沿着供给曲线 S_0 向下移动。

②供给的减少。

供给减少，供给曲线向左位移（从 S_0 到 S_1），如果

- 生产性替代品的价格上升。
- 生产性互补品的价格下降。
- 某种资源的价格或其他投入的价格上升。
- 销售者的数量减少。
- 生产率下降。

③供给量的增加。

如果某种产品的价格上升，其他因素不变，则供给量增加，它沿着供给曲线 S_0 向上移动。

④供给的增加。

供给增加，供给曲线向右位移（从 S_0 到 S_2），如果

- 生产性替代品的价格下降。
- 生产性互补品的价格上升。
- 某种资源的价格或其他投入的价格下降。
- 销售者的数量增加。
- 生产率提高。

·如果瓶装水价格下降，其他因素保持不变，则瓶装水的供给量减少，它沿着供给曲线 S_0 向下移动。当价格上升，其他因素保持不变时，瓶装水的供给量增加，它沿着供给曲线 S_0 向上移动。

·如果影响瓶装水销售者计划的其他因素发生变化，瓶装水的供给就会发生变化。当瓶装水的供给减少时，供给曲线向左位移至 S_1。当瓶装水的供给增加时，供给曲线向右位移至 S_2。

当你在思考影响供给的因素时，最好养成一个良好的习惯问问自己：这一影响因素是改变供给量还是供给？这一测试就是：是产品价格的变化还是其他影响因素的变化？如果该产品价格变化，则供给量发生变化；如果其他因素变化，而价格保持不变，则供给发生变化。

检查站 4.2☞ 区分供给量和供给，解释是什么决定着供给。

现实问题

木材公司从原木中制作木梁。在制作木梁的过程中，企业还生产出了锯屑，它可以被用于制造压缩木板。在木梁市场上，下列事项逐一发生。

- 锯木工人的工资上升。
- 锯屑的价格上升。
- 木梁的价格上升。
- 预期木梁的价格在明年将上升。
- 一条新的法律减少砍伐用于制作木梁的森林的数量。
- 一项新的技术降低了制作木梁的成本。

1. 解释上述每个事项对木梁供给的影响。
2. 绘图说明上述事项的效应。
3. 有哪项或哪几项说明了供给法则。

新闻摘要

通用汽车公司和全美汽车工人联合会达成成本缩减条约

通用汽车公司和全美汽车工人联合会就重构工人工作岗位达成一致。这次重构在不减少工人工资的情况下，将为通用汽车公司节省大约十亿美元的劳动成本。

资料来源：*Wall Street Journal*，May 22，2009.

这一降低成本的协议会改变通用汽车的供给吗？解释之。

现实问题参考答案

1. 工人工资的上升增加了生产木梁的成本，减少了木梁的供给。

锯屑的价格上升增加了木梁的供给，这是因为锯屑和木梁是生产性互补品。

木梁价格的上升增加了木梁的供给量，但对木梁的供给没有影响。

预期木梁的价格在明年将上升减少了木梁的供给，因为生产者会囤积并等候高价时出手。

新的法律减少了木梁的供给。

一项新的技术增加了木梁的供给。

2. 图 1 显示了对木梁的供给增加是指供给曲线从 S_0 右移到 S_1，对木梁的供给减少是指供给曲线从 S_0 左移到 S_2。图 2 显示了木梁价格的上升引起沿着供给曲线 S 向上移动。

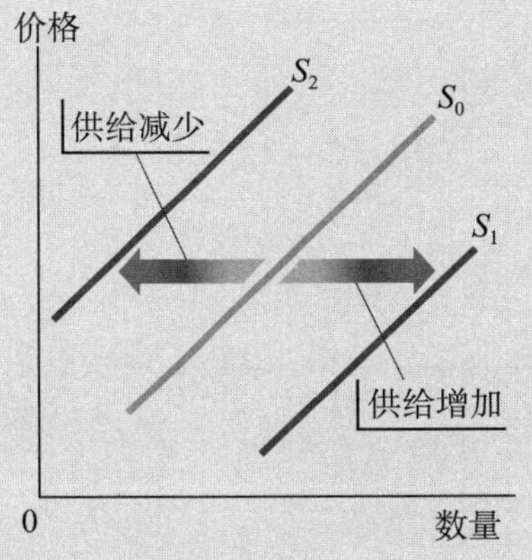

图 1

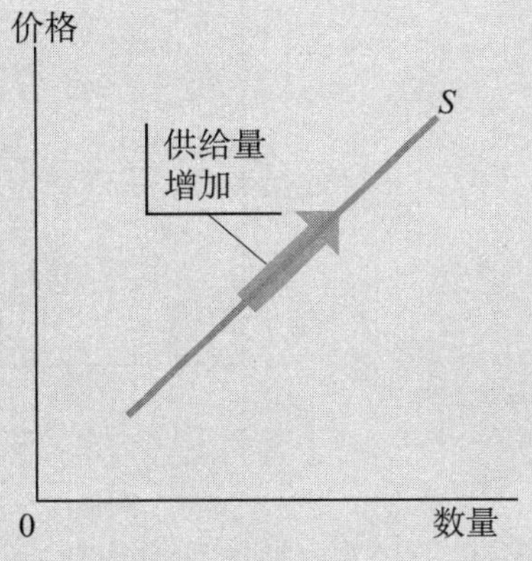

图 2

3. 在其他因素保持不变的情况下，木梁价格的上升唯一地说明了供给法则，见图 2。

新闻摘要参考答案

在不改变工资的情况下，成本的降低提高了生产率，这会增加通用汽车的供给。

4.3 市场均衡

在日常用语当中，“均衡”的意思是指“相反的力量处于相对平衡的状态之中”。在市场中，需求和供给就是相反的力量。买者希望得到尽可能低的价格，价格越低，他们计划购买的数量就会越多；销售者则希望得到尽可能高的价格，价格越高，他们计划供给的数量就会越多。**市场均衡**（market equilibrium）出现在需求量等于供给量之时，也就是买者和卖者的计划相互一致时。**均衡价格**（equilibrium price）就是需求量等于供给量时的价格。**均衡数量**（equilibrium quantity）则是在均衡价格下买卖的数量。

在图 4－9 描述的瓶装水市场中，市场均衡点为需求曲线和供给曲线的交点，均衡价格为 1.00 美元/瓶，均衡数量为 1 000 万瓶/天。

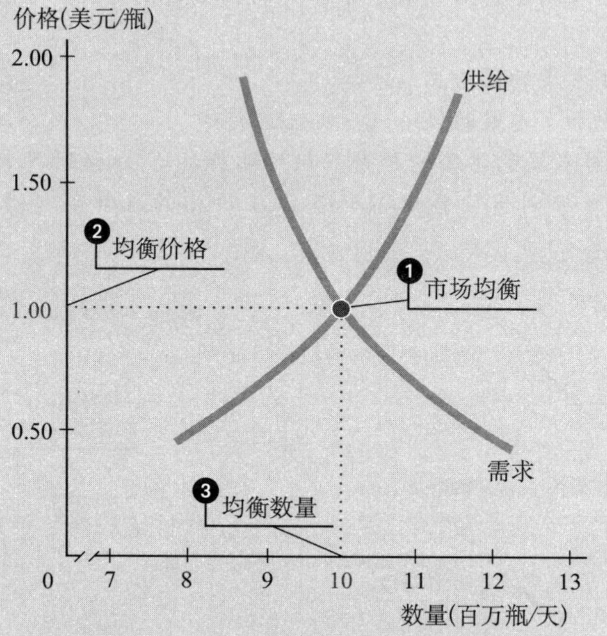

图 4－9　均衡价格和均衡数量

①市场均衡出现在需求曲线和供给曲线的交点处。

②均衡价格为 1.00 美元/瓶。

③在均衡价格水平上，需求量和供给量都是 1 000 万瓶/天，这便是均衡数量。

□ 价格：市场自发调节器

当均衡受到干扰时，市场的力量会使之恢复到均衡。**市场力量法则**（law of market forces）表述为：

一旦出现剩余，价格就会下降；一旦出现短缺，价格就会上升。

剩余或者过度供给是供给量超出需求量的一种状态。如果出现剩余，供给者必然要降低价格以便出售得更多一些。购买者很高兴接受更低的价格，所以，价格就下降了。出现剩余就是因为价格高于均衡价格，因此，降价正好是市场恢复到均衡所要做的。

短缺或者过度需求是需求量超出供给量的一种状态。如果出现短缺，购买者必然要支付更高的价格以便购买得更多一些。销售者很高兴接受更高的价格，所以，价格就上升了。出现短缺就是因为价格低于均衡价格，因此，涨价正好是市场恢复到均衡所要做的。

在图 4－10（a）中，当价格为 1.50 美元/瓶时，出现了水的剩余，价格下降，需求量增加，而供给量减少，剩余在 1.00 美元/瓶时被消除了。

在图 4－10（b）中，当价格为 75 美分/瓶时，出现了水的短缺，价格上升，供给量增加，而需求量减少，短缺在 1.00 美元/瓶时被消除了。

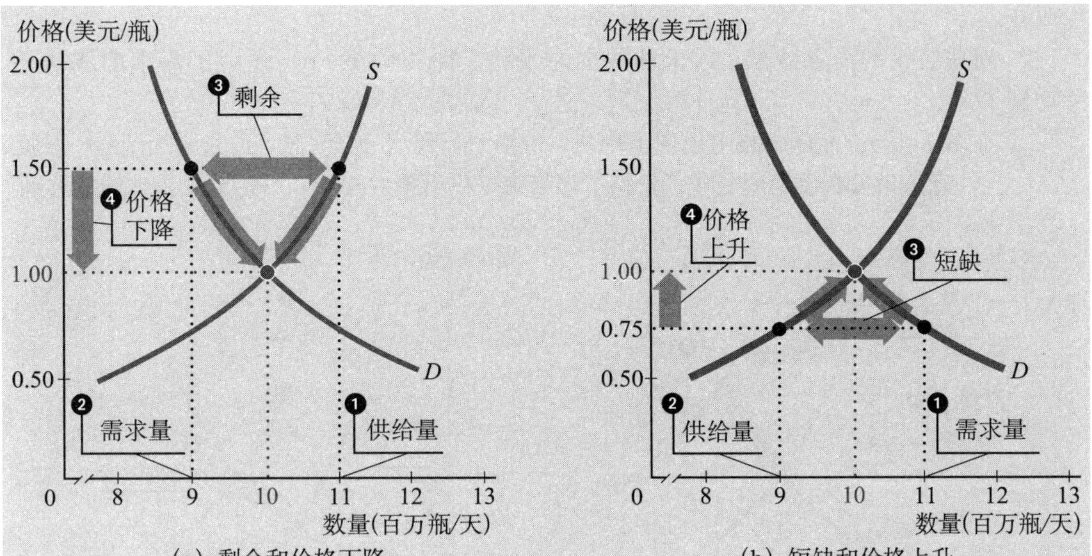

(a) 剩余和价格下降　　(b) 短缺和价格上升

图 4-10 实现均衡的力量

当价格为1.50美元/瓶时，①供给量为1 100万瓶，②需求量为900万瓶，③剩余量为200万瓶，④价格便下降。当价格为75美分/瓶时，①需求量为1 100万瓶，②供给量为900万瓶，③短缺量为200万瓶，④价格便上升。

□ 预测价格变化：三大问题

由于价格调整可以消除短缺和剩余，市场通常处于均衡状态。当某一事件干扰某一均衡的时候，一个新的均衡不久就会出现。为了解释与预测价格和数量的变化，我们仅仅需要考虑均衡价格和均衡数量的变化。通过询问以下三大问题，我们能够分析出某一事件对市场的影响。

1. 这一事件影响需求还是供给？
2. 这一事件增加还是减少了需求或供给——需求曲线或供给曲线向右或向左平移？
3. 新的均衡价格和均衡数量是什么以及它们是如何变化的？

□ 需求变化的影响

让我们尝试着分析瓶装水市场某一事件的影响来回答这三大问题：一项研究表明龙头自来水是不够安全的。

1. 在自来水不安全的情况下，对瓶装水的需求将发生改变。
2. 对瓶装水的需求增加，需求曲线向右平移。图4-11（a）显示了需求曲线从D_0移动到D_1。
3. 在1.00美元/瓶的价格上出现了短缺，价格上升到1.50美元/瓶，数量增加到1 100万瓶。

注意这里没有供给的变化；价格上升带来了供给量的增加——沿着供给曲线的移动。

让我们考虑当零卡路里的运动型饮料的价格下降时将发生什么。

1. 该运动型饮料是瓶装水的替代品，所以，当它的价格下降时，对瓶装水的需求发生改变。

2. 对瓶装水的需求减少，需求曲线向左平移。图 4－11（b）显示了需求曲线从 D_0 移动到 D_2。

3. 在 1.00 美元/瓶的价格上出现了剩余，价格下降到 75 美分/瓶，数量增加到 900 万瓶。再次注意这里没有供给的变化；价格下降带来了供给量的减少——沿着供给曲线的移动。

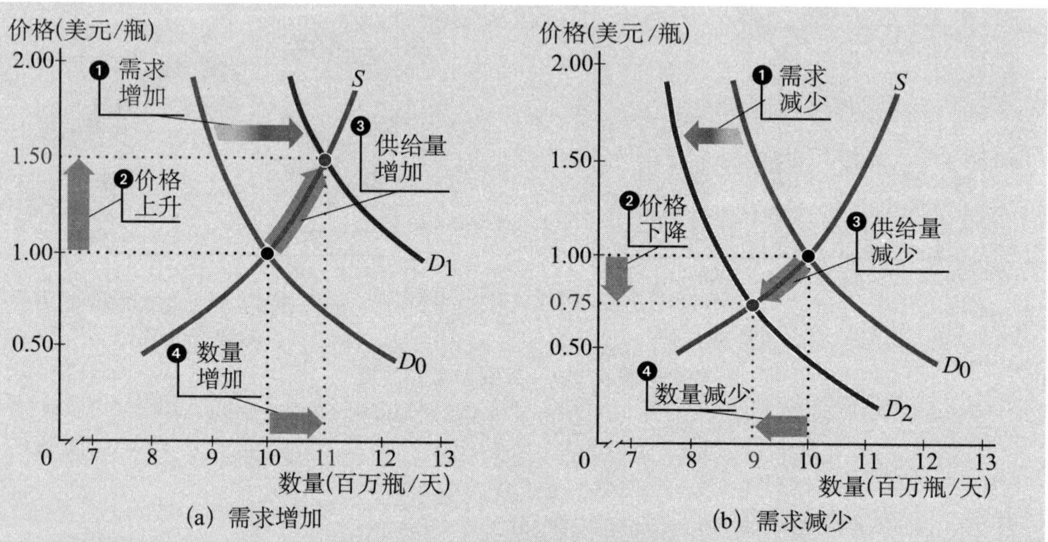

图 4－11 需求变化的影响

当需求增加时，①需求曲线向右位移至 D_1，②价格上升，③供给量增加，④均衡数量增加。

当需求减少时，①需求曲线向左移动至 D_2，②价格下降，③供给量减少，④均衡数量减少。

□ 供给变化的影响

你还可以考虑尝试着分析瓶装水市场的另外一个事件：欧洲的瓶装水供应商在美国购买矿泉水并新建工厂。

1. 瓶装水的供给者增加，供给发生改变。

2. 瓶装水的供给增加，供给曲线向右平移。图 4－12（a）显示了供给曲线从 S_0 移动到 S_1。

3. 在 1.00 美元/瓶的价格上出现了剩余，价格下降到 75 美分/瓶，数量增加到 1 100 万瓶。

注意这里没有需求的变化；价格上升带来了需求量的增加——沿着需求曲线的移动。

如果一场干旱吸干了一些矿泉水水源，会发生什么呢？

1. 干旱导致生产率的变化，所以水的供给发生改变。

2. 矿泉水减少，瓶装水供给减少，供给曲线向左平移。图 4－12（b）显示了供给曲线从 S_0 移动到 S_2。

3. 在 1.00 美元/瓶的价格上出现了短缺，价格上升到 1.50 美元/瓶，数量减少到 900 万瓶。

再次注意这里没有需求的变化；价格上升带来了需求量的减少——沿着需求曲线的移动。

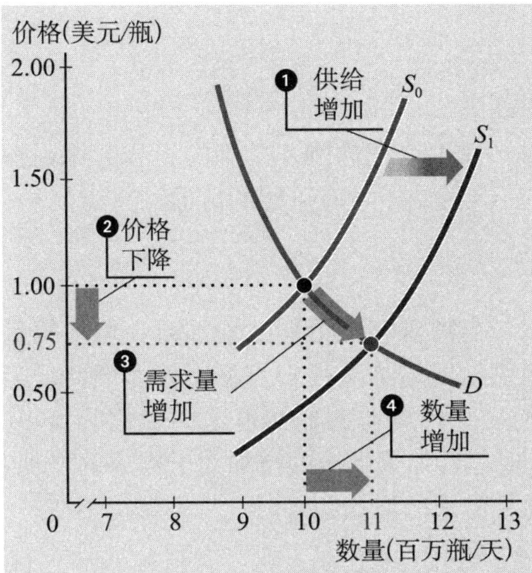

(a) 供给增加

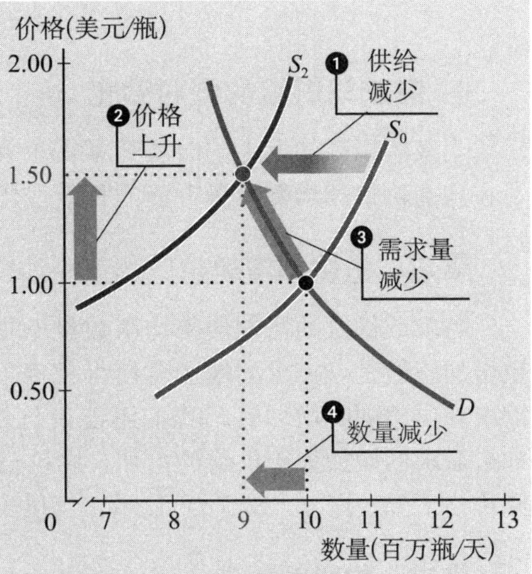

(b) 供给减少

图 4－12　供给变化的影响

当供给增加时，①供给曲线向右位移至 S_1，②价格下降，③需求量增加，④均衡数量增加。

当供给减少时，①供给曲线向左位移至 S_2，②价格上升，③需求量减少，④均衡数量减少。

∵关注咖啡价格　为什么 2010 年和 2011 年咖啡价格狂涨？

在 2009 年 1 月，咖啡（是指你从星巴克咖啡店购买的那种咖啡或者与阿拉比卡相似的咖啡）的价格是 1.25 美元/磅（图 1 中的 A 点）。到 2011 年 5 月，其价格上升到 3.00 美元/磅（B 点）。为什么咖啡价格狂涨？图 2——描述了咖啡市场——将回答这个问题。

需求曲线 D 和供给曲线 S_{09} 决定着均衡价格和均衡数量，在 2009 年，它们分别是 1.25 美元/磅和 9.5 亿磅。

暴雨未曾预料到地导致哥伦比亚、印度尼西亚、墨西哥和越南减产。供给曲线向左移动到 S_{11}，价格上升到 3.00 美元/磅。需求量和均衡数量下降到 8 亿磅。

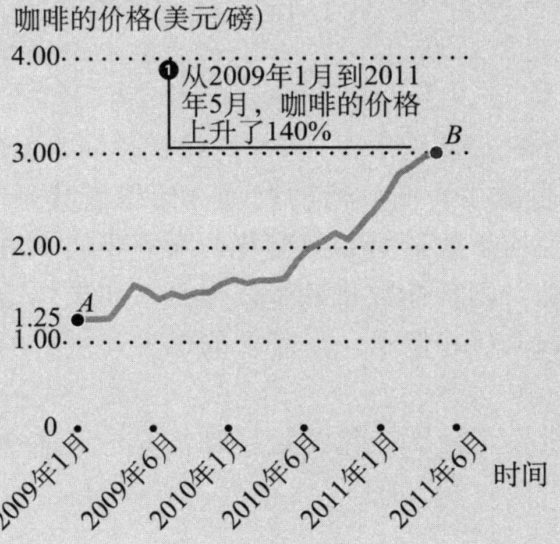

图 1　咖啡的价格

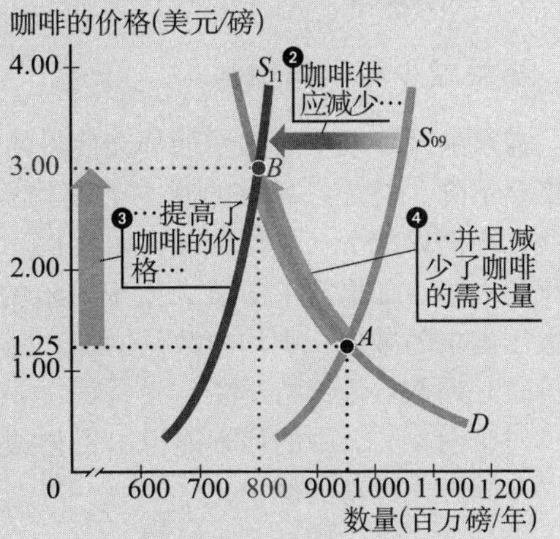

图 2　咖啡市场

□ 需求与供给的同时变化

当某些事件的发生同时改变了需求和供给时，你可以把你刚才学到的组合起来，探讨在均衡价格和均衡数量方面的相应变化。图 4 - 13 总结了所有可能的情形。

需求、供给都增加

需求或供给的增加使得均衡数量增加。所以，当需求和供给同时增加时，均衡数量也增加。但是，需求的增加会使得价格上升，而供给的增加会使得价格下降。因此，当需求和供给同时增加时，我们不能说价格会如何变化，除非我们知道这些变化的大小。如果需求的增加大于供给的增加，则价格上升。但是，如果供给的增加大于需求的增加，则价格下降。图 4 - 13（e）显示，当供给的增加与需求的增加相等时，价格保持不变。

需求、供给都减少

需求或供给的减少使得均衡数量减少。所以，当需求和供给同时减少时，均衡数量也减少。但是，需求的减少会使得价格下降，而供给的减少会使得价格上升。因此，当需求和供给同时减少时，我们不能说价格会如何变化，除非我们知道这些变化的大小。如果需求的减少大于供给的减少，则价格下降。但是，如果供给的减少大于需求的减少，则价格上升。图 4 - 13（i）显示，当供给的减少与需求的减少相等时，价格保持不变。

需求增加和供给减少

需求的增加或供给的减少都会使得均衡价格上升。所以，当这两种变化同时发生时，价格会上升。但是，需求的增加会使均衡数量增加，而供给的减少会使均衡数量减少。因此，当需求增加、供给减少时，我们不能说均衡数量会如何变化，除非我们知道这些变化的大小。如果需求的增加大于供给的减少，则均衡数量增加。但是，如果供给的减少大于需求的增加，则均衡数量减少。图 4 - 13（h）显示，当需求的增加和供给的减少相等时，均衡数量保持不变。

需求减少和供给增加

需求的减少或供给的增加都会使得均衡价格下降。所以，当这两种变化同时发生时，价格会下降。但是，需求的减少会使均衡数量减少，而供给的增加会使均衡数量增加。因此，当需求减少、供给增加时，我们不能说均衡数量会如何变化，除非我们知道这些变化的大小。如果需求的减少大于供给的增加，则均衡数量减少。但是，如果供给的增加大于需求的减少，则均衡数量增加。图 4 - 13（f）显示，当需求的减少和供给的增加相等时，均衡数量保持不变。

对于图 4 - 13 中的你不能说出价格或数量发生什么变化的每一种情况，请你举出一些向不同方向运动的例子。

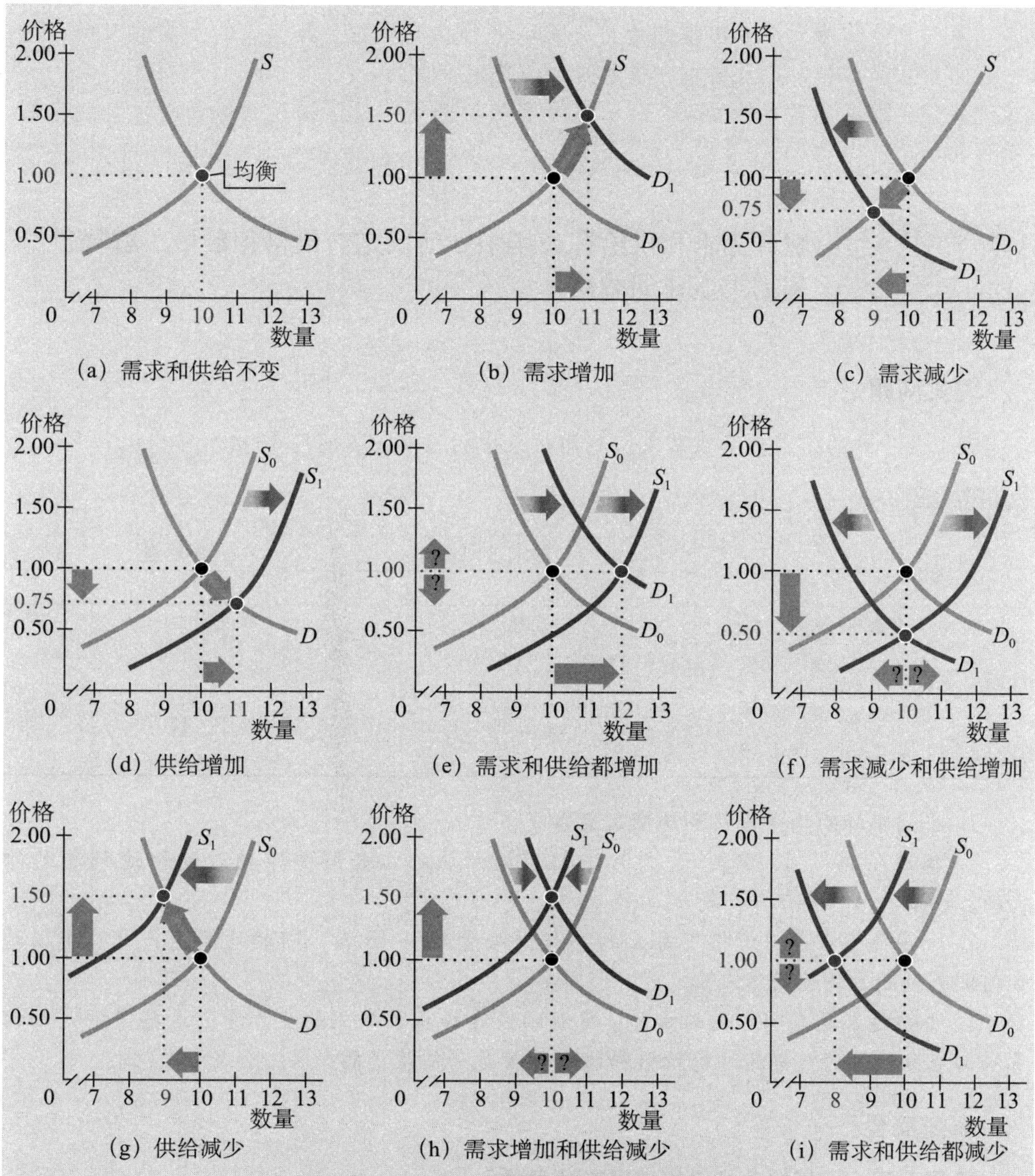

图 4-13　需求和供给所有可能变化的效应

∵关注你的生活　　利用需求和供给

需求和供给模型将会成为你未来生活的一个很大的部分！

首先，在你的经济学课程中你会反复地使用它。需求和供给模型是你的主要工具之一，所以，对它有透彻的理解将使你受益良多。

其次，更为重要的是，在理解了供需法则，知道了价格如何调整以平衡这两股方向相反的力量之后，你将能更好地欣赏经济世界是如何运行的。

每一次当你听到有人在抱怨价格狂涨，并且将此埋怨为某些人的贪婪的时候，想一想市场力量法则，以及需求和供给是如何决定价格的。

当你去购买你喜欢的衣服、音乐以及食品的时候，设法描述供给和需求是如何影响价格的。

检查站 4.3 解释需求和供给在市场中如何决定着价格和数量，解释供给和需求变化的效应。

现实问题

表1是牛奶的需求表和供给表。利用该表中的信息回答问题1～4。

表1

价格（美元/盒）	需求量	供给量
	（盒/天）	
1.00	200	110
1.25	175	130
1.50	150	150
1.75	125	170
2.00	100	190

1. 牛奶市场的均衡价格和均衡数量各是多少？

2. 描述价格为1.75美元/盒时牛奶市场的状态，并解释市场是如何达到新的均衡的。

3. 干旱使得在每一价格下每天的牛奶供给量减少45盒，新的均衡是什么？市场是如何调整到新的均衡的？

4. 牛奶越来越受到人们的欢迎，更好的喂养提高了牛奶的生产量。这些事件是如何影响需求和供给的？描述均衡价格和均衡数量是如何改变的。

新闻摘要

狂野天气，更高的食品价格出现在地平线

今年暴雨之后，玉米收成比预期的下降，而玉米的需求却不断上升，食品价格也将上升。

资料来源：npr，June 9，2011.

利用需求和供给模型解释为什么预期食品价格将上升。

现实问题参考答案

1. 均衡价格为1.50美元/盒，均衡数量为150盒/天。

2. 在价格为1.75美元/盒时，需求量（125盒）小于供给量（170盒），所以，有45盒/天的剩余。价格开始下降，需求量随之增加，供给量减少，剩余减少。价格会继续下降，直到剩余全部消失。价格会下降到 1.50 美元/盒。

3. 供给的减少为 45 盒/天。在价格为 1.50 美元/盒时，需求量（150 盒）超出供给量（105 盒），所以，存在着牛奶的短缺。价格开始上升，需求量随之减少，供给量增加，短缺减少。价格会继续上升，直到短缺全部消失。新的均衡价格为 1.75 美元/盒，均衡数量为 125 盒/天（见图 1）。

4. 当牛奶越来越受到人们的欢迎时，需求增加。更好的喂养使供给增加。如果供给的增加大于需求的增加，产生剩余。价格开始下降，数量增加（见图 2）。如果需求的增加大于供给的增加，产生短缺。价格开始上升，数量增加。如果需求的增加等于供给的增加，没有短缺和剩余。价格不变，数量增加。

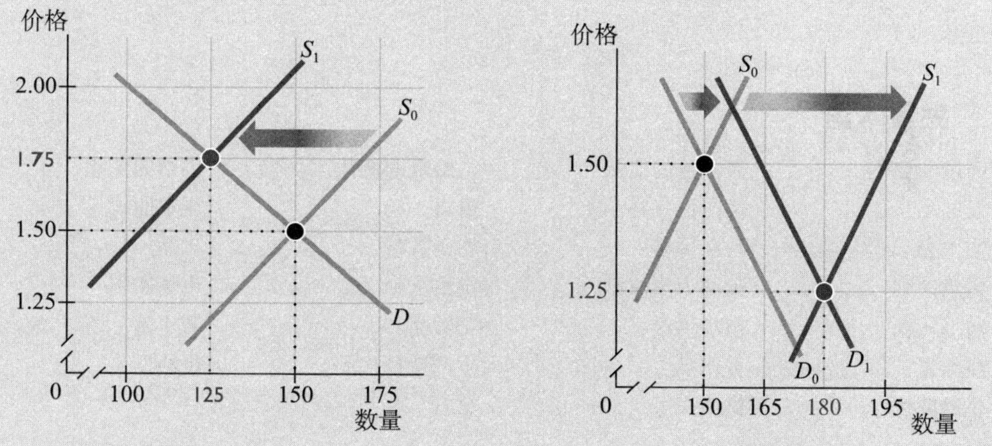

图 1　　图 2

新闻摘要参考答案

玉米歉收使得玉米供给减少。供给曲线向左移动。玉米需求的增加使得需求曲线向右移动，玉米价格将上升。更高的玉米价格使得用玉米制作出来的食品的供给减少，使得食品价格上升。

本章总结

□ 要点

1. 区分需求量和需求，解释是什么决定着需求。

• 在其他因素不变的情况下，如果产品价格上升，则对这种产品的需求量减少；如果产品价格下降，则对这种产品的需求量增加——需求法则。

• 对某产品的需求的影响因素包括相关产品的价格、预期未来价格、收入、预期未来收入和信用、购买者的数量以及偏好等。任何一个影响因素的变化都会改变对该产品的需求。

2. 区分供给量和供给，解释是什么决定着供给。

• 在其他因素不变的情况下，如果产品价格上升，则对这种产品的供给量增加；如果产品价格下降，则对这种产品的供给量减少——供给法则。

• 对某产品的供给的影响因素包括相关产品的价格、资源的价格和其他投入品的价格、预期未来价格、销售者的数量以及生产率等。任何一个影响因素的变化都会改变对该产品的供给。

3. 解释需求和供给在市场中如何决定着价格和数量，解释供给和需求变化的效应。

• 市场力量法则把市场推向均衡——买卖双方愿意交换的均衡价格和均衡数量。

• 价格会做出调整以维持市场均衡——使需求量等于供给量。剩余使得价格下降以恢复市场均衡，短缺使得价格上升以恢复市场均衡。

• 市场均衡对供给和需求的变化均会做出反应。当需求增加时，价格和数量同时上升；当需求减少时，价格和数量同时降低。当供给增加时，数量增加但是价格下降；当供给减少时，数量减少但是价格上升。

□关键术语

需求的变化	需求量的变化	供给量的变化	供给的变化
互补品	生产性互补品	需求	需求曲线
需求表	均衡价格	均衡数量	劣品
需求法则	市场力量法则	供给法则	市场需求
市场均衡	市场供给	正常品	需求量
供给量	替代品	生产性替代品	供给
供给曲线	供给表		

本章检查站

□ 学习计划中的问题与应用

1. 解释下列每一事件如何影响航空旅行的需求和供给。

• 飞机票价下跌，而长途汽车票价不变。

• 喷气燃料的价格上涨。

• 航空公司每天都减少了航班数。

• 人们预期明年夏天的飞机票会涨价。

• 火车旅行的价格下降。

• 航空货运单价上升。

使用供需法则解释为什么问题2和问题3的表述是对的或错的。在你解释的过程中，要注意区分需求的变化和需求量的变化以及供给的变化和供给量的变化。

2. 美国不允许巴西的橘子（世界最大的橘子生产国）进入美国。如果巴西的橘子能在美国出售，橘子和橘子汁的价格可能会更便宜。

3. 如果冷冻酸奶的价格下降，冰淇淋的消费量将减少，冰淇淋的价格将上升。

4. 表1显示了跑鞋的需求和供给。市场均衡是什么？如果价格是70美元/双，描述市场状况。解释市场均衡是如何恢复的。

表 1

价格（美元/双）	需求量	供给量
	（双/天）	
60	1 000	400
70	900	500
80	800	600
90	700	700
100	600	800
110	500	900

5. “随着越来越多的人购买省油的混合动力汽车，对汽油的需求下降，汽油的价格也将下降。汽油价格的下降将减少汽油的供给。”这一表述对吗？解释之。

6. 欧佩克在提高石油产量方面出现僵局。

欧佩克宣布就提高原油产量未能达成一致意见之后，石油价格周三跌破了 100 美元/桶的标志线。

资料来源：CNN Money，June 8，2011.

画图显示石油市场的均衡。假定欧佩克成员已经就增加产量达成了协议，请在你的图上反映这一决定对市场均衡的效应。

利用下述信息回答问题 7 和 8。

昂贵的面包和谷物，不久就会出现吗？

上周小麦和玉米价格上扬了 10%，在仲夏之际将会冲击到你的菜篮子。这是两种极端情形的结果：美国南方部分地区和欧洲的干旱天气点燃了小麦供给下挫的恐慌，同时，玉米的供给受到了美国中西部大雨和洪灾的影响。

资料来源：CNN Money，May 19，2011.

7. 解释为什么干旱天气将导致面包价格的上升。

8. 用图显示为什么玉米价格已经上升，表明它对谷物价格的影响。

□ 教师可布置的问题与应用

1. 在暴雨和减产后，如果天气改善了，咖啡种植者喜迎丰收，则

- 咖啡需求如何变化？
- 咖啡供给如何变化？
- 咖啡的价格如何变化？

2. 如果苹果汁的价格下跌，以及支付给苹果种植工人的工资上升，则这些对苹果汁的均衡价格和数量有何影响？

3. 如果橘子汁变得更受欢迎以及一种更便宜的机器人被用来采摘橘子，则这些对橘子汁市场的均衡有何影响？

表 1 给出了平均每周对盒装巧克力的需求和供给表。利用这些信息回答问题 4 和 5。

4. 如果巧克力的价格是 13.00 美元/盒，描述市场的状况。解释市场均衡是如何恢复的。

5. 在情人节的那一周，更多的人购买巧克力，巧克力商将巧克力放在特制的红色盒子里，这种盒子比日常用的盒子的生产成本要高一些。给出三步分析的过程，并在图上显示调整到新均衡的过程。描述均衡价格以及均衡数量有何变化。

表 1

价格（美元/盒）	需求量	供给量
	（盒/周）	
13.00	1 600	1 200
14.00	1 500	1 300
15.00	1 400	1 400
16.00	1 300	1 500
17.00	1 200	1 600
18.00	1 100	1 700

6. 在住房贷款丧失抵押品赎回权和严重违约发生之后，银行使得人们从银行借款更为艰难。这一变化如何影响

- 新住房的需求？
- 新住房的供给？
- 新住房的价格？

7. 亚拉巴马食品价格在 5 月跳涨。

亚拉巴马州农民联合会宣布，5 月的食品价格将上升。在前几个无利可收的年份里，农民们减少了放牧数，结果在 2009 年肉的产量减少。预计培根肉的价格将上升 32%到 4.18 美元/磅，牛排的价格将上升 57%到 8.41 美元/磅。

资料来源：*The Birmingham News*，May 21，2009.

解释放牧数的减少为什么导致今日肉的价格上升。画图描述之。

8. “随着人们购买更多的电脑，对互联网服务的需求增加，并且互联网服务的价格下降。互联网服务的价格下降会减少互联网服务的供给。”这个陈述正确吗？解释之。

9. 钢产量出现历史性下降。

2009 年钢生产商预计将减产 10%，这是对建筑公司、汽车以及家庭配件生产商减少订单的一种反应。

资料来源：*Financial Times*，December 28，2008.

取消订单将改变对钢的需求、需求量、供给或者供给量吗？钢的均衡价格将发生什么变化？

□ 单项选择题

1. 下列哪一项说明了需求法则：在其他条件保持不变时，一种产品的价格上升将________。
   A. 减少对该产品的需求量
   B. 增加对该产品的替代品的需求
   C. 减少对该产品的需求
   D. 增加对该产品的互补品的需求
2. 在牛仔裤市场，下列哪一项将增加对牛仔裤的需求？
   A. 服装工人的工资上升
   B. 牛仔裙（牛仔裤的替代品）的价格上升
   C. 粗斜纹布的价格下降
   D. 减少生产牛仔裤的时间的新技术

3. 在其他条件保持不变时，花生的价格下降将________。

A. 增加花生的供给

B. 减少花生酱的供给

C. 减少花生的供给量

D. 减少花生的供给

4. 在手机市场，下列哪一项会增加手机的供给？

A. 新技术降低了生产手机的成本

B. 电子图书阅览器（生产性替代品）的价格上升

C. 人们的收入上升

D. 电子行业工人的工资上升

5. 当洪水摧毁美国中部的香蕉收成时，香蕉的均衡价格________，香蕉的均衡数量________。

A. 上升；增加　　B. 上升；减少

C. 下降；增加　　D. 下降；减少

6. 在对巧克力的需求保持不变的情况下，巧克力供给的减少将导致在今天的价格上巧克力出现________，但是，其价格将逐步________。

A. 剩余；下降　　B. 短缺；下降

C. 剩余；上升　　D. 短缺；上升

7. 很多美国人出售其二手车，购买省油的混合动力汽车。在其他条件保持不变时，在二手车市场上，________，在混合动力汽车市场上，________。

A. 供给增加和价格下降；需求增加和价格上升

B. 需求减少和价格上升；供给增加和价格下降

C. 需求和供给都减少，价格可能上升、下降或者不变；需求增加和价格上升

D. 需求减少，供给增加，价格下降；供给增加和价格下降

第5章 需求和供给弹性

本章要点

学完本章，你将能够：

1. 界定和解释影响需求价格弹性的因素，并且计算该弹性。
2. 界定和解释影响供给价格弹性的因素，并且计算该弹性。
3. 界定和解释影响需求交叉弹性和需求收入弹性的因素。

5.1 需求价格弹性

汽油供给减少，其价格大幅上涨，人们的购买量只有小幅的下降。究其原因是人们的汽油购买计划不会因其价格的改变而做出很大的反应。但是，航空公司服务供给增加，其价格小幅下降，航空旅游的次数则会大幅增加。在这个例子中，选择航空旅游的购买计划对航空服务价格的改变非常敏感。这样一来，如果知道购买计划对价格改变的灵敏程度，我们就能预测供给的改变将如何影响价格和数量。

但通常我们需要了解得更为深入，并能够预测当供给发生改变时，价格到底会改变多少。为了能对价格和数量的改变程度做出更为准确的预测，我们需要了解更多关于需求曲线的特性，不仅仅是向下倾斜这一点；我们还需要了解需求量对价格的改变有多敏感。

需求价格弹性（price elasticity of demand，简称需求弹性）是在某产品价格发生变化且影响购买者计划的所有其他因素都保持不变的情况下，对该产品需求量变化程度的一种量度。

我们通过比较需求量的百分比变化和价格的百分比变化来确定需求价格弹性。但是我们用一种特殊的方式来计算百分比变化。

□ 价格的百分比变化

假如星巴克的咖啡价格从每杯 3 美元上升到每杯 5 美元，其价格的百分比变化为多少呢？价格的变化是新价格减去初始价格。百分比变化被算作价格的变化除以其初始价格再乘以 100%。百分比变化的公式为：

$$价格的百分比变化=\frac{新价格-初始价格}{初始价格}\times 100\%$$

在本例中，初始价格为3美元，新价格为5美元，因此

$$\begin{aligned}价格的百分比变化&=\frac{\$5-\$3}{\$3}\times 100\%\\&=\frac{\$2}{\$3}\times 100\%=66.67\%\end{aligned}$$

现在假定星巴克将其价格从每杯5美元降到每杯3美元，现在的价格百分比变化为多少呢？现在的初始价格为5美元，新价格为3美元，因此，价格的百分比变化计算如下：

$$\begin{aligned}价格的百分比变化&=\frac{\$3-\$5}{\$5}\times 100\%\\&=\frac{-\$2}{\$5}\times 100\%=-40\%\end{aligned}$$

相同的区间——3美元到5美元，相同的价格变化——2美元，却得到了不同的百分比变化，这取决于价格是升还是降。

由于弹性比较了需求量的百分比变化和价格的百分比变化，所以我们需要某种量度，它不受价格变动方向的影响。经济学家将此方法称为中点法。

中点法

使用中点法来计算价格的百分比变化，我们将价格的变化除以平均价格——初始价格和新价格的平均数——然后乘以100%。平均价格位于初始价格和新价格之间的中点，故取名为中点法。

利用中点法计算百分比变化的公式为：

$$价格的百分比变化=\frac{新价格-初始价格}{(新价格+初始价格)\div 2}\times 100\%$$

在上式中，分子（新价格－初始价格）和以前一样。分母（新价格＋初始价格）÷2则是新价格和初始价格的平均数。

利用中点法试计算星巴克咖啡价格的百分比变化，将5美元看作公式中的新价格，将3美元看作初始价格：

$$\begin{aligned}价格的百分比变化&=\frac{\$5-\$3}{(\$5+\$3)\div 2}\times 100\%\\&=\frac{\$2}{\$8\div 2}\times 100\%\\&=\frac{\$2}{\$4}\times 100\%=50\%\end{aligned}$$

由于无论价格是上升还是下降，平均价格都是一样的，所以，用中点法计算的价格百分比变化，无论是对于价格上升还是价格下降，都始终相同。在此例中，价格的百分比变化等于50%。

□ 需求量的百分比变化

假定一杯咖啡的价格从每杯3美元上升到每杯5美元，需求量从15杯下降到5杯。

利用中点法计算需求量的百分比变化为：

$$数量的百分比变化=\frac{新数量-初始数量}{(新数量+初始数量)\div 2}\times 100\%$$
$$=\frac{5-15}{(5+15)\div 2}\times 100\%$$
$$=\frac{-10}{20\div 2}\times 100\%$$
$$=\frac{-10}{10}\times 100\%=-100\%$$

当某种产品的价格上升时，其需求量下降——价格的正的变化会导致需求量的负的变化。相似地，当某种产品的价格下降时，其需求量上升——价格的负的变化会导致需求量的正的变化。

为了对需求量的百分比变化与价格的百分比变化进行比较，我们借用绝对值或百分比变化值以忽略负号。

□ 有弹性的和缺乏弹性的需求

为了探讨星巴克咖啡的需求量对其价格的反应程度，我们需要对刚刚计算出的两个百分比变化进行比较：星巴克咖啡的需求量的百分比变化是 100，价格的百分比变化是 50，需求量的百分比变化是价格的百分比变化的 2 倍。如果我们收集许多商品和服务的价格以及需求量的数据并且仔细地检查其他保持不变的因素，我们将计算得出许多百分比变化。如此得到的数据将产生三种情形：需求量的百分比变化有可能超出价格的百分比变化、等于价格的百分比变化或者小于价格的百分比变化。这三种可能性的产生取决于需求的弹性：

- 如果需求量的百分比变化大于价格的百分比变化，需求是**有弹性的**（elastic）。
- 如果需求量的百分比变化等于价格的百分比变化，需求是**具有单位弹性的**（unit elastic）。
- 如果需求量的百分比变化小于价格的百分比变化，需求是**缺乏弹性的**（inelastic）。

图 5-1 利用不同类型的需求曲线来说明需求价格弹性可能的范围。图 5-1（a）显示了有弹性的需求的一种极端的例子，被称为**完全有弹性的需求**（perfectly elastic demand）——几乎为零的价格的百分比变化导致了很大程度上的需求量的百分比变化。消费者愿意在某一给定价格上购买任意数量的该产品，但在其他更高的价格上则一点都不购买。图 5-1（b）显示了一种有弹性的需求——需求量的百分比变化大于价格的百分比变化。图 5-1（c）显示了具有单位弹性的需求——需求量的百分比变化等于价格的百分比变化。图 5-1（d）显示了一种缺乏弹性的需求——需求量的百分比变化小于价格的百分比变化。最后，图 5-1（e）显示了一种缺乏弹性的需求的极端例子，被称为**完全无弹性的需求**（perfectly inelastic demand）——对任意的价格的百分比变化，需求量的百分比变化都为零。

□ 影响需求价格弹性的因素

是什么导致对某些东西的需求是有弹性的，而对其他东西的需求又是缺乏弹性的呢？

影响需求价格弹性的因素可分为两大类：

- 替代的可能性
- 收入支出的比例

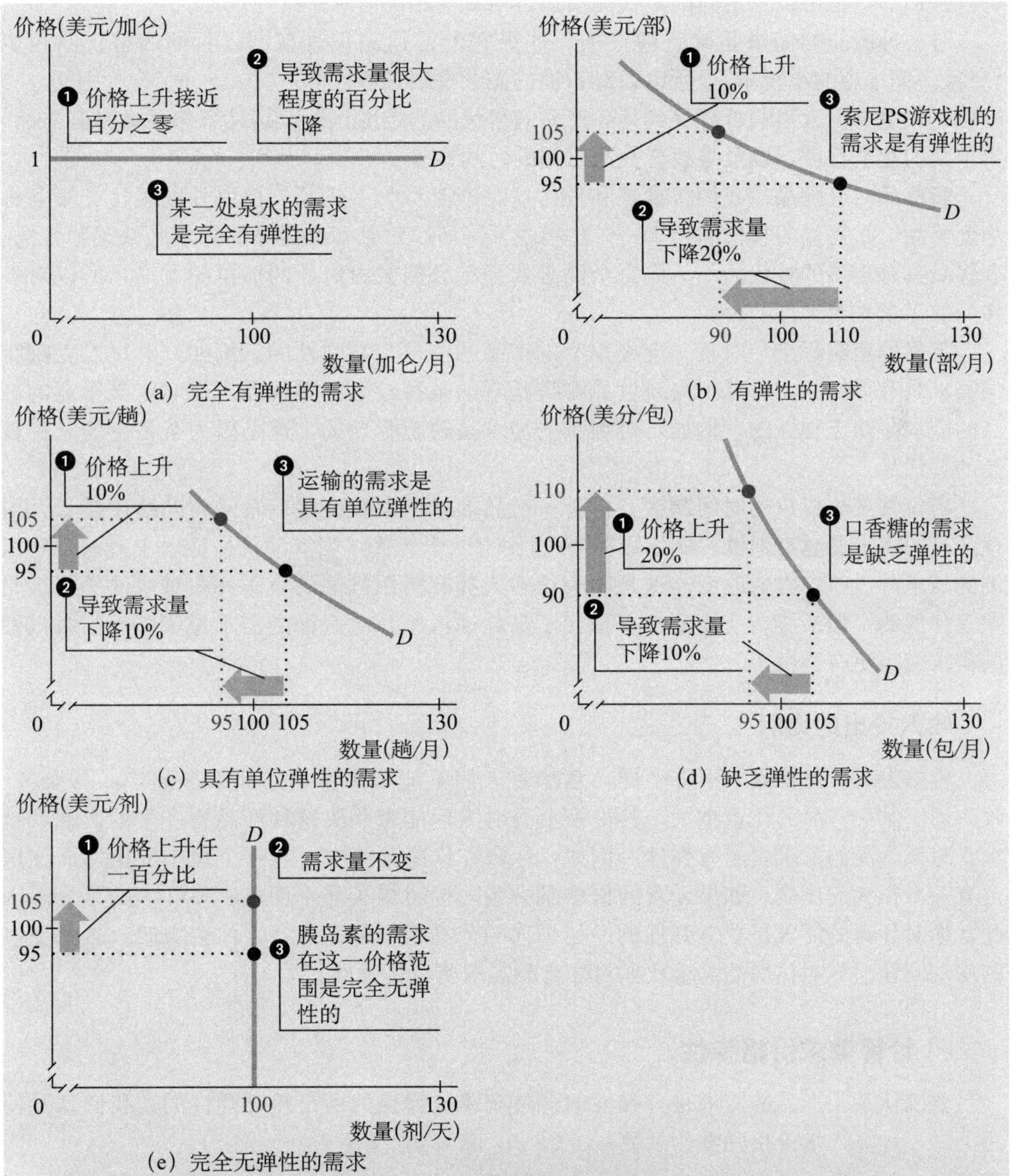

图 5－1　需求价格弹性的范围

①价格上升导致②需求量的下降。需求量的百分比变化与价格的百分比变化的关系决定着③需求的价格弹性，它从完全有弹性［图（a）］到完全无弹性［图（e）］。

替代的可能性

对某种产品的需求是有弹性的，如果它的替代品很容易找到。软饮料的包装容器既可以是铝的，也可以是塑料的，这无所谓，所以对铝的需求是有弹性的。

对某种产品的需求是缺乏弹性的，如果它的替代品很难找到。石油的替代品很少(想象一辆用煤的小轿车)，所以，对石油的需求是缺乏弹性的。

三大主要因素影响着寻找到某一产品的替代品的难度：该产品是奢侈品还是必需品，其定义的宽窄程度，以及寻找替代品可用的时间量。

奢侈品对必需品 我们将食物和住房这类产品称为必需品，把海外度假这类服务称为奢侈品。必需品的替代品很少——你得吃——所以对某一必需品的需求是缺乏弹性的。奢侈品具有很多的替代品——你完全没必要今年暑期去西班牙的加拉帕戈斯，所以对奢侈品的需求是有弹性的。

定义的宽窄程度 对某一定义很窄的产品的需求是有弹性的。例如，对星巴克咖啡的需求是有弹性的，这是因为新世界咖啡是它的某种较好的替代品。而对定义很宽的产品的需求是缺乏弹性的。例如，对咖啡的需求是缺乏弹性的，这是因为茶是它的一种较差的替代品。

自价格变化以来的时间跨度 自某一产品的价格发生变化以来的时间跨度越长，对该产品的需求便越有弹性。例如，在20世纪七八十年代，当汽油价格显著上升时，对汽油的需求并没有多大的改变，这是因为很多人拥有需用汽油的汽车——对汽油的需求是缺乏弹性的。但最终，节能型汽车替代了高耗油汽车，对汽油的需求量下降——对汽油的需求变得更有弹性了。

收入支出的比例

价格上升，就像收入下降一样，意味着人们不能购买像从前那么多的产品和服务。收入用于某一产品的比重越大，其价格上升对人们能否购买这种产品所产生的影响就越大，对该产品的需求就越有弹性。例如，牙膏在你的预算中占有一个很小的比例而住房占有一个很大的比例。如果牙膏的价格翻一番，你会购买几乎像过去一样多的牙膏。因此，你对牙膏的需求是缺乏弹性的。如果你的公寓租金翻了一番，你会尖叫，去找更多的房友同住。你对住房的需求比你对牙膏的需求要更具弹性。

□ 计算需求价格弹性

要确认某一产品的需求是有弹性的、具有单位弹性的还是缺乏弹性的，我们就要使用下式，计算需求价格弹性的系数：

$$需求价格弹性=\frac{需求量的百分比变化}{价格的百分比变化}$$

- 如果需求价格弹性大于1，需求是有弹性的。
- 如果需求价格弹性等于1，需求是具有单位弹性的。
- 如果需求价格弹性小于1，需求是缺乏弹性的。

图5-2显示和总结了这一计算。一开始，价格为3美元/杯，需求量为15杯/小时——图中的初始点。然后，价格上升到5美元/杯，需求量降到5杯/小时——图中的新点。价格上升了2美元/杯，平均或者中点价格为4美元/杯，所以价格的百分比变化为50%。需求量下降了10杯/小时，平均或者中点需求量为10杯/小时，所以，需求量的百分比变化为100%。

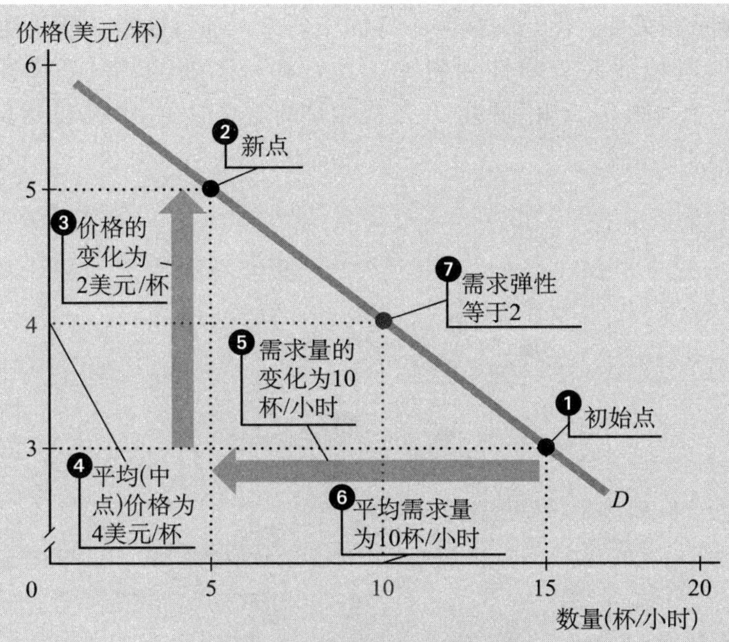

图5-2 需求价格弹性的计算

①在初始点上，价格为3美元/杯，需求量为15杯/小时。②在新点上，价格为5美元/杯，需求量为5杯/小时。③价格的变化为2美元/杯，④平均价格为4美元/杯，因此价格的百分比变化为（\$2÷\$4）×100%，即50%。⑤需求量的变化为10杯/小时，并且⑥平均需求量为10杯/小时，需求量的百分比变化为（10杯÷10杯）×100%，即100%。⑦需求价格弹性为100%÷50%，即2。

使用上述公式，你可以得到对星巴克咖啡的需求价格弹性为：

$$需求价格弹性=\frac{100\%}{50\%}=2$$

在初始点和新点之间的中点上，需求价格弹性为2。在本例中，在这一价格区间，对星巴克咖啡的需求是有弹性的。

□ 需求价格弹性数值的含义

以上我们已经计算出的星巴克咖啡的需求价格弹性数值只是一个示例，因为我们没有真实的价格和数量的数据。但是，假设我们确实拥有真实的数据并且经计算发现它的需求价格弹性就是2，这个数值到底包含了什么样的含义呢?

它包含了三个主要的意思：

1. 星巴克咖啡的需求是有弹性的。有弹性意味着这种商品有许多替代品（比如其他品牌的咖啡），这种商品的消费只占用消费者小部分的收入。

2. 星巴克必须注意对咖啡的定价不能太高。虽然推高价格使每杯咖啡的收益增加，但是会赶跑许多潜在的消费者。

3. 相反，即使是细微的价格下调也能带来更多的潜在消费，最终带来更多收益。

□ 沿着一条线性需求曲线的弹性

斜率用来衡量相关性。但是弹性并不等同于斜率。通过观察一条线性（直线型）需求曲线，我们能清楚地区分弹性和斜率。其斜率是不变的，但是弹性是在变化的。图 5 - 3显示了一条与图 5 - 2 相同的对星巴克咖啡的需求曲线，但两轴延长以表明某些更低的价格和更大的需求量。

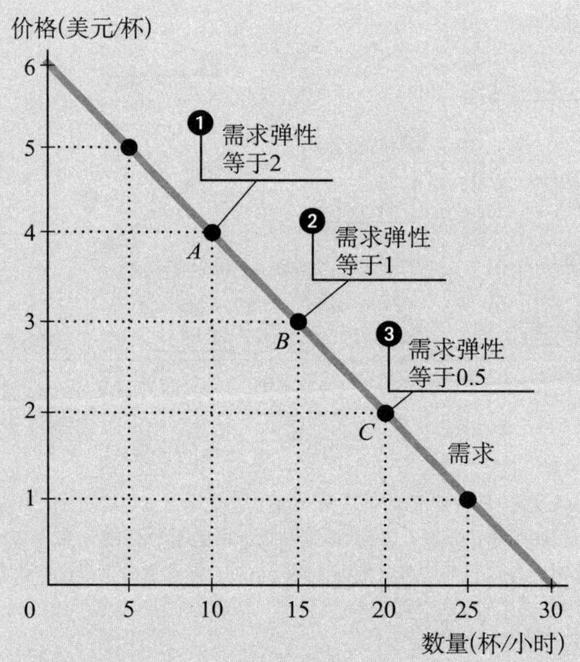

图 5 - 3 沿着一条线性需求曲线的弹性

在一条线性需求曲线上，其斜率是不变的，但其弹性却随着价格的下降而下降，并且其需求随着价格的上升而上升。

①在 A 点，需求是有弹性的。

②在 B 点，即该需求曲线的中点，需求是具有单位弹性的。

③在 C 点，需求是缺乏弹性的。

在该需求曲线中点以上的所有点，需求都是有弹性的；在该需求曲线中点以下的所有点，需求都是缺乏弹性的。

让我们来计算 A 点的需求弹性。如果价格从 3 美元/杯上升到 5 美元/杯，需求量从每小时 15 杯下降到每小时 5 杯。平均价格为 4 美元/杯，平均数量为 10 杯，这就是 A 点。在 A 点需求弹性为 2，其需求是有弹性的。

让我们来计算 C 点的需求弹性。如果价格从 3 美元/杯下降到 1 美元/杯，需求量从每小时 15 杯上升到每小时 25 杯。平均价格为 2 美元/杯，平均数量为 20 杯，这就是 C

点。在 C 点需求弹性为 0.5，其需求是缺乏弹性的。

最后，让我们计算 B 点的需求价格弹性，B 点为该需求曲线的中点。如果价格从 2 美元/杯上升到 4 美元/杯，需求量从每小时 20 杯下降到每小时 10 杯。平均价格为 3 美元/杯，平均数量为 15 杯，这就是 B 点。在 B 点需求弹性为 1，其需求是单位弹性的。

沿着一条线性需求曲线，

- 在线性需求曲线的中点，需求是具有单位弹性的。
- 在线性需求曲线的中点以上的所有点，需求都是有弹性的。
- 在线性需求曲线的中点以下的所有点，需求都是缺乏弹性的。

∵关注全球经济　　需求的价格弹性

一位家境富裕的美国大学生对食物的支出很随意。即使汉堡包的价格上涨一倍，她每天仍会花费几美元去购买汉堡包。而一个坦桑尼亚的穷小子却要认真计算自己的食物支出。他会有一段很艰难的时期去了解、准备甚至依靠他的食物。食物价格上升意味着他的支出减少了，并且他吃得也将更少。

下图显示了10个国家的食物支出占收入的百分比以及食物的需求价格弹性。食物支出占收入的比重越大，食物的需求价格弹性就越大。

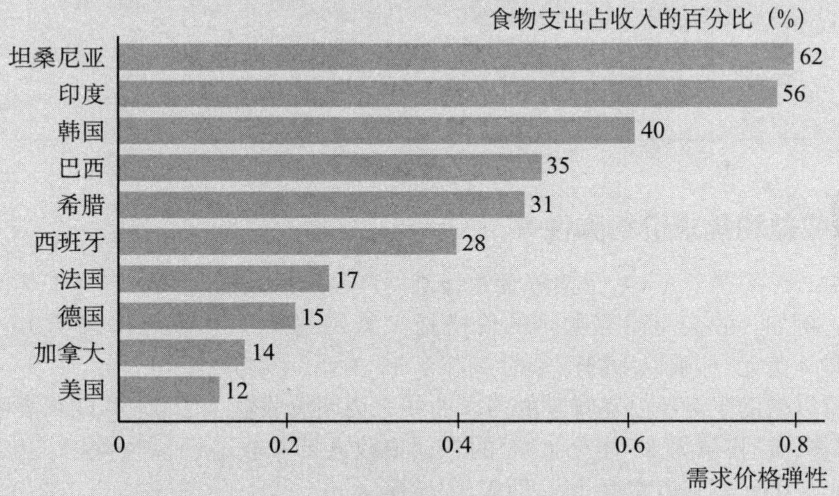

随着低收入国家变得越来越富裕，它们在食物上的支出占收入的比重将下降，它们对食物的需求也将变得越来越缺乏弹性。因此，全球食物的需求将变得更加缺乏弹性。

收成在波动，并带动食物价格波动。随着全球食物需求变得越来越缺乏弹性，各种食物的价格波动将会增大。

下页表列举了几个现实世界的需求弹性，从金属的1.52到食物的0.12，金属拥有很多替代品，比如塑料，而食物事实上没有什么替代品。随着我们从上往下看该表，它们的替代品越来越少，有更大的可能性属于必需品的行列。

一些需求价格弹性	
产品或服务	弹性
有弹性的需求	
金属	1.52
电子工程产品	1.39
机械工程产品	1.30
家具	1.26
汽车	1.14
仪器工程产品	1.10
专业服务	1.09
交通服务	1.03
缺乏弹性的需求	
天然气、电和水	0.92
石油	0.91
化工产品	0.89
饮料（各种类型）	0.78
服装	0.64
香烟	0.61
银行和保险服务	0.56
住房服务	0.55
农业和鱼产品	0.42
图书、杂志和报纸	0.34
食物	0.12

□ 总收益和需求价格弹性

总收益（total revenue）是销售者销售某一产品所得到的收入，它等于其价格乘以出售的数量。例如，假定星巴克咖啡的价格是 3 美元/杯，且一小时出售了 15 杯，那么，总收益就是 3 美元/杯乘以 15 杯/小时，等于 45 美元/小时。

我们可以借助于对星巴克咖啡的需求曲线来说明总收益。图 5－4（a）表明了当价格为 3 美元/杯、销售量为 15 杯/小时时的总销售收入即总收益。总收益用灰色矩形表示，其高度等于 3 美元，乘以宽度 15，即等于 45 美元。

当价格变化时，总收益可能会呈相同方向和相反方向的变化，或者保持不变。会出现哪种结果取决于需求价格弹性。通过观察由价格变化所导致的总收益的变化（其他因素保持不变），我们可以估计需求价格弹性。这种估计需求价格弹性的方法被称为**总收益检验**（total revenue test）。

如果需求是有弹性的，价格以一个给定的百分比上升将导致需求量以一个更大的百分比下降，因此，总收益——价格乘以数量——下降。图 5－4（a）显示了这一结果。当咖啡的价格为 3 美元/杯时，需求量为 15 杯/小时，总收益为 45 美元（＝3 美元×15）。如果咖啡的价格上升至 5 美元/杯，则需求量下降至 5 杯/小时，总收益为 25 美元（＝5 美元×5）。

当需求缺乏弹性时，价格以某一给定的百分比上升会导致需求量以一个更小的百分比下降，因此总收益增加。图 5－4（b）显示了这一结果。当一本教材的价格为 50 美元时，需求量为 500 万本/年，总收益为 2.5 亿美元（＝50 美元×500 万）。如果该教材价格上升至 75 美元/本，则需求量降到 400 万本/年，总收益上升至 3 亿美元（＝75 美元×400 万）。

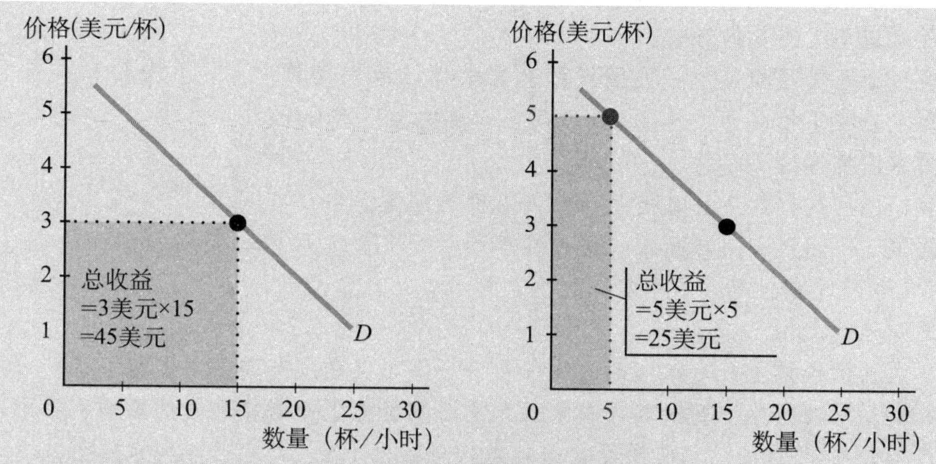

(a) 总收益和有弹性的需求：星巴克咖啡

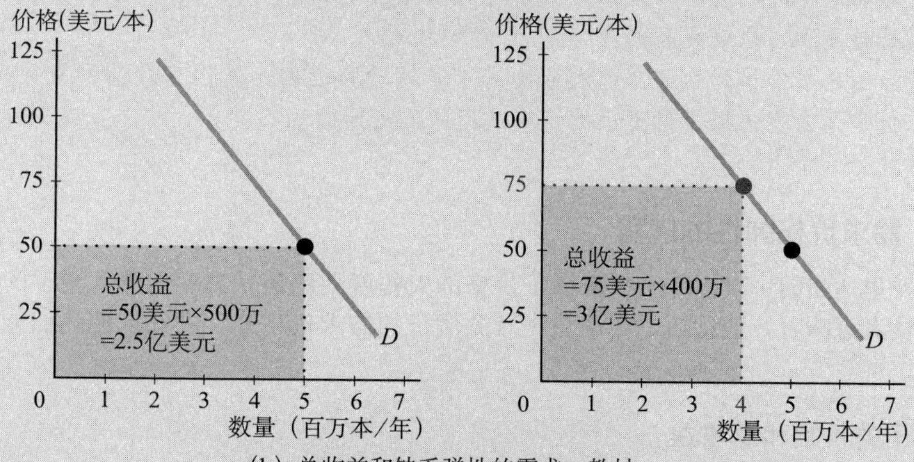

(b) 总收益和缺乏弹性的需求：教材

图 5－4　总收益和需求价格弹性

总收益等于价格乘以数量。在图（a）中，当价格为 3 美元/杯时，需求量为 15 杯/小时，总收益等于 45 杯/小时。当价格上升至 5 美元/杯时，需求量下降至 5 杯/小时，总收益降到 25 美元/小时，需求是有弹性的。

在图（b）中，当一本教材的价格为 50 美元时，需求量为 500 万本/年，总收益为 2.5 亿美元/年。当价格上升至 75 美元/本时，需求量下降至 400 万本/年，总收益为 3 亿美元/年，需求是缺乏弹性的。

需求价格弹性和总收益的关系为：

- 如果价格和总收益呈相反方向变化，那么需求是有弹性的。
- 如果价格和总收益均不变，那么需求是具有单位弹性的。
- 如果价格和总收益呈相同方向变化，那么需求是缺乏弹性的。

❖关注汽油的价格　当汽油的价格上升时，你会怎么做？

当汽油价格上升时，大多数人会抱怨，但不会在汽油购买上削减太多的支出。

伦敦大学的经济学家菲尔·古德温（Phil Goodwin）、霍伊塞·达尔加（Joyce Dargay）以及马克·汉勒（Mark Hanly）合作研究了汽油价格上涨对汽油需求量的影响以及对道路交通量的影响。

通过运用美国和其他一些国家的真实数据，他们估算出了：汽油价格上升10%，汽油需求量在1年内会下降2.5%，而在5年内会下降6%。

需求价格弹性

我们能用这些数字计算出汽油的需求价格弹性。

短期（不超过1年）需求价格弹性等于2.5%除以10%，即0.25。而长期（超过5年）需求价格弹性等于6%除以10%，即0.6。因为两者都小于1，所以汽油的需求是缺乏弹性的。

当汽油的价格上升时，汽油的需求量会下降，但是汽油购买支出增加了。

相对于汽油价格上升对其需求量的影响，其价格上升对交通量的影响则更小。

汽油价格上升10%，交通量在1年内只会减少1%，而在5年内也只会减少3%。

交通量下降的比例怎么做到比汽油需求量下降的比例更低呢？答案就是人们会转而购买排量更小、油效更高的汽车。

汽油的需求价格弹性低，即汽油的需求是缺乏弹性的，是因为汽油没有很好的替代品，但是人们能选择排量更小的汽车从而降低汽油的购买量。

□ 需求价格弹性的应用

佛罗里达州的一次霜冻会带来橘子价格的大幅度上涨还是温和上涨？橘子的产量减少对种橘者意味着好消息还是坏消息？有关橘子的需求价格弹性的知识使我们能回答上述问题。

橘子的价格和总收益

经济学家已经估算了农产品的需求价格弹性大约为0.4，它是缺乏弹性的需求。如果将这一数字应用于橘子，那么：

$$\text{需求价格弹性}=0.4=\frac{\text{需求量的百分比变化}}{\text{价格的百分比变化}}$$

如果供给变化而需求不变，需求量的百分比变化等于均衡数量的百分比变化。所以，如果佛罗里达州的一场霜冻减少了1%的橘子产量，那么橘子的价格将上升2.5%。需求量的百分比变化（1%）除以价格的百分比变化（2.5%）等于需求价格弹性（0.4）。

所以，对第一个问题的答案就是，当霜冻出现时，橘子的价格将上升，且上升的百分比要大于橘子数量下降的百分比。但是，它对种橘者的总收益会产生什么影响呢？

此问题的答案还可以由需求价格弹性来提供。由于价格上升的百分比要大于产量下降的百分比，所以，总收益上升。一场霜冻对消费者以及那些减产的种橘者都是不好的消息，但对那些未遭受霜冻影响的种橘者则是一个好消息。

嗜好和弹性

运用弹性去分析对药物的嗜好，无论嗜好是合法的（比如嗜烟草和嗜酒精）还是非法的（比如嗜高纯度可卡因或海洛因等毒品），都会使我们分析得更为透彻，它有利于我们设计出一些潜在有效的政策来应对上述问题。非嗜好者对上瘾物质的需求是有弹性的，某种温和的价格上涨会使得欲染上药瘾的人数明显下降，上瘾的可能性大大降低。但是，现有用户对上瘾物质的需求则是无弹性的，即使价格猛涨，需求量的减少也不甚明显。

上述需求价格弹性的事实意味着，对香烟和烈酒征收税收，可以降低对上述产品上瘾的年轻人的人数，但对已经上瘾的使用者而言，高额税收对需求量的影响甚微。

同理，对某种非法药物即毒品的进口制定有效政策以限制其供给，会导致价格大幅度上涨，以至新用户数量大大下降，但对瘾君子的消费量的降低影响甚微。瘾君子的毒品开支增大。再者，由于许多瘾君子通过犯罪融资购买，因此小偷和窃贼的数量会有所增加。

由于瘾君子对毒品的需求价格弹性很小，因此减少毒品使用的有效政策只能注重从毒品的需求方面着手，应该通过康复计划来努力改变其偏好。

检查站5.1☞ 界定和解释影响需求价格弹性的因素，并且计算该弹性。

现实问题

某一产品的价格上升10%导致对该产品的需求量下降2%。利用这一信息回答问题1～3。

1. 该产品的需求是有弹性的、具有单位弹性的还是缺乏弹性的？

2. 该产品是有相近的替代品还是很少有相近的替代品？该产品很有可能是一种必需品还是奢侈品？为什么？该产品很有可能定义很窄还是定义很宽？为什么？

3. 计算该产品的需求价格弹性。解释总收益会怎样受该产品销售量变化的影响，并解释该产品可能是下列产品中的哪种产品：橙汁、面包、牙膏、戏票、衣服、蓝色牛仔裤还是超级保龄球赛的门票？为什么？

新闻摘要

音乐巨头唱片大削价以抗击下载

2003年音乐下载刚刚风行，环球音乐公司将每张CD唱片的价格从21美元削减至15美元。公司表示，如果其他因素不发生改变，预期这项举措将使CD唱片的销售量增加30%。

资料来源：*Globe and Mail*，September 4，2003.

环球音乐公司对CD唱片的需求价格弹性的估算是多少？需求是有弹性的还是缺乏弹性的？

现实问题参考答案

1. 如果某产品的需求量下降的百分比低于价格上升的百分比，则该产品的需求是缺乏弹性的。在本题中，产品的价格上升10%导致对该产品的需求量下降2%。需求量的百分比变化小于价格的百分比变化，所以对该产品的需求是缺乏弹性的。

2. 需求缺乏弹性的产品通常拥有较少的替代品。需求缺乏弹性的产品很有可能是一种必需品，而非奢侈品。需求缺乏弹性的产品很有可能是定义很宽的。

3. 需求价格弹性=需求量的百分比变化÷价格的百分比变化。在这个例子中，需求价格弹性等于2%÷10%，即0.2。弹性小于1意味着需求是缺乏弹性的。一旦需求是缺乏弹性的，价格上升就会导致总收益上升。该产品可能是某种必需品（面包），或者拥有较少的替代品（牙膏），或者定义很宽（衣服）。

新闻摘要参考答案

需求价格弹性=需求量的百分比变化÷价格的百分比变化。价格的百分比变化等于[($21－$15)/($18)]×100%，即33.3%。需求量的百分比变化等于30%。因此对唱片的需求价格弹性等于30%÷33.3%，即0.9。因为需求量的百分比变化小于价格的百分比变化，所以环球音乐公司预期需求是缺乏弹性的，正如0.9的需求价格弹性所意味的。

5.2 供给价格弹性

你已经知道：当需求增加时，均衡价格上升，均衡数量增加。但是，价格会上升得多一些，数量会增加得少一些吗？或者，价格不太上升，但数量却大幅度增加吗？为了回答这一问题，我们就得知道供给价格弹性。

供给价格弹性（price elasticity of supply，简称供给弹性）是在某种产品的价格发生变化且影响销售者计划的所有其他因素均保持不变的情况下，对该种产品供给量变化程度的一种量度。我们通过比较供给量的百分比变化和价格的百分比变化来计算供给价格弹性。

□ 有弹性和缺乏弹性的供给

一种产品的供给可能是：

- 有弹性的
- 具有单位弹性的
- 缺乏弹性的

图5-5显示了供给弹性的范围。图5-5（a）显示了一种**完全有弹性的供给**（perfectly elastic supply）——价格的一个几乎为零的百分比变化导致供给量的一个很大的百分比变化。图5-5（b）显示了一种**有弹性的供给**（elastic supply）——供给量的百分比变化超过了价格的百分比变化。图5-5（c）显示了一种**具有单位弹性的供给**（unit elastic supply）——供给量的百分比变化等于价格的百分比变化。图5-5（d）显示了一种**缺乏弹性的供给**（inelastic supply）——供给量的百分比变化小于价格的百分比变化。图5-5（e）显示了一种**完全无弹性的供给**（perfectly inelastic supply）——当价格变化时供给量的百分比变化为零。

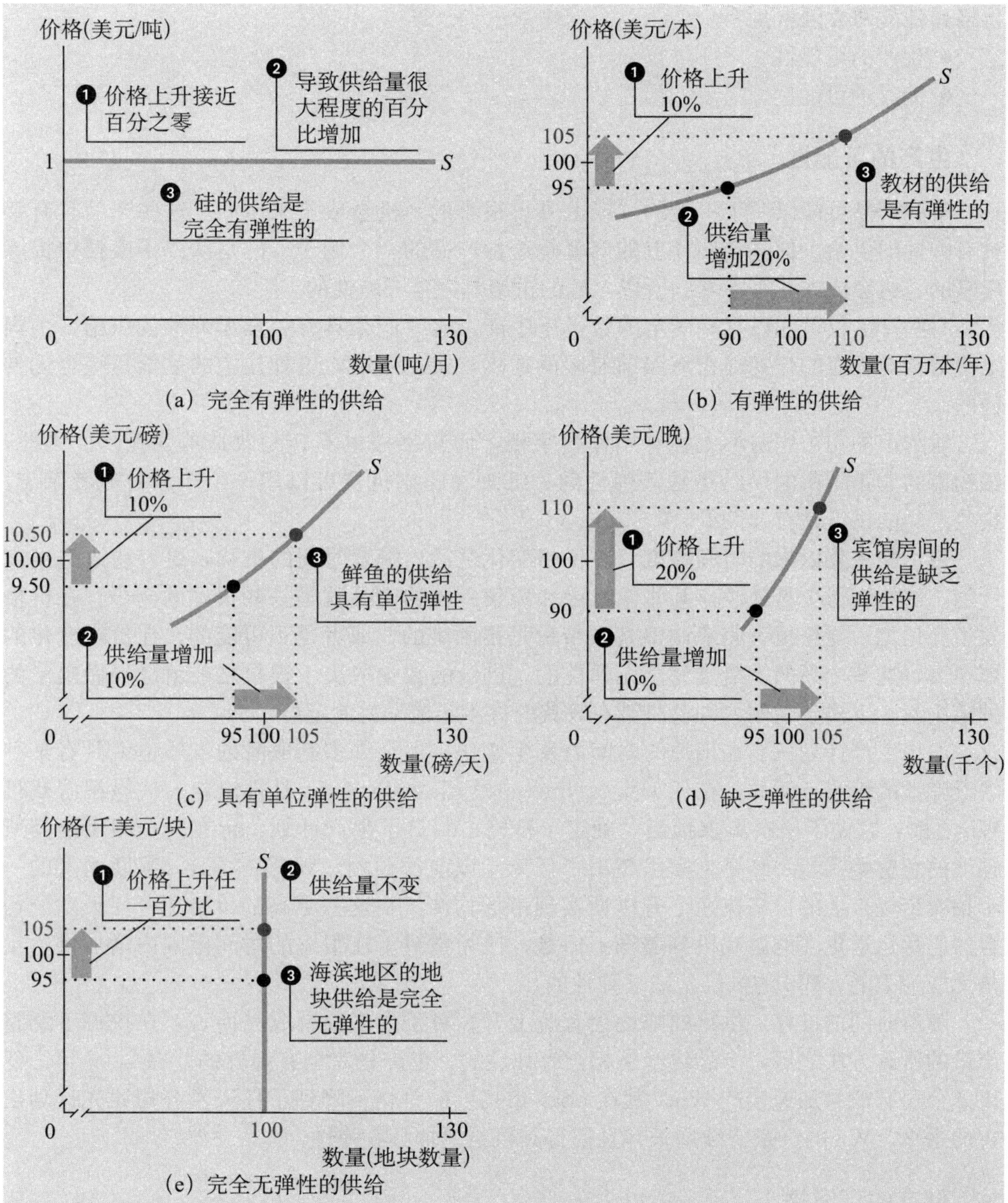

图 5－5　供给价格弹性的范围

①价格上升导致②供给量的增加。供给量的百分比变化与价格的百分比变化之间的相互关系决定着③供给价格弹性，它从完全有弹性［图（a）］到完全无弹性［图（e）］。

□ 影响供给价格弹性的因素

是什么使得某些东西的供给有弹性而另外一些东西的供给又缺乏弹性呢？影响供给

价格弹性的两大因素是：

- 生产的可能性
- 储存的可能性

生产的可能性

某些产品可能以一个不变的（或上升得很小的）机会成本来生产。这些产品具有某种有弹性的供给。你电脑芯片上的硅就是这种产品的一个例子。硅是从沙子微粒中提炼出来的，机会成本几乎不变。所以，硅的供给是完全有弹性的。

有些产品仅可能以某一固定的数量来生产。这些产品具有完全无弹性的供给。美国圣莫尼卡湾临海的住宅建在海滩前有限的地皮之上。所以，这种住宅的供给是完全无弹性的。

纽约市的宾馆用房不太容易用作写字楼，而写字楼也不容易改造成宾馆房。因此，纽约市的宾馆用房的供给是缺乏弹性的。纸张和印刷机器可以用于生产教材或者杂志，这些产品的供给是有弹性的。

自价格变化以来的时间跨度 在价格变化之后，随着时间的推移，更容易改造生产计划，供给变得更具弹性。某些像水果和蔬菜一样的产品就是一些很好的例子。在价格发生变化之后要想很迅速地调整其供给量是很困难的，或者是不可能的。在价格变化的那一天，这些产品的供给是完全无弹性的。供给的数量取决于很早之前就已经做出了的种植决策。以橘子为例，种植决策在收获的许多年前早就制定好了。

如果生产计划只能在很短的时间内发生变化，那么许多制成品的供给也就具有某种缺乏弹性的性质。例如，在任天堂（Nintendo）于 2006 年 11 月推出新一代电视游戏机 Wii 之前，它做了一次需求预测，确定了价格，制订了生产计划，旨在向美国供给其所预测的意愿购买量。结果是需求超出了任天堂以前的预测。Wii 在 eBay（互联网上的一个拍卖市场）上的价格快速上升以便实现市场均衡。在这一更高的价格上，任天堂公司自然愿意运送更多的游戏机到美国。但是，任天堂对于在很短的时间范围内增加供给量是无能为力的。Wii 的供给是缺乏弹性的。

随着时间的推移，供给的弹性会有所上升。对于大多数制成品而言，在挖掘了调整产量的所有方法之后，产品供给是相当有弹性的，也许是完全有弹性的。在 2007 年，任天堂公司有能力加速生产 Wii，其在 eBay 市场上的价格下降到了任天堂公司原先计划出售的水平。Wii 的产量持续增长并且使得其供给更加具有弹性。

储存的可能性

像新鲜草莓这样的易腐性产品是很难储存的，这种产品的供给弹性仅仅取决于生产的可能性。但是，那些容易储存的产品的供给弹性则取决于是储存还是出售的决策。较小的价格变化可能会导致这类决策的重大改变。所以，可储存商品的供给是高度具有弹性的，储存的成本是影响供给弹性的主要因素。例如，哥伦比亚的玫瑰花种植者预料到了在 2 月的情人节对玫瑰花的需求猛涨，因此，在 1 月末和 2 月初就开始减少供给，囤积玫瑰花，以便在情人节那天出售。

□ 计算供给价格弹性

为了确定某一产品的供给是有弹性的、具有单位弹性的还是缺乏弹性的，我们要采用与计算需求价格弹性相似的方法来计算出供给价格弹性的系数。我们使用的公式为：

$$供给价格弹性=\frac{供给量的百分比变化}{价格的百分比变化}$$

- 如果供给价格弹性大于 1，供给是有弹性的。
- 如果供给价格弹性等于 1，供给是具有单位弹性的。
- 如果供给价格弹性小于 1，供给是缺乏弹性的。

让我们来计算玫瑰花的供给价格弹性。假设在某一正常月份，一束玫瑰花的价格为 40 美元，供给量为 600 万束——这是图中的初始点。在 2 月，价格上升到 80 美元/束，供给量增加到 2 400 万束——这是图中的新点。图 5－6 说明并总结了这一计算。图中显示初始点在 40 美元/束的价位，新点在 80 美元/束的价位。每束价格上升了 40 美元，平均价格或中点价格是 60 美元/束，所以价格的百分比变化为 66.67%。供给量增加了 1 800万束，平均数量或中点数量为 1 500 万束，所以供给量的百分比变化为 120%。

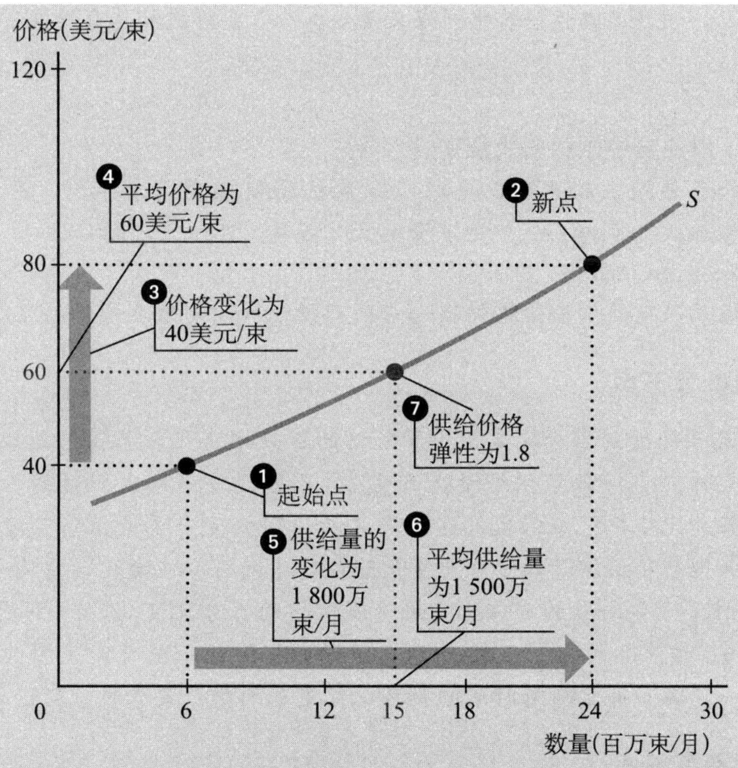

图 5－6 供给价格弹性的计算

①在初始点，价格为 40 美元/束，供给量为 600 万束/月。

②在新点，价格为 80 美元/束，供给量为 2 400 万束/月。

③价格变化为 40 美元/束，④平均价格为 60 美元/束，价格的百分比变化为（$40÷$60)×100%，即 66.67%。

⑤供给量的变化为 1 800 万束/月，⑥平均供给量为 1 500 万束/月，因此供给量的百分比变化为（1 800 万÷1 500 万)×100%，即 120%。

⑦供给价格弹性为 120%÷66.67%，即 1.8。

运用公式，你可以发现玫瑰花的供给价格弹性为：

$$供给价格弹性=\frac{120\%}{66.67\%}=1.8$$

在该供给曲线的新点与初始点之间，供给价格弹性为 1.8。在本例当中，在此价格之间，玫瑰花的供给是有弹性的。

检查站 5.2 界定和解释影响供给价格弹性的因素，并且计算该弹性。

现实问题

某一产品的价格上升 10%已经导致该产品一个月后的供给量上升 1%，一年后上升 25%。

1. 该产品的供给是有弹性的、具有单位弹性的还是缺乏弹性的？生产该产品的生产要素是可以轻易获取的吗？该产品的供给价格弹性是多少？

2. 一年之后，该产品的供给价格弹性又是多少？它变得更加具有弹性了吗？为什么？

新闻摘要

煤炭价格下滑冲击中国第三大煤矿

兖州煤矿的负责人王欣声称，全球金融危机迫使煤炭需求下降，尽管价格下降了 10.6%，但销售却从去年的 899 万吨下滑至 792 万吨，下降了 11.9%。

资料来源：Dow Jones，April 27，2009.

计算兖州煤矿煤炭的供给价格弹性。它是有弹性的还是缺乏弹性的呢？

现实问题参考答案

1. 如果产品供给量的百分比变化小于价格的百分比变化，其供给是缺乏弹性的。在本例中，价格上升 10%导致了供给量上升 1%，因此供给是缺乏弹性的。因为一个月之后，供给量的百分比变化很小，生产这一产品所使用的生产要素很有可能是独特的或者稀少的。供给弹性等于供给量的百分比变化除以价格的百分比变化，它为 1÷10=0.1。

2. 供给弹性等于供给量的百分比变化除以价格的百分比变化。一年之后，供给弹性为 25÷10=2.5。该产品的供给在这一年中变得更具弹性，很可能是因为其他生产者逐渐开始生产这一产品，并且随着时间的推移，有更多的生产要素被重新进行分配。

新闻摘要参考答案

需求下降导致价格和需求量发生变化，我们可以使用这些数据计算供给价格弹性。煤炭的供给价格弹性等于供给量的百分比变化除以价格的百分比变化。兖州煤矿煤炭的供给价格弹性等于 11.9÷10.6=1.12。供给量下降的百分比远大于价格下降的百分比，弹性为 1.12 意味着煤炭的供给是有弹性的。

5.3 交叉弹性和收入弹性

在美国丘拉维斯塔的达美乐比萨（Domino Pizza）遇到了麻烦。汉堡王（Burger King）刚刚降价。达美乐的经理帕特知道比萨饼和汉堡包互为替代品，他还知道，当比萨饼的替代品价格下跌时，比萨饼的需求会下降。然而，如果帕特保持原价，比萨饼的购买量会下降多少呢？

帕特还知道，比萨饼和苏打水互为互补品。他知道，如果比萨饼的互补品价格下降，比萨饼的需求会上升。因此，他在考虑是否可以通过降低苏打水的价格来留住顾客。但他想知道，在汉堡包更便宜的情况下，他究竟要将苏打水降价多少才能卖出原来的比萨饼数量。

要回答上述问题，帕特需要计算需求交叉弹性。让我们来考察这种弹性的量度。

□ 需求交叉弹性

需求交叉弹性（cross elasticity of demand）是在某种替代品或互补品的价格发生变化且其他因素保持不变的情况下，对该种产品需求量变化程度的一种量度。它可以通过下式计算：

$$需求交叉弹性=\frac{某产品需求量的百分比变化}{该产品的替代品或互补品的价格的百分比变化}$$

假如汉堡包降价10%，比萨饼的需求量下降5%。[1] 比萨饼相对于汉堡包价格的需求交叉弹性为：

$$需求交叉弹性=\frac{-5\%}{-10\%}=0.5$$

某种替代品的需求交叉弹性为一正数。替代品价格的下降导致对该产品的需求量的减少，某种产品的需求量和其替代品的价格呈同方向变动。

假定苏打水降价10%，比萨饼的需求量上升2%。比萨饼相对于苏打水价格的需求交叉弹性为：

$$需求交叉弹性=\frac{+2\%}{-10\%}=-0.2$$

互补品的需求交叉弹性为一负数。互补品价格的下降导致对该产品的需求量的增加，某产品的需求量与其互补品的价格呈反方向变动。

图5-7说明了比萨饼的两种需求交叉弹性。当汉堡包的价格下降时，对比萨饼的需求减少，其需求曲线从 D_0 向左位移到 D_1。当苏打水的价格下降时，对比萨饼的需求增加，其需求曲线从 D_0 向右位移至 D_2。交叉弹性的大小决定着需求曲线位移的远近。

---

① 与之前相同，这些百分比变化均采用中点法。

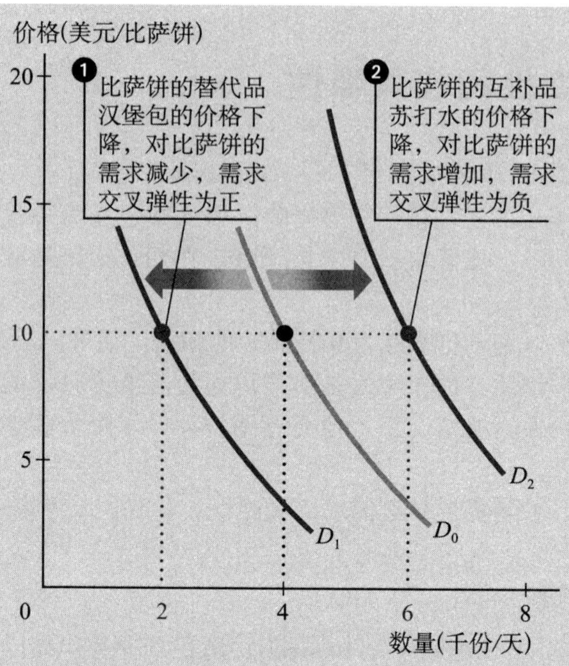

图 5-7 需求交叉弹性

①汉堡包是比萨饼的替代品。当汉堡包的价格下降时，比萨饼的需求曲线从 D_0 向左位移至 D_1。在比萨饼的价格为 10 美元/个时，人们计划买更少的比萨饼。比萨饼相对于汉堡包价格的需求交叉弹性为一正数。

②苏打水是比萨饼的互补品。当苏打水的价格下降时，比萨饼的需求曲线从 D_0 向右位移至 D_2。在比萨饼的价格为 10 美元/个时，人们计划买更多的比萨饼。比萨饼相对于苏打水价格的需求交叉弹性为一负数。

□ 需求收入弹性

美国及全球经济正在扩张，人们享受着收入的增加。这种繁荣促使对几乎所有产品的需求都增加。然而对不同产品的需求会增加多少呢？对一些产品的需求飞速增长会不会因此增加我们对其的消费支出呢？而对另外一些产品的需求下降会不会因此减少我们对其的消费支出呢？

其答案取决于对某产品的需求收入弹性。**需求收入弹性**（income elasticity of demand）是在收入发生变化而其他因素保持不变的情况下，对某产品的需求变化程度的一种量度。它可以通过下式计算：

$$需求收入弹性=\frac{需求量的百分比变化}{收入的百分比变化}$$

需求收入弹性有三大类型：

- 大于 1（正常品，有收入弹性）
- 在 0 和 1 之间（正常品，缺乏收入弹性）
- 小于 0（劣品）

随着我们收入的增加：

- 对有收入弹性的产品的支出比重上升。

- 对缺乏收入弹性的产品的支出比重下降。
- 对有负的需求收入弹性的产品的支出必然会减少。

如果了解了不同种类的产品和服务的需求收入弹性，你便能预测在未来几年世界将有怎样的改变。表 5－1 提供了一个例子。

根据表 5－1 提供的关于需求收入弹性的数据，我们能预期，将来国内、国际的航空旅行会变得更加重要，看电影、在餐馆就餐甚至理发、购买汽车也都将增多。另外两个重要的项目没有显示在表中，那就是医疗保健和教育，它们都是有收入弹性的。随着收入的增加，我们同样能预期医疗保健和教育都会增加。

随着收入的增加，我们对衣服、手机和食物的支出比重将会下降。人们对食物的需求收入弹性小于 1，即使是最穷的人也是如此。因此，我们便能预测将来仍会是过去的延续——农业和制造业逐渐萎缩，服务业继续扩张。

表 5－1　一些需求收入弹性

产品或服务	弹性
有收入弹性的	
航空旅行	5.82
电影	3.41
出国旅行	3.08
电	1.94
在餐馆就餐	1.61
当地巴士和火车	1.38
理发	1.36
缺乏收入弹性的	
香烟	0.86
含酒精的饮料	0.62
衣服	0.51
报纸	0.38
电话	0.32
食物	0.14

❖关注你的生活　你的需求价格弹性

请你留心一下，你再次去购买的东西价格上升了，你是选择购买更多、保持不变还是减少购买呢？

你对这件商品的支出等于商品价格乘以你的购买数量。而卖者的总收益等于商品价格乘以卖出商品的数量。

因为买者对商品的支出即卖者的总收益，卖者用来评估被卖商品的需求价格弹性的总收益检验方法也能被买者采用。

当总支出不变，而商品价格发生改变时，你能否确定你对该商品的需求是有弹性的、具有单位弹性的还是缺乏弹性的？

当商品的价格上升时，

- 如果你对该商品的支出减少，则你对该商品的需求是具有有弹性的。
- 如果你对该商品的支出保持不变，则你对该商品的需求是具有单位弹性的。
- 如果你对该商品的支出增加，则你对该商品的需求是缺乏弹性的。

回顾第5.1节影响需求价格弹性的因素，思考一下，为什么商品的需求存在有弹性、具有单位弹性以及缺乏弹性呢？

正如我们在本章开篇所提到的，当汽油价格上升时，你还是要使用和价格上升前几乎一样多的汽油。汽油没有很好的替代品，对汽油的需求是缺乏弹性的。

如果使用手机的费用下降了，你会怎么做呢？你会减少在手机上的花费，你对手机服务的需求缺乏弹性，还是你会在手机上花费更多，这意味着你对手机服务的需求具有弹性？

再看你的iPod和iTunes，你对它们的需求是有弹性的还是缺乏弹性？教科书又如何？你可以估算所有这些弹性。

检查站5.3 界定和解释影响需求交叉弹性和需求收入弹性的因素。

现实问题

1. 当产品B的价格上涨10%且其他因素不变时，产品A的需求量增加5%。产品A和产品B互为互补品还是替代品？描述对产品A需求的变化并计算产品A对产品B的需求交叉弹性。

2. 当收入上升5%且其他因素不变时，产品C的需求量增加1%。产品C是正常品还是劣品？描述产品C的需求如何随着收入的增加而改变，并计算产品C的需求收入弹性。

新闻摘要

收入的增长使得中国成为世界上最大的奢侈品市场

受收入增长和从节俭到消费文化这一转变的促进，预计中国在下一个十年当中将变成世界上最大的奢侈品市场。

资料来源：ibtimes.com，February 2，2011.

奢侈品是正常品还是仅仅不是必需品？解释之。

现实问题参考答案

1. 产品A和产品B互为替代品，这是因为产品B的价格上升，对产品A的需求增加，人们从消费产品B转向消费产品A。对产品A的需求增加（见图1）。

产品A对产品B的需求交叉弹性＝产品A需求量的百分比变化÷产品B价格的百分比变化。

产品A对产品B的需求交叉弹性＝5%÷10%＝0.5。

2. 产品 C 是一正常品，随着收入的增加，需求量增加。对产品 C 的需求增加（见图 2)。

产品 C 的需求收入弹性＝产品 C 需求量的百分比变化 ÷ 收入的百分比变化。

产品 C 的需求收入弹性＝1％÷5％＝0.2。

新闻摘要参考答案

为了知道一个产品是不是正常品，我们必须计算需求收入弹性。一个正常品有着正的需求收入弹性。造成奢侈品销量增加的源泉就是收入增长以及人们花费过往的储蓄。人们花费得越多，造成奢侈品的销量增长得就越多。因此奢侈品的需求收入弹性是正的，即奢侈品是正常品。

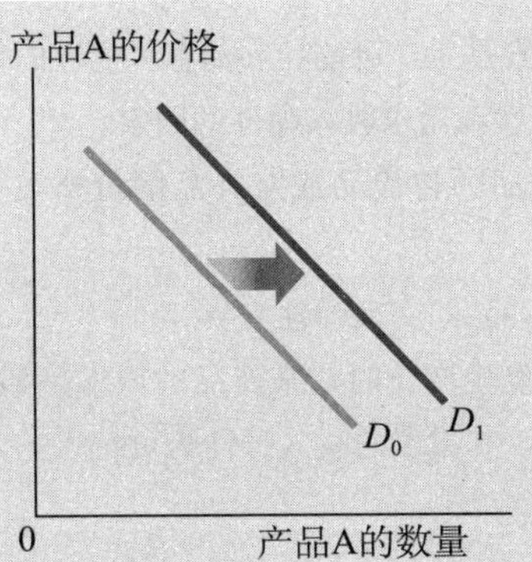

图 1

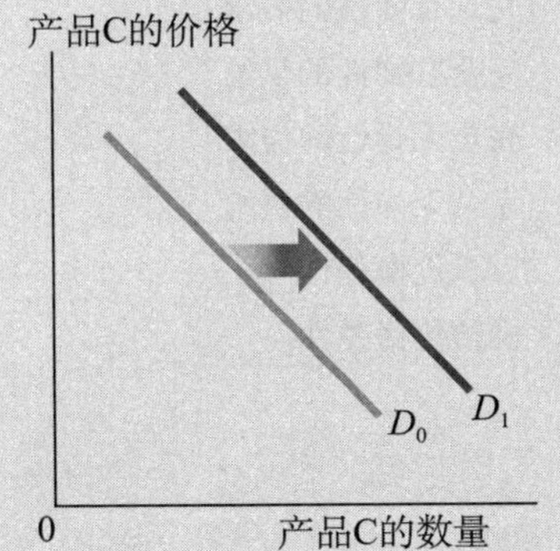

图 2

本章总结

□ 要点

1. 界定和解释影响需求价格弹性的因素，并且计算该弹性。

- 某产品的需求是有弹性的，如果当其价格变化时，需求量的百分比变化超过价格的百分比变化。
- 某产品的需求是缺乏弹性的，如果当其价格变化时，需求量的百分比变化小于价格的百分比变化。

• 某产品的需求价格弹性的大小取决于寻找其替代品的容易程度以及对该产品的支出占收入的比重的大小。

• 需求价格弹性等于需求量的百分比变化除以价格的百分比变化。

• 如果需求是有弹性的，价格上升导致总收益下降；如果需求是具有单位弹性的，价格上升导致总收益不变；如果需求是缺乏弹性的，价格上升导致总收益上升。

2. 界定和解释影响供给价格弹性的因素，并且计算该弹性。

• 某产品的供给是有弹性的，如果当其价格变化时，供给量的百分比变化超过价格的百分比变化。

• 某产品的供给是缺乏弹性的，如果当其价格变化时，供给量的百分比变化小于价格的百分比变化。

• 影响供给价格弹性的主要因素是生产可能性和储存可能性的变化程度。

3. 界定和解释影响需求交叉弹性和需求收入弹性的因素。

• 需求交叉弹性表明了在某产品的替代品或互补品的价格发生变化时，该产品的需求是如何变化的。

• 替代品的交叉弹性为正，互补品的交叉弹性为负。

• 需求收入弹性表明了在收入发生变化时，某产品的需求是如何变化的。对于正常品而言，其需求的收入弹性为正。对于劣品而言，其需求的收入弹性为负。

□关键术语

需求交叉弹性	完全有弹性的需求	总收益
有弹性的需求	完全有弹性的供给	总收益检验
有弹性的供给	完全无弹性的需求	具有单位弹性的需求
需求收入弹性	完全无弹性的供给	具有单位弹性的供给
缺乏弹性的需求	需求价格弹性	
缺乏弹性的供给	供给价格弹性	

本章检查站

□ 学习计划中的问题与应用

家庭取暖用油的价格上升 20%，其需求量减少了 2%，同时羊毛衣的价格未变，羊毛衣的需求增加了 10%，利用上述信息回答问题 1 和 2。

1. 运用总收益检验分析家庭取暖用油的需求是有弹性的还是缺乏弹性的。

2. 如果羊毛衣的价格不变，计算羊毛衣相对于家庭取暖用油价格的需求交叉弹性。家庭取暖用油和羊毛衣互为替代品还是互补品？为什么？

3. 图 1 显示了对电影票的需求，如果某部电影的票价在 7～9 美元之间，对电影票的需求是有弹性的还是缺乏弹性的？如果票价从 9 美元下降至 7 美元，电影票的总销售收入会产生什么变化？当电影票价为 8 美元时，计算对电影票的需求价格弹性。

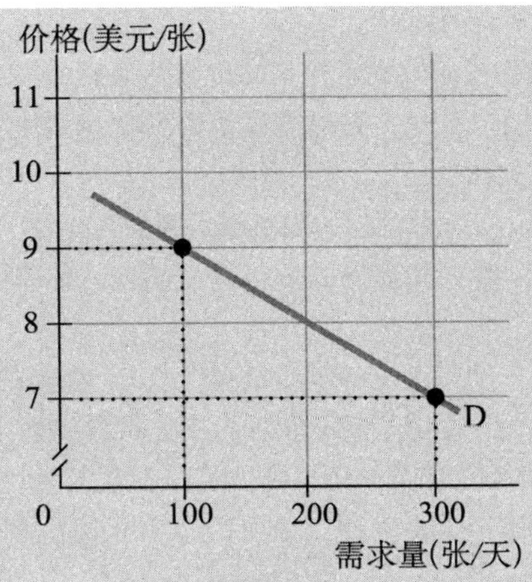

图 1

4. 人们对皮特的巧克力夹心饼的需求价格弹性为 1.5，皮特想提高其总收益，你建议皮特是提价还是降价？解释之。

利用下列信息回答问题 5 和 6。

乘坐飞机的价格上升了 10%。乘坐飞机的需求价格弹性为 0.5，乘坐火车的需求价格弹性为 0.2。乘坐火车相对于乘坐飞机价格的需求交叉弹性为 0.4。

5. 计算乘坐飞机的需求量的百分比变化以及乘坐火车的需求量的百分比变化。

6. 乘坐飞机的价格上升 10%，导致乘坐火车的需求量不变的乘坐火车的价格的百分比变化为多少？

7. 有一项调查发现，当收入上升 10%时，会发生以下的需求量变化：矿泉水的需求量增加 5%；运动饮料的需求量减少 2%；乘船旅游的需求量增加 15%。哪种需求是有收入弹性的？哪种需求是缺乏收入弹性的？哪个是正常品？

利用下列信息回答问题 8 和 9。

美国玉米产量预计将创纪录地上升 24%

据美国农业部报道，世界玉米产量将比去年增产 9.9%，而美国将增产 24%。玉米价格预期比去年上升 46%。

资料来源：*Bloomberg News*，August 11，2007.

8. 计算美国玉米的供给价格弹性。该供给有弹性吗？

9. 计算世界玉米的供给价格弹性。

10. 2011 年 5 月，更高的食物价格迫使消费者减少支出。

资料来源：CNN Money，June 4，2011.

对食物的需求是有弹性的还是缺乏弹性的？解释之。

□ 教师可布置的问题与应用

利用下列信息回答问题 1 和 2。

为什么对汽油价格上涨的反应很微弱？

大部分研究报告显示，当美国汽油价格上升 10%时，购买量会下降 1%～2%。在 2005 年 9 月，汽油的零售价格是每加仑 2.9 美元，比去年高大约 1 美元，但是购买量只下降了 3.5%。

资料来源：*The New York Times*，October 13，2005.

1. 计算大部分研究报告中提及的汽油的需求价格弹性。

2. 比较从 2004 年 9 月到 2005 年 9 月的数据所反映的汽油的需求价格弹性与大部分研究报告中提

及的汽油的需求价格弹性。解释两者的差异。

3. 暴雨损害了美国中部地区香蕉的收成，香蕉的价格从每磅 1 美元上升到每磅 2 美元。香蕉供货商所售数量减少，但其总收入却保持不变。香蕉需求量的变化有多大？美国中部地区对香蕉的需求是有弹性的还是缺乏弹性的？

4. 对理发的需求收入弹性为 1.5，对食物的需求收入弹性为 1.4。你打了一份周末工，你用于支付食物和理发的收入翻了一番，如果食物和理发的价格保持不变，你将你的理发支出和食物支出也翻一番吗？解释为什么。

5. 很多小麦种植区出现的旱灾使得小麦的供给量减少 2%，小麦的需求价格弹性为 0.5，小麦的价格会上升多少？意大利面食的生产者估计，小麦价格的变化将导致意大利面食的价格上升 25%、需求量减少 8%，他们所估计的意大利面食的需求价格弹性为多少？意大利面酱的生产者估计，意大利面食价格的变化将导致意大利面酱的需求量减少 5%，他们所估计的意大利面酱相对于意大利面食价格的需求交叉弹性是多少？

6. "在需求缺乏弹性的某一市场中，生产者可能会欺负消费者，政府应当对生产者制定很高的行为标准以确保消费者能够进行公平的交易。"你对此说法的每一个部分是赞成还是反对？解释你将如何检验这一说法中的实证性部分，而抛弃规范性部分。

利用下列信息回答问题 7 和 8。

杏仁大丰收

2008—2009 年度杏仁的产量预期增加 22%，种植者的收入预期增加 17%。

资料来源：Almond Board of California.

7. 杏仁的价格预期是上升的还是下降的？杏仁的需求或供给的改变会带来预期价格的改变吗？

8. 如果杏仁供给发生改变致使价格发生改变，杏仁的需求是有弹性的还是缺乏弹性的？解释之。

□ 单项选择题

1. 当一个冰淇淋的价格从 3 美元涨到 5 美元时，冰淇淋的购买量减少 10%，那么冰淇淋的需求价格弹性是________。

   A. 5　　B. 0.2　　C. 50　　D. 2.5

2. 在先锋村，乘坐巴士的需求价格弹性是 0.5。当巴士的票价上涨 5%时，________。

   A. 乘坐巴士的需求会增加 10%　　B. 乘坐巴士的需求量会增加 2.5%

   C. 乘坐巴士的需求会减少 2.5%　　D. 乘坐巴士的需求量会减少 2.5%

3. 某产品的需求价格弹性是 0.2。其价格上涨 10%将________出售该产品所获得的总收益。

   A. 减少　　B. 增加

   C. 减少销量同时不会改变　　D. 不会改变

4. 如果某产品的价格上涨，并且花费在该产品上的费用上升，则该产品的需求是________。

   A. 有弹性的　　B. 完全有弹性的

   C. 缺乏弹性的　　D. 具有单位弹性的

5. 当一单位某产品的价格从 5 美元涨到 7 美元时，一天的供给量从 110 单位上升到 130 单位。该产品的供给价格弹性为________，该产品的供给是________。

   A. 60；有弹性的　　B. 10；有弹性的

   C. 0.5；缺乏弹性的　　D. 2；缺乏弹性的

6. 产品 A 对产品 B 的需求交叉弹性是 0.2。产品 B 的价格上涨 10%将会导致产品 A 的需求量的百分比变化为________%。产品 A 和产品 B 互为________。

   A. 2；替代品　　B. 0.5；互补品

C. －2；互补品　　D. 2；替代品

7. 收入上升 2％导致某产品的需求量增加 1％，则该产品的需求收入弹性为________，该产品是________。

A. 2；正常品　　B. －2；劣品

C. 1/2；正常品　　D. 2；劣品

第6章 市场的效率与公平

本章要点

学完本章，你将能够：

1. 描述配置稀缺资源的可选方法，定义并解释有效配置的特点。
2. 区分价值与价格，并定义消费者剩余。
3. 区分成本与价格，并定义生产者剩余。
4. 评价配置资源的可选方法的有效性。
5. 解释有关公平的主要观点，并评价配置稀缺资源的可选方法的公平性。

6.1 资源配置的方法和效率

因为资源是稀缺的，因此必须以某种方式对它们进行配置。什么也不做，任由资源自由配置，这是配置资源的一种方式。而本章的目的是从社会利益的角度评价市场有效和公平地配置资源的能力。

然而，市场交易只是几种可选方法中的一种。为了考察市场能否有效地配置资源，我们必须对市场与其替代方法进行比较。我们还需要知道有效和公平的资源配置的意义。

对于效率和公平，经济学家更多地谈及效率，因此效率是本章关注的重点。我们把公平这个难题留到本章的最后部分讨论。接下来，我们先描述资源配置的可选方法。然后，我们分析有效配置的特点。

□ 资源配置的方法

资源可以通过以下一种或几种方法的结合进行配置：

- 市场价格
- 指令
- 多数法则
- 竞赛
- 先到先得
- 均摊
- 抽签

- 个人特征
- 暴力

让我们了解每种方法是如何工作的，并且就每种方法举个例子。

市场价格

当以市场价格配置稀缺资源时，愿意并能够支付市场价格的人获得资源，那些认为资源不值市场价格的人则把资源留给他人购买和使用。

你供给的大多数稀缺资源都是由市场价格配置的。例如，你在市场上出卖劳动，并且你消费的大部分东西都是在市场上购买的。

有两种人选择不支付市场价格：那些有能力支付但选择不购买的人和那些太穷而付不起的人。

对于许多产品和服务而言，选择不购买的人和没有能力购买的人之间的区别并不太重要。但在少数情况下，这种区别就变得重要了。例如，穷人没有能力负担学费和医疗费用。因为市场价格配置方法没有很好地解决穷人负担不起大多数人认为必需的产品或服务这个问题，所以这些产品或服务通常采用其他方法来配置。

但是，对大多数产品和服务而言，市场起到了很好的配置作用。稍后在本章中我们将分析市场是如何进行有效配置的。

指令

指令型体制（command system）通过当权者的指令配置资源。许多资源都是由指令配置的。在美国的经济中，指令型体制被广泛地运用于企业内部和政府部门。例如，当你工作时，很可能有别人会告诉你该做什么。你的劳动时间通过指令被配置到特定的任务上。

指令型体制有时分配整个经济体的资源。苏联就是一个实例。朝鲜和古巴是仅剩的指令型经济体。

指令型体制在权责明晰和执行行为易于被监控的组织中运行良好。但指令型体制被用于整个经济体时，则比较糟糕。当所监控的行为范围过大时，当权者很容易被欺骗。朝鲜的指令型体制就十分糟糕，它甚至不能供给充足的食物。

多数法则

多数法则以大多数投票人选择的结果来配置资源。社会运用多数法则来进行某些重大决策。例如，多数法则被用来决定如何在私人用途和公共用途之间配置稀缺资源的税率。多数法则也被用来决定税收资金如何在像国防和老年人的医疗保健这样的竞争性用途之间进行分配。

如果有 2 亿人排队为国家预算决议进行投票，显然花费是极其昂贵的。因此，美国（以及大多数国家）采用了政府代议制，从而取代了民众直接投票的多数法则。当然，民众代表是采用直接的多数法则的形式选出的，稀缺资源的具体配置方案再由代表们通过多数法则决定。

在所做的决策影响到大多数人以及必须抑制自我利益以最有效地利用资源的时候，多数法则发挥了较好的用途。

竞赛

竞赛是将资源配置给一个（或一组）优胜者。最常见的竞赛就是运动竞赛。玛利亚·莎拉波娃（Maria Sharapova）和塞雷娜·威廉姆斯（Serena Williams）的网球对决，赢者的奖金是对方的两倍。

但是竞赛普遍存在于运动赛场之外，尽管我们通常不称之为竞赛。例如，比尔·盖茨在个人电脑操作系统的竞赛中获得了胜利，娜塔丽·波特曼（Natalie Portman）赢得了这类竞赛奖项，从而在电影界上升到顶级。

当“竞赛者”的努力难以直接监控、报酬难以直接衡量的时候，竞赛发挥了较好的作用。人们为了有望获得某项殊荣，都有努力工作并争取获胜的激励。虽然最终只有少数人能够胜出，但是在争取获胜的过程中人们都付出了努力。因此，工人生产的总产出比没有竞赛的时候更多。

先到先得

先到先得的方法是将资源配置给那些先行到达的人。多数国家公园采用这种办法配置露营地。航空公司在登机口也采用先到先得的方法配置座位。高速公路是先到先得的一个非常常见的例子。有限的交通资源使人们在分配时采用先到达入口匝道的人获得道路的使用权的方式。如果过多的车辆进入高速公路，就可能会出现速度降低和排队等候的情况。

正如上面所举到的例子，当稀缺资源能够按时间顺序只为一个使用者服务时，先到先得就是资源配置的一种好方法。该方法通过服务最先到达的使用者，使得资源闲置的时间达到最小化。

均摊

资源被均摊，则每人都能得到相等的量。在餐馆分享点心的时候，你可能采用这种方法。当人们共同拥有一间度假公寓时，大家都公平地享有它。

为了做好公平分配，大家必须一致同意使用该方法，并计划如何实施该方法。小群体分享共同的目标和理想时使用的就是均摊方法。

抽签

抽签将资源配置给那些摇出幸运号码、抽到幸运卡，或在其他一些游戏中走运的人。国家彩票和赌场每年都重新配置价值数百万美元的产品和服务。

但是抽签比彩票中的累积大奖和轮盘赌应用得更为广泛。抽签被广泛地用来配置稀缺资源。例如，一些马拉松组织者利用抽签的方式来决定谁可以参加，一些机场用抽签的方式来分配航线的着陆配位。

当没有更有效的方法来对稀缺资源的潜在使用者进行区分时，抽签是一个好方法。

个人特征

当对资源基于个人特征进行配置时，具有某种“恰当”特征的人获得资源。某些对我们个人而言十分重要的资源就是用这种方式进行配置的。你花最多的时间在你喜欢的人身上，而不愿意在不喜欢的人身上花时间。人们根据个人特征选择婚姻伴侣。这个方法的使用被认为是完全自然的并可被接受的。

但是这种方法也具有不能被接受的方面。例如，把好工作分配给盎格鲁-撒克逊男性白人而歧视有色人种、少数民族和妇女。

暴力

在稀缺资源配置中，无论是从好的方面讲还是从坏的方面讲，暴力都发挥了关键的作用。我们先讨论坏的方面。

战争，作为一个国家攻打另一个国家所使用的军事暴力，在资源配置中发挥了巨大的历史性作用。欧洲殖民者在美洲和澳大利亚的经济霸权主要来自这种方法的运用。

盗窃，作为一种未经允许而取得别人财产的行为，对资源配置也发挥了很大的作用。每年大范围有组织的犯罪活动以及小规模零星的犯罪活动配置了价值数十亿美元的资源。如今还有大量采用纯熟的电子方法盗窃银行和无辜民众户头的存款的行为。

但是，暴力在资源配置中也发挥了关键性的正面作用。它为国家提供了一种将财富从富人那里转移到穷人那里的途径，也提供了自愿交换在市场中得以顺利进行的法律框架。

现代社会的大多收入和财富通过国家权力强制实施的税收和福利制度进行再分配。我们为税收和福利制度投票——利用多数法则获取结果，但我们凭借国家权力确保每个人都遵守规则并支付应该支付的款项。

法律体系是市场经济运行的基础。如果没有法庭强制实施合约，交易就难以进行。但是，如果法庭没有在必要时使用暴力的能力，它也就无法强制实施合约。国家赋予了法庭保证其职能得以行使的最终暴力。

更广泛地，国家暴力对于维护法律规范是至关重要的。这一原则是文明的经济（以及社会和政治）生活的基本原则。在法律规范的保护下，我们可以经营每天的经济生活，因为我们确信我们的财产将受到保护——我们可以控告侵占我们财产的行为（也会因为侵占他人财产而受到控告）。

由于我们没有保护财产的负担，并且确信与我们交易的人也将会尊重双方的协议，所以我们能够继续关注我们有竞争优势的活动并为了共同的利益进行交易。

在本章下面几节中我们将考察市场如何实现资源的有效利用、效率实现的障碍以及在某些情况下可选方法怎样改善市场的作用。但首先我们需要明确效率的定义。再者，资源有效配置的特点又是什么呢?

□ 有效使用资源

在我们的日常用语中，效率意味着发挥一样东西的最大功效。一辆有效的汽车可以达到每英里最佳的可能汽油消耗量；一个有效的焚化炉可以做到用尽量少的燃料释放最大的热量。在经济学中，效率意味着发挥整个经济的最大功效。

效率和生产可能性边界

生产可能性边界（production possibilities frontier，*PPF*）是在给定的生产要素和技术水平下，我们所能生产的产品和服务组合与我们不能生产的产品和服务组合之间的边界。当经济位于生产可能性边界上时生产是有效率的。在生产可能性边界内的点上，生产都是无效的。

当生产可能性边界上的产品和服务组合获得人们的最高评价时就达到了**配置效率**(allocative efficiency)。用另一种方式说，当我们不放弃人们给予更高评价的其他东西就无法生产更多的某种产品时，资源配置就是有效率的。如果放弃几单位的某产品就有可能获得更多评价更高的产品，则说明我们还没有达到生产可能性边界上评价最高的点。

生产可能性边界告诉我们的是生产什么是可能的，而没有告诉我们生产的价值。为了找到生产可能性边界上评价最高的点，我们需要一些关于价值的信息。而边际收益则与价值相关。

边际收益

边际收益（marginal benefit）是人们增加一单位某种产品或服务的消费所获得的收益。人们的偏好决定了边际收益，并且，如果知道人们为了多得到一单位的某种产品或服务所愿意放弃的其他的产品或服务，我们便可以计算出该种产品或者服务的边际收益。

我们拥有的某种产品或服务越多，我们能从中获得的边际收益就越少——边际收益递减法则（the principle of decreasing marginal benefit）。思考一下你从比萨饼中获得的边际收益。你最享受吃第一份时候的感觉，第二份的时候还好，但是没有吃第一份时感觉那么好。等到吃第三、四、五、六份或更多的时候，每增加的一份都没有前面那份带来的感觉那么好。你从比萨饼中获得的边际收益在递减。你拥有的比萨饼越多，为了多得到一份比萨饼，你愿意放弃的其他产品或服务的量就越少。

图 6－1 显示了边际收益一览表和比萨饼的边际收益曲线。一览表和曲线传递的是同样的信息。在边际收益一览表中，或沿着边际收益曲线看，随着比萨饼的产量的增加，人们为获得更多一份比萨饼所愿意放弃的其他物品的量在下降。

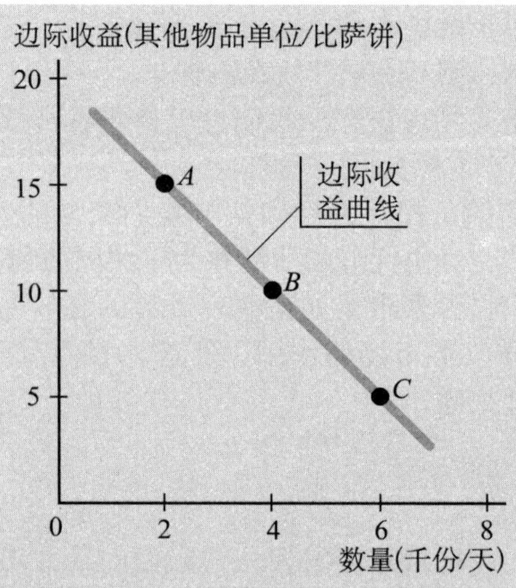

比萨饼的数量（千份/天）	2	4	6
愿意放弃的数量（其他物品单位/比萨饼）	15	10	5
概率	*A*	*B*	*C*

图 6－1 从比萨饼中获得的边际收益

图和表显示了从比萨饼中获得的边际收益。

概率 *A* 和 *A* 点所表示的意思是，如果每天生产 2 000 份比萨饼，人们为了多获得一单位比萨饼愿意放弃 15 单位的其他物品。图中 *A* 点、*B* 点、*C* 点所代表的意义分别与表中概率 *A*、*B*、*C* 所代表的意义一样。

通过这些点的线就是边际收益曲线。随着比萨饼的可得数量的增加，人们从中获得的边际收益在下降。

边际成本

为了达到配置效率，我们必须对比萨饼的边际收益和边际成本进行比较。边际成本是多生产一单位某种产品或服务的机会成本，也即生产可能性边界的斜率的绝对值。随着产量的增加，边际成本增加。

图 6－2 显示了边际成本一览表和比萨饼的边际成本曲线。它们传递的信息也是相同的，随着比萨饼的产量的增加，人们为了多得到一单位比萨饼所必须放弃的其他物品的数量在增加。

现在，我们运用边际收益和边际成本的概念便能知道生产多少比萨饼是有效的了。

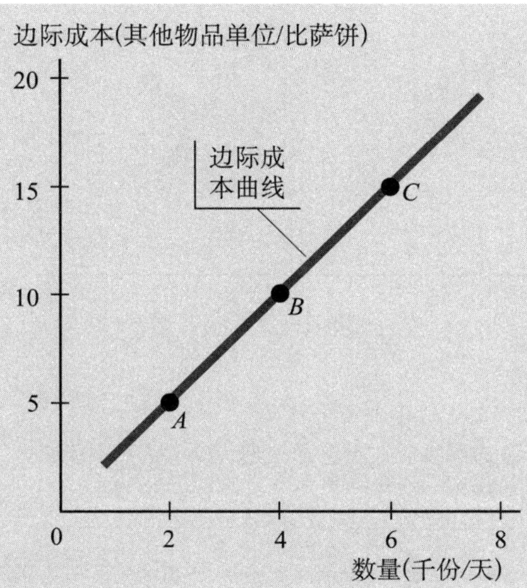

比萨饼的数量（千份/天）	2	4	6
必须放弃的数量（其他物品单位/比萨饼）	5	10	15
概率	*A*	*B*	*C*

图 6－2　比萨饼的边际成本

图和表显示了比萨饼的边际成本。多生产一单位某产品的机会成本就是其边际成本。边际成本的概念源于生产可能性边界，在数量上表现为生产可能性边界的斜率的绝对值。

图中的 *A* 点、*B* 点、*C* 点即表中的概率 *A*、*B*、*C*。边际成本曲线意味着随着比萨饼的产量的增加，其边际成本在增加。

有效配置

有效配置是价值最高的配置。为了确定有效配置，我们需要比较边际收益和边际成本。

如果从比萨饼中获得的边际收益大于边际成本，则说明我们生产的比萨饼太少（生产的其他物品过多）。如果我们增加比萨饼的产量，会产生成本，但我们会从追加的比萨饼中获得更大的收益。这样，我们的资源配置变得更加有效。

如果比萨饼的边际成本大于边际收益，则说明我们生产的比萨饼过多（生产的其他物品过少）。现在，如果我们减少比萨饼的产量，我们获得的收益会减少，但会节省更多的比萨饼的成本。同样，我们的资源配置也变得更加有效。

只有当边际收益和边际成本相等的时候，资源才达到了有效配置。图 6－3 显示了这个有效配置并对上述配置效率的描述做了图形总结。

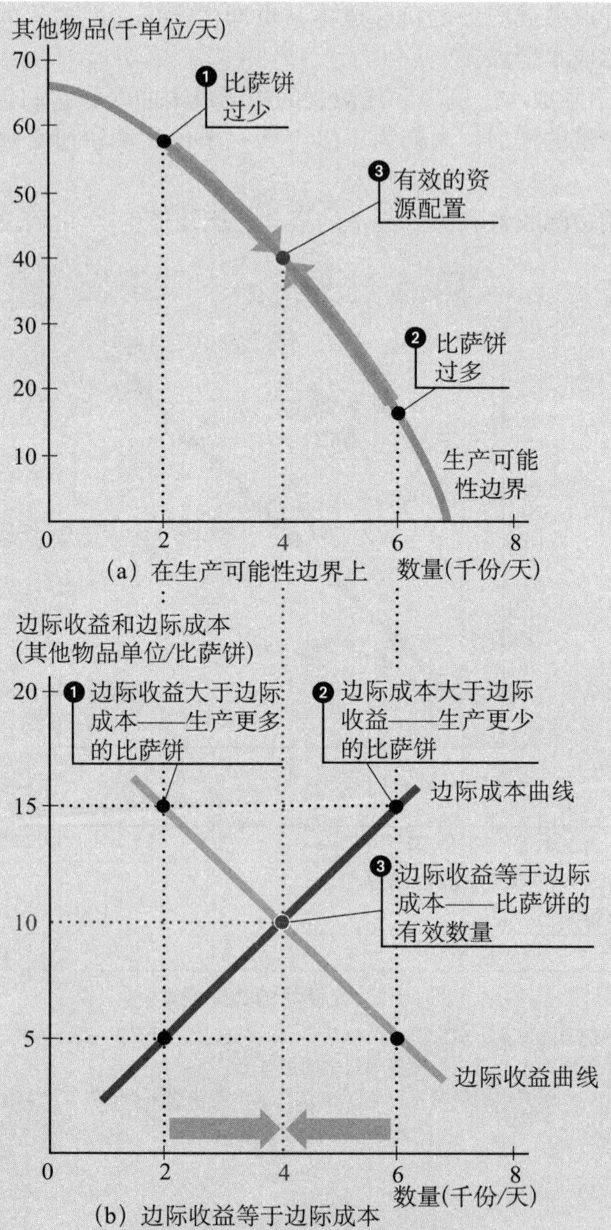

图 6-3 比萨饼的有效数量

生产可能性边界上的所有点都是有效的生产点，但是在生产可能性边界上只存在一个资源配置有效的点。

①图（a）是生产可能性边界，图（b）是边际收益和边际成本曲线，当生产 2 000 份比萨饼时，从比萨饼中获得的边际收益大于生产其的边际成本。生产的比萨饼太少了。如果生产更多的比萨饼而减少生产其他物品，生产的价值就会提高，并且资源的使用更加有效。

②当生产 6 000 份比萨饼时，边际成本大于边际收益。生产的比萨饼过多。如果减少生产比萨饼的量而生产更多的其他物品，生产的价值便会得到提升，资源的使用也更加有效。

③当每天生产 4 000 份比萨饼时，边际成本等于边际收益。比萨饼的生产数量是有效的。此时，要想从稀缺资源中获取更多的价值是不可能的。如果减少一单位比萨饼的产量而增加其他物品的产量，则损失的比萨饼的价值大于增加其他物品产量所获得的价值，因此总价值下降。同样地，如果增加一单位比萨饼的产量而减少其他物品的产量，则增加比萨饼产量所获得的价值低于损失的其他物品的价值，因此总价值下降。

检查站 6.1　描述配置稀缺资源的可选方法，定义并解释有效配置的特点。

现实问题

1. 以下稀缺资源惯常的分配方式是什么？

- 校园里学生和教师的停车空位
- 学生停车区内的空位
- 教科书
- 奥运会主办城市

图 1 显示了生产可能性边界，表 1 显示了边际收益和边际成本的一览表，根据图表回答问题 2 和 3。

2. 当种植了 1 磅香蕉时，人们获得的边际收益是多少？边际成本又是多少？

3. 在图 1 中标出一点 A，表示有效的生产点，但需要生产更多的咖啡才能达到资源的有效配置；标出一点 B，表示有效的资源配置。

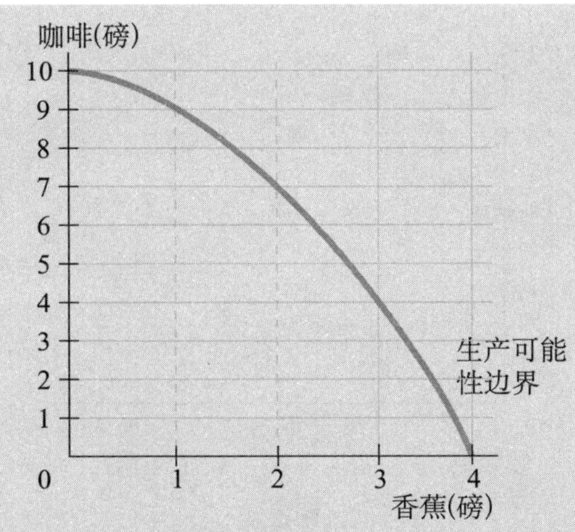

图 1

表 1　边际收益和边际成本

香蕉（磅）	愿意放弃	必须放弃
	（咖啡的磅数/香蕉的磅数）	
1	3	1
2	2	2
3	1	3

新闻摘要

AC/DC 乐队的“黑冰”巡回演唱会售票打破纪录

定于 3 月 6 日举办的演唱会的 4 000 张门票在 7 分钟内销售一空，创造了新的纪录。

许多通宵排队等票的歌迷都未能购得门票。

资料来源：*WAToday*，May 25，2009.

配置 AC/DC 演唱会门票的方式是什么？这样的售票方式是有效的吗？

现实问题参考答案

1. 校园停车位是采用指令的方式分配的。学生停车区内的空位的分配采用先到先得的方式。教科书的分配采用市场价格的方式。奥运会主办城市的配置采用竞赛的方式。

2. 1 磅香蕉带来的边际收益为 3 磅咖啡。边际收益是为了多得到一单位香蕉所愿意放弃的咖啡的量。种植 1 磅香蕉的边际成本为 1 磅咖啡。边际成本是为了多得到一单位香蕉而必须放弃的咖啡的量。

3. 看图 2，*A* 点即有效的生产点（在生产可能性边界上），但并不是配置有效率的点。因为从表 1 中我们可以看到此处的边际收益大于边际成本，生产的香蕉太少了。*B* 点即表示有效的资源配置：它在生产可能性边界上且边际收益和边际成本是相等的。

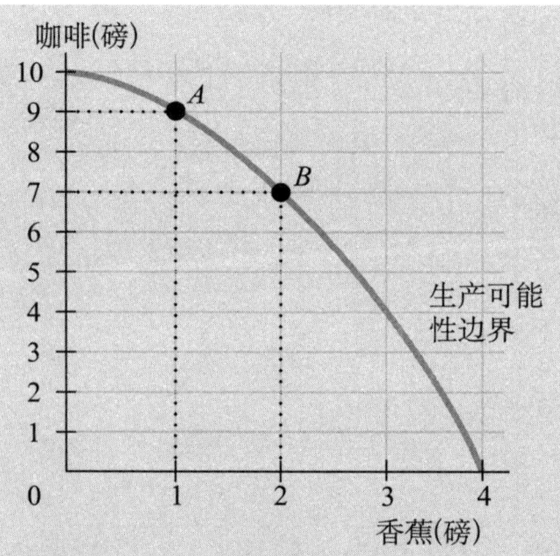

图 2

新闻摘要参考答案

演唱会的主办方采用先到先得的方式配置门票。如果人们愿意支付的金额（票价与排队等票的机会成本之和）——同时也是边际收益——等于多提供一个座位的边际成本，则这种配置是有效的。

6.2 价值、价格和消费者剩余

为了探讨某个市场是否有效率，我们必须理解需求和边际收益之间、供给和边际成本之间的相互联系。

□ 需求和边际收益

在日常生活中，当我们谈论“让货币有价值”时，我们正在区分价值和价格。价值是我们所得到的，而价格是我们要支付的。在经济学中，价值的日常用法是边际收益。边际收益可以用人们为再购买一单位的产品或服务所愿意支付的最高价格来度量。需求曲线告诉了我们这一价格。在图 6－4（a）中，需求曲线表示了在一给定价格上的需求量——当价格为 10 美元/份时，每天的比萨饼的需求量为 10 000 份。在图 6－4（b）中，需求曲线表示了当数量给定时人们所愿意支付的最高价格——当每天有 10 000 份比萨饼可得时，人们为这第 10 000 份比萨饼所愿意支付的价格就是 10 美元。从第 10 000 份比萨饼中所得到的边际收益就是 10 美元。

一条需求曲线就是一条边际收益曲线。比萨饼的需求曲线告诉了我们，人们为了得到其他产品和服务而愿意放弃消费一份比萨饼时的货币数量。

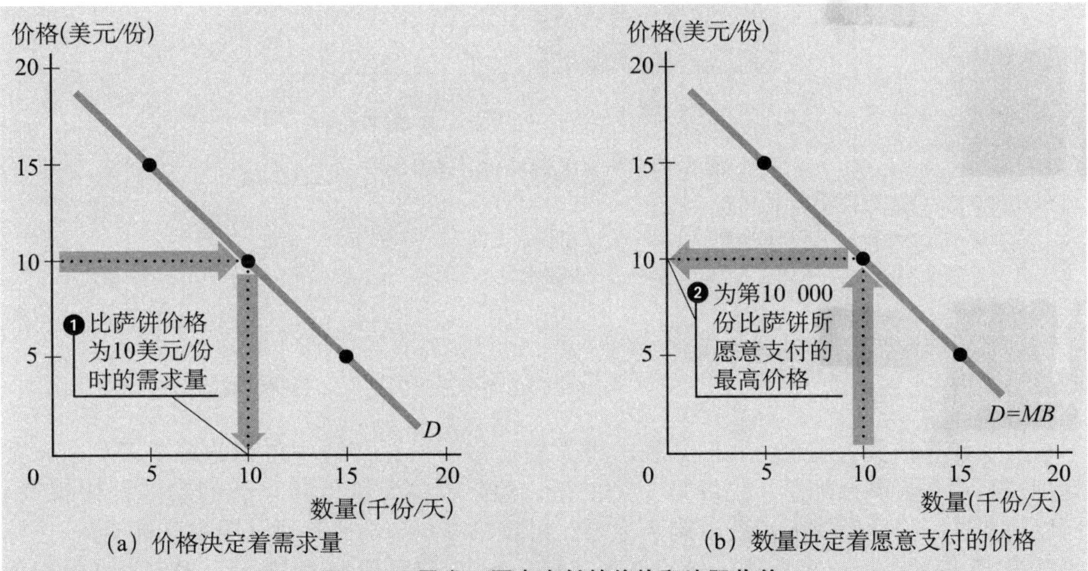

图 6－4　需求、愿意支付的价格和边际收益

①比萨饼的需求曲线 D 表明了在其他因素保持不变的情况下，在每一个价格上对比萨饼的需求量，当价格为 10 美元/份时，比萨饼的需求量为 10 000 份/天。

②需求曲线表明了给定某一需求量，人们所愿意支付的最高价格（边际收益）。为了得到第 10 000 份比萨饼所愿意支付的最高价格就是 10 美元。需求曲线也是边际收益曲线 MB。

□ 消费者剩余

我们并不总是不得不去支付我们所愿意支付的数量。当人们购买某件产品出现所付小于所值时，他们便得到了消费者剩余。**消费者剩余**（consumer surplus）是从某产品中所得到的边际收益减去为它所支付的价格，并按所消费的数量汇总其剩余。

图 6－5 说明了消费者剩余。比萨饼的需求曲线告诉我们，在每一个价格上人们所计划购买的数量和在每个数量水平上所得到的边际收益。如果一份比萨饼的价格为 10 美元，人们每

天购买 10 000 份。人们花 100 000 美元用于购买比萨饼，这用图中的深灰色矩形表示。

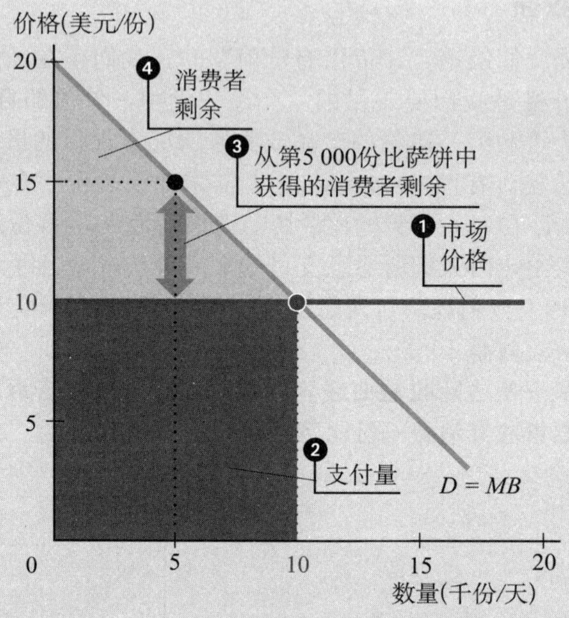

图 6-5 消费者需求和消费者剩余

①比萨饼的市场价格为 10 美元/份。

②在这一市场价格上，人们每天购买 10 000 份比萨饼，支付 100 000 美元——深灰色矩形。

③需求曲线告诉我们，人们愿意为第 5 000 份比萨饼支付 15 美元，所以她从第 5 000 份比萨饼中得到了 5 美元的消费者剩余。

④人们从购买的 10 000 份比萨饼中得到的消费者剩余为 50 000 美元——浅灰色三角形。

⑤人们的总收益为其所支付的 100 000 美元加上其消费者剩余 50 000 美元，合计为 150 000 美元。

为了计算消费者剩余，我们必须求得人们从每一份比萨饼中得到的消费者剩余，并且把这些消费者剩余加总。先看第 10 000 份，边际收益为 10 美元，人们支付了 10 美元，所以消费这一份比萨饼的消费者剩余为零。再看第 5 000 份比萨饼（图中已标明），边际收益为 15 美元，所以消费这一份的消费者剩余为 15 美元减去 10 美元。人们消费第一份比萨饼的边际收益接近 20 美元，从这一份比萨饼中得到的消费者剩余为 10 美元。

消费者剩余——人们所购买的 10 000 份比萨饼的全部消费者剩余的总和——为 50 000 美元/天，图中用浅灰色三角形表示（该三角形的底为 1 000 份/天，高为 10 美元，面积为 1 000×10 美元÷2=50 000 美元）。

总收益是人们所支付的总量 100 000 美元（深灰色矩形）加上其消费者剩余 50 000 美元（浅灰色三角形），等于 150 000 美元。消费者剩余便是总收益减去她所支付的费用，即该消费者的净收益。

检查站 6.2☞ 区分价值与价格，并定义消费者剩余。

现实问题

图 1 显示了 DVD 的需求曲线以及一张 DVD 的市场价格。

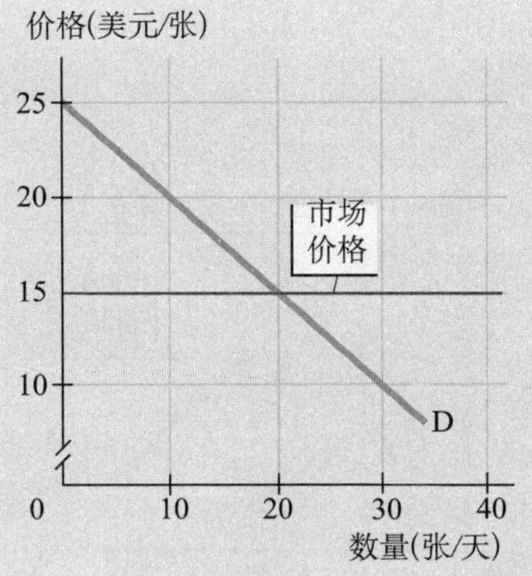

图 1

1. 第 20 张 DVD 的意愿支付量为多少？计算第 10 张 DVD 的价值以及消费者剩余。

2. DVD 的购买量为多少？计算消费者剩余、为 DVD 支付的总量以及从 DVD 中得到的总收益。

3. 如果 DVD 的价格上升至 20 美元/张，消费者剩余的变化量为多少？

新闻摘要

机票不利于消费者

航空公司每天都调整票价。比如，达美航空 4 月份从纽约到洛杉矶的票价从周五的 755 美元上升到周六的 1 143 美元，然后周日下降至 718 美元。

资料来源：boston. com，June 22，2011.

朱迪打算从纽约到洛杉矶旅行，对她来说在周五、周六和周日旅行是一样开心的。周六的票价是她愿意支付的最高价格。预计她将会在哪天去旅行，且她得到的消费者剩余是多少？

现实问题参考答案

1. 第 20 张 DVD 的意愿支付量为某人为第 20 张 DVD 所愿意支付的最高价格，它等于 15 美元（图 2）。第 10 张 DVD 的价值为从第 10 张 DVD 中得到的边际收益，等于某人为这第 10 张 DVD 所愿意支付的最高价格，在图 2 中，它等于 20 美元。第 10 张 DVD 的消费者剩余为其边际收益减去一张 DVD 的价格，即 20 美元－15 美元＝5 美元（图 2 中的灰色箭头）。

2. DVD 的购买量为 20 张/天，消费者剩余为（25 美元－15 美元）×20÷2＝100 美元（图 2 中的浅灰色三角形）。为 DVD 支付的总量为价格乘以购买量，它等于 15 美元×20＝300 美元（图 2 中的深灰色矩形）。从 DVD 中得到的总收益等于为 DVD 支付的总量加上 DVD 的消费者剩余，它为 300 美元＋100 美元＝400 美元。

3. 如果 DVD 的价格上升至 20 美元/张，则 DVD 的购买量降至 10 张/天。消费者剩余降至（25 美元－20 美元）×10÷2＝25 美元（图 3 中的灰色三角形）。消费者剩余下降了 75 美元（从 100 美元降至 25 美元）。

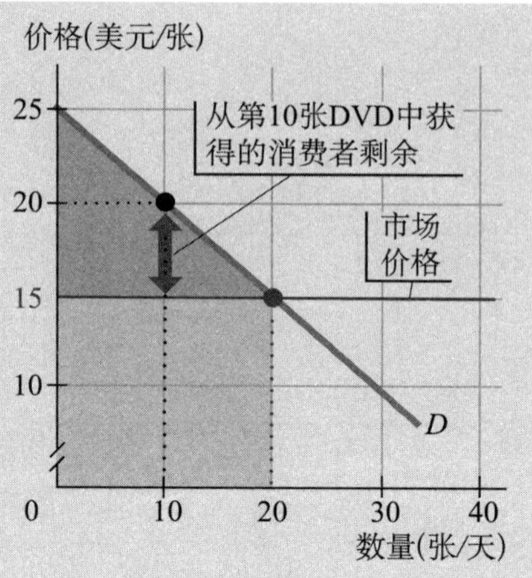

图 2

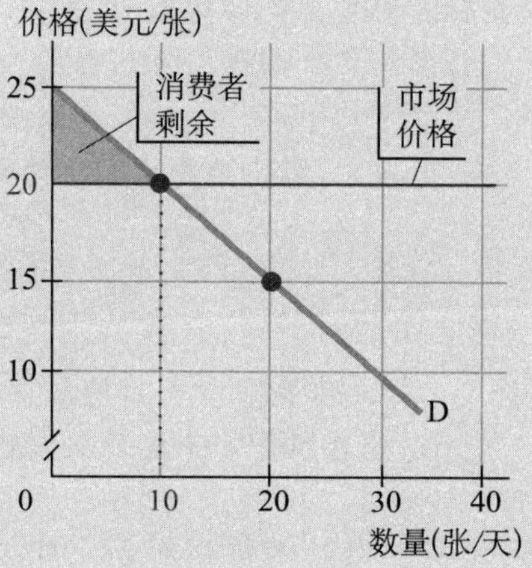

图 3

新闻摘要参考答案

在三天中的任意一天旅行是一样开心的，意味着每天朱迪从旅行中得到的边际收益是一样的。因为周六的票价 1 143 美元是她愿意支付的最高价格，因此这也是她的边际收益。理性地说，朱迪会选择在票价最低的那天即周日旅行，支付的票价为 718 美元。她的消费者剩余为边际收益 1 143 美元减去她支付的票价 718 美元，等于 425 美元。

6.3 成本、价格和生产者剩余

你刚学完了价值、价格和消费者剩余，相互平行地，现在你得学习成本、价格和生产者剩余。

□ 供给和边际成本

正如买者要区分价值和价格一样，卖者要区分成本和价格。成本是某个卖者为生产该产品所必须放弃的，而价格是某个卖者出售该产品所得到的。多生产一单位的某产品或服务的成本是其边际成本。当出售价格等于边际成本时才值得多生产一单位的该产品或服务。供给曲线告诉了我们这种价格。在图 6－6（a）中，供给曲线表示了在任一给定的价格上的供给量——当一份比萨饼的价格为 10 美元时，供给量是10 000份/天。在图 6－6（b)中，供给曲线表示了生产者供给这一给定数量所必须得到的最低价格——为了一天供给 10 000 份比萨饼，生产者必须至少能够得到 10 美元这一价位。这第 10 000 份比萨饼的边际成本为 10 美元。因此：

供给曲线就是边际成本曲线。比萨饼的供给曲线告诉我们，如果企业要多生产一份比萨饼，人们就必须放弃的其他产品和服务的货币量。

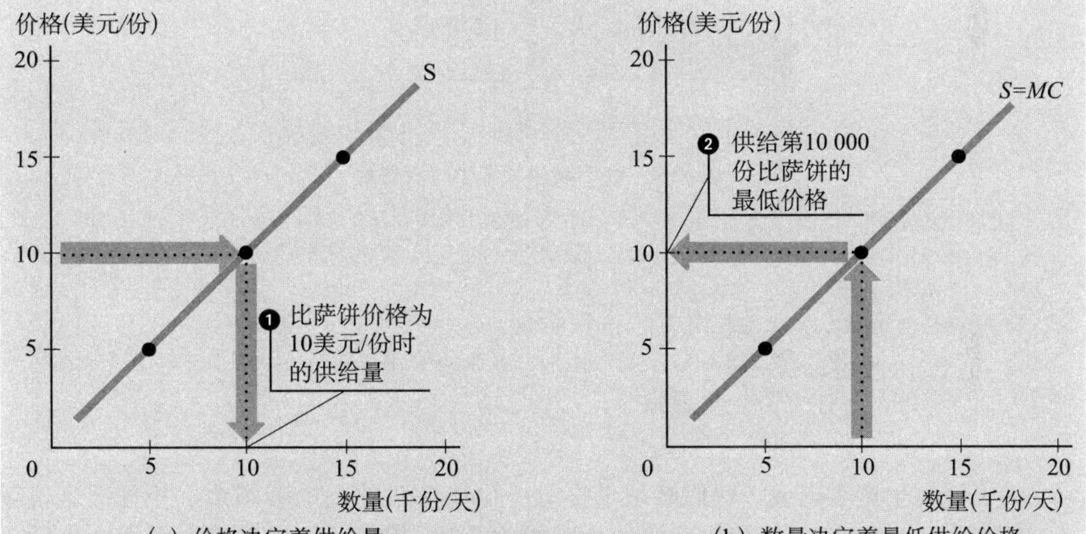

(a) 价格决定着供给量　　(b) 数量决定着最低供给价格

图 6－6　供给、最低供给价格和边际成本

①比萨饼的供给曲线 S 显示了在其他因素保持不变的情况下，在每一价格上的比萨饼的供给量。在每份比萨饼 10 美元的价位上，一天的比萨饼供给量为 10 000 份。

②供给曲线显示了企业供给某一给定数量所必须得到的最低价格。最低供给价格等于边际成本，第 10 000 份比萨饼的边际成本是 10 美元。供给曲线也是边际成本曲线 MC。

□ 生产者剩余

当价格超过边际成本时，企业得到生产者剩余。**生产者剩余**（producer surplus）是某一产品的价格减去生产的边际成本，并按所生产的数量汇总其剩余。

图 6－7 说明了比萨饼生产者的生产者剩余。比萨饼的供给曲线告诉我们，在每一个价位上生产者计划销售的比萨饼的数量以及生产每一数量的边际成本。如果一份比萨饼

的价格为 10 美元，生产者计划一天卖出 10 000 份。总收益为一天 100 000 美元。

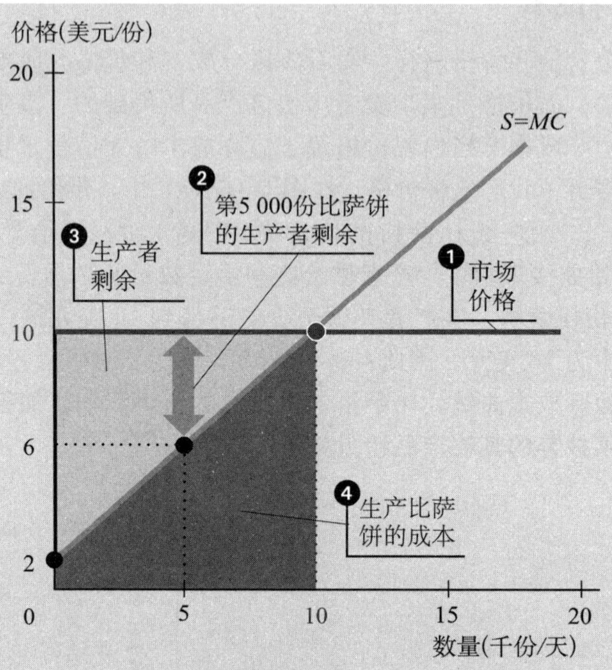

图 6-7　生产者供给和生产者剩余

①一份比萨饼的市场价格为 10 美元，生产者计划一天卖出 10 000 份比萨饼，一天的总收益为 100 000 美元。

②供给曲线显示了生产第 5 000 份比萨饼的边际成本为 6 美元，因此，生产者从第 5 000 份比萨饼中得到的生产者剩余为 4 美元。

③生产者从售出的 10 000 份比萨饼中得到的生产者剩余为每天 40 000 美元——浅灰色三角形。

④一天生产 10 000 份比萨饼的成本为边际成本曲线之下的深灰色梯形，它等于生产者的总收益 100 000 美元减去生产者剩余 40 000 美元，即 60 000 美元/天。

为了计算生产者剩余，我们必须求得每一份比萨饼的生产者剩余，并且把这些生产者剩余加总。第 10 000 份比萨饼的边际成本为 10 美元，恰好等于它所能出售的价格，因此，生产者在这一份比萨饼上得到的生产者剩余为零。就第 5 000 份比萨饼而言（图 6-7 已标明），边际成本为 6 美元。所以，就这一份比萨饼而言，生产者得到的生产者剩余为 4 美元（＝10 美元－6 美元）。就生产者生产的第 1 份比萨饼而言，边际成本是 2 美元，所以，就这份比萨饼而言，生产者得到 8 美元（＝10 美元－2 美元）的生产者剩余。

生产者剩余——出售 10 000 份比萨饼的生产者剩余的总和——是 40 000 美元/天，图中用浅灰色三角形表示（此三角形的底为 10 000 份/天，其高为 8 美元，因此，其面积为 10 000×8 美元÷2＝40 000 美元）。

深灰色梯形表示生产者一天生产 10 000 份比萨饼的成本，它等于总收益 100 000 美元减去它的生产者剩余 40 000 美元，即 60 000 美元。生产者剩余等于总收益减去总成本，即生产者的净收益。

检查站 6.3☞　区分成本与价格，并定义生产者剩余。

现实问题

图 1 显示了 DVD 的供给曲线和一张 DVD 的市场价格。

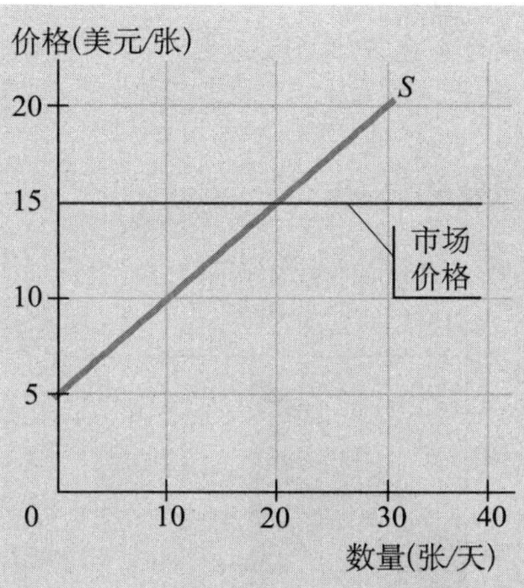

图 1

1. 第 20 张 DVD 的最低供给价格为多少？计算第 10 张 DVD 的边际成本和生产者剩余。

2. DVD 的销售量为多少？计算出售 DVD 所得到的生产者剩余、总收益以及生产所出售的 DVD 的成本。

3. 如果一张 DVD 的价格为 10 美元，生产者剩余的变化量为多少？

新闻摘要

澳大利亚的滑雪季真的进入冬季了吗？

从去年 6 月份开始，澳大利亚元兑美元升值了 26%，使得外国人拿着比澳大利亚人更为便宜的滑雪票。旅行社报告称，人们对像韦尔和阿斯彭这样的北美滑雪旅游地的兴趣正在大增。

资料来源：*The Wall Street Journal*，June 6，2011.

随着澳大利亚人从在澳大利亚滑雪转向组团去美国的韦尔和和阿斯彭滑雪，澳大利亚滑雪场经营者的生产者剩余是怎样变化的？韦尔和阿斯彭滑雪场的经营者的生产者剩余又是怎样变化的？

现实问题参考答案

1. 第 20 张 DVD 的最低供给价格为第 20 张 DVD 的边际成本，它等于 15 美元（图 2)。第 10 张 DVD 的边际成本等于第 10 张 DVD 的最低供给价格，它等于 10 美元（图 2)。第 10 张 DVD 的生产者剩余是其市场价格减去其边际成本，它等于（15 美元－

10 美元)＝5美元（图 2 中的灰色箭头）。

2. 一天 DVD 的销售量为 20。生产者剩余为（15 美元－5 美元)×20÷2＝100 美元（图 2 中的浅灰色三角形）。DVD 的总收益等于价格乘以销售量。总收益为 15 美元×20＝300 美元。DVD 的生产成本等于总收益减去生产者剩余，它等于 300 美元－100 美元＝200 美元（图 2 中的深灰色梯形）。

3. DVD 的销售量减少至 10 张/天。DVD 的生产者剩余降至（10 美元－5 美元)×10÷2＝25 美元（图 3 中更小的灰色三角形）。生产者剩余的变化量为（100 美元－25 美元)＝75 美元。

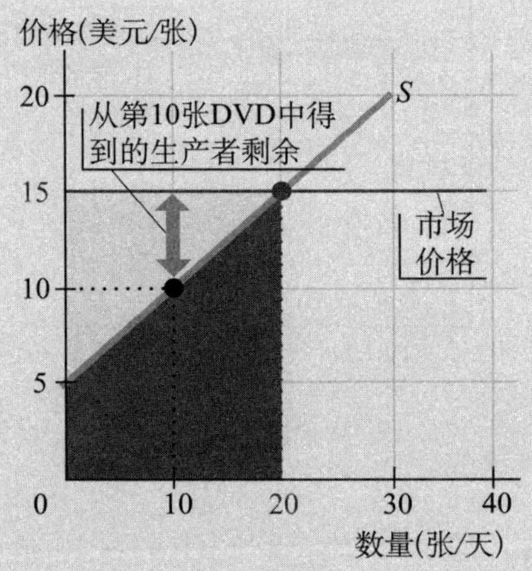

图 2

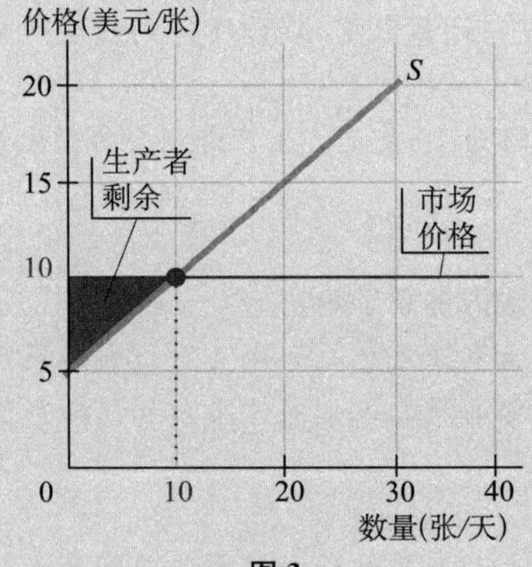

图 3

新闻摘要参考答案

生产者剩余是某一产品的价格减去生产的边际成本，并按其所生产的数量进行汇总所得到的剩余。

在澳大利亚，对滑雪票的需求减少，滑雪票售出的价格和数量减少，因此，澳大利亚滑雪场经营者的生产者剩余减少。

在韦尔和阿斯彭，对滑雪票的需求增加，滑雪票售出的价格和数量增加，因此，滑雪场经营者的生产者剩余增加。

6.4 市场有效率吗?

图 6－8 显示了比萨饼市场。需求曲线为 D，供给曲线为 S，均衡价格为 10 美元/份，均衡数量为 10 000 份比萨饼/天。你在第 4 章中所学到的市场力量将把比萨饼市场推向均衡，并协调买卖双方的计划。但是这种竞争性均衡生产了有效率的比萨饼数量吗?

如果均衡是有效的，那么它就不仅仅是协调了买卖双方的计划。它是以可能的最好方式协调了买卖双方的计划。被用于生产比萨饼的资源数量恰好是人们给予最高评价的数量。要生产更多的比萨饼而又不放弃具有更高评价的其他产品和服务是不可能的。而且，如果生产的比萨饼数量少了，资源就会被用于生产其他产品，而人们对这种产品的评价还不如对所放弃的比萨饼的评价高。

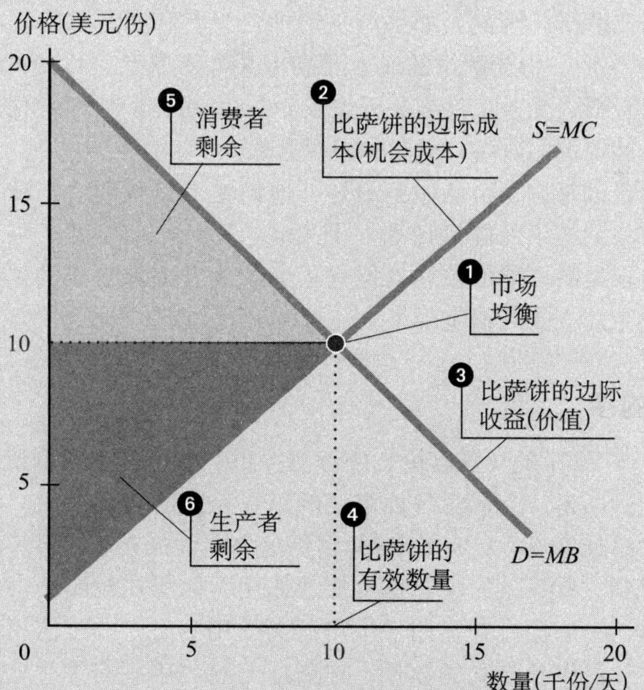

图 6－8　比萨饼的有效市场

①市场均衡出现在 10 美元/份的价格和 10 000 份/天的数量上。

②供给曲线也就是边际成本曲线。

③需求曲线也就是边际收益曲线。

由于在市场均衡点上，边际收益等于边际成本，所以④生产者生产了有效率的比萨饼数量。⑤消费者剩余与⑥生产者剩余的总和被最大化了。

□ 边际收益等于边际成本

为了检验图 6－8 中的均衡是不是有效率的，回忆一下，我们把需求曲线解释为一条边际收益曲线，把供给曲线解释为一条边际成本曲线。需求曲线告诉了我们比萨饼的边际收益。供给曲线告诉了我们比萨饼的边际成本。因此，在需求曲线和供给曲线相交时，边际收益等于边际成本。

然而，边际收益等于边际成本这一条件是资源得到有效利用的条件。竞争性均衡把资源配置到了那些能够创造最大可能价值的活动上，因此，它是有效率的。

□ 总剩余最大化

另一种检验均衡是否有效的方法是考察均衡所产生的总剩余。**总剩余**（total surplus）是生产者剩余和消费者剩余之和。价格高于均衡价格，生产者剩余便会增加，但减少的消费者剩余比增加的生产者剩余多。而价格低于均衡价格，消费者剩余便会增加，但减少的生产者剩余比增加的消费者剩余多。因此，竞争性的均衡价格使总剩余最大。

在图 6－8 中，如果一天生产的比萨饼少于 10 000 份，有人愿意以高出比萨饼生产成本的价格购买一份比萨饼。因此，如果产量增加，买者和卖者都将受益。如果一天的产量超出 10 000 份，生产一份比萨饼的成本要高出某人所愿意支付的价格。因此，如果产量减少，买者和卖者都将受益。仅当一天生产 10 000 份比萨饼时，任何比萨饼数量的改变都不存在某种未被挖掘的收益，此时，总剩余最大。

每个买者和卖者都努力为自己做到最好，他们追求自我利益。没有任何人会为整个社会实现某种有效率的结果而制订计划。没人会担心社会的利益。买者追求最低可能的价格，同时卖者追求最高可能的价格。但是买者和卖者追求自我利益，最终却形成了令人惊奇的结果：整个社会的利益实现了。

□ “看不见的手”

亚当·斯密在 1776 年的《国富论》中首次提出，竞争性市场将资源配置到人们给予最高评价的用途上。斯密认为，竞争性市场的每一位参与者都“由一只看不见的手所引导，它促进了某种结局（资源的有效利用），但这并非他的初衷”。

你每天都能看到“看不见的手”在发挥着作用。你所在校园的书店在每学期的开学之初都堆满了教材。书店拥有它预期学生将购买的用书量。咖啡店里品种繁多，拥有人们计划购买的各种饮品以及小吃的数量。你当地的服装店备有你想购买的运动裤、短袜和其他东西。装满教材、咖啡、饼干、运动裤和短袜的大卡车摇摇晃晃地行驶在高速公路上，把它们运到了你以及你的朋友想去购买的地方。并不认识你的企业预测着你的要求，并设法帮助你满足这些要求。

没有哪个政府在组织着所有这些生产活动，也没有哪个政府审计员去监督生产者以确保他们为社会利益服务。稀缺资源的配置不是计划的。它恰巧如此，是因为价格调整使得购买计划和销售计划相互吻合，它恰巧使得资源配置到价值最高的用途上。

亚当·斯密曾解释过为什么会发生这些惊人的行为。“我们希望晚餐中能吃到的东西并不是出自屠夫、啤酒酿造者或者面包师的善意，而是出于他们对自我利益的考虑。”

出版公司、咖啡种植者、成衣制造商以及许许多多其他生产者受到出于他们的自我利益考虑的驱动，为你的利益提供了服务。

❖关注美国经济 “看不见的手”和电子商务

你可以从下面的漫画以及当今信息经济中看到“看不见的手”在发挥着作用。

冷饮卖主既有冷饮又有遮阳伞。就每一项而言，他都拥有某种机会成本以及最低供给价格。冷饮和遮阳伞对坐在公园椅子上的读报人都会有某种边际收益。所发生的交易告诉我们，读报人从遮阳伞中得到的边际收益大于冷饮卖主的边际成本，但冷饮卖主的一杯冷饮的边际成本要大于读报人的边际收益。这笔交易创造了消费者剩余和生产者剩余。冷饮卖主从出售遮阳伞中得到的生产者剩余大于其机会成本，而读报人从购买遮阳伞中得到的消费者剩余小于其边际收益。在第三幅漫画中，消费者和生产者的境况都比在第一幅漫画中要更好。此把伞已经移动到了它具有最高价值的用途之上。

市场经济无情地上演着漫画所列举的活动，旨在实现某种资源配置的效率。新的技术降低了使用互联网的成本，并且在过去的几年之中，有成千上万个商业网站开通，它们方便了各种类型的产品、服务和生产要素的网上交易。

电子拍卖网站 eBay（http：//www.ebay.com/）带来了消费者剩余和生产者剩余的大幅增加，并有助于实现更大的配置效率。

□ 市场失灵

市场并不是总能达到一个有效率产出的状态。**市场失灵**（market failure）指市场达到一个无效率产出时的状态。市场失灵会发生，要么是由于生产过少——生产不足，要么是由于生产过多——生产过度。

生产不足

在图 6－9（a）中，比萨饼的产量是 5 000 份/天。在这一数量上，消费者愿意支付 15 美元用于购买一份比萨饼，但它只要 6 美元的生产成本，此时所生产的产量是无效率的——这就是生产不足。

无谓损失（deadweight loss）是由无效率的生产不足或生产过度引起的总剩余的减少，它度量了无效率的规模。图 6－9（a）中的灰色三角形的面积度量了无谓损失。

生产过度

在图 6－9（b）中，比萨饼的产量是 15 000 份/天。在这一数量上，消费者愿意支付的价格仅为 5 美元，但是这份比萨饼的生产成本为 14 美元。如果我们生产第 15 000 份比萨饼，我们便亏损 9 美元。再一次，无谓损失用灰色三角形表示。总剩余比其最大值小了无谓损失这一数量。无谓损失由整个社会所蒙受。它不是生产者的某种损失，也不是消费者的某种收益。它是一种社会损失。

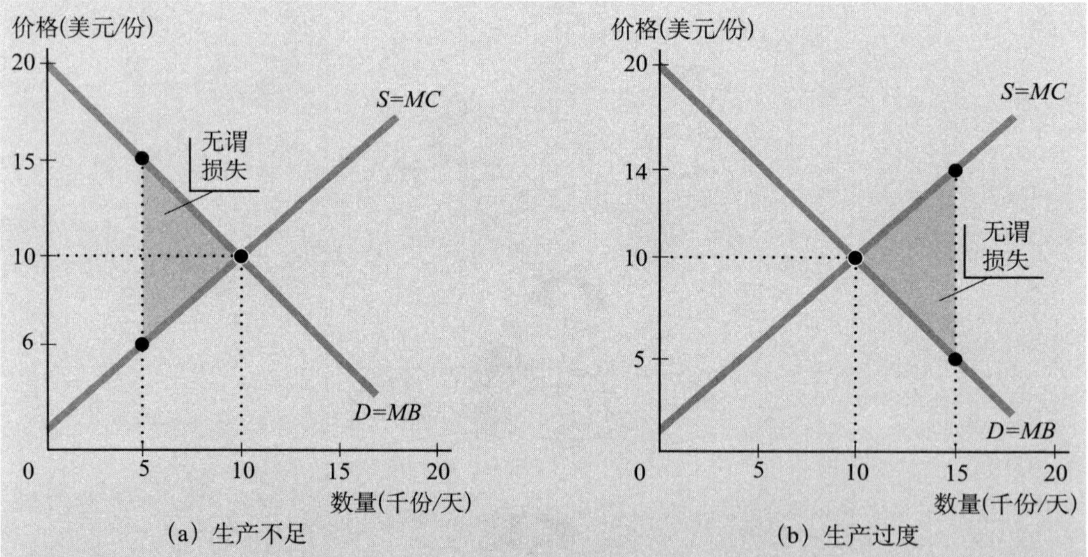

图 6－9　无效率产出

在图（a）中，如果比萨饼的产量限定在 5 000 份/天，无谓损失（灰色三角形）便出现了。总剩余减少的部分即无谓损失。生产不足是无效率的。

在图（b）中，如果生产增加到 15 000 份/天，无谓损失便出现了。总剩余减少的部分即无谓损失。生产过度是无效率的。

□ 市场失灵的原因

带来市场失灵和产生无谓损失的实现效率的障碍有：

- 价格管制和数量管制
- 税收和补贴
- 外部性
- 公共产品和公共资源
- 垄断
- 较高的交易成本

价格管制和数量管制

价格管制，即限制地主被允许收取的租金，限制法律允许雇主支付的最低工资，有时制止供需平衡的价格调整，价格管制导致生产不足。数量管制，即限制被允许生产的数量，最终也导致生产不足。

税收和补贴

税收提高了买者支付的价格，降低了卖者所得到的价格。因此，税收减少了生产的数量，导致生产不足。补贴是政府给生产者的一种支付，它降低了买者所支付的价格，提高了卖者所得到的价格。因此，补贴增加了生产的数量，导致生产过度。

外部性

外部性是指没有发生在某一产品的生产者和销售者身上，而是降临在其他人身上的一种成本或者收益。一家发电厂烧煤发电时产生了外部性成本，带来酸雨和损害庄稼。发电厂在决定发电量时并不考虑这些污染成本。其结果是生产过度。

如果某栋房屋的主人安装了烟雾监测器，她就可能提供了外部性收益。但是她不会考虑她的邻居所得到的边际收益，从而决定不安装烟雾监测器。其结果是生产不足。

公共产品和公共资源

公共产品使得每个人都受益，并且没有人可以被排除在外。国防就是一个例子。每个人的自我利益就是避免为某一公共产品付费（被称为免费搭车问题），这将导致其生产不足。

公共资源不为谁所拥有但每个人都能使用。大西洋鲑鱼便是一个例子。每个人的自我利益就是忽略使用公共资源的成本，而这一成本会降临到其他人身上（被称为公地悲剧），这将导致生产过度。

垄断

垄断是指某企业独一无二地控制着某一市场。例如，地方供水系统、闭路电视都是由垄断者提供。

一家垄断企业的目标是利润最大化。因为垄断者是没有竞争对手的，所以它可以设定价格来实现这一目标。为了实现这一目标，它会生产很小的产量，并提高其价格，这导致了生产不足。

较高的交易成本

如果你去逛一逛购物中心或者观察一下身边的零售市场，就会发现这些市场使用了大量的稀缺劳动和资本资源。任何市场的运行都是有成本的。经济学家把市场中进行交易所发生的机会成本称为**交易成本**（transactions costs）。

为了使市场价格成为稀缺资源配置的手段，就必须承担市场运行的机会成本。有些市场由于成本太高而无法运转。例如，当你想在近郊“免费”的球场打网球时，虽然无须为场地支付市场价格，但要等到球场空出时才能打，这样你就“支付”了等待所用的时间。

交易成本很高时，市场就可能会生产不足。

□ 市场的替代方法

当市场无效率时，本章开头所描述的非市场的替代方法能对资源配置起作用吗？有时是可以的。

表 6－1 总结了市场失灵的原因及其可能的补救方法。多数法则通常被使用，但是多数法则也有其缺陷。一个追求成员自我利益的集团可能会成为多数党。例如，造成无谓损失的价格管制和数量管制几乎总是由于追求自我利益的集团成为多数党并给少数党增加了成本。同时，在多数法则下，投票往往变成了用来实现官僚基于其自我利益制定的目标的行为。

表 6－1　市场失灵的原因以及可能的补救方法

市场失灵的原因	可能的补救方法
1. 价格管制和数量管制	利用多数法则消除管制
2. 税收和补贴	利用多数法则最小化无谓损失
3. 外部性	利用多数法则最小化无谓损失
4. 公共产品	利用多数法则配置资源
5. 公共资源	利用多数法则配置资源
6. 垄断	利用多数法则进行管制
7. 较高的交易成本	指令或先到先得

企业管理者通过发布指令来降低每件事他们都亲力亲为引起的交易成本。先到先得避免了排队可能会引发的许多混乱。虽然在排队中可能会出现交易席位的情况，但是总有人会强制维持先到先得的协定。你能想象在繁忙的星巴克，人们不得不付钱来取得靠前的买单位置的混乱情形吗？

没有一种机制能有效率地配置资源。然而，不可避免地在企业内部使用指令，伴随着采用多数法则和先到先得原则，这样的市场还是做得相当不错的。

检查站 6.4☞　评价配置稀缺资源的可选方法的效率。

现实问题

图 1 显示了纸张市场。

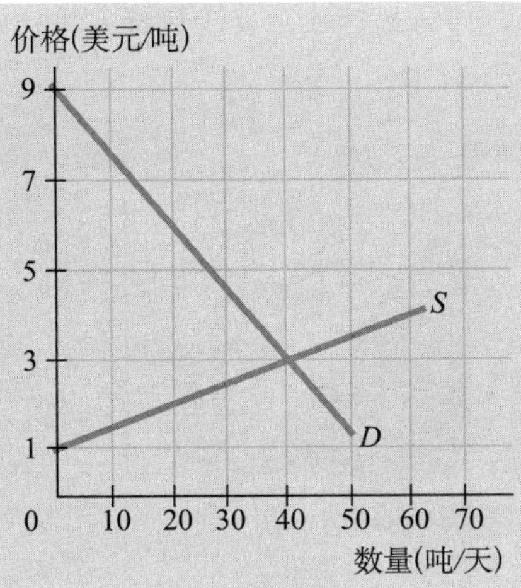

图 1

1. 在市场均衡条件下，消费者剩余、生产者剩余以及总剩余分别为多少？纸张市场有效率吗？为什么？

2. 如果一家新闻杂志的游说小组劝告政府通过一项立法，要求所有的纸张生产者都一天出售 50 吨，那么纸张市场是有效率的吗？为什么？在图中标明无谓损失的大小。

3. 如果一家环境游说小组劝告政府通过一项立法，限制所有的纸张生产者一天都只能出售 20 吨，纸张市场是有效率的吗？为什么？在图中标明无谓损失的大小。

新闻摘要

参议院投票取消酒精补贴

参议院投票决定取消过去三十年对酒精行业每年 60 亿美元的补贴。精炼者（refiners）将会损失 45 美分/加仑的补贴，对进口酒精的征税将会被取消。

资料来源：*USA Today*，June 16，2011.

阐述享有 60 亿美元补贴的酒精市场的效率。如果补贴和税收被取消，请解释酒精市场的效率将会发生怎样的变化。

现实问题参考答案

1. 市场均衡为在 3 美元/吨的价格上生产 40 吨/天（图 2）。消费者剩余为（9 美元－3 美元）×40÷2＝120 美元（图 2 中的深灰色三角形）。生产者剩余为（3 美元－1 美元）×40÷2＝40 美元（图 2 中的浅灰色三角形），总剩余是消费者剩余和生产者剩余之和，等于 160 美元。

该市场是有效率的，因为边际收益（在需求曲线上）等于边际成本（在供给曲线上），同时，消费者剩余和生产者剩余之和被最大化了。

2. 纸张市场是无效率的，因为边际成本大于边际收益。此时，无谓损失在图 3 中为标记为 1 的灰色三角形。

3. 纸张市场是无效率的，因为边际收益大于边际成本。此时，无谓损失在图 3 中为标记为 2 的灰色三角形。

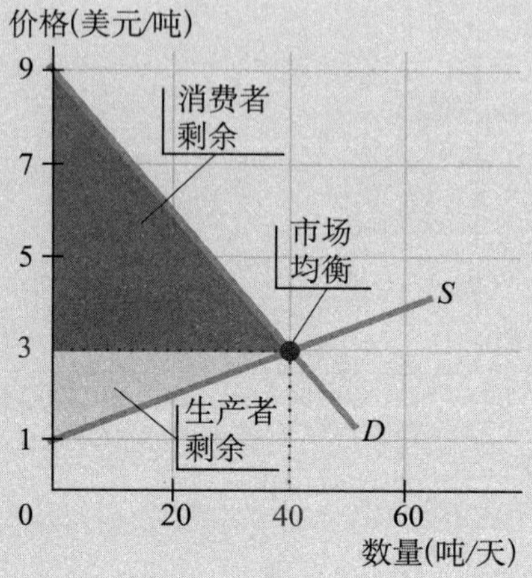

图 2

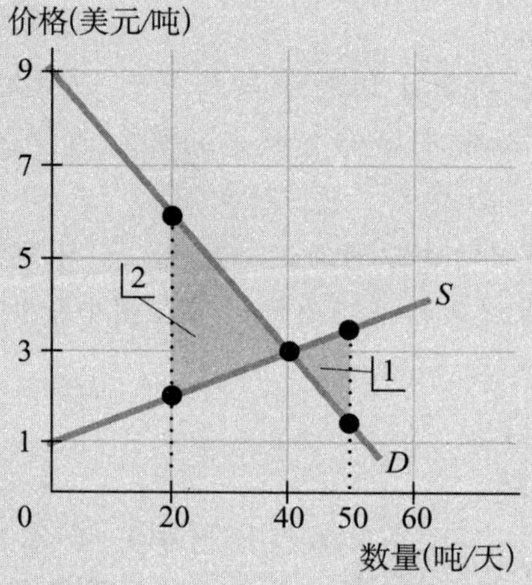

图 3

新闻摘要参考答案

对生产者进行补贴会增加产品的供给，使市场价格下降。生产者得到的价格等于市场价格加上每加仑的补贴，这会导致生产过度和无效率。无谓损失出现。取消补贴和税收，生产过度将会减少。酒精市场将会更有效率，无谓损失减少。

6.5 市场公平吗？

在严重的寒流或飓风过后，许多最基本的产品的价格猛涨。这样自然灾害的受害者就要承受猛涨的价格的冲击，这公平吗？许多非熟练工人工作的工资低于大多数人认为的生存工资，这又公平吗？我们如何确定某种事公平还是不公平呢？

经济学家对效率有清晰的定义，但对公平不能做出如此明确的定义。事实上，有关公平的观点并不是经济学特有的观点。公平还涉及伦理学。

为了考察公平，把经济生活看成一次博弈——一次严肃的博弈——有规则和结果。所有关于公平的思想都可以分为两大类：

- 如果规则不公平，它就是不公平的。
- 如果结果不公平，它就是不公平的。

□ 如果规则不公平，它就是不公平的

哈佛大学哲学家罗伯特·诺齐克（Robert Nozick）在 1974 年出版的《无政府、国家与乌托邦》一书中指出，公平应遵循两个规则：

- 国家必须确立并保护私有财产权。
- 通过自愿交换，产品和服务以及生产要素服务从一个人那里转移到另一个人那里，且每个人都是自愿参加交换的。

第一个规则认为，每一种有价值的东西——所有的稀缺资源和产品——都应该属于个人，而且，国家应该保护私有财产权。第二个规则认为，人们能获得某种东西的唯一途径是自愿交换。

诺齐克认为，如果遵循这些规则，结果就是公平的。在每个人都自愿提供服务来交换一块蛋糕作为报酬的情况下，经济蛋糕的分割是否平等无关紧要。机会均等，但结果可能不一样。这个公平规则的方法和配置效率是一致的。

□ 如果结果不公平，它就是不公平的

大多数人认为公平规则的方法导致了极大的不平等，即造成了不公平的结果：例如，银行总裁一年赚几百万美元，而银行出纳员一年只赚数千美元，这是不公平的。

然而，何为“极不平等”？有的人的工资是别人的两倍而不是十倍或者百倍，这样是公平的吗？最穷的人不应该“那么穷”，就不是所谓的“极不平等”了吗？

这些问题很难回答。一般地，更为平等当然是好的，但什么样的平等程度才是最好的却很难衡量。

公平结果的方法与配置效率相冲突，从而导致了**大取舍**（big tradeoff）——效率和公平之间的大取舍，并认为进行收入转移是有成本的。

大取舍是基于以下事实：只有通过对收入征税，才能实现收入从高收入人群到低收入人群的转移。对人们就业所得到的收入征税会降低工作的积极性。它将导致劳动力人数低于有效率的就业人数。对人们的资本利得征税会降低储蓄的积极性。它将导致资本的数量低于有效率的数量。一旦劳动力和资本的数量减少，所生产的产品和服务的数量便小于有效率的数量。经济馅饼便会缩小。

收入再分配造成了经济馅饼的大小与公平程度之间的大取舍。通过收入所得税调节收入再分配的量越大，无效率就越大——经济馅饼就越小。

还有无效率的第二个来源：从富人手中拿走的一美元最后并不是落到了穷人的手中。其中一部分支出用于税收和转移系统的行政管理，这包括雇用会计师、审计师以及律师

的成本。这些活动使用了一些熟练的劳动力和资本资源，他们本可被用来生产人们评价更高的其他产品与服务。

你可以看出，一旦所有这些成本都被考虑在内，从富人手中转移一美元给穷人，其实最终到达穷人手中的并没有一美元。甚至有可能的是，高额征税会使得低收入变得更为糟糕。例如，如果对企业家征收高额税收，他决定不再那么努力工作，选择关闭企业。这样，低收入打工者便被辞退了，他们就必须去寻找一份收入可能更低的工作。

✣关注价格欺诈　　价格欺诈是违法的吗？

价格欺诈是以高于正常价格许多的价格出售某种必需品的行为，它通常发生在人们遭受自然灾害之后。佛罗里达州和得克萨斯州频繁遭受飓风的侵袭，在那里价格欺诈是违法的。

价格欺诈是否非法取决于人们的公平观念，取决于买卖双方谁是弱势群体。

传统的经济学家认为价格欺诈不是违法的，他们认为这是对需求发生改变做出的可以被预期到的和有效的反应。

飓风过后，许多物品的需求会增加，比如，发电机、水泵、灯、汽油以及露营用火炉等的需求会增加，这些物品的价格自然就会上升。

下图显示了露营用火炉市场。供给曲线 S 显示了火炉的供给，在发生自然灾害之前，火炉的需求曲线为 D_0。火炉的均衡价格为 20 美元/个，均衡数量为每天 5 个。

飓风过后，电力设施一般被毁坏，露营用火炉的需求就会增加，需求曲线为 D_1。假设没有价格欺诈法，均衡价格便会上升至 40 美元/个，均衡数量为每天 7 个。

这样的结果是有效的，因为此时火炉的边际成本（在供给曲线上）等于边际收益（在需求曲线上）。

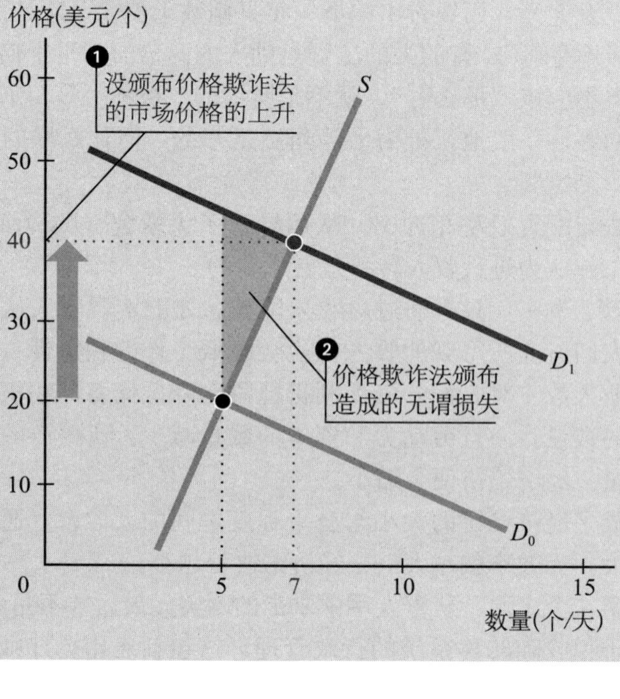

如果出台了严厉的价格欺诈法，在飓风过后不允许涨价，则价格固定在飓风发生前的 20 美元/个的水平。

在这个价格水平，火炉每天的供给仍为 5 个，这样就出现了无谓损失，图中用灰色三角形表示。价格欺诈法是无效的，价格上升才是有效的。

价格翻番是否公平取决于人们的公平观念。按公平规则的观点分析，价格上升是公平的。交易出于自愿，并且买卖双方的境况都变得更好。按公平结果的观点分析，如果买方比卖方更穷，那么涨价就是不公平的。而如果卖方更穷，那么涨价就是公平的。

卡特里娜飓风发生后，约翰·谢波森（John Shepperson）购买了 19 台发电机，并将它们装进一台租来的汽车里，然后从家乡肯塔基州驱车 600 公里到达密西西比州的某个地方。他以两倍于购买价格的价格将发电机出售给当地急需发电机的购买商。但是，他还未完成交易就被密西西比州警察逮捕了，并被没收了所有的发电机，而且被关押了 4 天。他的罪行是：价格欺诈。

阻止谢波森先生倒卖发电机的行为有效吗？对他或者他失去的顾客来说是公平的吗？

□ 妥协

大多数人和大部分经济学家都赞同诺齐克的观点，但认为他的观点太极端。他们理解税收的功能以及政府收入支持计划，该计划是将富人的收入转移给穷人。这种转移应当从如下意义上被当作是自愿的，即这些计划是大多数人投票所决定的，尽管反对如此转移的人也参与了这一政治过程。一旦我们同意通过税收体制将富人的收入转移给穷人是公平的，我们就只需要确定什么是公平的税收。

∴关注你的生活　　配置方法、效率和公平

你的经济生活离不开国家经济、州经济、地区经济以及你的家庭经济。你所做的许多决定都能影响每个层面经济活动的效率和公平。思考你的家庭经济。

不妨制作一张电子数据表，列出你家里的各种物品。然后计算可利用的时间和所有资产，来看看家里的这些资源是如何被配置的。

你家里的稀缺资源是以什么方式配置的呢？按以下几种配置资源的方式将你家里的资源分好类：市场价格；指令；先到先得；均摊。有资源是采用多数法则配置的吗？

接下来要做的是很难的部分：这些资源的配置有效吗？——你家里的资源的价值被最大化了吗？考虑一下，你要如何来检验你家庭活动的边际收益是否等于边际成本呢？

现在更难的问题是：这些家庭资源的配置公平吗？想想公平的两大思想，以及你又是如何应用它们的。

检查站 6.5☞ 解释有关公平的主要观点，并评价配置稀缺资源的可选方法的公平性。

现实问题

一场冬季风暴毁坏了供电系统，使山区的某座小镇孤立无援。人们飞快到小镇商店抢购蜡烛，因为这是唯一的蜡烛来源。商店老板决定给每家都配置一支蜡烛，但价格不变。

1. 谁能消费蜡烛呢？谁得到蜡烛的消费者剩余呢？谁得到蜡烛的生产者剩余呢？
2. 这种配置有效率吗？是公平的吗？

新闻摘要

国家公园周末免费入园

内政部长肯·萨拉查（Ken Salazar）向民众表示，希望各家庭能在这段艰难时光利用这一机会在国家公园享受一个能负担得起的周末。大部分美国人住在离某家国家公园有一小时车程的地方。

资料来源：*Los Angeles Times*，June 3，2009.

如果免费入园，哪种家庭最愿意去参观国家公园？取消入园收费的政策是公平的吗？

现实问题参考答案

1. 从小镇商店买到蜡烛之人并非一定消费了蜡烛。从小镇商店买到蜡烛的某个人有可能卖掉这支蜡烛，如果价格超出了他或她的边际收益。对蜡烛评价最高的人，即愿意出价最高的人将消费这些蜡烛。

仅有那些愿意为蜡烛支付最高价格的人得到了蜡烛的消费者剩余。小镇商店老板得到了与平常相等的生产者剩余。那些从小店买了蜡烛又卖给别人的人得到了追加的生产者剩余。

2. 该配置是有效率的，这是因为对蜡烛评价最高的人使用了蜡烛。两大公平观：规则观认为每家一支蜡烛的规则落实了，并且如果交换是自愿的，那么，其结果就是公平的。但是，结果观认为只要蜡烛不是被均等地分配，那么，其结果就是不公平的。

新闻摘要参考答案

拥有汽车、在周末不需要工作的家庭最愿意去。取消入园收费的政策是为了使更多家庭在经济艰难的时期还能享受一个能负担得起的周末。如果参观公园的家庭是遭受了经济重创的家庭，按公平结果的观点，该政策是公平的。但是，如果那些遭受了经济重创的家庭不来参观，那么按公平结果的观点，该政策不公平。如果家庭入园参观都是出于自愿，按公平规则的观点，不论哪种家庭参观，政策都是公平的。

本章总结

□ 要点

1. 描述配置稀缺资源的可选方法，定义并解释有效配置的特点。

• 配置稀缺资源的方法有：市场价格，指令，多数法则，竞赛，先到先得，均摊，抽签，个人特征，暴力。

• 当资源被用于创造最大的价值时，资源的配置是有效的，此时边际收益等于边际成本。

2. 区分价值与价格，并定义消费者剩余。

• 边际收益被度量为消费者为了增加一单位某种产品或服务的消费所愿意支付的最高价格。

• 需求曲线就是边际收益曲线。

• 价值是人们所愿意支付的，价格是人们必须支付的。

• 消费者剩余等于边际收益减去价格，并按所消费的数量汇总其剩余。

3. 区分成本与价格，并定义生产者剩余。

• 边际成本被度量为生产者为了增加一单位的产量所必须得到的最低价格。

• 供给曲线就是边际成本曲线。

• 机会成本是生产者必须支付的，价格是生产者所得到的。

• 生产者剩余等于价格减去边际成本，并按所生产的数量加总其剩余。

4. 评价配置稀缺资源的可选方法的效率。

• 在一个竞争性均衡条件下，边际收益等于边际成本，其资源配置是有效率的。

• 价格管制和数量管制、税收、补贴、外部性、公共产品、公共资源、垄断以及较高的交易成本导致市场失灵，并造成无谓损失。

5. 解释有关公平的主要观点，并评价配置稀缺资源的可选方法的公平性。

• 有关公平的观点被分为两大类：公平的结果和公平的规则。

• 公平规则的观点要求私有财产权、自愿交换，公平结果的观点要求收入从富人向穷人转移。

□ 关键术语

配置效率	无谓损失	生产可能性边界	大取舍	市场失灵
总剩余	指令型体制	生产者剩余	交易成本	消费者剩余

本章检查站

□ 学习计划中的问题与应用

麦当劳不接受座位预订；圣路易斯艺术博物馆（St. Louis Art Museum）的派克餐厅（Puck's）接受座位预订；而在比塞尔大厦餐厅（Bissell Mansion restaurant）预订是非常重要的。利用以上信息回答问题 1～3。

1. 描述这三种不同的餐馆配置座位的方法。

2. 为什么不同的餐馆有不同的预订规则呢？为什么每个餐馆使用的资源配置方式似乎都是有效的呢？

3. 为什么餐馆不使用市场价格来配置它们的座位呢？

表 1 表明了对三明治的供需表。利用该表回答问题 4～7。

表 1

三明治的价格（美元/份）	需求量（份/小时）	供给量（份/小时）
0	400	0
1	350	50
2	300	100
3	250	150
4	200	200
5	150	250
6	100	300
7	50	350
8	0	400

4. 计算三明治的均衡价格、消费者剩余以及生产者剩余。三明治的有效率数量为多少？

5. 如果每个价格上的三明治的需求量每小时下降 100 份，均衡价格为多少？总剩余改变多少？

6. 如果每个价格上的三明治的供给量每小时下降 100 份，均衡价格为多少？总剩余改变多少？

7. 如果一家三明治公司买断了所有的三明治厂家，并把产量降至每小时 100 份，由此导致的无谓损失有多大？三明治公司为每人分配两份三明治，按什么公平原则，这种分配是不公平的？

利用以下信息回答问题 8 和 9。

表 2 表明了洪水前和洪水期间对沙袋的供需表。在洪水期间，假设政府将沙袋平等地分配给每户。不允许再售沙袋。

表 2

价格（美元/袋）	洪灾前的需求量（千袋）	洪灾期间的需求量（千袋）	供给量（千袋）
0	40	70	0
1	35	65	5
2	30	60	10
3	25	55	15
4	20	50	20
5	15	45	25
6	10	40	30
7	5	35	35
8	0	30	40

8. 总剩余和沙袋的价格将会怎样变化？

9. 如果政府不采取任何行动，结果会更为公平吗？请解释之。

10. 在美国网球公开赛上，男子或女子单打冠军的报酬是亚军的两倍，但是单打决赛是在这两个人之间进行的。这种报酬安排是有效率的吗？它公平吗？解释一下为什么它可以用大取舍来说明。

利用以下信息回答问题 11 和 12。

eBay 网站为竞拍者节省数十亿美元

在 eBay 网上，出价最高者竞得拍品，并只需支付第二高价。据研究员沃尔夫冈·詹克（Wolfgang Jank）和加利特·士穆里（Galit Shmueli）称，2003 年，在 eBay 网站上竞价的最终买家支付了 70 亿美元，低于标的物的实际价格。由于每次出价都代表了买家愿意支付的价格，最终赢家获得了消费者剩余，估计每人平均为 4 美元或者更多。

资料来源：*Information Week*，January 28，2008.

11. 在 eBay 网上配置商品的方式是什么？每一次的叫价拍卖是如何影响消费者剩余的？

12. 卖方获取了生产者剩余吗？这种拍卖有效吗？

□ 教师可布置的问题与应用

1. 空中恐慌：高费用是夏威夷所要接受的新现实吗？

2008 年 3 月 31 日，Aloha 航空公司和最便宜的航空公司 ATA 突然宣告关闭，致使夏威夷失去了 15%的航空服务市场份额。需飞往西海岸城市的旅客被安排乘坐的航班单程票价高达 1 000 美元。在一个月内，同样的航班的往返机票降到了 200 美元左右。这些旅客都抱怨遭受了价格欺诈。

资料来源：*USA Today*，April 23，2008.

在什么情况下，1 000 美元的费用被认为是“价格欺诈”？在什么情况下，1 000 美元的费用是以市场价格的资源配置方式配置稀缺的座位的？

表 1 显示了理发的供需一览表。利用表 3 的数据回答问题 2 和 3。

表 1

理发价格（美元/次）	需求量（次/天）	供给量（次/天）
0	100	0
10	80	0
20	60	20
30	40	40
40	20	60
50	0	80

2. 计算理发的数量、理发的价值、从理发中获得的总剩余。

3. 假设所有的沙龙收取的理发价格都是 40 美元/次。消费者剩余和生产者剩余会如何改变，又导致了多少无谓损失呢？

在加利福尼亚州，农民比城市居民所付的水费要更低。利用这一信息回答问题 4～6。

4. 这种配置水资源的方式是什么方式？有效吗？稀缺水资源的使用公平吗？为什么？

5. 如果农民和城市居民支付相同的价格，解释农产品的价格、农产品的增长量、消费者剩余和生产者剩余会有何变化。

6. 如果加利福尼亚州的水的售价为市场均衡价格，会更有效吗？为什么？

利用下列信息回答问题 7 和 8。

世界最大的郁金香和鲜花市场

在荷兰的鲜花交易市场上，每天都有超过 1 900 万朵郁金香和鲜花被拍卖。这些荷兰式拍卖使得买卖双方相互匹配。

资料来源：Tulip-Bulbs. com.

在荷兰，拍卖的方式是这样的：拍卖人一开始喊出最高价，如果没有人拍下，便降低价格继续拍卖，直到货品被拍出。

7. 在荷兰的鲜花交易市场上，资源的配置方式是什么？

8. 荷兰鲜花拍卖怎样影响消费者剩余和生产者剩余？荷兰鲜花交易市场的鲜花拍卖是有效的吗？

9. 新西兰私人森林。

在 20 世纪 90 年代早期，新西兰政府拍卖了一半的国家森林，使这些资源从公共所有转变为私人所有。政府的这一决定激励森林所有者像农民一样经营国家森林，保护好资源并能从中盈利。

资料来源：*Reuters*，September 7，2007.

在拍卖国家森林前，新西兰的木材业是有效的吗？伐木企业是为了社会利益还是为了自我利益在经营？私人所有对木材业的效率有什么影响？

□ 单项选择题

1. 在感恩节促销中，大部分商店会用的配置方法是：

A. 市场价格和抽签的组合

B. 先到先得

C. 竞赛和指令的组合

D. 市场价格和先到先得的组合

2. 下列选项错误的有________。

A. 追加一单位产品的价值等于产品的边际收益

B. 边际收益是价值超过价格的部分，并按其销售量汇总得到的

C. 对一单位产品所愿意支付的最高价格是它的边际收益

D. 价格是我们所要支付的，价值是我们所得到的

3. 选择最佳选项。

A. 对某一产品的需求增加，会导致其生产者剩余增加

B. 如果生产者减少某一产品的供给，他们的生产者剩余会增加

C. 生产者剩余等于从所售产品中得到的总收入

D. 生产者剩余是某一产品的价值减去市场价格，并按其所生产的数量进行汇总得到的剩余

4. 某一产品的市场是有效的，如果________。

A. 生产这种产品的边际成本达到最小

B. 这种产品的边际收益达到最大

C. 消费者剩余最大

D. 总剩余最大

5. 当某一产品的边际收益大于其边际成本时，________。

A. 这种产品生产过度

B. 无谓损失——边际收益大于边际成本的部分——出现

C. 生产者剩余减少，消费者剩余增加

D. 总产量增加，效率提高

6. 市场失灵出现，如果________。

A. 某一产品生产过度，如果生产不足则不会出现

B. 无谓损失为零

C. 生产者剩余大于消费者剩余

D. 总剩余没有最大化

7. ________，资源配置是公平的。

A. 按规则观，当每个人机会平等时

B. 按结果观，当绝大部分资源被分配给了最穷的人们时

C. 按规则观，当资源的拥有者的产权受到保护，且所有资源的转移都是自愿的时

D. 按结果观，当资源的转移是自愿的，且每个人拥有均等的数量时

第7章 市场中的政府行为

本章要点

学完本章，你将能够：

1. 解释税收如何改变价格和数量，如何由买者和卖者分摊，以及如何导致无效率。

2. 解释价格上限如何起作用以及租金上限是如何导致住房短缺、无效率与不公平的。

3. 解释价格下限如何起作用以及最低工资是如何导致失业、无效率与不公平的。

4. 解释市场中农产品的价格支持是如何导致剩余、无效率与不公平的。

7.1 对买者和卖者征税

几乎每次你买东西——深夜订购的一份炒面、一张飞机票、一箱汽油，你都得纳税。对某些产品，你在所公布的价格之上还要支付一笔销售税。对其他产品，你缴纳了消费税——像对汽油征收的税率较高的税——它已经包含在所公布的价格之中了。

你真的缴纳这些税收吗？当税收隐含在公布的价格中时，很明显是你缴纳税收，不是这样吗？价格不是正好高出了等价于税收的那一个数吗？

如果税收包含在价格之中，比如对汽油征的税，那又会如何呢？谁缴纳税呢？卖者将所有的税收都转嫁给买者（你）了吗？或者卖者在一个较低的价格上缴税，会使你支付的价格不变吗？

要回答这些问题，让我们假设一下，向非法共享文件征税的组织（Tax Illegal File Sharing，TIFS）已经说服政府对每台新的 MP3 播放器征收 10 美元的税，然后用这些税收收入去补偿艺术家。但一场争论在主张不同的两方之间激烈展开，一方认为买者从使用 MP3 播放器中受益，因而应该由买者缴税，另一方认为卖者得到了销售利润，因而应该由卖者缴税。

□ 税负归宿

税负归宿（tax incidence）是指在买者和卖者之间分配某一税收的负担。我们将探讨对 MP3 播放器以两种不同的征税方式征税 10 美元的影响：对买者征税和对卖者征税。

图 7－1 显示了 MP3 播放器市场。在没有对 MP3 播放器征税的情况下，均衡价格为 100 美元，均衡数量为 5 000 台/周。

当对某一产品征税时，它有两种价格：含税价格和不含税价格。买者仅对含税价格做出反应，因为这是他们所要支付的价格。卖者仅对不含税价格做出反应，因为这是他们所得到的价格。税收就像这两种价格之间的一个楔子。

图 7－1（a）显示了政府对买者征税的影响，税收不改变买者支付的意愿和能力。需求曲线 D 告诉我们买者愿意和能够支付的总数量。因为买者必须对每件所购产品支付 10 美元给政府，需求曲线 $D-$税收告诉我们买者愿意支付多少给卖者，它位于需求曲线 D 的下方，比曲线 D 低 10 美元的距离。

市场均衡出现在需求曲线 $D-$税收和供给曲线 S 的交点上。买者支付了均衡不含税价格 95 美元加上税收 10 美元共计 105 美元，卖者得到不含税价格 95 美元，政府的税收总额是 20 000 美元，即 10 美元乘以出售的 MP3 播放器数量 2 000 台/周。

图 7－1（b）显示了政府对卖者征税的影响。税收相当于增加了供应商的成本，因此供给减少，供给曲线 S 平移至深灰色曲线的位置，用 $S+$税收表示。该曲线告诉我们卖者在考虑对每件所售产品必须支付 10 美元给政府的基础上所愿意接受的价格。供给曲线 $S+$税收在供给曲线 S 的上方，比曲线 S 高 10 美元的距离。

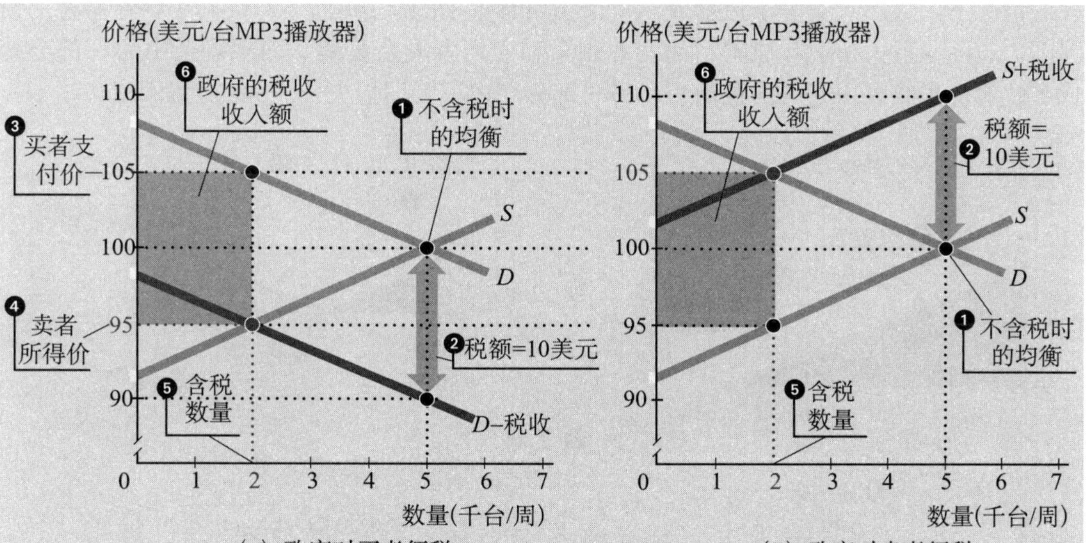

（a）政府对买者征税　　（b）政府对卖者征税

图 7－1　对 MP3 播放器征税

①在图（a）和图（b）中，无税时，每台 MP3 播放器的价格为 100 美元，一周出售了 5 000 台。

②在图（a）中，对 MP3 播放器买者征收 10 美元的税收使需求曲线 D 向下移至需求曲线 $D-$税收，在图（b）中，对 MP3 播放器卖者征收 10 美元的税收使供给曲线 S 向上移至供给曲线 $S+$税收。

在图（a）和图（b）中：

③买者支付的价格上升至 105 美元/台——上升了 5 美元/台。

④卖者得到的价格降至 95 美元/台——下降了 5 美元/台。

⑤每周 MP3 播放器的销售量降至 2 000 台。

⑥政府每周收缴 20 000 美元的税收——灰色矩形的面积。

在这两种情况下，税收负担在买者和卖者之间平分——双方各支付 5 美元/台。

市场均衡出现在供给曲线 S＋税收和需求曲线 D 的交点上。买者支付的均衡价格是 105 美元，卖者得到的是不含税价格 95 美元，政府的税收收入是 20 000 美元。

在这两种情况下，买卖双方分摊了 10 美元的税收，各方分别支付 5 美元。

你可以看出关于税款应由买者还是卖者支付的争论是没有意义的。买者支付相同的价格，卖者得到相同的价格，无论对买者还是卖者征税，政府得到的税收收入相同。

在本例中，买卖双方均等地分摊税收。但大多数情况下，税负是不均等地进行分配的，它可能全部由市场的一方来承担。接下来我们将探讨税收分摊由什么决定，但首先，我们来了解一下税收如何导致了无效率。

□ 税负和效率

你已经了解到，当边际收益等于边际成本时，资源得到有效配置。你也已经看出，税负在买者所付价格与卖者所得价格之间放置了一个楔子，但是买者所付价格等于边际收益，卖者所得价格等于边际成本，因此税收在边际收益和边际成本之间放置了一个楔子。均衡数量小于有效率的数量，便产生了无谓损失。

图 7－2 说明了税收的无效率。我们假设政府对卖者征税。在图 7－2（a）中，在无税的情况下，边际收益等于边际成本，市场是有效率的。在图 7－2（b）中，在有税的情况下，边际收益大于边际成本，消费者剩余和生产者剩余萎缩。两项剩余中的一部分变成了政府的税收收入——白色面积，另一部分变成了无谓损失——深灰色面积。

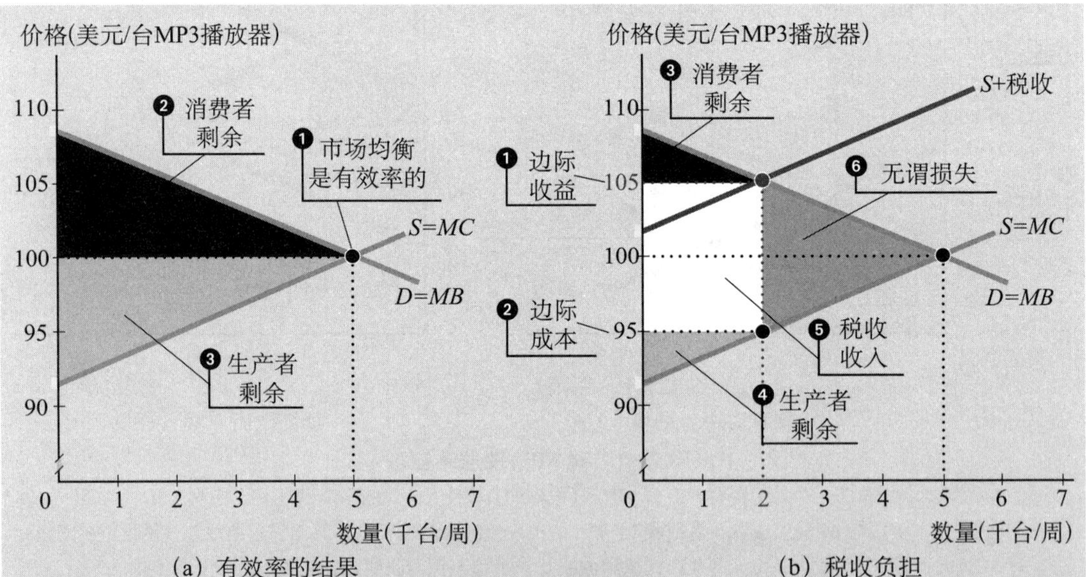

(a) 有效率的结果　　(b) 税收负担

图 7－2　税收和效率

在图（a）中，①当边际收益等于边际成本时，市场是有效率的。总剩余——②消费者剩余（黑色面积）与③生产者剩余（浅灰色面积）之和，位于最大可能水平。

在图（b）中，10 美元的税收在①边际收益和②边际成本之间放置了一个楔子。③消费者剩余和④生产者剩余萎缩，萎缩量等于⑤税收收入加上⑥无谓损失。无谓损失是税收的过度负担。

由于税收带来了无谓损失，税收负担超出了税收收入。为了提醒我们这一事实，我们把由于税收而产生的无谓损失称为税收的**过度负担**（excess burden）。然而，由于政府利用这笔税收收入去提供人们评价很高的产品和服务，因此仅有过度负担才是税收无效率的表现。

在本例中，过度负担很大。你可以通过计算无谓损失三角形的面积求得过度负担的大小。面积等于 15 000 美元，即 10 美元×3 000÷2。税收收入是 20 000 美元，所以过度负担占税收收入的 75%。

□ 税负归宿、无效率和弹性

在对 MP3 播放器征税 10 美元的案例中，买卖双方均等地分摊税收，而且过度负担很大。是什么因素决定税收如何分配以及过度负担的大小呢？

税收在买卖双方之间的分摊比例和过度负担的大小取决于需求弹性和供给弹性，表现为以下方式：

- 给定供给弹性不变，商品越缺乏需求弹性，买者要分摊越大份额的税收。
- 给定需求弹性不变，商品越缺乏供给弹性，卖者要分摊越大份额的税收。
- 需求或供给弹性越小，过度负担就越小。

□ 税负归宿、无效率和需求弹性

为了理解买者与卖者的税收分摊和过度负担的大小是如何取决于需求弹性的，我们看看以下两种极端情况。

需求完全无弹性：买者支付全部税收且是有效率的

图 7－3（a）显示了胰岛素市场。胰岛素对于糖尿病患者是每天必不可少的药物。需求在每周 100 000 剂时是完全无弹性的，恰如这条垂直的需求曲线 D 所示。在无税的情况下，价格为 2.00 美元/剂。如果政府对每剂胰岛素征以 20 美分的税收，价格便上升至 2.20 美元/剂，但均衡数量并没有改变。这 20 美分的税收并没有改变卖者所得到的价格，而买者多支付了 20 美分/剂的价格，因此买者支付了全部税收。结果是有效率的（没有出现无谓损失），因为边际收益等于边际成本。

需求完全有弹性：卖者支付全部税收且是无效率的

图 7－3（b）显示了粉红色记号笔市场。在 1.00 美元/支的价位上，需求是完全有弹性的，如水平的需求曲线所示。如果粉红色记号笔比其他笔更便宜，每个人都使用粉红色记号笔。如果粉红色记号笔比其他笔更贵，没有人使用粉红色记号笔。在无税的情况下，粉红色记号笔的价格为 1.00 美元/支，对应的数量为 4 000 支/周。如果政府对此征以 10 美分/支的税收，价格依然是 1.00 美元/支，但是数量降至 1 000 支/周。购买者支付的价格不变，卖者支付了全部税收。因此，结果是无效率的，因为边际收益超过了边际成本，产生了无谓损失。

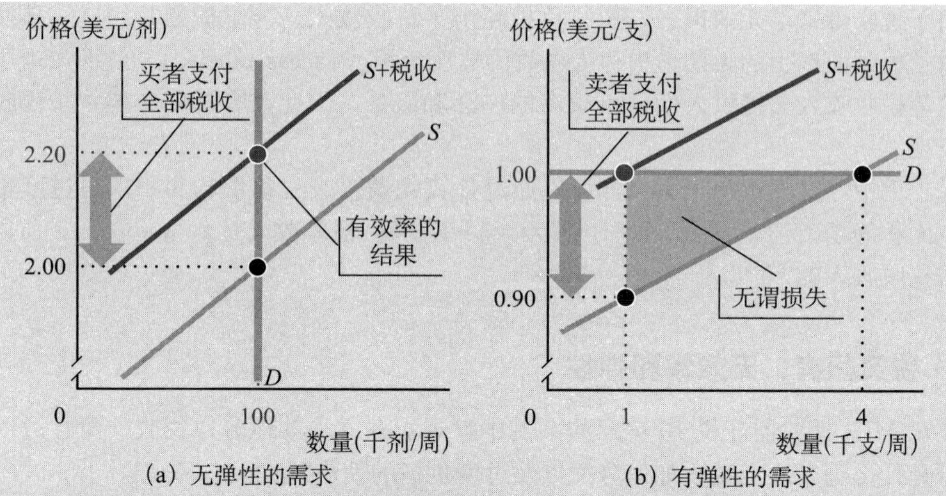

图 7-3 税负归宿、无效率和需求弹性

在图（a）中，对胰岛素的需求是完全无弹性的。每剂 20 美分的税收将价格提高了 20 美分。因此，买者支付了全部税收。但是边际收益等于边际成本，结果是有效率的。

在图（b）中，对粉红色记号笔的需求是完全有弹性的。每支笔 10 美分的税收使卖者所能得到的价格降低了 10 美分。因此，卖者支付了全部税收。边际收益超过了边际成本，因此结果是无效率的。无谓损失是税收的过度负担，表明它是无效的。

□ 税负归宿、无效率和供给弹性

为了理解买者和卖者的税收分摊如何受到供给弹性的影响，我们再看看以下两种极端情况。

供给完全无弹性：卖者支付全部税收且是有效率的

图 7-4（a）表明了矿泉水市场。该矿泉水以一个无法控制的固定速率流动。供给在每周 100 000 瓶时是完全无弹性的，如垂直的供给曲线所示。在无税的情况下，价格为 50 美分/瓶，矿泉水的购买量为 100 000 瓶/周。如果对每瓶矿泉水征收 5 美分的税收，矿泉水的购买量仍为 100 000 瓶/周。只有在价格为 50 美分/瓶时，买者每周才愿意购买 100 000 瓶。但是，当价格依然是 50 美分/瓶时，该税收使得卖者所得到的价格少了 5 美分。因此，卖者支付了全部税收。

因为边际收益等于边际成本，不会产生无谓损失，结果是有效率的。

供给完全有弹性：买者支付全部税收且是无效率的

图 7-4（b）显示了计算机芯片生产者用来提炼硅的沙子市场。在 10 美分/磅的价位上，这类沙子的供给是完全有弹性的，如水平的供给曲线所示。在无税的情况下，价格为 10 美分/磅，购买量为 5 000 磅/周。如果对每磅沙子征收 1 美分的税收，沙子价格上升至 11 美分/磅，购买量下降到 3 000 磅/周。因此，买者支付了全部税收。

因为边际收益超过边际成本，产生了无谓损失，结果是无效率的。

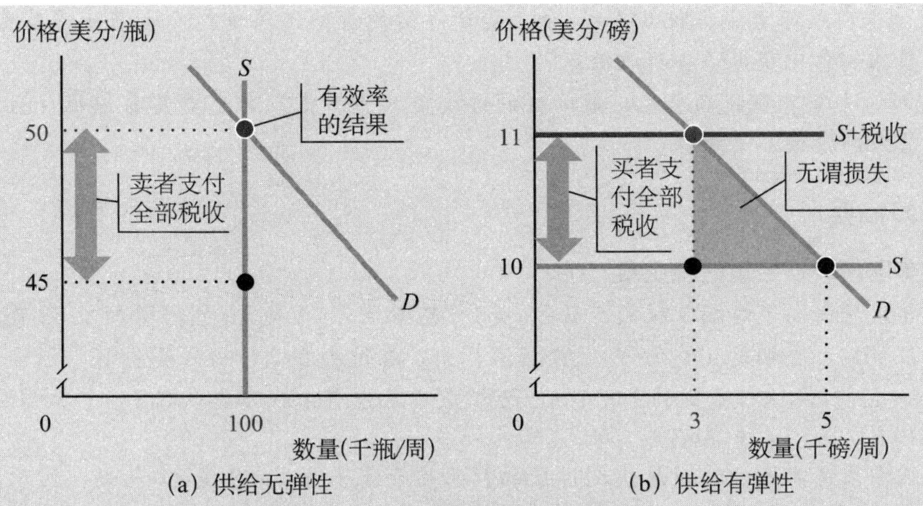

图 7－4　税负归宿、无效率和供给弹性

在图（a）中，矿泉水的供给是完全无弹性的。每瓶 5 美分的税收使卖者所得的价格降低了 5 美分。因此，卖者支付全部税收。边际收益等于边际成本，因此结果是有效率的。

在图（b）中，沙子的供给是完全有弹性的。每磅 1 美分的税收使价格提高了 1 美分。因此，买者支付了全部税收。边际收益超过边际成本，因此结果是无效率的。无谓损失是税收的过度负担，表明它是无效的。

检查站 7.1　**解释税收如何改变价格和数量，如何由买者和卖者分摊，以及如何导致无效率。**

现实问题

图 1 显示了不征税的篮球市场。

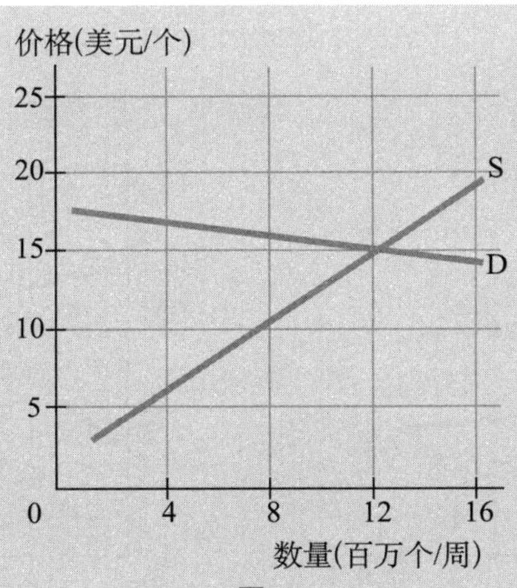

图 1

1. 如果对篮球买者征税 6 美元/个，买者支付的价格为多少？买者购买多少个篮球？政府从篮球销售中获得多少税收收入？

2. 如果对篮球卖者征税6美元/个，卖者得到的价格是多少？卖者售出多少个篮球？政府从篮球销售中获得多少税收收入？

3. 对每个篮球征税6美元，篮球税的过度负担为多少？哪个更具有弹性：篮球的需求还是篮球的供给？请解释。

新闻摘要

对美国烟草征最重的税生效

联邦政府提高了香烟征税额，从39美分/包增至1.01美元/包，增加了62美分/包。在此次征税前，香烟是5美元/包。分析家指出，在过去香烟价格每提高10%就会使其消费量下降4%。在这种新税制下，4 500万烟民中至少有100万要戒烟了。

资料来源：*USA Today*，April 3，2009.

香烟需求是有弹性的还是缺乏弹性的？价格会上涨至5.62美元/包吗？谁承担税收增加额中的大部分，是烟民还是烟草公司？

现实问题参考答案

1. 当对买者征税6美元/个时，如图2所示，需求曲线向下平移了6美元/个，买者支付的价格是16美元/个，每周购买量是800万个，税收收入是6美元×800万，等于4 800万美元/周（图2中的灰色矩形）。

2. 对卖者征税6美元/个时，如图3所示，供给曲线向上平移了6美元/个，卖者得到的价格是10美元/个。每周销售量是800万个（图3），税收收入是6美元×800万，等于4 800万美元/周（图3中的灰色矩形）。

3. 税收的过度负担为1 200万美元。过度负担等于无谓损失，用灰色三角形表示（图2或图3），等于400万×6美元÷2。6美元的税使买者支付的价格提高1美元，使卖者得到的价格降低5美元。因为卖者承担了更大份额的税收，所以篮球供给比需求更缺乏弹性。

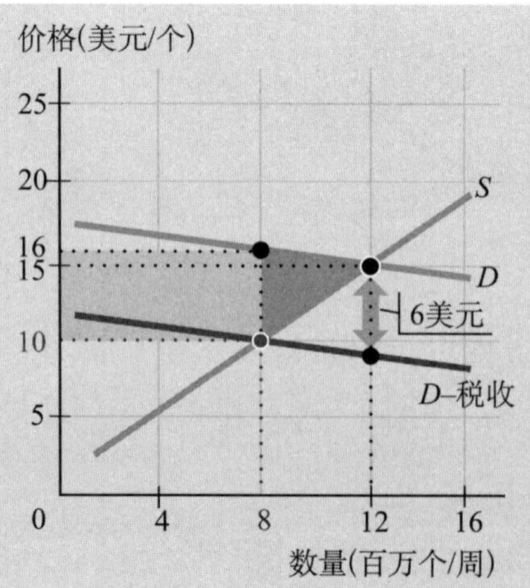

图2

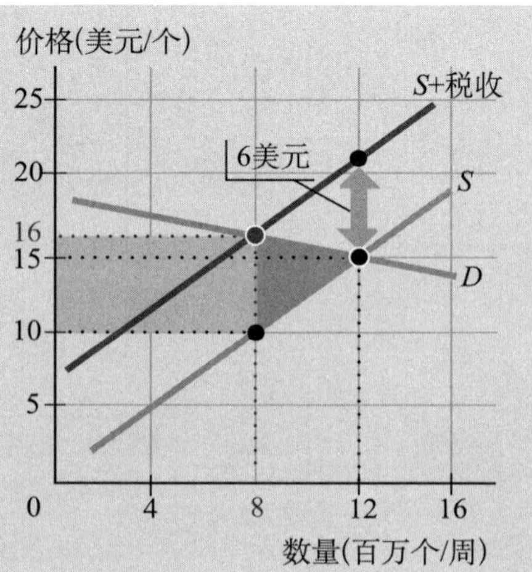

图3

新闻摘要参考答案

如果价格提高 10%使消费量减少 4%，则香烟的需求价格弹性就是 0.4，即香烟的需求是缺乏弹性的。当香烟的需求缺乏弹性时，62 美分的增税将不会使价格上涨至 5.62 美元。只有当需求完全无弹性时，价格才会上涨至 5.62 美元。税收将由买者和卖者分摊。因为需求是缺乏弹性的，所以在 62 美分税收中，买者（烟民）将比卖者（烟草公司）支付得更多。

7.2　价格上限

价格上限（price ceiling or price cap）是指政府对某一特定交易的产品、服务和生产要素设置一个最高价格限制的规制行为。超过这个价格即为非法交易。

价格上限在很多市场中已得到广泛运用，但是在人们的预算中占据最大比重的是住房市场。住房的价格是人们为一栋房子或公寓所花费的租金，住房市场的供需状况决定了住宅的租金及供应数量。

图 7－5 显示了密西西比州比洛克西市的公寓租赁市场。房租为每月 550 美元，共有 4 000 套公寓被租赁。

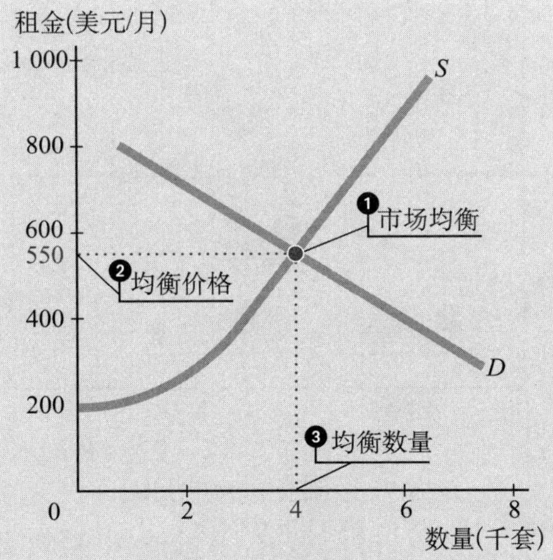

图 7－5　住房市场

该图显示了住房租赁市场的需求曲线 D 和供给曲线 S。

①当需求量等于供给量时，该市场是均衡的。

②均衡价格（租金）为 550 美元/月。

③均衡数量为 4 000 套住房。

假设在过去两年内比洛克西市公寓的月租金上升了 100 美元，一些关注此事的公民要求该市市长将租金调回原价。

□ 租金上限

为了回应公民的要求，该市市长采取**租金上限**（rent ceiling）——使得设定房租高出某一特定水准的活动为非法活动的一种政府规制。

租金上限的效应的大小取决于它被设定在高于还是低于均衡房租的水平。在图 7－5 中，如果比洛克西市推出的租金上限高于每月 550 美元，没有什么会发生改变，其理由是人们已经在支付 550 美元/月。

然而，如果租金上限低于均衡房租，便会对这一市场产生重大影响。制定租金上限的理由是试图阻止房租的过快上涨，以便调节需求量和供给量。这一法律和市场产生了冲突，其中必有一个或两个须做出退让。

图 7－6 显示了租金上限被设定在均衡租金之下所产生的一种效应。租金上限为 400 美元/月，高出租金上限的那一块面积我们用浅灰色来表示，因为在该区域的任何一个租金都将是非法的。租金上限的第一个效应就是住房短缺。当租金为 400 美元/月时，住房供给量为 3 000 套，而住房需求量则为 6 000 套。因此，当租金为 400 美元/月时，存在 3 000 套的住房短缺。

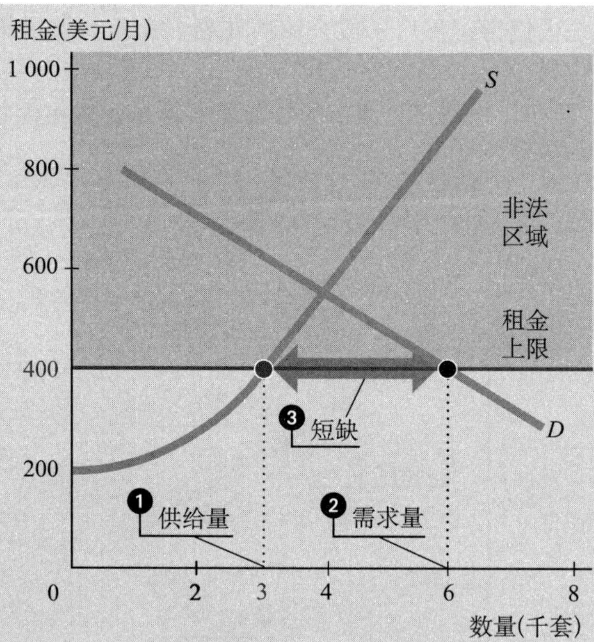

图 7－6　租金上限导致短缺

租金上限被确定在均衡租金之下，在本例中，租金上限为 400 美元/月。

①住房供给量降至 3 000 套。

②住房需求量增至 6 000 套。

③出现 3 000 套的短缺。

然而，故事到此还没有结束。现有 3 000 套住房的所有者还必须对寻找 6 000 套住房的人们进行住房配置。这种配置有以下两种实现方式：

- 黑市
- 递增的寻找活动

黑市

黑市（black market）是与受政府规制的市场相互平行的一种非法市场。失意的房客和房东试图以某种方式把租金提高到超出法定上限的水准，因此，租金上限有时会导致住房的黑市。房东想要更高的租金，因为他们知道房客愿意为现有的住房支付更高的租金。房客也愿意支付更高的租金，以便早日租到住房。

由于提高房租是非法的，房东和房客都会创造性地耍些把戏以应付法律。其中一个把戏就是让新房客为一些不值钱的摆设支付高额费用，也许是为破旧的窗帘支付 2 000 美元。另外一种方法就是让房客为新锁和新钥匙支付高价钱——这被称为“钥匙钱”。

图 7 - 7 说明了比洛克西市的住房黑市的价格究竟可以高达多少。如果租金上限被严格实施，则可得的住房为 3 000 套。但在这一数量上，房客愿意支付高达 625 美元/月——这是由需求曲线决定的。

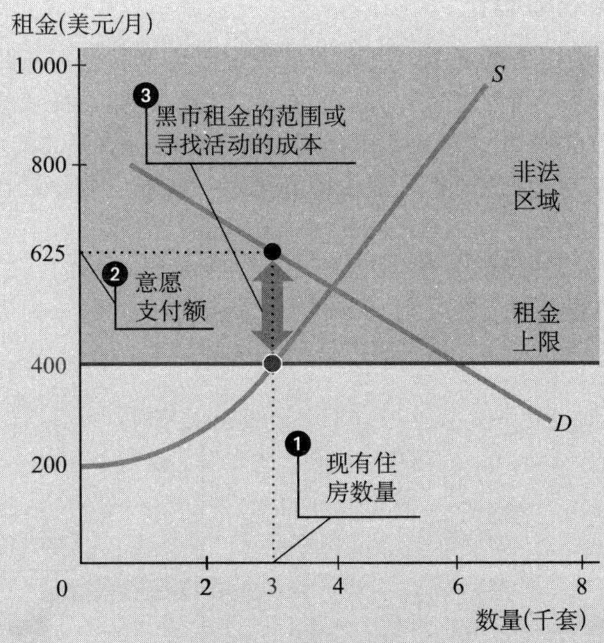

图 7 - 7　租金上限导致黑市和住房寻找

在 400 美元/月的租金上限的情况下，
①可得的住房只有 3 000 套。
②有人愿意为这 3 000 套住房支付 625 美元/月的租金。
③黑市租金可能高达 625 美元/月或者寻找活动等价于每月 225 美元被加到租金上限中。

因此，少数房东非法地将其租金定为 625 美元/月。黑市租金可能是在租金上限 400 美元与房客愿意支付的最高租金 625 美元之间的任何一个水平。

递增的寻找活动

花费一定的时间来寻找与之交易的人被称为**寻找活动**（search activity）。几乎我们每一次买东西时都要在寻找活动上花一些时间，尤其是在我们购置大物件如车或房子的时候。一旦价格上限导致住房短缺，寻找活动便会增加。在一个有租金规制的住房市场中，那些受挫的潜在房客浏览着各种报纸，一旦有消息曝出一套可得的住房，他们便会加快步伐第一个赶到现场。

某一产品的机会成本等于其价格加上寻找该产品的时间价值。因此，住房的机会成本就等于租金加上寻找公寓的时间价值。寻找活动是有成本的。它使用了时间和其他资源，比如电话、汽车和汽油，而这一切都是可以用在其他生产性活动中的。在图 7－7 中，为了寻找到一套 400 美元/月的公寓，那个愿意每月支付 625 美元的人也愿意花上一个等价于每月 225 美元的时间去寻找。

租金上限控制了住房成本的租金部分，但它并没有控制寻找活动的成本。因此，一旦寻找成本被加到房租之上，就有一些人最后支付了比在没有租金上限的条件下更高的住房机会成本。

□ 租金上限有效率吗？

在没有租金上限的住房市场中，市场力量决定着均衡租金，在此租金上需求量等于供给量。在这种情况下，因为住房的边际成本等于边际收益，稀缺的住房资源得到了有效配置。图 7－8（a）显示了比洛克西市公寓租赁市场的有效率的结果。在这个有效率的市场中，消费者剩余（深灰色面积）和生产者剩余（浅灰色面积）在均衡租金和均衡住房数量上达到最大化。

图 7－8（b）显示了有租金上限的市场，其结果是无效率的。边际收益大于边际成本，生产者剩余和消费者剩余都缩小了，产生了无谓损失。这一损失由下列两类人员所承担：一是找不到住房的人，二是不愿以低价供房的房东。

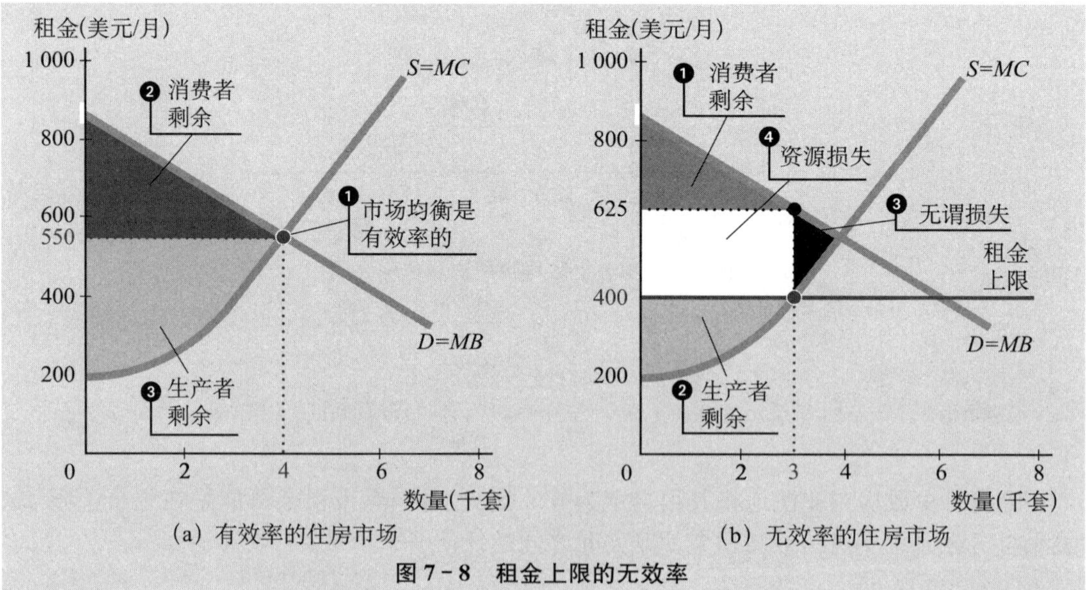

（a）有效率的住房市场　　（b）无效率的住房市场

图 7－8　租金上限的无效率

在图（a）中，①当边际收益等于边际成本时，市场均衡是有效率的。②消费者剩余（深灰色面积）和③生产者剩余（浅灰色面积）之和达到了最大化。

在图（b）中，租金上限是没有效率的。①消费者剩余和②生产者剩余都缩小了，③无谓损失出现了，④资源被消耗在寻找活动和逃避租金上限的法律责任上。

然而，总损失大于无谓损失。一些资源被用于昂贵的寻找活动以及在黑市中逃避法律责任。这些资源的价值有可能像白色矩形那么大。再者，还有另一种损失：实施租金上限法律的成本。这个损失由纳税人承担，在图中是看不见的。

尽管租金上限造成了无效率，但并非每个人都是输家。支付租金上限的人们得到了更多的消费者剩余，收取黑市价格租金的房东得到了更多的生产者剩余。

我们所考虑的租金上限成本仅仅是初始成本。如果租金上限低于市场均衡租金，房东将没有积极性去维护建筑物。因此随着时间的推移，住房供给的质量和数量都会下降，源于租金上限的损失增加。

租金上限所造成的损失的大小取决于供给弹性和需求弹性的大小。如果供给是缺乏弹性的，租金上限导致住房供给量的少量减少。如果需求是缺乏弹性的，租金上限导致住房需求量的少量减少。因此，供给和需求越缺乏弹性，住房短缺就越小，无谓损失也就越小。

□ 租金上限公平吗？

我们已经发现，租金上限阻碍了稀缺资源实现有效率的配置——资源没能流向其最高价值的用途。然而，它们能确保稀缺的住房资源被更加公平地配置吗？

你在第 6 章学到公平是一个复杂的观念，它有两大观点：公平的结果和公平的规则。租金控制违背了公平规则的公平观，因为它们阻止了自愿交换。然而，它们会产生一种公平的结果吗？租金上限能否确保稀缺的房源流向最需要住房的穷人？

租金调整会导致住房需求量等同于供给量，而阻碍租金调整并不是稀缺的终结。因此，当该法律阻碍租金起调整作用、阻止价格机制起配置稀缺住房资源的作用时，我们就需要使用其他配置机制。如果这一机制是将住房提供给最穷的人，那么配置就可能被认为是公平的。

然而，我们所采用的机制并不总是实现了这一结果。先到先得是一种配置机制。基于种族、部落或者性别的歧视则是另外一种例子。在年轻的城市新来者与年长的名门望族之间歧视前者，也是一种例子。在这些机制中没有任何一种可以得出一个公平的结果。

纽约市的租金上限为上述运行的机制提供了一些例子。纽约市租金上限的主要受益者是那些在本市居住了很长时间的家庭，包括一些富人和名人。在这些家庭享受着低廉房租的同时，一些新到纽约的人为了那些难以寻觅的公寓不得不支付更高的租金。

□ 如果租金上限如此不好，为什么我们还要它们呢？

反对租金上限的经济学观点已被广泛接受。所以，新的租金上限法律很少出台。但是，当政府试图撤销租金上限法律时，就像纽约市政府在 1999 年所做的那样，现有的房客会游说政治家保留这一限价。有些人找了很久都没找到房子，突然运气来了，找到了租金受控制的公寓，他们也是很开心的。因此，租金上限有许多政治支持。

反对租金上限的公寓所有者毕竟是少数，因此他们对政治家的影响不够强大。赞成租金上限的人多于反对的人，政治家有时也愿意支持它们。

检查站 7.2 解释价格上限如何起作用以及租金上限是如何导致住房短缺、无效率与不公平的。

现实问题

图 1 显示了得克萨斯州科西卡纳市的公寓租赁市场。

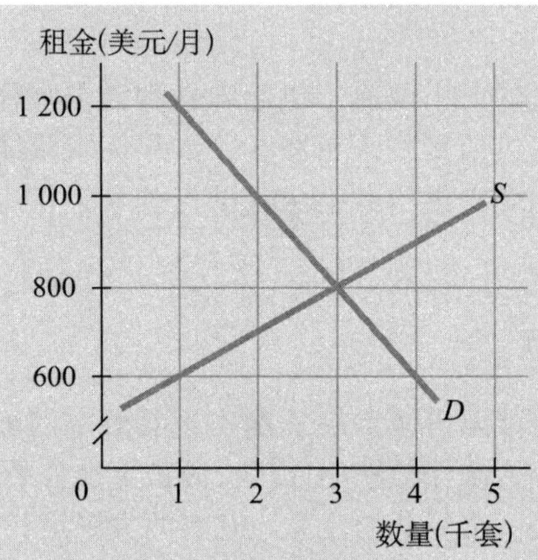

图 1

1. 该市住宅区租金为多少？有多少套公寓被出租？如果该市政府强制实施 900 美元/月的租金上限，租金为多少？有多少套公寓被出租？

2. 如果该市政府强制实施 600 美元/月的租金上限，租金为多少？有多少套公寓被出租？如果出现黑市，黑市的租金将高达多少？请解释。

3. 如果该市严格实施 600 美元/月的租金上限，住房市场有效率吗？无谓损失是多少？住房市场公平吗？请解释。

新闻摘要

油价上涨使美国财长担心

特百惠公司（Tupperware）首席财务官认为，油价上涨将导致公司为树脂（来源于石油）比一年前多支付 1 500 万美元。树脂的价格与石油的价格紧密相连，石油的价格在 4 月份达到每桶 114 美元的高峰。

资料来源：*The Wall Street Journal*，June 27，2011.

如果政府对树脂推出价格上限，上限为现在的价格即每桶 100 美元，解释为什么会出现短缺。哪种才是最有可能的树脂配置方式？

现实问题参考答案

1. 均衡租金为 800 美元/月，3 000 套公寓被租出去了。900 美元/月的租金上限高于均衡租金，因此其结果依然是 800 美元/月的市场均衡租金和 3 000 套公寓被租出去了。

2. 如果租金上限被设定为 600 美元/月，被租出去的公寓为 1 000 套，租金为 600 美元/月（图 2）。在黑市上，有一部分人愿意支付比租金上限更高的租金去租一套公寓，这些人愿意支付的最高价格达 1 200 美元/月。这笔租金等于某人为第 1 000 套公寓所愿意支付的价格（图 2）。

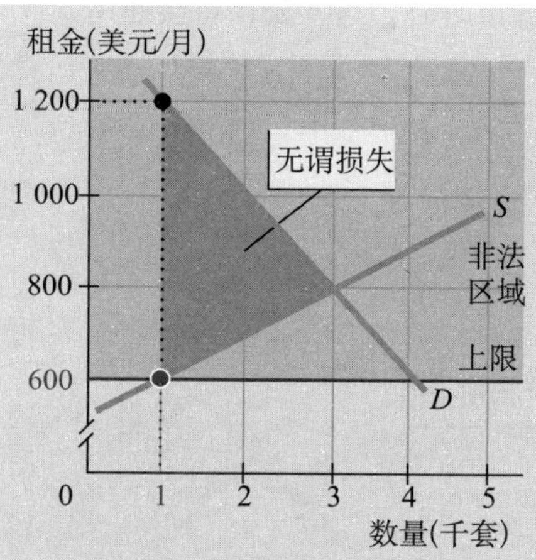

图 2

3. 该租房市场没有效率。在所租 1 000 套住房的水平上，边际收益超出边际成本，从而会产生无谓损失（图 2）。这部分无谓损失等于深灰色三角形的面积，表达式为 (1 200－600)×(3 000－1 000)÷2，无谓损失为 600 000 美元。从两种公平观来看，租金上限均使得住房配置更不公平，因为它阻止了自愿交易，并且它没有向最需要房子的人提供更多的住房。

新闻摘要参考答案

树脂由石油炼制而成，因此石油价格上涨会导致生产树脂的成本上升，从而树脂供给量减少。树脂的均衡价格也会随之上升。更高的均衡价格将高于每桶 100 美元的价格上限，供给出现短缺。树脂最有可能按照先到先得这样的机制进行配置。又或者政府定量配给，在这种情形下树脂会按政府的指令进行配置。

7.3　价格下限

价格下限（price floor）是指政府对某一特定交易的产品、服务和生产要素设置一个最低价格限制的规制行为。低于这个价格即为非法交易。

价格下限在很多市场中得以运用，但是占据最大比重的是劳动力市场。劳动力的价格是指人们所挣得的工资率。劳动力市场的供需状况决定着工资率水平以及所雇用的劳动力数量。

图 7－9 显示了亚利桑那州尤马市快餐服务员的市场。在这一市场中，劳动力需求曲线为 D。在该需求曲线上，如果工资率为 10 美元/小时，那么对快餐服务员的需求量为零。如果 A&W 公司、汉堡王公司、塔可钟公司（Taco Bell）、麦当劳公司、温迪公司（Wendy's）以及其他快餐店不得不向服务员支付 10 美元/小时，它们便不想雇用任何工人。它们有可能用售货机器替代服务员！但在工资率低于 10 美元/小时时，它们会雇用服务员。在工资率为 5 美元/小时时，这些公司将会雇用 5 000 名服务员。

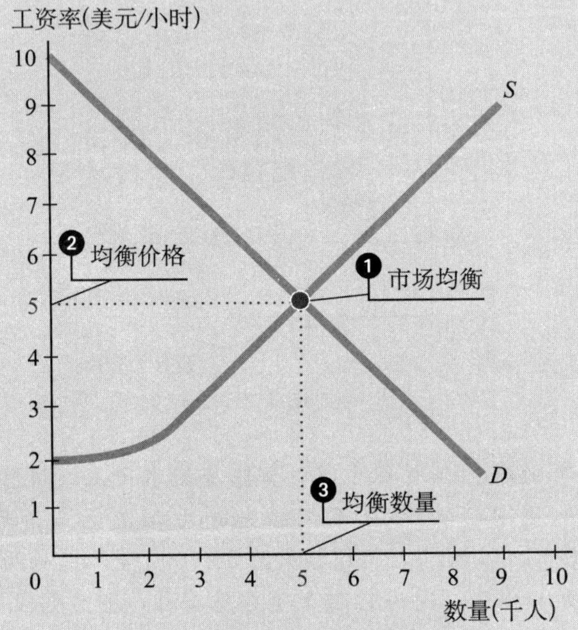

图 7－9　快餐服务员的市场

该图显示了对快餐服务员的需求曲线 D 和供给曲线 S。

①需求量等于供给量时，市场处于均衡状态。

②均衡价格（工资率）为每小时 5 美元。

③均衡数量为 5 000 名服务员。

在市场的供给方，没有人愿意在每小时 2 美元的价位上工作。为了吸引服务员，企业所支付的工资须超出每小时 2 美元。

市场均衡为工资率为每小时 5 美元，雇用 5 000 名服务员。

假定政府认为，没有人情愿在每小时 5 美元的工资水平上工作，并且决定提高工资率。政府通过一项最低工资法能够改善这些工人的境况吗？下面让我们来探讨一下。

□ 最低工资

最低工资法（minimum wage law）是使得在低于某一特定工资水平的情况下雇用劳动力为非法的一项政府规制。要支付高出最低工资水平的工资率是自由的，但要支付低于它的工资率则是不合法的。最低工资是价格下限的一个实例。

价格下限效应的大小取决于它是被设定在均衡价格之下还是之上。在图 7－9 中，均衡工资率为 5 美元/小时，在这一工资水平，企业雇用 5 000 名员工。如果政府推出一项低于 5 美元/小时的最低工资制，没有什么会改变。其道理在于企业已经支付了 5 美元/小时，而且这一工资高出了最低工资。因此，已付工资率不发生变化，企业继续雇用 5 000名员工。

然而最低工资的目标在于提高低工资所得者的收入。因此，在这个报酬最低的劳动力市场中，最低工资将超出均衡工资。

假定政府推出最低工资为 7 美元/小时。图 7－10 表明了这一法规的效应，工资率低于 7 美元/小时便为非法。因此我们用灰色表示低于最低工资的非法区域。由于均衡工资率也在该非法区域，所以企业和工人不再被允许在此市场均衡点上交易。市场力量和政府力量存在冲突。

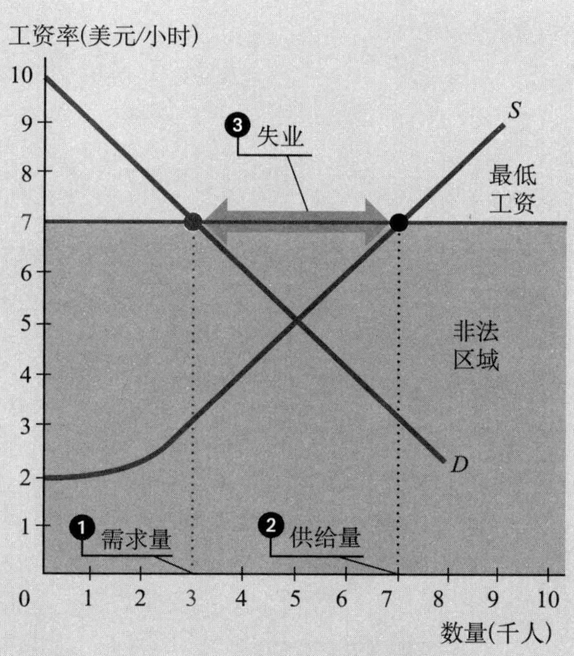

图 7－10　最低工资导致失业

最低工资以高出均衡工资被推出。在本例中，最低工资率为 7 美元/小时。
①劳动力的需求量降至 3 000 名。
②劳动力的供给量增至 7 000 名。
③4 000 名工人失业了。

政府可以设定最低工资，但这不能告诉雇主要雇用多少工人。如果企业必须支付 7 美元/小时的工资，那么它们仅仅雇用 3 000 名员工。在均衡工资为 5 美元/小时的水平上，它们雇用了 5 000 名员工。因此，一旦推出最低工资，企业便解雇 2 000 名员工。

但是，在 7 美元/小时的工资率上，本不想在每小时 5 美元工资上工作的 2 000 人现在愿意在 7 美元/小时的工资上寻找服务员的工作。因此，在 7 美元/小时的工资率上，供给量达到 7 000 人，2 000 人被解雇，另外 2 000 人在更高工资率的条件下寻求工作，愿意做服务员工作的 4 000 人失业。

这 3 000 份可得的工作岗位总得以某种方式在这些愿意找工作的 7 000 人之中进行配置。这一配置如何实现呢？其答案是增加寻找工作的活动和非法雇佣。

增加寻找工作的活动

人们为了找到一份好工作总得花费大量的时间以及其他资源。但在有最低工资的情况下，寻找工作的人数超出了可以得到的就业岗位数。历经挫折仍未就业的人们为了这份难以寻觅的工作而花费了时间和其他的资源。在图 7－11 中，为了得到一份 7 美元/小时的工作，那些愿意在 3 美元/小时找工作的人，便乐意花费一定的时间去找工作，这些时间等价于从工资率中所扣除的 4 美元/小时。这一数量对于一份至少可以工作一年的工作还是挺大的。

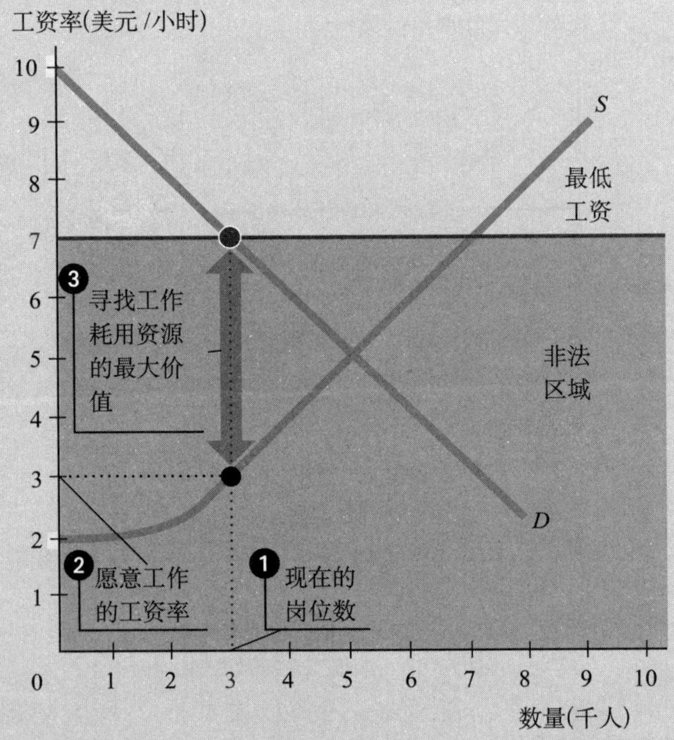

图 7－11　最低工资增加了寻找工作的活动和非法雇佣

最低工资率被确定为 7 美元/小时。

①可以得到的岗位数为 3 000。

②有人愿意工作的最低工资率为 3 美元/小时。在黑市中，非法工资率可能低至 3 美元/小时。

③人们为了寻找工作愿意花费的时间与资源的最大数量等于 4 美元/小时——如果他们找到工作，他们所获得的工资 7 美元减去他们愿意工作的工资 3 美元。

非法雇佣

由于找工作的人数大于岗位数，一些企业和工人有可能同意在一个低于最低工资的黑市中进行交易。非法工资率是介于法定最低工资 7 美元/小时和有人愿意接受的最低工资 3 美元/小时之间的任一工资水平。

❖关注美国经济　联邦最低工资

《公平劳动标准法》制定了最低工资，但是大多数州设定的本州最低工资高于联邦最低工资。

下面这幅图表示了最低工资从1991年开始，以2011年的价格能买到什么。

最低工资导致了失业，然而，它造成了多大的失业呢？在2007—2009年间，最低工资上升了38%（见下图），16～19岁的青少年就业率下降了28%。其中的一部分原因最有可能是最低工资的上升。

大多数经济学家相信，最低工资上升10%将使青少年的就业量下降1～3个百分点。

加州大学伯克利分校的戴维·卡德（David Card）和普林斯顿大学的艾伦·克鲁格（Alan Krueger）对上述观点提出了挑战。他们指出，在加利福尼亚州、新泽西州以及得克萨斯州，最低工资的每一次上涨都导致低收入人群就业率的上升。他们提出了工资上升导致就业率上升的三大理由：

(1) 工人们变得更加认真、生产率更高。

(2) 工人们更不可能放弃工作，因此，费用昂贵的劳动力流动减少。

(3) 管理者使企业经营更具效率。

大多数经济学家对上述观点表示怀疑。他们认为，如果更高的工资会使得工人生产率更高、流动率下降，企业将会自愿地向工人支付更高的工资。他们争辩道，对于卡德和克鲁格发现的就业上升，存在其他方面的解释。

得克萨斯大学奥斯汀分校的丹尼尔·哈默什（Daniel Hamermesh）认为他们在时间方面出了错。企业预测到了最低工资的上升，因此在上升之前就裁员了。所以，观察最低工资上升之后的就业变化便没能考虑其主要效应。得克萨斯A&M大学的菲尼斯·韦尔奇（Finis Welch）以及芝加哥大学的凯文·墨菲（Kevin Murphy）认为，卡德和克鲁格所发现的就业效应是由地区经济增长的差异所致，而不是由最低工资的变化所致。

再者，仅仅观察就业忽略了最低工资的供给方效应。它导致了高中退学去寻找工作的人数增加。

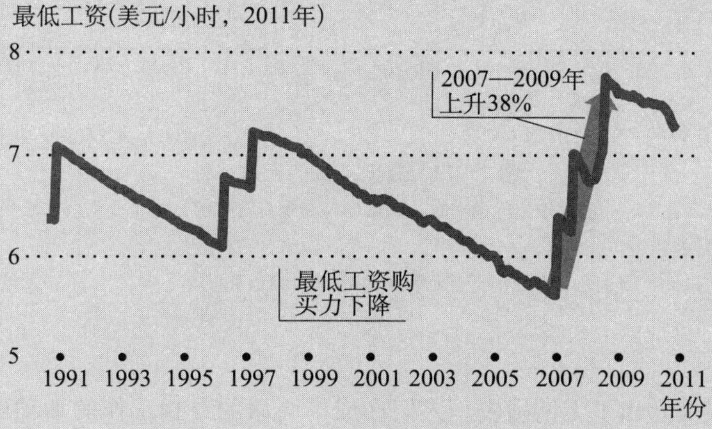

资料来源：Bureau of Labor Statistics.

□ 最低工资有效率吗?

某一生产要素的有效配置与你在第 6 章已学过的某一产品或服务的有效配置相同。劳动力需求告诉了我们企业雇用劳动力的劳动的边际收益。企业之所以受益，是因为它们所雇用的劳动力生产出了它们出售的产品或服务。企业愿意支付等同于增加一小时劳动它们所获得的收益的工资率。在图 7 - 12（a）中，劳动力需求曲线告诉了我们在尤马的企业雇用快餐服务员所获得的边际收益。边际收益减去工资率就是企业剩余。

劳动力供给告诉了我们有关工作的边际成本。为了工作，人们必须放弃休闲或在家工作或他们重视的活动。工人所得到的工资率减去工作的边际成本便是工人剩余。

劳动力的有效配置出现在企业的边际收益等于工人承担的边际成本时。这样的配置在图 7 - 12（a）的劳动力市场中出现了。企业享受着剩余（浅灰色面积），同时工人们也享受着剩余（深灰色面积）。这些剩余的总和达到最大化。

图 7 - 12（b）显示了最低工资的损失。在最低工资为 7 美元/小时时，只有 3 000 名员工被雇用。边际收益超出边际成本，企业剩余和工人剩余都缩小了，并出现了无谓损失（白色面积）。这一损失由减少了雇佣的企业和在高工资率下不能找到工作的人承担。

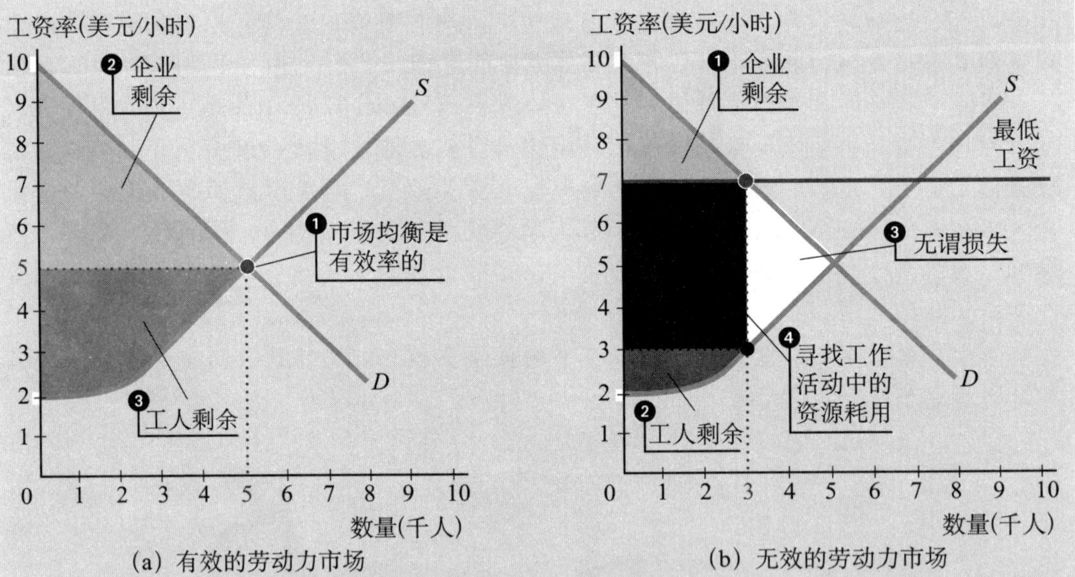

(a) 有效的劳动力市场

(b) 无效的劳动力市场

图 7 - 12 最低工资的无效率性

在图（a）中，①在边际收益等于边际成本时，该市场均衡是有效率的。②企业剩余（浅灰色面积）和③工人剩余（深灰色面积）之和达到最大化。

在图（b）中，最低工资是无效率的。①企业剩余和 ②工人剩余都缩小了，产生了 ③无谓损失，④资源被浪费在寻找工作的活动中。

然而，总损失超出了无谓损失。人们在成本高昂的寻找工作的活动中是要使用资源的，比如，每个失业的人都不断努力地寻找工作——写求职信、打电话、去面试等等。

这些资源的价值有可能与黑色矩形一样大。

□ 最低工资公平吗?

从两大公平观来看，最低工资都是不公平的，它会导致一个不公平的结果，设置不公平的规则。结果是不公平的，这是因为仅有那些找到了工作的人受益。那些失业的人最后的结局比没有最低工资制时还要糟糕。那些找到了工作的人的处境有可能并不是最好的。一旦工资率不再配置岗位，不公平的另一来源即歧视就会增加。最低工资强加了不公平的规则，这是因为它阻碍了自愿交换。企业愿意雇用更多的员工，人们也愿意更多地工作，但是最低工资制不允许他们这样做。

□ 如果最低工资如此糟糕，为什么我们还要它呢?

尽管最低工资是无效率的，但并不是每个人都从中受损。在最低工资水平找到了工作的人们境况会变好。最低工资制的支持者们相信，劳动力市场的供需弹性都较小，所以不会产生太大的失业。工会支持最低工资制，这是因为它对工资率施加了工资上升的压力，包含工会工作人员的工资。非工会工人是工会工人的一种替代品，因此，当最低工资上升时，对工会工人的需求便有所增加。

❖关注价格管制　　总统可以废除供给和需求法则吗?

总统有一支威力巨大的笔，但是这支笔并没有神奇的力量。当总统签署一项议案或者执行命令来颁布新法规时，结果并不总是尽如人意。当一部法律或一项规制试图阻碍供需法则时，目的与结局的不一致总是不可避免的。

你应该已经看到过联邦最低工资法所产生的问题，即让青少年无法就业。如果该法试图对行政职务的工资追加上限，在另一极端的劳动力市场就可能会出现一些别的问题。

2009 年春，《2009 年行政职务报酬上限法案》在参议院得到通过。该法案的目的是限制公司中高级管理人员和主管接受政府救济品的补偿。法案对补偿的定义广泛，包括各种形式如现金、不动产和任何形式的福利津贴。设想的最高限额是年度补偿不能高于美国总统的年度补偿。

这项法案总统没有签过字，但是你可以预想到一旦签字所引起的诸多问题。撇开确定总统的补偿（它是否包括白宫和空军一号的使用权?）这项艰巨的任务不说，对中高层领导的补偿实施上限就类似于本章所学的对房屋租金制定最高限价。这样一来，提供的管理服务的数量将会减少，大多数有杰出才能的主管们会在未被管制的雇主那里谋职。最艰难的企业即得到政府资金支持的企业会面临招募和挽留那些有能力的中高级管理者和主管的额外挑战。这种行为所带来的无谓损失是巨大的。幸运的是，这一想法没有付诸实施。

检查站 7.3 解释价格下限如何起作用以及最低工资是如何导致失业、无效率与不公平的。

现实问题

图 1 显示了在南加利福尼亚州的西红柿采摘者的市场。

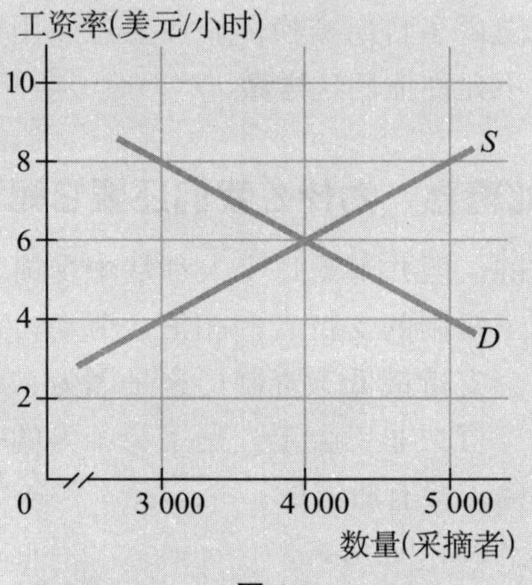

图 1

1. 西红柿采摘者的均衡工资率为多少？西红柿采摘者的均衡数量为多少？如果加利福尼亚州推出最低工资制：西红柿采摘者的最低工资为 4 美元/小时，那么有多少西红柿采摘者就业，有多少人失业？

2. 如果加利福尼亚州推出最低工资制：西红柿采摘者的最低工资为 8 美元/小时，那么有多少西红柿采摘者就业，有多少人失业？如果出现黑市，一些采摘者可能挣得的最低工资是多少？

3. 最低工资 8 美元/小时有效率吗？谁受益？谁受损？它公平吗？

新闻摘要

中国香港推行最低工资制

中国香港首个最低工资设定在 28 港元/小时，比工会想要的低 5 港元，但是比雇佣者支付的高 5 港元。大约有 315 000 人受该新工资的影响。

资料来源：*The Economist*, January 11, 2011.

如果雇佣者支付的工资等于均衡工资，最低工资的影响将是什么？如果工会要求的工资等于均衡工资，最低工资的影响又将是什么？

现实问题参考答案

1. 均衡工资率为 6 美元/小时，4 000 名西红柿采摘者被雇用。4 美元/小时的最低工资要低于均衡工资率，所以，4 000 名西红柿采摘者被雇用，无人失业。

2. 8 美元/小时的最低工资要高于均衡工资率，所以，3 000 名西红柿采摘者被雇用（由西红柿采摘者的需求决定）并且 5 000 个人愿意在 8 美元/小时的工资上做西红柿采摘者工作（由供给曲线决定），所以 2 000 名西红柿采摘者失业（图 2）。如果出现黑市，一些采摘者可能挣得的最低工资是 4 美元/小时（图 2）。

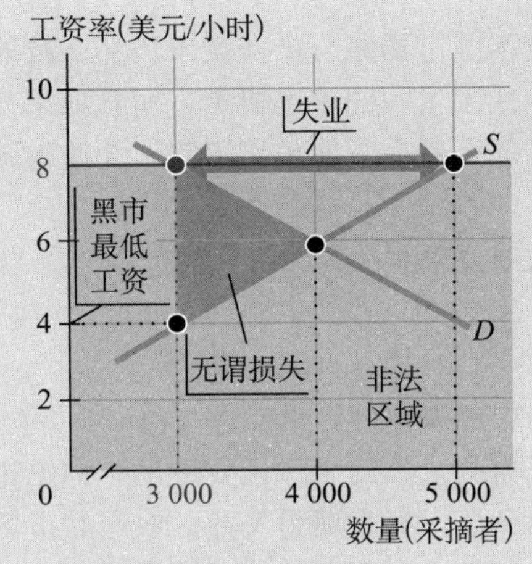

图 2

3. 8 美元/小时的最低工资是无效率的，这是因为它导致了无谓损失——种植者的边际收益（需求曲线）超出采摘者的边际成本（供给曲线）。以 8 美元/小时找到了工作的西红柿采摘者受益。西红柿种植者和失业者受损。从两种公平观来看，最低工资制都是不公平的。

新闻摘要参考答案

如果雇佣者支付的 23 港元/小时是均衡工资率，那么最低工资超过了均衡工资，315 000 名工人中将有一些人失业。如果工会要求的 33 港元/小时的是均衡工资率，那么最低工资位于均衡工资之下，最低工资对劳动雇用数量没有影响。

7.4　农业的价格支持

美国总统乔治·W. 布什（George W. Bush）在请求国会对美国农民给予 1 700 亿美元的支持力度时如此说："民以食为天。"美国并不是所有发达经济体中每年给予农业扶持数十亿美元的唯一国家。所有发达国家的政府都在这样做，而且欧盟和日本的扶持力度是最大的。

□ 政府如何干预农产品市场

每个政府支持农业的方式不尽相同，但是它们主要包括以下三个要素：

- 隔离本国市场
- 推行价格下限
- 给予农民补贴

隔离本国市场

如果一开始就没有阻止本国市场参与全球竞争，那么政府很难监控市场价格。如果世界上其他国家的生产成本低于本国的生产成本，而且如果外国生产商能够自由地在国内市场进行销售，那么供需的力量会驱使价格下降，并使得政府干预价格的任何努力都付诸东流。

为了隔离本国市场，政府要限制从其他国家的进口。

推行价格下限

价格下限在农产品市场中也被称为**价格支持**（price support），因为这个下限是通过政府承诺在此价格上购买任何剩余产出来保证实施的。你见过劳动力市场的价格下限即最低工资，它会造成劳动力剩余，其表现为失业。农产品市场中的价格支持也会造成一个剩余。在支持价格下，供过于求，剩余的处理结果使价格支持的效应不同于最低工资的效应，因为政府会购买这些剩余。

给予农民补贴

补贴（subsidy）是指政府支付给生产商来分担其部分成本的行为。当政府购买了农民生产的剩余产出时，就相当于给予他们一部分补贴。没有这些补贴，农民们无法承担所有成本，因为他们无法售出剩余产品。

让我们来看看价格支持如何起作用。

□ 价格支持：解释

为了验证价格支持的效应，我们来观察一下甜菜市场。美国和欧盟都对甜菜提供了价格支持。

图 7－13 表明了甜菜市场。该市场不受其他国家市场的影响，需求曲线 D 告诉我们本国经济在每个价格下的需求数量；供给曲线 S 告诉我们本国农民在每个价格下的供给数量。

自由市场参照点

没有价格支持，均衡价格与均衡数量分别是 25 美元/吨和 2 500 万吨/年。只有当世界上其他国家的价格是 25 美元/吨时，市场才是有效率的。如果其他国家的价格低于 25 美元/吨，那么本国农民少生产一些才是有效率的，而且甜菜将以相对便宜的价格进口（因为机会成本低）。但如果其他国家的价格超过 25 美元/吨，那么本国农民增加甜菜产量并出口才是有效率的。

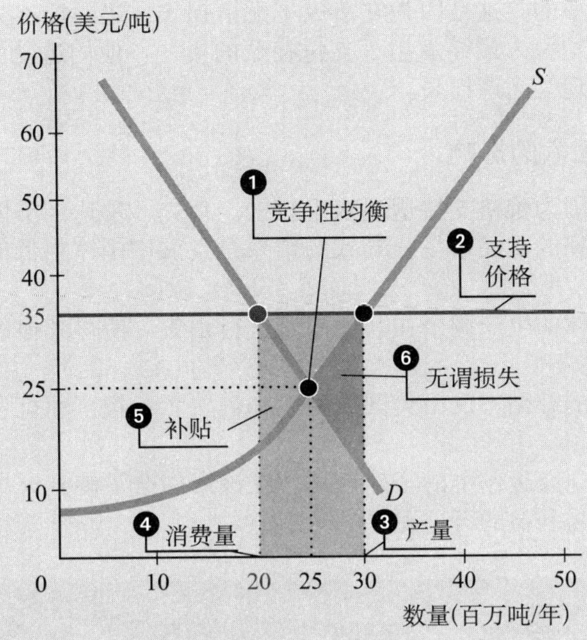

图 7－13　甜菜的国内市场

本国甜菜市场不参与全球竞争。

①在没有政府干预的情况下，竞争性均衡价格与均衡数量分别是 25 美元/吨与 2 500 万吨/年。

②政府干预市场，并制定了支持价格 35 美元/吨。

③产量增加至 3 000 万吨/年。

④本国使用者的需求量降低至 2 000 万吨/年。

⑤政府出资购买 1 000 万吨的剩余量，并给予农民补贴 3.5 亿美元。

⑥出现了无谓损失。

价格支持和补贴

假定政府推行了价格支持 35 美元/吨。为了使价格支持政策起作用，政府同意对那些已经生产但无法售出甜菜的农民支付 35 美元/吨。

农民生产的数量由市场供给曲线表示，在 35 美元/吨的价格上，数量供应是 3 000 万吨/年，因此产量也增加至该数量。

国内甜菜需求者减少他们的购买量，在 35 美元/吨的价格上，需求量是 2 000 万吨/年，购买量也降低至该数量。

因为农民生产的甜菜数量大于本国需求者愿意购买的数量，对于这种剩余必须进行处理。如果农民将剩余甜菜倾倒在市场上，你可以预料到会发生什么。价格将会下跌至消费者愿意对已生产的数量支付的水平。

为了使价格支持政策起作用，政府将出面购买这些剩余。在本例中，政府按 35 美元/吨的价格购买甜菜 1 000 万吨，向农民提供的补贴额达 3.5 亿美元。

价格支持增加了农民的总收入。在没有补贴的情况下，农民将获得 6.25 亿美元（＝25 美元/吨×2 500 万吨）。有了补贴，他们的总收入将达 10.5 亿美元（＝35 美元/吨×3 000 万吨）。

价格支持是无效率的，这是因为它造成了无谓损失。边际成本大于边际收益。农民获益但是购买者作为纳税人最终承担了支付补贴的责任，他们遭受了损失。这种损失超过了农民的收益，表现为无谓损失。

对世界上其他国家的影响

世界上其他国家因为价格支持遭遇双重打击。首先，发达经济体的进口限制拒绝发展中国家进入它们国家的食品市场，导致的结果是发展中国家更低的价格和更小的农产品生产规模。

其次，发达经济体的生产剩余在其他国家进行销售，使得其他国家市场上的价格和生产数量更加萧条。

美国农民所得到的补贴不仅由美国纳税人和消费者承担，而且发展中国家的穷苦农民承担了一部分。

我们将在第 8 章探究运作中的全球市场，在该章你会了解到市场上其他干预方式所带来的无效率以及贸易利益的再分配。

关注你的生活　　价格上限和价格下限

价格上限和价格下限在你进行交易的很多市场上都会出现，它们要求你作为一名市民和选举人要有立场。

除非你生活在纽约市，否则你就不太可能住在一所租金受控制的房子或公寓里。因为你在本章已经看到过，经济学家解释过租金上限会带来令人讨厌的效应，这种市场干预现在很少见。

但是，几乎每次使用高速公路，你都会遇到价格上限。使用高速公路的零价格是一种价格上限。下次当你陷入交通堵塞而缓慢前行时，思考道路使用的免费市场将如何消除交通堵塞，从而使你快速前行。

在新加坡，汽车仪表盘上的雷达收发仪将会记录开车环行该国的耗费额。价格因时段、交通密度和你在该国的位置的不同而不同。所以，你将从来不会被困在一个缓慢前进的交通堵塞中。

你会在劳动力市场上遇到价格下限。你有过想要和愿意从事并能够胜任的工作，但是却不能被聘用的经历吗？如果有一个工资稍微低点的工作，你愿意从事吗？

你也遇到过食品市场上的价格下限（价格支持）。当购买西红柿、食用糖、橘子和其他食品时，你要支付比它们的最低生产成本高的价格。

请阐明你自己对价格下限和价格上限的政策立场。

检查站 7.4　**解释市场中农产品的价格支持是如何导致剩余、无效率与不公平的。**

现实问题

图 1 显示了西红柿市场。

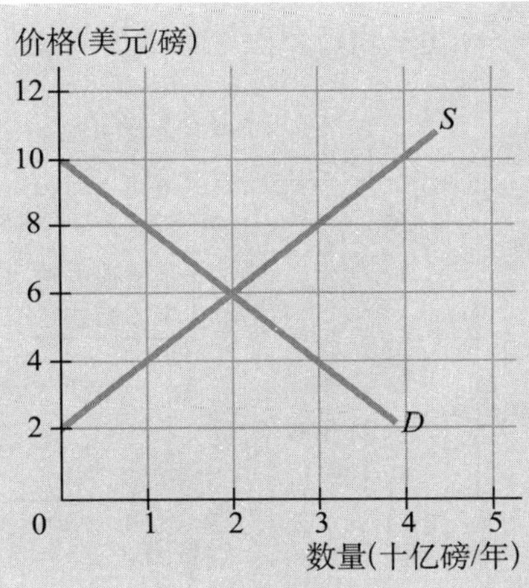

图 1

1. 西红柿的均衡价格和数量各为多少？西红柿市场有效率吗？

2. 如果政府推出了 8 美元/磅的价格支持，西红柿的产量和需求量各为多少？种植西红柿的农民所得到的补贴是多少？

3. 实施 8 美元/磅的价格支持政策后，西红柿市场有效率吗？从价格支持中谁受益、谁受损？无谓损失有多大？价格支持有可能被认为是公平的吗？

新闻摘要

法国农民封锁布鲁塞尔

农民们想要乳品行业保证最低牛奶价格 300 欧元/吨，以反对本月的 210 欧元/吨。来自诺曼底的奶农马克思·波提尔说他需要 300 欧元/吨来达到收支相抵。

资料来源：*The Times*, May 26, 2009.

如果对牛奶实行价格支持，设为 300 欧元/吨，那么该支持价格会怎样改变生产的牛奶数量和消费者的购买数量？谁来购买剩余供给？欧洲的牛奶市场会比今天更有效率还是更没有效率？

现实问题参考答案

1. 均衡价格为 6 美元/磅，均衡数量为 20 亿磅/年。西红柿市场是有效率的——边际收益等于边际成本。

2. 在价格支持为 8 美元/磅时，产量和需求量分别为 30 亿磅和 10 亿磅，产生了 20 亿磅的剩余（图 2）。补贴是 8 美元/磅乘以 20 亿磅，共计 160 亿美元。

3. 市场是无效率的，这是因为在该产量上，边际收益（在需求曲线上）小于边际成本（在供给曲线上）。农民获益，他们便增加产量，不仅在市场上获得更高价格，而且获得政府补贴。消费者和纳税人遭受损失，他们支付更高的西红柿价格并缴税来提供补贴所需的资金。无谓损失是 20 亿美元（深灰色三角形的面积）。从两种公平观来看，结果都是不公平的，除非农民比消费者更贫困，在这种情况下，提高农民的收入才有可能是公平的。

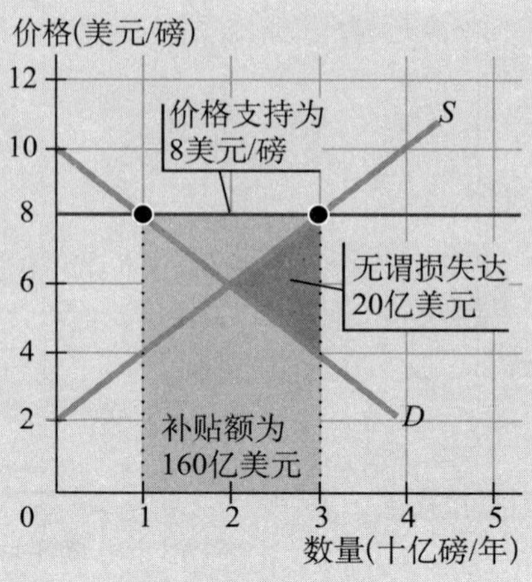

图 2

新闻摘要参考答案

今天的市场价是 210 欧元/吨。300 欧元/吨的支持价格将会增加牛奶供给量并减少需求量，这样一来会造成牛奶剩余。为了保持 300 欧元/吨的支持价格，政府将不得不购买剩余牛奶，也就是说，向奶农支付补贴。因为支持价格造成了无谓损失，市场变得更没有效率。

本章总结

□ 要点

1. 解释税收如何改变价格和数量，如何由买者和卖者分摊，以及如何导致无效率。
- 税收对买者和卖者的效应是一样的。它提高了买者所支付的价格，但降低了卖者所得到的价格。
- 税收是边际收益和边际成本之间的一个楔子，它导致了无谓损失。因此，税收是无效率的。
- 需求越不具有弹性或供给越具有弹性，其价格上升得就越多，买者支付税收的份额就越大。

2. 解释价格上限如何起作用以及租金上限是如何导致住房短缺、无效率与不公平的。
- 将价格上限设在均衡价格之上是没有效果的。
- 将价格上限设在均衡价格之下会导致短缺、寻找活动增加以及黑市出现。
- 价格上限是无效率和不公平的。
- 租金上限是价格上限的一个实例。

3. 解释价格下限如何起作用以及最低工资是如何导致失业、无效率与不公平的。
- 将价格下限设在均衡价格之下是没有效果的。
- 将价格下限设在均衡价格之上会导致过剩、寻找活动增加以及非法交易。
- 价格下限是无效率和不公平的。
- 最低工资是价格下限的一个实例。

4. 解释市场中农产品的价格支持是如何导致剩余、无效率与不公平的。

- 价格支持会增加产量、减少消费量，从而造成剩余。
- 为了维持支持价格，政府要购买这些剩余，并补贴生产者。
- 价格支持使生产者受益，但消费者和纳税人的支出要高于生产者的所得——它造成了无谓损失。
- 价格支持是无效率的，一般来说也是不公平的。

□ 关键术语

黑市	价格上限（price ceiling）	寻找活动	过度负担
价格下限	补贴	最低工资法	价格支持
税负归宿	价格上限（price cap）	租金上限	

本章检查站

□ 学习计划中的问题与应用

1. 在佛罗里达州，遮阳窗帘和太阳镜是非常重要的东西。如果对这些商品的税率翻一番，从 5.5% 提高到 11%，谁将支付大部分增加的销售税呢，是买者还是卖者？税收增加会使得遮阳窗帘和太阳镜的购买量减少一半吗？

2. 假定政府对咖啡征税 2 美元/杯，决定星巴克将涨价多少的因素是什么？咖啡店的销售量会如何变化？这项税收会带来很多收入吗？

3. 表 1 显示了互联网服务市场。这一互联网服务的市场价格为多少？如果政府对互联网服务征收 15 美元/月的税收，购买互联网服务的人要支付多高的价格？互联网服务的供应商得到了什么价格？购买者还是供应商缴纳了更多的税收？

表 1

价格（美元/月）	需求量（单位/月）	供给量（单位/月）
0	30	0
10	25	10
20	20	20
30	15	30
40	10	40

图 1 显示了对校园住房的需求情况。利用图 1 回答问题 4～6。该大学有 200 间房屋可供出租。

4. 如果大学对每间房屋设置租金上限 650 美元/月，租金为多少？多少间房屋被租出去了？校园住房市场有效率吗？

5. 如果大学严格实施 550 美元/月的租金上限，租金为多少？多少间房屋被租出去了？校园住房市场是有效率的吗？解释为什么。

6. 如果大学严格实施 550 美元/月的租金上限，黑市出现了，黑市租金可能高达多少？校园住房市场是公平的吗？解释之。

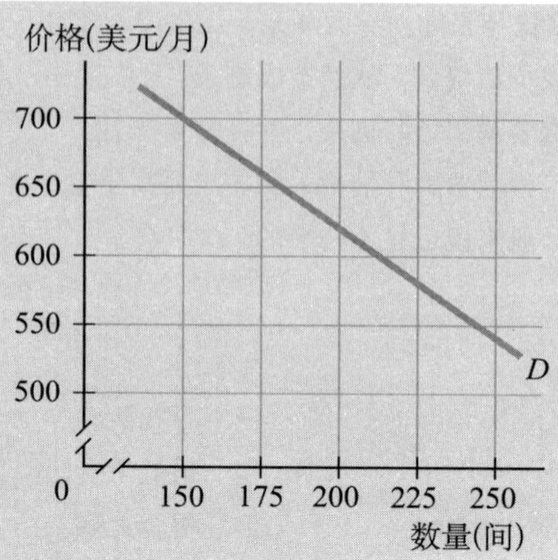

图 1

7. 表 2 显示了校园体育比赛场所对学生打工者的需求和供给情况。如果大学严格推行最低工资 11.5 美元/小时，在该最低工资中，谁受益、谁受损？校园劳动力市场有效率吗？公平吗？

表 2

工资率（美元/月）	需求量	供给量
	（学生打工者人数）	
10.00	600	300
10.50	500	350
11.00	400	400
11.50	300	450
12.00	200	500
12.50	100	550

8. 表 3 显示了蘑菇的需求和供给安排。假定政府对蘑菇推行价格支持 6 美元/磅，谁受益、谁受损？蘑菇的产量、剩余量以及由此产生的无谓损失各是多少？

表 3

价格（美元/磅）	需求量	供给量
	（磅/周）	
1.00	5 000	2 000
2.00	4 500	2 500
3.00	4 000	3 000
4.00	3 500	3 500
5.00	3 000	4 000
6.00	2 500	4 500

利用下列信息回答问题 9 和 10。

中国工厂的煤炭短缺

中国政府已经对煤炭和汽油价格实行价格控制，试图保护贫困的城市居民和农民免受世界能源价格上涨的危害。中国发电厂已经遭遇煤炭短缺，奢侈而且油耗大的汽车的销售量有增无减，汽油消费量急剧上升，炼油厂商遭受损失并计划减产。

资料来源：CNN，May 20，2008.

9. 中国的价格控制是价格下限还是价格上限？画图来解释由煤炭和汽油市场的价格控制造成的短缺。

10. 解释中国的价格控制如何改变了消费者剩余、生产者剩余、总剩余以及煤炭和汽油市场上的无谓损失。画图解释你的答案。

□ 教师可布置的问题与应用

1. 假设国会对行政人员的工资制定上限，并使其低于均衡水平。

- 解释行政人员的需求量、供给量以及工资将如何变化，解释为什么这种结果是无效率的。
- 画一幅表示公司行政人员的市场图。在该图中，表明市场均衡、工资上限与在该上限水平行政人员的供给量和需求量，以及由此产生的无谓损失。还要标明在黑市中支付给行政人员的最高工资。

利用下列信息回答问题 2 和 3。

豪华游船的供给是完全有弹性的，豪华游船的需求则具有单位弹性。在征税之前，一条豪华游船的价格为 100 万美元，每周成交 240 条豪华游船。现在政府决定对豪华游船征收 20%的税收。

2. 征税之后，豪华游船的买者支付什么价格？豪华游船的买者和卖者分别承担了多少税收？政府获得多少税收收入？

3. 画图表明这一税收的过度负担为多少。这一税收有效率吗？

4. 图 1 表明了巧克力棒的供需情况。假定政府对巧克力棒征税 1.5 美元/条。巧克力棒的购买量会如何变化？谁支付了大部分税收？无谓损失是多少？

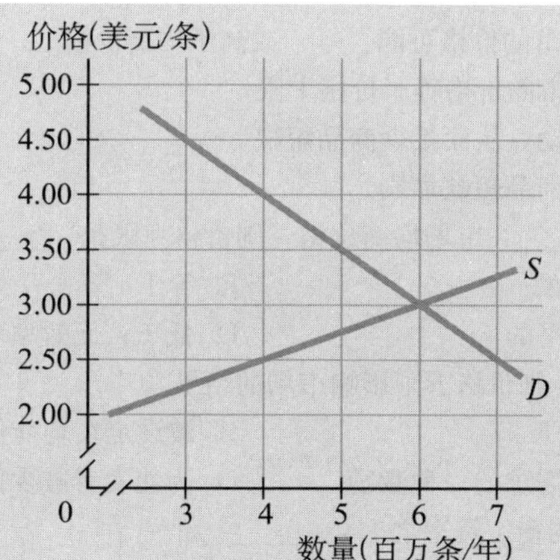

图 1

利用下列信息回答问题 5 和 6。

鉴于油价上涨所带来的政治不稳定性，美国政府决定对汽油施加 3 美元/加仑的价格上限。

5. 解释如果石油生产国增加产量，并使得汽油均衡价格为 2.5 美元/加仑，汽油市场将对价格上限做出何种反应。美国的汽油市场有效率吗？

6. 解释如果一场全球性石油短缺造成汽油均衡价格高达 3.5 美元/加仑，汽油市场将对价格上限做出何种反应。美国的汽油市场有效率吗？

7. 假定政府对律师收费制定了一个上限，律师的工作量、雇用律师的人们的消费者剩余以及律师事务所的生产者剩余分别将怎样变化？这种收费上限会导致资源有效率和公平的使用吗？为什么？

利用下列信息回答问题 8 和 9。

农作物价格侵蚀农业补贴计划

在农民的生活中，玉米和大豆的高价意味着农民最赚钱。原因是：粮价过高以至于不能触发美国主要农产品补贴计划的“价格支持”项目。市场已经做了国会没有做的，那就是“削减农业补贴”。

资料来源：*The Wall Street Journal*，July 25，2011.

8. 画图描述当大豆处于低价时的大豆市场。标明大豆的产量、农民得到的补贴以及导致的无谓损失。

9. 在玉米有价格支持的市场中，解释为什么玉米价格会上升，并且在价格太高的情况下会停止“触发支出”。

□ 单项选择题

1. 如果对含糖饮料的购买者征收每罐 1 美元的税，含糖饮料的需求________，购买者支付的价格________。
   A. 不变；不变　　B. 不变；每罐上升 1 美元
   C. 减少；每罐上升大于 1 美元　　D. 减少；每罐上升小于 1 美元
2. 对糖果所征收的税将由谁来支付？
   A. 如果糖果的需求是缺乏弹性的，则仅仅由买者支付
   B. 如果糖果的供给是缺乏弹性的，则仅仅由卖者支付
   C. 如果糖果的需求是有弹性的，则由买者和卖者共同支付
   D. 如果糖果的供给是有弹性的，则仅仅由买者支付
3. 价格上限的设定低于均衡价格________。
   A. 将导致黑市出现，黑市的价格可能会等于或高于均衡价格
   B. 将导致黑市出现，黑市的价格等于价格上限
   C. 将导致递增的寻找活动，从而减少商品短缺
   D. 将增加商品需求，使商品短缺加剧
4. 如果价格上限的设定________市场均衡价格，则价格上限是________。
   A. 低于；有效率和公平的　　B. 等于；不公平但是有效率的
   C. 高于；有效率和不公平的　　D. 低于；无效率和不公平的
5. 如果价格下限________，则价格下限影响市场的结果。
   A. 被设定在均衡价格之下　　B. 被设定在均衡价格之上
   C. 为使购买者增加商品需求的一种激励　　D. 为使卖者减少商品供给的一种激励
6. 最低工资被设定在市场均衡工资率之上会________。
   A. 增加就业和劳动供给量
   B. 减少失业，提高就业者的工资率
   C. 提高就业者的工资率，增加职位供应
   D. 增加失业，减少就业
7. 价格支持被设定在均衡价格之上会________。
   A. 导致短缺，增加农民的总收入，并且是有效率的
   B. 导致剩余，政府购买这些剩余并倾倒在世界其他地区，以保持美国价格水平等于支持价格
   C. 是无效率的，因为农民的边际成本大于美国消费者的边际收益
   D. 是有效率的，因为农民的边际成本等于美国消费者的边际收益

8. 选择下列最佳的表述。

A. 给予花生种植者补贴会减少花生种植者的成本，降低花生的市场价格，以及增加花生的需求

B. 对花生种植者的价格支持是花生的保证价格，这个价格会增加花生的产量

C. 如果支持价格在市场价格之下，对花生种植者的价格支持和补贴将使花生市场更加有效

D. 为了将支持价格设定在均衡价格之上来增加花生种植者的收入，还必须对他们进行补贴

第8章 运作中的全球市场

本章要点

学完本章，你将能够：

1. 解释市场如何受国际贸易影响。
2. 分析国际贸易所得及其赢家和输家。
3. 解释国际贸易壁垒的影响。
4. 解释和评价用来支持限制国际贸易的各种论点。

8.1 全球市场如何运作

由于我们和其他国家的人们进行贸易，我们购买和消费的货物与服务不仅仅限于我们自己所生产的。我们从其他国家的企业那里购买的货物与服务称为我们的**进口**（imports）；我们卖给其他国家人们的货物与服务称为我们的**出口**（exports）。

□ 当今的国际贸易

当今全球贸易额巨大。2009 年，全球出口与进口（这两个数字相同，因为一个国家的出口就是另一个国家的进口）大约为 15 万亿美元，占全球生产价值的 27%。美国是世界上最大的国际贸易国，出口占世界出口的 10%，进口占世界进口的 15%。德国与中国分别排第 2 位与第 3 位，但它们与美国相比，仍有较大差距。

2009 年，美国总出口为 1.5 万亿美元，大约占美国生产价值的 11%。美国总进口为 1.9 万亿美元，大约占美国总支出价值的 13%。

美国既有货物贸易，也有服务贸易。2009 年，服务出口为 0.5 万亿美元（占总出口的 33%），服务进口为 0.4 万亿美元（占总进口的 21%）。

美国最大的出口是服务，例如，版税、许可证费用、银行、商业咨询以及其他私人服务。美国最大的货物出口是化学制品与塑料制品和飞机，最大的货物进口是原油与汽车。“关注美国经济”专栏更为详细地介绍了美国十大出口与进口的情况。

□ 什么因素驱动国际贸易？

比较优势是驱动国际贸易的基本力量。我们在第 3 章将比较优势定义为，个人能够以比别人更低的机会成本进行一项活动或生产一种货物或提供一种服务的能力。相同的定义方法可以应用到国家层面。我们定义国家比较优势（national comparative advantage）为，一个国家能够以比其他任何国家更低的机会成本进行一项活动或生产一种货物或提供一种服务的能力。

中国生产一件 T 恤衫的机会成本低于美国，所以中国具有生产 T 恤衫的比较优势。美国生产飞机的机会成本低于中国，因此美国具有生产飞机的比较优势。

在第 3 章你看到了利兹和乔如何专门生产自己具有比较优势的产品然后从相互贸易中获益。两者都比贸易前更好。这个道理同样适用于各国之间的贸易。由于中国生产 T 恤衫有比较优势，美国生产飞机有比较优势，因此，两国的人民可从各自的专业化和贸易中获益。中国可以从美国以比中国自己生产的花费更低的机会成本购买飞机。而美国可以从中国以比美国自己生产的花费更低的机会成本购买 T 恤衫。此外，通过国际贸易，中国生产商能以更高的价格卖出其 T 恤衫，而波音公司能以更高的价格卖出其飞机。可见，两国都从国际贸易中获益。

通过分析全球市场中的 T 恤衫和飞机的需求与供给，现在我们从刚才的描述中来阐述贸易的收益。

❖关注美国经济　　美国的出口与进口

下页图（a）中的浅灰色条块表示美国前十位的出口情况，图（b）中的深灰色条块表示美国前十位的进口情况。图中绘出的是净出口和净进口的值，因为我们出口并同时进口绝大多数种类的商品。

前十位出口中有 5 类是服务业，包括版税和许可证费用（例如，好莱坞电影制作人向海外发行电影所收取的费用），金融服务，商业、专业和技术服务（例如，谷歌为欧洲运动服生产厂商阿迪达斯所做的销售广告），旅游业（例如，英格兰游客到佛罗里达度假的花费），以及教育服务（在美国学院和大学的外国学生）等。

汽车和汽车燃料是美国最大的进口商品。美国也进口大量的服装、家具、电视和 DVD 播放器以及电脑和工业机械及设备。保险服务也在美国前十位进口之列。

虽然美国进口大量的电脑，但美国也出口很多这些计算机内的半导体（计算机芯片）。联想笔记本电脑中的英特尔芯片在中国生产然后输入美国，就是一个例子。该芯片也曾在美国生产，然后出口到中国。

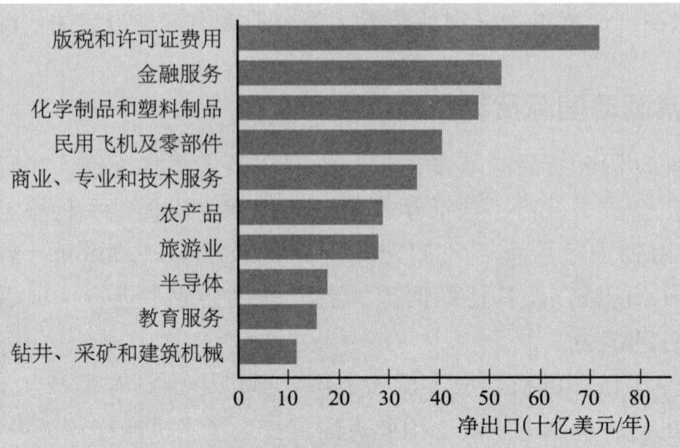

(a) 美国出口的前十位

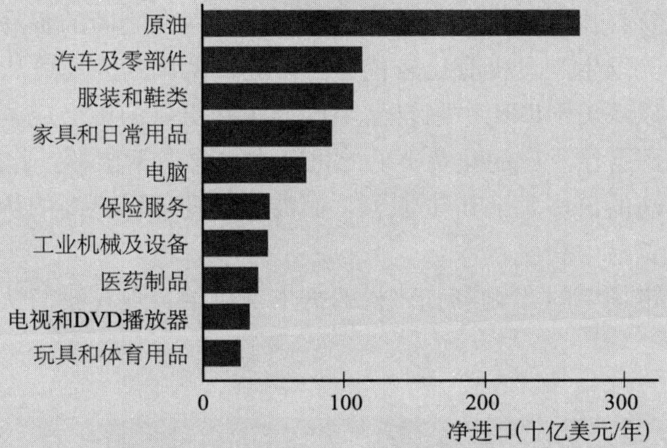

(b) 美国进口的前十位

资料来源：Bureau of Economic Analysis.

□ 为什么美国进口 T 恤衫

图 8－1 说明了 T 恤衫国际贸易所产生的影响。需求曲线 D_{US}和供给曲线 S_{US}分别表示美国国内市场该产品的需求和供给。需求曲线告诉我们美国消费者在不同价格下愿意购买的 T 恤衫的数量。供给曲线告诉我们美国服装生产商在不同价格下愿意卖出的 T 恤衫的数量。

图 8－1（a）描述了在没有国际贸易下的美国 T 恤衫市场。该 T 恤衫的价格是 8 美元/件，美国服装生产商每年将生产 4 000 万件 T 恤衫，美国消费者将购买这些 T 恤衫。

图 8－1（b）描述了在国际贸易下的 T 恤衫市场。现在，T 恤衫的价格取决于世界市场，而不是美国国内市场。每件 T 恤衫的国际价格低于 8 美元，这意味着，世界其他地方具有生产 T 恤衫的比较优势。国际价格线表示 T 恤衫的国际价格为 5 美元/件。

美国的需求曲线 D_{US}显示，每件 T 恤衫的价格为 5 美元时，美国消费者一年将购买6 000万件 T 恤衫。美国的供给曲线 S_{US}显示，每件 T 恤衫的价格为 5 美元时，美国服装生产商一年将生产 2 000 万件 T 恤衫。当美国只生产 2 000 万件 T 恤衫而要购买 6 000万件 T 恤衫时，美国需要从世界其他地方进口 T 恤衫。每年进口 4 000 万件 T 恤衫。

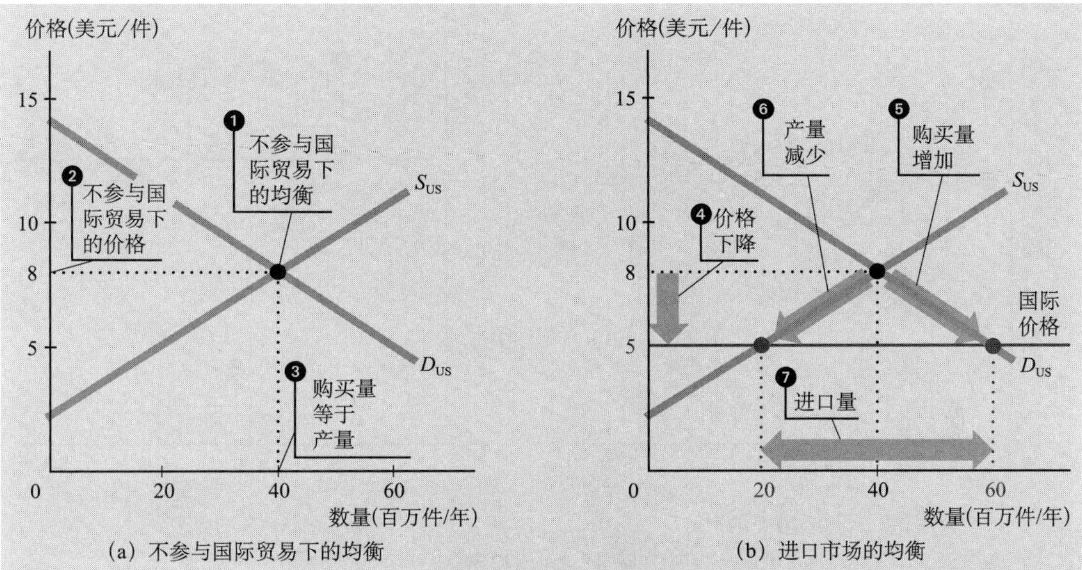

图 8-1　进口市场

图（a）表示没有国际贸易，①国内需求和国内供给决定②T 恤衫的均衡价格为每件 8 美元，③均衡数量为每年 4 000 万件。

图（b）表示参与国际贸易，世界需求和世界供给决定国际价格——每件 T 恤衫 5 美元。④市场价格降到每件 5 美元。⑤国内购买量增长到每年 6 000 万件，⑥国内产量下降到每年 2 000 万件。⑦每年进口 T 恤衫 4 000 万件。

□ 为什么美国出口飞机

图 8-2 说明了飞机国际贸易所产生的影响。需求曲线 D_{US}和供给曲线 S_{US}分别表示美国国内市场该产品的需求和供给。需求曲线告诉我们美国航空公司在不同价格下愿意购买的飞机数量。供给曲线告诉我们美国飞机制造商在不同价格下愿意卖出的飞机数量。

图 8-2（a）描述了在没有国际贸易下美国飞机市场的情况。每架飞机的价格为 1 亿美元，美国飞机制造商每年生产 400 架飞机，美国航空公司购买这些飞机。

图 8-2（b）描述了在国际贸易下美国飞机市场的情况。现在，飞机的价格取决于世界市场，而不是美国国内市场。飞机的国际价格高于 1 亿美元/架，这意味着美国具有生产飞机的比较优势。国际价格线显示飞机的国际价格为 1.5 亿美元/架。

美国的需求曲线 D_{US}告诉我们，每架飞机的价格为 1.5 亿美元时，美国的航空公司一年将购买 200 架飞机。美国的供给曲线 S_{US}告诉我们，每架飞机的价格为 1.5 亿美元时，美国飞机制造商一年将生产 700 架飞机。美国生产的飞机数量（700 架/年）减去美国航空公司购买的飞机数量（200 架/年），就是美国出口飞机的数量，即一年出口 500 架飞机。

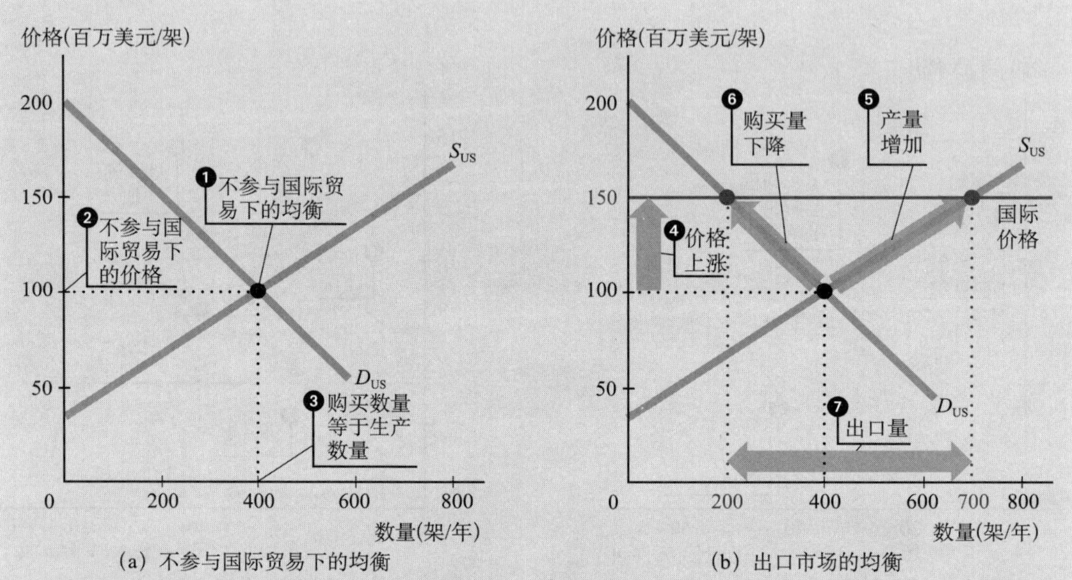

图 8-2 出口市场

图（a）表示没有国际贸易，①国内需求和国内供给决定②飞机的均衡价格为每架 1 亿美元，③均衡数量为每年 400 架。

图（b）表示参与国际贸易，世界需求和世界供给决定国际价格——每架飞机 1.5 亿美元。④价格上涨。⑤国内产量增加到每年 700 架，⑥国内购买量下降到每年 200 架。⑦每年出口飞机 500 架。

检查站 8.1 解释市场如何受国际贸易影响。

现实问题

1. 假定食糖的国际价格是每磅 10 美分，美国没有参与国际贸易，国内食糖的均衡价格是每磅 20 美分。然后美国开始参与国际贸易。

- 美国的食糖价格会怎样变化？
- 美国的消费者会购买更多还是更少的食糖？
- 美国的食糖厂商会生产更多还是更少的食糖？
- 美国将出口还是进口食糖？

2. 假定钢铁的国际价格是每吨 100 美元，印度不参与国际贸易，印度国内钢铁的均衡价格是每吨 60 美元。印度开始参与国际贸易。

- 印度的钢铁价格会怎样变化？
- 印度生产的钢铁数量会怎样变化？
- 印度购买的钢铁数量会怎样变化？
- 印度将出口还是进口钢铁？

新闻摘要

水下石油的发现使得巴西转变为出口大国

巨大油田的发现使巴西转变为石油出口大国。直到两年前，巴西还在进口石油，之后能够自给自足。这个发现让巴西成为石油出口大国。

资料来源：*The New York Times*, January 11, 2008.

描述巴西生产石油的比较优势，并解释为什么它的比较优势会发生变化。

现实问题参考答案

1. 不参与国际贸易时，美国食糖的国内价格超过国际价格，可知世界其他地区具有生产食糖的比较优势。参与国际贸易时，食糖的国内价格下降到国际价格水平，美国消费者购买更多的食糖，国内产量减少。美国进口食糖。

2. 不参与国际贸易时，印度钢铁的国内价格低于国际价格，可知印度具有生产钢铁的比较优势。参与国际贸易时，印度钢铁的国内价格上升到国际价格水平，钢铁厂增加产量，国内购买量下降。印度出口钢铁。

新闻摘要参考答案

在 2008 年以前，巴西都没有生产石油的比较优势。巴西国内生产每桶石油的成本比国际价格高，所以巴西进口石油。新油田的发现使其生产每桶石油的成本低于国际价格。现在巴西具有生产石油的比较优势，它将成为一个石油出口国。

8.2 赢家、输家和贸易的收益净额

你已经看到国际贸易如何降低进口产品的价格和提高出口产品的价格。进口产品的购买者从降低的价格中受益，出口产品的销售者从上升的价格中受益。但是我们经常听到对国际竞争的抱怨：不是每个人都能从中受益。下面我们分析自由的国际贸易中谁赢谁输。然后，你将能够了解谁在抱怨国际竞争，以及抱怨的原因。

你还会看到，为什么我们从来没有听到进口商品的消费者抱怨，为什么我们从来没有听到出口商抱怨，除非他们想进入更多的国外市场。你还将了解为什么我们会听到生产者抱怨外国廉价的进口品。

∴关注全球化　　全球化中谁赢谁输？

经济学家通常认为，全球化带来的收益总体上大于损失。但是，有赢家和输家。

美国消费者是个大赢家。全球化使得他们在商店能以更低的价格买到 iPod、Wii 游戏机、耐克鞋，以及其他各种产品。

印度（以及中国、亚洲其他国家和地区）的工人是另一个大赢家。全球化给他们带来了许多更有趣的工作和更高的工资。

美国（和欧洲）的纺织工人与家具制造商都是大输家。他们的工作已经消失，其

中许多人在努力寻找新的就业机会，即使他们已经愿意接受减薪。

但是，最大的输家之一是非洲的农民。由于贸易限制导致全球食品市场的限制，以及美国和欧洲的农业补贴，全球化使得大部分非洲国家处于边缘地带。

□ 进口的收益与损失

通过分析进口对消费者剩余、生产者剩余和总剩余的影响，我们能够分析进口的收益与损失。剩余增加的就是赢家，剩余减少的就是输家。

图 8-3（a）表示不参与国际贸易的消费者剩余和生产者剩余。国内需求 D_{US} 和国内供给 S_{US} 决定价格和数量。浅灰色区域表示消费者剩余，深灰色区域表示生产者剩余。总剩余就是消费者剩余和生产者剩余的总和。

图 8-3（b）表示在开放市场开始进口后，这些剩余会怎样改变。价格降低到国际价格，购买量增加到国际价格水平下的需求数量，消费者剩余扩大到更大的浅灰色区域 $A+B+D$。产量减少到国际价格水平下的供给数量，生产者剩余缩小到更小的深灰色区域 C。

消费者剩余中增加的部分收益即区域 B 是生产者剩余的损失——总剩余的重新分配。但是消费者剩余中增加的另一部分即区域 D 就是净收益。总剩余中增加的这部分是进口的收益，由降低的价格和增加的购买量带来。

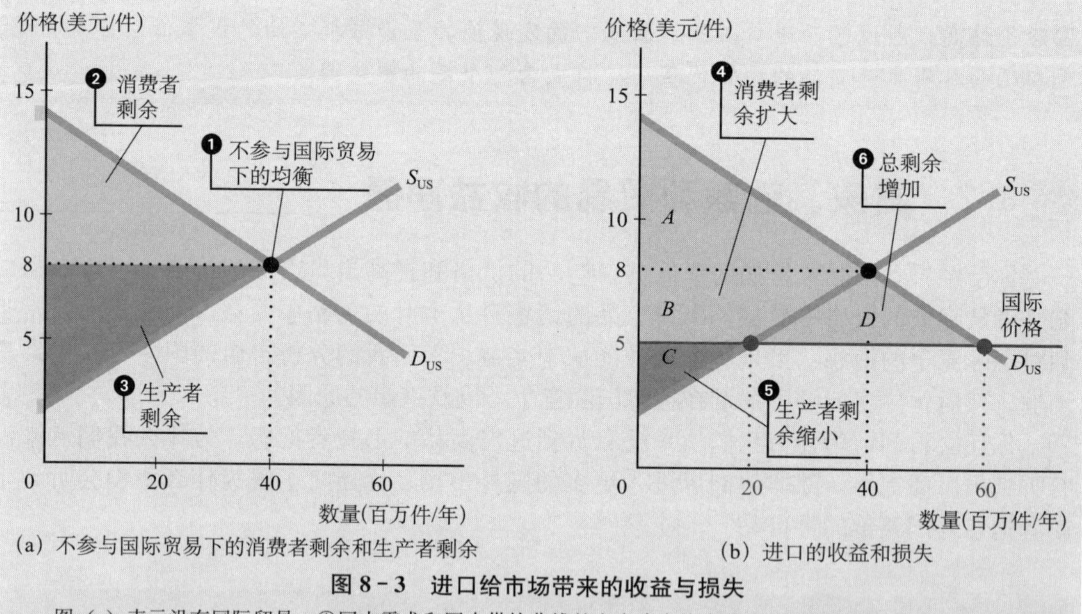

图 8-3 进口给市场带来的收益与损失

图（a）表示没有国际贸易，①国内需求和国内供给曲线的交点决定均衡价格和均衡数量。②浅灰色区域表示消费者剩余，③深灰色区域表示生产者剩余。

图（b）表示参与国际贸易，价格跌至国际价格。④消费者剩余扩大到区域 $A+B+D$。区域 B 是生产者转给消费者的剩余，⑤生产者剩余缩小到区域 C。⑥区域 D 是总剩余的增加。

□ 出口的收益与损失

通过分析出口对消费者剩余、生产者剩余和总剩余的影响，我们来分析出口的收益与损失，像分析进口的损益一样。

图 8－4（a）表示不参与国际贸易时的消费者剩余和生产者剩余。国内需求 D_{US} 和国内供给 S_{US} 决定价格和数量。浅灰色区域表示消费者剩余，深灰色区域表示生产者剩余。二者之和就是总剩余。

图 8—4（b）表示在商品被出口后，消费者剩余和生产者剩余会怎样改变。价格上升到国际价格，购买量降低到国际价格水平下的需求数量，消费者剩余缩小到浅灰色区域 A。产量增加到国际价格水平下的供给数量，生产者剩余由深灰色区域 C 扩大到更大的深灰色区域 $B+C+D$。

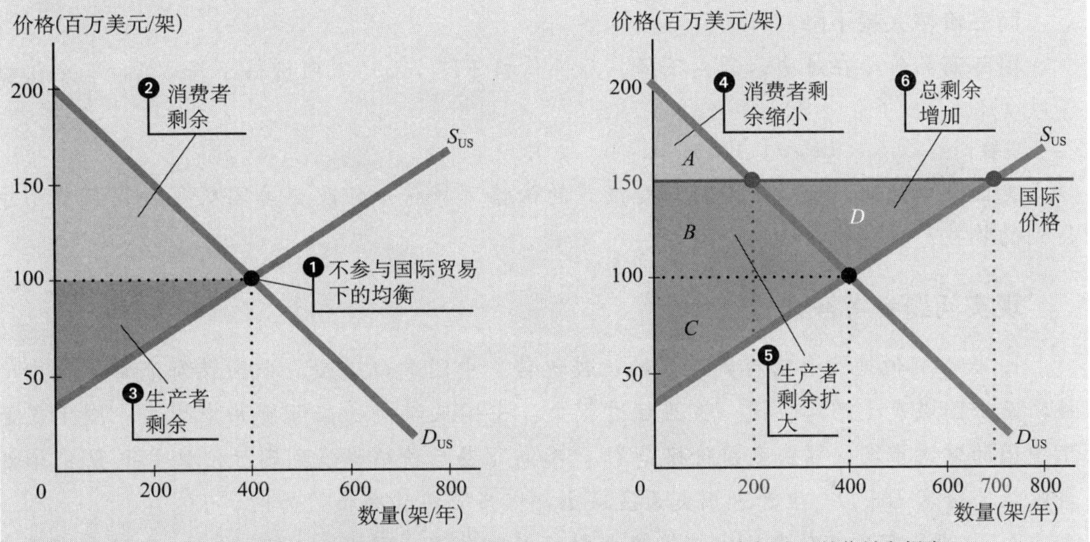

(a) 不参与国际贸易下的消费者剩余和生产者剩余

(b) 出口的收益和损失

图 8－4　出口给市场带来的收益与损失

图（a）表示没有国际贸易，①国内需求和国内供给曲线的交点决定均衡价格和均衡数量。②浅灰色区域表示消费者剩余，③深灰色区域表示生产者剩余。

图（b）表示参与国际贸易，价格上升至国际价格。④消费者剩余缩小到区域 A。⑤生产者剩余扩大到区域 $B+C+D$。区域 B 是消费者转给生产者的剩余。⑥区域 D 是总剩余的增加。

生产者剩余中的部分收益即区域 B 是消费者剩余的损失——总剩余的重新分配。但是生产者剩余中增加的另一部分即区域 D 就是净收益。总剩余中增加的这部分是出口的收益，由上升的价格和增加的产量带来。

检查站 8.2☞　分析国际贸易所得及其赢家和输家。

现实问题

20 世纪 80 年代以前，中国没有国际贸易：煤炭和鞋子都是自给自足。在中国开放国际贸易后，煤炭的国际价格低于中国的国内价格，而鞋子的国际价格高于其国内价格。

1. 中国进口还是出口煤？在中国，谁将从煤炭的国际贸易中获益而谁会受损？中国是否从这个煤炭贸易中获益？画一个图来说明中国的煤炭市场，并在图中标明煤炭国际贸易中的收益、损失和净收益或净损失。

2. 中国进口还是出口鞋子？在中国，谁将从鞋子的国际贸易中获益而谁会受损？中国是否从这一个鞋子贸易中获益？画一个图来说明中国的鞋业市场，并在图中标明鞋子国际贸易中的收益、损失和净收益或净损失。

新闻摘要

商品价格大幅下降

国际商品价格在过去六周内下降。原油价格下降7%，牛肉价格下降5%，玉米价格下跌4%。

资料来源：*Global Commodity Watch*, June 15, 2011.

美国进口原油，出口牛肉。此处报道的价格下降将如何改变美国从每种商品贸易中得到的收益？这些收益如何分配？

现实问题参考答案

1. 世界其他地方具有生产煤炭的比较优势。中国进口煤炭，中国煤炭消费者从中受益，而中国煤炭生产商受损。收益超过损失：中国从煤炭的国际贸易中受益。图1显示了中国的煤炭市场。贸易之前价格是 P_0，参与贸易后价格降低到国际价格水平 P_1。消费者收益为区域 $B+D$，生产者损失为区域 B，煤炭贸易的净收益为区域 D。

2. 中国具有生产鞋子的比较优势。中国出口鞋子，国内生产商受益，而国内消费者受损。收益超过损失：中国从鞋子的国际贸易中获益。图2显示了中国的鞋业市场。贸易之前价格是 P_0，参与贸易后价格上升到国际价格水平 P_1。生产者收益为区域 $B+D$，消费者损失为区域 B，鞋子贸易的净收益为区域 D。

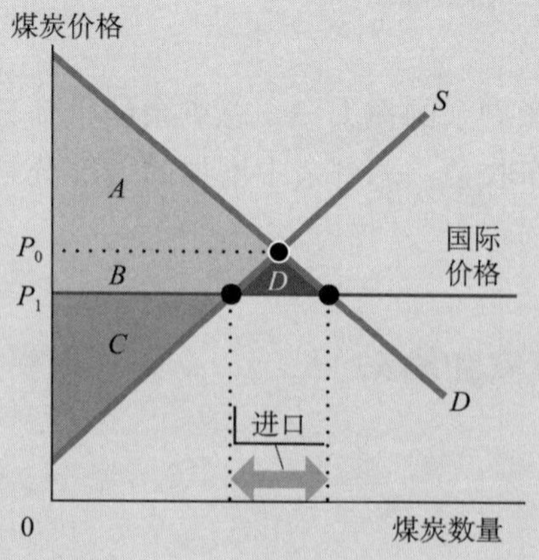

图1

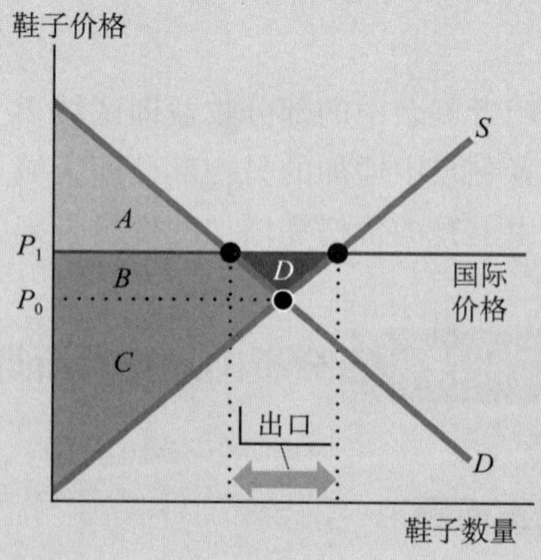

图2

新闻摘要参考答案

美国没有生产原油的比较优势，国际价格下降使进口增加，美国国内产量减少。消费者剩余增加，生产者剩余减少，但是消费者的收益超过生产者的损失。美国具有生产牛肉的比较优势，国际价格下降减少了美国的产量。生产者剩余减少，消费者剩余增加，但生产者剩余的减少额超过消费者剩余的增加额。

8.3 国际贸易限制

政府利用四种工具影响国际贸易和保护国内产业免受国外竞争。它们是：

- 关税
- 进口配额
- 其他进口壁垒
- 出口补贴

□ 关税

关税（tariff）是对进口商品征收的一种税收。例如，印度政府对从加利福尼亚进口的葡萄酒征收百分之百的关税。当印度公司进口一瓶 10 美元的加利福尼亚葡萄酒时，印度政府将向该公司收取 10 美元的进口税。

政府征收关税的动机很强。首先，征收关税给政府带来收入。其次，征收关税能够保护那些从进口竞争性行业中赚取收入的人的利益。正如你所知，关税和其他对自由国际贸易的限制会减少贸易所得，也不符合全社会的利益要求。我们看一看为何是这样。

∴关注过去　　美国关税的历史

下页图显示了自 1930 以来美国的平均关税率。20 世纪 30 年代美国国会通过《斯穆特-霍利法》(Smoot-Hawley Act) 时，关税达到高峰。1947 年，美国与其他国家签署了《关税与贸易总协定》(General Agreement on Tariffs and Trade，GATT)。经过一系列回合的谈判，《关税与贸易总协定》普遍削减了美国和其他许多国家的关税。今天，世界贸易组织（World Trade Organization，WTO）继续 GATT 的工作，并努力促进各国之间的非限制性贸易。

美国是与其他国家或地区签订的许多贸易协定的缔约国。其中包括《北美自由贸易协定》(North American Free Trade Agreement，NAFTA) 和《中美洲自由贸易协定》(Central American Free Trade Agreement，CAFTA)。这些协定已经消除了美国与中美洲和北美洲的国家贸易中的大部分商品的关税。

资料来源：The Budget for Fiscal Year 2006，Historical Tables，Table 2.5 and Bureau of Economic Analysis.

关税效应

为了分析关税的效应，让我们回到自由国际贸易条件下美国进口 T 恤衫的例子。美国进口 T 恤衫，并以国际价格水平出售。然后，在美国服装制造商的压力下，美国政府对进口 T 恤衫征收关税。T 恤衫购买者现在必须支付国际价格加上关税。T 恤衫市场可能出现几种情况。图 8－5 显示了这些情况。

图 8－5（a）与图 8－1（b）相同，都显示了自由国际贸易下的情况。美国一年生产 2 000万件 T 恤衫，并以 5 美元的国际价格进口 4 000 万件 T 恤衫。

图 8－5（b）显示了对每件 T 恤衫征收 2 美元关税的效应。美国 T 恤衫市场将发生下列改变：

- 美国每件 T 恤衫的价格提高 2 美元。
- 美国消费者购买的 T 恤衫数量减少。
- 美国生产的 T 恤衫数量增加。
- 美国进口的 T 恤衫数量减少。
- 美国政府获得关税收入。

T 恤衫价格上升。为了购买一件 T 恤衫，美国人必须支付 T 恤衫的国际价格加上关税，因而，T 恤衫价格上升了 2 美元，达到 7 美元。图 8－5（b）标明了 T 恤衫新的国内价格线高出国际价格线 2 美元。

T 恤衫购买量减少。T 恤衫价格上升导致需求量减少，如图 8－5（b）所示，沿着需求曲线移动，T 恤衫需求量从 5 美元下的 6 000 万件减少到 7 美元下的 4 500 万件。

T 恤衫国内生产量增加。T 恤衫价格上升刺激了国内生产，如图 8－5（b）所示，沿着供给曲线移动，T 恤衫供给量从 5 美元下的 2 000 万件增加到 7 美元下的 3 500 万件。

T 恤衫进口减少。T 恤衫的进口量减少 3 000 万件，从一年 4 000 万件减少到 1 000 万件。购买量减少以及国内产量增加使得进口减少。

关税收入。美国政府的关税收入为 2 000 万美元（进口 1 000 万件 T 恤衫，每件征税

2 美元)，如图中灰色矩形所示。

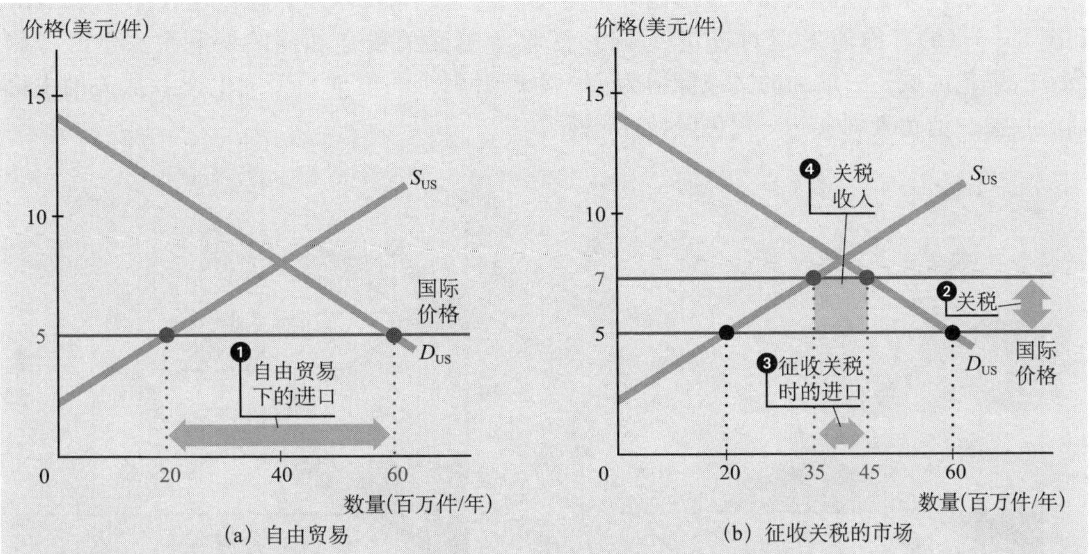

图 8-5　关税的效应

T 恤衫的国际价格为每件 5 美元。在自由贸易下，在图（a）中，美国人购买 6 000 万件 T 恤衫。美国生产 2 000万件 T 恤衫，①进口 4 000 万件 T 恤衫。

②在图（b）中每件 T 恤衫被征收 2 美元关税，国内价格（即国际价格加上关税）上升至每件 7 美元。国内产量增加，购买量减少，③进口量减少。④美国政府从每件进口的 T 恤衫中得到 2 美元的关税收入，如灰色矩形所示。

赢家、输家和关税的社会损失

对进口商品征收关税导致了赢家和输家。当美国政府对进口品征收关税时，

- 该进口品的美国生产者受益。
- 该进口品的美国消费者受损。
- 美国消费者遭受的损失大于美国生产者获得的收益。

该进口品的美国生产者受益。由于征收关税导致进口 T 恤衫的价格上升，美国 T 恤衫生产商现在能够以更高的价格（即国际价格加上关税）售出其产品。由于 T 恤衫价格上升，美国 T 恤衫生产商增加供给量。因为美国生产一件 T 恤衫的边际成本低于所有 T 恤衫的售价（少量 T 恤衫除外），所以生产者剩余增加。生产者剩余增加的部分是美国生产者的收益。

该进口品的美国消费者受损。由于美国的 T 恤衫价格上升，T 恤衫的需求量减少。更高的购买价格加上更少的购买量使得消费者剩余减少。消费者剩余的损失代表关税引起的美国消费者的损失。

美国消费者遭受的损失大于美国生产者获得的收益。你已经看到了消费者剩余减少和生产者剩余增加，但是哪个改变更大呢？消费者的损失超过生产者的收益还是生产者的收益超过消费者的损失？抑或是消费者的损失直接转移到生产者那里？要回答这些问题，我们需要回到 T 恤衫市场的需求和供给分析，并比较消费者剩余和生产者剩余的改变。

图 8－6（a）和图 8－3（b）相同，表示自由国际贸易下 T 恤衫市场的消费者剩余和生产者剩余。深灰色区域表示自由国际贸易带来的总剩余的增量。通过比较图 8－6（b）和图 8－6（a），你能发现对进口 T 恤衫征收 2 美元关税会如何改变剩余。生产者剩余——黑色区域——增加的区域标记为 B。生产者剩余的增加是美国生产者从关税中得到的收益。消费者剩余——灰色区域——缩小。

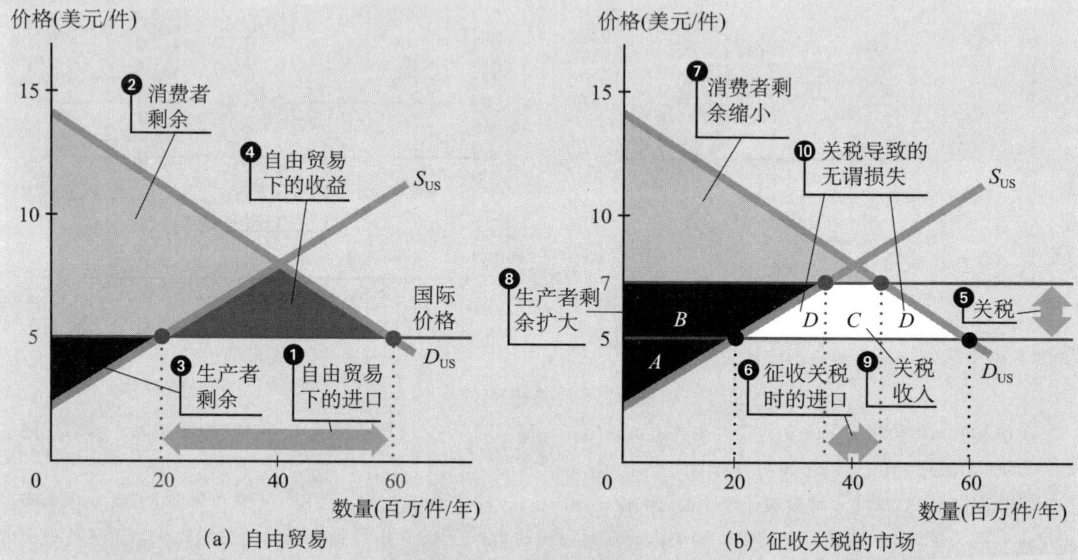

图 8－6　关税的赢家和输家

T 恤衫的国际价格为每件 5 美元。在自由贸易下，①美国进口 4 000 万件 T 恤衫。②消费者剩余和③生产者剩余以及④自由国际贸易下的收益尽可能大。⑤对每件 T 恤衫征收 2 美元关税，T 恤衫价格上升到 7 美元。⑥进口量下降。⑦消费者剩余减少的部分为区域 B、C 和 D。⑧生产者剩余扩大的部分为区域 B。⑨政府关税收入是区域 C，⑩关税导致的无谓损失为区域 D。

消费者剩余的减少被分成三个部分。第一，部分消费者剩余被转移给生产者。黑色区域 B 代表消费者剩余的损失（生产者剩余的收益）。第二，部分消费者剩余被转移给政府。白色区域 C 代表消费者剩余的这部分损失（政府收入的增加）。当政府使用关税收入时，消费者和生产者都能从中获得一些收益，但是不要期望 T 恤衫的购买者会得到使用这部分 T 恤衫的关税收入带来的收益。关税收入是 T 恤衫购买者的损失。

消费者剩余损失的第三部分没有被转移给任何人：它是一种无谓损失。消费者在更高的价格下购买更少数量的商品。两个标记为 D 的白色区域代表消费者剩余的这部分损失。这部分就是总剩余的减少，也是关税导致的社会损失。

现在让我们看看限制贸易的第二种工具：配额。

□ 进口配额

进口配额（import quota）是对某商品的进口数量限制，在给定时期内限制该商品的最大进口数量。美国规定对很多商品种类设置进口配额，包括食糖、香蕉和纺织品等。

进口配额也能够保护那些从进口竞争性行业中赚取收入的人的利益。你将看到，和关税一样，进口配额会减少贸易收益，并且不符合全社会的利益诉求。

进口配额的效应

进口配额的效应和关税类似。价格上升，购买量减少，美国的产量增加。图 8－7 表示进口配额的效应。

图 8－7（a）显示了自由国际贸易下的情形。图 8－7（b）显示了 T 恤衫最大进口配额为每年 1 000 万件时的情形。美国的 T 恤衫供给曲线变成了国内 T 恤衫供给曲线 S_{US} 加上进口配额允许进口的数量。美国的 T 恤衫供给曲线变成了标记为 S_{US}＋配额的曲线。T 恤衫价格上升到每件 7 美元，美国消费者购买的 T 恤衫数量减少到每年 4 500 万件，美国生产的 T 恤衫数量增加到每年 3 500 万件，并且，出口到美国的 T 恤衫数量下降到配额数量即每年 1 000 万件。进口配额的所有效应和征收 2 美元关税的效应相同，我们可以从图 8－7（b）中验证这一点。

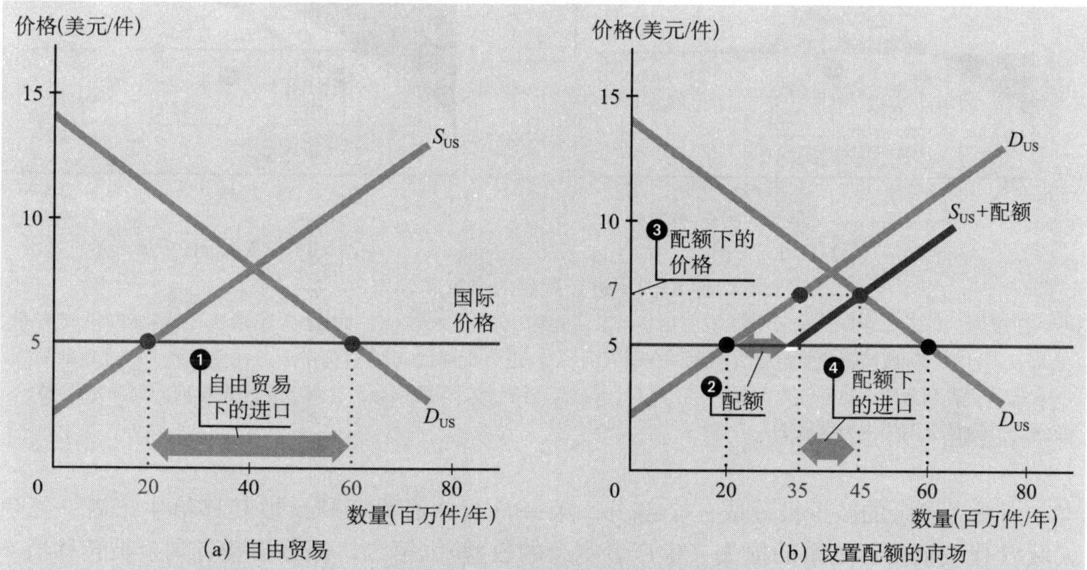

图 8－7　进口配额的效应

在自由贸易下，在图（a）中，美国人在国际价格水平下购买 6 000 万件 T 恤衫，美国生产 2 000 万件 T 恤衫，①进口 4 000 万件 T 恤衫。在图（b）中，②进口配额为 1 000 万件 T 恤衫，美国的供给曲线变为 S_{US}＋配额，③T 恤衫价格上升至每件 7 美元。国内产量增加，购买量减少，④进口数量减少。

赢家、输家和进口配额的社会损失

进口配额导致的赢家和输家与关税的情况基本相似，但也存在一些有趣的差异。当美国政府实行进口配额时，

- 该进口品的美国生产者受益。
- 该进口品的美国消费者受损。
- 该进口品的进口商受益。
- 美国消费者的损失超过美国生产者和进口商的收益。

图 8－8 比较了自由贸易下的贸易所得和配额下的贸易所得。图 8－8（a）表示在 T

恤衫自由国际贸易情形下的消费者剩余和生产者剩余。通过比较图 8－8（b）和图 8－8（a），你会看到对 T 恤衫设置 1 000 万件的进口配额会怎样改变剩余。生产者剩余——黑色区域——增加的区域标记为 B。生产者剩余增加的部分是美国生产者从进口配额中得到的收益。消费者剩余——灰色区域——缩小。缩小的这部分是进口配额给消费者带来的损失。

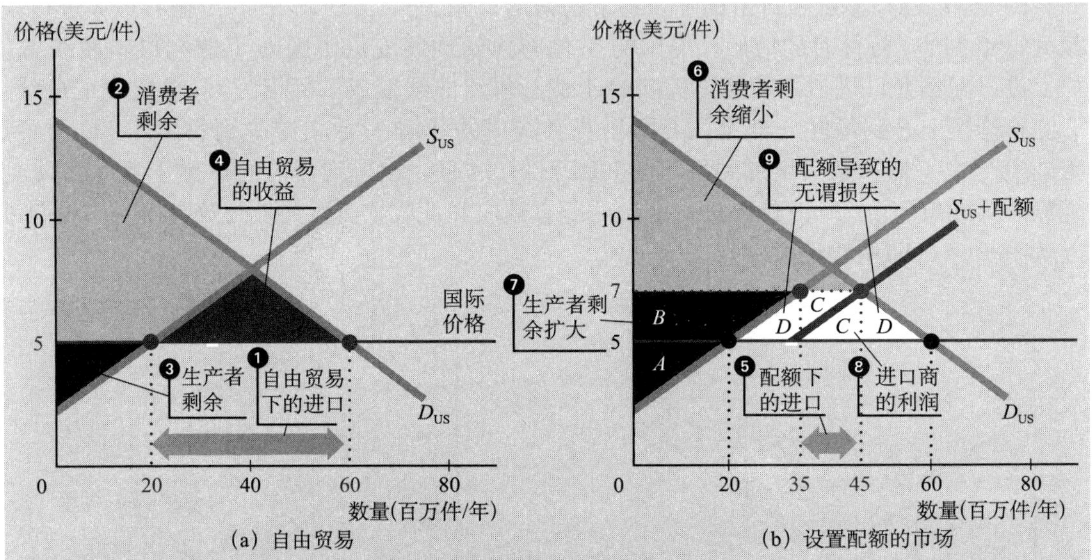

图 8－8　进口配额的赢家和输家

T 恤衫的国际价格为 5 美元/件。在自由贸易下，①美国进口 4 000 万件 T 恤衫。②消费者剩余和③生产者剩余以及④自由国际贸易下的收益尽可能大。在图（b）中，进口配额使 T 恤衫价格上升到 7 美元。⑤进口数量减少。⑥消费者剩余减少的部分为区域 B、C 和 D。⑦生产者剩余扩大的部分为区域 B。⑧进口商的利润是区域 C，⑨配额导致的无谓损失为区域 D。

消费者剩余的减少被分成三个部分。第一，部分消费者剩余被转移给生产者。黑色区域 B 代表消费者剩余的损失（生产者剩余的收益）。第二，部分消费者剩余被转移给那些以 5 美元（国际价格）购买 T 恤衫并以 7 美元（国内价格）售出的进口商。白色区域 C 代表消费者剩余的损失和进口商的收益。

消费者剩余的损失的第三部分没有被转移给任何人：它是一种无谓损失。消费者在更高的价格下购买更少数量的商品。两个标记为 D 的白色区域代表消费者剩余的这部分损失。这部分就是总剩余的减少，是进口配额导致的社会损失。

现在你知道了进口配额和征收关税之间的不同之处。关税给政府带来收入，而进口配额给进口商带来利润。如果配额设置水平和征收关税带来的进口数量相同，那么二者所有其他的效应都相同。

□ 其他进口壁垒

两类政策影响进口：

- 健康、安全和规制壁垒
- 自愿出口限制

健康、安全和规制壁垒

数以万计的各种详细的健康、安全和其他规制限制了国际贸易。例如，美国的进口食品由食品和药物管理局进行检查，以确定是否“纯净，健康，食用安全，并在卫生条件下生产”。2003 年在美国仅仅发现一头牛患有疯牛病（BSE）就足以关闭其牛肉的国际贸易。欧盟禁止进口大部分转基因食品，如美国生产的大豆。尽管我们刚才描述的这类规制并不是设计来限制国际贸易的，但它们确实限制了国际贸易。

自愿出口限制

自愿出口限制（voluntary export restraint）与配额类似，是对外国出口商的出口数量实行限制。和进口配额一样，自愿出口限制会减少进口，但是，外国出口商从国内价格和国际价格差中获得利润。

□ 出口补贴

补贴（subsidy）是政府支付给生产商的补偿。出口补贴是政府支付给出口产品的生产商的补偿。美国和欧盟政府都补贴农产品。这些补贴能够刺激农产品的生产和出口，但是使其他国家尤其是非洲和中南美洲国家的农产品生产者在国际市场上的竞争更加艰难。出口补贴给国内生产者带来收益，但是，导致国内过度生产和其他国家生产不足，因此造成了无谓损失（见第 6 章）。

检查站 8.3☞ 解释国际贸易壁垒的影响。

现实问题

1995 年以前，美国对来自墨西哥的进口商品征收关税，墨西哥也对来自美国的进口商品征收关税。1995 年墨西哥加入《北美自由贸易协定》之后，这两个国家逐渐取消了这些关税。

1. 解释美国消费者购买的从墨西哥进口的商品的价格如何发生变化，以及美国从墨西哥进口的数量如何发生变化。在美国，谁是这种自由贸易的赢家，谁是输家？

2. 解释美国出口到墨西哥的数量如何改变，以及美国政府从与墨西哥的贸易中获得的关税收入如何变化。

3. 假设今年佛罗里达州的西红柿种植者游说美国政府对墨西哥西红柿实行进口配额。解释在美国谁将从这种进口配额中获益，谁又将受损。

新闻摘要

印度尼西亚人哀叹好莱坞大片被封锁了

印度尼西亚于四个月前向好莱坞电影征收进口关税，此举旨在“保护本地电影制作人”。主要的好莱坞制片商对此做出反应，从印度尼西亚撤回了他们的电影。

资料来源：*The Jakarta Post*, July 6, 2011.

解释这一关税如何影响在印度尼西亚观看电影的价格，如何影响印度尼西亚制作的电影的数量，以及该关税如何影响印度尼西亚从与美国的贸易中获得的收益。在印度尼西亚，该关税会使谁受益、谁受损？

现实问题参考答案

1. 美国消费者购买的从墨西哥进口的商品的价格降低，美国从墨西哥进口的数量增加。赢家为购买墨西哥进口商品的消费者，输家为墨西哥进口商品的美国生产者。

2. 美国出口到墨西哥的数量增加，美国政府从与墨西哥的贸易中获得的关税收入减少。

3. 实行进口配额，美国的西红柿价格将上升，购买量将减少，消费者剩余减少。种植者面对更高的价格，会增加产量，生产者剩余增加。美国西红柿市场的总剩余会从消费者到生产者重新分配，但是总剩余减少。

新闻摘要参考答案

关税使在印度尼西亚观看电影的价格上升。印度尼西亚制作的电影的数量增加，好莱坞电影的进口数量减少到零。印度尼西亚从与美国的贸易中获得的收益减少。随着价格的上升，消费者剩余减少——消费者遭受损失。生产者剩余增加——生产者受益。政府获得的关税收入为零。

8.4 反对贸易保护的论点

只要国家和国际贸易存在，人们就一直在争论：实行自由的国际贸易和采取保护政策避免国外竞争，哪种政策对一个国家更好呢？虽然争论仍在进行，但是，多数经济学家相信，自由贸易将给所有国家带来繁荣，而贸易保护会减少从贸易中获得的潜在收益。我们已经看到了支持自由贸易的最有力的论据：所有国家都从自身的比较优势中获益。但在自由贸易与贸易保护之间还存在一些更为广泛的问题。我们来回顾这些问题。

□ 关于贸易保护的三种传统论点

保护并限制国际贸易的三种传统论点是：

- 国家安全论
- 幼稚产业论
- 倾销论

让我们依次分析这些论点。

国家安全论

国家安全论的观点是，一个国家必须保护生产国防装备和军备的产业，以及那些国防工业的原材料和其他中间投入品所依赖的产业。但是这种论点经不住推敲。

首先，这是一种以国家之间相对封闭为前提的观点，因为在战争时期，所有产业都要服务于国防。其次，如果贸易保护是以提高一个策略性产业（比如航空航天业）的产量为目的的，那么，通过税收融资的产业补贴比实行关税或进口配额能更有效地实现这些目的。产业补贴将使得该产业能够保持合适的发展规模，且自由国际贸易也将使消费者支付的价格保持在国际价格水平。

幼稚产业论

幼稚产业论（infant-industry argument）认为，有必要保护一个新产业，使其发展为一个成熟产业，以便其能在国际市场中展开竞争。这种论点基于干中学（learning-by-doing）的观点。通过反复做一项工作，工人对工作更为熟练，并能增加他们一定时期内的生产数量。

干中学的观点没有错。它是人力资本积累和经济增长的重要引擎。干中学可以改变比较优势。如果工作经验降低了生产一种商品的机会成本，那么，一个国家就可以拥有生产那种商品的比较优势。但是，干中学并不足以证明贸易保护是正确的。

干中学使得幼稚产业的企业和工人受益，并能生产有效产量。如果政府保护这些企业，鼓励它们生产，将会导致无效率的生产过度（像第6章的生产过度）。

历史证据与幼稚产业保护论的观点相反。没有实行这种贸易保护的东亚国家经济表现良好。而实行贸易保护的国家，例如一度采取贸易保护政策的印度，经济表现糟糕。

倾销论

倾销（dumping）是指一家外国企业以低于生产成本的价格出口。你可能觉得奇怪：为何企业想要以低于生产成本的价格出口其产品？为何这些企业不通过什么都不销售或者提高销售价格至少收回其成本，从而使得自己的收益增加呢？企业以低于成本的价格出口因而进行倾销的两个可能的理由是：

- 掠夺性定价
- 补贴

掠夺性定价。采取掠夺性定价（predatory pricing）的企业设定低于成本的价格，希望将竞争者逐出市场。一国的企业想要驱逐另一个国家的竞争者，将向外国市场倾销它的产品。外国企业以低于成本的价格销售产品会使得国内企业没有活路。在国内企业离开市场后，外国企业将会利用自己的垄断地位提高产品价格。当然，高价会吸引新的竞争者加入，这使得倾销策略不太可能获利。基于这点，经济学家怀疑这类倾销是否会发生。

补贴。补贴是政府支付给生产者的财政资助。获得补贴的企业能够以低于成本的价格销售并且会有利润。补贴在几乎所有国家里都非常普遍。美国和欧洲联盟补贴了许多农产品的生产，并将它们的剩余产品倾销到世界各地。这一行为降低了发展中国家农民获得的价格，削弱了贫困国家大力发展农业的动机。印度和欧洲都被怀疑在美国倾销钢铁。

不论出于什么理由，倾销在世界贸易组织、北美自由贸易区、中国—东盟自由贸易区（CAFTA）等的规则下都是非法的，并被认为为征收临时关税提供了正当理由。因此，反倾销关税（anti-dumping tariffs）在当今世界变得非常重要。

但也有强有力的理由来反对出于贸易保护而采取倾销的论点。第一，几乎不可能查处倾销，因为企业的成本难以衡量。结果，倾销的检测标准为企业的出口价格是否低于其国内价格。这种检测标准的效果不好，因为在需求对价格敏感度高的市场制定低价格而在需求对价格敏感度低的市场制定高价格，是合情合理的。

第二，很难想象一种商品是由全球单一的企业生产。即使所有的国内企业都被逐出了某些行业，还是可以找到许多替代性的外国供给产品，并以竞争市场下的价格购买这些商品。

第三，如果一种产品或服务确实是全球性自然垄断的，那么，最好的处理方式是采取和国内垄断市场类似的规制。当然，这种规制需要国际合作。

我们刚才分析过的关于贸易保护的三种论点都有一定的可信度。但是反对贸易保护的观点更加有理，因而贸易保护的观点没有盛行。当然，这些观点不是你们可能遇到的全部论点。还有许多其他贸易保护的观点，下面我们分析其中四种。

□ 四种新的贸易保护论点

四种新出现的限制国际贸易的论点，通常认为贸易保护能够

- 保护工作岗位
- 使得我们能够和外国廉价劳动力竞争
- 带来多样性和稳定性
- 惩罚不严格的环境标准

保护工作岗位

当美国人购买从巴西进口的商品如鞋子时，生产鞋子的美国工人将失去工作。这些工人没有收入，前景暗淡，领取社会福利，花费减少，从而导致进一步失业的恶性循环。建议解决方法为通过禁止进口外国廉价商品来保护美国的工作岗位。这种建议有缺陷，理由如下：

首先，自由贸易确实会减少一些工作岗位，但也能创造新的工作岗位。自由贸易使得劳动力在全球范围内合理配置，并将劳动力资源配置到价值最高的活动中。由于国际纺织品贸易，美国大量纺织厂和其他工厂倒闭，成千上万的工人失去工作。而其他国家开设了许多纺织厂，数以万计的工人现在有了工作。大量的美国工人现在得到了比作为纺织工人所获报酬更高的工作，因为美国其他出口行业已经扩大，并创造出更多的就业机会，多于所减少的就业机会。

其次，进口创造了工作岗位。进口创造出销售进口商品的零售商工作岗位和为进口商品提供服务的企业工作岗位。它们还通过增加世界其他地方人们的收入创造出就业岗位，其中一些收入将被花费在进口美国制造的商品和服务上。

贸易保护能保护一些特定的就业岗位，但是，要付出很高的代价。例如，直到 2005 年，美国的纺织工作岗位都一直受到被称作《多种纤维协定》（Multifiber Arrangement，MFA）的国际协议设定的进口配额的保护。美国国际贸易委员会（International Trade

Commission，ITC）估计，由于实行进口配额，纺织业保留了 72 000 个本来会消失的工作岗位，且美国每年的服装支出比自由贸易条件下的服装支出高出 159 亿美元（每家支出 160 美元）。美国国际贸易委员会的估计意味着，每个受保护的纺织工作岗位花费了消费者每年 22.1 万美元。2005 年《多种纤维协定》终止后，美国和欧洲纺织行业丧失了大量的工作岗位。

使得我们能够和外国廉价劳动力竞争

随着美国与墨西哥的贸易保护关税的取消，一些人认为，一些工作机会将流入墨西哥，且美国将无法与南部邻国竞争。让我们分析这种观点错在哪里。

劳动力成本取决于工资率和一个工人的生产数量。例如，如果美国汽车工人每小时挣 30 美元，一个小时生产 15 单位产出，那么，一个单位产出的平均劳动成本为 2 美元。如果墨西哥汽车工人每小时挣 3 美元，一个小时生产 1 单位产出，那么，一个单位产出的平均劳动成本为 3 美元。其他条件保持不变，一个工人生产的产量越多，工人的工资率就越高。高工资的工人生产更多的产品。低工资的工人生产更少的产品。

虽然平均而言高工资的美国工人比低工资的墨西哥工人的生产率更高，但行业间存在差异。美国劳动力在一些领域比在其他领域相对更有效率。例如，在制作电影、金融服务以及定制的电脑芯片等方面，美国工人的生产率相对于他们在金属和某些标准化机械零件方面的生产率更高。美国工人比其墨西哥同行相对更有效率的生产活动，往往是那些美国具有比较优势的活动。通过从事自由贸易，我们增加那些我们具有比较优势的产品和服务的生产，减少我们的贸易伙伴具有比较优势的产品和服务的生产，转而增加这些产品和服务的进口，由此，我们可以使得我们自己和其他国家的公民境况改善。

带来多样性和稳定性

一个多元化的投资组合比将所有鸡蛋都放在一个篮子里的风险更小。一个经济体的生产活动也是一样的。一个多元化的经济比只生产一种或两种商品的经济波动更少。

大多数经济体，无论是先进的美国、日本、欧洲，还是发展中的中国和巴西，都进行多样化的生产，没有这类稳定性问题。而少数经济体，如沙特阿拉伯，具有某一种比较优势，结果只专业化生产这种单一产品。尽管这些经济体可以在外国投资于范围更广的生产活动，以平稳其收入和消费。

惩罚不严格的环境标准

贸易保护的一个新观点是，许多贫穷国家，如墨西哥，并不具有和我们（美国）相同的环境标准，而且，它们比我们更愿意污染。因此，在没有征收关税的情况下，我们不能与它们竞争。如果这些国家想与富裕和“更为绿色”的国家开展自由贸易，那么它们就必须提高它们的环保标准。

这种限制贸易的论点并不完全令人信服。穷国没有富国那么强的能力来投入资源以实现高环境标准。如果自由贸易帮助贫穷国家越来越富裕，那么它也将帮助该国改善其环境。但是有一种可能的情况是，通过自由贸易协定如《北美自由贸易协定》（NAFTA）和《中美洲自由贸易协定》（CAFTA）的谈判，促使成员国提高环境标准。采取这种谈判方式来避免给资源（如热带雨林）带来不可挽回的损害，是非常值得的。

因此，我们刚才分析的四种常见的论点也不能为贸易保护提供压倒性的支持。它们都有缺陷，而自由国际贸易的观点更强有力。

□ 为什么国际贸易会受到限制?

尽管有这么多反对贸易保护的观点，为什么国际贸易还是会受到限制？对于发展中国家来说，原因之一是关税是政府收入的便捷来源，但这个原因并不适用于美国的情况，因为美国政府有所得税和销售税。

在美国和大多数其他发达国家，政治上支持限制国际贸易是由于存在**寻租**（rent seeking）现象。寻租是为了获取贸易收益而从事的游说和其他政治活动。我们已经知道，自由贸易使消费者受益，但缩小了与进口进行市场竞争的企业的生产者剩余。

自由贸易的赢家是购买低成本进口品的数以百万计的消费者，但每个消费者得到的好处却很小。自由贸易的输家是进口竞争性商品的生产者。相对于数以百万计的消费者，生产商只有几千个。

现在设想对服装征收关税。数百万消费者将承担消费者剩余变小的代价，但只有几千家服装制造商及其员工将分享贸易收益（生产者剩余）。

一方面，因为征收关税的收益大，生产者具有很强的动机去花钱游说征收关税，反对自由贸易。另一方面，每个消费者的损失都很小，消费者没有什么动机组织起来花钱为赞成自由贸易去游说。对任何一个人来说，自由贸易的收益都太小，以至于不愿意把时间或金钱花在为自由贸易游说的政治组织身上。而自由贸易的损失者将贸易损失看得很大，它们发现加入政治组织反对自由贸易有利可图。每个集团都会权衡收益和成本，并选择适合自己的最佳行动，但反自由贸易集团会比赞成自由贸易（pro-free-trade）集团从事更多的政治游说。

关注你的生活　　国际贸易

国际贸易通过下列三种方式在你的生活中发挥极为重要的作用。它影响你作为

- 消费者
- 生产者
- 选民

作为一个消费者，你能够获得其他国家生产的低成本、高品质的各种各样的商品和服务，并从中受益。

仔细看看你购买的物品上的标签。你的电脑是哪里生产的？你的衬衫和鞋子是哪里制造的？你购买的水果和蔬菜（尤其在冬天）是哪里种植的？

所有这些问题的答案最有可能是亚洲、墨西哥或南美洲。少数几种产品是在欧洲、加拿大和美国生产的。

作为一个生产者（或作为一个潜在的生产者，如果你还没有工作），你将从美国产品的巨大的全球市场中受益。如果你所在的公司没有在全球市场中销售其产品，那么你的工作前景会暗淡得多。

例如，在飞机制造业工作的人将会从大型客机的巨大的全球市场中获益。波音777 飞机刚离开生产线，从加拿大到中国的航空公司马上就会购买这种飞机。

即使你打算成为一名大学教授，你也会受益于教育服务的国际贸易，只要你的学校接受外国学生。

作为一个选民，在自由贸易与贸易保护的政治选择中，你有一个大赌注。作为买家，你的自身利益受到进口产品的关税和配额的侵蚀。每次你买一件 20 美元的毛衣，你都贡献给政府 5 美元的关税收入。但作为一个工人，你的利益可能受到外包业（offshoring）和自由进入美国市场的外国生产商的损害。

所以当你决定如何投票时，你必须弄清楚什么样的贸易政策有利于你自身的利益，什么样的政策最符合社会利益。

检查站 8.4 解释和评价用来支持限制国际贸易的各种论点。

现实问题

1. 日本对大米设置进口配额。加利福尼亚州稻米种植者想出口更多的大米到日本。日本限制从加利福尼亚州进口大米的论点有哪些？这些论点正确吗？在这种贸易限制中，谁会受损？

2. 美国时不时限制进口来自欧洲的钢铁。美国有什么理由证明这种进口配额是合理的？在这种贸易限制中，谁是赢家？谁是输家？

3. 美国一直对食糖实行进口配额。这种进口配额的理由是什么？这些理由有缺陷吗？如果有，解释其原因。

新闻摘要

印度尼西亚人哀叹好莱坞大片被封锁了

印度尼西亚人向好莱坞电影征收进口关税，此举旨在“保护本地电影制作人”。但是主要的好莱坞制片商撤回了他们的电影。

资料来源：*The Jakarta Post*, July 6, 2011.

印度尼西亚使用了什么反对和美国进行自由贸易的论点？这些论点有何错误之处？

现实问题参考答案

1. 主要的理由是，日本大米的质量更为优良，实行配额能够限制日本农民所面对的竞争。这些理由不正确。如果日本消费者不喜欢加利福尼亚州大米的品质，他们就不会购买。进口配额的确能限制竞争，但是，配额使得日本农民低效率地使用土地。最大的输家是支付约三倍于美国的大米价格的日本消费者。

2. 美国的理由是，欧洲生产商在美国市场倾销钢铁。实行进口配额，美国钢铁生产商将面临更少的竞争，并保护美国的就业岗位。钢铁工业工人和钢铁公司所有者将是赢家，而美国的钢铁买家要支付更多的费用。

3. 其观点是，进口配额会保护美国工人的就业机会。这个论点是有缺陷的，因为美国没有生产食糖的比较优势，因此，进口配额导致了美国制糖业的低效率。进行食糖的自由国际贸易，美国制糖业仍将存在，但其规模会变小，更有效率。

新闻摘要参考答案

印度尼西亚使用的是幼稚产业论的观点：有必要保护电影产业，使其通过干中学发展为成熟产业。印度尼西亚将会在电影制作上发展出比较优势。这种论点的错误之处在于被保护的产业通常表现得很差，并且该国家也没有发展出此行业的比较优势。

本章总结

□ 要点

1. 解释市场如何受国际贸易影响。

• 比较优势驱动国际贸易。

• 当一种商品的国际价格低于国内供求平衡的价格时，通过减少生产而进口该商品将使得该国受益。

• 当一种商品的国际价格高于国内供求平衡的价格时，通过增加生产而出口该商品将使得该国受益。

2. 分析国际贸易所得及其赢家和输家。

• 与没有贸易的情况相比，在有进口的市场中，消费者剩余增加，生产者剩余减少，并且总剩余在自由国际贸易下更大。

• 与没有贸易的情况相比，在有出口的市场中，消费者剩余减少，生产者剩余增加，并且总剩余在自由国际贸易下更大。

3. 解释国际贸易壁垒的影响。

• 国家通过实行关税、进口配额、其他进口壁垒和出口补贴来限制国际贸易。

• 贸易限制会提高进口商品的国内价格，降低进口量，减少消费者剩余，增加生产者剩余，造成无谓损失。

4. 解释和评价用来支持限制国际贸易的各种论点。

• 认为有必要为了国家安全、幼稚产业和防止倾销实行贸易保护的论点理由不充分。

• 认为贸易保护可以保护工作岗位、使我们能够与外国廉价劳动力竞争、带来经济多样性和稳定性以及需要惩罚不严格的环境标准的论点是有缺陷的。

• 贸易受到限制，是因为贸易保护给大量的人带来较小的损失而给少数人带来巨大的收益。

□ 关键术语

倾销	进口	补贴	出口	幼稚产业论
关税	进口配额	寻租		

本章检查站

□ 学习计划中的问题与应用

利用图 1 和图 2 中的信息回答问题 1～4。图 1 表示美国鞋业市场，图 2 表示巴西鞋业市场，假设美国和巴西两国之间没有鞋子的国际贸易。

1. 哪个国家具有生产鞋子的比较优势？当巴西和美国进行国际贸易时，说明哪个国家出口鞋子，以及进口国的鞋子价格和进口国生产的鞋子数量将会如何改变。解释哪个国家从这种国际贸易中受益。

2. 在国际贸易下，鞋子的国际价格为每双 20 美元。解释由于国际贸易，美国的消费者剩余和生产者剩余如何改变。在图中标明美国消费者剩余的改变（标记为 A）和生产者剩余的改变（标记为 B）。

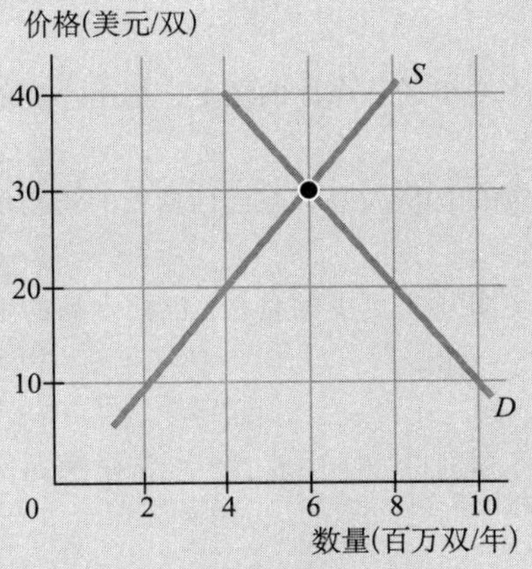

图 1　美国鞋业市场

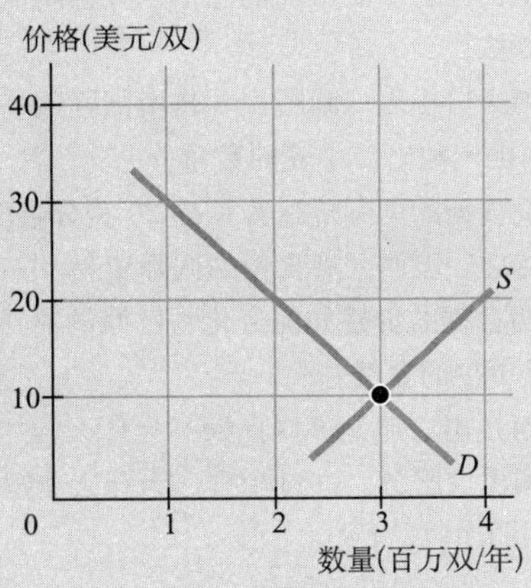

图 2　巴西鞋业市场

3. 每双鞋子的国际价格为 20 美元。解释由于国际贸易，巴西的消费者剩余和生产者剩余如何改变。标明巴西消费者剩余的改变（标记为 C）和生产者剩余的改变（标记为 D）。

4. 在与巴西的自由贸易中，美国的受损者是谁？解释其原因。

利用下列信息回答问题 5～7 。

5. 美国玫瑰花的供应是由美国种植的玫瑰和进口的玫瑰组成的。画图说明自由国际贸易条件下美国的玫瑰市场。在你的图上，标出玫瑰的价格、购买量、产量和美国的进口量。

6. 在美国，谁从玫瑰贸易中受损，并将游说对玫瑰进口数量实行限制？如果美国政府提出对玫瑰进口征收关税，在图上标明重新分配给美国生产者的美国消费者剩余，并标出美国政府的关税收入。

7. 假设美国政府对玫瑰实行进口配额。在图上标明重新分配给生产者和进口商的消费者剩余，以及进口配额导致的无谓损失。

利用以下信息回答问题 8～10。

美国扩大对中国纸的反倾销关税

由于俄亥俄州代顿市的 NewPage 公司的投诉，美国商务部提高了从中国进口的光泽纸的关税，已高达 99.65%。从 2005 年到 2006 年，美国从中国进口的光泽纸增加了 166%。这种光泽纸用于艺术书籍、高档杂志和教科书。

资料来源：*Reuters*，May 30，2007.

8. 解释在美国对光泽纸征收关税谁受益、谁受损。你购买的杂志和教科书的价格将如何变化？

9. 什么是倾销？中国倾销光泽纸，在美国谁受损？

10. 什么是反倾销关税？NewPage 公司说服美国商务部征收 99.65%的关税的论据什么？

□ 教师可布置的问题与应用

利用下列信息回答问题 1 和 2。

美国—印度关系的未来

2009 年 5 月，美国国务卿希拉里·克林顿（Hillary Clinton）发表了重要讲话，涵盖了美印关系的所有问题。关于经济和贸易关系，她指出，印度设置了对美国的大量贸易壁垒。美国也设置了反对从印度进口如纺织品的壁垒。美国的希拉里·克林顿、奥巴马总统与印度商业和工业部部长阿南德·夏尔马（Anand Sharma）说，他们要消除这些贸易壁垒。

资料来源：www. state. gov.

1. 解释消除美国和印度之间的贸易壁垒后，在美国谁可能受益、谁可能受损。

2. 画出美国纺织品市场的图形，并标明消除关税将如何改变生产者剩余、消费者剩余以及关税带来的无谓损失。

3. 美国出口小麦。画图说明自由国际贸易下美国的小麦市场。在你的图上，标出小麦的价格、购买量、美国生产和出口小麦的数量。

4. 假设食糖的国际价格为每磅 20 美分，巴西没有食糖的国际贸易，在巴西食糖的均衡价格为每磅 10 美分。然后，巴西开展食糖的国际贸易。

- 巴西食糖的价格如何变化？巴西的消费者将购买更多还是更少的食糖？巴西食糖的生产者将生产更多还是更少的食糖？
- 巴西是出口还是进口食糖？为什么？

5. 美国出口服务，进口咖啡。为什么美国从出口服务和进口咖啡中获益？经济学家如何计算这种国际贸易中的净收益？

利用图 1 的信息回答问题 6～8。

图 1 显示了墨西哥对外国进口汽车没有设置限制时的国内汽车市场。汽车的国际价格为每辆 1 万美元。

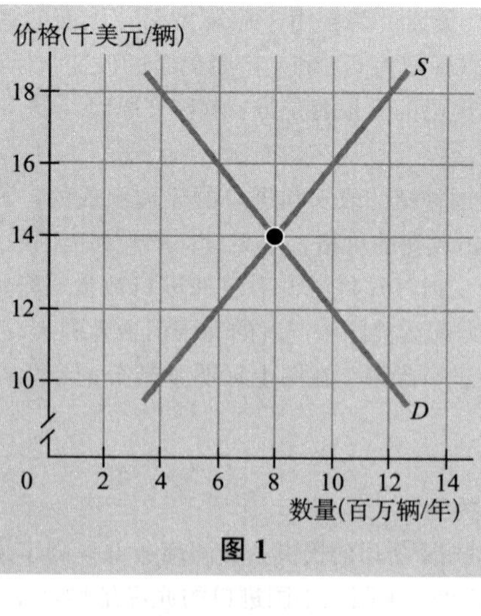

图 1

6. 如果墨西哥政府对每辆进口汽车征收 2 000 美元的关税，那么，墨西哥的汽车价格、墨西哥生产的汽车数量、进口的汽车数量以及政府的关税收入分别是多少？

7. 如果墨西哥政府采取进口配额，一年最多进口 400 万辆汽车，那么，墨西哥的汽车价格、墨西哥生产的汽车数量、进口的汽车数量分别是多少？

8. 鼓励墨西哥政府对从美国进口的汽车征收 2 000 美元关税的理由是什么？墨西哥征收汽车关税，谁将受益、谁将受损？

9. 在 20 世纪 50 年代，福特汽车公司和通用汽车公司在澳大利亚设立了一个小的汽车产业，并要求对进口汽车征收高关税。这种关税一直保持多年，到 2000 年，关税为 22.5%。福特汽车公司和通用汽车公司要求征收高关税的理由可能是什么？关税是不是实现它们目标的最好的方式？

□ 单项选择题

1. 驱动国际贸易的基本力量是比较________。
   A. 优势：一个国家出口具有比较高价格的商品
   B. 充裕：一个国家出口其产量大于自身需求的商品
   C. 优势：一个国家出口具有较低的生产的机会成本的商品
   D. 成本：一个国家和能生产更便宜商品的其他国家进行贸易
2. 一个国家会出口小麦，如果在没有国际贸易的情况下，________。
   A. 它生产了多余的小麦
   B. 它生产小麦的机会成本低于国际价格
   C. 它国内小麦的价格高于国际价格
   D. 其他国家小麦短缺
3. 在美国和加拿大的自由贸易中，美国出口西红柿，加拿大出口枫糖浆，美国________。
   A. 西红柿的消费者受益，加拿大枫糖浆的消费者受损
   B. 西红柿和枫糖浆的消费者都比各自的生产者受益更多
   C. 枫糖浆的消费者的受益大于它的生产者的损失
   D. 西红柿的消费者的受益大于它的生产者的损失
4. 在中国和美国的自由贸易中，赢家是________，输家是________。
   A. 美国进口产品的消费者；美国进口产品的生产者
   B. 中国进口产品的消费者；中国出口产品的生产者
   C. 美国出口产品的生产者；美国进口产品的消费者
   D. 中国出口产品的消费者；中国进口产品的生产者
5. 美国对纸征收的关税________美国纸的价格，________美国纸的产量并且________美国的贸易所得。
   A. 提高；增加；增加　　B. 不改变；增加；增加
   C. 不改变；不改变；减少　　D. 提高；增加；减少
6. 如果韩国对美国的橘子设置进口配额，输家包括韩国橘子的________和美国橘子的________。
   A. 消费者；消费者　　B. 消费者；生产者
   C. 生产者；消费者　　D. 生产者；生产者
7. 支持限制自由贸易的人们认为________。
   A. 贸易保护会保护美国及外国经济体的工作岗位
   B. 自由贸易时美国厂商无法和外国廉价劳动力竞争
   C. 外包使得工作机会外流，带来多样性和稳定性
   D. 保护是必要的，它使得美国厂商能够生产具有比较优势的产品

第9章 外部性：污染、教育和医疗保健

本章要点

学完本章，你将能够：

1. 解释为什么负外部性会带来无效率的生产过度，而产权、污染费和污染税收能实现更有效率的产出。

2. 解释为什么正外部性会带来无效率的生产不足，而公共提供、补贴和代金券能实现更有效率的产出。

我们日常生活中的外部性

外部性（externality）是生产或消费一种私人产品所带来的成本（外部成本）或收益（外部收益），并且这种外部性是针对其他人而不是针对生产者或者消费者而言的。在我们着手解决本章的两个主要问题之前，我们将首先回顾一下外部性的范围、分类，并且举例说明。

首先，外部性既可以由生产活动导致，也可以由消费活动导致。其次，它可能是一种**负外部性**（negative externality），从而导致外部成本，也可能是**正外部性**（positive externality），从而带来外部收益。所以总共有四种外部性：

- 负的生产外部性
- 正的生产外部性
- 负的消费外部性
- 正的消费外部性

□ 负的生产外部性

当美网公开赛在弗拉辛草场（Flushing Meadows）举办的时候，运动员、现场观众和世界各地的电视观众都感受到了许多纽约人每天都面对的负的生产外部性：飞机从拉瓜迪亚机场起飞带来的噪声。飞机的噪声给居住在各主要城市机场方向的飞行路线下的居民带来了巨大的成本。

伐木和森林的逐渐消除是另一种负的生产外部性的根源。这些活动会破坏野生动物的栖息地并且影响大气中的二氧化碳含量，进而对温度产生长期的影响。所以，每个人甚至未来的几代人都承担着空气污染的外部成本。

污染是这种类型的外部性的一个主要的例子，这点我们将在下一节做详细的阐述。

□ 正的生产外部性

为生产橘子花蜜，加利福尼亚奇科市的蜜传蜜公司（Honey Run Honey）将蜂箱放置在一个橘园旁。蜜蜂从橘子花中采集花粉和花蜜用来酿蜜，同时它们也在花丛中传递花粉，这有助于花粉受精。这个例子包含了两个正的生产外部性。蜜传蜜公司从橘园主那里获得了正的生产外部性，同时橘园主也从蜜传蜜公司那里获得了正的生产外部性。

□ 负的消费外部性

负的消费外部性是让我们许多人愤怒的来源之一。在一个封闭的空间里抽烟会产生烟雾，让许多人不悦并且会带来健康隐患，所以在餐馆和飞机上吸烟会产生负的消费外部性。为了避免这种负外部性，很多餐厅和所有飞机都禁止吸烟。但是，禁止吸烟虽使大多数人避免了负的消费外部性，却给吸烟者带来了负的消费外部性。多数人通过吸烟的禁令对少数人施加了一个负的外部成本，因为少数人偏爱在就餐或乘飞机旅行时吸烟。

嘈杂的聚会和户外摇滚演奏会也是负的消费外部性的例子。这两个例子也说明了对于一项活动，简单的禁令并不是一个很好的解决办法。禁止嘈杂的聚会使想好好休息的邻居避免了负的外部成本，但却导致那些睡觉的人对那些想参加聚会寻求快乐的人施加了负的外部成本。

听任蒲公英在草坪中生长，秋天里不扫落叶，允许狗大声地吠叫或者将邻居家的草坪弄脏，你的手机在课堂上发出响声，这些都是负的消费外部性的例子。

□ 正的消费外部性

当你接种流感疫苗的时候，你感染流感的风险就降低了。如果你避免了流感，那么你的邻居即使没有接种疫苗，也因此更有可能保持健康。流感疫苗产生了正的消费外部性。

当一栋历史建筑物的所有者对其进行修复，所有看到这栋建筑物的人都能够从中得到快乐。类似地，当有人想要盖一栋壮观的房子，例如 20 世纪二三十年代建筑家弗兰克·劳埃德·赖特（Frank Lloyd Wright）建造的房子，或者其他令人兴奋的房子，例如纽约的克莱斯勒大厦和帝国大厦或者澳大利亚的悉尼歌剧院时，所有有机会看到这些建筑的人都得到了消费的外部收益。

本章我们将详细探讨这种外部性的另一个主要例子——教育。

9.1　负外部性：污染

污染是负外部性的一个例子。生产活动和消费活动都能产生污染，但我们在这里仅仅考虑污染是一种负的生产外部性。在一个化工厂将废料倒入河流后，生活在河边的人们、在河边垂钓的人们以及乘船行驶的人们都承受了污染所带来的损失。化工厂在决定产量的时候没有考虑到污染的成本。它的供给曲线是建立在自身的成本基础上的，而不是以它对其他人所造成的损失为基础。你会发现当存在外部成本时，我们生产的产量超过了有效产量，因此我们将制造出比有效数量多得多的污染。

污染和其他的环境问题不是最近才出现的。欧洲前工业时代的乡镇和城市就出现过严重的污水处理不当的问题，使上百万人死于霍乱和瘟疫。同时寻找解决环境问题的方法也不是近来才开始的，14 世纪在纯净水的供给及垃圾和污水的卫生处理方面的进展都是早期有效地改善环境质量的举措。

一般谈论污染和环境问题很少会涉及经济学。人们关注的是环境问题的自然方面，而不是成本和收益。通常人们会习惯性地认为破坏环境的行为都是错误的，并且应该停止。与此相反，对环境的经济学分析强调的是成本和收益，经济学家谈论污染或环境破坏的有效数量。这并不意味着经济学家和一般市民关注的目标不一样，不珍视一个健康的环境，同时也不意味着经济学家是正确的而其他人是错误的。只是经济学家提供了一系列工具和原理，这对澄清环境问题是非常有帮助的。

对私人成本和社会成本的区分是经济学分析环境问题的起点。

□ 私人成本和社会成本

生产的私人成本是由产品生产者或服务提供者自己承担的成本。边际成本是多生产一单位的产品或服务所耗费的成本。因此，**边际私人成本**（marginal private cost，*MC*）是多生产一单位的产品或服务所产生的由产品生产者或服务提供者自己承担的成本。

你可以看到外部成本是生产一种产品或服务所产生的不是由生产者而是由其他人承担的成本。**边际外部成本**（marginal external cost，*MEC*）是多生产一单位的产品或服务所产生的由其他人而不是生产者或服务者承担的成本。

边际社会成本（marginal social cost，*MSC*）是整个社会所承受的边际成本，包括生产者和其他人所承受的成本，等于边际私人成本和边际外部成本之和。即：

边际社会成本＝边际私人成本 ＋ 边际外部成本

我们在此用美元衡量成本。但我们必须知道成本是一种机会成本，即为得到一些事物所需放弃的其他的最好选择。边际外部成本是在某位产品或服务生产者多生产一单位的产品或服务时，其他人而不是该生产者必须放弃的东西。就像人们必须放弃所珍视的清澈的河流或清新的空气。

外部成本的衡量

经济学家用市场价格来衡量污染的成本。例如，假设有两条相似的河，一条受到污染而另一条是清澈的。每条河的岸边都建造了 500 间相同的房屋。清澈的河旁边的房屋的租金是 2 500 美元/月，而受到污染的河旁边的房屋的租金是 1 500 美元/月。如果污染是这两条河和两个居住区可发现的唯一差别，每月减少的 1 000 美元房租就是污染的成本。对于 500 间房屋来说，外部成本就是 500 000 美元/月。

外部成本和产出

图 9－1 表明制造污染的化工厂的成本和产出的关系。边际成本曲线（*MC*）描述的是生产化工产品的企业承担的边际私人成本。随着化工产品产量的增加，边际成本也增加。如果企业将废水排入河中，随着化工产品产量的增加，企业所造成的外部成本也会增加。边际社会成本曲线（*MSC*）是边际私人成本和边际外部成本之和。例如，当产出是 4 000 吨/月时，边际私人成本是 100 美元/吨，边际外部成本是 125 美元/吨，那么边际社会成本是 225 美元/吨。

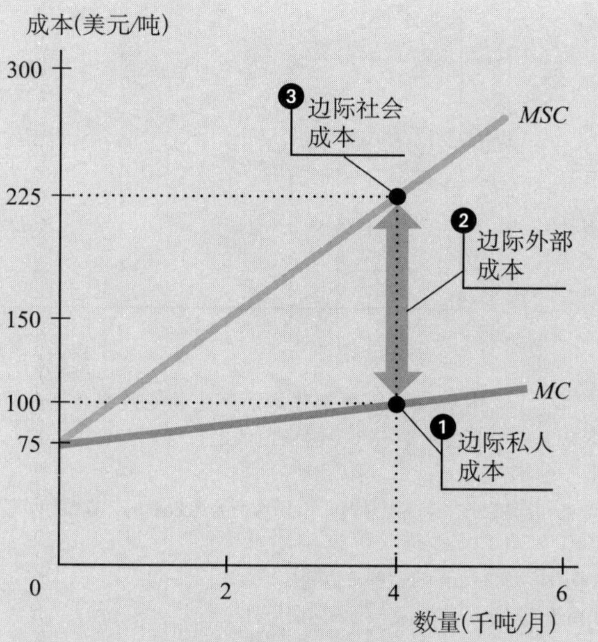

图 9－1　外部成本

MC 曲线表示的是生产化工产品的企业承担的边际私人成本。*MSC* 曲线表示的是边际私人成本和边际外部成本之和。当化学产品的产量是 4 000 吨/月时，①边际私人成本是 100 美元/吨，②边际外部成本是 125 美元/吨，③边际社会成本是 225 美元/吨。

在图 9－1 中，随着化工产品产量的增加，污染量增加，污染的外部成本也增加。化工产品的产量和造成的污染量依赖于化工产品市场的运行。首先，我们将看到当企业可以随意污染环境时将会发生什么情况。

□ 生产和污染：究竟是多少

当一个产业没有受到规制，这个产业所造成的污染取决于市场均衡价格和所生产的产品数量。图 9－2 描述了某家制造污染的化工厂的市场结果。

市场上对化工产品的需求曲线为 *D*，这条曲线同时也度量了化工产品的买者的边际收益曲线（*MB*）（见第 6 章）。供给曲线为 *S*，该曲线同时也度量了生产者的边际私人成本（*MC*）（见第 6 章）。供给曲线也是边际私人成本曲线，这是因为当企业决定它们的生产和供给数量时，它们考虑的仅仅是它们自身所承受的成本。在价格为 100 美元/吨、产量为 4 000 吨/月时，市场达到均衡。

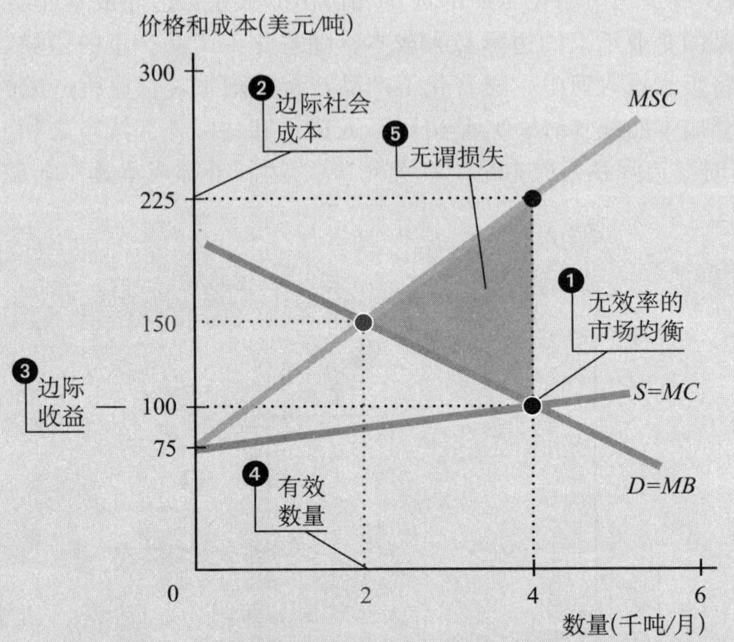

图 9－2　因外部成本而产生的无效率

市场供给曲线是边际私人成本曲线，$S=MC$。需求曲线是边际收益曲线，$D=MB$。边际社会成本曲线是 MSC。

①在价格为 100 美元/吨、产量为 4 000 吨/月时，市场均衡是无效率的，这是因为②边际社会成本超过了③边际收益。

④有效数量是 2 000 吨/月，此时边际收益等于边际社会成本。

⑤灰色三角形表示了由于污染的外部性而产生的无谓损失。

但是这一均衡是无效率的。你在第 6 章学习了当边际收益等于边际成本时资源配置是有效率的。当我们在比较边际收益和边际成本时，我们必须考虑到所有的成本——私人的和外部的。一旦外部成本存在，边际收益等于边际社会成本才能使配置有效率。当化工产品的产量达到 2 000 吨/月时，资源是有效配置的。市场均衡过度生产了 2 000 吨/月，造成了无谓损失——图中用灰色三角形表示的部分。

因为污染造成了无谓损失，减少污染量和无谓损失可给每个人都带来潜在收益。如果能采取一些措施达到这一结果，每个人无论是化工厂厂主还是在河畔居住的居民都能受益。住在受到污染的河畔的居民如何能让化工厂减少它们的产量并减少污染呢？让我们来探讨一下相关的措施。

□ 产权

有时候可以通过在以前未明确界定产权的地方设置产权来减少由外部性带来的无效率。**产权**（property rights）是法律上确立的对生产要素以及产品和服务的拥有权、使用权、处置权，它由法庭强制实施。

假设化工厂拥有这条河及沿河的 500 间房屋，人们愿意支付的租金取决于污染程度。用我们之前的例子，人们居住在没有污染的河畔愿支付 2 500 美元/月，而如果化工厂的产量是 4 000 吨/月，居民居住在这样受到污染的河畔就只愿支付 1 500 美元/月。如果化工厂以这样的产量生产，每月就每间房屋而言它们会损失 1 000 美元的租金，总损失为 500 000 美元/月。

因为化工厂拥有遭受污染的居民的房屋，现在化工厂面临着它们的污染决策的成本。它们或许会决定继续污染，但是如果它们这样做，将面临这种行为的机会成本，即放弃了河畔居民的部分租金。

图 9－3 解释了结果。由于产权的存在，图 11－2 中的边际成本曲线不能再衡量所有化工厂在生产化工产品时所面对的成本。它不包括化工厂现在必须承担的污染成本。以前的 *MSC* 曲线现在变成了边际私人成本曲线（*MC*）。市场供给曲线建立在所有的边际成本上，即标示为 *S*=*MC* 的曲线。

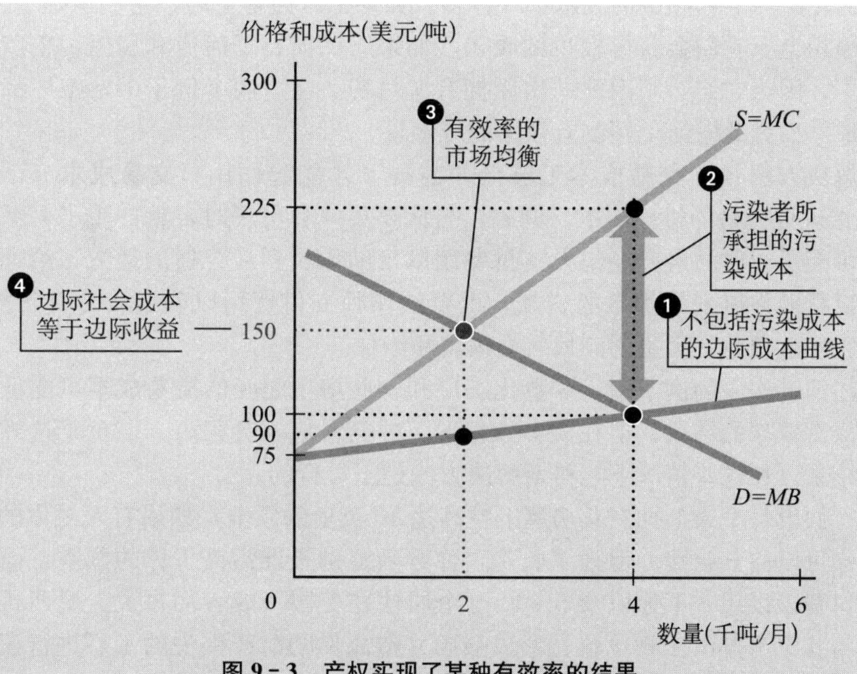

图 9－3　产权实现了某种有效率的结果

①在拥有产权时，不包含污染成本在内的边际成本曲线只显示了生产者边际成本的一部分。边际私人成本曲线包括了②污染成本，因此供给曲线是 *S*=*MC*。

③在价格为 150 美元/吨、产量为 2 000 吨/月时，市场达到了均衡，而且是有效率的均衡，因为④边际社会成本等于边际收益。

在价格为 150 美元/吨、产量为 2 000 吨/月时市场达到均衡，这样的产量是有效率的。工厂依旧会造成一些污染，但是它们达到了有效产出。

□ 科斯定理

如何界定产权真的重要吗？是由污染制造者还是由受害者拥有可能被污染的资源很

重要吗？直到 1960 年，任何人，包括长期苦苦思索这个问题的经济学家们，都认为这是很重要的。但在 1960 年，罗纳德·科斯（Ronald Coase）提出了一个著名的见解，现在人们称之为科斯定理。

科斯定理（Coase theorem）认为如果产权存在，只涉及少数参与者，而且交易成本低，那么个人之间的交易是有效率的。这时不存在外部性是因为交易各方会考虑所有的成本和收益。而且，谁拥有产权并不重要。

科斯定理的运用

让我们将科斯定理运用到上述河流污染的例子中。在我们刚才研究的例子中，工厂既拥有河流也拥有房屋。现在假设与此相反，是居民既拥有河流也拥有房屋。现在工厂为取得倾倒废水的权利必须向房屋拥有者付费。向河里倾倒的废水越多，工厂所必须支付的费用就越多。工厂再次要面对着它们制造污染的机会成本。不管是谁拥有河流和房屋，生产的化工产品和倾倒的废水都一样多。如果工厂拥有它们，它们承担了污染成本，因为在房屋租金上它们会获得较少的收入。如果居民拥有了河流和房屋，工厂依旧承担了污染成本，因为它们必须因此向房屋拥有者付费。在这两个例子中，工厂都要承担它们的污染成本而因此向河里倾倒有效率的废水量。

科斯解决方法仅在交易成本足够低的前提下才能起作用。**交易成本**（transactions costs）是指进行交易的机会成本。例如，当你要买一套房子时，就产生了一系列的交易成本。你可能要给你的房产经纪人支付费用以帮助你找到最合适的地方，给理财规划师支付费用以帮助你得到最优惠的贷款，也要给律师支付费用以确定卖方真正拥有产权，在你支付完房款之后，房主的产权就会被转移给你。

在上述河畔房屋的例子中，少数化工厂和一些房主之间的交易成本可能低到足以通过协商达成有效率的结果。但在大多数情况下，交易成本会很高，以至于这样做会产生无效率的结果。在这些情况下，科斯解决方法是不可行的。

例如，假设每个人都拥有其房屋上空高达 10 英里的领空，如果有人对你的领空造成了污染，你可以向其收费。但为了收费，你必须鉴别是谁污染了你的领空，而且要说服他们向你付费。设想一下你以及 5 000 万个居住在美国（或者加拿大、墨西哥）同样地区的居民与几千个排出二氧化硫、形成酸雨并造成你的财产损失的工厂进行谈判和执行这些协议的成本。

在这种情形下，我们通过政府利用公众选择来解决外部性。公众选择避免了我们采用的科斯解决办法所引起的个人交易成本，但是做出和监管公众选择的代价高昂，所以政府为解决外部性所做的尝试并不是轻而易举的事。让我们来看一下一些政府举措。

□ 面对外部成本时的政府行为

政府解决外部成本有三种主要方式：

- 排污限制
- 污染费或污染税收
- 可交易许可证

排污限制

排污限制通过对污染行为制定一个数量限制来寻找有效率的结果。环境保护署（EPA）实施的 1990 年《清洁空气法》（Clear Air Act）采用了这个方法。图 9－4 显示了这种方法是如何应用的。如果生产的数量被限定在有效率的数量上，那么价格上升，边际收益等于边际社会成本。但由于价格高于边际私人成本（*MC*），生产者剩余增加。

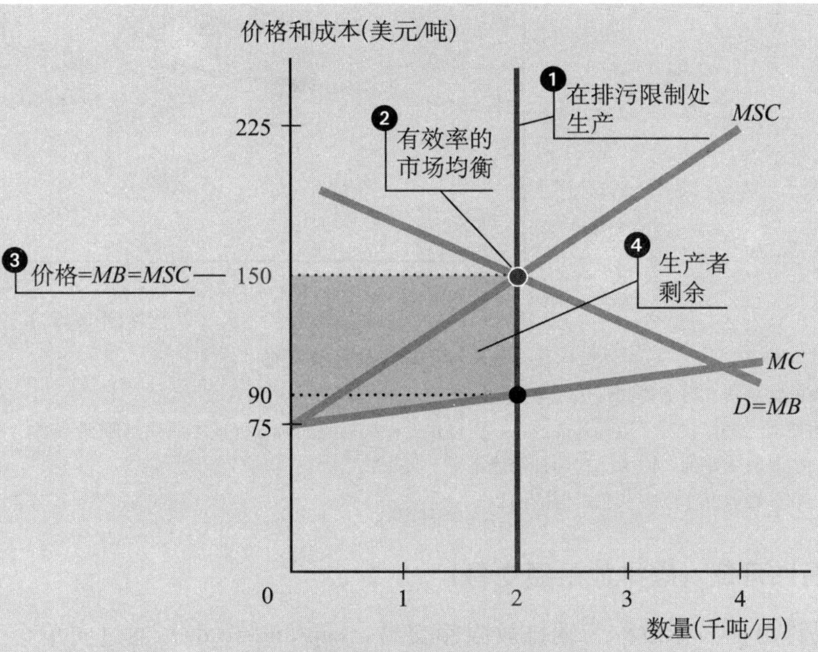

图 9－4　排污限制

①实行排污限制是把产量限制放在有效率的产量水平上。

②达到有效率的市场均衡。

③市场价格等于边际收益（*MB*）和边际社会成本（*MSC*）。

④由于价格高于边际成本，生产者获得与灰色矩形的面积相等的这部分生产者剩余。

排污限制很难实施。总量限制必须被转换为对每个企业的限制，并且，对是否服从的监管需要付出很高的代价。同样，因为价格高于边际私人成本，每个企业都有激励去生产超过限制的数量来增加生产者剩余。其他两种方式克服了这些问题。

污染费或污染税收

污染费或污染税收是指使排污者支付排污的边际外部成本来寻找有效率的结果。污染费在美国运用得不太广泛，但在欧洲却很普遍。

图 9－5 描述了污染费或污染税收的效应。通过以等于边际外部成本的比率向生产者收取费用或税收，边际社会成本曲线变成市场供给曲线。市场价格上升，生产数量减少到有效率的数量，政府得到用灰色矩形表示的税收或污染费收入。

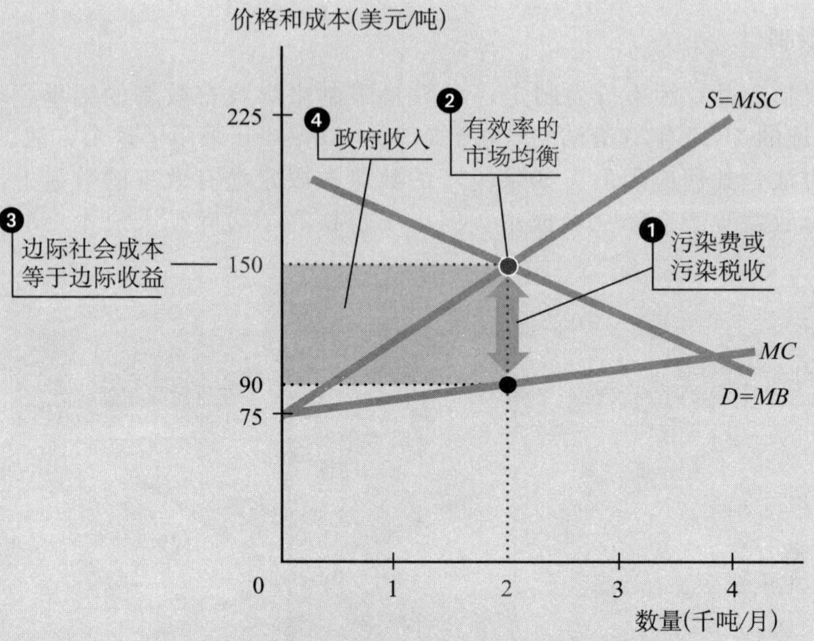

图 9－5　污染费或污染税收

①所征收的污染费或污染税收等于污染的边际外部成本。

由于染污费或污染税收等于边际外部成本，所以供给曲线就是边际社会成本曲线，即 $S=MSC$。

②市场均衡是有效率的，因为③边际社会成本等于边际收益。

④政府征收的税收等于图中灰色矩形的面积。

可交易许可证（碳排放限额交易）

可交易许可证（亦被称为碳排放限额交易，cap-and-trade）通过向单个生产者发放或出售排污权，然后他们之间自由买卖，来寻找有效率的结果。1990 年《清洁空气法》和 1994 年在洛杉矶盆地制定的《地区空气净化激励市场》（RECAIM）在处理空气污染问题上都成功地运用了这种方法。这个方法也是 2009 年提议的《美国清洁能源和安全条例》（American Clean Energy and Security Act）的焦点（见本章“关注气候变化”专栏）。

如果边际外部成本得到正确的评估，那么这三种方式中的任一种方式都可达到有效率的结果。但政府不能精确地确定外部成本。而且，更加重要的是，一些生产者比其他生产者有更低的避免污染的边际成本。

在现实中，排污限制、污染费或污染税收最终难以实现有效率的结果，因为它们使所有的生产者都面临着避免污染的同样激励。碳排放限额交易克服了这个问题，并且是这三种方式中最为有效的。碳排放限额交易要求精准地决定有效率的总污染数量，但是，它为单个生产者提供最为强烈的和可能获得的激励去寻找成本有效的技术，以便实现污染目标。

□ 转向清洁技术

在对解决负外部性可供选择的方式的效应进行解释的过程中，我们把焦点放在了污染活动的有效生产数量上。其实还存在解决负外部性的另外一种方式：把产生污染的技术改变为清洁技术。

大部分空气质量的改进（见下面的“关注美国经济”专栏）来源于日趋完善的技术而不是生产数量的减少。交通工具和电力生产作为两种主要的污染源，虽然它们的数量增加了，但是空气质量一直有改善的趋势。

当我们在上面所描绘的各种行为方式产生边际外部成本时，如果用清洁技术进行生产的边际成本比用产生严重污染的技术进行生产的边际社会成本低，那么生产者就将采用这种清洁技术。

为了避免燃烧汽油和柴油产生污染，人们开始转向使用电动的汽车或卡车。然而，除非我们生产出来的电被用清洁技术的交通工具所使用，否则我们获利不会很多。

用清洁技术，比如太阳能、风能、潮汐能来发电的成本是否比用天然气、煤炭和石油的社会成本低，这一点是有争议的并且很难说清楚。人们对于碳排放所产生的边际外部成本并没有一致的看法。毫无疑问，外部成本是存在的而且可能很大。但是我们需要精确的测量来决定污染和清洁技术的有效组合。

❖关注美国经济　　美国的空气污染趋势

美国的空气质量已经提高。下图表明了自 1980 年以来环境保护署监管的五种主要空气污染物和从 1990 年开始监管的第六种污染物即悬浮颗粒的大气含量趋势。

通过采用混合管制、排污限制、经济激励和可交易许可证，环境保护署已经基本消除了铅，二氧化硫、一氧化碳、二氧化氮和悬浮颗粒也大大减少。

臭氧是很难消除的，但是它基本上降低到了 1980 年的 70%的水平。

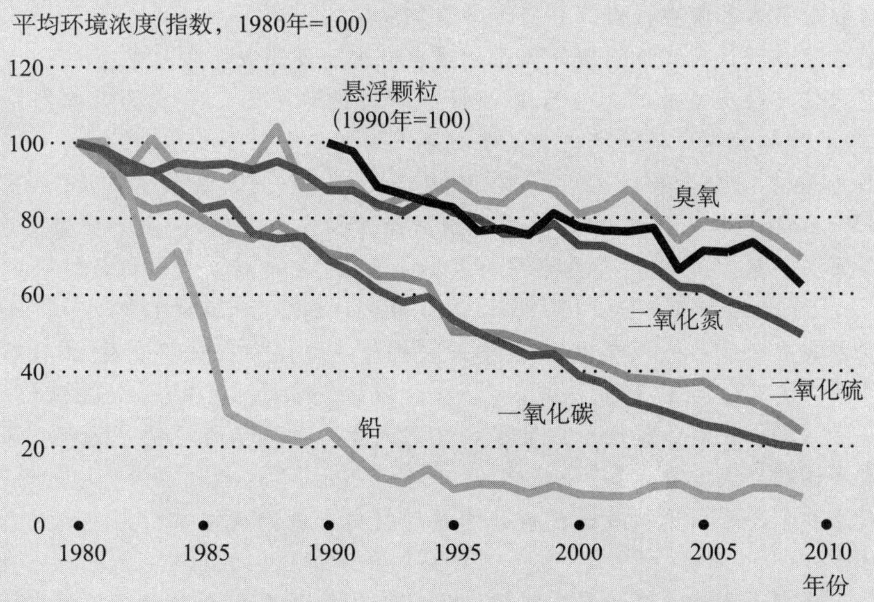

资料来源：Environmental Protection Agency，http：//www.epa.gov/airtrends.

∵关注气候变化　我们如何减慢气候变化？

地球平均气温在上升，二氧化碳（CO_2）的大气含量也是如此。下图显示了这些上升趋势。

资料来源：Met Office Hadley Centre and Scripps Institution of Oceanography.

科学家辩论人类的经济活动是不是导致这个趋势的原因，大部分科学家相信人类的经济活动是这个趋势的根源。经济学家讨论减少二氧化碳和其他温室气体排放的一些替代方法的成本和收益，大部分经济学家赞成采取行动。

经济学家一致认为降低温室气体排放要求有激励办法来促成改变。

一种办法是限定排放物，然后发行可交易排放许可证，被称为"碳排放限额交易"。二氧化碳排放许可证已经在全球碳交易市场上定价。

这种办法在国会也有支持者。在 2009 年 5 月 15 日，代表人亨利·瓦克斯曼（Henry Waxman）提出了 2009 年《美国清洁能源和安全条例》，此条例将采用"碳排放限额交易"方案。以 2005 年的水平为基础，到 2012 年温室气体排放被限定为 2005 年的 97%，到 2020 年为 83%，到 2030 年为 58%，到 2050 年为 17%。

国会预算办公室估计，在 2020 年被许可排放一吨温室气体将花费 28 美元，此方案的成本将大约为每年 175 美元/户。

另一种激励办法可能是增加汽油税，美国人支付的汽油税比欧洲人低。下页图表示美国和英国的巨大差异。

为什么我们不采用更加激进和强劲的激励措施来鼓励大幅减少温室气体排放？有三个原因。

第一，许多人不接受这种科学依据：温室气体排放引起全球变暖。第二，排污成本是确定的并在当期承担，但收益却在未来兑现。第三，如果这个趋势持续到 2050 年，那么碳污染的四分之三不是来自美国而是来自那些发展中国家。

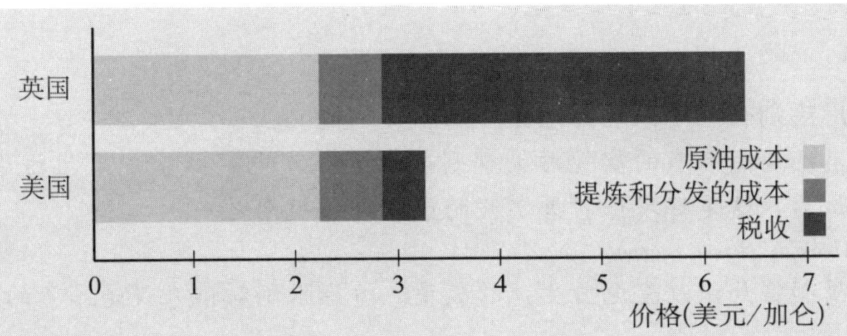

资料来源：Energy Information Administration，Automobile Association，and authors' assumptions.

检查站 9.1 解释为什么负外部性会带来无效率的生产过度，而产权、污染费和污染税收能实现更有效率的产出。

现实问题

利用下列信息回答问题 1～4。

图 1 描述了未受管制的杀虫剂市场的情况。当企业生产杀虫剂的时候，它们也产生了废料并将其倒入郊区的湖泊中。如果倒掉的废料的边际外部成本等于生产杀虫剂的边际私人成本，那么生产杀虫剂的边际社会成本是边际私人成本的两倍。

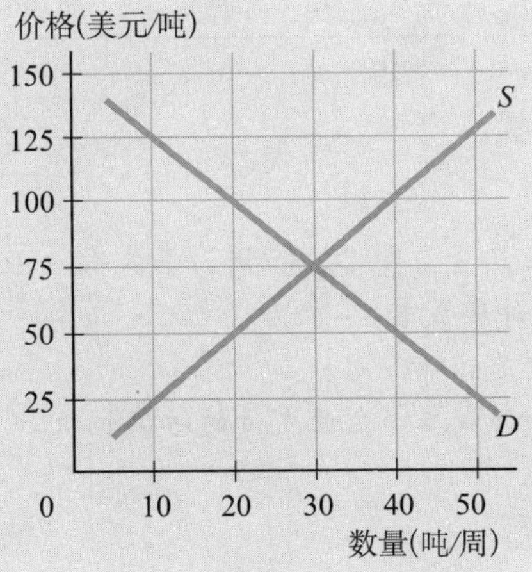

图 1

1. 如果没有人拥有这个湖泊的产权，杀虫剂的产量会达到多少？杀虫剂的有效产量是多少？无谓损失是多少？

2. 如果当地居民拥有这个湖泊的产权，杀虫剂的产量会达到多少？本地居民向倒废料的企业收取多少钱？

3. 如果杀虫剂生产企业拥有这个湖泊的产权，杀虫剂的产量会达到多少？

4. 假如没有人拥有这个湖泊的产权，但政府征收污染税收，对每吨杀虫剂征收多少税才能达到有效率的产出？

新闻摘要

新的发电厂规则有利于东北部地区

一项新的奥巴马所颁布的空气污染规则要求燃煤发电厂减少能产生污染的烟雾和酸雨。煤炭行业认为，这是环境保护署实施的最昂贵的规则之一。

资料来源：*The Wall Street Journal*，July 7，2011.

解释污染限制将如何改变电力生产的数量。污染限制对谁来说是昂贵的？

现实问题参考答案

1. 在图2中，杀虫剂的产量是30吨/周。杀虫剂的有效产量是20吨/周。无谓损失是灰色的三角形区域。

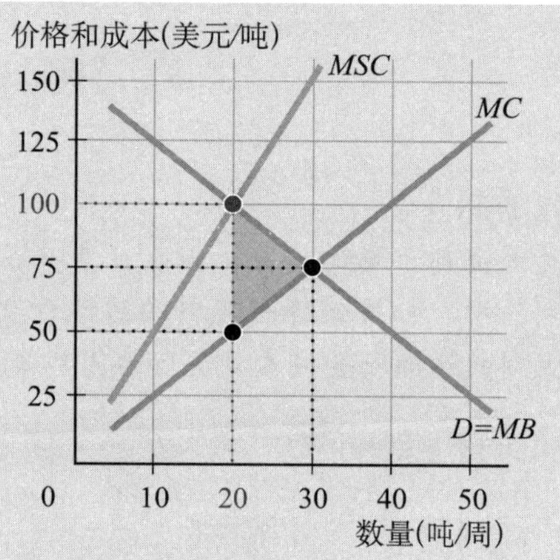

图 2

2. 杀虫剂的产量是有效产量，即20吨/周。居民向企业收取的费用是50美元/吨，即为此产量产生污染的边际外部成本。

3. 企业生产的有效产量是20吨/周。

4. 由于污染税收等于外部成本，企业支付的污染税收50美元/吨将会使杀虫剂达到有效率的产出。

新闻摘要参考答案

为了减少污染量，发电厂必须生产得更少。发电量减少，消费者对电支付的价格上升。当电的生产量满足电的边际社会成本等于它的边际收益的时候，产出是有效率的。

9.2 正外部性：教育和医疗保健服务

教育和医疗保健服务产生正外部性：接受到任何一种服务的人都能够获益，并且和他们有关系的许多其他人也会从中获益。我们将以大学教育作为一个主要的事例，然后将相同的原理运用到医疗保健上。首先，我们必须区分私人收益和社会收益。

□ 私人收益和社会收益

私人收益是消费者消费产品或服务所获得的收益。**边际私人收益**（marginal private benefit，*MB*）是消费者每增加一单位产品或服务的消费所获得的收益。

外部收益是其他人而非消费者从产品或服务中获得的收益。**边际外部收益**（marginal external benefit）是其他人而非消费者从每增加一单位产品或服务的消费中所获得的收益。

边际社会收益（marginal social benefit，*MSB*）是社会得到的边际收益——包括消费者从产品或服务中得到的边际收益（边际私人收益）和其他所有人从产品或服务中得到的边际收益（边际外部收益）。即

边际社会收益＝边际私人收益＋边际外部收益

图 9－6 举例说明了大学教育的各种收益概念的应用。（相同的原理同样适用于各种水平的教育。）边际收益曲线（*MB*）表示边际私人收益——例如更多的就业机会和更高的收入——由大学毕业生获得。边际私人收益随着受教育人数的增加而递减。

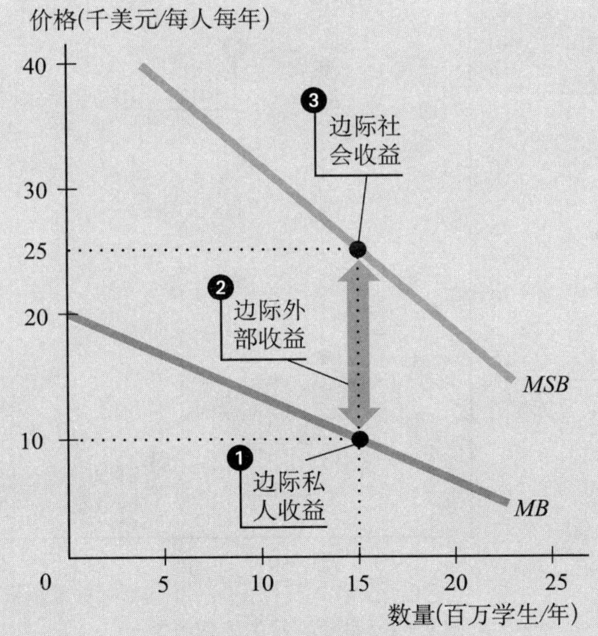

图 9－6　外部收益

MB 曲线表示人们接受大学教育所得到的边际私人收益。*MSB* 曲线表示边际私人收益和边际外部收益之和。当 1 500 万个学生入学时，①边际私人收益为每个学生 1 万美元，②边际外部收益为每个学生 1.5 万美元，③边际社会收益为每个学生 2.5 万美元。

但是大学毕业生会带来外部收益。平均来说，大学毕业生能与他人更有效地交流并且更趋向于成为良好市民。他们的犯罪率更低，更容易接纳别人的观点。拥有大量大学毕业生的社会能够支持高雅活动，例如高雅的音乐、剧院和其他有组织的社会活动。

在图 9－6 的例子中，当大学招收 1 500 万个学生时，每个学生每年的边际外部收益

是 1.5 万美元。边际社会收益是边际私人收益和边际外部收益的总和。例如：大学每年招收 1 500 万个学生，边际私人收益是每个学生 1 万美元，边际外部收益是每个学生 1.5 万美元，所以边际社会收益是每个学生 2.5 万美元。

边际社会收益（*MSB*）是边际私人收益和边际外部收益的总和。边际社会收益曲线比边际私人收益（*MB*）曲线更陡峭，因为边际外部收益递减的原因和边际私人收益递减的原因相同。

当人们决定要接受多少教育时，他们只考虑私人收益，如果教育由私立学校提供并收取全额学费，那么就只会有很少的大学毕业生。

图 9－7 表明如果大学教育全部由私人市场提供，就会出现供给不足。供给曲线是私人学校的边际成本曲线，*S*=*MC*。需求曲线是边际私人收益曲线，*D*=*MB*。当每个学生每年的学费为 1.5 万美元，每年招收 750 万个学生时，市场达到均衡。在这一均衡下，边际社会收益是每个学生 3.8 万美元，比边际成本多 2.3 万美元。大学招生人数太少。有效率的招生人数为 1 500 万，此时，边际社会收益等于边际成本。图中灰色三角形区域表示供给不足导致的无谓损失。

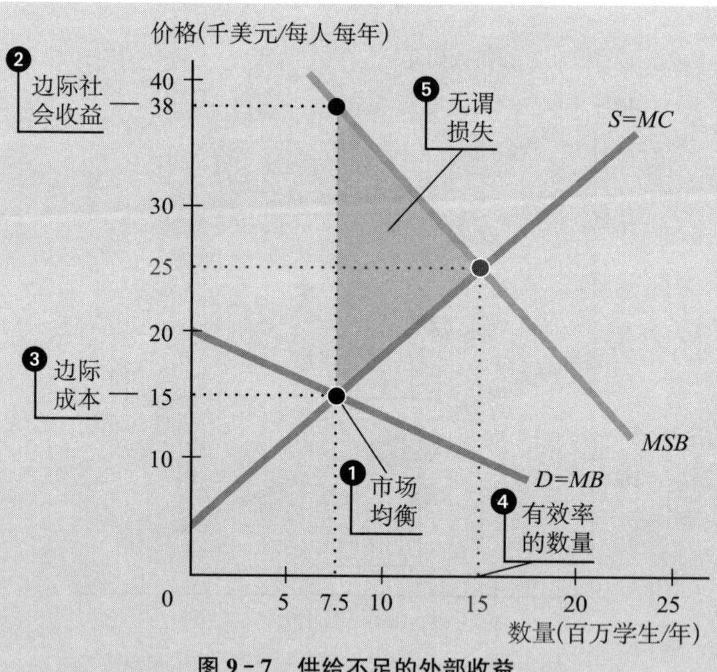

图 9－7　供给不足的外部收益

市场需求曲线是边际私人收益曲线，*D*=*MB*。供给曲线是边际成本曲线，*S*=*MC*。

①市场均衡是学费为每年 1.5 万美元和 750 万学生，市场没有效率是因为②边际社会收益超过③边际成本。

④边际社会收益曲线是 *MSB*，所以有效率的学生数量为每年 1 500 万。

⑤灰色三角形表示学校招生太少导致的无谓损失。

□ 面对外部收益时的政府行为

对具有外部收益的某种产品或服务，为了得到接近效率的产量，我们通过政府做出公共选择并且修正市场结果。在现有的外部收益中，例如那些从教育中获得的，政府可以使用三种工具来达到更有效率的资源配置，它们是：

- 公共提供
- 私人补贴
- 代金券

公共提供

公共提供（public provision）是由公共机构生产某种产品或服务，这种机构的大部分收入来自政府。公立大学、学院和学校提供教育服务就是公共提供的例子。

图 9－8 说明了公共提供如何克服图 9－7 中的供给不足问题。公共提供不能降低生产成本，所以边际成本和前面相同。边际私人收益、边际外部收益和边际社会收益也和前面相同。

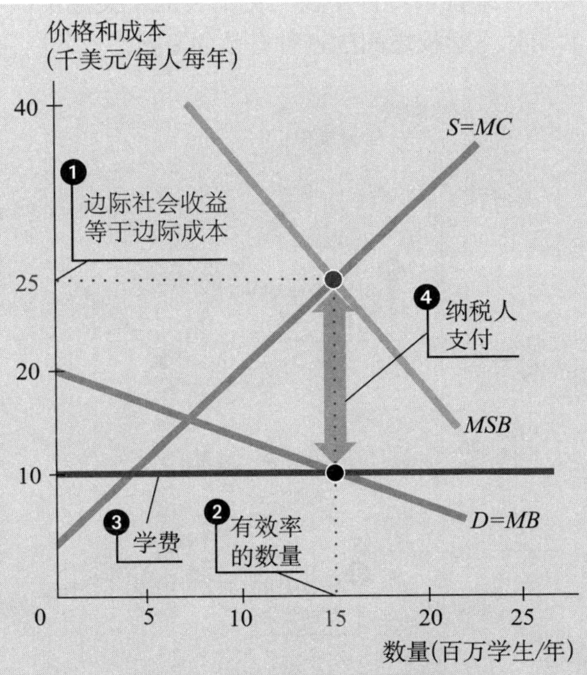

图 9－8　公共提供达到有效的结果

①边际社会收益等于边际成本，大学招收 1 500 万个学生，这是②有效率的数量。③学费为每年 1 万美元，④纳税人支付每个学生边际成本中剩余的 1.5 万美元。

当边际社会收益等于边际成本时，达到有效率的招生数量。在图 9－8 中，这个数量是每年 1 500 万学生。学费设定要保证这个有效的招生规模。这就是说，学费水平等于有效招生数量下的边际私人收益。在图 9－8 中，学费是每年 1 万美元。公立大学的剩余成本由纳税人承担，在此例中，承担每个学生每年 1.5 万美元。

私人补贴

补贴（subsidy）是政府支付给生产者的用以补贴部分生产成本的支出。通过补贴生产者，政府能促使私人决策者做出选择时考虑外部利益。

图 9－9 说明了对私立大学的补贴是怎样起作用的。没有补贴时，边际成本曲线就是私立大学教育的市场供给曲线，$S=MC$。边际收益曲线就是需求曲线，$D=MB$。在这个例子中，政府给每个大学生每年提供 1.5 万美元补贴。我们必须从教育的边际成本中减去补贴来得到大学的供给曲线。这条曲线如图中的 $S=MC-$补贴所示。均衡的学费（市场价格）是每年 1 万美元，均衡数量是 1 500 万个学生。要给 1 500 万个学生提供教育，学校每年产生 2.5 万美元的边际成本。边际社会收益同样也是每年 2.5 万美元。所以当边际成本等于边际社会收益时，补贴就达到了有效的结果。学费和补贴就抵消了大学的边际成本。

公共提供对私人补贴。在我们刚刚讨论的两种方法中，大学招生数量和学费都是一样的。由此可得出这两种提供教育服务的方法同样好吗？这个问题是很难回答的。官办公立学校并没有像私立学校那样有强烈的动机去尽可能地削减办学成本和改善教育质量。然而，对于初级和中级教育来说，特许学校（见下页的“关注美国经济”专栏）也许是传统公立学校和受补贴的私立学校之间的一种有效的平衡。

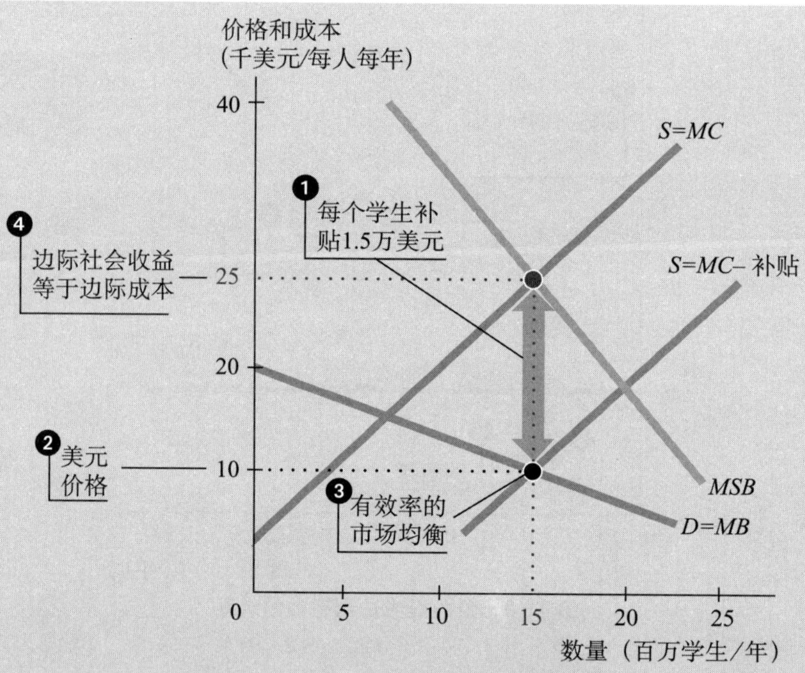

图 9－9　私人补贴达到有效的结果

①每个学生补贴 1.5 万美元，供给曲线为 $S=MC-$补贴。②均衡价格是 1 万美元。③大学招收 1 500 万个学生时，市场均衡是有效率的，因为④边际社会收益等于边际成本。

代金券

代金券（voucher）是政府提供给家庭可以用来购买特定的产品和服务的一种凭证。美国农业部根据联邦食品券项目提供的食品券就是这样的例子。大学教育券也可以被提供给学生。让我们看看它们是怎样起作用的。

政府会发给每个学生一张代金券。学生选择学校并用美元和代金券支付学费。学校从政府处将收到的代金券兑换成美元。如果政府设置每张代金券等价于有效招生人数下学校每年的边际外部收益，那么结果就是有效率的。

图 9－10 说明了一个有效的代金券计划。政府每年发给每个学生价值 1.5 万美元的代金券。每个学生支付 1 万美元学费，政府支付每张代金券 1.5 万美元，所以学校能够向每个学生收取 2.5 万美元。这个代金券计划使 1 500 万个学生入学，每个学生的边际成本等于边际社会收益，结果是有效率的。

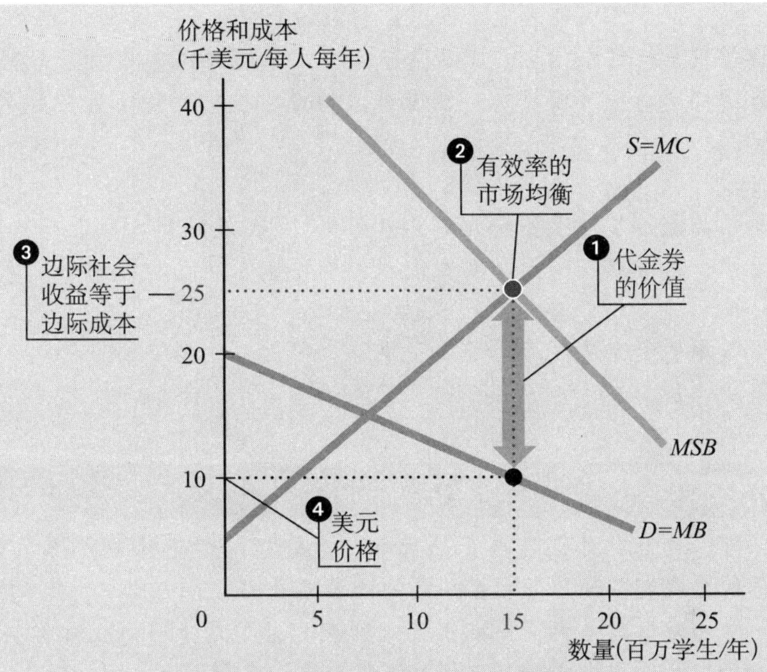

图 9－10　代金券达到有效率的结果

有了代金券，购买者愿意支付边际私人收益加上代金券的价值。

①政府提供给每个学生的代金券价值 1.5 万美元。②市场均衡是有效率的，大学招收 1 500 万个学生。③边际社会收益等于边际成本。④每个学生支付 1 万美元（美元价格），学校从政府处得到 1.5 万美元（代金券的价值）。

代金券比公共提供和私人补贴更有效吗？代金券向消费者而非生产者提供公共财政资源。经济学家普遍认为代金券能够带来比公共提供和私人补贴更有效率的结果，因为它将私立学校之间竞争的利益和达到有效产出水平需要注入的公共资金结合在一起。而且，学生和家长能比政府更有效率地监控学校的表现（参见下面的“关注美国经济”专栏）。

❖关注美国经济　　教育质量：特许学校和代金券

实现有效率教育的三种方法对教育的招生数量有类似的影响，但对教育质量有不同的影响。教育已经成为一个大问题。国际排名表显示在标准化数学和自然科学测试方面美国学生比其他 20 多个国家的学生做得更差。在这里，让我们来看一看提高美国教育质量的两种方法：特许学校和学校代金券。

特许学校

特许学校是一种公立学校，但是它们能够自由制定自己的教育政策。目前在40个州大概有4 000多个这样的特许学校，它们教导100万个学生。在那里，当这类学校的座位需求大于供给的时候，选择哪些学生往往是通过抽签的方式决定的。那么它是如何产生效率的呢？

学校的效率有两种衡量因素：每个学生的成本和所达到的教育标准。

特许学校在这两个方面都表现得很好。它们的成本比公立学校低，但是成绩更好。在纽约的特许学校里，每个学生的成本比普通公立学校的成本减少了18%。而且特许学校的学生比这些申请但（随机地）没有进入特许学校的同龄学生在数学和阅读方面表现得更好。

代金券

与特许学校相比，学校代金券被更少地使用，而且争议更大。但是越来越多的州，比如威斯康星州、路易斯安那州、俄亥俄州、哥伦比亚特区和纽约州，正在开展学校代金券项目。

对代金券效果的研究已经产生了很多争论，但是一些经济学家仍然相信它们能够提供最好的解决办法。

❖关注你的生活　　你生活中的外部性

思考外部性，包括负外部性和正外部性，它们在你的生活中发挥了重大的作用；想象试图使你的自我利益和社会利益一致的诱导因素。

你通过比在通常情况下少买一点汽油来回应汽油税的上升。正如你在本章“关注气候变化”专栏中所看到的那样，与其他国家相比，在美国汽油税上升的激励小一些。举一个例子，在更高的汽油税下，如在英国，你会寻找少用汽油的方法，你的行为和数以百万计的其他人的这些行为会使我们的道路和公路更加通畅。

你对学费补贴的反应是留在学校读书。在没有补贴的大学教育下，读大学的人会很少，大学毕业生也会减少，如此一来，我们从居住在一个高教育水准的社会中获得的好处就会减少。

思考一下你作为一个市民——选民对这两种外部性的态度。汽油税是否应该上涨从而阻碍汽车的使用？学费是否应该再低一些从而鼓励更多的人去读书？或者从社会利益的角度来说，我们已经制定了正确的激励措施？

□ 医疗保健市场中的经济问题

医疗保健有两种有区别的产品：医疗保险——一种支付医疗费的保险，另外一种是医疗服务——内科医生、专家、护士、其他医疗专业人员和医院提供的服务。鉴于市场上各种力量竞争得十分激烈，医疗保险和医疗服务都是供给不足的。所以政府在医疗保健市场上扮演着十分重要的作用，这一点我们在下面的“关注医疗保健”专栏中做了简略的阐述。

医疗保健市场供给不足的原因

首先，正的消费外部性产生于公共卫生系统和疫苗接种项目。接种流感疫苗的人不仅保护了他们自己，同样也保护了与他们接触的人。流感疫苗的边际社会收益超过了它的边际私人收益。流感疫苗的有效数量超过了自由市场提供的数量。

公共医疗的消费外部性是医疗保健市场供给不足的一个原因，但不是主要的原因。主要原因是医疗保险市场的信息不对称。人们比保险公司知道更多的信息，这些信息会给保险公司带来一定的危害。医生比保险公司了解更多关于药方和成本的信息。结果就导致了医疗保险的供给不足。年轻的和健康的人不会投保，而那些最有可能向保险公司提出索赔的人往往会买保险，所以保险费很高，而且年纪大和贫穷的人的保险费会超过市场的定价。同样，先前已存在健康问题的人发现要投保是很困难甚至是不可能的事情。

许多人不仅得到了足够的医疗保健，也承受了高额的成本。随着人们年龄的增长和医疗保健技术的进步，越来越多的人寿命延长，医疗保健的费用也水涨船高（见下面的“关注医疗保健”专栏）。

一种改革的思想

医疗保险和医疗补助项目是公共基金对医疗保健的一个开放式的承诺，这一承诺的对象是那些年纪大的和因为太穷而买不起私人医疗保健的人。美国的医疗保健面临两个问题：第一，有太多的人没有保险；第二，医疗保健的花费太大。如果没有有效的措施使这种趋势发生逆转，那么这些问题将会变得更糟糕。

奥巴马《平价医疗法案》提出解决第一个问题的方法是让每一个人都获得保险，并且产生一项新的原有疾病保险计划（Pre-Existing Condition Insurance Plan），这一计划的部分费用由政府支付。但是这一法案无助于解决过度开支的问题，而且这个问题是十分严重的。严重到如果没有大的变革，目前的这项开放式的医疗保健项目会使整个美国破产。

针对覆盖率及适用权和过度开支这两个问题，波士顿大学的经济学教授劳伦斯·科特利科夫（Laurence Kotlikoff）提出了一种解决方法。他提出发放医疗保健代金券以确保医疗保健覆盖的普遍性，并且设定一个总的费用上限。每个人都会得到代金券，而且那些被认为医疗保健费用高的人会得到更大币值的代金券。医疗保健代金券会和教育代金券一样起作用。它们会提供非常重要和非常有价值的选择，并将选择与成本控制结合起来，其成本控制类似于欧洲和加拿大的医疗保健系统。

❖关注医疗保健　　医疗保健需要调整吗?

医疗保健确实需要调整。美国的医疗保健花费占总收入的 17%，比其他富裕国家平均水平的两倍还要多。随着在生育高峰期出生的那代人退休和人口老龄化，这一成本还会增长。

除美国外的其他所有先进的经济体都由政府提供医疗保险，覆盖到每个人。在美国，那些有健康保险的人，有 8 800 万人都受益于政府的医疗保险和医疗补助项目，有

16 700 万拥有私人医疗保险。由于受到赋税减免的鼓励，多于一半有工作的人是由他们的雇主给他们购买医疗保险的。

4 600 万人没有健康保险，另有 2 500 万人保险数额很小，他们有健康保险但是不足以应对大的事故。有一些没有参加保险的人是健康的，他们选择不去投保。其他一些人负担不起保险费用，并且没有资格参与政府的医疗保险和医疗补助项目。

图 1 显示了医疗保健支出的分配，图 2 显示了每个人的医疗保健支出。

覆盖 8 800 万人的政府医疗保险和医疗补助项目，它的总成本是 8 310 亿美元，政府花费在这两个项目上的费用是 9 443 美元/每人每年。政府项目的成本是 4 690 美元/每人每年，每个人的私人保险成本是政府项目成本的 50%。现款支付费用（包括没有医疗保险的人的费用）是 1 304 美元/每人每年。

美国的医疗保健服务主要依靠私人医生和私立医院来提供。健康维护组织（HMO）大约提供了一半的医疗保健服务。

这一情形和其他国家刚好相反，在其他国家，一半的医疗保健服务是由公立医院和靠政府供养的医生提供的。

在所有公开的改革思想中，只有劳伦斯·科特利科夫的代金券计划把选择和包含成本的有效机制联系在了一起。

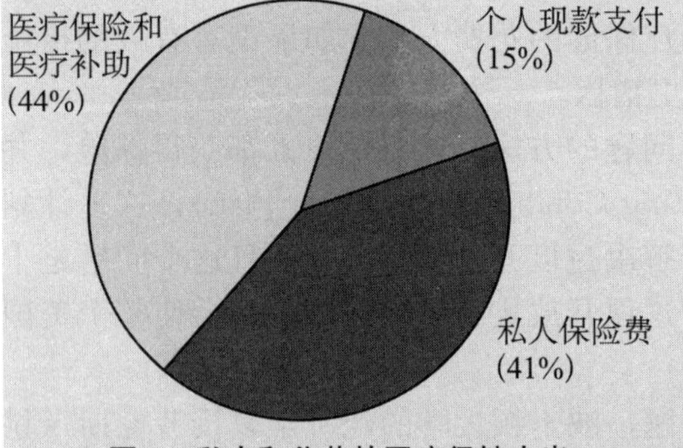

图 1　私人和公共的医疗保健支出

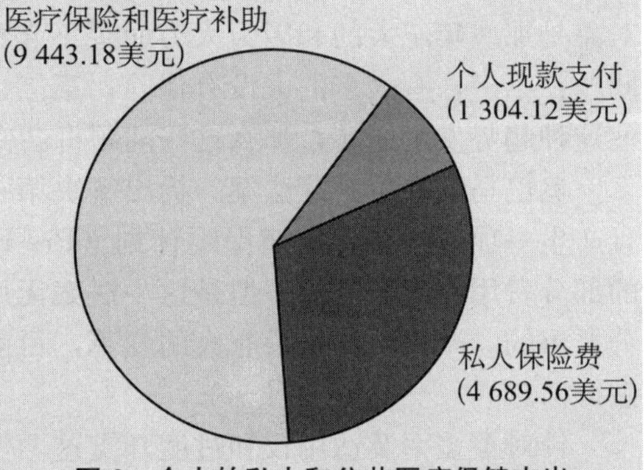

图 2　个人的私人和公共医疗保健支出

检查站 9.2 **解释为什么正外部性会带来无效率的生产不足，而公共提供、补贴和代金券能实现更有效率的产出。**

现实问题

图 1 表示大学教育的边际私人收益。大学教育的边际成本是一个常量，为每年 6 000 美元。大学教育的边际外部收益是一个常量，为每个学生每年4 000 美元。

1. 有效率的招生数量是多少？如果大学是私立的，并且政府不介入大学教育，大学招生数量和学费各是多少？无谓损失是多少？

2. 如果政府决定提供公立大学，大学将收取多少学费来达到有效率的招生数量？纳税人将要支付多少？

3. 如果政府决定补贴私立大学，要补贴多少才能达到有效率的招生数量？

4. 如果政府向大学招收的学生提供代金券，代金券的价值为多少时能达到有效率的招生数量？

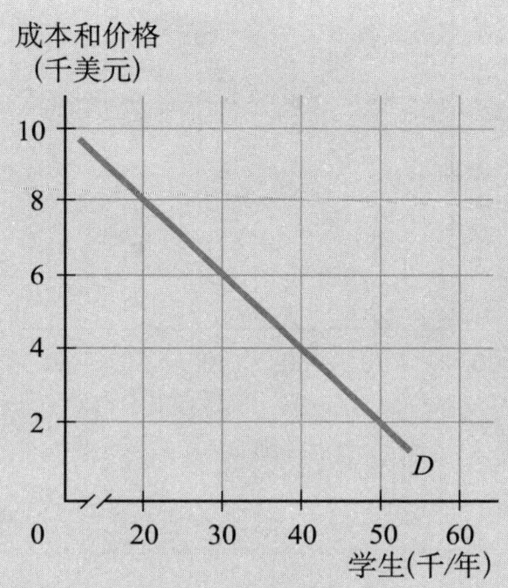

图 1

新闻摘要

学费增加会令学生感到恐惧

尽管是在困难时期，家庭还是不会被剥夺联邦学生贷款的途径。真正的危机是上涨的学费。在过去的衰退中，各州常常削减提供给大学的资金，学费飞涨。卡托研究院(Cato Institute）称，更好的政策是国家维持大学补贴。

资料来源：Michael Dannenberg，*USA Today*，October 22，2008.

如果政府削减大学补贴，为什么学费会上涨并且学校招生人数会减少？为什么卡托研究院认为，维持大学补贴是更好的政策？

现实问题参考答案

1. 图 2 说明：有效率的招生数量是每年 5 万人。如果没有政府的介入，招生数量为每年 3 万人。学费是每年 6 000 美元。灰色的三角形区域显示了无谓损失。

2. 招收有效率的学生数量 5 万人时，公立大学向每人收取 2 000 美元，纳税人要支付每个学生 4 000 美元（图 2）。

3. 补贴额为每个学生 4 000 美元，等于边际外部收益。

4. 代金券的价值是 4 000 美元。当学费是 2 000 美元时，招生数量为 5 万人。私立大学的学费是 6 000 美元，所以要招收 5 万个学生，代金券的价值必须为 4 000 美元。

新闻摘要参考答案

削减补贴会增加大学的边际成本。学费会上涨并且学生数量会减少——沿着需求曲线向上移动。卡托研究院认为，维持大学补贴是更好的政策，因为它避免了学生数量减少的无谓损失。

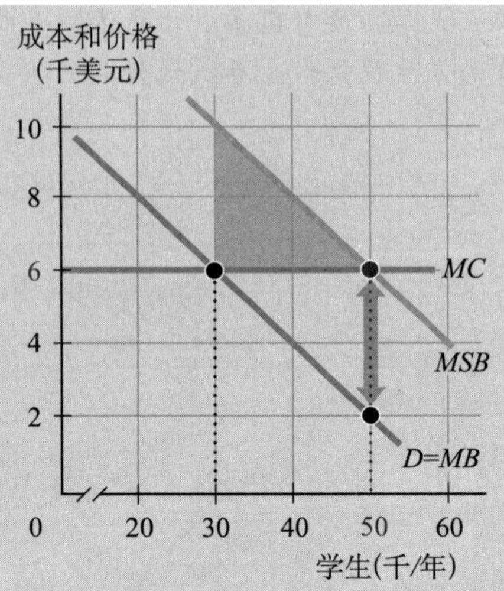

图 2

本章总结

□ 要点

1. 解释为什么负外部性会带来无效率的生产过度，而产权、污染费和污染税收能实现更有效率的产出。

• 外部成本是生产一种产品或服务所产生的不是由生产者而是由其他人承担的成本。边际社会成本等于边际私人成本与边际外部成本之和。

• 当存在边际外部成本时，生产者只考虑了边际私人成本，因此会使产量大于有效率的产量。

• 有时通过设置产权可以消除负外部性。

• 当不能设置产权时，政府可以通过采用排污限制、污染费或污染税收或者可交易许可证（碳排放限额交易）来消除负外部性。

2. 解释为什么正外部性会带来无效率的生产不足，而公共提供、补贴和代金券能实现更有效率的产出。

• 外部收益是除购买产品或服务的消费者以外的人获得的收益。边际社会收益等于边际私人收益与边际外部收益之和。

• 教育能产生外部收益是由于受到良好教育的人更可能是品行良好的公民、犯罪更少、能支持社会活动。

• 具有正外部性的产品，例如教育和医疗保健，通过公共提供、补贴和代金券能达到更有效的供给。

□ 关键术语

科斯定理	负外部性	外部性	正外部性
边际外部收益	产权	边际外部成本	公共提供
边际私人收益	补贴	边际私人成本	交易成本

边际社会收益　　　　代金券　　　　边际社会成本

本章检查站

□ 学习计划中的问题与应用

表 1 显示了对煤电的需求表。表 2 表示了生产电的效用成本和所引起的污染的外部成本。利用下列信息回答问题 1～3。

表 1　电的需求

价格（美分/千瓦）	需求量（千瓦/天）
4	500
8	400
12	300
16	200
20	100
24	0

表 2　私人成本和外部成本

数量（千瓦/天）	边际私人成本	边际外部成本
	（美分/千瓦）	
0	0	0
100	2	2
200	4	4
300	6	6
400	8	8
500	10	10

1. 如果没有污染控制，计算生产的电的数量、价格和所产生的污染的边际外部成本。

2. 如果没有污染控制，计算生产的电的数量、边际社会成本和无谓损失。

3. 如果政府征收污染税收使得用煤发电是有效率的，计算生产的电的数量、价格以及污染税收和税收收入。

利用下列信息回答问题 4 和 5。

汤姆和拉里必须在一起工作一天。汤姆喜欢抽烟，每天抽一根烟，每根雪茄烟的价格是 2 美元。拉里喜欢无烟环境。

4. 如果汤姆从一根雪茄中获得的边际收益是 20 美元/天，拉里从无烟环境中获得的边际收益是 25 美元/天，那么若他们在汤姆的家里见面，结果会是怎样？若他们在拉里的家里见面，结果会是怎样？

5. 如果汤姆从一根雪茄中获得的边际收益是 25 美元/天，拉里从无烟环境中获得的边际收益是 20 美元/天，那么若他们在汤姆的家里见面，结果会是怎样？若他们在拉里的家里见面，结果会是怎样？

利用表 3 和下列信息回答问题 6～8。

教育一个大学生的边际成本是每年 5 000 美元。表 3 列出了大学教育的边际收益表。大学教育的边际外部收益固定为每个学生每年 2 000 美元。不存在公立大学。

表 3

学生（百万/年）	边际收益（美元/每人每年）
1	5 000
2	3 000
3	2 000
4	1 500
5	1 200
6	1 000
7	800
8	500

6. 政府不介入大学教育，招生数量是多少？学费是多少？会产生多少无谓损失？

7. 如果政府给大学提供补贴，并设置补贴额使得招生数量达到有效水平，每个学生的补贴额为多少？招生数量是多少？纳税人的成本是多少？

8. 如果政府给学生提供代金券，代金券的价值为多少有助于达到有效的招生数量？

9. 当地交通堵塞的整体解决方案。

多伦多贸易部已经发出警告称交通堵塞每年都要花费该地区 60 亿美元的费用，平均通勤时间为 80 分钟，这在北美创造了最高的纪录。到 2031 年，这种形势将变得更加糟糕，平均通勤时间会增加 27 分钟，市政领导正在考虑以下几种选择：公路收费、征收区域天然气税和修建停车场。

资料来源：*Toronto Star*，June 24，2011.

公路收费、征收区域天然气税和修建停车场，哪项措施会使多伦多的街道变得更加通畅？如果这些新的收费形式能够减少通勤时间，多伦多公路系统是否会更加有效率？解释你的答案。

□ 教师可布置的问题与应用

1. 欧洲的汽油价格大约是美国汽油价格的 3 倍，主要是因为欧洲的汽油税高于美国。根据你在本章已经学过的原理，赞成美国的汽油税提高至欧洲的水平，情况会怎样？反对汽油税提高至欧洲的水平，情况会怎样？

2. 北极冰川进一步萎缩和变薄。

因为地球变暖，北极冰川正在萎缩，北极海洋在扩大。随着冰川进一步萎缩，越来越多的水下矿产资源变得可被开采。许多国家公开宣布自己对北极部分地区的领域所有权。

资料来源：*The Wall Street Journal*，April 7，2009.

解释矿产资源的所有权将如何影响北极海洋以及会对其中的野生物造成怎样的伤害。

利用下列信息回答问题 3 和 4。

计划缩减使用塑料袋但没有多少行动

塑料袋因是街道垃圾、会造成海洋污染以及生产和运输塑料袋会产生碳排放物而受到指责。去年夏天，西雅图赞成向纸质和塑料购物袋收取 20 美分，目的是鼓励可回收袋的使用来减少污染。

资料来源：*The New York Times*，February 23，2009.

3. 解释西雅图收取 20 美分将如何改变塑料袋的使用，塑料袋引起的无谓损失将如何改变。

4. 解释为什么完全禁止塑料袋的使用会是无效率的。

利用下列信息回答问题 5～7。

给每个大学生提供在线教育的边际成本是每年 3 000 美元。表 1 列出了大学教育的边际私人收益。大学教育的边际外部收益是边际私人收益的一半。

表 1

学生（百万/年）	边际私人收益（美元/每人每年）
1	6 000
2	5 000
3	4 000
4	3 000
5	2 000
6	1 000

5. 在政府没有介入大学教育的情况下，大学招生数量是多少？学费是多少？产生的无谓损失是多少？

6. 如果政府给大学提供补贴，并设置补贴额使得大学招生的数量达到有效水平，纳税人的成本是多少？

7. 如果政府给学生提供代金券，并设定价值使得大学招生的数量达到有效水平，此时代金券的价值为多少？

8. 美国环保人士支持欧盟的排污计划。

欧盟引进了一项新的法案，该法案要求每一家正在运营的或者是欧盟机场的航空公司从 1 月 1 日起都要参与欧盟的总量管制与交易制度。根据这项欧盟法案，航空公司 15%的污染信贷将被拍卖，其余的 85%是免费的。

资料来源：*The Wall Street Journal*，June 30，2011.

解释为什么在这种情况下，总量管制与交易制度会把污染排放量减少到有效率的数量。

□ 单项选择题

1. 电有负的生产外部性是因为________。
   A. 随着更多的电被消费，它的边际收益递减
   B. 随着生产更多的电，边际私人成本增加
   C. 生产电的边际社会成本大于生产电的边际私人成本
   D. 消费电的边际外部成本小于其边际收益
2. 炼钢厂污染空气和水，所以________。
   A. 生产钢的边际社会成本减去边际私人成本等于边际外部成本
   B. 生产钢的边际社会成本比边际私人成本小其边际外部成本
   C. 生产钢的边际私人成本等于边际外部成本加上边际社会成本
   D. 生产钢的边际私人成本减去边际社会成本等于边际外部成本
3. 一个不受管制的化学工厂污染河流将导致________。
   A. 过度生产；产品的价格超过其边际收益
   B. 生产不足；产品的价格等于其边际收益
   C. 有效率的生产数量；边际收益等于边际社会成本
   D. 无效率的生产数量；边际收益低于边际社会成本
4. 生产钢会产生污染。如果对钢生产所征的税收等于产生污染的边际外部成本，则________。
   A. 钢的生产者会将污染削减到零
   B. 钢的生产者所造成的无谓损失将被削减为零
   C. 钢的市场价格提高的量将等于税收
   D. 钢的生产者将继续生产无效率数量的钢

5. 有正外部性的产品或服务________。

A. 是每个人都想使用的

B. 将被生产符合社会利益的数量

C. 边际社会收益超过边际私人收益

D. 边际外部收益超过边际私人收益

6. 由于教育产生正外部性，________

A. 每一个希望接受大学教育的人都应该接受大学教育

B. 毕业生的边际收益超过教育本身的社会价值

C. 如果免费的话，承担教育工作的数量将符合社会利益

D. 给予大学补贴或者给学生发放代金券是使毕业生达到有效数量的方式

第10章 生产和成本

本章要点

学完本章，你将能够：

1. 解释并区分经济学和会计学在衡量企业的生产成本和利润中的不同之处。
2. 解释短期中企业的产量与所雇用的劳动之间的关系。
3. 解释短期中企业的产量与成本之间的关系。
4. 推导并解释企业的长期平均成本曲线。

10.1 经济成本和利润

美国2 000万个企业虽然规模不同、产品各异，但它们都完成着同样的基本经济职能：它们雇用生产要素，并组织生产要素生产和销售产品与服务。为了理解企业的行为，首先我们需要了解它的目标。

□ 企业的目标

如果你问一些企业家他们想要得到什么，你会听到许多不同的回答。一些企业家会说是制造出高质量的产品，另一些企业家会说是企业增长，还有一些会说是市场份额，而也有一些则会说是职工的满意度。所有这些目标都是企业家所追求的，但它们并不是基本目标，它们是达到深层次目标的一些手段。

企业的目标是利润最大化。一个不追求利润最大化的企业要被追求利润最大化的企业消灭或购买。为了计算一家企业的利润，我们必须确定它的总收入和总成本。经济学家有其特殊的方法来定义和衡量成本与利润。为了解释和举例说明这一特定的方法，我们来看看萨姆冷饮公司，这是一家由萨曼莎拥有并经营的公司。

□ 会计成本与利润

在2011年，萨姆冷饮公司因销售冷饮而得到150 000美元收入。企业购买水果、酸乳酪和蜂蜜的支出是20 000美元，工资的支出是22 000美元，银行贷款利息支出是

3 000美元，这些费用一共是 45 000 美元。

萨姆公司的会计师说在 2011 年，企业的榨汁机、冰箱和店铺的折旧是 10 000 美元。折旧是指企业资本的价值减少，并且会计师是根据美国国内税务署（Internal Revenue Service）的规则来计算折旧的，而这些规则又是以美国财务会计准则委员会（Financial Accounting Standards Board）制定的标准为基础的。因此，会计师报告萨姆冷饮公司 2011 年的总成本是 55 000 美元，并且企业的利润为 95 000 美元，即 150 000 美元的总收入减去 55 000 美元的总成本。

萨姆公司的会计师核算成本与利润，是为了确保企业支付正确的所得税数额，并向银行表明萨姆公司如何使用银行贷款。而经济学家则有着不同的目的：预测企业为实现利润最大化而做出的决策。这些决策是对机会成本和经济利润做出的反应。

□ 机会成本

为了进行生产，一家企业需雇用生产要素土地、劳动力、资本和企业家才能。另一家企业能够使用这些相同的资源生产其他产品或服务。在第 3 章中，资源能被用来生产手机或 DVD 光盘，因此，生产手机的机会成本就是放弃生产的 DVD 光盘的数量。为联合航空公司运送乘客的飞机驾驶员就不能同时为联邦快递公司运送货物；正在建造高层写字楼的建筑工人不能同时建造公寓楼；具有最大传输能力的通信卫星能传送电视信号或电子邮件信息，但却不能同时做这两件事；一个为《纽约时报》（*The New York Times*）撰稿的记者不能同时为美国有线新闻电视网（CNN）提供网络新闻报道。萨曼莎不能在经营她的冷饮公司的同时又开一家花店。

企业生产一种产品的机会成本是它放弃生产的其他产品的价值中最高的价值。从企业的角度来说，机会成本是企业为了将生产要素从另一种最优用途中吸引过来而必须支付给它所雇用的这种生产要素的拥有者的成本。因此，一家企业生产的机会成本是它雇用生产要素所付出的成本。

为了确定这些成本，让我们回到萨姆公司，看看生产冷饮的机会成本。

显性成本和隐性成本

一家企业为了将资源从另一种最优用途中吸引过来而支付的成本不是显性成本，就是隐性成本。**显性成本**（explicit cost）是用货币来支出的一种成本。因为这些货币量可以用于其他事项的支出，因此，显性成本是一种机会成本。萨曼莎支付的劳动力工资、银行利息以及她购买水果、酸乳酪和蜂蜜的花费都是显性成本。

当一个企业使用了某种生产要素但又没有直接用货币支付所用资源时，**隐性成本**（implicit cost）便产生了。两种隐性成本是经济折旧和企业所有者自有资源的成本。

经济折旧（economic depreciation）是企业使用自有资本的机会成本，它可以用资本的市场价值变动来衡量——资本期初的市场价格减去期末的市场价格。假定萨曼莎在 2010 年 12 月 31 日将她的榨汁机、电冰箱和店铺售出，共卖得 250 000 美元。如果 2011 年 12 月 31 日出售同样的资本能获得 246 000 美元，那么她在 2011 年的经济折旧为 4 000

美元，这是她在 2011 年使用自有资本的机会成本，并不是萨姆公司的会计师所计算的 10 000美元的折旧。

利息是另一种资本成本。当企业所有者将资金用于购买资本时，这些资金的机会成本是没有用于其他可供选择的最优用途而放弃的利息收入。如果萨曼莎借出企业的资金能获得 1 000 美元的利息，那么这个金额就是生产冷饮的隐性成本。

当企业所有者提供劳动时，企业所有者在企业工作的机会成本是他放弃的在其他工作岗位上工作所获得的最高工资收入。例如，萨曼莎因从事自己的冷饮生意而放弃了一份年薪 34 000 美元的工作，这笔 34 000 美元的隐性成本是生产冷饮的机会成本的一部分。

最后，企业所有者经常提供企业家才能，一种能组织企业并承担经营风险的生产要素。企业家才能的回报便是**正常利润**（normal profit）。正常利润也是企业机会成本的一部分，因为它是放弃了另一种用途——经营另一家企业的成本。若萨曼莎不经营冷饮公司，而是经营一家花店，她一年能获得 16 000 美元的收入，这是萨姆冷饮公司生产冷饮的隐性成本。

□ 经济利润

企业的**经济利润**（economic profit）等于总收入减去总成本。总收入是产品销售所得，它等于产品价格乘以销售量。总成本是显性成本与隐性成本之和，它是企业生产的机会成本。

因为正常利润是企业隐性成本的一部分，企业家的收益等于正常利润加上经济利润。如果企业遭受经济亏损，那么企业家所得会少于正常利润。

表 10 - 1 总结了经济成本的一些概念，图 10 - 1 比较了关于企业的成本和利润的经济学观点和会计学观点。萨姆冷饮公司的总收入（价格乘以销售量）为 150 000 美元，所用资源的机会成本是 100 000 美元，因此，萨姆公司的经济利润为 50 000 美元。

表 10 - 1　经济核算

项目		
总收入		150 000 美元
显性成本		
水果、酸乳酪和蜂蜜的成本	20 000 美元	
工资	22 000 美元	
利息	3 000 美元	
隐性成本		
萨曼莎放弃的工资	34 000 美元	
萨曼莎放弃的利息	1 000 美元	
经济折旧	4 000 美元	
正常利润	16 000 美元	
机会成本		100 000 美元
经济利润		50 000 美元

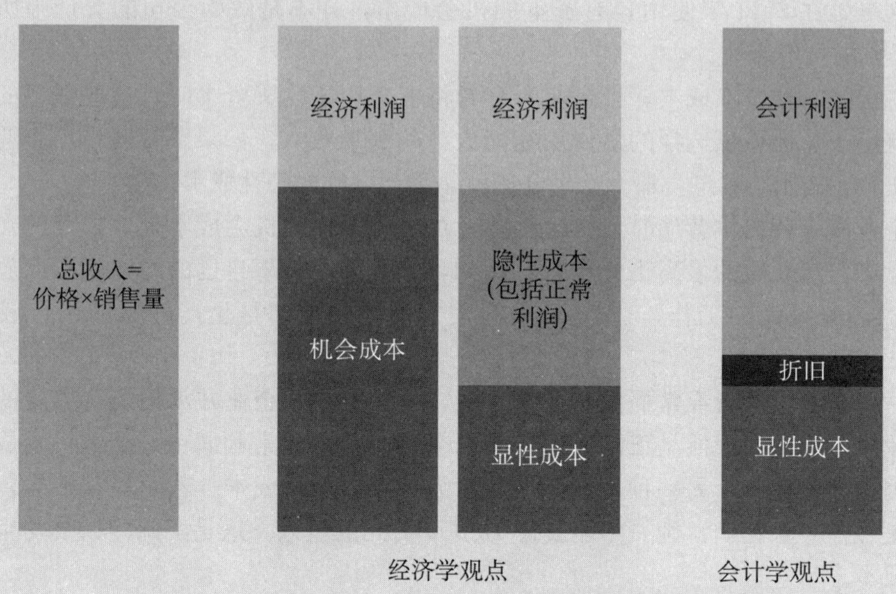

图 10-1　成本和利润的两种观点

经济学家和会计师都用相同的方法来核算企业的总收入，它等于价格乘以每种产品的销售量。经济学家用总收入减去机会成本的方式来核算经济利润。机会成本包括显性成本和隐性成本。正常利润是一种隐性成本。而会计师核算的会计利润则是总收入减去显性成本——用货币支付的成本——以及折旧。

检查站 10.1☞　解释并区分经济学和会计学在衡量企业的生产成本和利润中的不同之处。

现实问题

李是一个计算机程序员，他在 2010 年收入为 35 000 美元，但李在 2011 年开办了一个生产冲浪板的公司。在经营的第一年年末，他提供了以下信息给他的会计师。

- 他停止出租一年可收租金 3 500 美元的海边别墅，并将它作为工厂。这栋别墅的市场价值已由 70 000 美元升到 71 000 美元。
- 他支付 50 000 美元用于材料、电话和水电等开支。
- 他一年支付 10 000 美元租用机器。
- 他支付 15 000 美元的工资。
- 他从银行储蓄账户上取出了 10 000 美元，这笔钱银行每年支付 5%的利息。
- 他从银行贷款 40 000 美元，每年需向银行支付 10%的利息。
- 他卖出了价值为 16 000 美元的冲浪板。
- 一年正常利润为 25 000 美元。

1. 计算李的显性成本、隐性成本和经济利润。

2. 李的会计师记录了李的海边别墅 2011 年的折旧为 7 000 美元。会计师认为一年来李是盈利的还是亏损的？

新闻摘要

生产 100 双跑鞋的成本是多少?

跑鞋的亚洲生产商支付给工人 275 美元，他们每小时生产 100 双。这些工人使用公司自有的设备，而这些设备的成本是公司所放弃的利息和经济折旧，其每小时的成本为 300 美元。材料成本为 900 美元。

资料来源：washpost. com.

在上述成本中，哪些是显性成本，哪些是隐性成本？如果销售 100 双跑鞋的总收入为1 650美元，那么生产商的经济利润是多少？

现实问题参考答案

1. 李的显性成本是用货币支付的成本：用于材料、电话和水电等开支的 50 000 美元、租用机器的 10 000 美元、支付工资的 15 000 美元和支付银行利息的 4 000 美元。这些支出项合计 79 000 美元。李的隐性成本是：所放弃的工资 35 000 美元，所放弃的 3 500美元的租金，别墅增值的 1 000 美元是一1 000 美元的经济折旧，所放弃的存款利息 500 美元，正常利润 25 000 美元。这些项合计 63 000 美元。

李的经济利润等于总收入（160 000 美元）减去总成本。总成本等于显性成本和隐性成本之和：79 000 ＋63 000，即 142 000 美元。因此，李的经济利润为 160 000－142 000，即 18 000 美元。

2. 会计师核算李的利润为总收入减去显性成本再减去折旧，即利润为 160 000－79 000－7 000，等于 74 000 美元。

新闻摘要参考答案

显性成本是工资支出（275 美元）和材料成本（900 美元）。隐性成本是所放弃的利息和经济折旧（共 300 美元）。经济利润等于总收入（1 650 美元）减去总成本（1 475 美元），即 175 美元。

短期和长期

本章的主要目标是探究影响企业成本的因素。影响企业成本的主要因素是企业每一时期所生产的产量。产出率越高，生产的总成本就越高。但企业通过改变产量来影响成本的效果取决于企业想采取行动的时间有多长。一个计划在明天改变自己产出率的企业的选择余地小于预先计划并准备在距今 6 个月以后改变自己的生产的企业。

为了研究企业的产量决策与其成本之间的关系，我们区分了两种决策的时间框架：

- 短期
- 长期

短期：固定的设备规模

短期（short run）是指一些资源数量固定不变的时间框架。对绝大多数企业而言，固定的资源是指企业的技术和资本——它的设备和建筑物。在短期内，管理组织也是固定的。一个企业使用的固定资源是它的固定生产要素，使用的可变资源是可变生产要素。固定资源的集合被称为企业的设备。因此，在短期中，企业的设备是固定不变的。

萨姆冷饮公司的设备是指它的榨汁机、冰箱和店铺。萨姆公司不能在短期内改变这些投入量；发电厂不能在短期内改变它的发电机数量；机场不能在短期内改变跑道、候机大楼和空中交通管制设备的数量。

企业为增加短期中的产量，就必须增加所使用的可变生产要素的投入量。劳动力通常是可变生产要素。为生产更多的冷饮，萨姆公司必须雇用更多的劳动力。同样，为生产更多的电量，发电厂必须雇用更多的工程师，并使其发电机运行更长时间；为增加机场的交通容量，机场必须雇用更多的检票员、货物搬运工和空中交通控制员。

短期决策很容易改变。企业在短期内可以通过增加或减少它所雇用的劳动力的劳动时间来增加或减少产出。

长期：可变的设备规模

长期（long run）是指所有资源量都可以改变的时间框架。这就是说，长期是企业可以改变其设备的时期。

企业在长期中要想增加产量，可以扩大其设备的规模。萨姆冷饮公司可以装备更多的榨汁机和冰箱，并且扩大其店铺的规模；发电厂可以安装更多的发电机；机场可修建更多的跑道、候机大楼和添加交通管制设备。

长期决策不容易改变。一旦企业购买了新的设备，那么再次销售这些设备的价值通常低于企业所支付的成本。这些损失的价值就是经济折旧。这便是沉没成本，它与企业的决策无关。唯一影响企业决策的成本是改变其劳动投入的短期成本和改变其设备规模的长期成本。

我们将研究短期成本与长期成本。我们从短期成本开始，并描述企业面临的生产可能性的限制。

10.2 短期生产

在短期中，企业为了增加固定厂房设备的产量就必须增加雇用的劳动量。我们使用三个相关的概念来描述产量与雇佣劳动量之间的关系。

- 总产量
- 边际产量
- 平均产量

□ 总产量

总产量（total product，TP）是指在一段给定的时间内所生产的产品的总量。总产量是一种产出率——单位时间生产的产品数量（例如，每小时、每天或每周）。当所雇用的劳动量增加时，总产量就增加。我们用图 10－2 中的总产量表和总产量曲线来说明这种关系。总产量表（图下方的表）列举了萨姆公司在现有设备规模条件下单位劳动量在每小时所能生产的冷饮的最大产量，*TP* 曲线上的 *A* 点到 *H* 点与表中的每一列相对应。

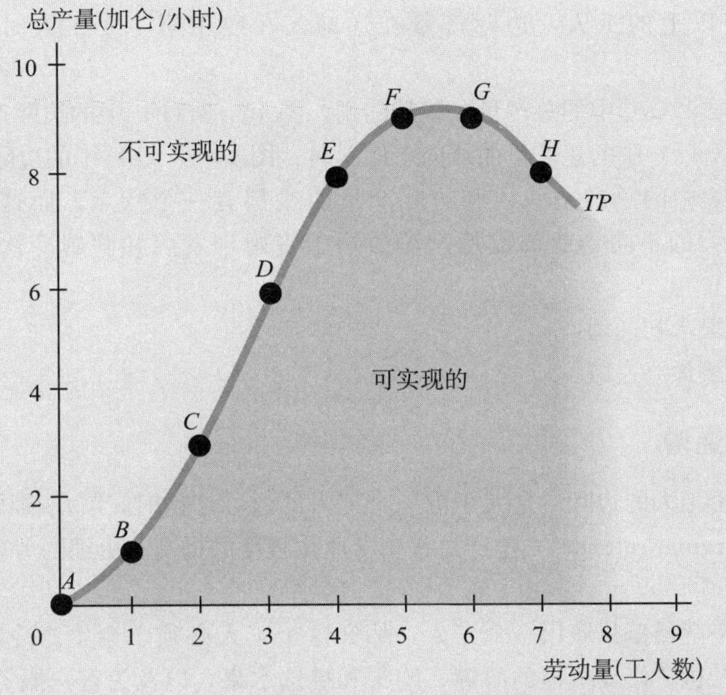

劳动量（工人数）	0	1	2	3	4	5	6	7
总产量（加仑/小时）	0	1	3	6	8	9	9	8
	A	*B*	*C*	*D*	*E*	*F*	*G*	*H*

图 10－2　总产量表与总产量曲线

总产量表说明了萨姆公司所生产的冷饮数量是如何随着雇佣劳动量的变化而变化的。在 *C* 列中，萨姆公司雇用 2 个工人，每小时生产 3 加仑冷饮。

总产量曲线（*TP*）根据表中的数据画出。曲线上的 *A* 点到 *H* 点与表中的各列相对应。总产量曲线区分开了可实现的产量与不可实现的产量。*TP* 曲线以下的点是没有效率的，而 *TP* 曲线上的点是有效率的。

总产量曲线类似于生产可能性边界（见第 3 章），它将可实现的产量与不可实现的产量分开了。所有这条线以上的点都是不可实现的。这条线以下的点，即灰色区域，是可实现的，但它们是无效率的：它们所用的劳动多于生产给定产量所必需的劳动。只有在总产量曲线上的点才是有效率的。

□ 边际产量

边际产量（marginal product，*MP*）是所雇用的劳动量增加一单位所引起的总产量的增加量。它告诉我们增加额外一个工人对总产量的贡献。当劳动量增加一个以上工人时，我们可以这样计算边际产量：

边际产量＝总产量变化量÷劳动量变化量

图 10－3 表示萨姆冷饮公司的边际产量曲线（*MP*）以及它和总产量曲线之间的关系。你能看到当劳动量从 1 个工人增加到 3 个工人时，边际产量在增加。但是，随着雇用 3 个以上的工人，边际产量在递减。在雇用第 7 个工人时，边际产量为负数。

注意图 10－3（a）中的总产量曲线越陡峭，图 10－3（b）中的边际产量就越大。而且，当图 10－3（a）中的总产量曲线向下倾斜时，图 10－3（b）中的边际产量为负。

在图 10－3 中的总产量曲线和边际产量曲线都有一个特点，而这个特点对于拥有不同生产过程的不同企业如福特汽车公司、吉姆理发店和萨姆冷饮公司来说是相同的：

- 边际报酬起初递增
- 边际报酬最终递减

边际报酬递增

当增加一个工人的边际产量大于前一个工人的边际产量时，就出现了**边际报酬递增**（increasing marginal returns）。生产过程中专业化程度的提高和更细的劳动分工会带来边际报酬递增。

例如，如果萨曼莎只雇用一个工人，那么这个工人必须学会生产冷饮的各个方面：操作和清洗榨汁机、修复机器的故障、购买和挑选水果，以及为客户服务。所有这些工作都必须由这个人完成。

如果萨曼莎雇用了第二个工人，两个工人可以专门从事生产过程的不同环节。结果，两个工人生产的比一个工人所生产的两倍还要多，因此，第二个工人的边际产量大于第一个工人的边际产量，从而出现边际报酬递增。大多数的生产过程起初都会出现边际报酬递增。

边际报酬递减

所有生产过程最终都会达到边际报酬递减的那一点。当增加一个工人的边际产量小于前一个工人的边际产量时，**边际报酬递减**（decreasing marginal returns）就发生了。边际报酬递减产生于这样一个事实：越来越多的工人使用同样的设备并在同一个空间内工作。随着雇用的工人越来越多，新增加的工人的劳动生产率越来越低。例如，如果萨曼莎雇用第 4 个工人，则产量会增加，但并不如雇用第 3 个工人时增加得多。在本例中，在雇用 3 个工人之后，专业化和劳动分工的潜在收益都得到了充分的利用。而在雇用第 4 个工人后，萨姆公司每小时生产出更多的冷饮，但设备的运行接近极限。有时，第 4 个工人甚至会无事可做，因为机器正常运转，无须照看。

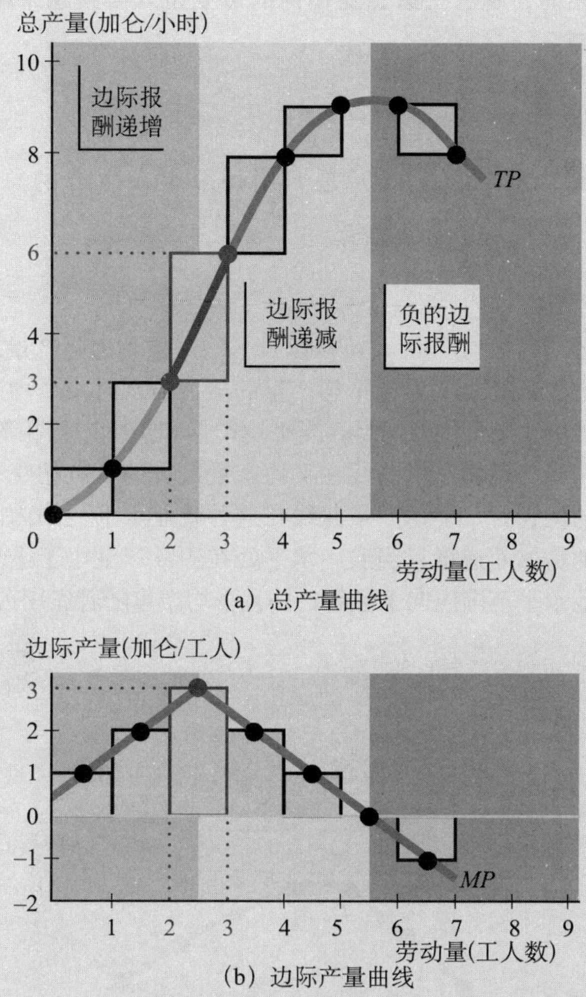

劳动量(工人数)	0		1		2		3		4		5		6		7
总产量(加仑/小时)	0		1		3		6		8		9		9		8
边际产量（加仑/工人）		1		2		3		2		1		0		−1	

图 10－3 总产量与边际产量

表中计算了边际产量，并用灰色柱状图表示。当劳动量从 2 个工人增加到 3 个工人时，冷饮的总产量从每小时 3 加仑增加到每小时 6 加仑。因此，边际产量就是柱状图的高度，即 3 加仑［在图（a）、图（b）中］。

在图（b）中，边际产量用劳动投入的中点表示，强调它是投入要素变化的结果。边际产量增加到最大（在本例中是当雇用到第 3 个工人时）后减少——边际产量递减。

随着雇用越来越多的工人，产量会增加，但增加量越来越少。直到萨曼莎雇用了第 6 个工人，在这一点总产量停止增加。当增加第 7 个工人时，工作空间拥挤不堪，以至于工人们互相妨碍，导致总产量下降。

边际报酬递减的这种现象如此普遍，以至于其被作为一个规律：**报酬递减规律**（law of decreasing returns，也称收益递减规律），它的表述如下：

在固定投入量给定时，随着一家企业使用的可变投入要素越来越多，可变投入要素的边际产量最终会递减。

□ 平均产量

平均产量（average product，*AP*）是雇用每个工人生产的总产量。它可以这样计算：

平均产量＝总产量÷劳动量

平均产量也被称为生产率。

图 10－4 说明了劳动的平均产量（*AP*）以及平均产量和边际产量之间的关系。当企业所雇用的工人从 1 个增加到 3 个（对应平均产量的最大值）时，平均产量在增加，之后随着雇用工人的增加而减少。还要注意的是，当平均产量和边际产量相等时，平均产量最大。这就是说，边际产量曲线与平均产量曲线在平均产量最大的一点相交。当雇用水平处在边际产量大于平均产量的位置时，平均产量曲线在这种就业水平范围内向上倾斜，并且平均产量随着雇佣劳动量的增加而递增；当雇用水平处在边际产量小于平均产量的位置时，平均产量曲线在这种就业水平范围内向下倾斜，并且平均产量随着雇用劳动量的增加而递减。

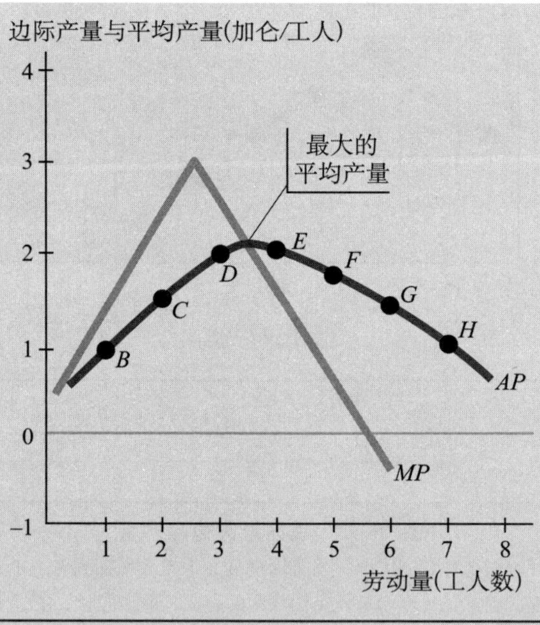

劳动量(工人数)	0	1	2	3	4	5	6	7
总产量(加仑/小时)	0	1	3	6	8	9	9	8
边际产量（加仑/工人）		1	2	3	2	1	0	−1
平均产量（加仑/工人）		1.0	1.5	2.0	2.0	1.8	1.5	1.1
	A	*B*	*C*	*D*	*E*	*F*	*G*	*H*

图 10－4　平均产量与边际产量

该表计算了平均产量。例如，当劳动量为 3 个工人时，总产量是每小时 6 加仑，因此，平均产量为 6÷3＝2 加仑/工人。

平均产量曲线为 *AP*。当边际产量超过平均产量时，平均产量递增；当边际产量低于平均产量时，平均产量递减。

平均产量与边际产量之间的关系是任何一个变量平均值与边际值之间关系的一般特征。在“关注你的生活”专栏中我们将看到一个熟悉的例子。

∴关注你的生活 你的边际成绩与平均成绩

耶恩是业余学生，在五个学期中，每个学期都只选一门课。在第一个学期，她选了微积分，其成绩是 C（2）（见下图）。这个成绩是她的边际成绩，同时也是她的平均成绩——她的 GPA。

在下一个学期，耶恩选了法语，并得了 B（3）——她的新的边际成绩是 3。当边际值超过平均值时，平均值将上升。由于耶恩的边际成绩大于平均成绩，这就把她的平均成绩向上拉了。她的 GPA 提高到 2.5。

在第三个学期，耶恩选了经济学，并得到 A（4）。由于她的边际成绩再次超过了她的平均成绩，这又把平均成绩拉上去了。现在耶恩的 GPA 是 3——即 2、3 和 4 的平均数。

在第四个学期，她选了历史，并得了 B（3），现在她的边际成绩等于她的平均成绩。由于当边际值等于平均值时，平均值不会改变，所以，耶恩的 GPA 仍旧为 3。

在第五个学期，耶恩选了英语，并得了 C（2）。当边际值低于平均价值时，平均值会下降。因为耶恩的边际成绩为 2，低于平均成绩 3，所以，她的 GPA 下降了。

边际值（线①）与平均值（线②）的这种日常关系与边际产量和平均产量之间的关系是相似的。

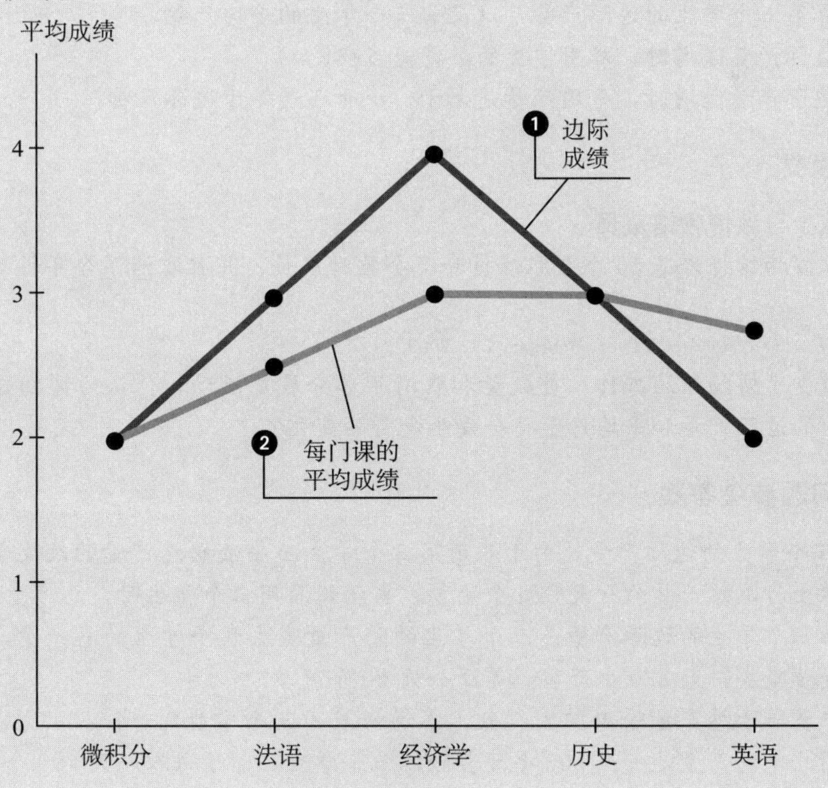

检查站 10.2☞ 解释短期中企业的产量与所雇用的劳动之间的关系。

现实问题

汤姆租用农民的土地用于种植菠萝树。汤姆雇用学生采摘和包装菠萝。表 1 列出了汤姆的生产计划表。

表 1

劳动（学生）	总产量（菠萝/天）
0	0
1	100
2	220
3	300
4	360
5	400
6	420
7	430

1. 计算第三个学生的边际产量，以及前三个学生的平均产量。
2. 当边际产量递增时，雇用学生的数量是多少？
3. 当边际产量递增时，平均产量是大于、小于还是等于边际产量？

新闻摘要

预算减少导致博物馆裁员

底特律博物馆将辞退 56 个全职雇员和 7 个临时雇员，并且取消了今年计划的部分展览活动。

资料来源：*The New York Times*, February 25, 2009.

由于减少了博物馆的工作人员数量和取消了部分展览活动，你认为博物馆的工作人员在短期中的边际产量和平均产量将会发生怎样的变化？

现实问题参考答案

1. 第三个学生的边际产量是由于雇用第三个学生而导致的总产量的改变量。当汤姆雇用两个学生时，总产量为一天 220 个菠萝；当汤姆雇用三个学生时，总产量为一天 300 个菠萝。第三个学生的边际产量是三个学生的总产量减去两个学生的总产量，也就是一天 300 个菠萝减去一天 220 个菠萝，等于一天 80 个菠萝。

平均产量等于总产量除以学生人数。当汤姆雇用三个学生时，一天的总产量是 300 个菠萝，因此平均产量是一天 300 个菠萝除以三个学生，等于每人一天 100 个菠萝。

2. 第一个学生的边际产量是一天 100 个菠萝，第二个学生的边际产量是一天 120 个菠萝，而第三个学生的边际产量是一天 80 个菠萝，因此当汤姆雇用第一个和第二个学生时，边际产量是增加的。

3. 当汤姆雇用一个学生时，第一个学生的边际产量是一天 100 个菠萝，同时平均产量是每人一天 100 个菠萝。当汤姆雇用两个学生时，第二个学生的边际产量是一天 120 个菠萝，并且平均产量是每个学生一天 110 个菠萝。也就是说，当汤姆雇用第二个学生时，平均产量小于边际产量。

新闻摘要参考答案

由于展览的数量在减少，博物馆的产量（参观博物馆的游客数量）可能会下降，但是产量下降的比例小于劳动量减少的比例。因此，每个工作人员的边际产量会增加，并且边际产量的增加将导致工作人员的平均产量上升。

10.3 短期成本

为了在短期中生产更多的产量，企业必须雇用更多的劳动，这就意味着它必须增加成本。我们使用三个成本概念来描述产量与成本之间的关系。

- 总成本
- 边际成本
- 平均成本

□ 总成本

企业的**总成本**（total cost，*TC*）是所有被企业使用的生产要素的成本。总成本分为两个部分：总固定成本和总可变成本。**总固定成本**（total fixed cost，*TFC*）是企业固定生产要素的成本：土地、资本和企业家才能。由于在短期内，这些投入量并不会随着产量的变化而变化，所以，固定成本也不会随着产量的变化而变化。**总可变成本**（total variable cost，*TVC*）是企业可变动生产要素的成本——劳动。在短期内，企业为了改变产量就必须改变它所雇用的劳动量，因此，总可变成本随着产量的变化而变化。

总成本等于总固定成本加上总可变成本，即：

$$TC = TFC + TVC$$

表 10－2 显示了萨姆冷饮公司的总成本。不管萨姆公司生产与否，其固定成本都是 10 美元/小时——*TFC* 是 10 美元/小时。为了生产冷饮，萨曼莎雇用劳动，工人的工资是 6 美元/小时。*TVC* 随着产量的增加而增加，等于每小时的工人数量乘以 6 美元。例如，为了每小时生产 6 加仑冷饮，萨曼莎雇用了 3 个工人，因此 *TVC* 是 18 美元/小时。*TC* 是 *TFC* 和 *TVC* 的总和。因此，为了每小时生产 6 加仑冷饮，*TC* 是 28 美元。检查每一行的计算，并注意在生产某些数量时——例如，2 加仑/小时——萨姆公司只雇用工人的一小时中的部分时间。

表 10－2	萨姆冷饮公司的总成本			
劳动（工人/小时）	产量（加仑/小时）	总固定成本	总可变成本	总成本
			（美元/小时）	
0	0	10	0	10.00
1.00	1	10	6.00	16.00
1.60	2	10	9.60	19.60
2.00	3	10	12.00	22.00
2.35	4	10	14.10	24.10
2.65	5	10	15.90	25.90
3.00	**6**	**10**	**18.00**	**28.00**
3.40	7	10	20.40	30.40
4.00	8	10	24.00	34.00
5.00	9	10	30.00	40.00

萨姆公司的固定生产要素是土地、资本和企业家才能。无论产量是多少，其总固定成本都是不变的。萨姆公司的可变生产要素是劳动。总可变成本是劳动的成本。总成本等于总固定成本加上总可变成本。

表中生产 6 加仑冷饮的一行被突出显示。萨姆公司雇用 3 个工人。总固定成本是 10 美元/小时。总可变成本是雇用 3 个工人的成本。当工资为 6 美元/小时时，雇用 3 个工人的成本为 18 美元/小时。萨姆公司每小时生产 6 加仑的总成本等于 10 美元＋18 美元，即 28 美元。

图 10－5 说明了萨姆冷饮公司的总成本曲线。总固定成本曲线（*TFC*）是水平的，因为当产量变化时，总固定成本不变，一直是每小时 10 美元。总可变成本曲线（*TVC*）和总成本曲线（*TC*）都是向上倾斜的，因为可变成本随着产量的增加而增加。*TVC* 和 *TC* 曲线之间的垂直距离等于总固定成本，正如图中的箭头所示。

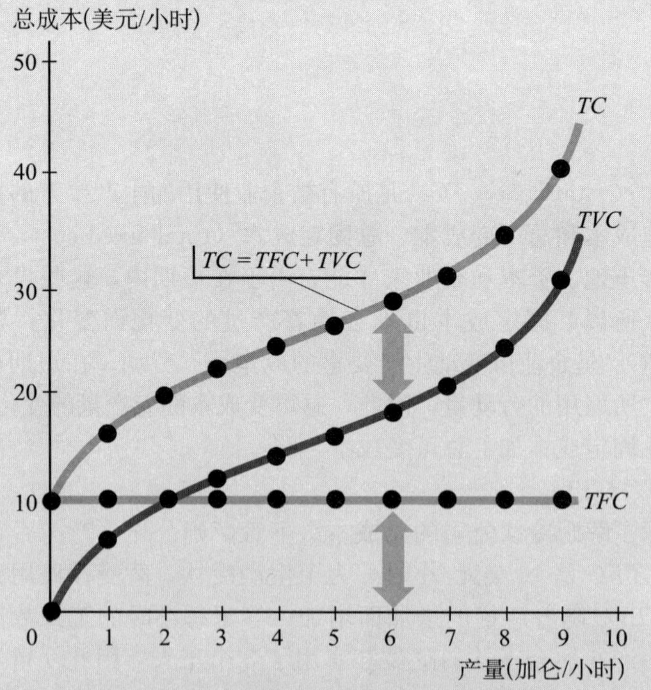

图 10－5　萨姆冷饮公司的总成本曲线

总固定成本（*TFC*）是不变的——图中为一条水平线。总可变成本（*TVC*）随着产量的增加而增加。总成本（*TC*）也随着产量的增加而增加。总成本曲线和总可变成本曲线之间的垂直距离是总固定成本，如图中的两个箭头所示。

现在让我们来看看萨姆冷饮公司的边际成本。

□ 边际成本

在图 10-5 中，总可变成本和总成本在产量水平低时按递减的增长率增加，然后随着产量的增加，开始按递增的增长率增加。为了理解总成本变动的这些形式特征，我们需要使用边际成本的概念。

企业的**边际成本**（marginal cost）是产量增加一单位引起的总成本增加量。表 10-3 计算出了萨姆冷饮公司的边际成本。例如，当产量从每小时 5 加仑增加到每小时 6 加仑时，总成本从 25.90 美元上升到 28.00 美元。因此，这一加仑冷饮的边际成本是 2.10 美元（=28.00 美元-25.90 美元）。请注意，边际成本位于两个总成本的中间，以强调这是改变产量的结果。

表 10-3　萨姆冷饮公司的边际成本与平均成本

产量 (加仑/小时)	总成本 （美元/小时）	边际成本 （美元/加仑）	平均固定成本 (美元/小时)	平均可变成本 (美元/小时)	平均总成本 (美元/小时)
0	10.00		—	—	—
		6.00			
1	16.00		10.00	6.00	16.00
		3.60			
2	19.60		5.00	4.80	9.80
		2.40			
3	22.00		3.33	4.00	7.33
		2.10			
4	24.10		2.50	3.53	6.03
		1.80			
5	25.90		2.00	3.18	5.18
		2.10			
6	28.00		1.67	3.00	4.67
		2.40			
7	30.40		1.43	2.91	4.34
		3.60			
8	34.00		1.25	3.00	4.25
		6.00			
9	40.00		1.11	3.33	4.44

萨姆公司每小时生产 6 加仑冷饮，其总成本为 28 美元。表 10-2 显示了这个总成本等于总固定成本（10 美元）与总可变成本（18 美元）之和。

边际成本是产量增加一单位所引起的总成本的增加量。当萨姆公司的产量从每小时 5 加仑增加到每小时 6 加仑时，总成本从 25.90 美元上升到 28.00 美元，即产量增加一加仑导致总成本增加了 2.10 美元。增加第 6 加仑的边际成本为每小时 2.10 美元。边际成本位于两个总成本的中间，以强调这是改变产量的结果。

当萨姆公司每小时生产 6 加仑时，平均固定成本为 1.67 美元/加仑（=10 美元÷6 加仑）；平均可变成本为 3.00 美元/加仑（=18 美元÷6 加仑）；平均总成本为 4.67 美元/加仑（=28 美元÷6 加仑）。

边际成本告诉我们总成本如何随着产量的变动而变动。最后一个成本的概念将告诉我们：平均而言，生产 1 个单位产量的成本是多少。现在让我们看看萨姆冷饮公司的平均成本。

□ 平均成本

有三种平均成本的概念：

- 平均固定成本
- 平均可变成本
- 平均总成本

平均固定成本（average fixed cost，*AFC*）是每单位产量的总固定成本。**平均可变成本**（average variable cost，*AVC*）是每单位产量的总可变成本。**平均总成本**（average total cost，*ATC*）是每单位产量的总成本。平均成本可以通过如下方式从总成本的概念计算得到：

$$TC=TFC+TVC$$

把每个总成本项都除以产量 Q，得出

$$\frac{TC}{Q}=\frac{TFC}{Q}+\frac{TVC}{Q}$$

或者：

$$ATC=AFC+AVC$$

表 10－3 表示了这些平均成本。例如，当产量是 1 小时 6 加仑时，平均固定成本是（10 美元÷6），等于 1.67 美元；平均可变成本是（18 美元÷6），即等于 3.00 美元；同时平均总成本是（28 美元÷6），等于 4.67 美元。要注意的是，平均总成本（4.67 美元）等于平均固定成本（1.67 美元）加上平均可变成本（3.00 美元）。

图 10－6 根据表 10－3 中的数据画出了边际成本和平均成本的图形。边际成本曲线（*MC*）是 U 形的，因为边际产量以这种方式发生改变。回想一下，当萨曼莎雇用第 2 个或第 3 个工人时，边际产量增加，并且产量增加到每小时 6 加仑（图 10－3）。在这个产量范围中，边际成本随着产量的增加而减少。当萨曼莎雇用第 4 个或更多工人时，边际产量减少，而产量会上升到每小时 9 加仑（图 10－3）。在这个产量范围内，边际成本随着产量的增加而增加。

平均固定成本曲线（*AFC*）向下倾斜。随着产量的增加，相同的不变的固定成本会被分摊到更多产量上。平均总成本曲线（*ATC*）和平均可变成本曲线（*AVC*）都是 U 形的。平均总成本和平均可变成本之间的垂直距离等于平均固定成本——正如图 10－6中的两个箭头所示。随着产量的增加，平均固定成本会减少，因而，这段距离也会逐渐缩短。

边际成本曲线分别与平均可变成本曲线和平均总成本曲线相交于它们各自的最低点。也就是说，当边际成本小于平均成本时，平均成本递减。当边际成本大于平均成本时，平均成本递增。这种关系对 *ATC* 曲线和 *AVC* 曲线都成立，而且是你在图 10－4 中所看到的平均产量和边际产量之间关系的另一个例子。

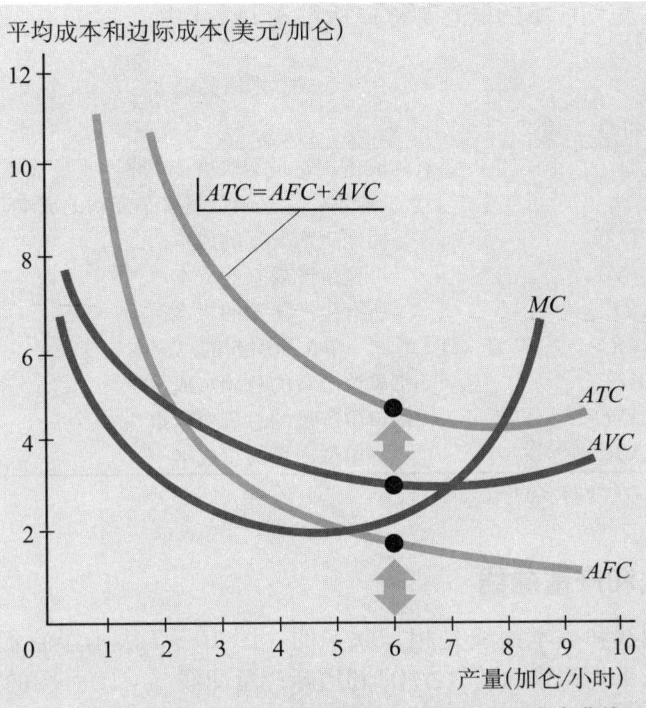

图 10－6　萨姆冷饮公司的平均成本曲线和边际成本曲线

当产量增加时，平均固定成本会下降。平均固定成本曲线（*AFC*）向下倾斜。平均总成本曲线（*ATC*）和平均可变成本曲线（*AVC*）则呈 U 形，并且这两条曲线之间的垂直距离等于平均固定成本，如图中的两个箭头所示。

边际成本是产量增加一单位所引起的总成本的增加量。边际成本曲线（*MC*）是 U 形的，并且分别与平均可变成本曲线和平均总成本曲线相交于它们各自的最低点。

□ 为什么平均总成本曲线是 U 形的

平均总成本（*ATC*）是平均固定成本（*AFC*）加上平均可变成本（*AVC*）。因此，*ATC* 曲线的形状结合了 *AFC* 曲线的形状与 *AVC* 曲线的形状。U 形的平均总成本曲线受到两种相反力量的影响。

- 固定成本被分摊到更多产量上
- 边际报酬递减

当产量增加时，企业把它的固定成本分摊到更多产量上，因此，其平均固定成本减少——它的平均固定成本曲线向下倾斜。

边际报酬递减意味着，随着产量的增加，为了生产额外一单位的产量需要越来越多的劳动。因此，平均可变成本增加，*AVC* 曲线最终向上倾斜。

平均总成本曲线的形状结合了以上两种影响。起初，随着产量的增加，平均固定成本和平均可变成本都会减少，因此，平均总成本会减少，*ATC* 曲线向下倾斜。但随着产量的进一步增加，以及边际报酬递减开始发生作用，平均可变成本开始增加。最终，平均可变成本的增加量大于平均固定成本的减少量，因此，平均总成本增加，*ATC* 曲线向上倾斜。

你见到的所有短期成本的概念都被概括在表 10－4 中。

表 10－4　成本术语简表

术语	符号	定义	方程
固定成本		固定生产要素的成本，它是不取决于产量水平的成本	
可变成本		可变生产要素的成本，它是随产量水平变动的成本	
总固定成本	*TFC*	固定生产要素的成本	
总可变成本	*TVC*	可变生产要素的成本	
总成本	*TC*	所有生产要素的成本	$TC=TFC+TVC$
边际成本	*MC*	产量（*Q*）增加一单位所引起的总成本的变动量	$MC=\Delta TC\div\Delta Q^{*}$
平均固定成本	*AFC*	每单位产量的总固定成本	$AFC=TFC\div Q$
平均可变成本	*AVC*	每单位产量的总可变成本	$AVC=TVC\div Q$
平均总成本	*ATC*	每单位产量的总成本	$ATC=AFC+AVC$

* 在这个方程中，希腊字母（Δ）代表着变动量。

□ 成本曲线和产量曲线

企业的产量曲线和成本曲线是相互联系的，图 10－7 表示了它们是如何相关联的。图的上半部分表示平均产量曲线（*AP*）和边际产量曲线（*MP*）。图的下半部分表示平均可变成本曲线（*AVC*）与边际成本曲线（*MC*）。

随着劳动量增加到每天 2.5 个工人（图的上半部分），产量增加到每天 4 单位（图的下半部分）。边际产量和平均产量在上升，而边际成本和平均可变成本则在下降。当边际产量达到最高点时，边际成本也达到了最低点。

随着劳动量增加到每天 3.5 个工人（图的上半部分），产量增加到每天 7 单位（图的下半部分）。边际产量下降，而边际成本上升。不过，平均产量仍然持续在上升，而平均可变成本持续在下降。当平均产量达到最高点时，平均可变成本达到了最低点。随着劳动量的进一步增加，产量会增加，而平均产量会减少，平均可变成本会增加。

□ 成本曲线的移动

图 10－5 和图 10－6 中的短期成本曲线的位置取决于两个因素：

- 技术
- 生产要素的价格

技术

提高生产率的技术变革会使总产量曲线向上移动，它也会使边际产量曲线和平均产量曲线向上移动。由于在技术更先进时，投入相同的生产要素可以生产更多的产量，因此，技术进步会降低平均成本和边际成本，并使短期成本曲线向下移动。

例如，机器人技术的进步提高了汽车行业的生产率。结果，克莱斯勒汽车公司、福特汽车公司和通用汽车公司的产量曲线都向上移动，而它们的平均成本和边际成本曲线则都向下移动。但它们的产量曲线和成本曲线之间的关系并没有改变，这些曲线仍然相互关联，如图 10－7 所示。

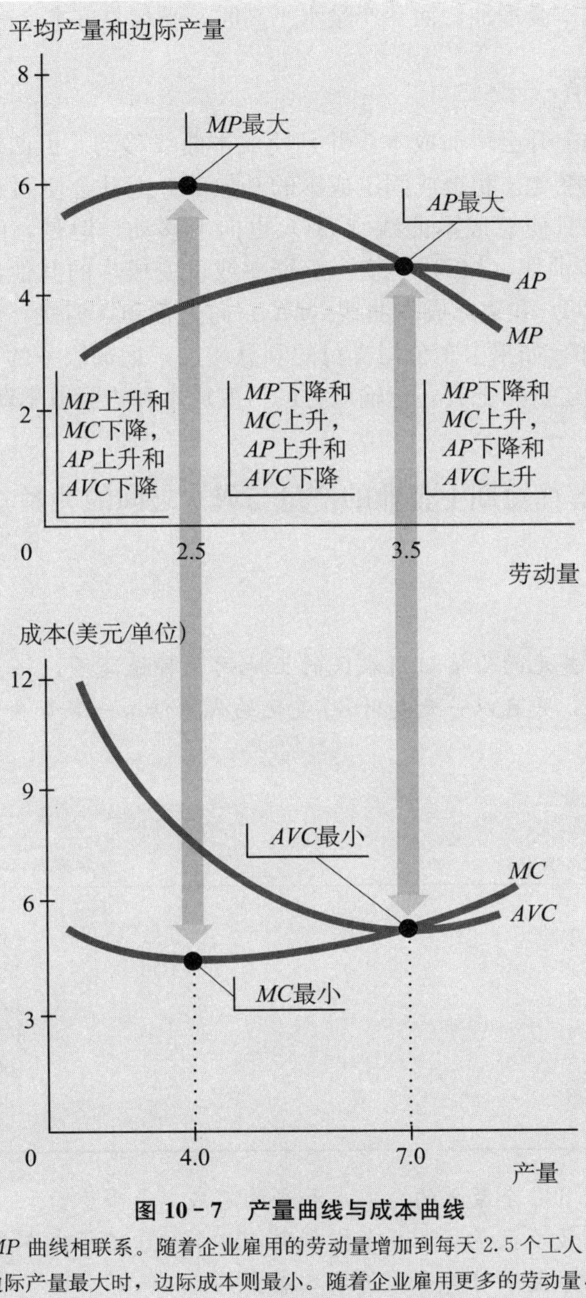

图 10-7　产量曲线与成本曲线

企业的 MC 曲线和 MP 曲线相联系。随着企业雇用的劳动量增加到每天 2.5 个工人，企业的边际产量会上升，而边际成本会下降。当边际产量最大时，边际成本则最小。随着企业雇用更多的劳动量，企业的边际产量会减少，而其边际成本会增加。

企业的 AVC 曲线和 AP 曲线相联系。随着企业雇用的劳动量增加到每天 3.5 个工人，企业的平均产量会上升，而其平均可变成本在下降。当平均产量最大时，平均可变成本则最小。随着企业雇用更多的劳动量，企业的平均产量会减少，而其平均可变成本会增加。

技术进步往往导致企业使用更多的资本（固定生产要素投入），以及雇用更少的劳动（可变生产要素投入）。例如，如今的电话公司用电脑接通长途电话来代替它们在 20 世纪 80 年代使用人工接线员的做法。当电话公司做出这种改变时，总可变成本和总成本都会减少，但是，总固定成本会增加。这种固定成本与可变成本的共同变动意味着：在产量水平低时，平均总成本会增加，而在产量水平高时，平均总成本会减少。

生产要素的价格

生产要素价格的上升会增加成本，并且使成本曲线移动。但曲线如何移动取决于哪一种要素的价格发生变化。租金或固定成本的其他部分上升会使固定成本曲线（*TFC* 和 *AFC*）向上移动，并且使总成本曲线（*TC*）也向上移动，但是，可变成本曲线（*AVC* 和 *TVC*）与边际成本曲线（*MC*）不变。工资率或可变成本的其他部分上升使得可变成本曲线（*TVC* 和 *AVC*）和边际成本曲线（*MC*）向上移动，但是，固定成本曲线（*AFC* 和 *TFC*）不变。例如，如果卡车公司支付的利息增加，运输服务的固定成本会增加，但是，如果卡车司机的工资率上升，运输服务的可变成本和边际成本就会增加。

检查站 10.3☞ 解释短期中企业的产量与成本之间的关系。

现实问题

汤姆以一天 120 美元的价格租用农民的土地用于种植菠萝，一天支付 100 美元给采摘和包装菠萝的学生，并且以一天支付 80 美元的代价借入一笔资金。表 1 中给出了一天的产量。

表 1

劳动（学生）	产量（个/天）
0	0
1	100
2	220
3	300
4	360
5	400
6	420
7	430

1. 汤姆一天生产 300 个菠萝的总成本和平均总成本是多少？
2. 当每天采摘的菠萝数量从 360 个增加到 400 个时，边际成本是多少？
3. 汤姆生产多少个菠萝时其平均总成本最少？

新闻摘要

大城市的博物馆完成了一轮裁员工作

博物馆已经减少了 74 个工作岗位，并且另外有 95 个工作人员退休了。博物馆同时也辞退了其零售商店的 127 名雇员。这次裁员使得其劳动成本减少了 1 000 万美元。博物馆期望这次裁员不会影响参观者人数及其参观体验。

资料来源：*The New York Times*，June 22，2009.

请解释减少工作岗位和关闭店铺如何改变博物馆的短期平均成本曲线和边际成本曲线。

现实问题参考答案

1. 总成本是总固定成本与总可变成本之和。汤姆租用农民的土地，一天支付 120 美元，同时因借入一笔资金而一天支付 80 美元，因此，汤姆的总固定成本是一天 200 美元。总可变成本是雇用学生的工资。为了一天能采摘和包装 300 个菠萝，汤姆雇用了 3 个学生，因而，其总可变成本是一天 300 美元，总成本为一天 500 美元。表 2 的 *TC* 列中显示了总成本表。

平均总成本是总成本除以总产量。当汤姆一天采摘和包装 300 个菠萝，并且他的总成本是一天 500 美元时，其平均总成本是一个菠萝 1.67 美元，表 2 的 *ATC* 列中显示了平均总成本表。

表 2

劳动	*TP*	*TC*	*MC*	*ATC*
0	0	200		—
			1.00	
1	100	300		3.00
			0.83	
2	220	400		
			1.25	1.82
3	300	500		
			1.67	1.67
4	360	600		
			2.50	1.75
5	400	700		
			5.00	
6	420	800		1.90
			10.00	
7	430	900		2.09

2. 边际成本是一天额外采摘和包装一个菠萝所引起的总成本的增加量。当每天菠萝产量从 360 个增加到 400 个，在表 2 中，总产量从 600 美元增加到 700 美元。采摘和包装菠萝的数量增加了 40 个，而总成本则增加了 100 美元。其边际成本增加额即增加的总成本 100 美元，除以增加的菠萝产量 40 个，即等于 2.50 美元/个。所以一个菠萝的边际成本是 2.50 美元。

3. 在平均总成本的最低点，平均总成本和边际成本是相等的。当菠萝产量处于 300 个和 360 个之间时，平均总成本到达最低点，为一个菠萝 1.67 美元。

新闻摘要参考答案

劳动量减少，而产量保持不变，则将增加劳动的边际产量，减少生产的边际成本。*MC*、*AVC* 和 *ATC* 曲线向下移动。

10.4　长期成本

在长期中，企业可以同时改变劳动量和资本量。像萨姆冷饮公司那样的小企业能通过搬入更大的厂房和安装更多设备来扩大生产规模。如通用汽车公司那样的大企业可通过关闭一些生产线来减小工厂规模。

现在当企业改变它的工厂规模——它所使用的资本和劳动量时，我们将看到成本在长期中是如何变化的。

首先发生的变化是固定成本与可变成本之间的区别消失了。在长期中，所有的成本都是可变的。

□ 生产规模与成本

在企业改变它的生产规模后，它生产一定产量所需的成本就会发生变化。从表 10－3 和图 10－6 中可以看到，当萨曼莎每小时生产 8 加仑的冷饮时，她使平均总成本达到最低的 4.25 美元/加仑。萨曼莎想知道：如果她租用更大的厂房，并且配置更多的榨汁机和冰箱，那么她的平均总成本会怎样变化呢？生产 1 加仑冷饮的平均总成本会下降、上升还是保持不变呢？

上述三种结果都有可能发生，之所以会这样，是因为企业改变其工厂的生产规模时，它可能存在：

- 规模经济
- 规模不经济
- 规模报酬不变

规模经济

规模经济（economies of scale）是指一个企业拥有的平均总成本随产量增加而下降的技术特征。规模经济的主要来源是劳动和资本更加专业化。

劳动专业化 如果福特汽车公司一周生产 100 辆汽车，那么每一条生产线上的工人都将不得不从事许多不同的工作。但如果福特汽车公司一周生产 10 000 辆汽车，每个工人都能够专门从事少量工作，并且对这部分工作非常精通，那么劳动的平均产量就会增加，同时，生产每辆车的平均总成本也会下降。

在生产线之外也存在专业化。例如，一家小企业通常没有专业的销售主管、人事主管和生产主管，一个人就可能从事所有的工作。但当企业规模足够大时，企业就有专业人员从事这些工作。此时，平均产量会增加，而平均总成本则会下降。

资本专业化 在产出率比较低的情况下，企业通常使用一般的机器和设备。例如，当萨姆冷饮公司每小时只能生产较少加仑的冷饮时，它所使用的榨汁机与你的厨房里所使用的一样，都是普通的榨汁机。但如果萨姆公司的产量达到每小时几百加仑，它便会使用能自动装满、倒空和清洗的专业型榨汁机。由此使得产出率更高，并且生产 1 加仑冷饮的平均总成本也更低。

规模不经济

规模不经济（diseconomies of scale）是指一个企业拥有的平均总成本随产量增加而上升的技术特征。规模不经济产生于协调和控制一家大企业存在困难。企业规模越大，管理者之间和上下层管理等级之间的沟通成本就越大。最终，管理的复杂性将引起平均成本增加。所有生产过程都会发生规模不经济，但在有些行业也许只有当产出率非常高时才会发生。

规模报酬不变

规模报酬不变（constant returns to scale，也称规模收益不变）是指一个企业拥有的平均总成本随产量增加而不变的技术特征。规模报酬不变产生于企业能够复制它现有的生产设备，包括它的管理系统。例如，福特汽车公司可以通过将生产 Fusion 汽车的生产规模扩大一倍，从而使这种汽车的产量增加一倍。它可以建立一条相同的生产线，并且雇用相同数量的工人。在使用两条相同的生产线进行生产后，福特汽车公司正好生产了两倍于过去产量的汽车量。生产一辆 Fusion 汽车的平均成本在两条生产线中是一样的，因此，当产量增加时，平均总成本保持不变。

□ 长期平均成本曲线

长期平均成本曲线（long-run average cost curve）表示企业有足够的时间来调整生产规模和雇用的劳动量，从而使企业所生产的可实现产量处于最低平均成本上。

图 10－8 表示萨姆冷饮公司的长期平均成本曲线（*LRAC*）。长期平均成本曲线是从萨姆公司的不同生产规模的短期成本曲线得出的。

在现有生产规模较小时，萨姆冷饮公司的平均成本曲线就是图 10－8 中的平均成本曲线 ATC_1，而其他三个平均成本曲线则是萨姆公司生产规模逐渐扩大时的成本曲线。在这个例子中，当萨姆公司每小时的产量为 8 加仑时，根据现有生产规模下的平均成本曲线 ATC_1，萨姆公司可以以最低平均成本进行生产；当萨姆公司每小时的产量为 8～16 加仑时，在 ATC_2 曲线上其平均总成本是最低的；当萨姆公司每小时的产量为 16～24 加仑时，在 ATC_3 曲线上其平均总成本是最低的；当萨姆公司每小时的产量超过 24 加仑时，在 ATC_4 曲线上其平均总成本是最低的。

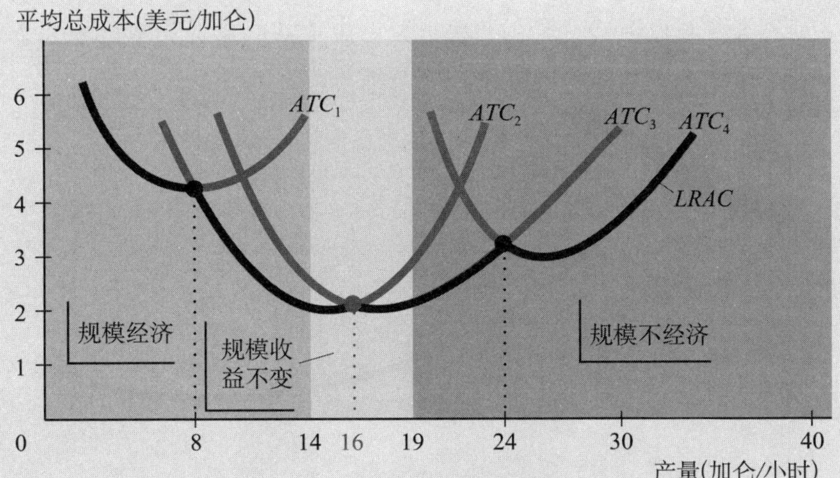

图 10－8　长期平均成本曲线

在长期中，萨曼莎既可以改变生产规模，也可以改变她所雇用的劳动量。长期平均成本曲线描绘了生产每个产量时可实现的最低平均总成本。黑色的曲线就是长期平均成本曲线（*LRAC*）。

在产量低于每小时 14 加仑时，萨姆公司处于规模经济阶段；在产量为每小时 14～19 加仑时，萨姆公司处于规模报酬不变阶段；在产量超过每小时 19 加仑时，萨姆公司处于规模不经济阶段。

四条平均总成本曲线中每一条曲线的一部分都对应着萨姆公司在特定生产规模下的最低平均总成本，这些部分在图 10－8 中用黑色线段标出。由这四段所组成的扇形曲线就是萨姆冷饮公司的长期平均成本曲线。

规模经济与规模不经济

当存在规模经济时，*LRAC* 曲线向下倾斜。图 10－8 中的 *LRAC* 曲线表明在产出率低于每小时 14 加仑时，萨姆冷饮公司处于规模经济阶段；当产出率在每小时 14～19 加仑之间时，萨姆公司处于规模报酬不变阶段；当产出率高于每小时 19 加仑时，萨姆公司处于规模不经济阶段。

∵关注零售商的成本　沃尔玛和 7—11 便利店，哪一家成本更低？

沃尔玛的“小型”超市占地面积为 99 000 平方英尺，平均每周客流量为 30 000 名顾客。如今大部分位于加油站附近的普通 7—11 便利店占地面积为 2 000 平方英尺，每周客流量为 5 000 名顾客。

哪一种零售模式具有更低的经营成本？答案取决于经营规模。

当零售店每周客流量较少时，经营一家面积为 2 000 平方英尺的商店，其平均服务一位顾客的成本要低于经营一家面积为 99 000 平方英尺的商店。

从下图中可以看到，面积为 2 000 平方英尺的 7—11 便利店，其平均成本曲线为 ATC_{7-11}，而经营面积为 99 000 平方英尺的商店，其平均成本曲线为 $ATC_{沃尔玛}$。黑色的曲线是零售商的长期平均成本曲线（*LRAC*）。

假如每周客流量为 *Q*，那么两家商店每笔交易的平均总成本相同。如果零售商每周所服务的顾客数量超过 *Q*，那么经营大型商店是具有最低成本的方式；如果零售商每周所服务的顾客数量低于 *Q*，那么经营小型商店是具有最低成本的方式。具有最低成本的商店并不总是具有最大规模的商店。

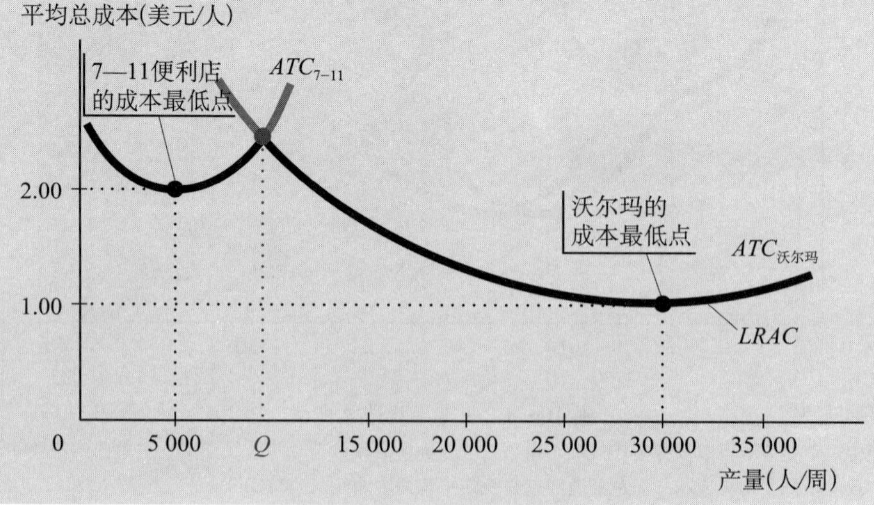

检查站 10.4☞ 推导并解释企业的长期平均成本曲线。

现实问题

汤姆种植菠萝，他租用农民的一块土地一天需支付120美元，同时借入一笔资金一天需支付80美元的利息。他雇用学生，一天需支付100美元。假定汤姆租用农民的两块土地，一天需支付240美元，并且借入两倍的资金，一天需支付160美元的利息。表1展示了他的产量。

表1

劳动（学生/天）	一块土地的产量	两块土地的产量
	（菠萝/天）	
0	0	0
1	100	220
2	220	460
3	300	620
4	360	740
5	400	820
6	420	860
7	430	880

1. 当汤姆种植两块土地，并且采摘和包装220个菠萝时，汤姆的平均总成本是多少？

2. 画出汤姆分别种植一块土地和两块土地时的平均总成本曲线。标出汤姆的长期平均成本曲线。说明产量在什么范围内时，汤姆将种植一块土地，而在产量为多少时，他将种植两块土地。

3. 汤姆是处于规模报酬不变、规模经济还是规模不经济阶段？

新闻摘要

通用汽车公司重组计划发布

白宫发布了通用汽车公司重组计划的详细内容：公司将关闭11家工厂，并且减少另外3家工厂的产量。

资料来源：boston. com，May 31，2009.

解释重组计划对通用汽车公司的总固定成本、总可变成本、短期*ATC*曲线和*LRAC*曲线的影响。

现实问题参考答案

1. 总成本是一天400美元的固定成本加上每个学生一天的100美元。汤姆在种植两块土地和雇用一个学生的条件下采摘和包装220个菠萝，因此，一天的总成本为500美元。平均总成本是总成本除以产量。当汤姆采摘和包装220个菠萝时，其平均总成本等于500÷220，即2.27美元/个。表2中的“*ATC*（两块土地）”表示了汤姆种植两块土地时的平均总成本表。

表 2

TP（一块土地）	*ATC*（一块土地）	*TP*（两块土地）	*ATC*（两块土地）
100	3.00	220	2.27
220	1.82	460	1.30
300	1.67	620	1.13
360	1.67	740	1.08
400	1.75	820	1.10
420	1.90	860	1.16
430	2.09	880	1.25

2. 图 1 显示汤姆种植一块土地时的平均总成本曲线为 ATC_1。这条曲线是根据表 2 中 *ATC*（一块土地）和 *TP*（一块土地）的数据画出的图形，这些数据来自检查站 10.3 中的表 2。当汤姆种植两块土地时，平均总成本曲线是 ATC_2。汤姆的长期平均成本曲线是在图 1 中所强调的两条 *ATC* 曲线的较低部分。如果汤姆一天采摘和包装的菠萝数量低于或达到 300 单位，他将种植一块土地；如果汤姆一天采摘和包装的菠萝数量超过 300 单位，他将种植两块土地。

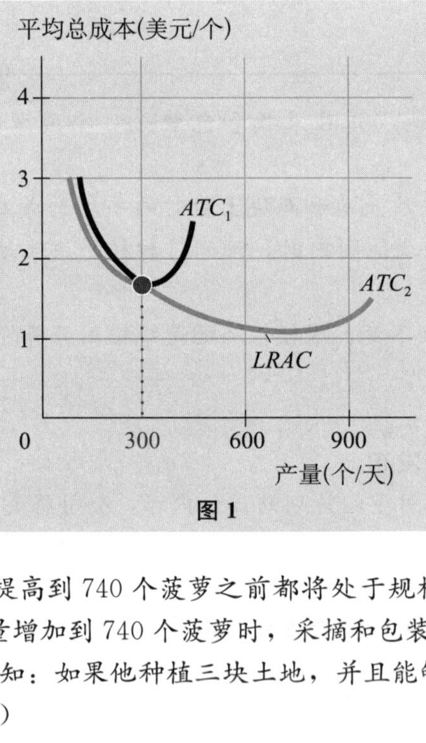

图 1

3. 汤姆在一天的产量提高到 740 个菠萝之前都将处于规模经济阶段，因为当他扩大生产规模，使得一天的产量增加到 740 个菠萝时，采摘和包装菠萝的平均总成本在递减。（我们没有足够的信息来获知：如果他种植三块土地，并且能够使用三倍的资金，那么他的平均总成本会如何变化。）

新闻摘要参考答案

关闭 11 家工厂将减少通用汽车公司的总固定成本；关闭 11 家工厂和减少另外 3 家工厂的产量将降低通用汽车公司的总可变成本。通用汽车公司由于生产规模变小，所以将选择 *LRAC* 曲线左边的小规模生产时的 *ATC* 曲线进行生产。当通用汽车公司产量改变时，其将会沿着 ATC 曲线移动。

本章总结

要点

1. 解释并区分经济学和会计学在衡量企业的生产成本和利润中的不同之处。
- 企业追求最大化其经济利润，经济利润等于总收入减去总成本。
- 总成本等于机会成本——显性成本加上隐性成本，并且包括正常利润。

2. 解释短期中企业的产量与所雇用的劳动之间的关系。
- 在短期中，企业只能通过改变雇用的劳动量来改变产量。
- 总产量曲线表明了企业在给定的资本量和不同的劳动量的条件下所生产的产量的界限。
- 随着劳动量的增加，劳动的边际产量最初会增加，但最终会减少——报酬递减规律。

3. 解释短期中企业的产量与成本之间的关系。
- 随着总产量的增加，总固定成本不变，而总可变成本和总成本都会增加。
- 随着总产量的增加，平均固定成本会减少；平均可变成本、平均总成本和边际成本在产量较低的时候会递减，而在产量较高的时候则会递增，因此，它们的曲线呈 U 形。

4. 推导并解释企业的长期平均成本曲线。
- 在长期中，企业能够改变厂房和设备的规模。
- 长期成本是指企业通过调整所有投入量，使得它能够在可实现的最低成本点处进行生产的成本。
- 长期平均成本曲线描绘了当资本和劳动投入量都能改变时，企业生产每单位产品所能实现的最低成本的轨迹。
- 长期平均成本曲线在存在规模经济时向下倾斜，而在存在规模不经济时向上倾斜。

关键术语

平均固定成本	经济利润	边际成本	平均产量
规模经济	边际产量	平均总成本	显性成本
正常利润	平均可变成本	隐性成本	短期
规模报酬不变	边际报酬递增	总成本	边际报酬递减
报酬递减规律	总固定成本	规模不经济	长期
总产量	经济折旧	长期平均成本曲线	总可变成本

本章检查站

学习计划中的问题与应用

1. 乔在飞机场里经营一个擦鞋摊。由于没有技术和工作经验，乔无法选择其他工作。他知道其他开擦鞋摊的人一年的收入为 10 000 美元。乔向飞机场一年支付 2 000 美元的场地使用费；他从擦鞋中得到的总收入为一年 15 000 美元；他用信用卡支付用于购买椅子、擦光剂和刷子的费用 1 000 美元，信用卡账户的年利率为 20%。年末，乔以 500 美元出售他的生意和所有的工具。

请计算乔的显性成本、隐性成本和经济利润。

2. 莱恩的冲浪板工厂租用设备和雇用学生来生产冲浪板。表 1 列出了莱恩的总产量表。请构建莱恩的边际产量和平均产量表，并且指出其边际报酬递增时所雇用的学生数量是多少。利用下列信息回答问题 3～6。

莱恩的冲浪板工厂一天需为租用设备支付 60 美元，为雇用的每个学生支付 200 美元。表 1 列出了莱恩的总产量表。

表 1

劳动（学生/天）	总产量（冲浪板/天）
0	0
1	20
2	44
3	60
4	72

3. 请构建莱恩的总可变成本和总成本表，并且说明在每一个相同的产量下总成本和总可变成本之间的区别是什么。

4. 请分别构建平均固定成本、平均可变成本、平均总成本和边际成本表。

5. 在产量为多少时，莱恩的平均总成本最低？在产量为多少时，莱恩的平均可变成本最低？

6. 请解释为什么平均可变成本最低时的产量小于平均总成本最低时的产量。

7. 表 2 显示了皮特的花生农场所发生的成本。请填写表 2。

表 2

L	*TP*	*TVC*	*TC*	*AFC*	*AVC*	*ATC*	*MC*
0	0	0	100				
1	10	35					
2	24	70					
3	38	105					
4	44	140					

8. 盖璞公司将专注于小规模的店铺。

盖璞公司（Gap）* 拥有太多面积为 12 500 平方英尺的店铺，而其想将店铺的规模设定在 6 000 平方英尺～10 000 平方英尺之间，因此，盖璞公司计划合并以前分散的概念店。盖璞的一些内衣（Gap Body）店、成人服装（Gap Adult）店和儿童服装（Gap Kids）店都将合并为一家店。

资料来源：CNN，June 10，2008.

将盖璞公司的店铺看作是一家生产产品的工厂，请解释盖璞公司为什么决定缩小店铺的规模。盖璞公司的决定是长期决策还是短期决策？这个决策帮助它更好地实现规模经济了吗？

□ 教师可布置的问题与应用

1. 假如沃尔玛和 7—11 便利店的 *ATC* 曲线同第 10.4 节“关注零售商的成本”专栏中的一样，并且每种类型的商店都在平均总成本的最低处经营，那么哪一家商店的总成本更小？你是如何确定的？

---

* 美国休闲服饰品牌。——译者注

哪一家商店的边际成本更低？你是如何确定的？画出每一家商店的边际成本曲线。

2. 索尼娅曾经从事房屋销售工作，每年赚 25 000 美元。但是，现在她卖贺卡。对于卖贺卡的零售商来说，其正常利润为 14 000 美元。在一年内，索尼娅从制造商那里购买了价值 10 000 美元的贺卡，并且以 58 000 美元将其全部卖出。索尼娅租用店铺，租金为每年 5 000 美元；支付水电费和办公费用共计 1 000 美元。索尼娅从当地的储蓄账户中取出 2 000 美元，用来购买一台收银机，而银行为其储蓄账户支付的利率为每年 3%。在年末，索尼娅的收银机里有 1 600 美元。请计算索尼娅的显性成本、隐性成本和经济利润。

利用下列信息回答问题 3～5。

约兰达经营一家牛蛙饲养场。当她雇用一个工人时，她每周能供给 1 000 只牛蛙；当她雇用第二个工人时，她的总产量翻一倍；当她雇用第三个工人时，她的总产量又翻一倍；当她雇用第四个工人时，她的总产量仅增加 1 000 只牛蛙。约兰达租用设备的租金为每周 1 000 美元，而她所雇用的每个工人的工资为每周 500 美元。

3. 请构建约兰达的边际产量和平均产量表。当雇用多少个工人时，边际报酬在增加？

4. 请构建约兰达的总可变成本和总成本表，并说明约兰达的总固定成本是多少。

5. 当产量是多少时，约兰达的平均总成本最低？

6. 表 1 显示了关于比尔面包店的部分成本信息。请分别计算 *A*、*B*、*C*、*D* 和 *E* 的值。

表 1

L	*TP*	*TVC*	*TC*	*AFC*	*AVC*	*ATC*	*MC*
1	100	350	850	***C***	3.50	***D***	
							2.50
2	240	700	***B***	2.08	2.92	5.00	
							E
3	380	***A***	1 550	1.32	2.76	4.08	
							5.83
4	440	1 400	1 900	1.14	3.18	4.32	
							11.67
5	470	1 750	2 250	1.06	3.72	4.79	

7. 粮食价格延续着石油价格的走势。

粮食价格的上涨开始影响到数百万美国人的早餐价格了——麦片价格上涨。

资料来源：*The Economist*, July 21, 2007.

请解释粮食价格上涨是如何影响生产早餐麦片的平均总成本和边际成本的。

□ 单项选择题

1. 一个企业的生产成本等于________。
   A. 所有使用货币来支付的成本，即显性成本
   B. 使用的所有的公司自有资源，即隐性成本
   C. 所有显性成本和隐性成本之和，包括正常利润
   D. 公司使用的所有资源的成本，既包括在市场上购买的，也包括公司自有的

2. 劳动的平均产量随着产量的增加而增加，当________时。
   A. 边际产量超过平均产量　　B. 平均产量超过边际产量
   C. 总产量增加　　D. 边际产量增加

3. 当越来越多的工人________时，边际回报率开始递减。

A. 不得不共享相同的设备和工作场所

B. 生产的总产量越来越少

C. 工作要求太过专业

D. 生产的平均产量越来越少

4. 当________时，平均可变成本达到最低值。

A. 边际成本等于平均可变成本
B. 平均总成本达到最低值
C. 边际成本超过平均固定成本
D. 平均总成本超过平均可变成本

5. 一个工厂租用厂房所支付的租金增加，不会增加其________。

A. 总成本
B. 固定成本
C. 边际成本
D. 平均固定成本

6. 工资率的提高将________。

A. 使得平均总成本曲线和边际成本曲线向上移动

B. 使得平均固定成本曲线和平均可变成本曲线向上移动

C. 增加平均可变成本但不会改变边际成本

D. 不会改变平均可变成本但会增加平均总成本

7. 当平均可变成本处于其最低值时，边际产量________。

A. 等于平均产量
B. 超过平均产量
C. 少于平均产量
D. 处于其最低值

8. 在长期中，当固定生产设备规模增大时，________。

A. 短期平均总成本曲线向下移动

B. 长期平均成本曲线向下倾斜

C. 如果存在规模经济，短期平均总成本曲线向下移动

D. 产品的平均总成本上升

第11章 完全竞争

本章要点

学完本章，你将能够：

1. 解释完全竞争企业的利润最大化选择，并推导出其供给曲线。
2. 解释在短期中如何决定产量、价格和利润。
3. 解释在长期中如何决定产量、价格和利润，并解释完全竞争为什么是有效率的。

市场类型

四种市场类型为：

- 完全竞争
- 垄断
- 垄断竞争
- 寡头

完全竞争

完全竞争（perfect competition）存在的条件为：

- 许多企业向众多的买者出售同质产品。
- 企业进入（或退出）市场没有壁垒。
- 原有企业不比新进入市场的企业更具优势。
- 卖者和买者充分了解价格信息。

当产品的市场需求相对于单一生产者的产量来说很大时，界定完全竞争的条件就出现了。当不存在规模经济时，每家企业的有效规模就都很小，此时，这种情况也会出现。但是，一个巨大的市场和不存在规模经济这两个条件还不足以使得形成完全竞争。除此之外，为了使购买者不必关心从哪个企业购买，每个企业所生产的产品和服务都必须是无差异的。在购买者看来，完全竞争企业都是相同的。

小麦种植、捕鱼、木材制浆与造纸、纸杯和塑料购物袋的制造、草坪修剪服务、干洗和提供洗熨服务，这些都是高度竞争性行业的例子。

□ 其他市场类型

当一家企业所生产的产品和服务没有近似的替代品，并且新企业进入存在壁垒时，**垄断**（monopoly）就产生了。在一些地方，电话、天然气、电力和供水都是地方性垄断——该垄断仅限于某一给定的区域。多年来，一家名为戴比尔斯（DeBeers）的全球性公司在钻石业中几乎是国际性的垄断企业。微软公司在生产用于个人电脑的操作系统方面几乎形成垄断。

当众多企业通过生产相近的但略有差别的产品进行竞争时，**垄断竞争**（monopolistic competition）就产生了。所研究的企业每家都是特定类型产品的唯一生产者。例如，在跑鞋市场中，有耐克、锐步、斐乐、爱世克斯、新百伦以及其他拥有自主品牌运动鞋的企业。“垄断竞争”一词提醒我们各家企业在鞋的特定品牌上具有垄断性，而企业之间又相互竞争。

当少数相互依存的企业之间发生竞争时，**寡头**（oligopoly）就产生了。飞机制造业就是一个寡头的例子。寡头们可以生产几乎同质的产品，例如金霸王电池和劲量电池；另外，寡头们也可以生产有差异的产品，例如，可口可乐和百事可乐生产的可乐。

我们将在本章学习完全竞争，垄断、垄断竞争和寡头将分别在第 12、13 章中学习。

11.1 企业的利润最大化选择

企业的目标是实现经济利润最大化。经济利润等于总收益减去生产的总成本。正常利润是平均来说企业家可以得到的回报，它是企业成本的一部分。

在短期中，企业通过决定产量来实现其目标。这个产量会影响企业的总收益、总成本和经济利润。在长期中，企业通过决定是否进入或退出市场来实现其目标。

这些是完全竞争企业所需做出的关键决策。这些企业不能为其销售的产品定价。完全竞争企业是一个**价格接受者**（price taker）——它不能影响其产品的价格。

□ 价格接受者

为了了解为什么完全竞争企业是价格接受者，现假定你是堪萨斯州的一个小麦种植者。你拥有 1 000 英亩的耕地——这听起来很多。但在你开车经过科罗拉多州、俄克拉何马州、得克萨斯州，再折回到内布拉斯加州和达科他州之后，你会发现连绵不绝的数百万英亩的麦田。而且，你也应该知道在加拿大、阿根廷、澳大利亚和乌克兰也有类似的景象。你的 1 000 英亩土地仅为沧海一粟。没有什么能使你所种植的小麦比其他种植者的小麦更好，并且所有小麦购买者都知道他们所必须支付的价格。如果小麦的当前价格为4 美元/蒲式耳，你无法改变这一价格。你不能以高于 4 美元的价格出售，你也没有动力以低于 4 美元的价格出售，这是因为你能以这一价格售出所有产量。

大多数农产品的生产者都是价格接受者。我们将用另一个农业的例子来说明完全竞争：枫蜜市场。下一次你在你的薄煎饼上涂抹枫蜜时，想一想把枫蜜从枫树上带到你的餐桌上的竞争市场！

戴夫（Dave）的枫蜜公司是北美枫蜜市场上 11 000 多家相似企业中的一家。戴夫是价格接受者。和堪萨斯州的小麦种植者一样，他在当前价格下能够销售所生产的任意数量，并且不会以高于此价格的价格进行销售。戴夫面对着完全有弹性的需求。他的枫蜜公司的需求是完全有弹性的，是因为唐·哈洛公司（Don Harlow）、卡斯珀枫糖屋公司（Casper Sugar Shack）和其他北美洲的枫树农场所产的枫蜜都是戴夫的枫蜜公司的完全替代品。

我们将研究戴夫的决策，以及在竞争性市场中的运作方式及其含义。首先，我们定义一些与收益相关的概念。

□ 收益概念

在完全竞争市场中，市场需求和市场供给决定着价格。企业的总收益等于给定的价格乘以销售量。企业的**边际收益**（marginal revenue）为销售量增加一单位所引起的总收益的变化量。

在完全竞争市场中，边际收益等于价格。

这是因为企业可以在当前市场价格下选择销售任意数量的产品。因此，如果企业多出售一单位产品，那么它是以市场价格出售，并且总收益增加相同数额。此时总收益的增加量为边际收益。

图 11－1 中的表说明了边际收益等于价格。枫蜜的价格为 8 美元/罐。总收益等于价格乘以销售量。所以，如果戴夫售出 10 罐，那么他的总收益为 10×8 美元＝80 美元。如果销售量从 10 罐增加到 11 罐，则总收益从 80 美元增至 88 美元，边际收益为 8 美元/罐，恰好等于价格。

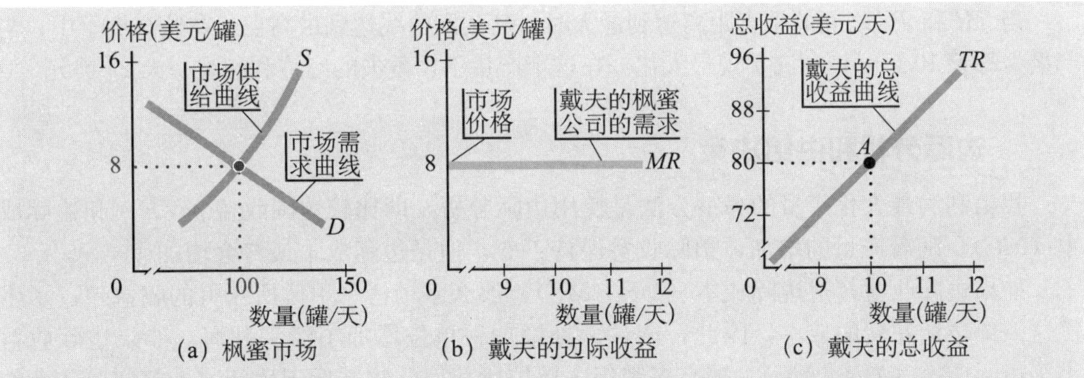

销售量（罐/天）	9	10	11
价格（美元/罐）	8	8	8
总收益（美元/天）	72	80	88
边际收益（美元/罐）	8		8

图 11－1　完全竞争市场下的需求、价格和收益

图（a）显示了枫蜜市场的情况。市场价格为 8 美元/罐。表中计算了总收益和边际收益。

图（b）显示了戴夫的枫蜜公司的需求曲线，它是戴夫的边际收益曲线（*MR*）。

图（c）显示了戴夫的总收益曲线（*TR*）。*A* 点与表中的第二列相对应。

图 11－1 说明了在完全竞争市场中价格如何决定收益。在图 11－1（a）中，市场需求和市场供给决定了市场价格。戴夫是价格接受者，因此，他以市场价格出售枫蜜。图 11－1（b）为戴夫的枫蜜公司的需求曲线，它是价格等于市场价格的水平直线。由于价格等于边际收益，所以戴夫的枫蜜公司的需求曲线就是边际收益曲线（*MR*）。在图 11－1（c）中，总收益曲线（*TR*）显示了每个销售量所对应的总收益。由于他以市场价格出售每一罐枫蜜，所以总收益曲线为一条向上倾斜的直线。

□ 利润最大化产量

随着产量的增加，企业的总收益在增加，但是，总成本也在增加。由于边际报酬递减，总成本的增速最终大于总收益的增速。因此，存在一个产量水平，使得企业的经济利润最大化，而完全竞争企业就选择这一产量水平进行生产。

找出利润最大化产量的一种方法就是利用企业的总收益曲线和总成本曲线。当总收益和总成本差额最大时，利润在相应产量水平上达到最大。图 11－2 显示戴夫的枫蜜公司是如何运用这种方法的。

图 11－2 中的表列举了戴夫在不同产量水平下的总收益、总成本和经济利润。图11－2（a）显示了总收益曲线和总成本曲线。这些曲线是根据表中前三列的数据所画的。总收益曲线（*TR*）与图 11－1（c）中的曲线相同。总成本曲线与你在第 10 章所遇到的曲线相似。图 11－2（b）为一条经济利润曲线。

戴夫每天的产量在 4～13 罐枫蜜之间时能获得经济利润。当产量小于每天 4 罐，或者超过每天 13 罐时，他将遭受经济亏损；当产量为每天 4 罐或 13 罐时，总成本等于总收益，戴夫的经济利润为零——这是戴夫的盈亏平衡点。

当 *TR* 和 *TC* 之间的垂直距离达到最大时，其利润曲线达到最高点。在这个例子中，当产量为每天 10 罐时，利润实现最大化。在这个产量下，戴夫的经济利润为一天 29 美元。

□ 边际分析和供给决策

找出利润最大化产量的另一方法是使用边际分析，即比较边际收益（*MR*）和边际成本（*MC*）。随着产量的增加，边际收益保持不变，但是边际成本最终会增加。

如果边际收益超过边际成本（$MR>MC$），那么多销售一单位所获得的收益超过了生产这一单位所花费的成本，因此，产量额外增加一单位增加了经济利润。如果边际收益小于边际成本（$MR<MC$），那么多销售一单位所获得的收益低于生产这一单位所花费的成本，因此，产量额外增加一单位减少了经济利润。如果边际收益等于边际成本（$MR=MC$），那么多销售一单位所获得的收益等于生产这一单位所花费的成本。此时，经济利润达到最大，无论是增加还是减少额外一单位产量，都将会降低经济利润。$MR=MC$ 法则是边际分析的一个重要例子。

图 11－3 说明了这些观点。如果戴夫将产量从每天 9 罐增加到每天 10 罐，那么边际收益（8 美元）超过边际成本（7 美元），因此，生产第 10 罐将增加经济利润。图 11－3 中表的最后一列显示出经济利润从 28 美元增加到 29 美元。图中浅灰色区域显示了生产第 10 罐枫蜜所带来的经济利润。

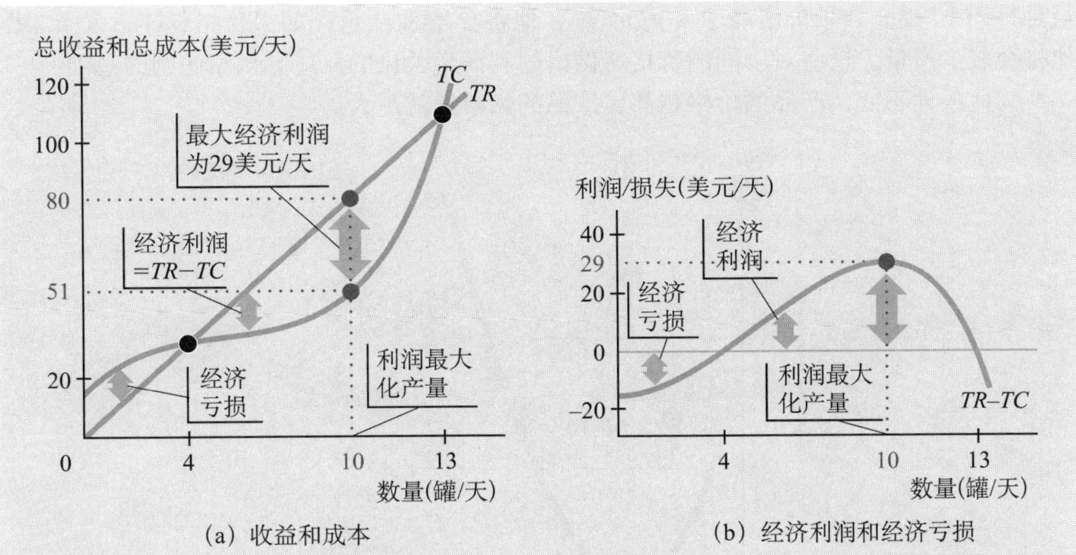

数量（Q）（罐/天）	总收益（TR）	总成本（TC）	经济利润（TR－TC）
	（美元/天）		
0	0	15	−15
1	8	22	−14
2	16	27	−11
3	24	30	−6
4	32	32	0
5	40	33	7
6	48	34	14
7	56	36	20
8	64	39	25
9	72	44	28
10	**80**	**51**	**29**
11	88	60	28
12	96	76	20
13	104	104	0
14	112	144	−32

图 11－2　总收益、总成本和经济利润

在图（a）中，经济利润是总成本曲线和总收益曲线的垂直距离。当戴夫的产量为每天 10 罐时，其最大经济利润为一天 29 美元（＝80 美元－51 美元）。

在图（b）中，经济利润是利润曲线的高度。

如果戴夫将产量从每天 10 罐增加到每天 11 罐，那么其边际收益（8 美元）低于边际成本（9 美元），因此，生产第 11 罐将减少经济利润。表的最后一列显示了其经济利润从 29 美元减少为 28 美元。图中深灰色区域显示了生产第 11 罐枫蜜所带来的经济亏损。

戴夫每天生产 10 罐时，其经济利润最大，并且在这个产量水平上边际收益等于边际成本。

一家企业的利润最大化产量就是它所供给的数量。戴夫在价格为 8 美元/罐时的供给量是每天 10 罐。如果价格高于 8 美元/罐，他将会增加产量；如果价格低于 8 美元/罐，他将会减少产量。这些对不同的价格所做出的利润最大化的反应是供给法则的基础：

其他条件不变，产品的价格越高，产品的供给量就越大。

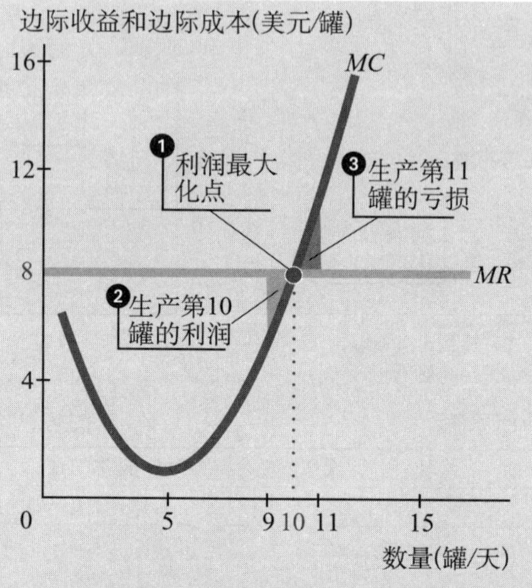

数量（Q）(罐/天)	总收益（TR）（美元/天）	边际收益（MR）（美元/天）	总成本（TC）（美元/天）	边际成本（MC）（美元/罐）	经济利润（$TR-TC$）(美元/天)
8	64		40		24
		8		4	
9	72		44		28
		8		7	
10	80		51		29
		8		9	
11	88		60		28
		8		16	
12	96		76		20

图 11－3　利润最大化产量

①当产量为每天 10 罐时，边际收益等于边际成本，利润达到最大。②当产量从每天 9 罐增加到每天 10 罐时，边际成本为 7 美元，低于 8 美元的边际收益，利润增加。③当产量从每天 10 罐增加到每天 11 罐时，边际成本为 9 美元，高于 8 美元的边际收益，利润减少。

□ 暂时停业决策

有时候，价格会下跌到过低的水平，以至于企业不能承担其成本。在这种情况下，企业该怎么办？答案取决于企业预期这种低价是永久性的还是暂时性的。

如果遭受经济亏损的企业相信这是永久性的，并且看不到亏损结束的希望，那么企业将退出市场。我们将在本章的后面学习这一行为的后果，那时我们将考察企业在长期中所做的决策。

如果遭受经济亏损的企业相信这种低价是暂时性的，那么它将仍然留在市场中。但是，企业可能暂时停业。为了决定是继续生产还是停业，企业将比较在下面两种情况下所受的亏损。

停业时出现亏损

如果企业选择暂时停业，那么它将没有收益，也不产生可变成本。企业依然产生固定成本。所以，如果某家企业停业，它会产生经济亏损，经济亏损等于总固定成本。这一亏损是企业可能遭受的最大亏损。

生产时出现亏损

生产某一产量的企业将获得收益，同时产生固定成本和可变成本这两种成本。企业遭受经济亏损，经济亏损等于总固定成本加上总可变成本减去总收益。如果总收益大于总可变成本，那么企业的经济亏损将小于总固定成本。但是，如果总收益小于总可变成本，那么企业的经济亏损将大于总固定成本。

停业点

如果总收益小于总可变成本，那么企业将暂时停业，并且把其亏损限制在总固定成本的数额上。如果总收益恰好等于总可变成本，那么企业选择继续生产或停业将没有差别。当价格等于最小平均可变成本，并且企业在最小平均可变成本的产量水平上进行生产时，上述情况就会出现，而该产量水平被称为**停业点**（shutdown point）。

图 11—4 说明了企业的停业决策和我们已经描述过的戴夫的枫蜜农场的停业点。戴

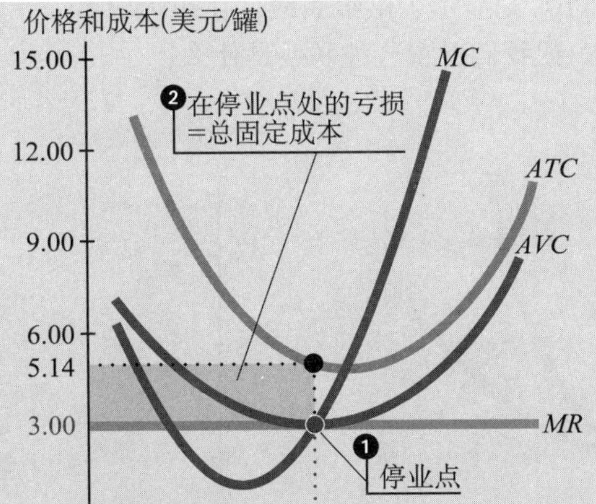

数量（Q）（罐/天）	总收益（TR）	总可变成本（TVC）	总固定成本（TFC）	总成本（TC）	经济利润（$TR-TC$）
	（美元/天）				
6	18	19	15	34	−16
7	21	21	15	36	−15
8	24	25	15	40	−16

图 11－4　停业决策

①停业点位于平均可变成本的最低点。当价格低于最小平均可变成本时，企业将停业，不进行生产。当价格等于最小平均可变成本时，企业选择以最小平均可变成本进行生产或停业不生产，两者没有差异，可任选一种方式。②企业使其经济亏损最小，并且所遭受的经济亏损等于总固定成本。

夫的平均可变成本曲线是 AVC，他的边际成本曲线是 MC。当产量为每天 7 罐枫蜜时，其平均可变成本最低，等于每罐 3 美元。MC 曲线和 AVC 曲线在这个最低点相交。（我们在第 10 章中解释了边际价值和平均价值的关系。）该图显示了当价格等于 3 美元/罐并且价格等于最小平均可变成本时的边际收益曲线（MR）。

如果戴夫在停业点处生产，那么他将每天生产 7 罐枫蜜，并且以每罐 3 美元的价格出售。他所遭受的经济亏损为每罐 2.14 美元，总经济亏损为每天 15 美元，即等于其总固定成本。如果戴夫停业，他也将遭受经济亏损，其数额等于总固定成本。

图 11-4 中的表列出了戴夫在三个产量水平上的总收益、总可变成本、总固定成本、总成本和经济利润。位于表中间的产量，每天 7 罐枫蜜，是戴夫在最小平均可变成本（每罐 3 美元）处的产量水平。通过查看表中的数据，你会看到当价格等于 3 美元/罐时，戴夫所遭受的经济亏损等于其每天生产 7 罐枫蜜时的总固定成本。

□ 企业的短期供给曲线

完全竞争企业的短期供给曲线显示了在其他条件保持不变时，企业的利润最大化产量如何随着价格的变化而改变。这条供给曲线基于我们刚才所讨论的边际分析和停业决策。

图 11-5 推导出了戴夫的供给曲线。图 11-5（a）显示了边际成本曲线和平均可变成本曲线，而图 11-5（b）则显示了供给曲线。在边际成本、平均可变成本和供给曲线之间存在着直接的联系。让我们看看这种联系是什么。

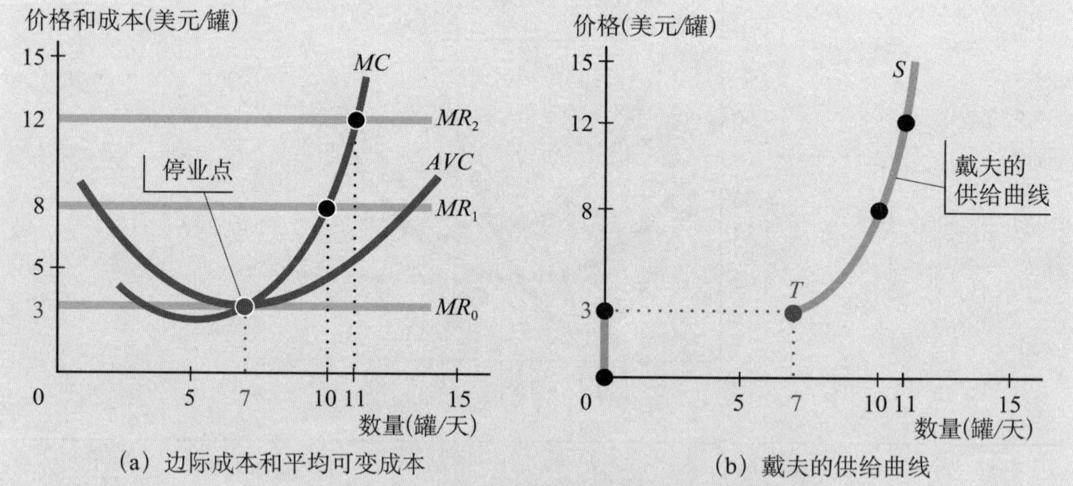

图 11-5　完全竞争企业的供给曲线

图（a）显示了当价格为 12 美元/罐时，戴夫每天生产 11 罐枫蜜；当价格为 8 美元/罐时，他每天生产 10 罐枫蜜；当价格为 3 美元/罐时，他要么每天生产 7 罐枫蜜，要么不生产。当价格低于 3 美元/罐时，戴夫不生产。最小平均可变成本就是停业点。

图（b）显示了戴夫的供给曲线。当价格为 3 美元/罐时，戴夫选择在停业点 T 处生产，或者停业不生产，两者没有差异。当价格高于 3 美元/罐时，戴夫的供给曲线由图（a）中的高于最小平均可变成本的边际成本曲线组成。当价格低于 3 美元/罐时，戴夫不生产，其供给曲线为纵轴。

在图 11-5（a）中，如果价格超过平均可变成本的最小值，戴夫在边际成本等于边际收益（即价格）的产量水平处进行生产，从而实现利润最大化。我们可以根据不同的价格从边际成本曲线决定所要生产的产量。当价格为 8 美元/罐时，边际收益曲线为 MR_1，此时，戴夫的利润最大化产量为每天 10 罐枫蜜。如果价格上涨到 12 美元/罐，则边际收益曲线为 MR_2，此时，戴夫的产量增加到每天 11 罐枫蜜。

如果价格等于最小平均可变成本，那么戴夫要想实现利润最大化（亏损最小化），只有通过在停业点的产量水平处进行生产，或者选择停业不生产。但是，如果价格低于最小平均可变成本，那么戴夫将停业不生产。

图 11－5（b）显示了戴夫的短期供给曲线。当价格超过最小平均可变成本时，供给曲线和边际成本曲线相同。当价格低于最小平均可变成本时，戴夫将会停业不生产，他的供给曲线为纵轴。在价格等于 3 美元/罐时，戴夫在停业点（*T*）处选择停业不生产或者每天生产 7 罐枫蜜是没有差异的。他选择任何一种方式都将遭受亏损，亏损额相当于其总固定成本。

迄今为止，我们已孤立地研究了单个企业。我们看到企业利润最大化的行为取决于价格，而企业是价格接受者。在下一节，你将学习如何决定市场供给。

检查站 11.1☞ 解释完全竞争企业的利润最大化选择，并推导出其供给曲线。

现实问题

1. 萨拉的鲑鱼渔场上周产鱼 1 000 条。边际成本为 30 美元/条，平均可变成本为 20 美元/条，市场价格为 25 美元/条。萨拉实现利润最大化了吗？如果萨拉没有实现利润最大化，并且上述条件没有发生变化，那么她在本周需要增加还是减少鲑鱼的产量，才能实现利润最大化？

利用下列信息回答问题 2～4。

鳟鱼养殖是一个完全竞争的行业，所有鳟鱼渔场的成本曲线都相同。市场价格为 25 美元/条。渔场为实现利润最大化，每周产鱼 200 条。在这个产量水平上，渔场的平均总成本为 20 美元/条，平均可变成本为 15 美元/条。最小平均可变成本为 12 美元/条。

2. 如果价格下降为 20 美元/条，渔场每周会继续产鱼 200 条吗？请解释为什么。
3. 如果价格下降为 12 美元/条，鳟鱼渔场将如何做？
4. 请指出位于鳟鱼渔场的供给曲线上的两点是什么。

新闻摘要

必和必拓公司削减 6 000 个工作岗位

煤的价格从 300 美元/吨下降到了 125 美元/吨。必和必拓公司（BHP Billiton）裁减了 6 000 名员工，并且关闭了一些煤矿，持续时间大约为 6 个月。

资料来源：FT. com，January 21，2009.

根据必和必拓公司应对煤的价格下降所采用的措施，指出该公司的边际成本将如何变化。关闭的煤矿的最小平均可变成本是多少？

现实问题参考答案

1. 当边际成本等于边际收益时，利润达到最大。在完全竞争中，边际收益等于市场价格，即 25 美元/条。因为边际成本大于边际收益，所以，萨拉没有实现利润最大化。为了实现利润最大化，萨拉将减少她的产量，直到其边际成本等于 25 美元/条（图 1）。

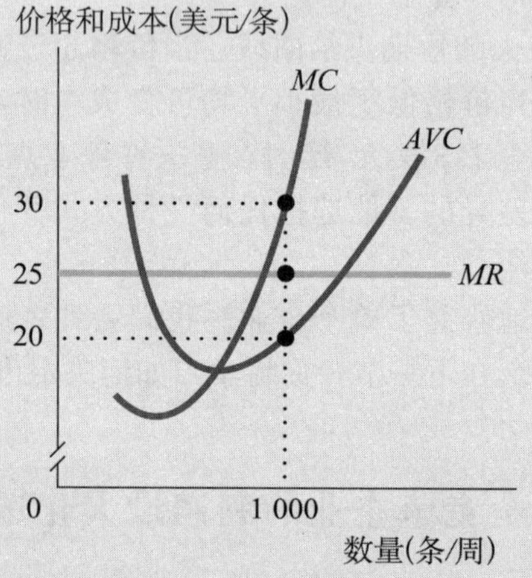

图 1

2. 渔场每周生产的产量将低于 200 条。边际成本曲线斜率为正。因此，为了将边际成本减少到 20 美元，渔场将减少产量。

3. 如果鳟鱼价格下降到 12 美元/条，渔场将减少产量，直到其边际成本等于 12 美元。因为 12 美元是最小平均可变成本，所以，该价格为渔场的停业点。此时，渔场选择生产利润最大化产量，或者选择停业不生产，两者没有差异。

4. 位于渔场供给曲线上的一个点是当价格为 25 美元/条时，供给量为 200 条；位于供给曲线上的另一个点是停业点（见答案 3），或者当价格低于 12 美元/条时，渔场供给量为零。

新闻摘要参考答案

边际成本从每吨 300 美元减少到 125 美元。暂时性关闭的煤矿处于停业点上，所以，其最小平均可变成本等于或大于 125 美元/吨。

11.2 短期的产量、价格和利润

在完全竞争市场中，需求和供给决定价格和产量。首先，我们学习在企业数量保持不变时的短期供给。

□ 短期中的市场供给

短期市场供给曲线显示了企业数量给定时在不同价格上的供给量。给定价格下的供给量等于该价格下所有企业供给量的总和。

图 11-6 显示了竞争性枫蜜市场的供给曲线。在这个例子中，市场是由 10 000 家像戴夫的枫蜜公司一样的企业所组成的。图中的表显示了市场供给表是如何构建的。当价格为 3 美元/罐时，停业点出现。当价格低于 3 美元/罐时，市场中的每一家企业都将停业，市场供给量为零。当价格为 3 美元时，每家企业是选择停业不生产，还是选择继续经营且每天生产 7 罐，两者没有差异。每家企业的供给量为 0 罐/天或 7 罐/天，市场供给量在 0（所有企业都停业）和 70 000 罐（所有企业的产量都为 7 罐/天）之间。当价格高于 3 美元时，我们将 10 000 家企业的供给量相加，所以市场供给量为一家企业供给量的10 000倍。

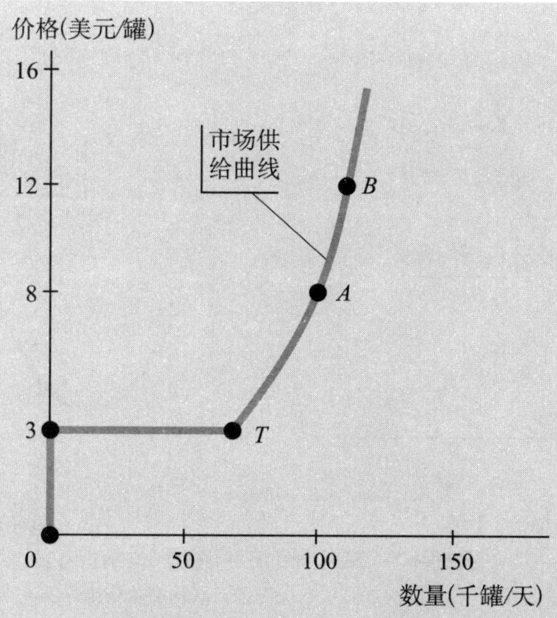

价格（美元/罐）		戴夫的供给量	市场供给量
		（罐/天）	
B	12	11	110 000
A	8	10	100 000
T	3	0 或 7	0～70 000

图 11-6　市场供给曲线

一个拥有 10 000 家同质企业的市场，它的供给表与单个企业的供给表类似，但是供给量是单个企业的10 000倍。市场供给在停业点上是完全有弹性的。

当价格低于 3 美元/罐时，市场供给曲线为价格轴。供给是完全无弹性的。当价格为 3 美元/罐时，市场供给曲线是水平的，供给是完全有弹性的。当价格高于 3 美元/罐时，供给曲线向上倾斜。

□ 一般时期的短期均衡

市场需求和市场供给决定了购买和销售时的价格和产量。图 11－7（a）显示了枫蜜市场的短期均衡。市场供给曲线 S 与图 11－6 中的曲线相同。

如果需求曲线 D_1 表示市场需求，那么均衡价格为 5 美元/罐。市场需求和市场供给决定价格，而每家企业则将价格视为给定，并且生产利润最大化产量，即 9 罐/天。由于市场中有 10 000 家企业，所以，市场产量为 90 000 罐/天。

图 11－7（b）显示了戴夫所面对的情况。因为价格为 5 美元/罐，所以，戴夫的边际收益固定为 5 美元/罐。戴夫每天生产 9 罐枫蜜，从而实现利润最大化。

图 11－7（b）也显示了戴夫的平均总成本曲线（ATC）。回想一下，平均总成本是指生产每一单位产量所需的成本。它等于总成本除以所生产的产量。

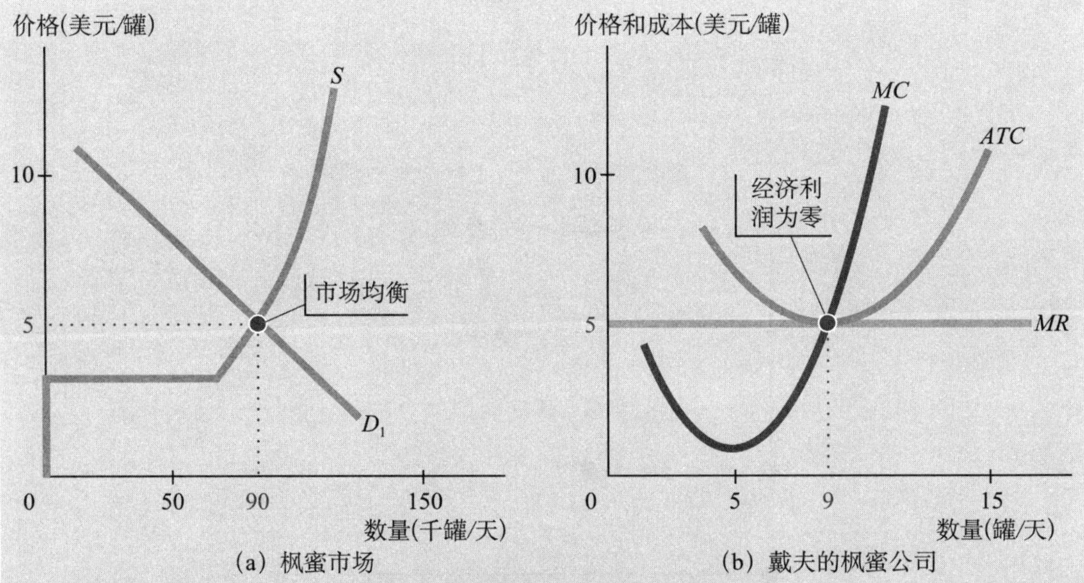

图 11－7 短期中经济利润为零的情况

在图（a）中，市场需求曲线 D_1 和市场供给曲线 S 决定的市场均衡价格为 5 美元/罐。

在图（b）中，戴夫的边际收益为 5 美元/罐，因此，他每天生产 9 罐枫蜜。在这个产量水平上，价格（5 美元）等于平均总成本，所以，戴夫的经济利润为零。

这里，当戴夫每天生产 9 罐时，他的平均总成本为 5 美元/罐，恰好和市场价格相同。因此，戴夫在平均生产成本和市场价格恰好相同的情况下出售枫蜜，而且其经济利润为零。

经济利润为零意味着戴夫从其经营的事业中获得了正常利润。

在短期均衡中，企业的经济利润为零，这是均衡时可能出现的三种情况之一。一个竞争性市场也可以出现正经济利润或者经济亏损。让我们观察其他两种情况。

□ 繁荣时期的短期均衡

由于市场需求曲线可能和图 11－7 中的 D_1 不同，因此，价格也可能不等于 5 美元/

罐。图 11－8（a）显示了枫蜜市场中的另一种短期均衡情况。供给曲线 S 和图 11－6 中的曲线相同。

如果需求曲线 D_2 表示市场需求，那么市场均衡价格为 8 美元/罐。市场需求和市场供给决定市场价格，而企业则将价格视为给定，并且每天生产 10 罐枫蜜，以实现利润最大化。由于市场中存在 10 000 家企业，所以，市场产量为每天 100 000 罐。

图 11－8（b）显示了戴夫所面对的情况。因为价格为 8 美元/罐，所以，戴夫的边际收益固定为 8 美元/罐。戴夫每天生产 10 罐枫蜜，从而实现利润最大化。

图 11－8（b）也显示了戴夫的平均总成本曲线（ATC）。回想一下，平均总成本是指生产每一单位产量所需的成本。它等于总成本除以所生产的产量。这里，当戴夫每天生产 10 罐时，他的平均总成本为 5.10 美元/罐，因此，8 美元的市场价格比平均总成本高出 2.90 美元。这个数额就是戴夫所生产的每罐枫蜜的经济利润。

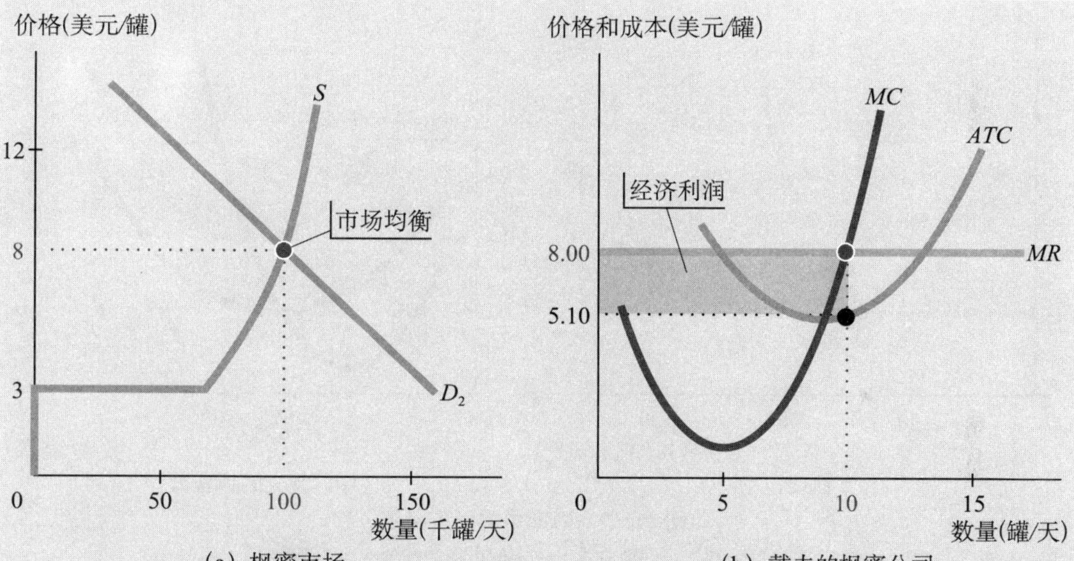

（a）枫蜜市场　　（b）戴夫的枫蜜公司

图 11－8　短期中的正经济利润

在图（a）中，市场需求曲线 D_2 和市场供给曲线 S 决定的市场均衡价格为 8 美元/罐。

在图（b）中，边际收益为 8 美元/罐。戴夫每天生产 10 罐枫蜜。因为价格（8 美元）大于平均总成本（5.10 美元），所以，企业获得正的经济利润。

如果我们将每罐的经济利润 2.90 美元乘以罐数——每天 10 罐，那么我们将得到戴夫的经济利润——每天 29 美元。

灰色矩形显示了这个经济利润。矩形的高度表示每罐的利润——2.90 美元，它的长度表示罐数——10 罐/天。因此，矩形的面积（长×高）就表示戴夫的经济利润 29 美元/天。

□ 萧条时期的短期均衡

图 11－9 显示了枫蜜市场中企业出现经济亏损的情况。当前市场需求曲线为 D_3。市场仍然有 10 000 家企业，这些企业的成本与前面所述的相同。因此，市场供给曲线 S 也与前面所述的相同。

如图 11－9（a）中的供给和需求曲线所示，枫蜜的市场均衡价格为 3 美元/罐，均衡市场产量为 70 000 罐/天。

图 11－9（b）显示了戴夫所面对的情况。因为市场价格为 3 美元/罐，所以，戴夫的边际收益固定为 3 美元/罐。戴夫每天生产 7 罐枫蜜，以实现利润最大化。

图 11－9（b）也显示了戴夫的平均总成本曲线（*ATC*），而你可以看到当戴夫每天生产 7 罐枫蜜时，他的平均总成本为 5.14 美元/罐。目前市场价格为 3 美元/罐，比平均总成本低 2.14 美元/罐。这个数额是戴夫每罐所遭受的经济亏损。如果我们将每罐的经济亏损 2.14 美元乘以罐数——每天 7 罐，那么我们就可得到戴夫的经济亏损——如图中灰色矩形所示。

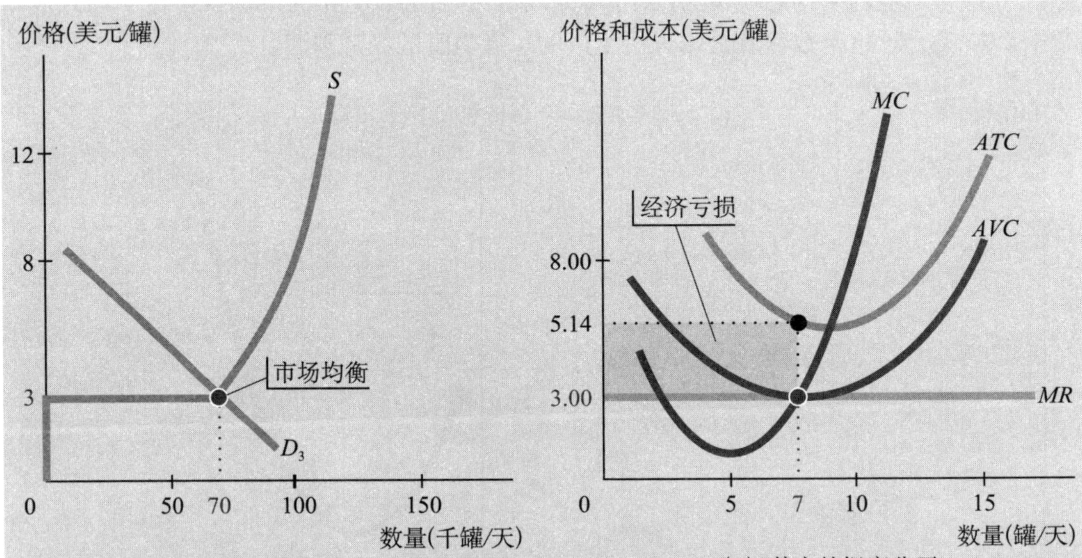

(a) 枫蜜市场 (b) 戴夫的枫蜜公司

图 11－9 短期中的经济亏损

在图（a）中，市场需求曲线 D_3 和市场供给曲线 *S* 决定的市场均衡价格为 3 美元/罐。

在图（b）中，戴夫的边际收益为 3 美元/罐，因此，他每天生产 7 罐枫蜜。在这个产量水平下，价格（3 美元）低于平均总成本（5.14 美元），所以，戴夫遭受如灰色矩形所示的经济亏损。

图 11－9（b）同样显示了戴夫的平均可变成本曲线（*AVC*）。注意戴夫在停业点上的生产情况。戴夫同样也可以不生产。无论是哪种方式，他的经济亏损数额都等于他的总固定成本。如果价格略微高于 3 美元/罐，那么戴夫仍旧会出现经济亏损，但是亏损数额相对较小。如果价格低于 3 美元/罐，那么戴夫将会停业，其经济亏损数额等于总固定成本。

检查站 11.2 解释在短期中如何决定产量、价格和利润。

现实问题

郁金香种植是一个完全竞争行业，所有郁金香种植者的成本相同。郁金香的市场价格为 25 美元/束，每个种植者每周生产 2 000 束，以实现其利润最大化。种植郁金香的平均总成本为 20 美元/束，平均可变成本为 15 美元/束。平均可变成本的最小值为 12 美元/束。

利用上述信息回答问题 1～3。

1. 每个种植者在短期中的经济利润是多少？

2. 种植者在停业点处的价格是多少？

3. 种植者在停业点处的经济利润是多少？

新闻摘要

玉米价格创新高

由于受到全球对于人类和牲畜所食用的和用于提炼生物燃料的粮食的巨大需求的影响，玉米价格在过去一年飙涨了 80%。

资料来源：*USA Today*，June 26，2008.

请解释玉米的价格在短期内为什么会飙涨，并且解释玉米农场的边际收益、生产玉米的边际成本、农场自身的经济利润是如何变化的。

现实问题参考答案

1. 因为市场价格（25 美元）超过平均总成本（20 美元），所以，郁金香种植者获得的经济利润为 5 美元/束。每个种植者每周生产 2 000 束，因此，每个种植者每周获得的经济利润为 10 000 美元。

图 1 显示了上述情况。郁金香种植者的边际收益等于市场价格（25 美元）。种植者每周生产 2 000 束，以实现利润最大化。因此，在产量为 2 000 束时，边际成本曲线（*MC*）和边际收益曲线（*MR*）相交。生产 2 000 束郁金香的平均总成本是 20 美元，所以，*ATC* 曲线通过这一点。经济利润等于灰色矩形区域。

2. 当价格等于平均可变成本的最小值——12 美元/束（图 1）时，种植者会暂时停业。

3. 在停业点处，种植者所遭受的经济亏损等于总固定成本。图 2 显示了计算 *TFC* 的数据。当每周种植 2 000 束时，*ATC* 为 20 美元/束，而 *AVC* 为 15 美元/束，*ATC*＝*AFC*＋*AVC*，因此，*AFC* 为 5 美元/束。总固定成本为每周 10 000 美元——*TFC*＝*AFC*×*Q*，即 5 美元/束×2 000 束/周。所以，在停业点处，种植者所遭受的经济亏损为每周 10 000 美元。

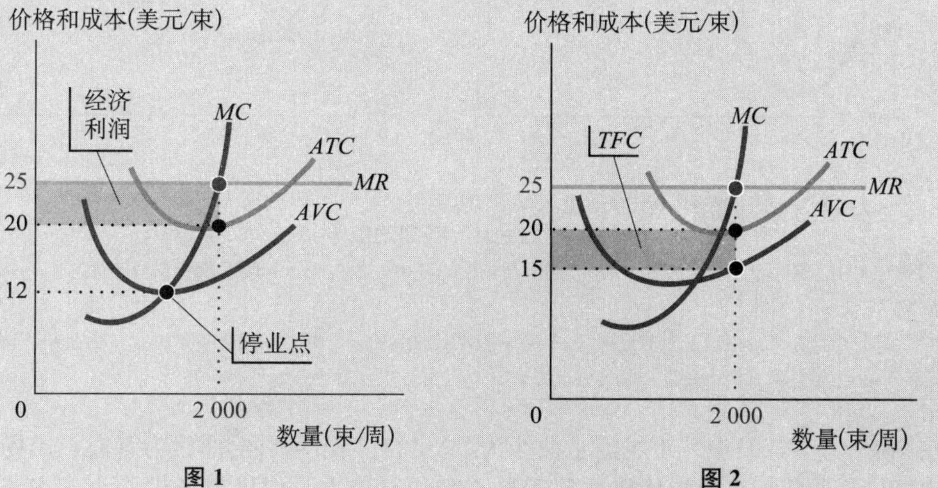

图 1　　图 2

新闻摘要参考答案

玉米的市场需求上升将提高玉米的市场价格。玉米市场是竞争性市场，所以，边际收益（等于市场价格）上升。农场通过生产边际收益等于边际成本时的产量水平，能够实现利润最大化。因为边际收益上升，因此农场将增加产量，并且沿着各自的 MC 曲线向上移动。在短期中，经济利润会增加。

11.3 长期的产量、价格和利润

完全竞争市场处于不断变化的状态。价格、产量和经济利润随着市场需求和市场供给的变化而变化。我们在上一节所描述的三种情况——一般时期、繁荣时期和萧条时期——都不会在完全竞争市场中永远存在。市场力量将会迫使企业为了经济利润而竞争，并且消除经济亏损，从而使市场价格移向尽可能最低的价格。这个价格就等于最小平均总成本。在长期中，完全竞争企业在最小平均总成本处进行生产，并且经济利润为零。（企业家获得正常利润——企业总成本的一部分。）

图 11 - 10 说明了一个完全竞争市场的长期均衡，而且突出了使市场达到这种状态的力量。在图 11 - 10（a）中，企业的平均总成本曲线是 ATC，而企业在最小平均总成本处进行生产——最小平均总成本为 5 美元/罐，产量为 9 罐/天。如果价格不等于 5 美元/罐，那么市场力量会使得价格重新回到 5 美元/罐。图中指向 5 美元/罐的箭头代表了市场力量。

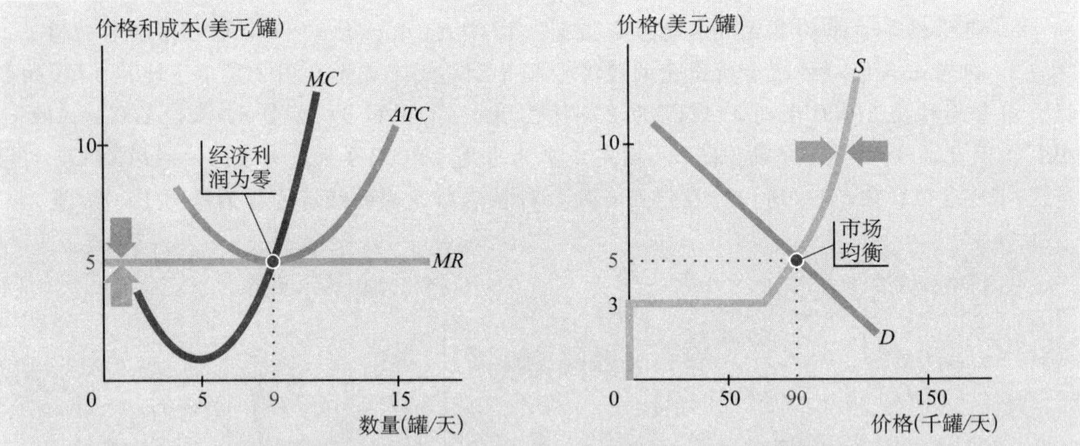

图 11 - 10 长期均衡

在图（a）中，最小平均总成本为 5 美元/罐。在长期均衡中，价格和边际收益都趋向这个水平。企业的经济利润为零。

在图（b）中，如果价格高于 5 美元/罐，即高于图（a）中的最小 ATC，那么供给增加，而价格下降。如果价格低于 5 美元/罐，那么供给减少，而价格上升。

在图 11 - 10（b）中，市场需求曲线为 D。只有当市场供给曲线为 S 时，市场需求曲线和市场供给曲线相交处的价格才等于最小平均总成本。如果市场供给小于 S（供给曲

线在曲线 S 的左侧)，那么价格将高于 5 美元/罐；如果市场供给大于 S（供给曲线在曲线 S 的右侧)，那么价格将低于 5 美元/罐。市场力量会使得供给曲线重新回到 S，并且图中指向 S 的箭头代表这种市场力量。

□ 进入和退出

进入和退出是一种市场力量，它们会使供给曲线移动，并且在长期中使价格移向最小平均总成本。在短期中，企业可能会获得正经济利润（如图 11－8 所示)，或者遭受经济亏损（如图 11－9 所示)。但是在长期中，企业的经济利润为零。

在长期中，企业通过进入或退出市场对经济利润和经济亏损做出反应。当市场中的企业获得经济利润时，新的企业就会进入市场；而当市场中的部分企业遭受经济亏损时，它们会退出市场。暂时的经济利润或经济亏损就如在赌场中的赢或输，不会引发企业的进入和退出。但是，预期持续的经济利润或亏损却能引发企业的进入和退出。

进入和退出将影响价格、产量和经济利润。进入或退出决策直接的影响是使市场供给曲线发生移动。如果更多企业进入市场，那么供给增加，市场供给曲线向右移动。如果一些企业退出市场，那么供给减少，市场供给曲线向左移动。

让我们看看当新企业进入市场时会发生什么。

进入效应

图 11－11 显示了进入效应。最初，市场处于长期均衡状态。市场需求为 D_0，市场供给为S_0，价格为 5 美元/罐，数量为 90 000 罐/天。枫蜜的风靡使得市场需求激增，需

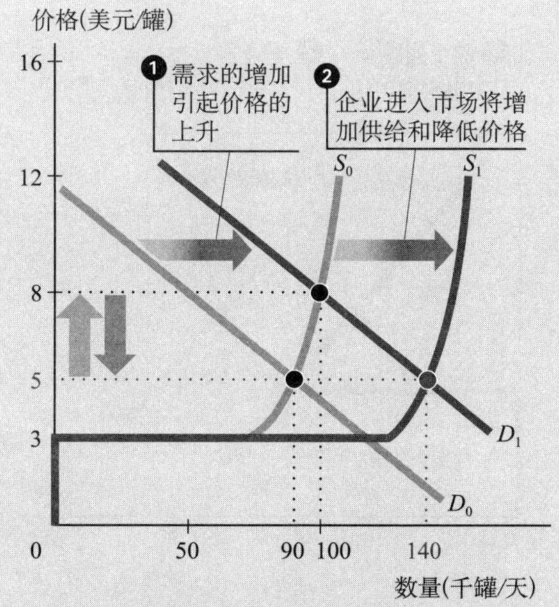

图 11－11 进入效应

从长期均衡开始。①需求增加，需求曲线从 D_0 移动到 D_1，价格从 5 美元/罐上升到 8 美元/罐。

经济利润引发进入。②随着企业进入该市场，供给曲线从 S_0 向右移动到 S_1，均衡价格从 8 美元/罐下降到 5 美元/罐，产量从 100 000 罐/天增加到 140 000 罐/天。

求曲线移动到D_1。价格上升为 8 美元/罐，枫蜜市场的企业将产量增加到 100 000 罐/天，并且获得经济利润。

这对于像戴夫这样的枫蜜生产者而言是美好时光，所以，其他潜在的枫蜜生产者也希望采取一些行动。新的企业开始进入市场。当它们这样做时，供给就会增加，市场供给曲线向右移动到S_1。随着供给变得更大而需求保持不变，价格从 8 美元/罐下降到 5 美元/罐，均衡产量增加到 140 000 罐/天。

市场产量增加，但因为价格下降，戴夫和其他生产者将减少产量，随着价格的下跌，每家企业的产量均逐渐恢复到最初的水平。不过，由于市场中的企业数量增加了，总体而言，市场的供给量增加了。

随着价格的下跌，每家企业的经济利润都在减少。当价格下跌到 5 美元/罐时，经济利润将消失，每家企业的经济利润都为零，进入过程停止，市场再次处于长期均衡状态。

你已经发现了第一个重要的论点：

经济利润是新企业进入市场的一种激励，但在它们进入市场后，价格下降，每家现有企业的经济利润都将减少。

□ 退出效应

图 11－12 显示了退出效应。我们再回到长期均衡的需求曲线D_0和供给曲线S_0。假设现在对一款新的具有高营养和低脂特点的早餐食品的需求增加，这会减少对薄煎饼的需求，进而减少对枫蜜的需求。需求曲线从D_0移动到D_2。企业成本与前面所述的相同，因此，市场供给曲线仍为S_0。

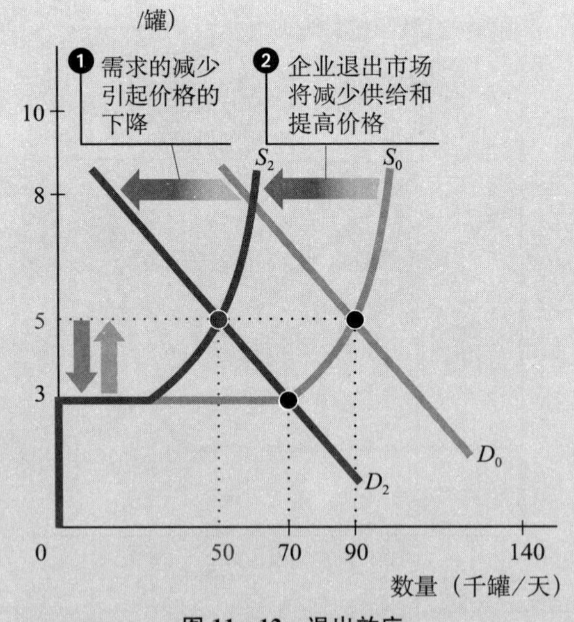

图 11－12 退出效应

从长期均衡开始。①需求减少，需求曲线从D_0移动到D_2，价格从 5 美元/罐下跌为 3 美元/罐。

经济亏损引起退出。②当企业退出市场时，供给曲线从S_0向左移动到S_2。均衡价格从 3 美元/罐上涨为 5 美元/罐，产量从 70 000 罐/天减少为 50 000 罐/天。

随着需求曲线移动到 D_2，供给曲线为 S_0，价格将下降为 3 美元/罐，而且产量为 70 000罐/天。枫蜜市场中的企业将遭受经济亏损。

对于枫蜜生产者而言，这是艰难时光，戴夫必须认真考虑是否离开他梦寐以求的行业，而去寻找其他谋生方式。其他生产者的处境与戴夫相同。只不过当戴夫仍然在思考着他的选择时，一些企业已经开始退出市场。

随着企业的退出，市场供给曲线向左移动到 S_2。随着供给的减少，产量从 70 000 罐下降到 50 000 罐，价格从 3 美元/罐上涨到 5 美元/罐。

随着价格的上涨，戴夫和其他留在市场中的生产者将沿着他们自己的供给曲线移动，并增加产量。即，对于每家留在市场中的企业来说，利润最大化的产量增加了。随着价格的上涨，以及每家企业销售量的增加，经济亏损减少了。当价格上涨到 5 美元/罐时，每家企业的经济利润都为零。戴夫获得了正常利润（企业总成本的一部分），而且他对于能继续通过生产枫蜜来养家糊口感到高兴。

你已经发现了第二个重要的论点：

经济亏损是企业退出市场的一种激励，但在它们退出市场后，价格上涨，每家留在市场中的企业的经济亏损都将减少。

□ 需求变化

起初，竞争性市场处于长期均衡状态，企业的经济利润为零（企业家获得正常利润）。现在，市场需求增加了。这使得市场价格上涨，企业将增加产量，以使边际成本等于价格，企业获得经济利润。那么市场现在处于短期均衡状态，而不是长期均衡状态。

经济利润是新企业进入市场的一种激励。随着企业的进入，市场供给增加，而市场价格下跌。在更低的价格水平上，企业将减少产量，以使边际成本等于价格。

请注意，随着企业进入市场，市场产量增加，但每家企业的产量都在减少。最终，有足够多的企业进入市场，使得经济利润减少，市场回到长期均衡状态。

初始的长期均衡和新的长期均衡的重要区别在于市场中的企业数量。永久性需求的增加将会增加企业数量。每家企业在新的长期均衡下所生产的产量与初始长期均衡时的产量相同，并且每家企业的经济利润都为零。在从初始均衡向新的均衡移动的过程中，企业获得了经济利润。

在世界经济中，对航空旅行的需求在 20 世纪 90 年代出现了增长，对航空公司放松管制使得企业能够自由地寻找该市场的利润机会。结果大量的航空公司进入市场。航空市场的竞争过程及其变化与我们所学习的内容很相似。

需求的减少将引起相似的结果，只是方向相反。需求的减少导致更低的价格、经济亏损和企业退出市场。企业的退出减少了市场供给，使得价格上涨，进而消除经济亏损。

□ 技术变革

企业不断寻找生产成本更低的技术。例如，生产个人电脑的成本已经下降。生产 MP3 播放器和其他大多数电子产品的成本也已经下降。如果没有对新设备的投资，大多数节约成本的生产技术都很难付诸实践。因此，技术进步扩展到整个行业需要时间。一些设备处于更新边缘的企业能很快采用新技术，而另一些刚更新设备不久的企业则会继续使用旧的技术进行经营，直到它们再也不能承担其平均可变成本为止。一旦难以承担平均可变成本，企业就会放弃即使是较新的（代表着旧技术的）设备，而采用具有新技术的设备。

新技术使企业的成本更低。因此，随着企业采用新技术，它们的成本曲线将向下移动。由于成本更低，企业愿意以更低的价格提供给定数量的产品，也就是说，它们愿意在给定价格下提供更多的产品。换句话说，市场供给增加，市场供给曲线向右移动。在需求不变的情况下，产量增加，而价格下降。

采用新技术的企业获得经济利润，因此，拥有新技术的企业将进入市场。坚持使用旧技术的企业将遭受经济亏损，所以它们要么选择退出市场，要么转向新技术。随着使用新技术的企业进入市场，而使用旧技术的企业退出市场，价格将下降，而产量会增加。最终，市场达到长期均衡，在这个均衡上，所有的企业都使用新技术，并且每家企业的经济利润都为零。

∵关注汽车行业　为什么通用汽车公司破产了？

2009 年 6 月 1 日，通用汽车公司申请破产保护。

过去的通用汽车公司

通用汽车公司首席执行官弗里茨·亨德森（Fritz Henderson）将通用汽车公司的破产归咎于能以更低成本进行生产的全球性竞争对手的扩张。

通用汽车公司的运营成本是固定的工厂成本和可变的劳动成本。公司也有“传统”成本。一种向其退休员工支付退休金和向其债券持有者偿还债务的固定成本。

通用汽车公司在 2008 年大约生产了 800 万辆汽车，总收益约为 1 440 亿美元，总成本约为 1 760 亿美元，经济亏损约为 320 亿美元（见下图）。为了维持企业运营，公司分别从美国和加拿大政府那里获得贷款。

上述数据说明了过去通用汽车公司在 2008 年所面对的情况。公司销售一辆汽车的平均价格为 18 000 美元。为了实现利润最大化（或亏损最小化），通用汽车公司销售了 800 万辆汽车。生产这些汽车的平均总成本为 22 000 美元，所以，每辆汽车的经济亏损为 4 000 美元。由于公司预期亏损情况不会改变，因此，过去的通用汽车公司没有其他选择，只能退出汽车行业。

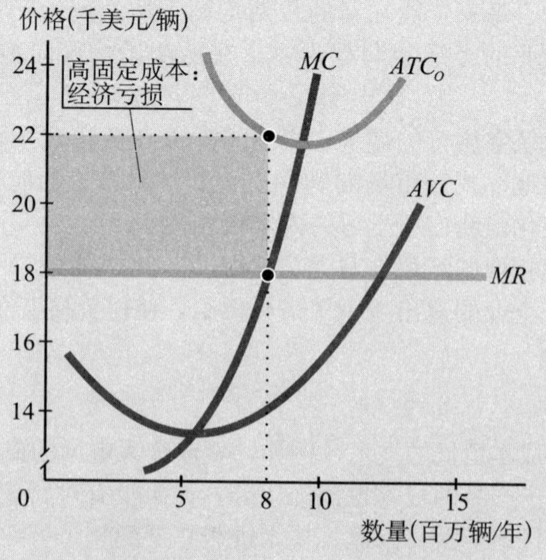

过去的通用汽车公司的成本曲线和收益曲线

现在的通用汽车公司

在过去的通用汽车公司申请破产保护的那一天，它的行政官员开始谈论现在的通用汽车公司。通用汽车公司在其“重建”的网站上发布了公司的成本节约计划和投资于采用绿色技术的新型汽车的计划。

建立一个盈利的新通用汽车公司是一项复杂烦琐的任务，它需要管理团队创造性的思考和行动。但是公司重建有一个重要的特征：削减传统的固定成本。

重建通用汽车公司不会改变汽车的市场价格——全球市场决定价格，也不可能对生产汽车的边际成本产生太大的影响——技术和要素价格决定边际成本。

削减固定成本是现在的通用汽车公司仅有的对实现盈利具有较大影响的方法。

下图显示了现在的通用汽车公司必须达到的最低点：公司必须削减固定成本，从而使 ATC 曲线从 ATC_O 移动到 ATC_N。通用汽车公司可以在相同的产量水平上实现利润最大化。每年生产 800 万辆汽车，但是，公司运营的平均总成本等于每辆汽车的价格，因此，公司的经济利润为零。

更大幅度地削减固定成本将使现在的通用汽车公司获得正的经济利润。但是在长期中，随着新企业进入全球市场，经济利润会减少到零。

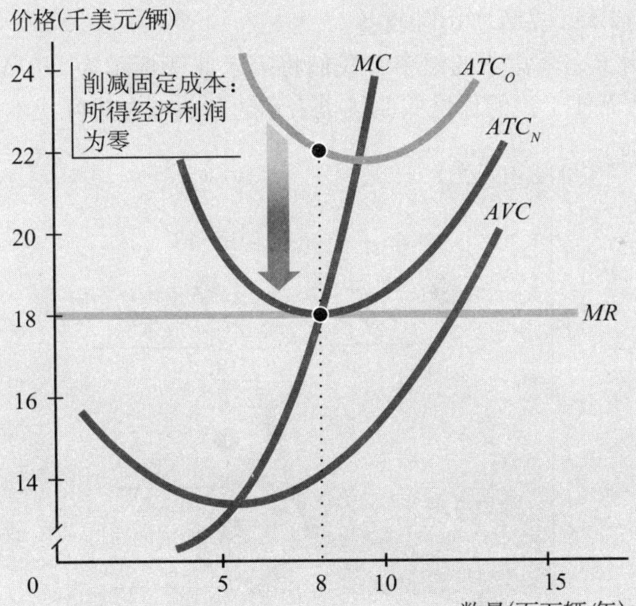

现在的通用汽车公司的成本曲线和收益曲线

由于竞争在长期中会消除经济利润，所以，技术进步只能给企业带来暂时性收益。但是技术进步所带来的更低的价格和更好的产品却给消费者带来了永久性收益。

在我们刚才所描述的过程中，一些企业获得经济利润，而另一些遭受经济亏损——这是市场动态变化的一个周期。一些企业运营得很好，而另一些则很糟。这一过程通常带有一种地域性的特征。拥有新技术的企业的扩张使曾经贫穷的地方变得繁荣，而随着拥有旧技术的企业停业，传统工业地区将会衰落。有时，新技术企业在国外，而旧技术企业则在国内。20 世纪 90 年代的信息革命引起了很多这样的例子。商业银行（一个竞争程度略低于完全竞争的行业）传统上集中于纽约、圣弗朗西斯科（又称旧金山）以及其他大城市，但现在它在北卡罗来纳州的夏洛特市繁荣起来了，该市已经成为美国第三大的商业银行聚集城市。电视节目和电影传统上在洛杉矶和纽约制作，而现在大部分则是在奥兰多和多伦多制作了。

技术变革不仅仅局限于信息和娱乐市场。食品生产也由于基因工程而经历了重大的技术变革。

□ 完全竞争是有效率的吗？

完全竞争是有效率的。为了了解其中的原因，我们首先回想一下资源有效分配的条件。当人们为了多获得一单位商品，而不得不放弃具有更高价值的另一种商品时，资源的使用是有效率的。为了实现这个结果，边际收益必须等于边际成本。这就是完全竞争所达到的结果。

我们可以从边际成本曲线推导出完全竞争企业的供给曲线。供给曲线由位于边际成本曲线上的所有高于最小平均可变成本（停业价格）的点构成。因为市场供给曲线是所有企业在不同价格下的产量的总和，所以，市场供给曲线是整个市场的边际成本曲线。

需求曲线是边际收益曲线。因为供给曲线和需求曲线在均衡价格处相交，所以，这个价格既等于边际成本，又等于边际收益。

图 11－13 说明了完全竞争的效率。我们将需求曲线标示为 $D=MB$，而将供给曲线标示为 $S=MC$，从而便于提醒你这些曲线也表示边际收益和边际成本曲线。

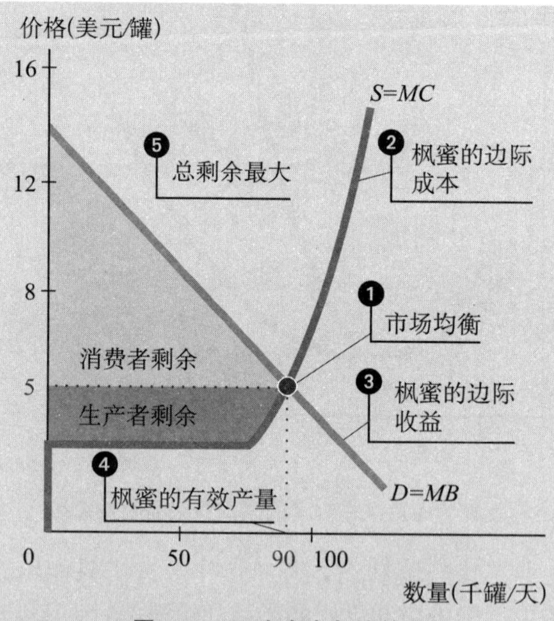

图 11－13 完全竞争的效率

①市场均衡时，价格为 5 美元/罐，产量为 90 000 罐/天。

②供给曲线也是边际成本曲线。

③需求曲线也是边际收益曲线。

因为在市场均衡时，边际收益等于边际成本，④枫蜜的产量是有效率的。⑤总剩余（消费者剩余加上生产者剩余）实现最大化。

这些曲线在均衡价格和均衡产量处相交。价格等于边际收益，也等于边际成本，而且均衡产量是有效率的。总剩余是指消费者剩余和生产者剩余的总和，它实现了最大化。任何远离这个结果的情况都是没有效率的，而且会引起本可避免的无谓损失。

□ 完全竞争是公平的吗？

你在第 6 章已经学习过了市场的公平，并且了解了公平存在两个概念：规则公平和结果公平。如果在实施产权的情况下，人们通过自愿交易的方式来获得资源、产品和服务，那么这就是规则公平。如果最穷的人不是过于贫穷，而最富的人也不是过于富有，那么这就是结果公平。不过，没有一个统一的标准来界定什么是过于贫穷和过于富有。

在短期中，如果竞争市场中出现暂时的短缺，这可能是由恶劣天气或者自然灾害引起的，那么价格会急剧上涨。在这种情况下，一些人获得巨额的意外收益，而可能大部分人将面对价格较高的必需品。从结果公平的角度来看，这种情况被视为不公平。

然而，无论从规则公平还是结果公平的角度来看，长期中的完全竞争似乎都是公平的。它没有给任何人的行为施加限制，所有的交易都是出于自愿的，消费者支付尽可能低的价格，而企业家仅仅获得正常利润。

❖关注你的生活 你所遇到过的完全竞争

你每天遇到的许多市场都是高度竞争的，几乎是完全竞争的。即使你在日常生活中没有遇到过完全竞争，你也确实会和某个完全竞争市场有关联。由 eBay 和其附属子公司之一 StubHub 公司分别管理的网络拍卖就是上述众多市场中的两个。

如果你有一张旧金山巨人队和亚特兰大勇士队的棒球比赛门票，但你又不想去观看，那么你可以在 StubHub 公司的网站上以当前的市场价格（减去佣金）出售这张门票。如果你极度渴望观看这场比赛，但却没有买到票，那么你可以在相同的网站上以当前的市场价格（加上佣金）购买一张。

StubHub 公司获得佣金，从而获得利润。但是 StubHub 公司、票务大师公司（TicketMaster）和其他票务代理商之间的竞争确保了企业在长期竞争中没有经济利润，企业家只能获得正常利润。

无论你在哪里购买你所想要的每一件产品和每一项服务，你都能够买到，这是由于竞争所造成的影响。你的房屋、你的食物、你的衣服、你的书、你的 DVD 光盘、你的 MP3 文件、你的电脑、你的自行车、你的汽车……这张清单是无限的。没有人会魔法从而能使你买到这么多的产品。竞争市场和努力获得最大化利润的企业家们使这一切得以实现。

当需求或技术发生变化时，现有的资源分配将不再准确，此时，市场将快速而悄无声息地发挥作用。它向企业家们传递信号，从而使得企业家们做出进入或退出市场的决策，并且产生一种新的有效率的利用稀缺资源的方式。

毫不夸张地说，你的整个生活都受到竞争力量的影响，而且从中获益匪浅。亚当·斯密所说的“看不见的手”可能就隐含于这个观点中，但是它具有强大的力量。

检查站 11.3☞ 解释在长期中如何决定产量、价格和利润，并解释完全竞争为什么是有效率的。

现实问题

郁金香种植是一个完全竞争行业，所有郁金香种植者都拥有相同的成本曲线。郁金香的市场价格为 15 美元/束，每个种植者的利润最大化产量都为每周 1 500 束。生产郁金香的平均总成本是 21 美元/束。最低的平均可变成本为 12 美元/束，最低的平均总成本为 18 美元/束。利用这些信息回答问题 1 和 2。

1. 在短期中，郁金香种植者的经济利润是多少？而在长期中，郁金香种植者的数量怎样变化？

2. 在长期中，郁金香的价格和种植者的经济利润各是多少？

新闻摘要

棉花种植者面临强敌

种植季节刚开始，藜草就已迅速蔓延了，比棉花长得还高，并且遮挡住了阳光。这一新种类的藜草具有很强的抗除草剂的特点。科学家们估计，数千英亩的田地已经被重新耕种，而且每一英亩田地所需的用于抵御藜草的花费为 20 美元。

资料来源：*USA Today*，July 18，2008.

种植棉花的成本如何变化？这种藜草对于短期中的棉花市场将产生什么影响？棉花市场在长期中如何变化？

现实问题参考答案

1. 由于价格低于平均总成本，因此在短期中，郁金香种植者会遭受经济亏损。因为价格超过平均可变成本的最小值，所以郁金香种植者会继续生产。其经济亏损等于生产每束郁金香所造成的亏损（21 美元减去 15 美元）乘以花的数量（1 500 束），即等于9 000美元（图 1）。

因为郁金香种植者遭受经济亏损，所以在长期中，一些企业会退出，使得郁金香种植者的数量减少。

2. 长期中的价格等于使经济利润为零的价格。即，随着郁金香种植者的退出，价格会上涨，直到其等于平均总成本的最小值。因此，长期价格将为 18 美元/束（图 2）。

因为郁金香种植者在长期中的平均总成本等于价格，所以其经济利润将为零（图 2）。

新闻摘要参考答案

无论生产多少棉花，棉花种植者都将承担除草的成本——每英亩 20 美元。这个成本是固定成本，因此，种植者的边际成本不变。由于一些棉花地已经被重新耕种，棉花的市场供给在短期中将减少，而市场价格将上涨。为了实现利润最大化，棉花种植者要在边际收益等于边际成本的产量水平处进行生产。由于价格提高而边际成本不变，因此种植者一次的收成将会有正的经济利润。在长期中，新的种植者将进入棉花种植行业，市场价格将会下降，直到市场中的种植者所获得的经济利润为零。

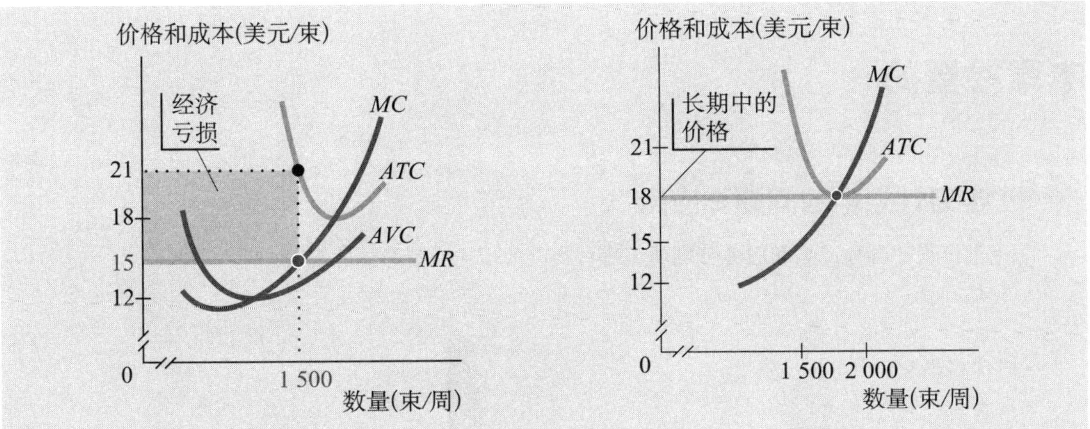

图 1　　图 2

本章总结

□ 要点

1. 解释完全竞争企业的利润最大化选择，并推导出其供给曲线。
- 完全竞争企业是价格接受者。
- 边际收益等于价格。
- 企业在价格等于边际成本的产量水平上进行生产。
- 如果价格低于平均可变成本的最小值，则企业会暂时停业。
- 企业供给曲线是由边际成本曲线在平均可变成本最小值以上的部分、停业点处的边际成本曲线以及价格低于平均可变成本最小值时的纵轴所构成的。

2. 解释在短期中如何决定产量、价格和利润。
- 市场需求和市场供给决定着价格。
- 为实现利润最大化，企业选择的产量为价格等于边际成本时的产量。
- 在短期均衡中，企业能获得正经济利润、零经济利润或者遭受经济亏损。

3. 解释在长期中如何决定产量、价格和利润，并解释完全竞争为什么是有效率的。
- 经济利润导致企业进入市场，这将增加市场供给、降低价格以及减少利润。经济亏损导致企业退出市场，这将减少市场供给、提高价格以及减少亏损。
- 在长期中，企业的经济利润为零，而且没有企业进入或退出市场。
- 需求的增加将增加市场中的企业数量和市场的均衡产量。
- 降低产品生产成本的新技术将会增加市场供给、降低价格以及增加产量。
- 完全竞争是有效率的，因为它使边际收益等于边际成本；而且它是公平的，因为交易是出于自愿的，消费者支付尽可能最低的价格，而企业家则获得正常利润。

□ 关键术语

边际收益	完全竞争	垄断竞争	价格接受者
垄断	停业点	寡头	

本章检查站

□ 学习计划中的问题与应用

1. 下列出售的各种产品和服务分别属于哪种类型的市场？解释你的答案。
• 小麦
• 牛仔裤
• 打印机墨盒
• 牙膏
• 镇上唯一的健身房的会员资格

2. 解释为什么在完全竞争市场中的企业是价格接受者。为什么企业不能选择出售其产品的价格？

3. 表 1 显示了林的幸运曲奇的需求表。

表 1

价格（美元/包）	需求量（包/天）
50	0
50	1
50	2
50	3
50	4
50	5
50	6

请计算林在不同需求量下的边际收益。比较林的边际收益和价格。林经营幸运曲奇的市场属于什么类型？

表 1 显示了林的幸运曲奇的需求表。表 2 显示了林的一些成本数据。请利用这些信息回答问题 4～7。（提示：作一个林的短期成本曲线示意图。）

表 2

产量（包/天）	*AFC*	*AVC*	*ATC*	*MC*
	美元/包			
1	84.0	51.0	135	
				37
2	42.0	44.0	86	
				29
3	28.0	39.0	67	
				27
4	21.0	36.0	57	
				32
5	16.8	35.2	52	
				40
6	14.0	36.0	50	
				57
7	12.0	39.0	51	
				83
8	10.5	44.5	55	

4. 当市场价格为 50 美元/包时，林在短期中的产量和企业的经济利润分别是多少?

5. 当市场价格为 35.2 美元/包时，林在短期中的产量和企业的经济利润分别是多少?

6. 构建林的短期供给表，并且画出林的短期供给曲线。请解释林的短期供给曲线为什么只有一部分和林的边际成本曲线相同。

7. 当市场价格为 83 美元/包时，林在短期中的产量和企业的经济利润分别是多少? 企业在长期中会选择进入市场还是退出市场? 林在长期中的经济利润是多少?

利用下列信息回答问题 8～10。

枫蜜生产商踏上财富之路

佛蒙特州的制糖季节即将全面开始。佛蒙特州是美国最大的枫蜜生产地，每年生产大约 500 000 加仑。在 2007 年，生产每加仑枫蜜的成本平均为 35 美元；今年，枫蜜的价格是 45 美元/加仑。加拿大通常是一个主要生产地，但是由于加拿大经历了一个歉收的季节，它的产量下降了 30%。由于消费者转向购买天然有机产品和当地生产的食品，因此，对枫蜜的需求急剧增加。

资料来源：*USA Today*, March 30, 2009.

8. 假设行业处于长期均衡状态，请画图描述枫蜜市场的情况，以及 2007 年单个企业的成本和收益情况。

9. 从行业的长期均衡开始，解释在其他条件不变的情况下，加拿大的枫蜜供给量的下降在短期中如何影响枫蜜市场和单个生产者。

10. 从行业的长期均衡开始，解释在其他条件不变的情况下，对枫蜜的需求增加在短期中如何影响枫蜜市场和单个生产者。

□ 教师可布置的问题与应用

1. 为什么过去的通用汽车公司会破产?

2. 现在的通用汽车公司如何克服过去的通用汽车公司所面临的问题?

3. 下列所出售的产品和服务分别属于哪种类型的市场? 请解释你的答案。

- 谷物类早餐
- 手机
- 小镇上唯一的饭店
- 橘子
- 镇上由一家有线公司提供的有线电视

4. 假设餐饮行业是完全竞争的。乔的饭店总是在晚上客满，但是在午餐时间，客人却很少。请问乔的饭店为什么不在午餐时关门——暂时停业呢?

利用下列信息回答问题 5～7。

图 1 显示了一家玩具企业的短期成本曲线。假设存在 1 000 家相同的玩具生产者。表 1 显示了玩具的市场需求表。

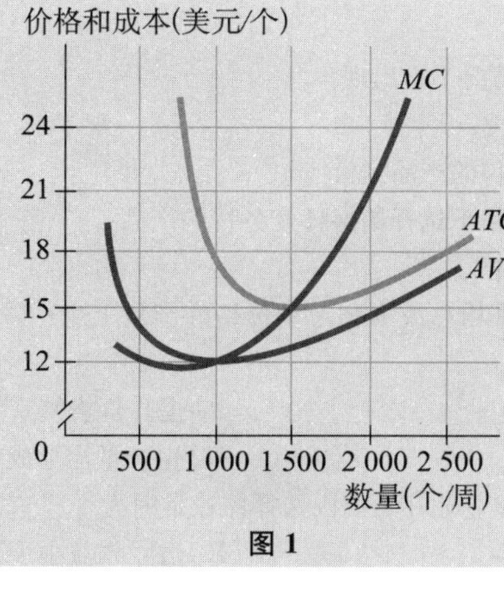

图 1

表 1

价格（美元/个）	需求量（千个/周）
24	1 000
21	1 500
18	2 000
15	2 500
12	3 000

5. 当市场价格为 21 美元/个时，企业在短期中的产量是多少？企业在短期中会出现正经济利润零经济利润还是经济亏损？企业是选择进入市场还是退出市场？

6. 当市场价格为 12 美元/个时，企业在短期中的产量和经济利润分别是多少？在长期中，玩具市场中的企业数量如何变化？

7. 当市场价格是多少时，企业会选择暂时停业？玩具的长期市场均衡价格是多少？在长期中，玩具市场中的企业数量是多少？请解释你的答案。

利用下列信息回答问题 8 和 9。

加利福尼亚州计划打击草莓种植者使用熏蒸消毒剂的行为。最大的打击对象是文图拉郡的种植者，他们的草莓产量占全国的 90%。

8. 请画出美国草莓市场在政府打击污染前的长期均衡：一个是美国市场，另一个是加利福尼亚州种植者的市场。现在说明治理污染的短期影响。

9. 根据所画的图说明治理污染的长期影响

利用下列信息回答问题 10 和 11。

农作物的价格大幅下降使得经营农场变得很艰难

玉米、大豆和小麦的价格从今年年初的历史高位下跌了近 50%。由于玉米产量比预期的要好，今年世界粮食产量比 2007 年几乎提高了 5%，达到了历史新高。由于受到以玉米为原材料的酒精行业扩张的影响，粮食价格也已经和石油价格更加紧密地联系在一起了。

资料来源：*USA Today*，October 23，2008.

10. 2008 年的粮食价格为什么下跌？请画图说明对单个粮食种植者的经济利润的短期影响。

11. 请解释石油价格下跌对酒精市场的影响。如果近几年石油保持低价，那么这对酒精市场和酒精生产者数量的长期影响是什么？

□ 单项选择题

1. 在完全竞争中，下列哪种情况不会出现？
   A. 企业生产同质产品或服务
   B. 每家企业都能够为其出售的产品定价
   C. 企业可以在当前市场价格下选择销售任意数量的产品
   D. 买者充分了解卖者的价格

2. 一家企业在边际成本超出平均总成本和市场价格的产量上生产，它通过________的方式，增加其利润。
   A. 生产更大的产量　　B. 提高价格使其等于边际成本
   C. 生产更少的产量　　D. 生产平均总成本最小时的产量

3. 在利润最大化产量水平下，企业在短期内选择停业是因为________。
   A. 总收益小于总成本　　B. 边际收益小于平均固定成本

C. 平均总成本大于市场价格　　D. 边际收益小于平均可变成本

4. 在短期中，利润最大化企业将会________。

A. 实现盈亏平衡，如果边际收益等于边际成本

B. 获得经济利润，如果边际成本小于平均总成本

C. 遭受经济亏损，如果平均固定成本大于边际收益

D. 遭受经济亏损，如果平均总成本大于边际收益

5. 企业在生产过程中的短期供给曲线同________一样。

A. 边际收益曲线

B. 边际收益曲线斜率为正的部分

C. 边际成本曲线超过最小平均可变成本的部分

D. 边际成本曲线超过最小平均总成本的部分

6. 需求永久性增长________短期中的经济利润，长期中一些企业会________。

A. 不会改变；退出市场　　B. 会增加；进入市场

C. 会增加；提高价格　　D. 不会改变；为产品做广告

7. 下列选项中不是完全竞争市场有效率的原因的是________。

A. 总产量最大化

B. 企业实现利润最大化并且在其供给曲线上生产

C. 消费者买到便宜货，其支付的价格低于产品自身的价值

D. 企业以最小平均总成本生产产品

第12章 垄 断

本章要点

学完本章，你将能够：

1. 解释垄断是如何产生的并能区分单一价格垄断和价格歧视垄断。
2. 解释单一价格垄断者如何决定其产出与价格。
3. 比较单一价格垄断和完全竞争市场的不同表现。
4. 解释价格歧视如何增加利润。
5. 解释为什么自然垄断会被管制以及管制的影响。

12.1 垄断及其产生

垄断（monopoly）是指只有一家企业提供没有相似替代品的产品或服务的市场，它可以通过进入壁垒阻止来自新公司的竞争。

地方电信、天然气、电力和供水公司都是地区性垄断的例子。葛兰素史克公司（GlaxoSmithKline）垄断生产 AZT，这是一种用来治疗艾滋病（AIDS）的药物。南非的戴比尔斯公司控制着全世界 80%的原产未切割钻石的生产——虽说不完全是但已经接近垄断。

□ 垄断的产生

垄断产生于：

- 没有相似的替代品
- 进入壁垒

没有相似的替代品

如果一种产品有相似的替代品，即使只有一家企业在生产它，这家企业也一定会面临其替代品生产者的竞争。比如，地区公用事业公司提供的自来水就是没有相似替代品的一种产品，虽然被用作饮用水时倒是有相似的替代品——瓶装矿泉水，但是被用来洗衣、洗澡或洗车的话，它就没有有效的替代品了。

可找到的相似替代品并不是静态的。技术变化会创造出新的替代品从而削弱垄断。例如，联邦快递、UPS、传真机和电子邮件就都削弱了美国邮政总局信件传递服务的垄断；光纤宽带电缆线和卫星天线的出现削弱了有线电视公司的垄断。

一种新产品的出现也会造成垄断。例如，信息时代的技术为谷歌和微软提供了机会，使它们成为在其市场中相近的垄断者。

进入壁垒

保护一家公司免于新的竞争者进入的任何限制被称为**进入壁垒**（barrier to entry）。它有三种类型：

- 自然进入壁垒（natural barrier to entry）
- 所有权进入壁垒（ownership barrier to entry）
- 法律进入壁垒（legal barrier to entry）

自然进入壁垒　当某项技术使得一家企业能比两家或更多的生产者以更低的平均总成本生产某种产品或服务来满足整个市场的需求的时候，就存在着**自然垄断**（natural monopoly）。一家电力公司配送整个市场的电力来满足市场需求的成本要比两家或两家以上公司更低。想象一下，有两根或更多的电线接到你的家里，你就可以选择你的电力供应者。

图 12－1 描述了电力配送的自然垄断。图中，电力的需求曲线是 D，长期平均成本曲线是 $LRAC$。由该曲线向下倾斜这一事实可知，在整条 $LRAC$ 曲线上，都存在着规模经济。一家企业可以以每千瓦时 5 美分的价格生产 400 万千瓦时。在这个价格上，需求量就是 400 万千瓦时。因此，如果价格是 5 美分/千瓦时，一家企业就能供应整个市场。如果两家企业分享这个市场，平均总成本将会更高。

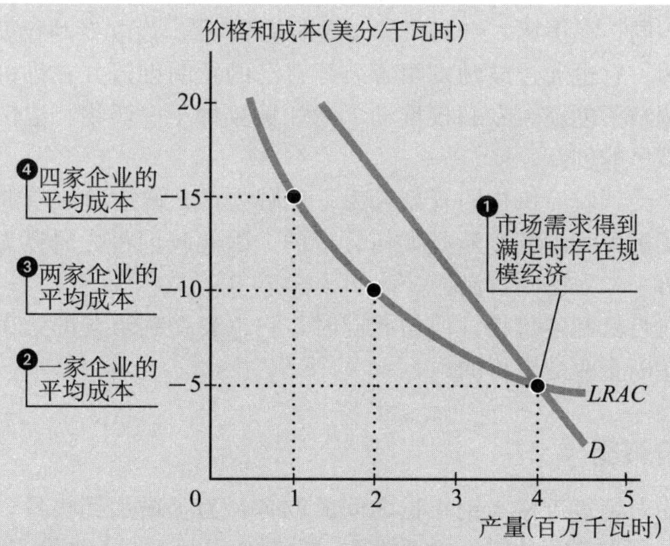

图 12－1　自然垄断

电力的需求曲线是 D，长期平均成本曲线是 $LRAC$。

①整条 $LRAC$ 曲线上都存在着规模经济。

②一家企业可以以 5 美分/千瓦时的成本输送 400 万千瓦时。

③两家企业生产同样的产出需要 10 美分/千瓦时。

④四家企业生产同样的产出需要 15 美分/千瓦时。

因此，一家企业能比两家或更多的生产者以更低的价格来满足整个市场的需求，这个市场就是自然垄断的。

看看为什么如图 12－1 所示的情形会形成进入壁垒。想一想当第二家公司试图进入市场时会发生什么，这家公司会发现进入市场是无利可图的。如果它生产的数量比原公司少，那么它必须收取更高的价格而没有任何客户。如果它生产和原公司同样的数量，那么对这两家企业而言，价格会降至平均总成本以下，而它们之中的一家将被迫退出市场。这个市场只有一家企业的生存空间。

所有权进入壁垒　一家企业通过买断某种自然资源，就会限制竞争，阻止企业进入，从而形成垄断。如果戴比尔斯公司能够控制全世界天然钻石 100%的产量，那么它就是此种类型垄断的例子。钻石行业没有自然进入壁垒。尽管钻石是一种相对稀有的矿物质，但在全球竞争性拍卖市场中却存在许多供给者。只有通过买断全世界所有的钻石，戴比尔斯公司才能阻止进入以及竞争。

法律进入壁垒　法律进入壁垒会产生一种法律垄断。**法律垄断**（legal monopoly）是指在一个市场中通过赋予公共特许权、政府许可证、专利或者版权等来限制竞争者进入以及竞争。

公共特许权是赋予某企业供给某种产品或服务的排他性权利，典型的例子就是美国邮政总局，它有递送第一类邮件（first-class mail）的排他性权利。政府许可证控制着特殊职业、专业和行业的进入。一个例子就是位于罗得岛州查尔斯顿市的由迈克尔（Michael）经营的 Texaco 公司，它是该地区唯一被许可的可以测试车辆尾气排放的企业。

专利权是授予某一产品或服务发明者的一种排他性权利。版权是赋予文学、音乐、戏剧或艺术品的作者或创作者的一种排他性权利。它们在一定时期内有效，具体时期的长短在各国有所不同。在美国，专利权的有效期是 20 年。设立专利权就是为了鼓励新产品和新方法的发明。它也通过鼓励发明者公开自己的发明创造并在许可条件下方可运用这些发明创造，刺激了创新。专利权推动了诸如黄豆种子、药物、记忆芯片和电子游戏这些差异巨大领域里的创新。

大多数垄断会受到政府机构的管制。为了理解为什么政府管制垄断以及管制带来的影响，我们需要了解无管制的垄断是如何行事的。因此我们将先研究无管制的垄断，然后在本章的结尾再来考虑垄断管制。

垄断企业可以自己制定价格，但与此同时，它也要受到市场的约束。让我们看一下市场是如何限制垄断企业的定价的。

□ 垄断定价策略

垄断者都会面对销售价格与销售量之间的取舍。为了增加销售量，垄断者必须制定较低的价格。但是存在着两种定价的可能性，它们会引起不同的取舍：

- 单一价格
- 价格歧视

单一价格

单一价格垄断（single-price monopoly）是以相同价格对所有顾客出售其每一单位产出的企业。戴比尔斯公司对其所有顾客都按相同的价格出售（既定规格与质量的）钻石。

如果它设法以低价格卖给一些顾客，而以相对较高的价格卖给另外一些顾客，那么就只有享受低价的顾客到戴比尔斯公司来购买钻石。其他人就会从戴比尔斯的低价顾客那里购买了。因此，戴比尔斯公司就是单一价格垄断者。

价格歧视

价格歧视垄断（price-discriminating monopoly）是可以在成本无差异的情况下以不同的价格销售不同单位的某种产品或服务的企业。很多公司都采用价格歧视策略。针对同一趟飞行旅程，航空公司会推出一系列令人眼花缭乱的不同票价。比萨饼生产者对单份饼收取一个价格，但对第二份比萨饼却几乎是赠送的。不同的顾客会支付不同的价格（像飞机票价），或者是同一顾客会为不同的购买量付出不同的价格（像第二份比萨饼的特价）。

当一家企业实行价格歧视时，这样做似乎有利于顾客。实际上，它是对售出的每一单位产品都索取了最高的可能价格，并赚取了最大可能的利润。

并不是所有的垄断者都能够实行价格歧视。实行价格歧视的最主要障碍是以低价购得产品的顾客会将其转售出去。由于有转售的可能性，价格歧视就仅限于提供无法转售服务的垄断者。

检查站 12.1☞ 解释垄断是如何产生的并区分单一价格垄断和价格歧视垄断。

现实问题

根据下列提供的关于公司的信息回答问题 1 和 2。

a. 可口可乐公司把产品的价格制定得低于百事可乐公司的价格，以增加利润。

b. 受到进入壁垒保护的某家企业提供没有相似替代品的个人服务。

c. 存在进入壁垒，但是产品有一些相似的替代品。

d. 某家博物馆向学生和老年人提供折扣优惠。

e. 某家企业在当前价格下可以出售任何数量的产品。

f. 某家企业即使在它生产满足整个市场的需求的产品的时候，它还是处于规模经济阶段。

1. 以上 6 种情形中哪些是垄断或者会出现垄断？

2. 以上情形中哪些属于法律垄断，哪些属于自然垄断？它们都能实行价格歧视吗？为什么？

新闻摘要

交易引发垄断担忧

在所有加拿大和美国航空公司看来，联合大陆航空公司（United Continental）和加拿大航空公司（Air Canada）之间的一项交易看起来似乎是有效的合并。这项交易将导致 10 条主要且高需求的枢纽航线形成垄断，同时也会实际上减轻其他 9 条航线的竞争。机票价格将会更高，同时航班的选择将会受到限制。

资料来源：CBC News，June 27，2011.

这 10 条主要且高需求的航线形成的垄断类型是什么？在高价格和选择受限的情况下，市场的进入壁垒是什么？

现实问题参考答案

1. 当唯一的企业生产没有相似替代品的某种产品或服务并存在进入壁垒时，就会产生垄断。因此，在 b 和 f 的情形下会出现垄断。在 a 中，存在着不止一家企业。在 c 中，该产品有一些相似的替代品。在 d 中，垄断企业有可能会实行价格歧视，但是另外一些企业（比如比萨饼生产者）虽然也会采用价格歧视战略，但它们不是垄断者。在 e 中，该企业生产的这种产品的市场需求是完全有弹性的，对它来说，想销售多少都可以，没有限制。这样的企业是处于完全竞争市场中的。

2. 当一家企业能比两家或更多的生产者以更低的价格生产某种产品或服务来满足整个市场的需求的时候，就出现了自然垄断。因此，f 就是自然垄断，但 b 也有可能是。当赋予某项权利导致进入壁垒的时候就产生了法律垄断。b 有可能是法律垄断。因为 b 提供的个人服务无法转售，b 可以实行价格歧视。

新闻摘要参考答案

这项交易会在这 10 条主要的高需求枢纽航线产生法律垄断。随着价格的提高，这种垄断可能会带来高额的经济利润，这会激发其他航空公司在这些航线上提供服务。这种壁垒可能是航班停泊和边检的授权。

12.2 单一价格垄断

为了更好地理解单一价格垄断者是如何做出其产出与价格决策的，我们首先看一下价格与边际收益之间的关系。

□ 价格和边际收益

由于在垄断市场中只有一家企业，因此该企业的需求就是整个市场的需求。让我们来看一下内布拉斯加州的开罗市唯一的理发店——波比理发店的情况。图 12－2 中的表显示了波比理发店的需求状况。例如，当价格为 12 美元时，每小时有 4 名顾客要理发（*E* 行）。

总收益等于价格乘以销售量。例如，在 *D* 行中，波比理发店提供 3 次理发服务，每次收取 14 美元，所以总收益就是 42 美元。边际收益是指销售量每增加一单位所引起的总收益的变化量。比如，如果价格从 16 美元（*C* 行）降到 14 美元（*D* 行），销售量从 2 次增加到 3 次。总收益从 32 美元上升到 42 美元，因此总收益变化了 10 美元。由于销售量正好是增加了一次理发服务，因此边际收益就等于总收益的变化量 10 美元。边际收益被放置在两行之间是为了强调边际收益与销售量的变化有关。

	价格 (美元/次)	需求量 (次/小时)	总收益 (美元/小时)	边际收益 (美元/次)
A	20	0	0	
				18
B	18	1	18	
				14
C	16	2	32	
				10
D	14	3	42	
				6
E	12	4	48	
				2
F	10	5	50	

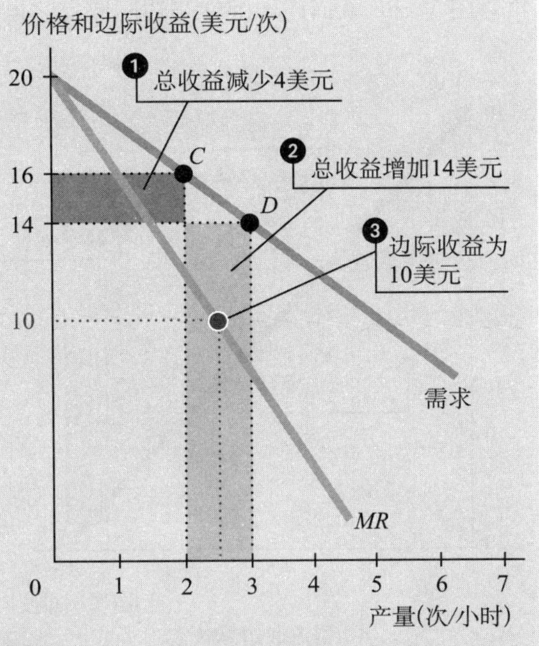

图 12-2　需求和边际收益

该表显示的是波比理发店的需求、总收益和边际收益表。

如果价格从 16 美元降到 14 美元，销售量从 2 次增加到 3 次：

①两次理发的总收益损失是 4 美元。

②多一次理发所增加的总收益是 14 美元。

③边际收益是 10 美元。

图 12-2 显示了波比理发店的需求曲线和边际收益曲线（*MR*），并且说明了我们刚才所做的计算。注意到在每一产出水平下，边际收益总是小于价格——边际收益曲线位于需求曲线下面，这是因为更低的价格是在所有售出单位上获得的，而不仅仅是在边际单位上获得的。例如，当价格为 16 美元的时候，波比售出 2 次理发服务（*C* 点）。如果她把价格降到 14 美元/次，就可以售出 3 次理发服务并且增加的 1 次服务可以使她的收益增加 14 美元。但是她前两次提供的理发服务每次就只能收取 14 美元了，要比以前少 2 美元。结果，前两次提供的服务的收益就会减少 4 美元。要计算边际收益，她就必须从增加的 14 美元收益中减掉 4 美元。因此，她的边际收益就是 10 美元，这比价格要低。

注意边际收益曲线的斜率是需求曲线斜率的两倍。当价格从 20 美元降至 10 美元时，需求量从 0 上升到 5，而 *MR* 曲线上的数量只从 0 上升到 2.5。

□ 边际收益和弹性

在第 5 章你已经学过总收益检验了，它可以用来测试需求是有弹性的还是缺乏弹性的。回想一下，如果价格下降使得总收益增加，那么需求就是有弹性的；但如果价格下降导致总收益减少，那么需求就是缺乏弹性的。

总收益检验意味着需求有弹性时，边际收益为正；而需求缺乏弹性时，边际收益为负。图 12－3 就描述了弹性与边际收益之间的这种关系。

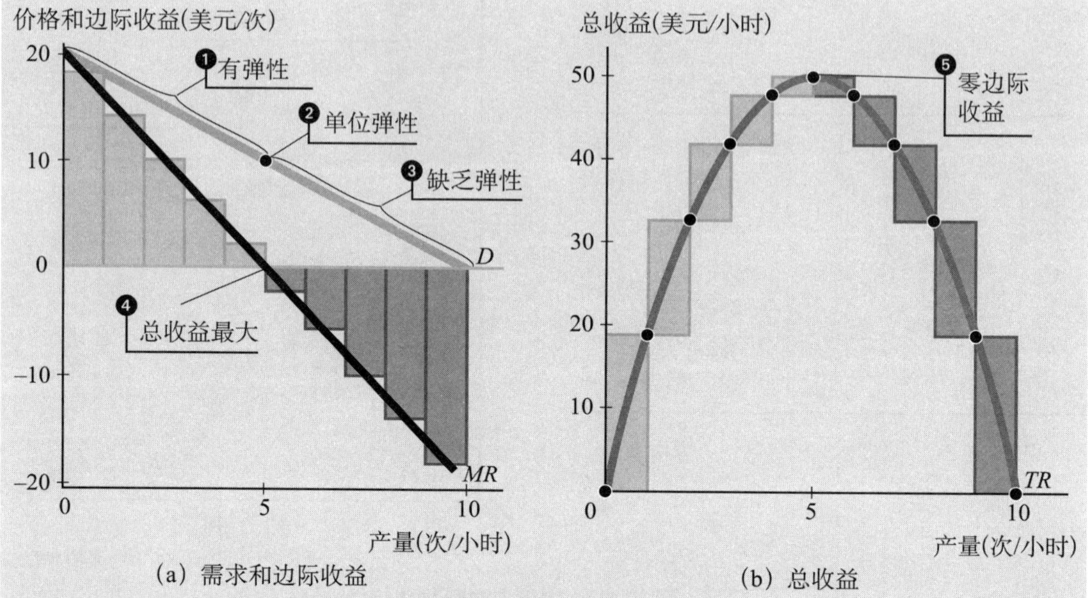

图 12－3　边际收益和弹性

随着价格的下降，当边际收益是正的（浅灰色条）时，①需求是有弹性的；当边际收益是零时，②需求具有单位弹性；而当边际收益是负的（深灰色条）时，③需求是缺乏弹性的。在图（a）的零边际收益处，④总收益最大。在图（b）中总收益的最大值处，⑤边际收益为零。

当图 12－3（a）中价格从 20 美元下降到 10 美元时，边际收益是正的（用浅灰色条表示），图 12－3（b）中总收益增加，所以需求是有弹性的。当图 12－3（a）中价格从 10 美元下降到 0 美元时，边际收益（深灰色条）是负的，图 12－3（b）中总收益减少，所以需求是缺乏弹性的。当价格是 10 美元的时候，总收益达到最大，需求处于单位弹性点，并且边际收益等于零。

边际收益和弹性之间的这种关系意味着垄断者在其需求曲线缺乏弹性的区间所生产的产量是绝对无利可图的。如果一个垄断者在其需求曲线上缺乏弹性的区域生产，它会通过收取较高的价格、生产较少的数量来增加其总收益。但是，通过降低产量，企业的总成本会下降而企业的利润会上升。让我们来看一下垄断者的产出和价格决策。

□ 产出和价格决策

为了确定垄断者利润最大化的产出水平和价格，我们需要研究收益和成本随产出变化的情况。

表 12－1 概述了我们需要的有关波比理发店收入、成本和经济利润的信息。经济利润等于总收益减去总成本，当波比每小时以 14 美元提供 3 次理发服务时，就获得了最大的经济利润 12 美元。如果她以 16 美元提供 2 次理发服务，她的经济利润就只有 9 美元。如果她以 12 美元提供 4 次理发服务，她的经济利润就仅有 8 美元。

表 12-1 垄断者的产出和价格决策

	价格(美元/次)	需求量(次/小时)	总收益(美元/小时)	边际收益(美元/次)	总成本(美元/小时)	边际成本(美元/次)	利润(美元/小时)
A	20	0	0		12		-12
				18		5	
B	18	1	18		17		1
				14		6	
C	16	2	32		23		9
				10		7	
D	14	3	42		30		12
				6		10	
E	12	4	48		40		8
				2		15	
F	10	5	50		55		-5

通过观察其边际收益和边际成本，你就会明白为什么提供 3 次理发服务会是波比的利润最大化产出。当波比把产出从提供 2 次理发服务增加到 3 次时，她的边际收益是 10 美元，而她的边际成本是 7 美元，两者之差便是利润的增加量，即每小时 3 美元。如果波比进一步增加产出，从 3 次增加到 4 次，她的边际收益是 6 美元而边际成本是 10 美元。在这种情况下，边际成本超出边际收益 4 美元，因此一小时利润减少了 4 美元。

图 12-4 把表 12-1 含有的信息用图表示出来了。图 12-4（a）表示波比的总收益曲线（*TR*）和她的总成本曲线（*TC*）。*TR* 曲线和 *TC* 曲线之间的垂直距离用于表示波比理发店的经济利润。波比通过每小时提供 3 次理发服务使她的利润最大化，每小时赚取 12 美元的经济利润（42 美元的总收入减去 30 美元的总成本）。

图 12-4（b）表示的是波比理发店的需求曲线（*D*）和边际收益曲线（*MR*）以及其边际成本曲线（*MC*）和平均总成本曲线（*ATC*）。波比理发店通过在其边际成本等于边际收益的产出水平上生产使得利润最大化，即每小时提供 3 次理发服务。但是理一次发她应该收取多少价格呢？为了确定价格，垄断者利用需求曲线找出能使它售出利润最大化产出的那个价格。就波比理发店的情况而言，每小时提供 3 次理发服务的最高价格是 14 美元/次，此时利润实现了最大化。

当波比每小时理发 3 次时，她的平均总成本是 10 美元（从 *ATC* 曲线中对应提供 3 次理发服务的这个点可以看出来），价格是 14 美元（从 *D* 曲线中可以看出来）。她每理发一次的利润是 4 美元（14 美元减去 10 美元）。波比理发店的经济利润用灰色矩形表示，等于每次理发的利润（4 美元）乘以理发的次数（3 次/小时），总共就是 12 美元/小时。

某一市场中存在正的经济利润会激励企业进入该市场。但是，在垄断市场中进入壁垒阻碍了这样的事发生。所以在垄断行业里，企业可以获取正的经济利润，并且无限期地继续盈利下去。

垄断者可以制定高于边际成本的价格，但是它是否能够一直获取经济利润呢？答案是不可能。在图 12-4 中，波比理发店赚取了正的经济利润。但是假设波比的房东提高了理发店的租金。如果她要多付出 12 美元/小时的店面租金，她的固定成本也就随之增加。她的边际成本和边际收益没有变化，所以她的利润最大化产出依然是 3 次/小时的理发服务。这样她的利润就从每小时 12 美元减少到了 0 美元。如果波比要支付多于 12 美元/小时的店面租金，她就遭受了经济亏损。如果这种情况是永久性的，波比就会离开这一行当。但是，垄断企业家的创造性很强，波比有可能找到另外一家租金更低的店面。

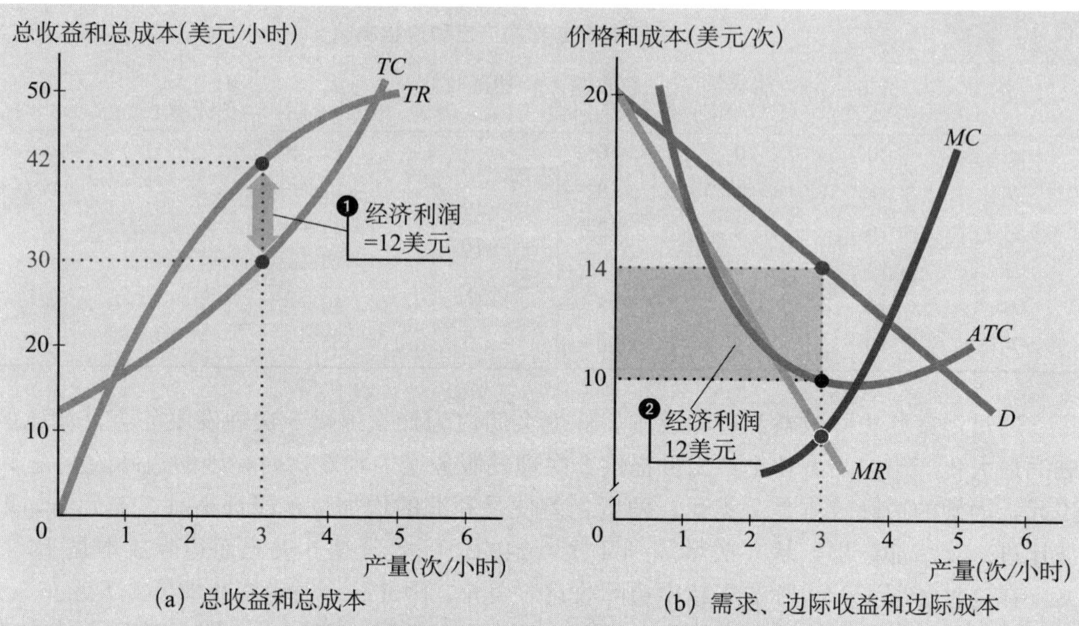

图 12-4 垄断者的利润最大化产出和价格

在图（a）中，当总收益（*TR*）减去总成本（*TC*）为最大的时候，经济利润就最大化了。①在每小时理发 3 次时，经济利润即 *TR* 与 *TC* 之间的垂直距离是 12 美元/小时。

在图（b）中，当边际成本（*MC*）等于边际收益（*MR*）时，经济利润实现了最大化。价格由需求曲线（*D*）决定，为 14 美元。②经济利润（用灰色矩形表示）为 12 美元——每次理发所获利润（4 美元）乘以 3 次理发。

检查站 12.2☞ 解释单一价格垄断者如何决定其产出与价格。

现实问题

米尼矿泉水公司是单一价格垄断者。表 1 显示了米尼矿泉水公司的需求（第 1 列和第 2 列）以及公司的总成本（第 2 列和第 3 列）信息。利用这一信息回答问题 1～4。

表 1

价格（美元/瓶）	产量（瓶/小时）	总成本（美元/小时）
10	0	1
9	1	2
8	2	4
7	3	7
6	4	12
5	5	18

1. 计算米尼矿泉水公司的总收益和边际收益表。
2. 画出米尼矿泉水公司的需求曲线和边际收益曲线。
3. 计算米尼矿泉水公司利润最大化时的产出、价格和经济利润。
4. 如果米尼矿泉水公司使用的水资源的拥有者增加收取 14 美元/小时的保护税，那么米尼矿泉水公司新的利润最大化时的产出、价格和经济利润各为多少？

新闻摘要

美国康卡斯特电信公司在美国一些城市提供更快的家庭宽带服务

美国康卡斯特电信公司（Comcast）是美国最大的互联网服务提供商，最近推出了一个名为“极限105”的宽带套餐业务，它提供文件下载服务的速度比其他公司的快几倍。

资料来源：CNN，April 14，2011.

美国康卡斯特电信公司应该如何制定其宽带服务的价格呢？

现实问题参考答案

1. 总收益就等于价格乘以销售量，边际收益等于当销售量增加一单位的时候总收益的变化量（表2）。

表2

产量(瓶/小时)	总收益(美元/小时)	边际收益(美元/瓶)
0	0	
		9
1	9	
		7
2	16	
		5
3	21	
		3
4	24	
		1
5	25	

2. 图1显示了米尼矿泉水公司的需求曲线和边际收益曲线。

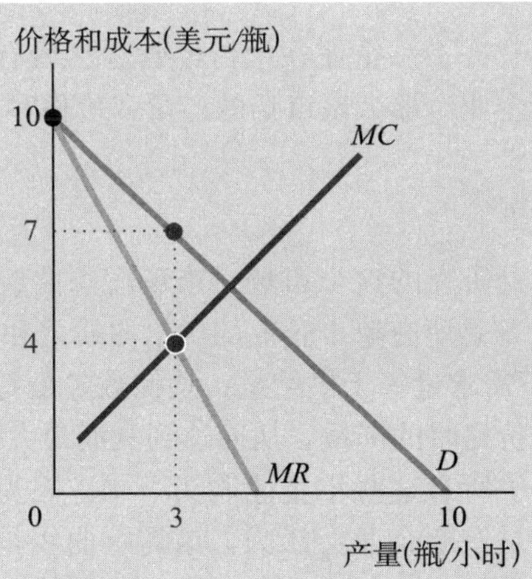

图1

3. 边际成本（*MC*）是每增加一瓶产量时的总成本的变化量（表3）。利润最大化时的产出是3瓶/小时，此时，边际收益等于边际成本（图1）。米尼矿泉水公司利润最大化时的价格是7美元/瓶。经济利润等于总收益（21美元）减去总成本（7美元），即14美元/小时。

表 3

产量 (瓶/小时)	总成本 (美元/小时)	边际成本 (美元/瓶)
0	1	
		1
1	2	
		2
2	4	
		3
3	7	
		5
4	12	
		6
5	18	

4. 如果米尼矿泉水公司使用的水资源的拥有者对它收取 14 美元/小时的保护税，米尼矿泉水公司的固定成本增加，但它的边际成本并没有变化，所以，它利润最大化时的产出和价格没有改变，但此时经济利润为 0。

新闻摘要参考答案

美国康卡斯特电信公司是一些城市里唯一的宽带提供商。康卡斯特电信公司会对它新的更快的网络服务进行市场调查，以评估市场对它的需求状况。它知道自己的生产成本，所以它能计算出生产成本加上市场调查成本之后的总成本，然后康卡斯特电信公司就可以计算使其利润最大化的服务产量。从该服务的市场需求评估中，康卡斯特电信公司可以算出最高的价格，该价格能够使得利润最大化的服务产量被全部售出。

12.3 垄断和竞争的比较

设想在完全竞争市场中有许多小企业在维持经营。然后有一家公司将所有这些小企业都买下，创造了一家垄断企业。那么该市场的产量、价格和效率将会有什么变化呢？

□ 产出和价格

图 12-5 显示了我们将要研究的这个市场，市场需求曲线是 D。原先市场中有许多小企业存在，市场供给曲线 S 是所有单个企业的供给曲线之和，也是边际成本曲线之和。均衡价格是 P_C，在该价格下需求量等于供给量，均衡数量是 Q_C。每家企业都定价为 P_C，并且生产使得边际成本等于价格时的产量，从而达到利润最大化。

现在一家公司将该市场中所有这些小企业购买下来。因为消费者并没有改变，所以需求曲线也就没有变化。但是垄断企业会认为，该需求曲线是对它销售的约束，并且它知道自己的边际收益曲线是 MR。

在完全竞争中市场供给曲线就是某行业中所有企业的边际成本曲线之和。因此，垄断企业的边际成本曲线就是完全竞争市场的供给曲线，标记为 $S=MC$。它通过在边际收益等于边际成本时生产数量 Q_M 使利润最大化。这一产出量要比竞争均衡产出量 Q_C 小。但垄断企业的定价 P_M 却比 P_C 要高。因此，

与完全竞争相比，单一价格垄断者会减少产出而提高价格。

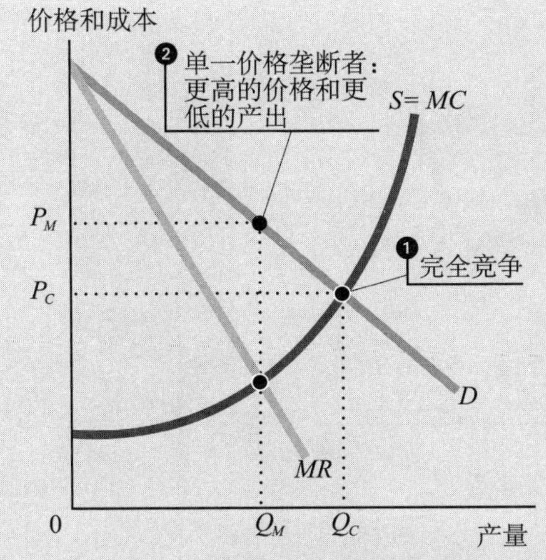

图 12－5　垄断者的低产高价

①竞争性行业在价格是 P_C 时生产数量为 Q_C。

②单一价格垄断者生产 Q_M 的产量，此时边际收益等于边际成本，并以 P_M 的价格出售其产量。与完全竞争相比，单一价格减少了产出却提高了价格。

□ 垄断有效率吗？

在第 6 章中我们已经知道，当边际收益等于边际成本的时候，资源的配置是有效率的。图 12－6（a）就显示了完全竞争达到了这种资源的有效配置。需求曲线（$D=MB$）就表明了消费者的边际收益。供给曲线（$S=MC$）就表明了生产者的边际成本（机会成本）。在竞争均衡下，均衡价格是 P_C，均衡数量是 Q_C。边际收益等于边际成本，从而资源实现了有效配置，此时深灰色三角形表示的消费者剩余和浅灰色区域表示的生产者剩余的总和即总剩余（第 6 章）达到了最大值。

而图 12－6（b）则显示出垄断是缺乏效率的。垄断产出是 Q_M，垄断价格是 P_M。价格（边际收益）高于边际成本，这种供不应求造成了无谓损失，如图中的白色区域所示。消费者的损失一部分是因为得到的产品少了，即图中位于 P_C 上方的白色三角形区域；另一部分是因为购买产品支付得更多了。消费者剩余缩小为图中更小的深灰色三角形区域。生产者的损失是因为销售的产品减少了，即图中位于 P_C 下方的白色区域，但是由于它抬高了价格出售产品，因而其剩余又增加了，图中用浅灰色矩形区域表示。生产者剩余有所扩张，并且在垄断时比在完全竞争时要大。

□ 垄断公平吗？

由于垄断带来了无谓损失，所以它是缺乏效率的。但是，垄断也重新分配了消费者剩余。生产者有所受益，而消费者却受损。

图 12－6 显示了这种重新分配。垄断企业得到了在销售量为 Q_M 时的较高价格 P_M 与竞争价格 P_C 之间的那部分差额。因此浅灰色矩形表示的就是被垄断者拿走的那部分消费者剩余。这部分消费者剩余的损失并不是整个社会的损失，它只不过是从消费者那里拿走而被重新分配给了垄断生产者。

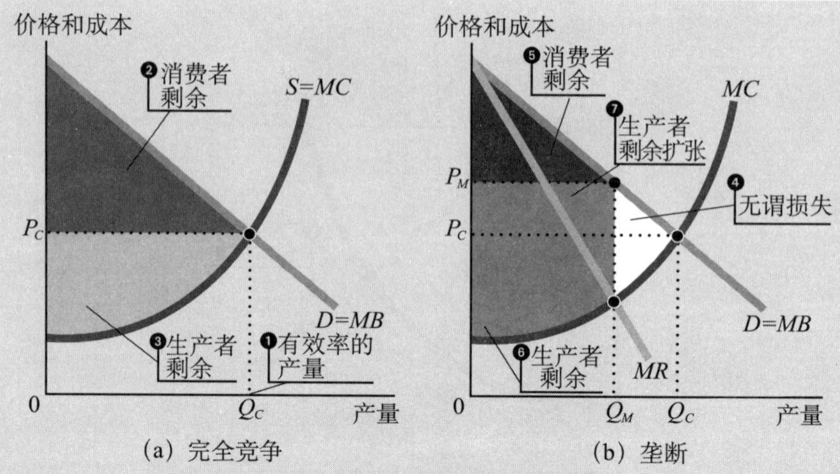

图 12－6　垄断无效率

在完全竞争条件下，①均衡产量是有效率的产量 Q_C，因为在该产量下，价格 P_C 等于边际收益和边际成本。②消费者剩余和③生产者剩余之和为最大。

在单一价格垄断中，均衡产量 Q_M 是缺乏效率的，因为价格 P_M 等于边际收益，但又大于边际成本。④无谓损失产生。⑤消费者剩余减少，⑥生产者剩余扩张的量为图中的浅灰色矩形区域⑦。

垄断生产者的受益与消费者的受损是否公平呢？我们在第 6 章已经学过关于公平有两种标准：结果公平和规则公平。从富人再分配给穷人与结果公平的观点相吻合。因此，基于这种公平观，垄断的重新分配公平与否就取决于哪一个更富裕：垄断生产者还是其产品的消费者，必然是两者中的一个。规则是否公平则取决于垄断者是否受益于某种保护，而这种保护是不对其他任何人提供的。如果每个人都能自由地获取垄断，那么规则就是公平的。因此垄断是缺乏效率的，它可能是但并不总是不公平的。

对垄断利润的追求导致我们现在将描述另外一项昂贵的活动：寻租。

□ 寻租

寻租（rent seeking）是获取政府的特殊待遇，从而赚取经济利润，或者从他人那里转移走消费者剩余或生产者剩余的游说行为。（“租金”在经济学中是一个广义的术语，包括所有形式的剩余，比如消费者剩余、生产者剩余和经济利润。）寻租并不一定导致垄断，但它总会限制竞争且往往会引起垄断。

稀缺资源可被用于生产人们认为有价值的产品和服务，或者也可被用于寻租活动。寻租对于寻租者来说是潜在有利可图的，但对于全社会来说却是昂贵的，因为它纯粹是利用稀缺资源将某一个人或集团的财富转移给其他的个人或集团，而不是去生产对人们有价值的东西。

要理解为什么寻租活动会发生，先来考虑一下某个人有可能成为垄断者的两种途径：

- 购买垄断
- 通过寻租创造垄断

购买垄断

一个人可以通过购买受到进入壁垒保护的某家企业（或某项权利）以便尽力赚取垄断利润。在纽约购买出租车牌照就是一个例子，这种牌照的数量有限，其拥有者会受到保护，其他的人无法进入该行业。想经营出租车的人就不得不到已经拥有牌照的人那里去购买。

但是任何人都可以自由进入为牌照竞价。买者之间的竞争使得价格一直上涨到他们只能够赚取正常利润为止。例如，为了在纽约得到出租车经营权而产生的竞争就会导致一张出租车牌照的价格达到60万美元，这一价格已经足以使出租车经营者的经济利润消失而只留给他们正常利润。

通过寻租创造垄断

购买一家垄断企业意味着要支付一笔费用，这会消耗一部分经济利润，所以通过寻租创造垄断就是购买垄断的一个有吸引力的替代性选择。寻租是一项政治活动，它采取游说的形式，试图影响政治过程以达到立法目的，从而创造出法律进入壁垒。可以通过竞选捐赠来交换立法支持，或者通过媒体宣传间接影响政治结果，抑或是通过直接地与政治家和政府官员接触来产生这些影响。通过立法来限制进口到美国的纺织品数量，这是寻租方式所创造的垄断的典型案例。另外一个例子就是限制进口到美国的番茄数量的法律。这些法规限制了竞争，导致销售量减少，价格提高。

□ 寻租均衡

寻租是一种竞争性活动。只要有可能获得经济利润，寻租者就会尽力获取它。寻租者之间的竞争导致寻租成本的提高，直至上升到该垄断在支付寻租成本后只能赚取正常利润。

图12－7显示了一种寻租均衡。寻租成本是必须加到垄断者的其他成本上的一项固定成本。包括寻租的固定成本在内的平均总成本曲线一直向上移动到与需求曲线相切为止。消费者剩余并没有受到影响。但是，垄断的无谓损失现在包括原来的无谓损失，以及寻租所消耗的经济利润，在图中用扩大了的白色区域来表示。

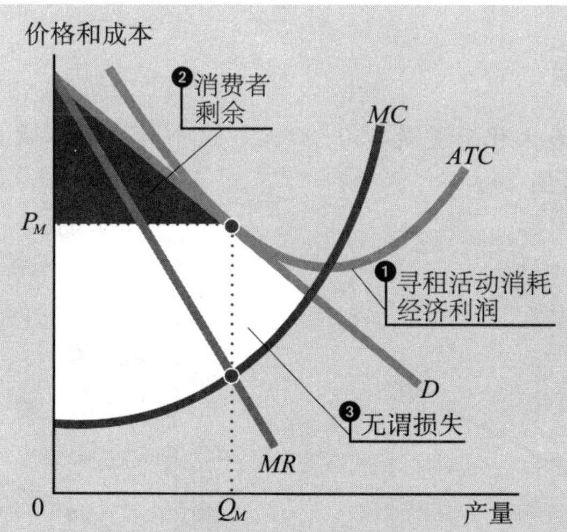

图12－7 寻租均衡

①寻租成本耗尽了经济利润。企业的寻租成本是固定成本，它们增加了总固定成本和平均总成本，ATC曲线向上移动直到收支相抵，此时价格为利润最大化价格。

②垄断者利润最大化使消费者剩余相对完全竞争情况下的最大化水平有所缩小，但寻租活动不会再缩小消费者剩余。

③无谓损失增加。

检查站 12.3☞ 比较单一价格垄断和完全竞争市场的不同表现。

现实问题

小镇是一个孤立的小社区，一种报纸可以比两种乃至更多报纸以更低的价格满足市场需求。《镇报》（*Town Gazette*）是唯一的新闻来源，图 1 显示了印刷《镇报》的边际成本和它的市场需求曲线，《镇报》是追求利润最大化的单一价格垄断者。

利用以上信息回答问题 1～4。

1. 每天要印刷多少份《镇报》?《镇报》的价格是多少?
2. 印刷多少份《镇报》是有效率的? 销售有效率印刷份数报纸时的价格应该是多少?
3. 现在印刷的报纸份数是有效率的份数吗? 解释你的答案。
4. 在图上表示出从消费者那里重新分配给《镇报》的那部分消费者剩余以及由《镇报》的垄断导致的无谓损失。

新闻摘要

由于技术变化，票务大师近乎垄断的地位遭到挑战

在 20 世纪 90 年代，想要看迈克尔·乔丹（Michael Jordan）或者加斯·布鲁克斯（Garth Brooks）的现场活动，你必须从票务大师或者黄牛党那里买票。今天，票务大师与演唱会承办商 Live Nation 合并，控制了体育赛事和音乐表演门票的销售。竞争者已经进入该市场，同时，体育赛事和音乐表演的门票现在也通过互联网的拍卖市场销售。

售票市场竞争的增强将如何影响作为价格构成成分之一的服务费用及市场效率？黄牛党还能继续生存吗?

现实问题参考答案

1. 《镇报》的利润最大化产量是 150 份/天，这个时候边际收益等于边际成本。每份报纸的价格是 70 美分（图 2）。

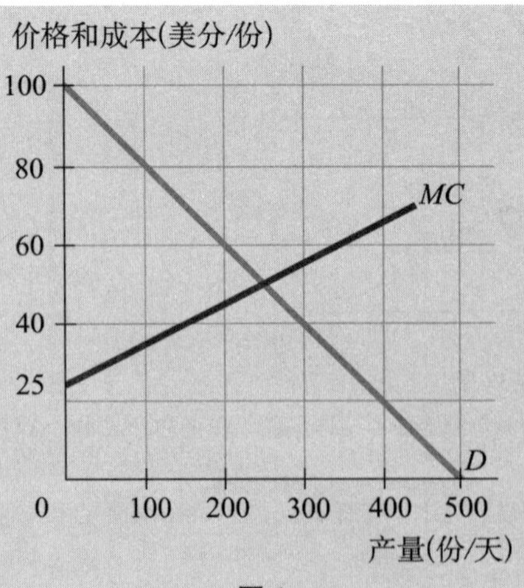

图 1

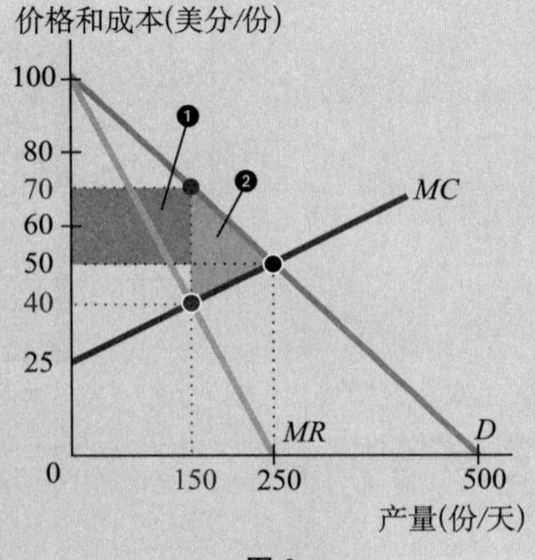

图 2

2. 有效数量是 250 份，这个时候需求（边际收益）等于边际成本。所对应的价格为 50 美分/份（图 2）。

3. 现在印刷的数量不是有效率的，因为印刷 150 份时的边际收益（70 美分）大于它的边际成本（40 美分）（图 2）。

4. 图 2 中的深灰色矩形①表示的就是从消费者那里转移给《镇报》的那部分消费者剩余，灰色三角形②表示的就是无谓损失。

新闻摘要参考答案

为一场赛事所支付的票价由这场赛事的价格和服务费用组成。作为一个垄断者，票务大师收取使得利润最大化的费用。当垄断减弱而竞争增强时，卖方仍然会收取使得利润最大化的费用，但这一费用会有所降低。卖票市场会更有效率，但是，现在黄牛党在转售拍卖市场中竞争，看上去还是可以生存下来的。

12.4 价格歧视

价格歧视——以多种不同价格出售某种产品或服务——是非常普遍的。当你去旅游、看电影、理发、买比萨饼或参观艺术博物馆时，都会遇到这种情况。乍一看，价格歧视似乎与利润最大化的假设相互矛盾。为什么电影院会给儿童提供半价？为什么理发店会对学生和老年人优惠？这些企业对它们的顾客如此“慷慨”难道不会损失利润吗？

进一步的研究发现，价格歧视者的利润不仅不会减少，他们还会赚取比不歧视时更多的利润。因此，垄断者有某种激励去寻求歧视的方法并向每个购买者收取最高的可能价格。一些人在价格歧视时支付得更少了，但另一些人支付得更多了。

大多数价格歧视者并不是垄断者，但是，垄断者只要有可能，就会实行价格歧视。为了实行价格歧视，企业必须：

- 识别并区分不同类型的购买者。
- 所出售的某种产品不能被转售。

价格歧视是对某一种产品或服务索取不同的价格，因为不同的购买者的支付意愿不同。并非所有的价格差异都是价格歧视。一些类似的但又不相同的产品有不同的价格是因为它们有不同的生产成本。比如，发电的成本取决于这一天的时间段。如果电力公司对上午 7 点到 9 点和下午 4 点到 7 点之间用电收取的价格高于一天中的其他时间，这并不是价格歧视。

价格歧视和消费者剩余

价格歧视背后的关键思想是把消费者剩余转化为经济利润。为了从每一个购买者那里得到所有的消费者剩余，垄断者必须根据顾客自己的支付意愿为每一个顾客提供不同的价格表。显然这样的价格歧视实际上无法实现，因为企业不可能收集到有关消费者需求曲线的足够信息。但是，企业会努力获取尽可能多的消费者剩余，而且为了达到这个目的，它们会采取两种主要的价格歧视方法：

- 在购买者群体之间歧视

- 在产品的购买单位之间歧视

在购买者群体之间歧视

在购买者群体之间实施价格歧视，就是企业根据年龄、职业身份或其他一些容易区别的特征对不同的消费者群体进行分类，然后对这些类别实施不同的价格政策。当各个群体对产品或服务有不同的平均支付意愿时，这种类型的价格歧视就可以起作用了。

例如，与顾客面对面的直销会带来大量的有利润的订单。对营销人员和其他商务旅行者来说，一次航空旅行的边际收益很大，因而这种商务旅行者愿意支付的价格也高。与此相反，对度假旅行者来说，可以选择几次不同旅行中的任何一次，甚至可以放弃度假旅行。因此，对度假旅行者来说，旅行一次的边际收益较小，从而他们愿意为一次旅行支付的价格也低。由于商务旅行者的支付意愿高于度假旅行者，航空公司通过对这两个群体实行价格歧视来获得利润是有可能的。

在产品的购买单位之间歧视

在产品的购买单位之间实施价格歧视，就是企业对其所有顾客定价一致，但是对大批量购买的单位产品会提供更低的价格。当必胜客（Pizza Hut）对一份送货上门的比萨饼定价 10 美元，而对两份比萨饼则定价 14 美元时，它就采取了这种形式的价格歧视。在这个例子中，第二份比萨饼的价格仅仅是 4 美元。

现在让我们来看看航空公司如何利用商务旅行者与度假旅行者之间的需求差别并通过价格歧视来增加其利润。

□ 从价格歧视中获利

环球航空公司（Global Air）是某条颇具异国情调航线的垄断者。图 12－8 显示了这条旅行航线的需求曲线（D）和环球航空公司的边际收益曲线（MR）。它还显示了环球航空公司的边际成本曲线（MC）和平均总成本曲线（ATC）。

起初，环球航空公司是单一价格垄断者，而且通过一年运送 8 000 次旅客（MR 等于 MC 时的数量）使利润最大化。价格是 1 200 美元/次，而一次旅行的平均总成本是 600 美元，所以经济利润就是 600 美元/次。总共 8 000 次旅行，环球航空公司每年的经济利润就是 480 万美元，正如图中浅灰色矩形所示。环球航空公司的乘客享受到了深灰色三角形所表示的消费者剩余。

环球航空公司突然意识到它的许多顾客是商务旅行者这一事实，而且猜测他们每次旅行愿意支付的价格会高于 1 200 美元。因此，环球航空公司进行了一些市场调研，结果表明，一些商务旅行者愿意支付的价格高达 1 800 美元/次。此外，这些顾客几乎总在最后时刻才决定自己的旅行计划。属于另一群体的商务旅行者愿意支付 1 600 美元，这些顾客在一周之前就知道他们何时旅行，并且他们更喜欢可退还的票务服务。同样，还有一个群体愿意支付 1 400 美元，这些旅客在两周之前就知道他们何时要旅行，并且他们更喜欢不可退还的票务服务。

据此，环球航空公司公布了它的新票价表。没有任何限制的票价为 1 800 美元；提前 7 天购票可退还的票价为 1 600 美元；提前 14 天购票不可退还的票价为 1 400 美元；提前 14 天购票必须滞留 7 天的票价为 1 200 美元。

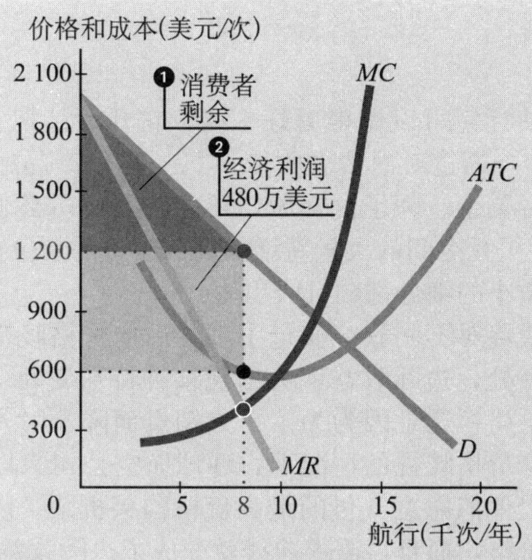

图 12-8 单一价格垄断的价格和经济利润

环球航空公司在一条航线上是个垄断者。环球航空公司的这条旅行航线的需求曲线为 D，边际收益曲线为 MR，边际成本曲线为 MC，平均总成本曲线为 ATC。

作为单一价格垄断者，通过一年运送 8 000 次旅客，定价为 1 200 美元/次，便实现了利润最大化。①环球航空公司的乘客享受着消费者剩余——深灰色三角形，②环球航空公司的经济利润是 480 万美元/年——由浅灰色矩形表示。

图 12-9 显示了这种新票价表的结果，并说明了为什么环球航空公司对新票价很满意。它针对四种价格中的每一种都出售 2 000 个座位。环球航空公司增加的利润为图中的黑色楼楼梯形区域。它现在的经济利润是原先的一年 480 万美元加上新的更高收费带来的 240 万美元，而消费者剩余缩小为更小的深灰色区域之和。

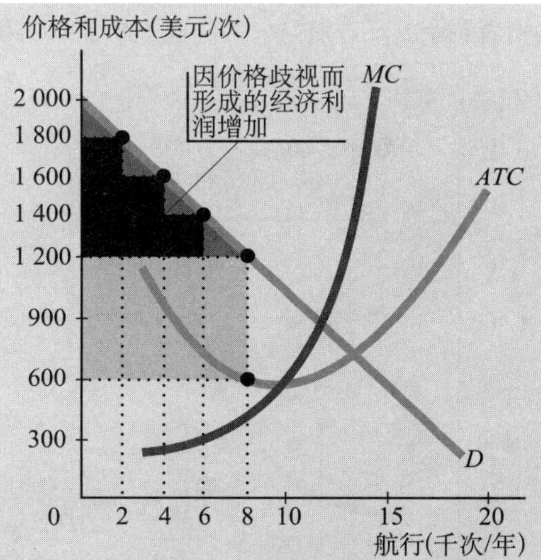

图 12-9 价格歧视

环球航空公司修改了它的票价结构。它现在提供以下票价：没有任何限制的票价为 1 800 美元；提前 7 天购票可退还的票价为 1 600 美元；提前 14 天购票不可退还的票价为 1 400 美元；提前 14 天购票必须滞留 7 天的票价为 1 200 美元。

环球航空公司对四种新票价的每一种都销售 2 000 个座位。它的经济利润增加了 240 万美元/年，达到 720 万美元/年，用浅灰色矩形加上黑色楼梯形表示。环球航空公司的乘客的消费者剩余缩小为深灰色区域之和。

□ 完全价格歧视

但是环球航空公司估计它可以做得更好一些。它开始计划实行**完全价格歧视**（perfect price discrimination），通过对消费者收取对每一单位产品愿意支付的最高价格这一计划可以榨取全部消费者剩余。为了这样做，环球航空公司必须具有创造力，并且设置介于 2 000 美元到 1 200 美元之间的大量新增的商务旅行的票价标准，每一种票价对于商务旅行市场的任意一个微小的细分都颇具吸引力。

一旦环球航空公司最终对不同旅客实行了细分后的价格歧视，并从每一个旅客愿意支付的最高价格中得到好处，边际收益就会出现某种特殊变动。回想一下，在单一价格垄断时，边际收益小于价格，这是因为为了扩大销量而降价时，所有单位产品都要以此价格销售。但是，在完全价格歧视的情况下，环球航空公司只以更低价格销售其边际座位。所有其他顾客继续以他们愿意支付的最高价格购买机票。因此，对完全价格歧视者而言，边际收益便等于价格，而且，需求曲线就变成了边际收益曲线。

在边际收益等于价格时，环球航空公司可以使产量增加到价格（和边际收益）等于边际成本的那一点来获得更多的利润。

因此，环球航空公司现在要寻找另外的乘客，他们不愿支付 1 200 美元，但是，他们愿意支付高于边际成本的价格。更有创造性的定价策略需提出度假的专机和其他票价的设想。这些票价要综合考虑提前预订、最短停留和其他限制，这些其他限制对现有乘客没有什么吸引力，但是，对另一群体的旅客却有吸引力。利用所有这些票价以及专机，环球航空公司抽走了所有的消费者剩余，赚取了最大的经济利润。

图 12－10 显示了完全价格歧视的结果。原来愿意支付 1 200 美元到 2 000 美元之间的旅客所支付的几十种票价抽走了这个群体的所有消费者剩余，并把它变为环球航空公司的经济利润。900 美元至 1 200 美元之间的新票价标准吸引了另外的 3 000 名旅客，但环球航空公司也拿走了他们的全部消费者剩余。环球航空公司赚取了高于 900 万美元/年的经济利润。

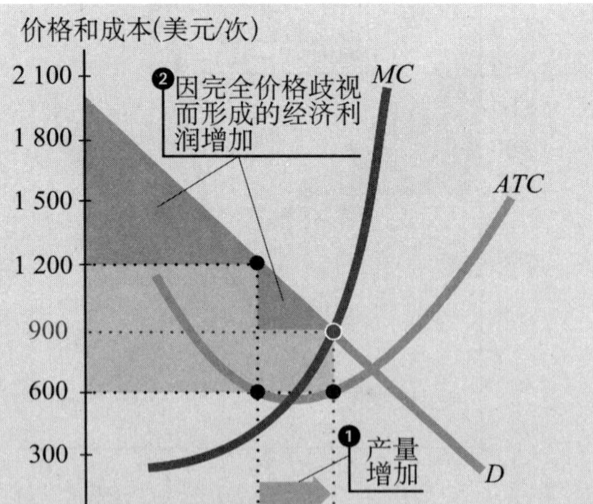

图 12－10　完全价格歧视

在完全价格歧视下，需求曲线变成了环球航空公司的边际收益曲线。当最低价格等于边际成本时，经济利润最大。①产出增加到 11 000 人/年，②环球航空公司的经济利润增加到 935 万美元/年。

❖关注美国经济　　　　飞机票价歧视

从旧金山到华盛顿，正常的长途汽车票价为 1 555 美元，可退票并且不对旅行包收费，当对旅行包单独收费时的可退票票价为 850 美元，而不可退票票价则为 271 美元。在一个典型的航班上，可能会有 20 种不同的票价可供乘客选择。

航空公司依照旅客的支付意愿，对旅客进行分类并提供各种票价供旅客选择，来吸引对价格敏感的休闲旅行者，但这些机票却不会被商务旅行者购买。

尽管航空公司的定价表十分复杂，但是仍有超过 20%的空座率。填补一个空座的边际成本接近于零，所以低价出售机票还是有利可图的。

由于有了价格在线网站（priceline. com）以及其他许多在线旅行代理网站，低价格现在是可行的了。在这些网站上，通过旅客竞价，这些代理商每天都售出数千张机票，并使旅客得到可能的最低票价。

□ 价格歧视和效率

在实行完全价格歧视时，垄断者将产量增加到价格等于边际成本的那一水平。这时的产量与完全竞争的产量相同。完全价格歧视迫使消费者剩余为零，而使生产者剩余增加到同在完全竞争时的生产者剩余与消费者剩余之和相等的程度。完全价格歧视下的无谓损失变为零。因此，完全价格歧视者生产了有效率的产量。

但是，完全竞争和完全价格歧视之间仍有两点差异。第一，对总剩余的分配不同。在完全竞争时消费者和生产者分享着剩余，而在完全价格歧视下生产者抢走了全部的剩余。第二，由于生产者抢走了所有的剩余，寻租变得有利可图了。

寻租者利用资源去追求垄断，而且寻租成本越大，用资源追求这些寻租成本的激励就越强烈。在自由进入寻租的条件下，长期均衡的结果是寻租者耗尽了全部的生产者剩余。

检查站 12.4☞　解释价格歧视如何增加利润。

现实问题

威力是一个封闭的小镇，镇里只有一个医生。同样的 30 分钟的门诊，该医生对富人的收费是对穷人的两倍。利用以上信息回答问题 1 和 2。

1. 该医生是否实行了价格歧视？该医生是否有效地利用了资源？价格策略是否重新分配了消费者剩余？如果是，说明是如何实现重新分配的。

2. 如果该医生决定对每个人收取他们愿意支付的最高价格，消费者剩余又会如何变化？威力小镇的医疗服务市场是否有效率？

新闻摘要

大牌餐厅的大餐划算

洛杉矶的 Entrées Patina 餐厅以 40 美元为起价，但是，4 道菜的固定菜单的餐费为

59 美元，同时在周二还免收开瓶费；而在旧金山的 Michael Mina 餐厅花 49 美元便可以享受 3 道菜的固定午餐，或者在晚餐时单独点相同的菜则需要支付 65 美元。

资料来源：*USA Today*，July 29，2011

Entrees Patina 和 Michael Mina 是否实施了价格歧视？解释你的答案。

现实问题参考答案

1. 该医生实行了价格歧视，因为对于同样的 30 分钟门诊服务，富人和穷人支付了不同的价格。医生提供使得利润最大化的门诊数量，并对富人收取相对于穷人更高的费用。作为一个垄断者，门诊的总体数量将少于当边际收益等于边际成本时提供的医疗服务数量。因为边际收益不等于边际成本，所以说医生并没有有效地利用资源。由于价格歧视，医生拿走了部分消费者剩余。因此，消费者剩余减少，并且被重新分配给了医生，变成了医生的经济利润。

2. 该医生决定实施完全价格歧视，如果成功，在完全价格歧视下，边际收益等于价格。为了使得经济利润最大化，医生增加了诊断次数并且将最低价格定为等于边际成本。医生拿走了整个消费者剩余，所以消费者剩余为零。

边际收益等于价格，因此资源得到有效利用。

新闻摘要参考答案

餐厅的菜是不能转售的，所以实行价格歧视是可能的。提供有 4 道菜的固定菜单的价格比单独提供这几道菜的总价更为便宜，这就是价格歧视。那些想吃少于 4 道菜和想更有选择性地用餐的人，就要支付更多。在周二免收开瓶费不是价格歧视。在周二需求更少，所以，利润最大化对应的价格要更低些。免收开瓶费是一种不需重新印制菜单的减价方式。

12.5 垄断管制

自然垄断处于进退两难的境地。在规模经济下，一个自然垄断企业会在最低可能的成本上生产。但在市场力量的驱动下，垄断企业有激励将价格提升至竞争价格以上，从而生产过少的产量——以垄断者的自我利益而不是社会利益为出发点进行运作。

管制（regulation）——由政府机构制定管理的规则，用以影响某一企业或行业的价格、质量、市场准入以及经济行为的其他方面——这是摆脱这一两难境地的一种可能方法。

为了执行调控政策，政府会建立机构来监督和强制施行规则。例如，陆地运输委员会（Surface Transportation Board）对跨洲铁路、一些货车运输、公共汽车线路以及给水管道和输油管道的价格进行管制。到 20 世纪 70 年代，整个国家几乎 1/4 的产出（远多于自然垄断的产出）是由被管制企业生产的，而放松管制的进程由此开始。

放松管制（deregulation）是指解除对某一企业或行业的价格、质量、市场准入以及经济行为的其他方面的管制的过程。在过去的 30 年间，放松管制出现在国有空运、电话服务、跨洲货运以及银行和金融服务等行业。1984 年，有线电视（cable TV）得到放松管制，1992 年被重新管制起来，1996 年再次获得放松管制。

管制是自然垄断行业呈现出的进退两难境地的一个可能的解决方法，但并不是一个绝对有用的方法。关于管制实际上如何运作有两个理论：社会利益理论和俘获理论。

社会利益理论（social interest theory）认为政治及管理过程不断地去寻找无效率情形并引入管制从而消除无谓损失并有效配置资源。

俘获理论（capture theory）认为政治及管理过程会被管制企业所俘获并最终以服务其自我利益、获得最大化经济利润、减少产量以及造成无谓损失而收场。管制者被俘获是因为生产者的所得是巨大而可见的，而单个消费者的所得是渺小而不可见的。没有哪个单个消费者会有激励去反对管制，但生产者有巨大的激励去游说管制者。

哪种管制理论更好地解释了现实社会的管制呢？管制是为社会利益服务还是为垄断生产商的自我利益服务呢？

□ 自然垄断的有效管制

有线电视公司是一个自然垄断企业——它可以向整个市场提供比两个或更多竞争企业所能提供的价格更低的价格。位于亚特兰大的考克斯通信公司（Cox Communication），为 16 个州的家庭提供有线电视。它大量投资于卫星接收盒、电缆以及遥控设备，因此有高额的固定成本。这些固定成本是公司平均总成本的一部分。随着接收服务的家庭数量的增加，其平均总成本下降，这是因为固定成本在更大数量的家庭之间分摊。在未被管制的情况下，考克斯通信公司为家庭提供服务的数量恰好使得其利润最大化。像所有单一价格垄断企业一样，其利润最大化产量低于有效率的产量，而生产不足导致无谓损失。

如何管制考克斯通信公司从而使其提供有效率的有线电视服务数量？答案是通过管制使其定价等于其边际成本，这被称为**边际成本定价规则**（marginal cost pricing rule）。价格等于边际成本时的需求量就是有效率的产量——边际收益等于边际成本时的产量。

图 12－11 解释了边际成本定价规则。对有线电视的需求曲线为 D。考克斯通信公司的边际成本曲线为 MC。边际成本曲线（假设）处于每个家庭每月 10 美元的水平位置——这就意味着，为每个额外家庭提供一个月有线电视服务的成本为 10 美元。如果价格被管制在每个家庭每月 10 美元的水平，有效率的结果就产生了，800 万个家庭接收服务。

但这里有一个问题：因为平均总成本高于边际成本，一个遵循边际成本定价规则的企业必将遭受经济亏损。因此一个被要求使用边际成本定价规则的有线电视公司无法在行业中长期生存。如何能使一个公司在弥补其成本的同时又遵循边际成本定价规则呢？

一种可能是实行价格歧视，另一种可能是使用两部门定价（被称为两部收费）。例如，地方电话公司对为消费者连接电话系统收取月费，然后对每个地方通话收取等于边际成本（等于零）的价格。一个有线电视运营商可以为首次连接收取弥补其固定成本的费用，然后每月收取等于其边际成本的费用。

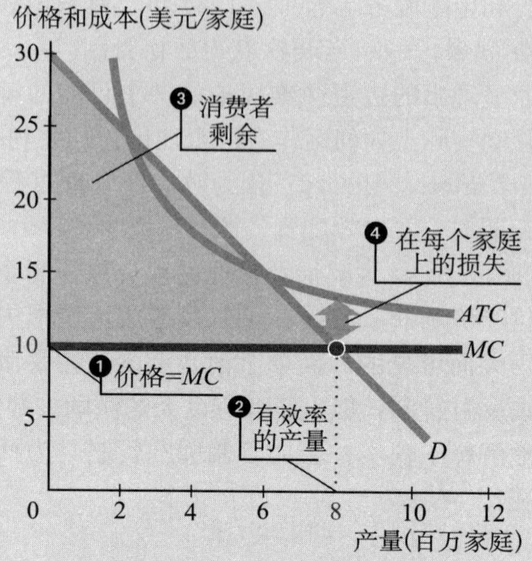

图 12-11 自然垄断：边际成本定价规则

有线电视的市场需求曲线为 D。一家有线电视运营商的边际成本（MC）是固定的一个常数，为每个家庭每月 10 美元。其固定成本很大，并且其平均总成本曲线为 ATC，其中包括了平均固定成本。

①定价等于边际成本，为 10 美元/月。②在这一价格下，得到服务的是有效率的数量（800 万个家庭）。③消费者剩余最大化，由图中的灰色三角形表示。④企业在每个得到服务的家庭上都遭受损失，损失由灰色箭头表示。

□ 自然垄断的次优管制

自然垄断并不能总是在被管制时就获得有效率的产出。两个有可能使一个受管制垄断者避免经济亏损的方法是：

- 平均成本定价规则
- 政府补贴

平均成本定价规则

平均成本定价规则（average cost pricing rule）将价格定在等于平均总成本的位置。在这个规则下，企业生产平均总成本曲线与需求曲线相交时的产量。这一规则使得企业获得零经济利润——收支相抵。但因为对自然垄断来说，平均总成本高于边际成本，产量少于有效率的产量，从而出现无谓损失。图 12-12 解释了平均成本定价规则，当价格为 15 美元/月时，有 600 万个家庭消费有线电视，白色三角形表示其无谓损失。

政府补贴

政府补贴是对企业经济亏损的等额直接支付。但是为了支付补贴，政府必须向其他经济活动征税来提高财政收入，而征税本身会造成无谓损失。

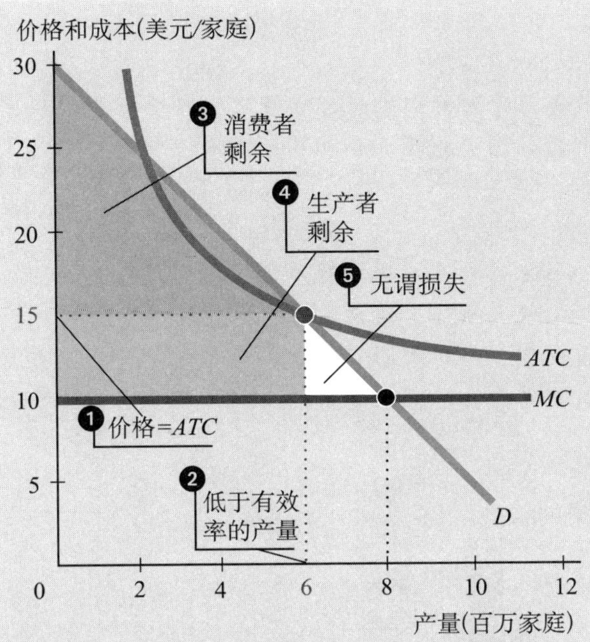

图 12-12 自然垄断：平均成本定价规则

①定价等于平均总成本，为 15 美元/月。

在这一价格下，②服务的产量（600 万个家庭）少于有效率的产量（800 万个家庭）。

③消费者剩余收缩为更小的浅灰色三角形。

④生产者剩余使得企业能够弥补其总固定成本，从而收支相抵。

⑤出现无谓损失，由白色三角形表示。

次优是……

哪一个选择更好呢？平均成本定价规则还是附带政府补贴的边际成本定价规则？答案取决于两种规则造成的无谓损失的相对大小。平均成本定价规则会在自然垄断市场造成无谓损失。而补贴会因为支付补贴而在被征税行业的市场造成无谓损失。无谓损失更小的规则就是管制自然垄断的次优方法。实际进行这项计算过于困难，而平均成本定价规则较政府补贴普遍更受欢迎。

∴关注微软　　微软的价格太高了吗?

微软的价格超过了其边际成本从而导致 Windows 操作系统和办公软件的副本份数比有效率的产量少，从这一点上看，微软的价格太高了。

利润最大化

下页图解释了微软如何为其产品定价从而使其利润最大化。对 Windows Vista 操作系统副本的需求曲线为 *D*，边际收益曲线为 *MR*，每增加制作一份 Vista 系统的副本的边际成本很低，在此我们假设为 0，即边际成本曲线为 *MC*。

通过生产边际收益等于边际成本时的数量，公司实现利润最大化。在该图中，这一数量是 400 万份 Vista 系统副本/月。价格是一份副本 300 美元，微软得到生产者剩余，由灰色矩形表示。

无效率

当价格和边际收益等于边际成本时，有效率的产量为 800 万份副本/月。因为实际产量小于有效率的产量，因而出现无谓损失，白色三角形表示了其大小。灰色三角形表示消费者剩余。

固定成本

一份 Windows Vista 操作系统副本的边际成本可能接近于零，但开发这一软件的固定成本是巨大的。微软必须至少赚取足够的收益来弥补这些固定成本。

赚取足够的收益以弥补公司的固定成本并不一定不可避免地导致无效率。一些具有零边际成本并具有市场力量去索取高价的公司的确选择在零价格的情况下向市场提供有效率的产出。

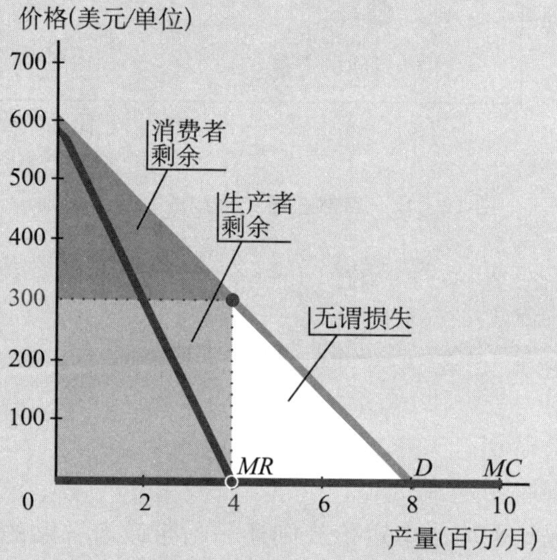

谷歌的解决方案

谷歌就是这样一个公司。它的互联网搜索引擎的价格为零，搜索数量是每次搜索的边际收益等于其零边际成本时的数量，因此，搜索数量就是有效率的数量。

谷歌通过销售不止弥补其固定成本的广告赚取收益，并且该收益是巨大的。

有效性

在谷歌上做广告比在电视上做广告或张贴广告都更加有效，因为它根据网民搜索的主题锁定潜在的产品购买者。

谷歌的解决方案实现了零边际成本情况下的互联网搜索活动有效率的产量。

谷歌的解决方案也有可能得到广告的有效率产量。如果谷歌能够在广告市场中实施完全价格歧视，那么它将会这样做。

执行平均成本定价法向管制者提出了一个挑战，因为管制者不可能确定一个企业的成本。因此管制者使用以下两个实际规则之一：

- 回报率管制
- 价格上限管制

回报率管制

在**回报率管制**（rate of return regulation）下，价格被设定在使得企业获得特定目标资本回报率的水平。这种管制最终是为企业的自我利益而不是社会利益服务的。企业的经理有激励通过在私人飞机、免费棒球门票（被掩饰成公关花费）以及休闲娱乐等项目上消费来增加成本。经理同样会有激励使用比有效数量更多的资本。资本回报率受到管制而不是资本总回报受到管制，因此，投入的资本数量越多，总体回报就越多。

价格上限管制

因为存在以上我们刚刚检验过的这些问题，回报率管制越来越多地被价格上限管制所代替。**价格上限管制**（price cap regulation）是一种价格上限——规定允许企业所能设定的最高价格。这种管制降低了价格并刺激企业最小化其成本，但这对生产数量有何影响呢？

回想在完全竞争市场，价格上限被设定在均衡价格以下，会减少产量从而造成短缺。相反，在自然垄断市场，价格上限会增加产量。原因是在价格管制下，企业可以出售任何它选定的达到需求量的数量。因此销售每个额外单位产品就会带来相同的额外收益：边际收益等于价格。因为管制价格高于边际成本，所以利润最大化产量就是在价格上限时的需求量。

图 12 - 13 显示了这一结果。在未受管制的情况下，一家有线电视运营商通过为 400 万

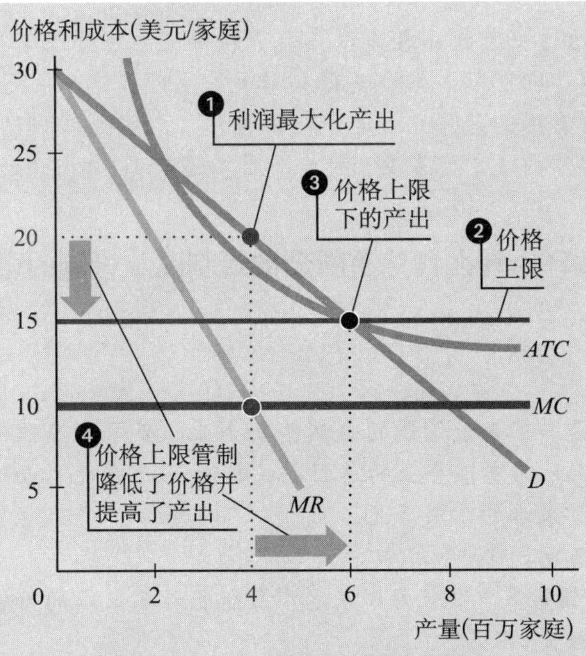

图 12 - 13 自然垄断：价格上限管制

①在没有管制的情况下，有线电视运营商以 20 美元/月的价格向 400 万个家庭提供服务。

②价格上限管制将最高价格设定为 15 美元/月。

③只有当向 600 万个家庭提供服务时，企业才能收支相抵。（当向低于或高于 600 万个家庭提供服务时，企业都会遭受经济亏损。）企业有激励将成本降至尽可能低的水平并提供在价格上限上的需求量。

④ 价格上限管制降低了价格并增加了产量。

个家庭提供价格为每月 20 美元的服务达到利润最大化。在价格上限被设定为每月 15 美元时，企业被允许选择销售与此价格或更低的价格相对应的任何数量。利润最大化产量增加至 600 万个家庭。向少于 600 万个家庭提供服务，企业会遭受亏损——平均总成本高于价格上限。只有沿着需求曲线降低价格才有可能向超过 600 万个家庭提供服务。再次，平均总成本高于价格，从而企业遭受亏损。

在图 12－13 中，价格上限传达了平均成本定价规则。在现实中，管制者可能将价格上限设得过高。为此，价格上限管制常常与**收入分享管制**（earnings sharing regulation）——一种当利润上升到超过目标水平时，就要求企业向消费者提供补偿的管制制度——联合实施。

∵关注你的生活　　你日常生活中的垄断

当比尔·盖茨在 1975 年决定从哈佛大学退学时，他意识到个人电脑需要一个操作系统和一些应用程序来与电脑硬件配合。他也知道任何人拥有这些软件版权就等于“拥有印制钞票的执照”，而他正想成为那个人。

在不到三十年的时间里，比尔·盖茨成为了世界首富。这就是垄断的力量。

你以及成千上万的其他个人电脑用户都愿意为 Windows 和微软办公软件支付垄断价格。当然，一套这些程序的副本的边际成本接近于零，因此销售量太少了，存在着巨大的无谓损失。

与没有 Windows 这一替代品相比，你会变得更好。但如果有很多 Windows 的替代品相互竞争以赢取你的注意，你会变得更好吗？要回答这个问题，考虑那些你需要用来使你的电脑变得有用的程序——电子制表程序、文字处理程序等。对许多操作系统而言，开发这些程序的成本为多少？你会有更多还是更少的选择？

检查站 12.5☞　解释为什么自然垄断会被管制以及管制的影响。

现实问题

长寿矿泉水公司是一家未受管制的自然垄断企业，公司生产独一无二的没有任何替代品的利于健康的产品。该垄断企业的总固定成本为 15 万美元，而边际成本为 10 美分/瓶。图 1 显示了长寿矿泉水的需求情况。

利用以上信息回答问题 1～3。

1. 该垄断企业将销售多少瓶长寿矿泉水？每瓶长寿矿泉水的价格是多少？该垄断企业的资源利用是否有效？

2. 假设政府实行边际成本定价规则，那么长寿矿泉水的价格、销售量以及垄断企业的经济利润将会是多少？

3. 假设政府实行平均成本定价规则，此时长寿矿泉水的价格、销售量以及垄断企业的经济利润又会是多少？

新闻摘要

墨西哥人抗议“终止国家石油垄断计划”

抗议者抗议墨西哥国家石油垄断向私人投资开放的计划。在墨西哥，政府制定石油价格，并对垄断利润征税。目前油价为 2.48 美元/加仑，而美国的平均价格为 3.37 美元/加仑。

资料来源：*USA Today*，April 13，2008.

描述墨西哥政府如何管制国内石油市场。

现实问题参考答案

1. 该垄断企业会每年生产 100 万瓶长寿矿泉水——边际收益等于边际成本时的数量。价格是 30 美分/瓶——其每年能销售 100 万瓶时的最高价格（图 2）。该垄断企业的资源利用是无效率的。如果资源利用有效率，企业会生产边际收益（价格）等于边际成本时的数量：200 万瓶/年。

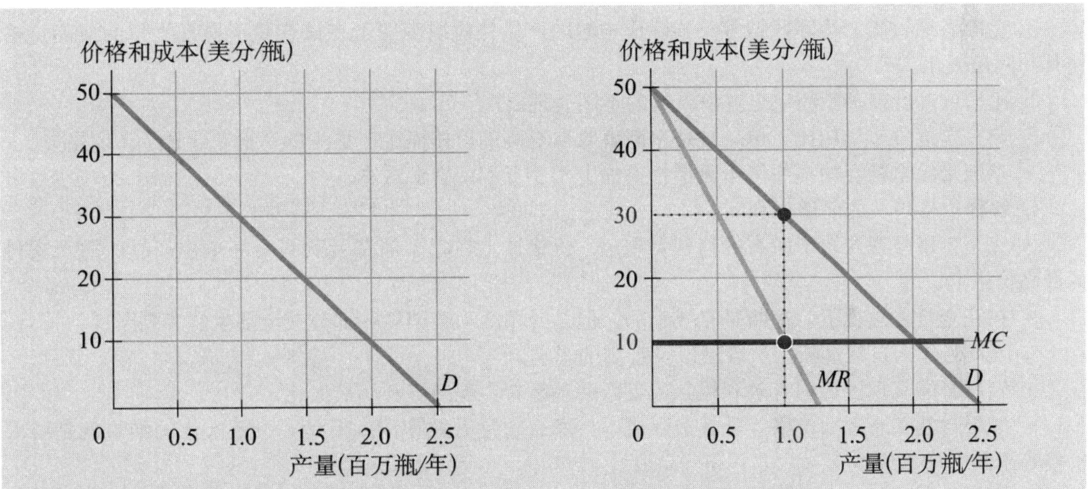

图 1　　图 2

2. 实行边际成本定价规则时，价格为 10 美分/瓶，垄断企业一年生产 200 瓶长寿矿泉水。该垄断企业每年会遭受等于其总固定成本 15 万美元的经济亏损。其需要政府的补贴才能维持经营。

3. 实行平均成本定价规则时，企业会生产价格等于平均总成本时的数量。平均总成本等于平均可变成本加上平均固定成本。平均可变成本等于边际成本且为 10 美分/瓶，平均固定成本等于 15 万美元除以生产数量。例如，当生产 100 万瓶时，平均固定成本为 15 美分/瓶，而当生产 150 万瓶时，平均固定成本为 10 美分/瓶。生产 150 万瓶的平均总成本为 20 美分/瓶，而这 150 万瓶可以以 20 美分/瓶的价格销售。因此，该垄断企业会生产 150 万瓶/年并刚好收支相抵。

新闻摘要参考答案

由于石油公司没有得到补贴，价格便不会被设定为等于边际成本（边际成本定价法）。因为石油公司无法收支相抵，所以价格不会被设定为等于平均总成本（平均成本定价法）。政府会实行价格上限管制并且公司要支付利润税。

本章总结

要点

1. 解释垄断是如何产生的并区分单一价格垄断和价格歧视垄断。

• 垄断是唯一的企业提供没有相似替代品的某种产品或服务的市场，该市场存在着自然的、所有权的和法律的进入壁垒。

• 当不存在转售的可能性时，垄断者就可以实行价格歧视。

• 当存在转售的可能性时，企业会采取单一价格策略。

2. 解释单一价格垄断者如何决定其产出与价格。

• 垄断者的产出需求就是市场需求，单一价格垄断者的边际收益低于价格。

• 垄断者通过生产边际收益等于边际成本时的产量并收取消费者在该产量下愿意支付的最高价格使其利润最大化。

3. 比较单一价格垄断和完全竞争市场的不同表现。

• 与完全竞争市场相比，单一价格垄断者收取更高的价格而生产更少的产量，导致了无谓损失。

• 垄断带给全社会的损失等于无谓损失加上用于寻租的资源成本。

4. 解释价格歧视如何增加利润。

• 完全价格歧视获取了所有的消费者剩余。价格被定在每个消费者购买每一单位产品所愿意支付的最高价格上。

• 在完全价格歧视下，垄断是有效率的，但是寻租活动会消耗一部分或全部生产者剩余。

5. 解释为什么自然垄断会被管制以及管制的影响。

• 管制可能实现资源的有效利用，或者帮助垄断者实现经济利润最大化。

• 如果自然垄断者的价格等于其边际成本，那么它是有效率的。但是，一个次优的结果就是要求价格等于其平均总成本。

• 将价格上限与收入分享管制联合起来实施是管制自然垄断的一个最有效和最现实的办法。

关键术语

平均成本定价规则	进入壁垒	俘获理论	放松管制
收入分享管制	法律垄断	边际成本定价规则	垄断
自然垄断	完全价格歧视	价格上限管制	价格歧视垄断
回报率管制	管制	寻租	单一价格垄断
社会利益理论			

本章检查站

学习计划中的问题与应用

1. 在什么条件下会产生垄断？在什么条件下一个垄断企业会实施价格歧视？

利用下列信息回答问题 2～4。

长寿矿泉水公司生产一种独一无二且广受好评的矿泉水。该企业的总固定成本是 5 000 美元/天，它的边际成本为零。表 1 显示的就是长寿矿泉水的需求表。

表 1

价格（美元/瓶）	产量（瓶/天）
10	0
8	2 000
6	4 000
4	6 000
2	8 000
0	10 000

2. 在图中画出长寿矿泉水公司的需求曲线和边际收益曲线，长寿矿泉水公司利润最大化时的价格、产量和经济利润分别是多少？

3. 比较长寿矿泉水公司利润最大化时的价格与生产利润最大化产出时的边际成本。在利润最大化价格上，长寿矿泉水的需求是缺乏弹性的还是有弹性的？

4. 假设有 1 000 家矿泉水公司，它们都能在零边际成本和零总固定成本处生产。比较该均衡价格和产量与长寿矿泉水公司的价格和产量。

5. 蓝玫瑰公司是唯一破解了种植蓝玫瑰秘密的花木公司。图 1 显示了对蓝玫瑰的需求及生产一枝蓝玫瑰的边际成本。蓝玫瑰公司的利润最大化产出是多少？收取的价格是多少？蓝玫瑰公司有效利用它的资源了吗？

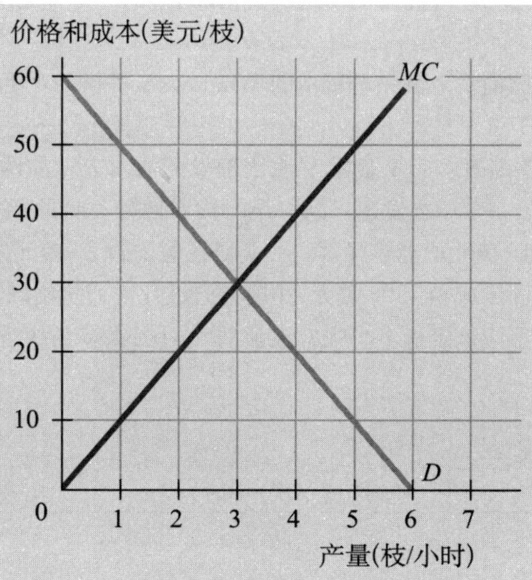

图 1

夏威夷有线电视公司是一家自然垄断企业。画出夏威夷有线电视公司的市场需求曲线和成本曲线，根据你的作图回答问题 6～9。

6. 如果夏威夷有线电视公司未受管制并追求利润最大化，在你所作的图中指出相应的价格、产量、经济利润、消费者剩余以及无谓损失。

7. 如果夏威夷有线电视公司未受管制并对第二和第三阶层的住户给予 50%的折扣，阐述它的经济利润、消费者剩余和无谓损失将如何变化。

8. 如果夏威夷有线电视公司因为社会利益而受到管制，在你所作的图中指出相应的价格、产量、经济利润、消费者剩余以及无谓损失。

9. 如果夏威夷有线电视公司受制于价格上限管制从而刚好收支相抵，在你所作的图中指出相应的价格、产量、经济利润、消费者剩余以及无谓损失。

利用下列信息回答问题 10 和 11。

联邦通信委员会计划开放有线电视市场

联邦通信委员会（Federal Communication Commission，FCC）将使独立节目编排者和视频租赁服务更为容易地进入有线频道。联邦通信委员会同时也会将每家有线电视公司的市场份额限制在 30%以下。

资料来源：*The New York Times*，November 10，2007.

10. 现有有线电视市场的进入壁垒是什么？是垄断势力造成的高额有线电视价格吗？

11. 作图阐述联邦通信委员会新的管制政策对价格、产量、消费者剩余、生产者剩余及无谓损失的影响。

□ 教师可布置的问题与应用

利用下列信息回答问题 1 和 2。

微软：我们在 Windows 7 的定价上不会欺诈欧洲

欧盟管制者已经对微软非法将 Internet Explorer（IE）绑定在 Windows 系统上提出控诉，并要求微软在 Windows 界面去除 IE 浏览器。有新闻报道称，当微软推出 Windows 7 时，它对去除 IE 的 Windows 7 版本的收费将高于包括 IE 在内的完整版本。微软否认这一报道并声明完整版本的 Windows 7 提供一个更为便宜的升级服务。

资料来源：computerworld. com.

1. 微软如何对 Windows 定价，它会出于对公司自我利益的考虑而对去除 IE 的版本制定不同的价格吗？

2. 为什么微软可能为欧洲消费者就完整版本的 Windows 7 提供一个更为便宜的升级服务？

利用下列信息回答问题 3 和 4。

波比理发店是一个自然垄断者。表 1 显示了波比理发的需求表（前两列）以及波比的边际成本表（中间列和第三列）。波比做了一个调查发现，她一小时内有四种类型的顾客——一类是愿意支付 18 美元的妇女，一类是愿意支付 16 美元的老年顾客，一类是愿意支付 14 美元的学生，还有一类是愿意支付 12 美元的男孩。假设波比的固定成本为 20 美元/小时并且波比实行价格歧视策略。

3. 波比对每种类型的顾客应该定价多少呢？波比每小时提供多少次理发服务？因价格歧视而增加的经济利润是多少？

表 1

价格（美元/次）	产量（次/小时）	边际成本（美元/小时）
20	0	—
18	1	1
16	2	4
14	3	8
12	4	12
10	5	18

4. 谁会从波比的价格歧视中受益？这种理发的数量是有效率的吗？

利用下列信息回答问题 5～10。

Big Top 是国内唯一的马戏团，表 2 列出了对马戏团门票的需求表以及马戏团表演的成本表。

表2

价格（美元/张）	产量（张/场）	总成本（美元/场）
20	0	1 000
18	100	1 600
16	200	2 200
14	300	2 800
12	400	3 400
10	500	4 000
8	600	4 600
6	700	5 200
4	800	5 800

5. 计算 Big Top 利润最大化时的价格、产量以及它对所有门票收取单一票价时的经济利润。

6. 当 Big Top 实现利润最大化时，消费者剩余和生产者剩余是多少？此时马戏团是有效率的吗？解释你的答案。

7. 在市场均衡价格处，没有10岁以下的孩子来看马戏表演，Big Top 为10岁以下的孩子提供50%的折扣。这一折扣会如何改变消费者剩余和生产者剩余？向儿童提供折扣会使 Big Top 更加有效率吗？

8. 如果 Big Top 被管制去生产有效率的产出，Big Top 会出售多少张门票？每张门票的价格是多少？消费者剩余会是多少？

9. 如果 Big Top 被管制去收取等于平均总成本的价格，Big Top 会出售的门票数量、每张门票的价格以及经济利润分别是多少？

10. 作图说明管制者设定价格上限使得 Big Top 刚好收支相抵时的马戏团市场状况，并在图中标出无谓损失。

□ 单项选择题

1. 一家企业会成为一家垄断企业，只要________。
   A. 它生产的产品价格比其竞争者更低
   B. 它生产的产品数量比其竞争者更多
   C. 政府颁发给该企业一个公共特许权或者专利权
   D. 它能以比其他企业更低的平均总成本来满足市场的需求

2. 一家垄断企业________。
   A. 能决定价格和产量并总是能够自由选择是否实施价格歧视
   B. 是一个价格承担者并通过一系列打折措施来实施价格歧视
   C. 生产一种不能被转售的产品并可能选择实施价格歧视
   D. 书店在周二提供折扣是实施价格歧视

3. 单一价格垄断者为了最大化其利润，会将产量定在________。
   A. 它的总收益会尽可能多之处
   B. 边际收益等于边际成本处并设定价格等于边际收益
   C. 边际收益等于边际成本处并设定价格等于边际成本
   D. 边际收益等于边际成本处并设定价格等于大多数人在这个产出水平上愿意支付的价格

4. 垄断企业设定它的价格以使得需求对产量________。
   A. 具有单位弹性
   B. 缺乏弹性

C. 有弹性

D. 有弹性或缺乏弹性，但不可能具有单位弹性

5. 单一价格垄断者是________。

A. 无效率的，因为它将消费者剩余转化为生产者剩余

B. 无效率的，因为它生产的太少了并造成了无谓损失

C. 有效率的，因为购买者支付了他们愿意支付的价格

D. 有效率的，因为它是唯一的生产者

6. 一家实施价格歧视的垄断企业________。

A. 对购买者有利，因为它以一系列不同的价格提供产品

B. 收益增加，因为它将消费者剩余转化为经济利润

C. 比完全竞争市场更有效率地使用资源

D. 能够使得购买者最大化他们的消费者剩余

7. 政府通过设定价格上限等于________来管制自然垄断者。

A. 边际收益并使得垄断者能获取最大化利润

B. 边际成本以至于垄断有效率并且垄断者获得零经济利润

C. 平均总成本，这使得垄断无效率但垄断者获得零经济利润

D. 购买者愿意支付的价格，这使得垄断经营有效率

第13章 垄断竞争和寡头

本章要点

学完本章，你将能够：

1. 解释垄断竞争企业如何决定其价格和产量。
2. 解释垄断竞争的销售成本为什么如此之高。
3. 解释寡头企业所面临的困境。
4. 利用博弈论解释在寡头中价格和产量是如何决定的。

13.1 什么是垄断竞争？

现实世界中的大部分市场介于我们在第11章所介绍的完全竞争和在第12章所介绍的垄断这两个极端之间。大多数企业多少拥有一些像垄断企业那样的定价能力。与完全竞争企业一样，它们也面临着新进入企业的竞争。我们将这样的企业所运行的市场称为垄断竞争。我们在这章中学习的另外一种市场结构寡头，同样也介于完全竞争和垄断之间。

垄断竞争是这样一种市场结构：

- 大量的企业相互竞争。
- 每家企业都生产有差异的产品。
- 企业在价格、产品质量以及营销方面进行竞争。
- 企业进退自由。

□ 大量企业

和完全竞争一样，垄断竞争行业由大量的企业组成。大量企业的存在对于该行业中的企业来说有三点含义。

市场份额小

每家企业的产量都只占市场供给的一小部分。因此，每家企业都可以决定自己产品的价格，但是它几乎没有能力影响平均市场价格。

无市场主导者

每家企业对产品的平均市场价格都必须非常敏感，但无须关注任何一家单个竞争对手。这是因为每家企业都相对较小，没有一家企业能够左右市场环境。因此，没有一家企业的行为能够直接影响到其他企业的行为。

合谋的不可能性

企业有时试图与其他企业一起达成非法协议——合谋——固定价格和互不减价来获取利润。但是，在垄断竞争这样的市场，由于存在着大量的企业，所以合谋是不可能的。

□ 产品差异

产品差异（product differentiation）就是使自己的产品与竞争对手的产品有所不同。某种有差异的产品有着相近的替代品，但是没有完全的替代品。一些人愿意为某种产品的一种变体支付更高的价格，因此，当该产品的价格上升时，其需求量将会下降但不会（必然）降至零。例如，阿迪达斯、爱世克斯、迪亚多纳（Diadora）、因托尼（Etonic）、斐乐、新百伦、耐克、彪马和锐步都制造有差别的跑鞋。保持其他条件不变，如果阿迪达斯跑鞋的价格提高了，而其他跑鞋的价格维持不变，那么，阿迪达斯跑鞋的销售量将会减少。

□ 质量、价格和营销的竞争

产品差异能够使一家企业与其他企业在三个领域内展开竞争：质量、价格和营销。

质量

某种产品的质量是其区别于其他企业产品的物质特征。质量包括产品设计、可靠性、提供给买者的服务水准以及消费者购买该产品的容易程度。质量可以从高到低进行排列。登录 jdpower. com 网站访问 J. D. Power 消费者中心，你将能够看到这家评级中介从很多方面对汽车、船只、金融服务、旅行及住宿服务、电信服务以及新住宅等进行质量评述——所有的产品样本都有不同层次的质量变体。

价格

由于产品差异性的存在，在垄断竞争中的某家企业面对着一条向下方倾斜的需求曲线。因此，该企业可以像垄断者那样确定自己的产品价格和产量。但是，在产品质量和价格之间存在着某种取舍，生产高质量产品的企业可以比生产低质量产品的企业对其产品索要更高的价格。

营销

由于产品差异性的存在，在垄断竞争中的某家企业必须对其产品进行营销。营销采用两种主要形式：广告和包装。生产高质量产品的企业想把其产品卖个合适的好价钱，为了做到这一点，企业必须对其产品进行广告宣传和包装，使消费者相信他们所购买的产品物有所值。例如，医药公司通过对其有自己商标的药品进行广告宣传及包装使消费者相信，这些药品优于那些价格较低的但没有商标的药品。类似地，生产低质量产品的企业也通过广告宣传和产品包装使消费者相信，尽管它们的产品质量低，但低廉的价格已远远弥补了这一缺陷。

□ 进入与退出

在垄断竞争中，不存在进入壁垒。因此，企业在长期将没有经济利润。当企业获得经济利润时，新企业将会进入该行业。新企业的进入会降低产品价格，并最终消除经济利润。当出现经济亏损时，有些企业将会离开该行业。部分企业的退出将会提高产品价格，增加利润，并最终消除经济亏损。在长期均衡中，企业既不进入也不退出该行业，企业将获得零经济利润。

□ 识别垄断竞争

为了识别垄断竞争，一方面要将其与完全竞争区别开来，另一方面要将其与寡头以及垄断区别开来，这必须考虑到一些因素。其中之一就是少数几家企业控制着某一市场的程度。为了衡量市场的这一特征，经济学家使用了测量集中度的两个指数。这些指数分别是：

- 四企业集中率
- 赫芬达尔-赫希曼指数

四企业集中率

四企业集中率（four-firm concentration ratio）是指某一行业中最大的四家企业的销售额在整个市场中所占的百分比。集中率的取值范围很广，在完全竞争市场几乎为 0，在垄断市场为 100%。区分垄断竞争和寡头的边界通常被认为为 40%左右。四企业集中率低于 40%的市场被认定为竞争性市场，即垄断竞争。

赫芬达尔-赫希曼指数

赫芬达尔-赫希曼指数（Herfindahl-Hirschman Index）——也称 HHI——是指一个市场中最大 50 家企业的市场份额的平方和（如果该市场的企业数少于 50 家，则把该市场中所有企业的市场份额的平方相加）。例如，假设一个市场有四家企业，每家企业的市场份额分别为 50%、25%、15%和 10%，则 HHI 为：

$$HHI=50^2+25^2+15^2+10^2=3\ 450$$

在完全竞争市场，HHI 很小。例如，如果一个行业中最大的 50 家企业的市场份额均为 0.1%，则 HHI 为：$0.1^2\times 50=0.5$。在垄断市场，HHI 则为 10 000——一家企业拥有 100%的市场份额：$100^2=10\ 000$。

在 20 世纪 80 年代，美国司法部使用 HHI 来界定市场，这一指数成为衡量竞争程度的普遍标准。HHI 小于 1 000 的市场被认为是竞争性的，可视为垄断竞争的一个实例。

HHI 在 1 000～1 800 之间的市场被认为是中度竞争性的，它可能属于垄断竞争的一个实例。但是，当一个市场的 HHI 超过 1 800 时，它就会被认为是非竞争性的了。

但是集中度高或 HHI 大的市场依然可能是竞争性的，因为如果一个市场容易进入，此市场中的少数企业将面临来自其他众多进入者的竞争，而且如果能获得利润，其他企业也愿意进入。

∵关注美国经济　　垄断竞争的例子

下图这十个行业都是垄断竞争的例子。这些行业中有许多家企业，行业名称后的括号内注明了该行业中的企业数。黑色条显示了行业中最大 4 家企业的收入占该行业总收入的百分比。深灰色条显示了次大 4 家企业的收入占该行业总收入的百分比。整个黑色、深灰色、浅灰色条显示了最大的 20 家企业的收入占该行业总收入的百分比。右侧的数字为赫芬达尔-赫希曼指数。

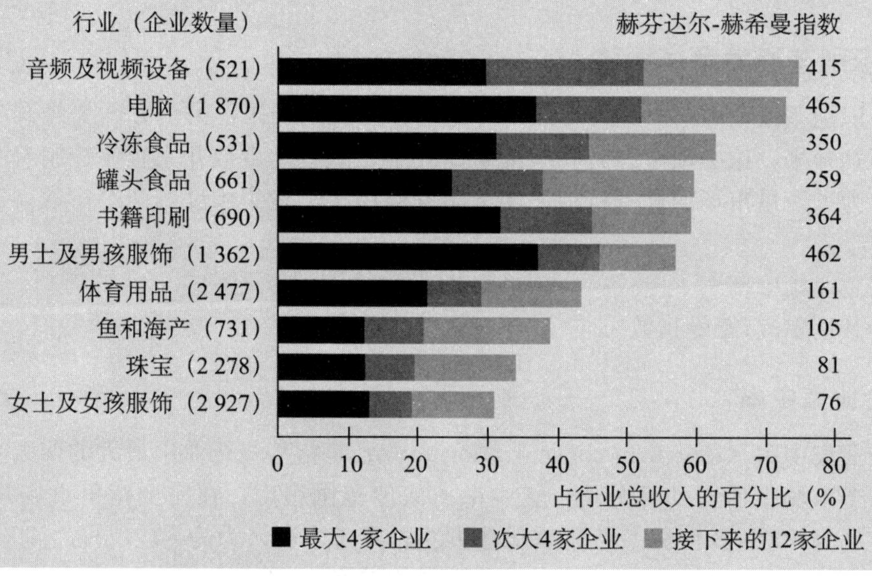

□ 垄断竞争中的产出和价格决策

考虑汤米·希尔菲杰公司必须为汤米牛仔裤做出决策。首先，企业必须决定牛仔裤的设计、质量以及营销计划。我们假定汤米·希尔菲杰已做出了这些决定，这样我们就可以将注意力集中到企业的产出和价格决策上了。但在下一节我们将研究企业的产品质量和营销决策。

给定牛仔裤的质量以及营销活动的数量，汤米·希尔菲杰就面临给定的成本及市场环境。给定其牛仔裤的成本及需求，汤米·希尔菲杰如何决定其牛仔裤的生产数量及销售价格呢？

□ 企业的利润最大化决策

垄断竞争企业的产出和价格决策与垄断企业一样。汤米·希尔菲杰通过生产使得边际收益等于边际成本的数量并收取消费者为这一数量所愿意支付的最高价格来实现利润最大化。

图 13－1 说明了汤米牛仔裤的这一决策。汤米牛仔裤的需求曲线为 *D*。*MR* 曲线是与需求曲线相对应的边际收益曲线。这条曲线的导出与你在第 12 章中所学习的单一价格垄断的边际收益曲线的导出类似。*ATC* 曲线表示生产汤米牛仔裤的平均总成本，*MC* 是边际成本曲线。通过每天生产 125 条牛仔裤并按 75 美元/条的价格出售使得利润最大化。当汤米·希尔菲杰每天生产 125 条牛仔裤时，每条牛仔裤的平均总成本是 25 美元。这时，汤米·希尔菲杰每天将获得 6 250 美元的经济利润（＝50 美元/条×125 条）。灰色的矩形区域表示汤米·希尔菲杰每天获得的经济利润。

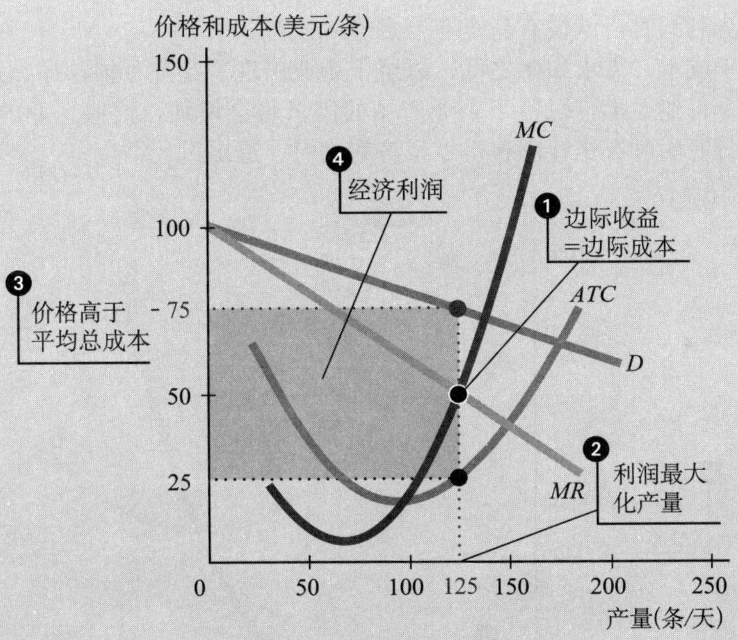

图 13－1　垄断竞争的产出与价格

①当边际收益等于边际成本时，利润最大。

②利润最大化的产量是每天生产 125 条汤米牛仔裤。

③利润最大化时，每条牛仔裤的价格是 75 美元，平均总成本是 25 美元，因此，对每条牛仔裤企业可赚取 50 美元的经济利润。

④灰色的矩形区域表示经济利润，即每天 6 250 美元（＝50 美元/条×125 条）。

至此，垄断竞争的企业看起来似乎像一个单一价格垄断者。它把产量定在边际收益等于边际成本之处，收取消费者愿意为这一产量所支付的价格。垄断与垄断竞争的主要区别在于当有经济利润或经济亏损时下面所要发生的情况。

□ 长期：零经济利润

在垄断竞争中没有进入的限制，所以假如一个行业中的企业获得了经济利润，其他企业将有某种激励进入该行业，从而每家企业的经济利润都下降。因此，在长期，企业会一直进入市场，直到每家企业都只获得零经济利润为止。

汤米·希尔菲杰赚取了经济利润，从而刺激盖璞公司和 CK 公司（Calvin Klein）开始制造与汤米牛仔裤相似的牛仔裤。随着它们进入牛仔裤市场，对汤米牛仔裤的需求下降。在每一个时点上，企业通过生产边际收益等于边际成本时的产量并收取消费者为这一产量所愿意支付的最高价格来使其利润最大化。但是随着需求的减少，边际收益减少，利润最大化的产量及价格下降。

图 13－2 说明了长期均衡。汤米牛仔裤的需求曲线及边际收益曲线向左移动。企业每天生产 75 条牛仔裤，每条牛仔裤卖 50 美元。在这一产出水平上，每条牛仔裤的平均总成本也是 50 美元。因此汤米·希尔菲杰只能获得零经济利润。当该行业中所有的企业都只获得零经济利润时，就没有新企业愿意进入该行业了。

如果相对于成本，需求如此之低，以至于企业出现了经济亏损，那么退出将会出现。随着企业从一个行业退出，对留下企业产品的需求将会增加，这些企业的需求曲线将向右移动。当该行业的所有企业都获得零经济利润时，退出过程结束。

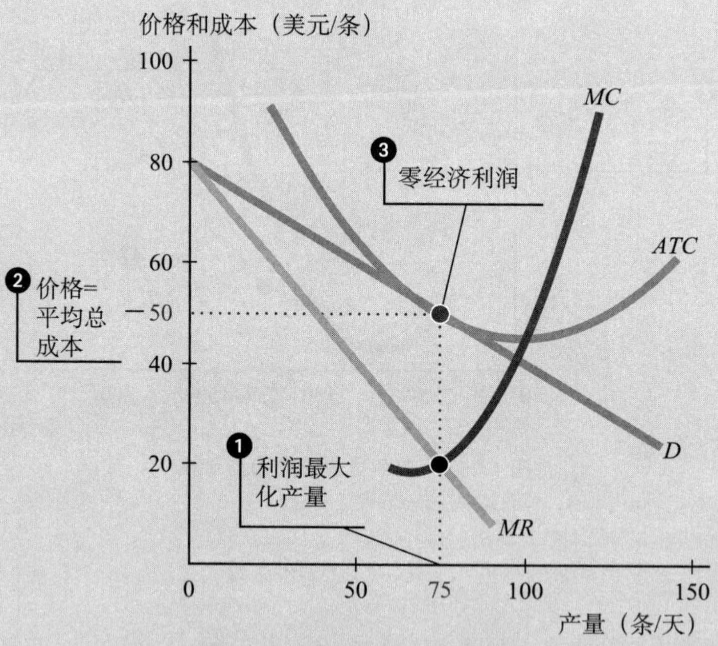

图 13－2　长期的产出与价格

经济利润鼓励进入，并降低对每家企业产品的需求。经济亏损鼓励退出，并增加对每家企业产品的需求。当需求曲线与平均总成本曲线在与边际收益等于边际成本相对应的产量处相切时，市场就达到了长期均衡。

①利润最大化的产量是每天生产 75 条汤米牛仔裤。

②每条牛仔裤的价格是 50 美元，等于平均总成本。

③经济利润为零。

□ 垄断竞争和完全竞争

效率要求消费者的边际收益等于生产者的边际成本。用价格来衡量边际收益，则效率要求价格等于边际成本。在垄断竞争中价格高于边际收益，而边际收益等于边际成本，因此，价格高于边际成本被看作是无效率的一个标志。

但这种无效率来源于产品差异——多样性——消费者衡量这种差异并选择他们所愿意购买的产品。这样一来，因边际收益大于边际成本而产生的损失必须与产品更加多样化所带来的收益相比较。当没有产品多样化且价格等于边际成本时，消费者境况却变得更好，这几乎是不可能的事。因此，从广义上的效率来讲，垄断竞争为消费者带来了收益的增加。

垄断竞争中的企业另一个有趣的特征是，在长期均衡中，它们总存在着过剩生产能力。

过剩生产能力

企业**有效率的规模**（efficient scale）是其平均总成本最小时的产量规模，这一产量在 U 形平均总成本（*ATC*）曲线的底端。当一家企业在低于其有效率的规模处进行生产时，就存在着**过剩生产能力**（excess capacity）。图 13－3 显示，在长期汤米·希尔菲杰每天生产 75 条牛仔裤，有 25 条的过剩生产能力。这意味着，汤米·希尔菲杰生产的产量规模小于其平均总成本最小时的产量规模。因为需求曲线是向下倾斜的，消费者所支付的价格高于最小平均总成本。需求曲线向下倾斜是因为存在产品差异。产品差异创造了过剩生产能力。

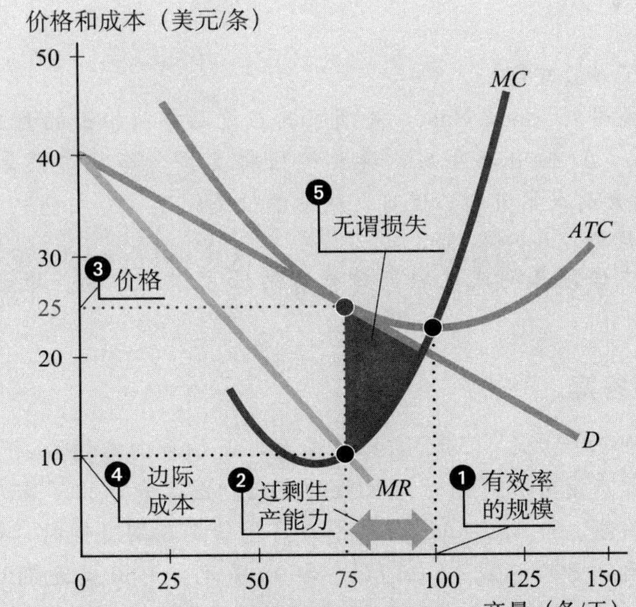

图 13－3　过剩生产能力

①有效率的规模（在最小平均总成本处）是每天生产 100 条牛仔裤。在垄断竞争的长期，企业每天生产 75 条牛仔裤，企业有②25 条的过剩生产能力。③消费者支付的价格超过了④边际成本，并且出现了⑤无谓损失。

检查站 13.1 解释垄断竞争企业如何决定其价格和产量。

现实问题

纳蒂是一位网络企业家，她建立了一家网站，在该网站顾客可以设计并购买一副超酷的太阳镜。纳蒂每月要交纳 4 000 美元的网络服务器和互联网连接费。她的顾客所设计的太阳镜由另外一家企业定制，并且纳蒂就每副眼镜向这家企业支付 50 美元。此外，纳蒂没有其他成本。表 1 显示了对纳蒂太阳镜的需求表。

价格（美元/副）	产量（副/月）
250	0
200	50
150	100
100	150
50	200
0	250

1. 计算纳蒂利润最大化时的产量、价格及经济利润。
2. 你认为其他企业会进入网络太阳镜行业并与纳蒂进行竞争吗？
3. 在长期，对纳蒂太阳镜的需求会有何变化？在长期，纳蒂所获得的经济利润会有何变化？

新闻摘要

康泰纳仕关闭了《公文包》

康泰纳仕出版公司（Condé Nast）关闭了其在近两年前推出的月刊型商业杂志《公文包》（*Portfolio*）。在 2008 年年底，康泰纳仕将其薪金和广告预算平均削减了 5%。《公文包》被这一最大削减案重创。近日，康泰纳仕关闭了《公文包》。

资料来源：*The Wall Street Journal*, April 28，2009.

试解释薪金及广告预算削减在短期对康泰纳仕亏损的影响。康泰纳仕为什么关闭《公文包》？

现实问题参考答案

1. 每副太阳镜的边际成本（*MC*）为 50 美元，是纳蒂向其供应商支付的价格。为得到边际收益，要计算产量增加一副时总收益的变化。图 1 表示出了需求曲线、边际收益曲线以及边际成本曲线。当 *MC*=*MR*，纳蒂每月销售 100 副眼镜时，利润达到最大。这时，价格为 150 美元，平均总成本（*ATC*）为 90 美元——50 美元的边际成本（平均可变成本）加上 40 美元的平均固定成本。经济利润是每副眼镜 60 美元，每月生产 100 副眼镜，因此总经济利润为每月 6 000 美元。

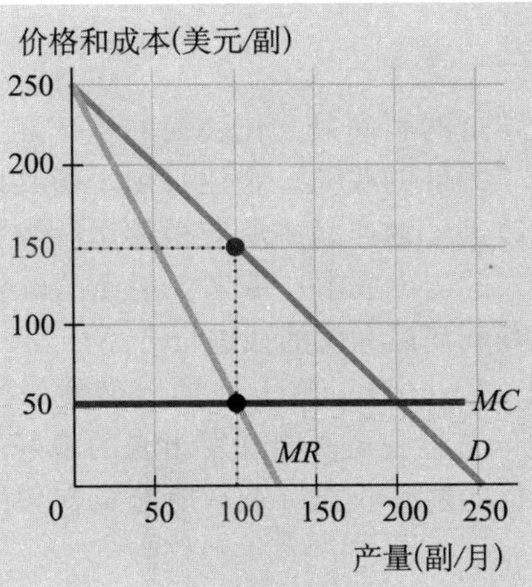

图 1

2. 因为纳蒂有经济利润，其他企业倾向于进入该行业并与纳蒂进行竞争。

3. 因为其他企业的进入，对纳蒂太阳镜的需求将会下降，价格也会下降。纳蒂的经济利润减少。在长期，纳蒂只能获得零经济利润。

新闻摘要参考答案

薪金和广告预算是可变成本，因此削减这些成本会使 *ATC* 和 *MC* 曲线向下移动。在杂志的价格不变的情况下，康泰纳仕的经济亏损减少。康泰纳仕关闭杂志《公文包》是因为《公文包》的亏损超过了它的总固定成本，而且企业预计这一亏损在来年还将继续。

13.2　产品开发和营销

在学习某家企业的产出和价格决策时，我们假定该企业已经决定了其产品质量和营销决策。我们现在来学习企业的这些决策并研究它们对企业的产出、价格及经济利润的影响。

□ 创新和产品开发

为享有经济利润，垄断竞争企业必须不断地开发新产品。原因在于一旦存在经济利润，其他人将会效仿并创建自己的企业。所以一家企业要维持其经济利润，就必须开发新产品并以此来获得竞争优势，即使这种优势是暂时性的。一家企业推出一种新的、有差异的产品时，将会暂时面临一条缺乏弹性的需求曲线并能够暂时提高其产品价格。这时它会获得经济利润。最终，生产这种新产品的相近替代品的企业将会进入并攫取这家企业通过创新所获得的经济利润。所以为重新获得经济利润，这家企业必须再进行创新。

产品创新的成本及收益

创新的决策建立在你已学过的利润最大化决策的基础之上。创新及产品开发是花费高的活动，但是它们也带来了额外的收益。企业必须平衡其边际成本及边际收益。在产品开发的低级阶段，从一种改进了的产品中所获得的边际收益大于边际成本。当产品开发所花费的1美元（产品开发的边际成本）带来1美元的额外收益（产品开发的边际收益）时，企业正是花费了使其利润最大化的钱进行产品开发。

例如，当美国艺电公司（Electronic Arts）推出最新版的《疯狂橄榄球》（*Madden NFL*）时，它可能并不是美国艺电公司所能开发出来的最好的游戏，但它却是一个具备这样特征的游戏——这些特征的边际收益（顾客所愿意支付的价钱）等于这些特征的边际成本。

效率与产品创新

产品创新是有效率的活动吗？它会给消费者带来好处吗？对这些问题的回答有两种不同的观点。一种观点认为，垄断竞争给市场带来了许多改进的产品，它们给消费者带来了巨大的利益。服装、厨具及家庭用具、电脑、电脑程序、汽车以及其他的许多产品每年都在改进，消费者从这些改进的产品中受益。

但是，许多所谓的改进只不过是改变一下产品的外观或变换一下包装。在这些情况下，消费者得不到什么实在的收益。

但是无论一种产品的改进是真实的还是想象的，它对消费者的价值都是其边际收益，并且与消费者所愿意支付的价钱相等。换句话说，产品改进的价值是消费者所愿意支付价格的提高额。对生产者来说，边际收益就是边际收入，在均衡时它等于边际成本。因为垄断竞争的价格高于边际成本，所以产品改进没有达到有效率的水平。

□ 营销

企业通过产品设计及利用产品特征使自己的产品与其他企业的产品区别开来。但是即使在企业的产品与其他企业的产品实际差异很小时，它们还是试图让消费者感觉到产品差异。广告和包装是企业实现这一目标的主要手段。美国运通卡（American Express card）与维萨卡（Visa card）不同，但它们的实际差别并不是美国运通卡在其营销中所强调的主要差别。深层次的信息是，如果你使用运通卡，你就像名人或其他备受瞩目的成功人士一样了。

营销支出

垄断竞争企业花费大量的成本使消费者重视并高度评价它们的产品与其他竞争对手产品的差别。因此，我们所支付的价格中有很大一部分是用来补偿产品的销售成本的，并且这一比重在上升。在报纸、杂志、电台、电视台、互联网上做广告是主要的销售成本，但这并不是唯一的销售成本。销售成本还包括花在像电影背景一样的购物商场中的成本、印刷精美的产品目录及宣传册的成本以及销售人员的薪水、机票和旅馆账单等。

广告费用的总规模很难估计，但是有些部分是可以衡量的。一家商业机构所做的一项调查表明，烈性酒的广告费用约占其价格的 15%，电影和医师的广告费用占其价格的 12%，而啤酒的广告费用约占其价格的 10%。

❖关注手机市场　　选择哪款手机？

手机有很多产品差异：诺基亚（Nokia）有 143 种型号，三星（Samsung）有 103 种，而索尼爱立信（Sony Ericsson）有 100 种。在 2011 年 4—6 月这三个月间，市场上顶级的 20 家公司总共宣布推出了几百种新款手机。为什么手机有这么多种类呢？

答案是消费者的偏好是各种各样的且匹配各种不同偏好的成本很低。

考虑手机实现差异化的手段：它们中的一小部分包括体积、重量、导航工具、可通话时间、待机时间、屏幕、摄像头功能、音频功能、内存、连通性、处理器速度、存储器以及上网功能。

这些特征中的每一种都有几十个不同的类型。如果我们组合 10 种特征，每种特征只有 6 个类型，就有 100 万种不同可能的手机设计。

企业只生产那些边际成本低于边际收益的手机类型。有些手机类型的边际成本不高。加入摄像头功能、扩大内存容量以及使用更加经济的电池都是成本相对较低的调整，手机设计者都能做到。

有一个增加不同类型的新方法可以在几乎零成本的情况下实现产品差异，从而使每款手机都是独一无二的，得以满足每个个体的偏好。这一方法就是手机应用软件。

苹果公司只有两款 iPhone，但由于其大量并一直处于增长之中的应用软件，每个 iPhone 用户都能选择他们想要的应用软件载入他们的手机中。

在长期均衡中，每个竞争者的进入及创新都会使得经济利润趋向于零。每个手机制造商都会提供一定程度的产品差异使得其边际成本等于边际收益。但是对经济利润的追求会刺激更多的创新，因而消费者会面临更大范围的选择。

在整个美国经济中，约有 20 000 家广告机构，其从业人员在 200 000 人以上，并有 450 亿美元的销售收入。但是这些数字仅是广告总成本的一部分。因为许多企业拥有自己内部的广告部门，对这部分成本我们只能猜测。

广告支出及其他的销售成本从两个方面影响企业的利润。它们增加了成本，也改变了需求。现在让我们来看看这些影响。

销售成本和总成本

广告支出之类的销售成本使垄断竞争企业的成本增加到了高于完全竞争企业和垄断企业的成本。广告成本和其他销售成本是固定成本，它们并不随总产量的变动而变动。因此，正如固定生产成本一样，每单位的广告成本随着产量的增加而下降。

图 13－4 说明了销售成本和广告支出如何改变企业的平均总成本。浅灰色曲线表示生产的平均总成本，深灰色曲线表示企业生产的平均总成本加广告成本，这两条曲线之

间阴影区域的高度表示广告的平均固定成本。广告总成本是固定的，但是广告的平均成本随着产量的增加而下降。

图 13-4 还说明，如果广告使销售量增加得足够多，它就可以降低平均总成本。例如，如果牛仔裤的日销售量从没有广告时的 25 条上升到有广告时的 100 条，每条牛仔裤的平均总成本将从 60 美元下降到 40 美元。原因在于，虽然总固定成本增加了，但更多的固定成本被分摊到更大的产量中，因此，平均总成本降低了。

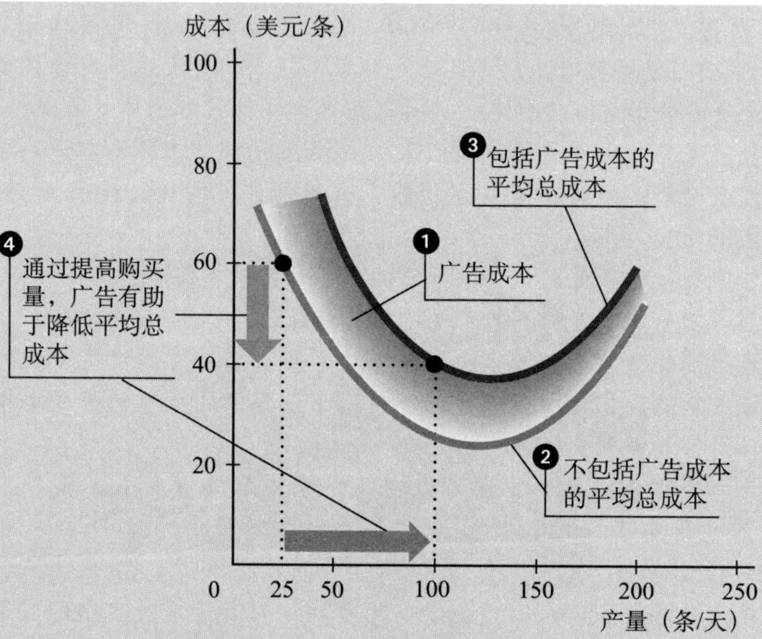

图 13-4 销售成本和总成本

广告成本之类的销售成本是固定成本。

①当广告成本被加到②生产的平均总成本上时，③平均总成本的增加量在产量小时比产量大时要大。

④如果广告能够使牛仔裤的销售量从 25 条/天增加到 100 条/天，那么这就会使每条牛仔裤的平均总成本从 60 美元下降到 40 美元。

∵关注你的生活　你得付的销售成本

当你购买一双新跑鞋时，你是在购买成本为 9 美元的原材料、支付给亚洲的生产商和运输公司 8 美元的生产和运输成本、支付给美国政府 3 美元的进口关税以及支付给广告商、零售商和其他提供销售及分发服务的工作人员 50 美元的服务费用（见下页图）。

下页表对这些成本提供了一个较详细的分析。注意零售商的成本与你所支付的价格之间的巨大差距。零售商的利润几乎是 100%。

跑鞋并不是一个特例。几乎你买的每一件东西都包含销售成本这一组成部分，并且超过总成本的一半。你的衣服、食物、电子产品、DVD、杂志甚至你的教材，为了销售它们所花费的成本都比生产它们所花费的成本多。

生产商（亚洲）		耐克（比弗顿，俄勒冈州）		零售商（你的城镇）	
材料	$9.00				
劳动力成本	$2.75	鞋子到耐克公司手中所花的成本	$20.00	鞋子到零售商手中所花的成本	$35.50
资本成本	$3.00	销售、分发及管理	$5.00	销售人员的工资	$9.50
利润	$1.75	广告	$4.00	店铺租金	$9.00
运输	$0.50	研究与开发	$0.25	零售商的其他成本	$7.00
进口关税	$3.00	耐克的利润	$6.25	零售商的利润	$9.00
耐克的成本	$20.00	零售商的成本	$35.50	你所支付的价格	$70.00

销售成本和需求

广告和其他销售努力改变了对某家企业产品的需求。但如何改变呢？需求增加了还是减少了？最常见的回答是，广告增加了需求。通过向消费者宣传自己的产品质量信息，或通过劝说把其他企业的顾客拉到自己这边来，企业就能期望增加对自己产品的需求。

但是，垄断竞争的所有企业都做广告。而且，所有广告都努力说服顾客自己的买卖最划算。假如广告能使某家企业生存，市场中的企业数量就可能增加。而且，它在增加企业数量的同时，又会降低对任何一家企业产品的需求。

效率：底线

在垄断竞争的效率问题上底线是模糊的。在有些情况下，从产品多样性中所得到的好处毫无疑问抵消了销售成本和过剩生产能力所产生的额外成本。种类繁多的图书、杂志、服装、食品和饮料就是此类好处的例子。从能买到与普通药品化学成分相同的名牌药品中得到的好处并不容易看出来，但是许多人还是愿意花更多的钱去买名牌药品。

检查站 13.2☞ 解释垄断竞争的销售成本为什么如此之高。

现实问题

比安卡烤制美味饼干，她的总固定成本是每天 40 美元，她的平均可变成本是每袋饼干1美元。很少有人知道比安卡的饼干，她每天售出10袋饼干，每袋饼干售价为5美元，此时利润达到最大化。比安卡认为如果她每天花50美元做广告，在每袋售价还是5美元时她每天将卖出25袋饼干。

1. 假如比安卡对广告效果的看法是正确的，通过做广告，比安卡可以增加她的经济利润吗？

2. 假如她做广告，在其产量处平均总成本是上升还是下降？

3. 假如她做广告，每袋饼干她仍卖5美元、提高价格还是降低价格？

新闻摘要

普雷克斯（Purex）推陈出新，扭转艰难的市场环境

美国人在洗衣服的时候喜欢倒入各种洗衣剂，对此Dial公司正计划推出一种“3合1”洗衣剂，其中包含清洁剂、织物柔软剂和抗静电剂。只有约50%的消费者目前使用柔软剂和抗静电剂（洗衣添加剂）。Dial公司希望花费5 000万美元为新的洗衣剂做营销。

资料来源：*The Wall Street Journal*，April 28，2009.

为什么在存在这么多种洗衣剂的情况下还要推出一种新的洗衣剂？你会在营销活动中着重强调什么？

现实问题参考答案

1. 在没有广告时，比安卡的总收入为50美元（=10袋×5美元/袋），她的总成本也是50美元（40美元的总固定成本以及10美元的总可变成本）。因此，她的经济利润为零。当每天花费50美元做广告时，比安卡的总收入为125美元（=25袋×5美元/袋），总成本为115美元（总固定成本现在变为90美元，总可变成本现在变为25美元）。在价格不变的情况下，她的经济利润为10美元。所以比安卡可以通过广告增加其经济利润。

2. 如果比安卡做广告，她的平均总成本会下降。不做广告时，她的平均总成本是每袋5美元（=50美元÷10）。做广告后，她的平均总成本变为每袋4.60美元（=115美元÷25）。

3. 我们无法断定她是否继续维持其每袋饼干5美元的价格，广告改变了对其饼干的需求。尽管广告增加了固定成本，但它不会改变边际成本，边际成本仍为每袋饼干1美元。她将按她所能卖到的最高价格来决定其利润最大化的产量（边际收益与边际成本相等时的产量）。

新闻摘要参考答案

当某种产品研发的边际收益大于研发的边际成本时，这种新的产品就会被研发出来并被推向市场。因为许多消费者似乎发现使用独立的洗衣添加剂不方便，因此营销活动应当锁定这些人群并且着重强调这种方便的特性。

13.3 寡头

另一种介于完全竞争和垄断之间的市场类型叫做寡头（oligopoly）。寡头所处市场结构如下：

- 少数企业竞争
- 自然的或法律的壁垒阻止新企业的进入

寡头是由少数企业组成的市场。每家企业都拥有巨大的市场份额，企业之间相互依存，并且它们面临着合谋的诱惑。在任何市场中，价格都由总供给决定。在垄断市场中，一家企业控制总供给量，因此企业也控制价格。在完全竞争市场中，没有任何一家企业大到足以影响总供给量，因此没有一家企业能够影响价格。寡头，区别于这两种情况，是由两家及以上的企业共同控制着总供给量，因此没有一家企业能够控制价格。但是其中每家企业都很大，每家企业生产的数量都能够影响价格。

和垄断一样，寡头企业在进入壁垒的背后运行。同样，企业进入壁垒可以是由自然原因引起的，也可以是由法律原因引起的。自然寡头是指市场中存在规模经济，但是少数几家企业能够以尽可能低的成本生产来满足市场需求。一家企业无法像少数几家企业一样，以尽可能低的价格来满足整个市场的需求；但是当规模经济足够大时，多于几家企业（即较多的企业）便无法生存，只可获得零利润。

当法律的进入壁垒保护市场中的少数企业时，法律寡头就出现了。比如，某一城市只给两家出租车企业或两家公共汽车公司发放许可证。

寡头企业可以生产同质产品，也可以生产有差异化的产品。

寡头企业存在的问题是企业追求自身利益最大化的行为可能会减少其他竞争者的利润。但是如果每一家企业的行为都会减少其他企业的利润，最终所有企业都将获得更低的利润。

□ 合谋

一种避免出现不利于自己的结果的可能出路就是寡头企业组成卡特尔。**卡特尔**（cartel）是共同行动——合谋——以限制产量、提高价格、增加经济利润的一群企业。卡特尔在美国（以及大部分其他国家）是非法的，不能公开组成卡特尔。寡头企业更愿意相互之间达成协议，确定一个价格水平使得共同利润最大化。

通常合谋最终会瓦解。要想明白为什么，以及了解寡头市场中价格和产出是如何决定的，我们要学习一种特殊的情形，即双寡。**双寡**（duopoly）是一个市场中只有两个生产者。你可以在你生活的地方发现一些双寡的例子。许多城市只有两家地方报纸、两家出租车公司、两家复印中心，或者两家大学书店。在全球经济中，只有两家大型的商用飞机生产商——美国的波音和欧洲的空中客车。

尽管双寡很常见，但是学习双寡的主要目的并不是它的现实性。我们学习双寡是因为它抓住了寡头的本质特征，并且最有效地揭示了企业之间的相互依存。此外，如果双寡都难以合谋的话，那么对于寡头中的三家及三家以上的企业来说，合谋将更难。

□ 飞机行业中的双寡

空中客车和波音是仅有的两个大型的商用飞机生产商。假设它们的生产成本完全相同。为了使问题简单化，我们假定飞机的边际成本为 100 万美元，总的固定成本为零。图 13－5 显示了飞机市场中空中客车和波音的市场份额。

竞争性结果

如果这个行业是完全竞争的，那么边际成本曲线就是行业的供给曲线。均衡点就是行业供给曲线与需求曲线的交点——每周生产 12 架飞机，每架飞机卖 100 万美元。总成本为 1 200 万美元，总收入也是 1 200 万美元，因此，经济利润为零——在完全竞争市场中达到长期均衡。

垄断结果

如果这个行业只有一家企业，那么这家企业将成为单一价格垄断者，因为飞机可以再出售。它的边际收益曲线就是图 13－5 中所示的那条曲线。垄断者将每周生产 6 架飞机，每架飞机的出售价格为 1 300 万美元。总成本是 600 万美元，而总收益是 7 800 万美元，所以经济利润是每周 7 200 万美元。

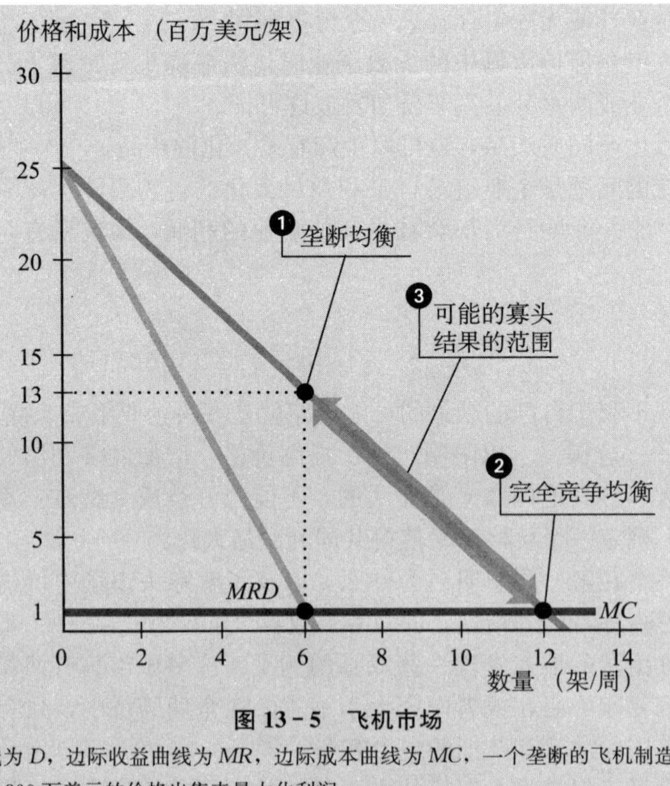

图 13－5　飞机市场

①市场需求曲线为 D，边际收益曲线为 MR，边际成本曲线为 MC，一个垄断的飞机制造商通过每周生产 6 架飞机并以每架飞机 1 300 万美元的价格出售来最大化利润。

②在飞机制造商之间完全竞争的情况下，市场均衡数量是每周 12 架飞机，均衡价格是每架飞机 100 万美元。

③卡特尔也许获得了垄断均衡，然后瓦解，最后实现完全竞争均衡，或者在这两种极端结果之间运作。

可能的寡头结果的范围

因为寡头是介于完全竞争和垄断之间的一种市场结构，因此，寡头结果将在得出的这些极端结果的范围内。如果空中客车和波音一直降低价格来增加生产量和销售量，它们将使价格一直降至完全竞争价格水平，经济利润为零。相反，如果两家企业合谋并设定垄断价格，它们最终将分享可以获得的最大垄断利润。

□ 双寡困境

前面已提到，如果这个行业只有一家企业，那么企业将每周生产 6 架飞机，每架飞机的价格为 1 300 万美元。经济利润为每周 7 200 万美元。如果有两家企业的行业也能得到相同的结果，那么空中客车和波音将每周各自生产 3 架飞机，每周分别获得经济利润 3 600万美元（见表 13－1）。

表 13－1 垄断结果

	波音	空中客车	市场总量
数量（架/周）	3	3	6
价格（百万美元/架）	13	13	13
总收益（百万美元）	39	39	78
总成本（百万美元）	3	3	6
经济利润（百万美元）	36	36	72

因为这个结果能使垄断利润最大化，我们知道这是对两家企业来说最好的结果。也就是说，它们的共同利润不会比垄断中得到的每周 7 200 万美元还高。

但是其中一家企业能以其他企业为代价，获得比每周 3 600 万美元更高的利润吗？要回答这个问题，我们需要了解如果一家企业增加产量即每周增加一架飞机，会发生什么情况。因为这两家企业在这个例子中是完全一样的，所以我们可以这样探讨这个问题：不管是波音还是空中客车，其中一家每周增加一架飞机，而另一家保持产量在每周 3 架不变。我们假定波音增加产量至每周 4 架飞机，而空中客车起初仍然每周生产 3 架飞机。

波音增加产量至每周 4 架飞机

表 13－2 显示了波音每周生产 4 架飞机，空中客车每周生产 3 架飞机的情形。为了使每周销售 7 架飞机，价格必须下降。图 13－5 中的市场需求曲线告诉我们当每架飞机的价格为 1 100 万美元时，需求量是每周 7 架飞机。

表 13－2 波音增加产量至每周 4 架飞机

	波音	空中客车	市场总量
数量（架/周）	4	3	7
价格（百万美元/架）	11	11	11
总收益（百万美元）	44	33	77
总成本（百万美元）	4	3	7
经济利润（百万美元）	40	30	70

现在市场总收益是 7 700 万美元，总成本是 700 万美元，经济利润下降到 7 000 万美元。但现在经济利润的分配是不平等的。波音受益，空中客车受损。

波音获得的总收益是每周 4 400 万美元，总成本是 400 万美元，获得经济利润 4 000 万美元。空中客车每周的总收益是 3 300 万美元，总成本是 300 万美元，获得经济利润 3 000万美元。

所以通过每周多生产 1 架飞机，波音可以增加 400 万美元的经济利润，并且使空中客车的经济利润减少 600 万美元。

这种情形对波音将会更有利。但是空中客车会一直这样吗？空中客车保持每周生产 3 架飞机符合它的利益吗？

为了回答这个问题，我们需要比较空中客车保持每周 3 架产量的经济利润和每周生产 4 架的经济利润。如果空中客车每周生产 4 架飞机，波音也每周生产 4 架，空中客车将获得多少经济利润？

空中客车增加产量至每周 4 架飞机

两家企业每周都生产 4 架飞机，总产量是每周 8 架。为了每周售出 8 架飞机，价格必须进一步下降。图 13－5 的市场需求曲线告诉我们，当价格为 900 万美元时，需求量是每周 8 架飞机。

表 13－3 反映了相关数据。现在市场总收益是 7 200 万美元，总成本是 800 万美元，经济利润下降为 6 400 万美元。两家企业生产相同的产量时，经济利润的分配是平等的。

每家企业的总收益都是每周 3 600 万美元，成本是 400 万美元，经济利润是 3 200 万美元。对空中客车来说，这个结果与之前相比，每周增加了 200 万美元的利润。而对波音来说，这个结果比之前减少了 800 万美元的利润。

表 13－3　空中客车增加产量至每周 4 架飞机

	波音	空中客车	市场总量
数量（架/周）	4	4	8
价格（百万美元/架）	9	9	9
总收益（百万美元）	36	36	72
总成本（百万美元）	4	4	8
经济利润（百万美元）	32	32	64

这个结果对空中客车更好，但波音会接受吗？我们知道，如果波音减少产量至每周 3 架飞机，它会更糟糕，因为它将得到空中客车在表 13－2 中的结果——每周的经济利润只有 3 000 万美元。但是如果波音增加产量至每周 5 架飞机，它的境况会改善吗？

波音增加产量至每周 5 架飞机

要回答刚提出的问题，我们需要计算波音的经济利润，假设空中客车保持每周 4 架飞机的产量，而波音增加产量至每周 5 架飞机。

表 13－4 反映了相关数据。现在总产量是每周 9 架飞机。为了售出这个数量，价格必须降到每架飞机 700 万美元。市场总收益是 6 300 万美元，总成本是 900 万美元，因此两家企业的经济利润是 5 400 万美元。经济利润的分配再次不平等。但现在两家企业都将蒙受损失。

表 13-4　波音增加产量至每周 5 架飞机

	波音	空中客车	市场总量
数量（架/周）	5	4	9
价格（百万美元/架）	7	7	7
总收益（百万美元）	35	28	63
总成本（百万美元）	5	4	9
经济利润（百万美元）	30	24	54

现在波音每周获得的总收益是 3 500 万美元，总成本是 500 万美元，获得的经济利润为 3 000 万美元——与它保持 4 架飞机的产量（见表 13-3）相比，利润少了 200 万美元。空中客车每周的总收益是 2 800 万美元，总成本是 400 万美元，获得的经济利润为 2 400万美元——比之前少了 800 万美元。

因此增加产量至每周超过 4 架飞机时两家企业都不能获利。这就存在困境。如果两家企业坚持垄断生产，它们都每周生产 3 架飞机，获得 3 600 万美元的总收益。如果它们都增加产量至每周生产 4 架飞机，它们都将获得 3 200 万美元的总收益。如果只有一家企业增加产量至每周生产 4 架飞机，那么这家企业将获得 4 000 万美元的经济利润，但是另一家仍然每周生产 3 架飞机的企业将得到更低的 3 000 万美元的经济利润。那么企业会怎么做呢?

我们可以推测它们的行为，但是为了获得答案，我们需要利用博弈论。我们将先留着这个刚提出的待解决的问题，等到我们学完博弈论的基本思想之后再返回来解决这个问题。

检查站 13.3　解释寡头企业所面临的困境。

现实问题

孤岛上有两口天然气井，一口属于汤姆，另一口属于杰里。每口井都有控制天然气流速的阀门，生产天然气的边际成本为零。表 1 给出了天然气的需求表。

表 1

价格（美元/单位）	需求量（单位/天）
12	0
11	1
10	2
9	3
8	4
7	5
6	6
5	7
4	8
3	9
2	10
1	11
0	12

1. 如果汤姆和杰里组成卡特尔并使他们的共同利润最大化，天然气的价格和产量将是多少？

2. 如果汤姆和杰里被迫按完全竞争时的价格销售，天然气的价格和总产量将是多少？

3. 如果汤姆和杰里作为双寡而竞争，天然气的价格将是多少？

新闻摘要

亚洲大米出口商讨论卡特尔

世界上最大的大米出口国泰国建议，亚洲大米出口国（泰国、柬埔寨、老挝、缅甸）组成一个卡特尔。菲律宾人认为这是个馊主意。

资料来源：CNN，May 6，2008.

如果大米出口国成为利润最大化的卡特尔，解释它们将如何影响全球大米市场以及世界大米价格。菲律宾人是正确的吗？

现实问题参考答案

1. 如果汤姆和杰里组成卡特尔并使他们的共同利润最大化，他们将索取垄断价格。当产量使得边际收益等于边际成本时，这个价格是市场可以承受的最高价格。边际成本为零，所以我们需要找到边际收益为零时的价格。当产量为每天 6 单位（表 2）、价格为每单位 6 美元（见表 1 的需求表）时，总收益达到最大，此时边际收益为零。

表 2

数量(单位/天)	总收益（美元/天）	边际收益（美元/单位）
0	0	
		11
1	11	
		9
2	20	
		7
3	27	
		5
4	32	
		3
5	35	
		1
6	36	
		−1
7	35	
		−3
8	32	
		−5
9	27	
		−7
10	20	
		−9
11	11	
		−11
12	0	

2. 如果汤姆和杰里被迫按完全竞争时的价格销售，该完全竞争价格等于边际成本，边际成本为零，所以在这个例子中，价格为零。这时总产量为每天 12 单位。

3. 如果汤姆和杰里作为双寡展开竞争，他们将把产量提高到垄断水平之上，价格下降，但是不会使价格降为零。

新闻摘要参考答案

如果大米出口国组成卡特尔，并以利润最大化的垄断形式运作，它们将在边际收益等于边际成本处生产以最大化利润。垄断者生产的利润最大化产量少于竞争性的大米生产商的产量。世界市场的大米供给将会下降，而大米的世界价格将会上升。

如果卡特尔不瓦解，那么菲律宾人就是正确的：亚洲人的重要商品——大米的价格将会上升。

13.4　博弈论

博弈论（game theory）是经济学家用来分析策略行为的工具——这种策略行为承认相互依存性并且考虑其他人的预期行为。约翰·冯·诺伊曼（John von Neumann）于1937年发明了博弈论，今天它已成为经济学的主要研究领域。

博弈论帮助我们理解寡头以及经济、政治、社会甚至生物对抗的许多其他形式。通过思考我们所熟悉的为了好玩而进行的博弈，我们开始研究博弈论以及它在企业行为中的应用。

□ 什么是博弈？

什么是博弈？最初想一想，这个问题似乎很可笑。毕竟有许多不同的博弈。有球类博弈和室内博弈、机会博弈和技能博弈。是什么使这些不同的行为成为博弈的呢？所有这些博弈都有什么共同点？所有的博弈都有三个特征：

- 规则
- 策略
- 收益

让我们看看这些共同的特征是怎样被运用到所谓的“囚犯困境”博弈中的。**囚犯困境**（prisoners' dilemma）是两个囚犯之间的博弈，表明了为什么合作很难，即使合作对双方都有利。这个博弈抓住了前面我们研究的双寡困境的本质特征。囚犯困境也很好地说明了博弈论是如何工作的以及它是如何预测的。

□ 囚犯困境

阿特和鲍博在偷一辆汽车时被抓了个正着。在与囚犯面谈时，地方检察官开始怀疑他已经无意中找到了几个月前实施数百万美元银行抢劫的两个人。但这仅仅是一种怀疑。除非能使他们自己承认，不然地方检察官没有证据证明他们犯有这项更大的罪行。他要囚犯们根据以下规则进行博弈。

规则

将每个囚犯（选手）关在一间单独的房子里，不能与另一个选手交流。每个人都被

告知他被怀疑涉嫌这起银行抢劫案，并且

- 如果他们都承认这项更大的罪行，每个人都将因为两起犯罪而被判刑 3 年。
- 如果一个人承认而他的同伙不承认，他将只被判刑 1 年，而他的同伙将被判刑 10 年。
- 如果两人都不承认这项更大的罪行，每个人都将因偷窃汽车罪而被判刑 2 年。

策略

在博弈论中，**策略**（strategy）是每个选手所有可能的行动。阿特和鲍博都各有两种可能的策略：

- 承认抢劫银行
- 否认抢劫银行

收益

因为有两个选手，每个人有两种策略，所以有四种可能的结果：

- 双方都承认。
- 双方都否认。
- 阿特承认而鲍博否认。
- 鲍博承认而阿特否认 。

每个囚犯都可以准确地知道他在这四种状况中的每一种状况下将会发生什么——即他的收益。我们可以把每一个囚犯在所谓的博弈收益矩阵中的四种可能的收益制成表格。**收益矩阵**（payoff matrix）是一种表格，表示在给定其他选手的每种可能行动的前提下，每个选手每种可能的行动的收益。

表 13－5 表示阿特和鲍博的收益矩阵。方框表示每一个囚犯的收益——每一个方框中的深灰色三角形都表示阿特的收益，浅灰色三角形都表示鲍博的收益。如果两个囚犯都承认（左上角），每人被判刑 3 年。如果鲍博承认而阿特否认（右上角），阿特被判刑 10 年而鲍博被判刑 1 年。如果阿特承认而鲍博否认（左下角），阿特被判刑 1 年而鲍博被判刑 10 年。最后，如果两个囚犯都否认（右下角），都不能因为银行抢劫而被定罪，但都因为偷窃汽车而被判 2 年的徒刑。

表 13－5　　囚犯困境收益矩阵

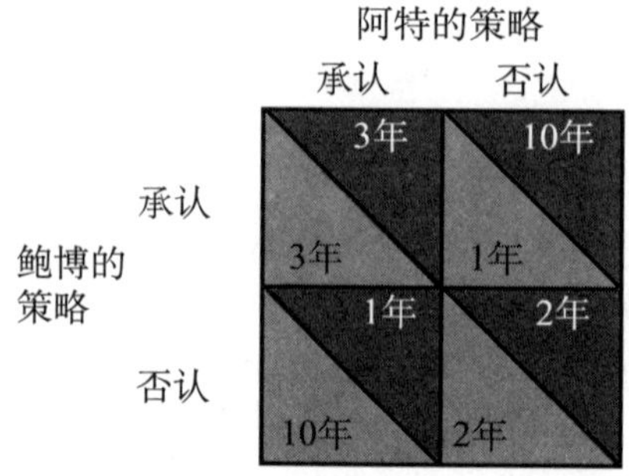

每个方框都表示两个选手阿特和鲍博可能的每对行动的收益。在每个方框中，深灰色三角形都表示阿特的收益，浅灰色三角形都表示鲍博的收益。比如，如果双方都承认，收益就是左上角的方框。

均衡

给定其他选手的行动，每个选手都采取最佳的可能的行动时，博弈的均衡就产生了。这个均衡概念被称为**纳什均衡**（Nash equilibrium）。这样命名是因为普林斯顿大学的约翰·纳什（John Nash）提出了这个概念，纳什在 1994 年获得了诺贝尔经济学奖［在电影《美丽心灵》（*Beautiful Mind*）中约翰·纳什由罗素·克洛（Russell Crowe）扮演］。

在囚犯困境中，给定鲍博的选择，阿特做出自己最好的选择；同时，给定阿特的选择，鲍博做出自己最好的选择，这样均衡就出现了。让我们找出这一均衡。

首先，从阿特的角度来看这一情形。如果鲍博承认，阿特也会承认，因为在这种情况下他只被判刑 3 年而不是 10 年。如果鲍博不承认，阿特还是承认，因为在这种情况下他只被判刑 1 年而不是 2 年。因此不管鲍博怎么做，阿特的最优行动都是承认。

其次，从鲍博的角度来看这一情形。如果阿特承认，鲍博也会承认，因为在这种情况下他只被判刑 3 年而不是 10 年。如果阿特不承认，鲍博还是承认，因为在这种情况下他只被判刑 1 年而不是 2 年。所以不管阿特怎么做，鲍博的最优行动都是承认。

由于每个选手的最佳行动都是承认，因此每个人都承认，都被判 3 年徒刑，而且地方检察官破了银行抢劫案。这就是这一博弈的均衡。

不是最佳结果

囚犯困境博弈的均衡对囚犯而言并不是最佳的结果。是否有某种方法使他们合作而只被判更短的 2 年徒刑？没有，因为选手不能相互交流。每个选手都会设身处地地想出对方将做什么。囚犯处于两难困境。每个人都知道如果他相信对方会否认，那么他只会被判刑 2 年。但是每个人也都知道否认对于对方不是最有利的。因此每个囚犯都知道他必须承认，从而将会产生对双方都不利的结果。

现在让我们看看如何利用我们刚刚形成的思想来理解寡头企业的行为。我们将返回到前面的双寡困境，从那里开始。

□ 双寡困境

空中客车和波音的困境类似于阿特和鲍博的困境。每家企业都有两种策略。可以按照以下速率生产飞机：

- 每周 3 架
- 每周 4 架

由于每家企业都有两种策略，两家企业就有四种可能的行动组合：

- 两家企业每周都生产 3 架（垄断结果）。
- 两家企业每周都生产 4 架。
- 空中客车每周生产 3 架而波音每周生产 4 架。
- 波音每周生产 3 架而空中客车每周生产 4 架。

收益矩阵

表 13－6 列出了这一博弈的收益矩阵。它是用与表 13－5 中囚犯困境的收益矩阵完

全相同的方法构造出来的。方框表示空中客车和波音的收益。在这个例子中，收益是经济利润（在囚犯困境的例子中，收益是损失）。

表 13－6 显示如果两家企业都每周生产 4 架飞机（左上角），每家企业都获得 3 200 万美元的经济利润。如果两家企业都每周生产 3 架（右下角），它们将获得垄断利润，每家企业都获利 3 600 万美元。右上角和左下角的方框表示如果一家企业每周生产 4 架而另一家企业每周生产 3 架将发生的情况。增加产量的企业获利 4 000 万美元，保持垄断产量不变的企业获利 3 000 万美元。

表 13－6　双寡困境的收益矩阵　（单位：万美元）

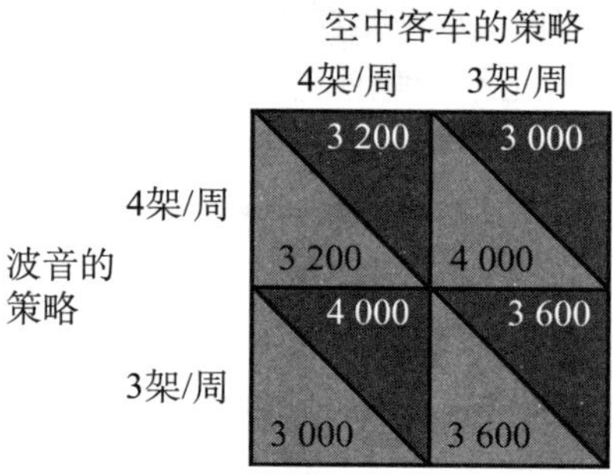

每个方框表示每一对行动的收益。比如，两家公司都每周生产 3 架飞机处，收益在右下角的方框。深灰色三角形表示空中客车的收益，浅灰色三角形表示波音的收益。

双寡困境的均衡

企业会怎样行动？为了回答这个问题，我们必须找到双寡博弈的均衡。

利用表 13－7 中的信息，从空中客车的角度分析。空中客车的推理如下：假设波音每周生产 4 架飞机。如果我——空中客车——每周生产 3 架，我将获得 3 000 万美元的经济利润。如果我也每周生产 4 架，我将获得 3 200 万美元的经济利润。因此，我每周生产 4 架飞机更好。空中客车继续推理：现在假设波音每周生产 3 架飞机。如果我每周生产 4 架，我将获利 4 000 万美元，如果我每周生产 3 架，我将获利 3 600 万美元，4 000 万美元的经济利润比 3 600 万美元的经济利润更好。因此我每周生产 4 架飞机会更好。所以不管波音每周生产 3 架还是 4 架飞机，空中客车每周都生产 4 架飞机。

由于两家企业面临完全相同的状况，波音得出与空中客车一样的结论。所以两家企业都是每周生产 4 架飞机。双寡博弈的均衡是两家企业每周都生产 4 架飞机。

表 13－7　纳什均衡　（单位：万美元）

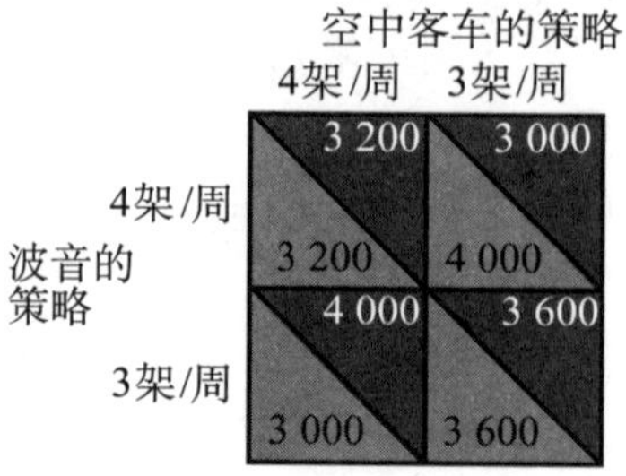

纳什均衡是每家企业每周生产 4 架飞机。

合谋有利可图但难以实现

在刚才研究的双寡困境中，空中客车和波音的最终状况类似于囚犯困境博弈中囚犯的状况。它们没有实现最优的共同结果。因为每家企业每周生产 4 架飞机，它们各获得 3 200万美元的经济利润。

如果企业可以合谋，它们将同意把各自的产量限定为每家企业每周 3 架飞机，每周各获得 3 600 万美元的垄断利润。

双寡困境的结果说明了为什么企业难以合谋。即使合谋是合法的行为，双寡企业也会发现很难执行协议来限制产量。与囚犯困境博弈中的选手一样，双寡达到纳什均衡时它们的产量大于共同利润最大化时的产量。

如果两家企业难以遵守合谋协议，那么两家以上的寡头企业更是如此。石油输出国组织（OPEC）的运作说明了这种困难。为了提高石油价格，OPEC 必须限制全球石油产量。卡特尔成员经常开会并设定每个成员国的产量限额。在决定限制产量之后的最初几个月，一些（通常是小的）成员国几乎总是会突破限额，产量上升，石油价格跌到卡特尔期望的目标以下。OPEC 卡特尔进行着与囚犯困境相似的寡头困境博弈。仅在 1973 年、1979—1980 年以及 2005—2007 年，OPEC 成功地控制了其成员国的产量，并提升了石油价格。

□ 广告以及寡头博弈研究

可口可乐和百事可乐、耐克和阿迪达斯、宝洁（Procter & Gamble）和金佰利-克拉克（Kimberly-Clark）、诺基亚和摩托罗拉以及其他数百对陷入激烈竞争的大型企业，每月都支出数百万美元用于广告宣传活动以及研究与开发。它们要做出决定是增加还是减少广告预算，或者，是进行大量的研发努力使产品成本更低，还是使产品更值得信赖（通常，产品越值得依赖，其生产就越昂贵，但人们就越愿意购买）。这些选择可以被作为博弈来分析。让我们看一些这种类型博弈的例子。

广告博弈

软饮料行业成功的关键在于进行大量的广告宣传活动。这些活动影响市场份额但是进行起来很昂贵。表 13-8 表明了百事可乐和可口可乐进行的广告博弈的一些假设数字。每家企业都有两种策略：做广告或者不做广告。如果两家企业都不做广告，每家企业都获得5 000万美元的经济利润（收益矩阵的右下角方框）。如果两家企业都做广告，由于广告花费，每家企业获得的经济利润都更低（收益矩阵的左上角方框）。如果百事可乐做广告，但可口可乐不做广告，百事可乐获利而可口可乐亏损（收益矩阵的右上角方框）。最后，如果可口可乐做广告而百事可乐不做广告，可口可乐获利而百事可乐亏损（收益矩阵的左下角方框）。

百事可乐推理如下：无论可口可乐是否做广告，我们做广告都更好。可口可乐同样推理：无论百事可乐是否做广告，我们做广告都更好。因为做广告是两个选手的最佳策略，所以这就是纳什均衡。这一博弈的结果就是两家企业都做广告，获得的利润少于如果它们能够合谋以达到不做广告的合作结果所能获得的利润。

表 13-8　广告博弈的收益矩阵　（单位：万美元）

		可口可乐的策略：做广告	可口可乐的策略：不做广告
百事可乐的策略	做广告	2 000 2 000	−1 000 8 000
	不做广告	8 000 −1 000	5 000 5 000

对于每对策略，深灰色三角形都表示可口可乐的收益，浅灰色三角形都表示百事可乐的收益。如果两家企业都做广告，它们的收益少于两家企业都不做广告时的收益。但是如果另一家企业不做广告，对每家企业而言做广告会更好。这个囚犯困境广告博弈的纳什均衡是两家企业都做广告。

研究与开发博弈

一次性尿布行业成功的关键在于，设计出相对其生产成本而言人们评价更高的产品。开发了具有最高评价的产品并且开发了生产这种产品的最低成本技术的企业将占据竞争优势，能够削弱市场上其他企业的力量，增加自己的市场份额和经济利润。但是，为最终能实现产品改进和成本降低而进行的研发是昂贵的。所以必须从降低成本而实现的市场份额增长所带来的利润中减去研发的成本。如果没有一家企业进行研发，每家企业都会更好，但是如果有一家企业开始研发行动，所有企业都必须跟从。

表 13-9 说明了金佰利-克拉克和宝洁进行研发博弈的困境（用假设的数字）。每家企业都有两种策略：进行研发或者不进行研发。如果两家企业都不进行研发，金佰利-克拉克获利 3 000 万美元，宝洁获利 7 000 万美元（收益矩阵的右下角方框）。如果每家企

表 13-9　研发博弈的收益矩阵　（单位：万美元）

		宝洁的策略：进行研发	宝洁的策略：不进行研发
金佰利-克拉克的策略	进行研发	4 500 +500	−1 000 +8 500
	不进行研发	+8 500 −1 000	+7 000 +3 000

对于每对策略，深灰色三角形都表示宝洁的收益，浅灰色三角形都表示金佰利-克拉克的收益。如果两家企业都进行研发，它们的收益少于两家企业都不进行研发时的收益。但是如果另一家企业不进行研发，对每家企业而言研发会更好。这个囚犯困境研发博弈的纳什均衡是两家企业都进行研发。

业都进行研发，市场份额保持不变，但是由于研发费用，每家企业的利润都减少（收益矩阵的左上角方框）。如果金佰利-克拉克进行研发而宝洁不进行研发，金佰利-克拉克获利而宝洁亏损（收益矩阵的右上角方框）。最后，如果宝洁进行研发而金佰利-克拉克不进行研发，宝洁获利，而金佰利-克拉克亏损（收益矩阵的左下角方框）。

金佰利-克拉克推理如下：无论宝洁是否进行研发，我们进行研发都更好。宝洁同样推理：无论金佰利-克拉克是否进行研发，我们进行研发都更好。

由于进行研发是两个选手的最优策略，所以它是纳什均衡。博弈的结果是两家企业都进行研发。它们获得的利润少于如果它们能够合谋实现不进行研发的合作结果所能获得的利润。

现实世界中不只有金佰利-克拉克和宝洁两个选手。许多企业都想抢夺金佰利-克拉克和宝洁的市场份额，因此，这两家企业致力于研发不仅实现了在它们自己的争斗中保持市场份额的目的，而且有助于保持高的进入壁垒，以保护它们共同的市场份额。

∴关注你的生活　　一个你也许玩过的博弈

下面的收益矩阵描述了一个你也许熟悉的博弈。但它不是囚犯困境，而是恋人困境。

如果简和吉姆一起玩，相比分开玩，他们将玩得更快乐。

但是简喜欢电影多于球类游戏，而吉姆喜欢球类游戏多于电影。

下面的收益矩阵描述了他们对各种结果的喜爱程度（以效用为单位来测量）。

他们将怎么做呢?

通过比较不同策略的效用数字，你可以得出，吉姆不会一个人去看电影，而简也不会一个人去玩球类游戏。

你还可以得出，吉姆不会一个人去玩球类游戏，简也不会一个人去看电影。

他们总是一起出去。但是他们是去看电影还是玩球类游戏?

答案是，我们无法预测。这个博弈没有唯一的均衡。收益告诉你，简和吉姆也许去玩球类游戏，也许去看电影。

在一个重复博弈中，他们也许会在两种情况中轮流选择，甚至通过抛硬币来决定在任何给定的晚上去玩球类游戏还是看电影。

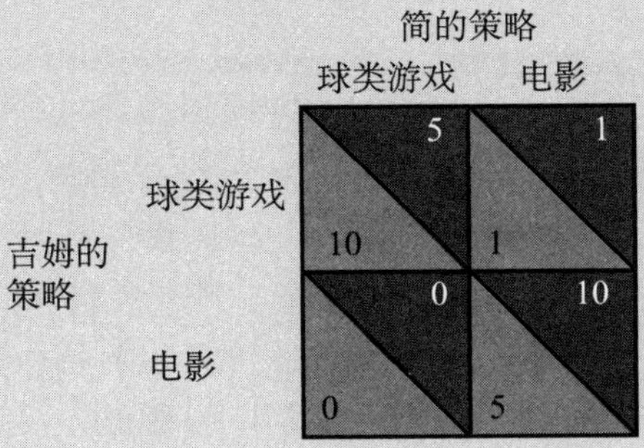

□ 重复博弈

我们所研究的博弈只进行了一次。相反，现实中大多数博弈都是重复进行的。这一事实表明现实中的双寡可能会找到某种方法进行合作以便它们可以享受垄断利润。如果博弈可以重复进行，某一选手就有机会惩罚另一选手之前的“坏”行为。如果空中客车这周生产 4 架飞机，也许波音下周也会生产 4 架飞机。在空中客车生产 4 架飞机之前，难道它不会考虑波音下周生产 4 架飞机的可能性吗？当博弈可以无限重复时，这个更为复杂的困境博弈的均衡是什么？

如果每家企业都知道对方将用超产来惩罚超产，一报还一报，就可能出现垄断均衡。让我们看看为什么。

表 13－10 列出了有关的数字。假设波音考虑第一周生产 4 架飞机。这一行动将带来 4 000 万美元的经济利润，并使空中客车的经济利润减少到 3 000 万美元。第二周空中客车将惩罚波音，也生产 4 架飞机。然而波音必须回到以前 3 架飞机的产量以使得空中客车在第三周重新合作。所以在第二周，空中客车获得 4 000 万美元的经济利润，而波音获得 3 000 万美元的经济利润。把这两周的利润加起来，波音第一周生产 4 架，引起空中客车一报还一报的反应，从而获利 7 000 万美元；相比之下，波音可以通过合作获利 7 200万美元（＝2×3 600 万美元）。

表 13－10　带惩罚的收益

博弈的阶段	合作		过量生产	
	波音的利润	空中客车的利润	波音的利润	空中客车的利润
	（百万美元）			
1	36	36	40	30
2	36	36	30	40

对波音是如此，对空中客车也是如此。每家企业保持垄断产量都可以获得更大的利润，所以双方都会这样做，从而产生了垄断价格、垄断产量和垄断利润。

在现实中，双寡（或更一般的寡头）是像一次博弈那样运作还是像重复博弈那样运作，主要取决于选手的数量和监督并惩罚过量生产的容易程度。选手数量越多，维持垄断结果就越困难。

∵关注芯片双寡　两家电脑芯片生产商太少吗？

你的电脑或者游戏机中的 CPU——机器的核心智能——是由英特尔或者 AMD（Advanced Micro Devices，Inc.）生产的。这些双寡企业之间的竞争是否能达到有效的结果——消费者胜利，或者仅仅一个或两个生产者胜利？

答案是英特尔才是最大的赢家。下页的饼图表示英特尔主宰了这一市场，下页的 CPU 价格图表明了英特尔的价格通常高于 AMD 的价格。

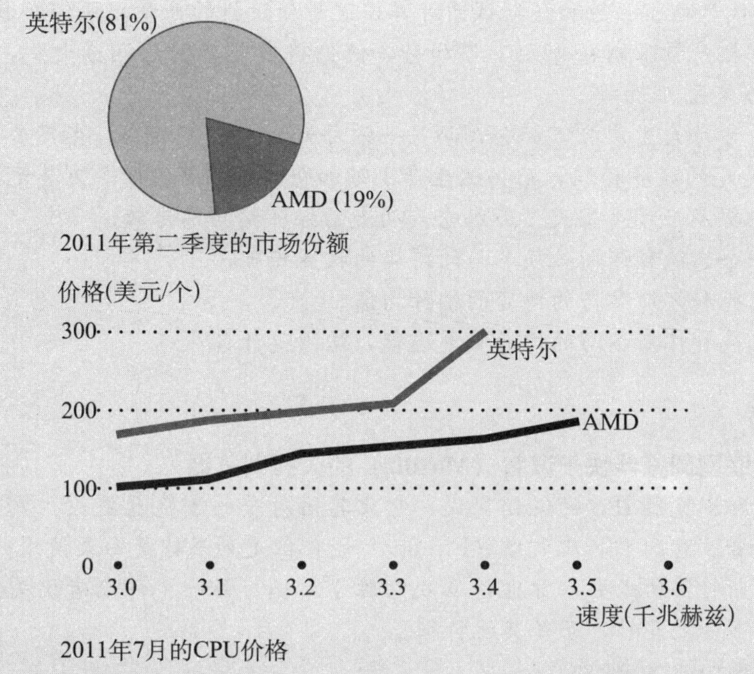

资料来源：英特尔，AMD 以及 sharkyextreme. com。

在英特尔和 AMD 的博弈中，结果近乎于垄断而不是完全竞争。生产者剩余最大化，而消费者剩余要比竞争性市场中的小，并且存在生产不足和无谓损失。

□ 寡头有效率吗?

当价格（衡量边际收益）等于边际成本时，任何产品或服务的产量都是有效率的产量。寡头能提供有效率的产品或服务数量吗?

你已经看到如果寡头企业进行重复的囚犯困境博弈，它们最终能够把产量限制在垄断水平并且获得与垄断相同的经济利润。你也看到即使企业不合作，它们也没有必要把价格降低到等于边际成本。因此一般地讲，寡头是缺乏效率的，其原因与垄断缺乏效率的原因是一样的。

同时，寡头企业最终会在高于可达到的最低平均总成本的地方生产，因为它们的广告和研发预算高于社会效率水平。

由于寡头会产生非效率，并且寡头企业有像垄断企业一样行动的动机，美国制定了反托拉斯法，以减少市场力量，改变寡头结果使其接近于竞争的有效率的结果。

检查站 13.4☞　利用博弈论解释在寡头中价格和产量是如何决定的。

现实问题

巴德和怀斯是仅有的两个新世纪饮料生产商，新世纪饮料是一种被设计出来代替根汁饮料的新时代产品。巴德和怀斯试图计算出这种新饮料的产量。他们知道，如果：

• 他们都把产量限制在每天 1 万加仑，他们将实现共同利润最大化，每天 20 万美元，各得 10 万美元。

• 其中一方每天生产 2 万加仑，而另一方每天生产 1 万加仑，生产 2 万加仑的一方将获得 15 万美元的经济利润，而仍然生产 1 万加仑的一方将蒙受 5 万美元的经济亏损。

• 他们都提高产量至每天 2 万加仑，两者的经济利润都为零。

1. 构造一个巴德和怀斯必须参与的博弈的收益矩阵。
2. 找出巴德和怀斯参与的博弈的纳什均衡。
3. 如果巴德和怀斯参与的博弈重复进行，均衡是什么？

新闻摘要

微软的互联网浏览器快于谋智（Mozilla）的火狐浏览器

新的互联网浏览器 IE8 的促销商说，它比其他对手的浏览器更快、更可靠并且更安全。一个评论者注意到 IE8 比火狐（Firefox）慢，但是如果你是白天使用并且被新 IE 的一系列强大的新特征所吸引，你也许喜欢它胜于火狐。另一个评论者说关键并不在于哪一个浏览器快百分之几秒，而是其他特征。

资料来源：*USA Today*，March 23，2009.

微软和谋智在过去的几年里所进行的博弈是什么？在未来的几年里，你认为博弈将会怎样变化？

现实问题参考答案

1. 表 1 表示巴德和怀斯必须参与的博弈的收益矩阵。

2. 纳什均衡是双方每天都生产 2 万加仑。要知道原因就要注意，不管巴德生产多少，怀斯选择每天生产 2 万加仑都将获得更多的利润。对巴德也是如此。所以，巴德和怀斯每天都将各生产 2 万加仑。

表 1 （单位：万美元）

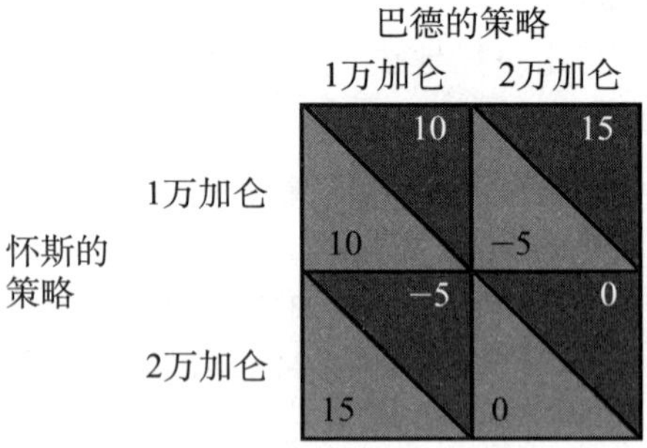

3. 如果巴德和怀斯重复进行该博弈，各自将每天生产 1 万加仑，并获得最大化的经济利润。通过实施一报还一报的策略，他们可实现这一结果。

新闻摘要参考答案

微软和谋智所进行的博弈是产品开发：改进速度或者增加特征。结果是两者都进行开发以提升速度，并且正如评论者所表明的那样，它们的速度仅仅是百分之几秒的差别（基本上相同）。在未来的几年里，开发博弈很可能会从速度移至其他特征，以保持或者增加市场份额。

本章总结

□ 要点

1. 解释垄断竞争企业如何决定其价格和产量。
- 垄断竞争企业面临向下方倾斜的需求曲线，并生产边际收益等于边际成本的产量。
- 进入和退出导致零经济利润以及长期均衡时的过剩生产能力。

2. 解释垄断竞争的销售成本为什么如此之高。
- 为维持经济利润，垄断竞争企业要创新并开发新产品。
- 广告支出增加了总成本，但是如果广告所增加的销售量足够大，它也有可能降低平均总成本。
- 广告支出可能会增加需求，但是也有可能因为加剧的竞争而降低单个企业的产品需求。
- 垄断竞争是不是无效率的，取决于人们对产品多样性的评价。

3. 解释寡头企业所面临的困境。
- 如果寡头企业能够一起行动，限制产量，将获得与垄断者一样的经济利润，但是通过提高产量，每家企业都可以获得更大的利润。
- 寡头困境为是限制还是增加产量。

4. 利用博弈论解释寡头中价格和产量是如何决定的。
- 在囚犯困境中，两囚犯的自利行为损害了他们的共同利益。寡头是一个囚犯困境博弈。
- 如果企业合作，它们将获得垄断利润，但是在一次博弈中，它们会超产并提升价格和经济利润至完全竞争水平。
- 广告以及研究与开发会造成寡头企业的囚犯困境。
- 在重复博弈中，惩罚策略可以导致垄断产量、垄断价格以及垄断经济利润。
- 寡头通常是无效率的，因为价格（边际收益）高于边际成本，并且成本也许不是最低成本。

□ 关键术语

卡特尔	四企业集中率	收益矩阵	双寡
博弈论	囚犯困境	有效率的规模	赫芬达尔-赫希曼指数
产品差异	过剩生产力	纳什均衡	策略

本章检查站

□ 学习计划中的问题与应用

1. 下列哪些产品和服务是由垄断竞争企业提供的？解释你的选择。
- 有线电视服务
- 小麦

- 运动鞋
- 汽水
- 牙刷
- 预拌混凝土

耐特和库耳公司是一家生产跑鞋的垄断竞争企业，图 1 显示了其需求曲线、边际收益曲线及成本曲线。利用图 1 的信息回答问题 2～4。

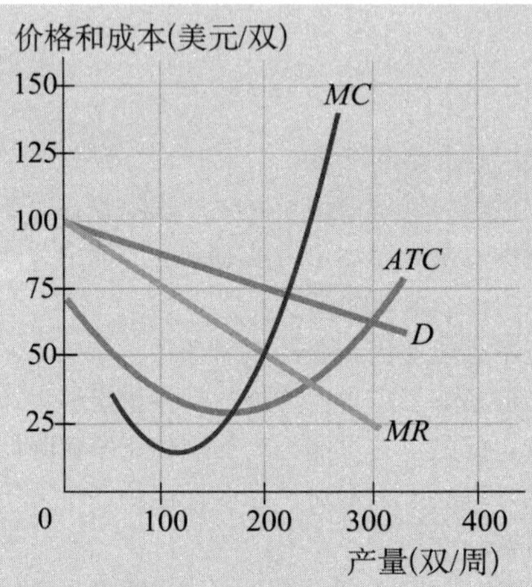

图 1

2. 在短期，耐特和库耳公司生产的产量是多少？它所索要的价格是多少？耐特和库耳公司所获得的利润是多少？

3. 在短期，耐特和库耳公司有过剩生产能力吗？公司的加成是多少？

4. 你认为在长期，有企业进入或退出跑鞋市场吗？解释你的答案。

利用下列信息回答问题 5 和 6。

孤岛上有两家出租车公司，一家属于安，另一家属于扎克。图 2 显示了乘坐出租车的需求曲线（D）和其中一家企业的平均总成本曲线（ATC）。假设安和扎克有两种策略：合谋，维持垄断价格，限制乘载数量；或者打破合谋，降低价格，提供更多的乘载次数。

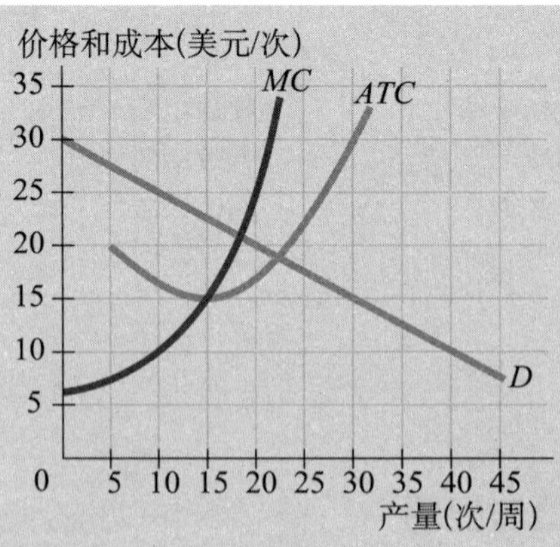

图 2

5. 构造安和扎克参与的博弈的收益矩阵。如果博弈只进行一次，找出该博弈的纳什均衡。孤岛上的人们得到了有效率的出租车乘载量吗?

6. 如果安和扎克重复博弈，他们还有其他什么可供选择的策略? 结果又将如何改变?

利用下列信息回答问题 7 和 8。

可乐之战：你选择什么软饮料?

近六年来软饮料销售量一直下滑，消费者转向选择健康型的饮料如果汁，而且在经济不景气时减少开支。两大竞争对手开始生产瓶装水、果汁、功能饮料以及运动饮料，企图保持市场份额。这两大公司的销售额都下降了，百事可乐公司遭受的损失更大。总之，可口可乐公司产品销售额下降了 0.5%，而百事可乐公司产品销售额下降了 2.6%。

资料来源：CBC News，March 18，2011.

7. 描述可口可乐公司和百事可乐公司在广告和产品开发博弈中的策略。为什么你预期的这些策略中不包括减价?

8. 给定其他收益不变，构造可口可乐公司和百事可乐公司在广告和产品开发博弈中的收益矩阵。找到均衡结果并解释。

□ 教师可布置的问题与应用

1. 位于密歇根州安阿伯市的沃什特诺乳制品公司（Washtenaw Dairy）销售 63 种风味的斯特罗摩尼（Strohs Mooney）冰淇淋，而本杰瑞公司（Ben and Jerry's）的网站同样列出了 63 种不同风味的冰淇淋。这一数字同三星、诺基亚以及摩托罗拉销售的手机种类相近。丰田只有 16 种不同型号的车而波音也只有 16 种不同型号的飞机。为什么手机市场与冰淇淋市场上的产品种类会多于汽车及飞机市场上的产品种类?

2. 英特尔和 AMD 有两种定价策略：设定一个高的（垄断）价格或者设定一个低的（竞争性）价格。假设如果它们都设置了竞争性价格，两者的经济利润都是零。如果两者都设置了垄断价格，英特尔获得 86 000 万美元的经济利润，AMD 获得 14 000 万美元的经济利润。如果英特尔设置一个低价而 AMD 设置一个高价，英特尔获得 10 000 万美元的经济利润，AMD 发生 1 000 万美元的经济亏损。如果英特尔设置一个高价而 AMD 设置一个低价，英特尔发生 10 000 万美元的经济亏损，AMD 获得1 000 万美元的经济利润。

- 构建这一博弈的收益矩阵。
- 这一博弈的均衡是什么?
- 该均衡是有效率的吗?
- 这一博弈是一个囚犯困境吗?

拉巴拉比萨饼公司（La Bella Pizza）是一家生产比萨饼的垄断竞争企业，图 1 显示了其需求曲线、边际收益曲线及成本曲线。利用图 1 的信息回答问题 3 和 4。

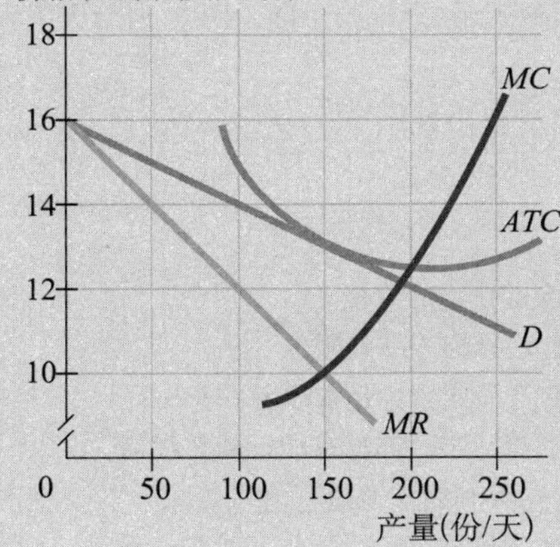

图 1

3. 在短期，拉巴拉比萨饼公司所生产的产量、索要的价格以及其过剩生产能力是多少？

4. 在长期，比萨饼生产公司的数量会怎样变化？过剩生产能力以及造成的无谓损失是多少？解释你的答案。

5. 下列哪些产品和服务是由垄断竞争企业提供的？解释你的选择。

- 橘子汁
- 汤品罐头
- 个人电脑
- 口香糖
- 早餐谷类食品
- 玉米

劲量火花飞扬

在同竞争对手金霸王的竞争中，劲量正在获得市场份额，尽管电池的主要成分锌的价格急剧上升，其利润仍然增加了。

资料来源：www.businessweek.com，August，2007.

6. 电池销售的市场类型是什么？解释你的答案。

利用下列信息回答问题 7 和 8。

美国宣称加拿大补贴针叶木材的生产以及加拿大木材进口损害了美国生产商的利益。美国对加拿大的进口产品征收关税以反击补贴。加拿大正在考虑拒绝出口水到美国加利福尼亚州以报复美国。表 1 表示美国和加拿大进行的博弈的收益矩阵。

表 1 （单位：百万美元）

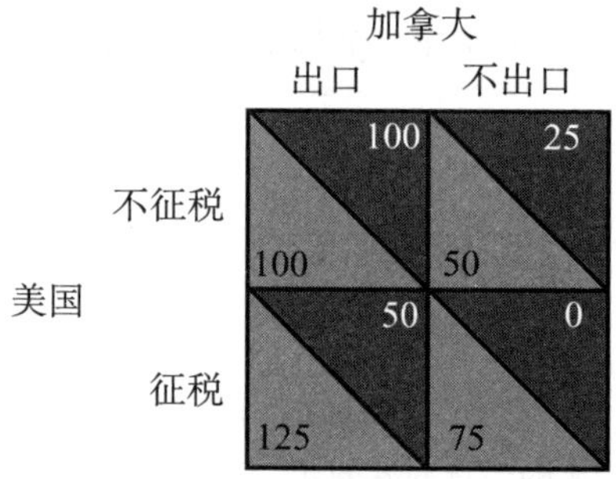

7. 美国的最优策略是什么？加拿大的最优策略是什么？博弈的结果是什么？请给出解释。

8. 该博弈在某种程度上是类似于还是不同于囚犯困境？请给出解释。哪个国家将从自由贸易协议中受益更多？

□ 单项选择题

1. 垄断竞争不同于________。

A. 垄断，因为企业不能设定自己的价格

B. 寡头，因为企业生产有差异的产品或服务

C. 完全竞争，因为生产的产品或服务是有差异的

D. 垄断，因为每家企业生产的产品都没有相近的替代品

2. 一家垄断竞争企业要最大化其利润应通过________。

A. 使产品差异化，并且生产价格等于边际收益时的产量

B. 生产边际收益等于边际成本时的产量并获得加成

C. 提高价格并生产使得企业一直存在过剩生产能力的产量

D. 生产边际成本等于边际收益时的产量，并索取产品能卖出去的最高的价格

3. 一家最大化其利润的垄断竞争企业________。

A. 在短期总是获得正的经济利润

B. 永远不会关门，因为它的价格总是高于最小平均可变成本

C. 在短期也许会在价格低于平均总成本时销售产品

D. 如果损失等于总的可变成本，企业会暂时关门

4. 如果一家企业有广告宣传而其他企业没有，那么________。

A. 广告宣传过的产品的需求变得更有弹性

B. 广告宣传过的产品在利润最大化时的产量会减少，因为总固定成本增加

C. 生产少量的广告宣传过的产品的平均成本提高，但是大量生产该产品的平均总成本可能会下降

D. 从广告宣传过的产品中获得的经济利润增加

5. 寡头困境是是否要________。

A. 一起行动限制产出、提高价格

B. 提高价格至垄断利润最大化的价格水平

C. 在卡特尔中相互欺骗以获得利润优势

D. 降低价格至完全竞争价格水平

6. 在囚犯困境中，每一个参与人都________。

A. 咨询其他参与人来决定自身的最优行为

B. 选择对其他参与人来说最好的结果

C. 选择对自己来说最好的结果

D. 选择对双方来说最好的结果

7. 纳什均衡________。

A. 是得到最大经济利润的结果

B. 是在给定一方的行为的情况下，另一方采取最优行为的结果

C. 在每次博弈中都不同

D. 是对两个参与人而言可能的最好结果

第14章 GDP：总产出与总收入的度量

本章要点

学完本章，你将能够：

1. 定义GDP，并解释为什么对于一个经济体来说总产出的价值、总收入以及总支出相等。
2. 描述经济统计学家如何衡量GDP以及如何区分名义GDP与实际GDP。
3. 描述实际GDP的应用，并说明其作为生活水平衡量指标的局限性。

14.1 GDP、收入和支出

美国经济将走向何方？它将保持衰弱、开始迅速扩张还是进入一个更严重的衰退中？

每个人都希望知道这些问题的答案。那些做生意决策的人，包括住宅施工人员、汽车制造商、移动电话服务提供者、航空公司、汽油生产商、飞机制造商、农民以及零售商，等等，都希望知道上述问题的答案，以便能够依据需求安排他们的生产计划。政府想知道答案，因为政府的税收取决于居民的收入与消费，而这些又取决于国家的经济状况。政府和美国联邦储备委员会希望知道答案，因为它们也许可以据此采取行动来避免经济出现过热或萧条。普通市民也想知道答案以便做出重大决策，如在学校待多长时间，买房子还是租房子，以及储蓄多少退休金等。

为了描述经济状况，我们来衡量国内生产总值（GDP）。接下来你将发现GDP衡量总产出的价值、总收入以及总支出。

□ GDP的定义

我们用**国内生产总值**（gross domestic product，GDP）来衡量总产出，其含义是GDP是一定时期内在一国境内生产的所有最终产品与服务的市场价值。这个定义包括四部分，下面我们将依次解释。

生产的价值

为了衡量总产出，我们必须把苹果、橘子、球棒和球的产出等加总在一起。简单的数量相加不会有任何结果。哪种组合是更大的产出呢：是 100 个苹果加上 50 个橘子还是 50 个苹果加上 100 个橘子？

GDP 将回答这一问题，办法是用它们的市场价值——每个产品与服务在市场上的交易价格——对产品与服务进行估价。如果一个苹果的价格是 10 美分，一个橘子的价格是 20 美分，那么 100 个苹果和 50 个橘子的市场价值是 20 美元，而 50 个苹果和 100 个橘子的市场价值则是 25 美元。通过利用市场价格来衡量产出的价值，我们便可以将苹果和橘子加在一起。

生产什么

最终产品与服务（final good or service）是指为最终使用者生产，而不是作为其他产品与服务的一部分的产品与服务。它和**中间产品与服务**（intermediate good or service）的概念相反。中间产品与服务是指作为某种最终产品与服务的组成部分的产品与服务。例如，一辆福特汽车是一个最终产品，而一个福特汽车公司购买的安装在福特汽车上的费尔斯通轮胎则是一个中间产品。然而，如果你为自己的汽车购买了一个备用的费尔斯通轮胎，那么这个轮胎就是最终产品。根据用途的不同，同样的产品可以是最终产品也可以是中间产品。

GDP 并不能将所有生产出来的产品价值都计算在内。有一个例外是，GDP 只包括那些在市场上交易的产品与服务的市场价值，而不包括人们为了自己使用而生产出来的产品与服务的市场价值。例如，如果你购买一个洗车服务，服务所生产的价值将被包含在 GDP 中，但是如果你自己清洗自己的车，你所生产的服务的价值就没有被包括在 GDP 中。例外的是人们所拥有的房屋的市场价值。对于这些房屋，GDP 假设了一个租金，假设房屋所有者将房屋出租给自己。

何处生产

只有那些在一个国家境内生产出来的产品与服务才能被计算到该国的 GDP 中。美国的耐克公司在越南生产运动鞋，其市场价值应该被计入越南的 GDP，而不是美国的 GDP。日本的丰田公司在肯塔基州乔治敦市生产汽车，它生产的汽车的价值应该被计入美国的 GDP，而不是日本的 GDP。

何时生产

GDP 衡量的是一定时期内产出的价值。这段时期或者是一年的 1/4——被称为季度 GDP 数据，或者是一年——被称为年度 GDP 数据。美联储以及其他一些机构用季度 GDP 数据来跟踪短期经济的发展状况，而经济学家们使用年度 GDP 数据来研究经济的长期趋势。

GDP 不仅衡量总产出的价值，而且衡量总收入和总支出。我们在第 2 章所学的循环流量模型可以解释其中的原因。

□ 美国经济的循环流动

购买最终产品与服务的机构有四种类型：家庭、企业、政府及其他。它们对应着以下四种类型的支出：

- 消费支出

- 投资
- 政府购买产品与服务支出
- 产品与服务净出口

消费支出

消费支出（consumption expenditure）是指家庭在产品与服务消费上的支出。它包括用于购买橙汁、比萨饼等非耐用品的支出，购买电视、DVD 播放器等耐用品的支出，以及听摇滚音乐会、理发等的服务支出。消费支出还包括房屋和公寓的租金，其中包含为房屋所有者假定的租金价值。

投资

投资（investment）是指对新资本品（工具、设备、机器、建筑物）的购买和存货的增加。资本品是由一些企业生产而由另一些企业购买的耐用品。例如，戴尔公司生产的个人电脑被福特汽车公司购买；波音公司生产的飞机被联合航空公司购买。投资还包括家庭对新房屋的购买。

在年末，一些企业的产品也许仍未销售出去。例如，如果福特汽车公司生产了 400 万辆汽车，却只销售了 390 万辆，剩下的 10 万辆没有销售出去，在这个例子中，福特汽车公司的汽车存货增加了 10 万辆。当一个企业将未出售的产品计入存货时，我们把这一部分未出售的产品计入投资部分。

需要注意的是，投资不包括股票和债券的购买。在宏观经济学中，我们把“投资”定义为新资本品的购买和存货的增加。

政府购买产品与服务支出

政府购买产品与服务支出（government expenditure on goods and services）是指各级政府购买产品与服务的支出。例如，美国国防部购买导弹和其他武器系统，国务院购买旅行服务，白宫购买互联网服务，以及州和地方政府为执法人员购买巡逻车等。

产品与服务净出口

产品与服务净出口（net exports of goods and services）是指产品与服务的出口价值减去进口价值。**出口产品与服务**（exports of goods and services）是指美国企业生产并销售给美国以外的其他国家的产品与服务，而**进口产品与服务**（imports of goods and services）则是指美国的家庭、企业与政府从美国以外的其他国家购买的产品与服务。进口产品是在其他国家生产的，因此对进口产品与服务的支出不能包含在对美国生产的产品与服务的支出中。如果出口超过进口，则净出口是正值，对美国生产的产品与服务的支出增加；如果进口超过出口，则净出口是负值，对美国生产的产品与服务的支出减少。

总支出

在美国国内生产的产品与服务的总支出就是上述已经探讨过的四项之和。我们用 C 表示消费支出，用 I 表示投资，用 G 表示政府购买产品与服务支出，用 NX 表示产品与服务净出口。因此，总支出也是最终产品与服务的生产者的全部所得，可以表示为：

总支出$=C+I+G+NX$

收入

劳动获得工资，资本获得利息，土地获得租金，企业家才能获得利润。家庭获得所有这些收入。在总收入中，还有一部分被称为未分配利润，是由企业获得而没有支付给家庭的利息和利润的组合。然而，从经济学的观点来看，未分配利润是支付给家庭的收入，然后贷给了企业。

□ 支出等于收入

图 14－1 展示了我们刚刚描述过的收入与支出的循环流动。该图是基于图 2－5 和图 2－6画出的，但是它包含了更多的细节和附加的流动。

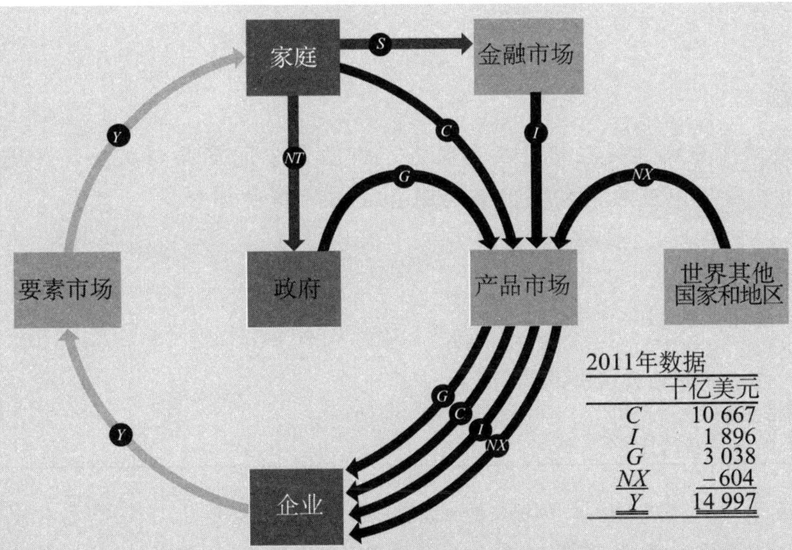

2011年数据	十亿美元
C	10 667
I	1 896
G	3 038
NX	－604
Y	14 997

图 14－1　收入与支出的循环流

在循环流动中，浅灰色箭头（Y）表示收入，黑色箭头（C、I、G 和 NX）表示在产品与服务上的支出。深灰色箭头（NT 和 S）表示货币的流动。企业从金融市场借款，再从其他企业购买产品（I）。总支出等于总收入且等于产品总价值。

我们用 Y 表示总收入，在图中表示为从企业流向家庭的浅灰色箭头。家庭得到收入后，将其一部分用于交税、另一部分用于储蓄。还有一些家庭从政府获得福利。**净税收**（net taxes）等于纳税总额减去家庭从政府获得的现金福利，在图中用从家庭流向政府的带有 NT 标注的深灰色箭头表示。**储蓄**（saving）是指家庭收入中未被用于纳税或消费支出的那部分收入，储蓄从家庭流向金融市场，在图中用带有 S 标注的深灰色箭头表示。这两个深灰色箭头并不是在产品与服务上的支出，它们仅仅是货币的流动。因为家庭在缴纳净纳税额之后会将所有收入在消费与储蓄之间分配，则有：

$$Y=C+S+NT$$

黑色箭头表示四项支出流动：从家庭到企业的消费支出、从政府到企业的政府支出、从世界其他国家和地区到企业的净出口，以及来自金融市场的投资，即贷款者对生产资本品的企业的支付。

由于企业将其全部所得支付出去作为生产要素的收入，因此总支出等于总收入，即：

$$Y=C+I+G+NX$$

从企业的角度来看，产品的价值就是产品的成本，它等于收入。从产品与服务购买者的角总产出度来看，产品的价值是购买它的成本，它等于支出。因此：

总产出的价值等于总收入，且等于总支出。

循环流动以及收入与支出相等给我们提供了两种计算 GDP 的方法，我们将在下一节来学习。

检查站 14.1 **定义 GDP，并解释为什么对于一个经济体来说总产出的价值、总收入以及总支出相等。**

现实问题

1. 区分清单 1 中哪些是最终产品与服务，哪些是中间产品与服务，并进一步判断哪些是消费支出、投资以及政府购买产品与服务支出的组成部分。

清单 1

- 学生购买的银行服务
- 赫兹汽车出租公司购买的新车
- 《今日美国》从国际纸业公司购买的新闻纸
- 为副总统购买的一架新飞机
- 碧昂丝购买的一所新房子

2. 图 1 展示了莲花岛支出与收入的流动。2011 年，R 是 100 亿美元，W 是 300 亿美元，U 是 120 亿美元；X 是 150 亿美元，Z 是 30 亿美元。计算总支出与总收入。

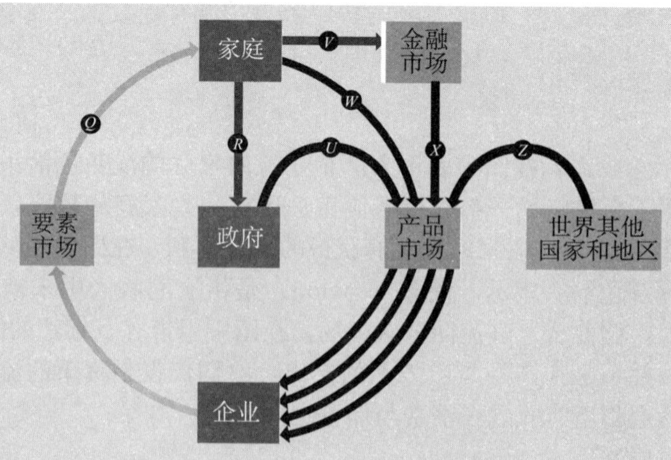

图 1

新闻摘要

这个春季美国的经济增长比之前所报道的更缓慢

2011 年第二季度，美国实际 GDP 以年率 1%的速度增长，投资、出口、消费支出以及政府支出的增长速度超过 1%。

资料来源：BEA News Release，August 26，2011.

用图 1 中的字母表示上述新闻中发生的流动。为什么新闻中支出的增长速度大于 1%的同时 GDP 只增长 1%呢?

现实问题参考答案

1. 学生购买的银行服务是最终服务，同时也是消费支出的组成部分；赫兹汽车出租公司购买的新车是新增资本，所以它们是投资也是最终产品；新闻纸是报纸的投入，因此它是中间产品而不是最终支出；为副总统购买的新飞机是最终产品，属于政府支出；新房子是最终产品，属于投资。

2. 总支出是 C、I、G 与 NX 的总和。在图 1 中，C 等同于 W；I 等同于 X；G 等同于 U；NX 等同于 Z。因此，总支出 $=W+X+U+Z$。总支出是 600 亿美元。总收入是 Q，由于总收入等于总支出，因此总收入也是 600 亿美元。

新闻摘要参考答案

GDP 是 W、X、U 与 Z 的总和。投资是 X，消费支出是 W，政府购买支出是 U，出口是 Z 的一部分。

$GDP=C+I+G+X-M$，因此，如果 $C+I+G+X$ 的增长速度大于 1%，那么 M 的增长速度肯定比 $C+I+G+X$ 的增长速度快。

14.2　测量美国的 GDP

美国的 GDP 是指一年内在美国国内生产的所有最终产品与服务的市场价值。2011 年，美国的 GDP 是 150 000 亿美元。美国商务部经济分析局使用两种方法测算 GDP：

- 支出法
- 收入法

□ 支出法

用支出法测算 GDP 是利用消费支出、投资、政府购买产品与服务支出以及净出口等方面的数据。这种方法如同将一个仪表附加在循环流量图中，放置在从产品市场到企业的所有流动渠道上，从而测量这些流量的大小。表 14－1 说明了这种方法。第一列给出了在美国国民收入与生产账户（U. S. National Income and Product Accounts）中使用的项目，第二列是我们在上一节用到的一些相应的符号。

利用支出法，GDP 等于产品与服务的消费支出（*C*）、投资（*I*）、政府购买产品与服务支出（*G*）以及产品与服务净出口（*NX*）之和。第三列给出了 2011 年的支出。用支出法计算出的美国 GDP 是 149 970 亿美元（根据 2011 年第二季度的数据）。

2011 年的净出口是负值，因为进口超过了出口。进口是 26 860 亿美元，出口是 20 820亿美元，因此净出口——出口减去进口——为表中显示的－6 040 亿美元。

表 14－1 的第四列是各项支出的相对比重。到目前为止消费支出是总支出的最大组成部分；政府购买支出次之；投资与出口规模相当；净出口是最小的组成部分。2011 年，消费支出占 GDP 的比重达到 71.1%，投资占 12.6%，政府购买支出占 20.3%，净出口占－4%。

表 14－1　GDP：支出法

项目	符号	2011 年（第二季度）的数据（十亿美元）	占 GDP 的百分比（%）
消费支出	*C*	10 667	71.1
投资	*I*	1 896	12.6
政府购买支出	*G*	3 038	20.3
净出口	*NX*	－604	－4.0
GDP	*Y*	14 997	100.0

用支出法测算 GDP 是将消费支出（*C*）、投资（*I*）、政府购买支出（*G*）以及净出口（*NX*）加在一起。2011 年，用支出法测算的 GDP 是 149 970 亿美元。

资料来源：U. S. Department of Commerce，Bureau of Economic Analysis.

不包括在 GDP 中的支出

总支出（和 GDP）并没有包括企业与个人购买的所有产品。GDP 是最终产品与服务的市场价值，因此不是用在最终产品与服务上的支出就不属于 GDP。在中间产品与服务上的支出并不属于 GDP，尽管一个产品是中间产品还是最终产品并不总是那样明显（参见下面的“关注美国经济”专栏）。另外，下面两项内容也不应被计入 GDP：

- 使用过的产品
- 金融资产

使用过的产品　购买使用过的产品的支出不属于 GDP，因为它们在被生产出来时作为新产品已经被计算进当期的 GDP 中了。例如，一辆在 2008 年生产的汽车属于 2008 年 GDP 核算的一部分。如果汽车 2012 年在旧车市场上交易，则对它的支出不能被计入 2012 年的 GDP。

金融资产　当家庭购买金融资产如股票和债券时，它们正在贷出款项，而不是在购买产品和服务。购买新生产出的资本品的支出是 GDP 的一部分，然而购买金融资产的支出却不是。

❖关注美国经济　计算机程序是中间产品还是最终产品？

如果美国航空公司（American Airlines）购买一套新的订票软件，这种行为是不是与通用汽车公司购买轮胎的性质相同呢？如果是，那么订票软件就是一个中间产品，不能被计入 GDP。航空公司出售的机票，就像通用汽车公司出售的其所生产的汽车，都可以被计入 GDP，但是其用来生产航空运输或者汽车的中间产品不能被计入 GDP。

如果美国航空公司购买订票软件，这种行为是不是像通用汽车公司购买流水线上的机器人呢？如果是，那么软件是资本品，对于它的购买属于最终产品的购买，在这种情况下，软件购买属于投资并被计入 GDP。

布伦特·摩尔顿（Brent Moulton）是一位在美国经济分析局（Bureau of Economic Analysis）工作的政府经济学家。他的工作是依据新的数据和对经济的新看法来监督 GDP 估计的周期性调整。

最大的变化是对企业购买的计算机软件的划分。1999 年以前软件被视为一种中间产品，但是自 1999 年以来它被视为一项投资。

这个软件划分问题的影响有多大呢？当美国经济分析局重新计算 1996 年的美国 GDP 时，由于软件被包括在内，1996 年的 GDP 估计值增加了 1 150 亿美元。这真是一个巨大的数字！如果把它放在整个 GDP 的背景中，1996 年的 GDP 是 76 620 亿美元，所以这个值占 GDP 的 1.5%。

这个变化是美国经济分析局一直致力于使 GDP 核算更为精确的一个很好的例子。

□ 收入法

美国经济分析局也用收入法计算 GDP，这需要收集收入数据（来自美国国税局或者其他代理机构），包括企业支付给家庭的生产要素服务的回报——劳动的工资、资本的利息、土地的租金以及企业家才能的利润，然后对这些收入进行加总。这个方法相当于将一个仪表附加在循环流量图中，放置在所有从企业到家庭的要素市场流动渠道上，来测定这些流量的大小。让我们看看如何运用这种方法。

美国国民收入与生产账户将收入划分为两大类：

- 工资收入
- 利息、租金与利润收入

工资收入

工资收入，在国民账户中被称为雇员薪酬，是劳动服务的报酬。它包括净工资和雇主支付的额外福利，如医疗保险、社会保险缴款以及养老基金。

利息、租金与利润收入

利息、租金与利润收入在国民账户中被称为净营业盈余，是资本、土地与企业家才能所带来的总收入。

利息收入是指家庭所收到的对其资本支付的利息，家庭的资本等于其净值——它的资产减去它的借款。

租金收入是指对使用土地和其他可租用的生产要素的支付。它包括对出租房屋的支付和所有者自有房屋的估算租金（估算租金是指房屋所有者会支付多少费用去租赁自己拥有的房屋并自己使用。将这一项目计入国民账户后，无论房屋是自有还是租赁，我们都可以测算整个住房服务业的总价值）。

利润收入包括公司利润以及自己经营企业的企业家收入。这些企业家收入是利息和利润的混合。

表 14－2 展示了以上两类收入及它们的相对比重。工资、利息、租金和利润收入的加总被称为**以要素成本衡量的国内生产净值**（net domestic product at factor cost）。

表 14－2　GDP：收入法

项目	2011 年（第二季度）的数据（十亿美元）	占 GDP 的百分比（%）
工资（雇员薪酬）	8 273	55.2
利息、租金与利润收入（净营业盈余）	3 818	25.5
以要素成本衡量的国内生产净值	12 091	80.7
扣除补助金的间接税	1 039	6.9
折旧（资本消耗）	1 940	12.9
GDP（收入法）	15 070	100.5
统计误差	−73	−0.5
GDP（支出法）	14 997	100.0

所有收入的总和等于以要素成本衡量的国内生产净值。GDP 等于以要素成本衡量的国内生产净值加上扣除补助金的间接税，再加上折旧（资本消耗）。

2011 年，用收入法核算的 GDP 是 150 700 亿美元。这个数字比用支出法核算的 GDP 多了 730 亿美元。这 730 亿美元就是统计误差。

工资是目前总收入中最大的一部分。

资料来源：U. S. Department of Commerce，Bureau of Economic Analysis.

以要素成本衡量的国内生产净值并不是 GDP。我们需要做两项进一步的调整以得到 GDP：第一，从要素成本到市场价格；第二，从净产值到总产值。

从要素成本到市场价格

支出法使用市场价格来估计产品与服务的价值，而收入法使用要素成本——生产产品与服务时所使用的生产要素的成本来估计产品与服务的价值。间接税（如销售税）和补助金（政府对企业的补偿）使这两种计算结果出现差异。销售税使得市场价格超过要素成本，而补助金使得要素成本超过市场价格。将以要素成本衡量的价值转换成以市场价格计算的价值，我们必须加上间接税并减去补助金。

从净产值到总产值

收入法测算净产值，而支出法测算总产值。区别在于**折旧**（depreciation）。折旧来自资本品的使用和报废所导致的资本价值的损耗。收入法 GDP 核算中的企业利润，是扣除资本折旧之后的净值，而支出法 GDP 核算中的投资，既包括购买新的资本品，也包括对资本品损耗或废弃的重置投资。这样，支出法核算的是总产值，收入法核算的是净产值。为了以收入法得到国内生产总值，我们必须在总收入上加上折旧。

表 14－2 概括了上述调整，并展示了用收入法计算的 GDP 与用支出法计算的 GDP 几乎相等。

统计误差

采用支出法与收入法计算出的 GDP 估计值并不精确地一致。如果出租车司机不报告他的所有小费，则收入法就没有包括这部分。但是当这个司机花费他的收入时，支出法就包括了小费这部分收入。这样，支出总额就可能超过收入总额。但是，在计算税收收入时，大部分收入都被美国国税局记录了，而许多支出项目却没有被记录，所以必须估计。因此，收入总额也可能超过估计的支出总额。

用支出法计算的 GDP 与用收入法计算的 GDP 之间的误差叫做**统计误差**（statistical discrepancy），它可以由总支出减去总收入得到。

两种计算 GDP 的方法提供了一种检验数据准确性的方法。如果两种方法获得的数据差距非常大，我们就会想知道我们犯了什么错误。我们是不是忽略了一些项目？是不是存在重复计算？两个估计值接近使我们有理由相信数据是合理准确的。但是一般认为总支出是 GDP 更可靠的估计值，因此，总是在收入上加上或者减去统计误差来调和两种估计值。

□ GDP 与衡量产出和收入的相关方法

尽管 GDP 是衡量总产出的一个主要指标，但是我们有时也可以看到另外一个指标：**国民生产总值**（gross national product，GNP）。

国民生产总值

一国的国民生产总值（GNP）是指在一定时期内由该国居民提供生产要素在世界范围内任何地方所生产出来的最终产品与服务的市场价值。例如，耐克公司为在越南的制鞋厂提供资本所获得的收入是美国 GNP 的一部分，但不是美国 GDP 的一部分。它是越南 GDP 的一部分。类似地，日本丰田公司从美国肯塔基州丰田汽车分公司获得的资本收入是美国 GDP 的一部分，但不是美国 GNP 的一部分。事实上，它是日本 GNP 的一部分。

GNP 等于 GDP 加上一个国家从其他国家获得的收入与支付给其他国家的收入之间的差额即净要素收入，美国 GDP 与 GNP 之间的差额很小。但是在巴林等中东石油国家，由于其大量的资本归国外所有，因此这些国家的 GNP 远小于 GDP；在贫穷国家，如孟加拉人民共和国，这些国家的人们往往在国外工作并将收入汇到国内，因此其 GNP 远大于 GDP。

个人可支配收入

我们已经知道消费支出是总支出中最大的部分，而影响消费支出的主要因素就是**个人可支配收入**（disposable personal income）。个人可支配收入是家庭所获得的总收入减去所支付的个人所得税后的收入。由于个人可支配收入在影响支出上占有重要地位，所以国民账户测算了这个项目以及许多的中间总量，见图 14－2。图 14－2 展示了个人可支配收入是如何计算的以及它与 GDP、GNP 之间的关系。

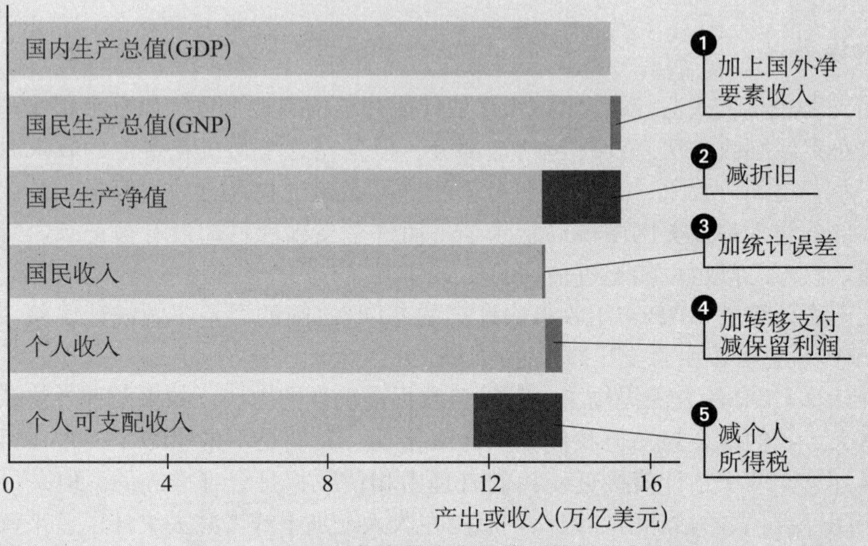

图 14－2　GDP 与衡量产出和收入的相关方法

柱形条展示了六个衡量产出与收入的相关指标及它们之间的相互关系。

① GDP 加上国外净要素收入得到 GNP。

② GNP 减去折旧得到国民生产净值。

③ 加上支出法与收入法两者间的统计误差（图中这部分极小，几乎看不到）得到国民收入。

④ 加上政府的转移支付，扣除企业的保留利润得到个人收入。

⑤ 最后，减去个人所得税得到个人可支配收入。

资料来源：美国商务部经济分析局。

□ 名义 GDP 与实际 GDP

我们已经看到 GDP 测量的是某个特定时期内在最终产品与服务上的总支出。假设我们想比较美国两个时期的 GDP，比如说 2005 年与 2011 年。在 2005 年，GDP 是 126 230 亿美元，而 2011 年的 GDP 是 149 970 亿美元，比 2005 年增加了 18.8%。那么，这个百分比增加意味着什么呢?

上述 GDP 增加意味着以下两件事情：

- 美国生产了更多的产品与服务。
- 美国为这些产品与服务支付了更高的价格。

生产更多的产品与服务有利于生活水平的提高。但是为这些产品与服务支付更高的价格则意味着生活成本的上升而不是生活水平的上升。因此 GDP 为何增加非常重要。如果计算出的 18.8%的 GDP 增加主要来自价格上升，我们的生活水平变化不会很大。但是，如果计算出的 18.8%的 GDP 增加主要来自生产了更多的产品与服务，那么我们的生活水平可能会提高很多。

下面我们将会了解美国经济分析局的经济学家如何分离出产出增加对 GDP 的影响。他们的第一步是区分两个 GDP 概念：实际 GDP 与名义 GDP。

实际 GDP（real GDP）是以某一参考基年的价格衡量的一个特定时期的最终产品与服务的价值。参考基年是我们选择的用来与所有其他年份进行比较的年份。在今天的美国，参考基年是 2005 年。

实际 GDP 对应着**名义 GDP**（nominal GDP），后者是以当年价格衡量的一个特定时期的最终产品与服务的价值。名义 GDP 仅仅是前面所说的 GDP 的一个更精确的表达。

近些年来计算实际 GDP 的方法有一些变动，现在越来越技术化了，但是计算实质并没有改变。这里我们介绍实际 GDP 的计算实质，而本章的附录部分介绍了美国经济分析局计算实际 GDP 所采用方法的技术细节。

□ 计算实际 GDP

计算实际 GDP 的目的在于衡量总产出的增长程度，并排除价格变动对 GDP 计算的影响。为了集中考核实际 GDP 计算的实质且使数据容易处理，我们将计算在每个 GDP 组成部分中只生产一种产品的经济体的实际 GDP。GDP 的组成部分包括消费支出（C）、投资（I）以及政府购买支出（G），并通过假定净出口（出口减去进口）为零，我们可以忽略出口与进口。

表 14－3 展示了生产数量与 2005 年（基年）和 2011 年的价格。在表 14－3（a）中，我们计算了 2005 年的名义 GDP。在每一项目下，我们将生产数量与其价格相乘得到该项目的总支出，然后将各项支出相加得到名义 GDP。2005 年的名义 GDP 是 1 亿美元。由于 2005 年是基年，该年的实际 GDP 与名义 GDP 相等。

在表 14－3（b）中，我们计算了 2011 年的名义 GDP。同样，通过将每个项目的生产数量与其价格相乘我们得到每一项目的总支出，然后将各项支出相加得到 2011 年的名义 GDP，2011 年的名义 GDP 为 3 亿美元。2011 年的名义 GDP 的价值是 2005 年名义 GDP 价值的三倍，但是这种 GDP 增加中有多少是因为生产了更多的产品与服务呢？这就是实际 GDP 会告诉我们的。

表 14－3　计算 2005 年、2011 年的名义与实际 GDP

	项目	数量（百万单位）	价格（美元/每单位）	支出（百万美元）
(a) 2005 年				
C	T 恤	10	5	50
I	计算机芯片	3	10	30
G	保险服务	1	20	20
Y	2005 年的实际与名义 GDP			100
(b) 2011 年				
C	T 恤	4	5	20
I	计算机芯片	2	20	40
G	保险服务	6	40	240
Y	2011 年的名义 GDP			300

续前表

项目		数量（百万单位）	价格（美元/每单位）	支出（百万美元）
（c）用 2005 年的价格估计的 2011 年数量的价值				
C	T 恤	4	5	20
I	计算机芯片	2	10	20
G	保险服务	6	20	120
Y	2011 年的实际 GDP			160

2005 年是基年，所以该年的实际与名义 GDP 相等。

在 2005—2011 年间，保险服务（G）的生产增加了，而 T 恤（C）与计算机芯片（I）的生产减少了。在这段时间里，T 恤的价格没变化，但是其他两种产品的价格翻倍了。

名义 GDP 从表（a）中 2005 年的 1 亿美元增加到表（b）中 2011 年的 3 亿美元。

表（c）中的实际 GDP 是用表（b）中 2011 年的数量与表（a）中 2005 年的价格计算出来的，从 2005 年的 1 亿美元增加到 2011 年的 1.6 亿美元，增加了 60%。

在表 14－3（c）中，我们计算了 2011 年的实际 GDP。你可以发现表 14－3（b）与表 14－3（c）中每种产品与服务的数量都是相同的，它们是 2011 年各项目的数量。你也可以发现表 14－3（a）与表 14－3（c）中的价格是相同的，即为 2005 年的价格。

对每一项目，我们现在将 2011 年的生产数量与 2005 年对应的价格相乘得到 2011 年每一项目的总支出，这时假定了 2011 年的价格水平与 2005 年保持一致。然后，将每一项目的总支出相加，我们就得到了 2011 年的实际 GDP，即 1.6 亿美元。

2011 年名义 GDP 的价值是 2005 年的 3 倍，实际 GDP 的价值只是 2005 年的 1.6 倍——实际 GDP 增加了 60%。

□ 使用实际 GDP 数据

在上一个例子中我们基于 2005 年的价格水平计算出了 2011 年的实际 GDP 的价值。这个数据仅仅使我们可以比较两年的总产出。使用 2005—2011 年间每一年的数据，重复上一个例子中的计算过程，我们就可以计算得到实际 GDP 每一年的百分比变化，即实际 GDP 的年增长率。同样，通过计算每三个月的实际 GDP——季度实际 GDP——美国经济分析局能够为当前经济状况预测提供有用的信息。这些信息被用于指导政府的宏观政策、商业生产以及投资决策。

检查站 14.2☞　阐述经济统计学家如何衡量 GDP 以及如何区分名义 GDP 与实际 GDP。

现实问题

表 1 展示了 2008 年美国国民收入与生产账户中的一部分项目。利用表 1 回答问题 1～3。

1. 使用支出法计算 2008 年美国的 GDP。

2. 用收入法计算的 2008 年美国的 GDP 是多少？2008 年国内生产总值与国内生产净值相差多少？

3. 计算 2008 年美国的 GNP 与国民收入。

表 1

项目	总额（万亿美元）
消费支出	10.0
政府购买支出	2.9
扣除补助金的间接税	0.8
折旧	1.9
国外净要素收入	0.2
投资	2.1
净出口	−0.7
统计误差	0.0

4. 表 2 展示了一个经济体的一些数据。如果基年是 2010 年，计算该经济体 2011 年的名义 GDP 与实际 GDP。

表 2

(a) 2010 年

项目	数量	价格
苹果	60	0.50 美元
橘子	80	0.25 美元

(b) 2011 年

项目	数量	价格
苹果	160	1.00 美元
橘子	220	2.00 美元

新闻摘要

因为消费者减少支出，存货正在增加

商务部报告说 8 月非耐用品的销售下降了 0.6%，而耐用品的销售下降了 1.5%。耐用品的存货增加了 1.4%。

资料来源：*Reuters*，October 9，2008.

当下列情况发生时，GDP 的哪一部分变化了：(1) 非耐用品的销售下降；(2) 耐用品的销售下降；(3) 耐用品的存货增加？请举例说明每一个项目的支出。

现实问题参考答案

1. GDP 是 143 000 亿美元。支出法是将在最终产品与服务上花费的支出相加，即 GDP$=C+I+G+NX$。2008 年，美国的 GDP=(100 000+21 000+29 000−7 000) 亿美元=143 000 亿美元。

2. 用收入法计算的 GDP 是 143 000 亿美元。因为统计误差为零，GDP（支出法）= GDP（收入法）。国内生产总值减去国内生产净值等于折旧，是 19 000 亿美元。

3. GNP=GDP+国外净要素收入。2008 年，GNP 是 145 000 亿美元（即 143 000 亿美元+2 000 亿美元）。国民收入=GNP−折旧，所以 2008 年国民收入=145 000 亿美元−19 000 亿美

元=126 000 亿美元。

4. 2011 年名义 GDP=160 个苹果×1 美元/个+220 个橘子×2 美元/个=600 美元。以 2010 年价格计算的 2011 年实际 GDP=160 个苹果×0.5 美元/个+220 个橘子×0.25 美元/个=135 美元。

新闻摘要参考答案

(1) 非耐用品如咖啡是由家庭购买的，因此是消费支出（*C*）的一部分。(2) 耐用品如 iPhone 手机是由家庭购买的，因此是消费支出（*C*）的一部分，耐用品如塔式起重机是由企业购买的，因此是投资（*I*）的一部分。(3) 耐用品的存货如福特工厂里的汽车存货，是投资（*I*）的一部分。

14.3 实际 GDP 的应用与局限

我们使用实际 GDP 的估计值是为了以下三个主要目的：

- 比较不同时期的生活水平。
- 追踪经济周期的进程。
- 比较不同国家的生活水平。

□ 不同时期的生活水平

一个国家的**生活水平**（standard of living）是由在人均意义上人们所能够享用的产品与服务的价值决定的。人均收入决定了人们可以支付多少来购买，而实际 GDP 是实际收入的一种衡量，故**人均实际 GDP**（real GDP per person）——实际 GDP 除以人口数量——是一个衡量不同时期内生活水平的常用指标。

人均实际 GDP 告诉我们平均每个人能够享有的产品与服务的价值。通过使用实际 GDP，在进行不同时期生活水平的比较时，我们就可以排除由产品与服务价格上升以及生活成本上升带来的影响。

比较不同时期的人均实际 GDP 的一个简便方法是，用当年人均实际 GDP 与某参考年份的人均实际 GDP 的比值来表示。表 14-4 提供了美国 2011 年与 50 年前即 1961 年的人均实际 GDP 的比较数据。1961 年人均实际 GDP 是 15 754 美元，而 2011 年人均实际 GDP 是 42 206 美元，也就是 1961 年水平的 2.7 倍。在某种程度上，人均实际 GDP 测量的是生活水平，那么 2011 年人们的生活水平是 1961 年他们祖父母的 2.7 倍。

表 14-4　1961 年与 2011 年人均实际 GDP

年份	1961	2011
实际 GDP（十亿美元）	2 894	13 088
人口数量（十亿）	183.7	310.1
人均实际 GDP（美元）	15 754	42 206

图 14－3 展示了从 1961 年到 2011 年期间整个 50 年的人均实际 GDP，并且展示了我们生活水平变化的两个特征：

1. 人均潜在 GDP 在上升。
2. 人均实际 GDP 围绕人均潜在 GDP 波动。

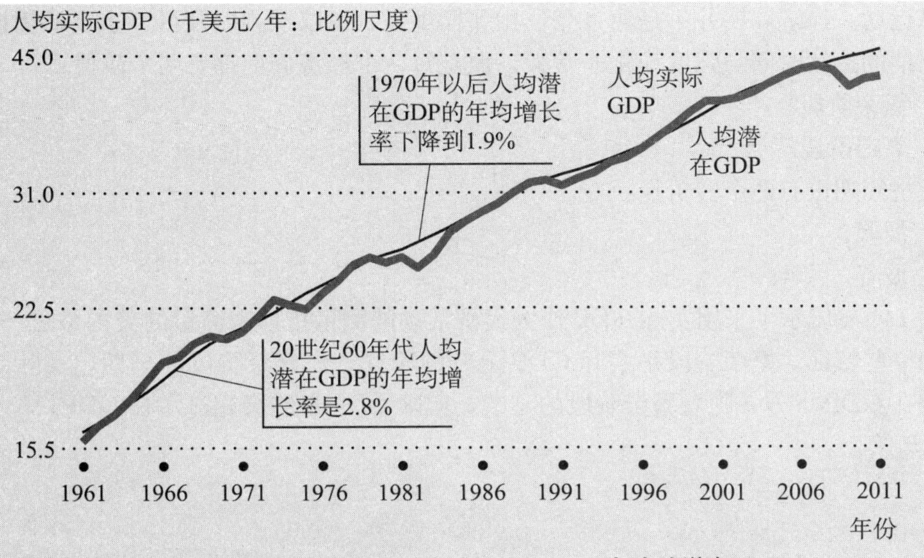

图 14－3　美国 1961—2011 年人均实际 GDP 与人均潜在 GDP

实际 GDP 围绕潜在 GDP 增长路径波动并增长。人均潜在 GDP 的增长率由 20 世纪 60 年代的年均 2.8%下降到 1970 年以后的年均 1.9%。

资料来源：Bureau of Economic Analysis and the Congressional Budget Office.

潜在 GDP（potential GDP）是一个经济体的所有生产要素——劳动、资本、土地以及企业家才能——都得到充分利用时所能达到的实际 GDP 的水平。当一些生产要素没有得到充分利用时，实际 GDP 低于潜在 GDP，当一些生产要素被过度利用，比在长期可持续状态更努力地工作且工作更长的时间时，实际 GDP 会超过潜在 GDP。

我们已经看到 2011 年的人均实际 GDP 是 1961 年的 2.7 倍，但是 2011 年一些劳动及其他生产要素没有得到充分利用，该经济体生产的实际 GDP 低于潜在 GDP。为了测量生活水平的变化趋势，我们必须去除短期波动的影响，并将注意力集中到潜在 GDP 的路径上。

潜在 GDP 的增长率波动低于实际 GDP 的增长率波动。在 20 世纪 60 年代，人均潜在 GDP 以每年 2.8%的平均速度增长，但是从 20 世纪 70 年代起，该增长速度下降到了每年 1.9%。人均潜在 GDP 的下降意味着，与假定 20 世纪 60 年代的增长率能够保持到 20 世纪 70 年代所能产生的人均潜在 GDP 相比，20 世纪 70 年代的人均潜在 GDP 更低（而且低得多）。如果潜在 GDP 保持 20 世纪 60 年代的增长速度，2011 年的人均潜在 GDP 应该比实际的要高 20 000 美元。由于 20 世纪 70 年代这种潜在 GDP 增长率下降而导致的收入累积损失是一个相当大的数字，达到了人均 300 000 美元。阐释潜在 GDP 增长率下降的原因是宏观经济学家的主要任务之一。

□ 追踪经济周期的进程

我们把经济活动过程中的波动叫做经济周期。**经济周期**（business cycle）是一个经济体的总产出和其他经济活动衡量指标如就业或收入等指标的周期性但是不规则的上升与下降运动。经济周期并不是像月亮位相那样规则、可以预测以及可以重复的周期变动。经济周期的持续时间与强度变化非常大，但是每一个经济周期都有两个阶段：

1. 繁荣阶段。
2. 衰退阶段。

经济周期也有两个转折点：

1. 波峰。
2. 波谷。

图 14－4 展示了采用实际 GDP 作为经济活动的测量指标来衡量的美国最近一轮经济周期的一些特征。繁荣阶段是实际 GDP 上升的阶段。在繁荣阶段的早期，实际 GDP 保持在潜在 GDP 下方，随着繁荣阶段的延续，实际 GDP 最终会超过潜在 GDP。

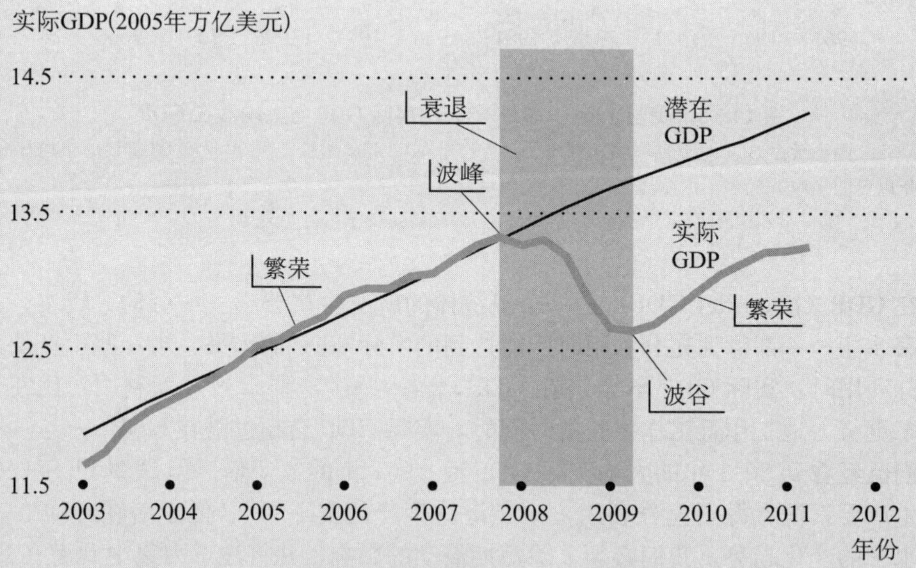

图 14－4　美国最近一轮经济周期

美国最近一轮经济周期的波峰出现在 2007 年第四季度，而波谷出现在 2009 年第二季度，从那以后，新的繁荣阶段开始了。在波峰与波谷之间，经济处于衰退阶段。衰退极其严重，在接下来的繁荣阶段经济极其疲软——实际 GDP 远远低于潜在 GDP。

资料来源：Bureau of Economic Analysis，the Congressional Budget Office，and the National Bureau of Economic Research.

衰退（recession）的普遍定义为实际 GDP 下降——它的增长率为负——持续至少两个连续季度的阶段。美国国家经济研究局（NBER）——确定美国经济周期的阶段与转折点——给出了衰退的更为广泛的定义，即总产出、收入、就业以及贸易等经济指标显著下降的时期，通常会持续半年到一年，明显的标志是许多经济部门在这个时期收缩。

这个定义意味着，即使实际 GDP 没有连续下降两个季度，美国国家经济研究局也可能宣布经济处于衰退阶段。2001 年的衰退就是这样一种情况。在繁荣阶段结束后，也就是在经济周期达到波峰后，经济衰退就开始了。波峰就是截止到当时所能达到的实际 GDP 的最高水平。实际 GDP 下降到了一个低点时，就意味着到了波谷，衰退就结束了，从这时起新一轮的繁荣阶段也就开始了。

图 14-4 中的柱状阴影部分凸显了 2008—2009 年的衰退。这次衰退极其严重，它使人均实际 GDP 下降到了 2005 年的水平。衰退的结束并不是痛苦的结束。当繁荣阶段开始时，实际 GDP 低于潜在 GDP。在 2008—2009 年衰退阶段过去后，即使进入繁荣阶段两年后，实际 GDP 仍没有回到它之前的波峰水平，实际 GDP 与潜在 GDP 之间的差距仍然非常大。

以 1991 年之后的一个大衰退作为开始并以 2008 年全球金融危机作为结束的这一阶段，没有出现实际 GDP 以及经济活动其他指标的剧烈下降，这一时期被称为大缓和时期，大缓和与大萧条的概念形成对比。一些充满幻想的乐观主义者甚至宣称经济周期已经消失了。这个长时期的繁荣阶段也使得宏观经济学家们研究的注意力从经济周期转向了经济增长以及如何获得更快的增长。

但是 2008—2009 年的衰退使得经济周期又被提上议程。经济学家们因为没有预测到这次衰退而受到批评，一些经济学家曾经被湮没的观点也大量地出现在《经济学人》、《纽约时报》以及网络博客等媒体上。

随着宏观经济学学习的深入，我们将会进一步阐述衰退的原因以及经济学家们的一些不同的观点。

∴关注繁荣与衰退　如何追踪美国经济的繁荣与衰退？

美国国家经济研究局的经济周期确定委员会对经济周期的持续时间以及转折点具有发言权。

为了识别经济周期的波峰时间，美国国家经济研究局经济周期确定委员会会综合考察工业生产数据、就业、实际 GDP 以及批发与零售数据等。

美国国家经济研究局经济周期确定委员会在 2008 年 11 月专门召开会议判断经济何时进入衰退阶段。

该委员会声称测量国内总产出的最可靠的两个指标分别是以支出法和收入法计算的实际 GDP。

由于统计误差的存在，总产出的这两种估计值会出现不同，2007 年与 2008 年的一些季度的计算甚至还得出了相互冲突的结果。正如该委员会所说的，这些估计值“并不能给出经济周期波峰出现的准确时间”。

美国国家经济研究局经济周期确定委员会也对个人实际收入、实际制造、批发与零售、工业生产以及就业等数据进行了研究。所有这些数据都表明波峰出现在 2007 年 11 月与 2008 年 6 月之间，该委员会宣布波峰出现在 2007 年 11 月。然而，正如下页图所示，实际 GDP 直到该时间的两个季度后才开始持续下降。

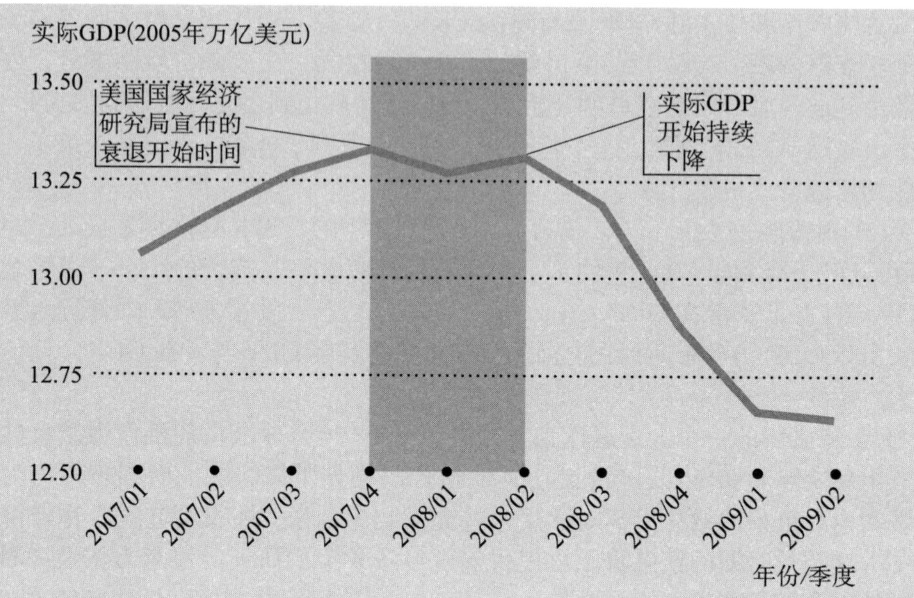

资料来源：Bureau of Economic Analysis and the National Bureau of Economic Research.

现在让我们不考虑不同时段的生活水平以及经济周期，而简单地比较不同国家的生活水平。

□ 比较不同国家的生活水平

为了采用人均实际 GDP 数据比较不同国家的生活水平，我们必须将以其他国家计价单位计价的数据转变为按美元计价。为了计算实际 GDP，我们也必须使用一套所有国家共同的价格体系，被称为购买力平价。国际货币基金组织对此做了相应的计算，回到图 2－4，我们可以看到基于这些数据的一些对比。国际货币基金组织认为，平均来讲，一个美国人的生活水平（或者人均收入）大约是一个中国人的 8 倍。

实际 GDP 为在不同国家间比较生活水平提供了方便。然而，实际 GDP 并不能包含所有已经生产出来的产品与服务的价值。同时，实际 GDP 也不能反映除产品与服务之外的那些影响生活水平的因素。接下来我们将考察实际 GDP 的局限性。

□ 未能进入 GDP 核算的产品与服务

GDP 核算那些进入市场买卖的产品与服务的价值，但是它排除了以下产品与服务：
- 家庭生产
- 地下经济
- 闲暇
- 环境质量

家庭生产

家庭生产（household production）是在家庭里发生的产品与服务（主要是服务）的

生产，比如烹饪、换灯泡、割草、洗车以及帮助孩子复习功课。因为我们不需要在市场上购买这些服务，因此它们没有被计入 GDP。结果是 GDP 低估了生产的价值。

许多传统上由家庭生产的产品与服务现在可以在市场上购买到。例如，更多的家庭现在在快餐店用餐，快餐业是美国一个快速成长的行业。另外人们越来越多地使用托儿所服务。这些趋势意味着原来那些曾经是家庭生产的一部分的经济活动现在被计入了 GDP。因此，实际 GDP 的增长速度比实际 GDP 与家庭生产这两者之和的增长速度更快。

地下经济

地下经济（underground production）是处于政府视野之外的产品与服务的生产，由于人们想逃避政府的税收与监管，或者由于他们的生产活动是违法的。由于地下经济不向政府反映，因此无法在 GDP 核算中得到反映。

地下经济的例子包括非法毒品的分配，使用非法工人，付低于最低工资水平的工资的农场工作，以及为了逃避所得税而只收现金的经济活动。最后一类地下经济的数量可能相当大，包括付给出租车司机、理发师及旅馆与餐馆工作人员的小费。

威斯康星大学的经济学家埃德加・L. 费吉（Edgar L. Feige）认为在 20 世纪 90 年代初期，美国的地下经济大概占 GDP 的 16%。在许多国家，特别是大多数发展中国家，地下经济占 GDP 的比重比美国更大。

闲暇

闲暇对于个人是一种经济产品，却没有被计入 GDP。闲暇的边际时间必须至少与工作赚取的工资一样重要，否则我们便会用工作取代闲暇。随着时间的推移，我们的闲暇越来越多，工作时间越来越短，更多的人提前退休，休假时间增多。这种生活水平的提高却没有被计入实际 GDP。

环境质量

环境污染是一种坏的经济产品（对应的是好的经济产品）。在其他条件不变的情况下，环境污染越严重，我们的生活水平就越低。这种生活水平的下降并没有被计入实际 GDP。

∵关注你的生活　　使 GDP 更贴近个人

当你读报纸或商业杂志、看电视新闻节目或浏览新闻网页时，你可能会经常碰到关于 GDP 的一些报道。

这些报道对你意味着什么呢？在国民收入与生产账户中你自己的市场交易活动出现在哪里呢？在生活中你将如何使用这些关于 GDP 的信息呢？

你对 GDP 的贡献

你自己的市场交易活动在国民收入与生产账户中既出现在支出方也出现在收入方，也就是说，既是用支出法计算的 GDP 的一部分，也是用收入法计算的 GDP 的一部分。

你的大部分支出属于消费支出。如果你买了一所新房子，这项内容就被计入了投资。由于你购买的商品中有许多是在国外生产出来的，对这部分商品的支出就被计入了进口。

如果你有一份工作，你的这部分收入就是雇员薪酬。

由于 GDP 只核算那些进入市场交易的生产的价值，一些你自己生产的产品与服务很有可能没有进入 GDP。

哪些是你生产出来的非市场的产品与服务呢？你将如何衡量这部分经济活动的价值？

使 GDP 数据更有意义

为了利用那些新闻报道里的 GDP 数据，你必须首先确定记者描述的是名义 GDP 还是实际 GDP。

利用美国人均实际 GDP 数据，你可以将你的收入与美国人均收入相比较。当你看到法国、加拿大或中国等其他国家的 GDP 数据时，你也可以将你的收入与这些国家的人均收入相比较。

□ 影响生活水平的其他因素

我们所消费的产品与服务的数量是影响生活水平的主要因素，但是其他影响因素是：

- 健康与预期寿命
- 政治自由与社会公平

健康与预期寿命

良好的健康状况以及更长的寿命——这是每个人的期望——没有直接反映在实际 GDP 中。更高的实际 GDP 可以使得我们在医学研究、医疗保健、健康食品及运动器械方面支出更多。随着实际 GDP 的增加，我们的预期寿命也会相应变长。但是每年我们都会面对新的健康和预期寿命问题。疾病，如艾滋病，以及滥用药物正在以令人担忧的速度夺走年轻人的生命。如果把这些负面因素考虑进来，实际 GDP 的增长也许就夸大了我们生活水平的改善程度。

政治自由与社会公平

一个国家可能会拥有比较高的人均实际 GDP，但是却只有有限的政治自由与社会公平。例如，少数精英也许拥有政治自由并占有极大的财富量，而多数人却只拥有有限的政治自由并生活在贫困状态。在 GDP 相同的情况下，上述这样一个国家的生活水平被公认为不如一个人人都享有政治自由与社会公平的国家。

∵关注全球经济　　哪个国家拥有最高的生活水平？

我们已经看到作为生活水平的衡量指标，GDP 有很多局限。为了比较不同国家间的生活水平，除了 GDP 之外我们还必须考虑其他因素。

GDP 只测算那些在市场中交易的最终产品与服务的价值，GDP 忽略了一些经济活动（如家庭生产与地下经济）。它忽略了闲暇、良好的健康状况与长的预期寿命以及政治自由与社会公平的价值，也忽略了污染对环境质量的破坏（负的价值）。

GDP 作为衡量生活水平的一种指标所面临的缺陷在每一个国家都存在。为了对生活水平进行国际比较，我们必须采用实际 GDP 以及其他一些指标。其中，人均实际 GDP 是进行国际比较的一个主要指标。

许多 GDP 的替代指标被提了出来。一个是绿色 GDP，即去掉了温室气体排放及一些其他对环境产生负面影响的因素的估计成本后的 GDP。另外一个是幸福星球指数（Happy Planet Index，HPI）。这个指标从 GDP 中扣除了不可再生资源的消耗所带来的估计成本。

无论是绿色 GDP 还是幸福星球指数都不是衡量生活水平的可靠指标，因为这两者都依赖于对污染成本以及资源消耗成本的估计，这些估计是主观的且不可靠的。

为了关注生活质量影响因素，联合国（UN）构建了一个人类发展指数（Human Development Index，HDI）。这个指数综合考虑了实际 GDP、预期寿命与健康状况以及教育等因素。

下图展示了 2010 年的人类发展指数与 GDP 之间的关系。（图中，每个点都代表一个国家。）这两个生活水平衡量指标给我们提供的信息类似但并不完全一致。

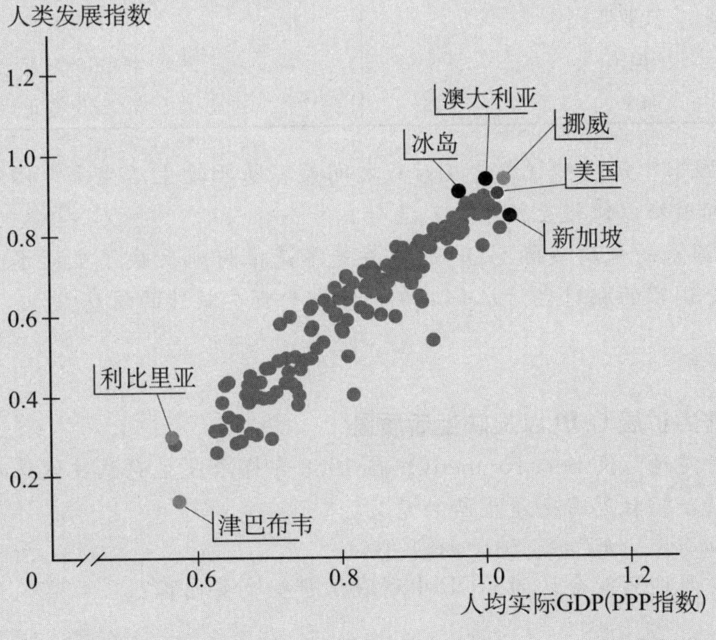

资料来源：*United Nations Human Development Report*，2011，http：//hdr.undp.org/.

美国拥有世界上第三高的人均 GDP、第四高的人类发展指数。为什么美国没有一个更高的人类发展指数排名？

联合国指出，排在美国之前的那三个国家的居民比美国的居民寿命更长，能够利用全球医疗服务，拥有更好的教育质量。人类发展指数强调了以上这些服务的质量。

人类发展指数没有包括政治自由与社会公平。如果包括这些指标，美国的人类发展指数排名可能会高些。

总之，我们并不知道哪一个国家的生活水平最高，但是我们知道仅仅人均 GDP 这一个指标不能给我们完美的答案。

检查站 14.3 描述实际 GDP 的应用，并说明其作为生活水平衡量指标的局限性。

现实问题

在表 1 中，《联合国人类发展报告》给出了 2011 年的数据。报告中的其他一些信息告诉我们加拿大与美国的家庭生产情况类似，都小于中国和俄罗斯的家庭生产规模。俄罗斯与中国的地下经济比例最大，且这两个经济体的地下经济所占比例相似。加拿大人和美国人比中国人和俄罗斯人拥有更多的闲暇。加拿大和美国在保护环境上的支出比中国和俄罗斯多得多。在忽略其他影响因素的情况下，使用这些信息回答问题 1 和 2。

表 1

国家	人均实际 GDP
中国	4 833 美元
俄罗斯	13 543 美元
美国	48 666 美元
加拿大	50 265 美元

1. 这四个国家中哪一对（或者几对）之间最容易比较生活生平？以及哪一对（或者几对）国家之间最难以比较生活水平？为什么？

2. 这四个国家的人均实际 GDP 的差异是不是很好地反映了生活水平的排序？为了准确地估计四个国家的相对生活水平，我们还需要哪些额外的信息？

新闻摘要

经济学家努力扩展 GDP 以反映生活质量

罗伯特·肯尼迪（Robert Kennedy）在 1968 年谋求民主党总统候选人时曾说，GDP 衡量了一切事情，唯独没有衡量生活的意义。

资料来源：*The New York Times*, September 1, 2008.

罗伯特·肯尼迪可能会认为 GDP 中遗漏了哪些重要内容？

现实问题参考答案

1. 两对国家——加拿大与美国、中国与俄罗斯——之间比较容易比较。这是因为在每一对国家中，家庭生产、地下经济、闲暇以及环境方面的情况类似。最难比较的是加拿大、美国这两个国家与中国或者俄罗斯的比较。家庭生产与地下经济缩小了它们的差距，但是闲暇与环境却拉大了差距。

2. 这四个国家的人均实际 GDP 之间的差异也许能够很好地反映其生活水平的排序，这是因为当其他因素类似时（如加拿大与美国），GDP 差距很小；当其他因素差异较大时，GDP 差距非常大。

为了准确地估计这四个国家的相对生活水平，我们还需要更多的关于家庭生产的价值、地下经济、闲暇的价值、环境差异的价值等方面的信息。

新闻摘要参考答案

GDP 衡量了在市场中交易的生产的价值，却没有包含家庭生产、闲暇、健康与预期寿命、政治自由与社会公平等内容。这些可能是罗伯特·肯尼迪所认为的作为生活质量衡量指标的 GDP 所缺失的内容。

本章总结

□ 要点

1. 定义 GDP，并解释为什么对于一个经济体来说总产出的价值、总收入以及总支出相等。

- GDP 是一定时期内在一国境内生产的所有最终产品与服务的市场价值。
- 我们既可以从生产成本（收入）的角度，也可以从人们愿意付出的代价（支出）的角度来衡量产品与服务的价值。
- 总产出的价值等于总收入，且等于总支出。

2. 描述经济统计学家如何衡量 GDP 以及如何区分名义 GDP 与实际 GDP。

- 美国经济分析局通过加总支出与加总收入的办法测量 GDP。如果没有测量误差，这两个总量是相等的，但是在实践中小的统计误差总是存在。
- 一个国家的 GNP 与 GDP 数值类似，但是 GNP 是由某国居民所提供的生产要素所生产出来的产出的价值。
- 名义 GDP 是使用当年价格与当年的生产数量计算出来的产出的价值。
- 实际 GDP 是使用基年的价格与当年的生产数量计算出来的产出的价值。

3. 描述实际 GDP 的应用，并说明其作为生活水平衡量指标的局限性。

- 我们使用人均实际 GDP 去比较不同时期的生活水平。
- 我们使用人均实际 GDP 来判断一个经济体在什么时候达到了经济周期的波峰或波谷。
- 我们使用以购买力平价表示的人均实际 GDP 来比较不同国家的生活水平。
- 实际 GDP 忽略了一些产品与服务，也忽略了一些影响生活水平的因素。
- 人类发展指数将 GDP 中忽略的一些指标纳入了计算。

□ 关键术语

经济周期
消费支出
折旧
个人可支配收入
出口产品与服务
最终产品与服务
政府购买产品与服务支出
国内生产总值（GDP）
国民生产总值（GNP）
家庭生产
进口产品与服务
中间产品与服务
投资
以要素成本衡量的国内生产净值
产品与服务净出口
净税收
名义 GDP
潜在 GDP
实际 GDP
人均实际 GDP
衰退
储蓄
生活水平
统计误差
地下经济

本章检查站

□ 学习计划中的问题与应用

1. 图 1 展示了一个经济体中收入与支出的流动。2009 年，U 是 2 万亿美元，V 是 1.5 万亿美元，W 是 7 万亿美元，X 是 1.5 万亿美元，Z 是 0，计算总收入、净税收与 GDP。

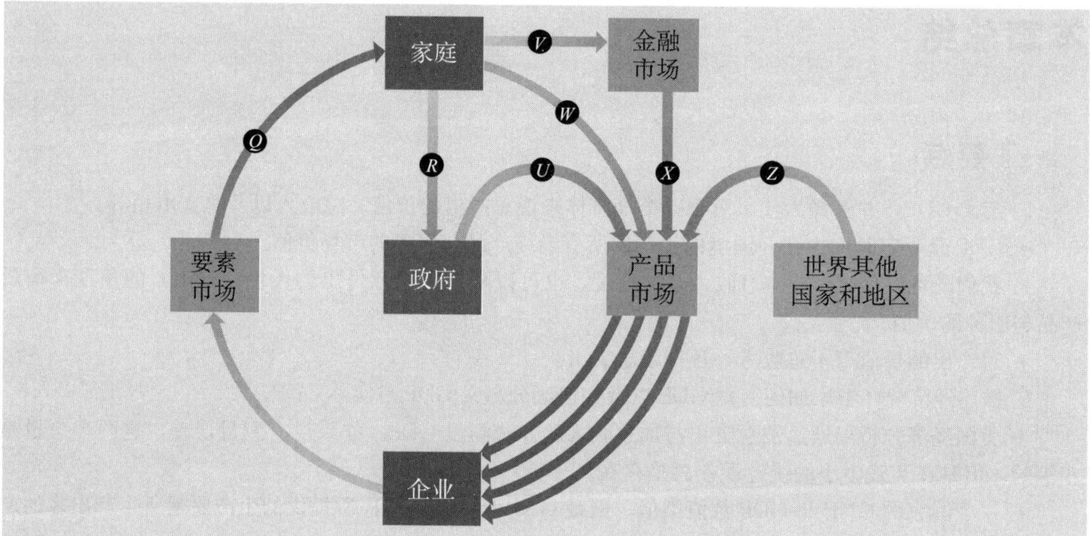

图 1

使用下列信息回答问题 2 和 3。

羊皮纸国的国民收入账户都记录在羊皮纸上（正如你所想象的）。一场火灾烧毁了国家的统计办公室，这使得国民收入账户不再完整。现在国民收入账户包含以下数据：

- GDP（收入法）2 900 美元
- 消费支出 2 000 美元
- 扣除补助金的间接税 100 美元
- 利息、地租与利润 500 美元
- 投资 800 美元
- 政府购买支出 400 美元
- 工资 2 000 美元
- 国外净要素收入 50 美元
- 净出口 −200 美元

2. 计算 GDP（支出法）与折旧。

3. 计算以要素成本衡量的国内生产净值、统计误差以及 GNP。

利用下列信息回答问题 4～6。

一个经济体只生产娱乐与食物。表 1 展示了 2009 年与 2010 年生产的娱乐与食物的价格和数量。2009 年是基年。

4. 计算 2009 年与 2010 年的名义 GDP。

5. 计算 2010 年产出增加的百分比。

6. 如果 2009 年的潜在 GDP 是 270 美元，并在 2010 年增加了 1%，那么这个经济体处于经济周期的哪个阶段？请解释。

表 1

(a) 2009 年

项目	数量	价格
娱乐	40	2 美元
食物	60	3 美元

(b) 2010 年

项目	数量	价格
娱乐	35	3 美元
食物	65	2 美元

利用下列信息回答问题 7～9。

6 月较高的价格拉高了消费支出

商务部报告说，6 月零售额增加了 0.8%。但是，净出口在 2009 年第二季度下降了 0.3%，6 月企业存货下降了 1.1%，同时，所有产品的销售都增加了 0.9%。

资料来源：Commerce Department，August 13，2009.

7. 零售额增加导致了 GDP 哪一部分的变化？企业存货增加导致了 GDP 哪一部分的变化？

8. 解释净出口增加使得 GDP 如何变化？

9. 报告中说所有产品的销售都增加了 0.9%，是不是意味着 GDP 增加了 0.9%？解释你的答案。

□ 教师可布置的问题与应用

1. 2008 年，中国的人口是 13 亿，实际 GDP（以购买力平价换算）是 4.4 万亿美元。同年，印度的人口是 12 亿，实际 GDP（以购买力平价换算）是 1.2 万亿美元。从我们能够得到的最新的数据来看，2005 年中国的人类发展指数是 0.777，印度是 0.619。

基于以上信息，哪个国家具有更高的生活水平？这些信息的什么特征使你得出了你的结论？

2. 判断以下各项属于最终产品与服务还是属于中间产品与服务，并判断各项分别是消费支出、投资还是政府购买产品与服务支出。

- 塔吉特（Target）百货购买的银行服务
- 白宫购买的安全系统
- 星巴克购买的咖啡豆
- 星巴克购买的新的咖啡研磨机
- 一个学生购买的星巴克的大杯摩卡星冰乐
- 美国海军购买的新战舰

利用以下信息回答问题 3 和 4。

三菱重工在日本制造新型波音 787 梦想客机的机翼。丰田公司在肯塔基州为美国市场组装小汽车。

3. 说明这些活动出现在美国国民收入与生产账户的什么地方。

4. 说明这些活动出现在日本国民收入与生产账户的什么地方。

运用表 1 中关于伊比利亚（Iberia）的数据回答问题 5 和 6。

5. 计算伊比利亚的 GDP。

6. 计算伊比利亚的产品与服务进口额。

表 1

项目	总额
净税收	180 亿美元
政府购买支出	200 亿美元
储蓄	150 亿美元
消费支出	670 亿美元
投资	210 亿美元
出口	300 亿美元

表 2 展示了一个经济体 2009 年与 2010 年的总产出和生产的最终产品的价格。利用表中信息回答问题 7～9。

7. 计算 2009 年与 2010 年的名义 GDP。

表 2

(a) 2009 年

项目	数量	价格
鱼	100	2 美元
浆果	50	6 美元

(b) 2010 年

项目	数量	价格
鱼	75	5 美元
浆果	65	10 美元

8. 基年是 2009 年，计算 2009 年与 2010 年的实际 GDP。

9. 计算 2010 年产出的增长百分比。

利用下列信息回答问题 10 和 11。

当抵押贷款偏紧时，偏好现金支付的人就开始挑美国住宅市场的刺儿

3 月 23 日，商务部报告说 2 月新房销售跌落至 250 000，这是 1963 年有记录以来的最低纪录。二手房销售跌落至 488 万，较去年同期下降了 2.8 个百分点，全国房地产经纪人协会说，二手房的中间价跌落至 156 100 美元，这是从 2002 年 2 月以来的最低价。

资料来源：Bloomberg，March 29，2011.

10. 新房销售出现在支出与收入循环流动图的哪个位置？解释新房销售下降怎样影响实际 GDP。

11. 二手房销售出现在支出与收入循环流动图的哪个位置？解释二手房销售下降如何影响实际 GDP。

12. 全球经济的更大反弹。

全球经济正处于情况好转的前期阶段，GDP 增长比预期的要快，但是比实际需要的要慢。最近的经济新闻指出全球经济将呈现持续上升趋势。

资料来源：J. P. Morgan Global Data Watch，September，2009.

这则消息是否意味着 2008—2009 年的经济衰退在 2009 年 9 月已经结束了？是不是只有当实际 GDP 回归到了潜在 GDP 时经济衰退才结束？

□ 单项选择题

1. 国内生产总值是特定时期内所有________的市场价值。

A. 美国人购买的产品与服务
B. 美国公司在全世界生产的产品与服务
C. 美国境内的所有企业生产的最终产品与服务
D. 美国生产并在美国被购买的产品与服务

2. ________是最终产品，________是中间产品。
A. 一个学生购买的新车；一个交易者购买的二手 SUV 汽车
B. 新练习本；二手练习本
C. 一个学生购买的新 iPhone 手机；沃尔玛购买的一台新电脑
D. 你购买的汽油；西南航空公司购买的飞机燃料

3. 储蓄等于________。
A. 收入减去消费支出和净税收
B. 收入减去净税收
C. 总收入减去总支出
D. 净税收减去政府购买支出

4. 用支出法衡量的美国 GDP 等于________。
A. 美国消费支出与美国投资的总和
B. 美国政府购买支出减去美国人支付的税收
C. 特定时期内在美国境内生产的最终产品与服务上的支出
D. 特定时期内美国人在美国境内生产的最终产品与服务上的支出

5. 当用收入法衡量以市场价格表示的 GDP 时，除了加总所有要素收入外，还必须做的是________。
A. 减去折旧，因为报告中的利润指的不是净利润
B. 加上折旧，因为当产品被生产出来时，资本有损耗
C. 加上间接税并减去补助金，将以要素成本反映的总收入转换为以市场价格表示
D. 加上统计误差，统计误差是折旧加上间接税并减去补助金

6. 下列关于经济周期的表述，错误的是________。
A. 它是关于实际 GDP 围绕潜在 GDP 可预测并有规律的波动
B. 从波峰到波谷，经济体处于衰退阶段
C. 从波谷到波峰，经济体处于繁荣阶段
D. 它是包括就业在内的经济活动的周期性运动

7. 人均实际 GDP 不是反映生活水平的准确衡量指标，因为它________。
A. 包括了政府购买的产品与服务
B. 忽略了人们为了自己使用而生产的产品与服务
C. 包括了企业购买的产品与服务
D. 忽略了从其他国家进口的产品与服务

附录：测量实际 GDP

附录阐述了美国经济分析局为计算实际 GDP 而使用的**链式美元实际 GDP 法**（chain-dollar real GDP）。我们先来阐述由于使用基年价格而产生的问题，以及怎样来克服这个问题。

□ 关于基年价格的问题

当我们计算实际 GDP 时，我们发现 2011 年的实际 GDP 比 2005 年增加了 60%。但是如果不将 2005 年的价格视为不变价，我们可能会使用 2011 年的价格。在这种情况下，我们可能用 2011 年的价格来估计 2005 年所生产数量的价值。通过比较将 2011 年的价格作为不变价计算的 2005 年与 2011 年的实际 GDP 的价值，我们得到一个不同的产出增长百分比数字。如果我们使用表 14－3 中的数据，用 2011 的价格估计 2005 年产出的价值，我们将得到 2005 年的实际 GDP 是 1.5 亿美元（2011 年的美元）。用 2011 年的价格计算的 2011 年的实际 GDP 是 3 亿美元。因此，通过使用 2011 年的价格，产出翻倍——增长了 100%——从 2005 年到 2011 年，实际上产出是增长了 60%还是 100%？

为了计算实际 GDP，我们要用价格给所生产的每个项目的产量加权，于是问题产生了。如果所有的价格都改变了相同的百分比，那么无论我们使用的是哪一年的价格，每种产品或服务的相对权重都不会改变，从第一年到第二年的实际 GDP 的百分比变化也会是相等的。但是如果价格以不同的百分比变化，那么每种产品或服务的相对权重一定会改变，从第一年到第二年的实际 GDP 的百分比变化也会随着我们所使用的价格而改变。因此我们应该使用哪一年的价格：第一年的价格还是第二年的价格？

美国经济分析局所采用的方法给出的答案是两者都使用。如果我们要计算实际 GDP 的百分比变化，就计算两次，一次使用第一年的价格，另二次使用第二年的价格，然后取这两个百分比变化的平均数，我们就可以得到实际 GDP 变化的一个唯一指标，这个指标对两年的相对价格具有相等的重要性。

为了说明美国经济分析局计算实际 GDP 的计算方法，我们将举一个例子。这种方法有以下三步：

- 用相邻年份的价格估计产出的价值。
- 计算两个百分比变化的平均数。
- 与基年连接起来。

□ 用相邻年份的价格估计产出的价值

第一步是用两年的价格估计相邻年份的产出的价值。我们以 2011 年和 2012 年为例。

表 A14－1 展示了两年里生产的数量和各自的价格。表 A14－1（a）展示了 2011 年的名义 GDP 的计算——用 2011 年的价格估计 2011 年所生产数量的价值。2011 年的名义 GDP 是 14 500 万美元。表 A14－1（b）展示了 2012 年的名义 GDP 的计算——用 2012 年的价格估计 2012 年所生产数量的价值。2012 年的名义 GDP 是 17 200 万美元。表 A14－1（c）展示了用 2011 年的价格计算的 2012 年所生产数量的价值，总数是 16 000 万美元。最后，表 A14－1（d）展示了用 2012 年的价格计算的 2011 年所生产数量的价值，总数是 15 800 万美元。

表 A14-1 实际 GDP 计算的第一步：用两年的价格估计相邻年份的产出的价值

项目		数量（百万单位）	价格（美元/每单位）	支出（百万美元）
(a) 2011 年				
C	T恤	3	5	15
I	计算机芯片	3	10	30
G	保险服务	5	20	100
Y	2011 年的名义 GDP			145
(b) 2012 年				
C	T恤	4	4	16
I	计算机芯片	2	12	24
G	保险服务	6	22	132
Y	2012 年的名义 GDP			172
(c) 用 2011 年的价格估计 2012 年数量的价值				
C	T恤	4	5	20
I	计算机芯片	2	10	20
G	保险服务	6	20	120
Y	用 2011 年价格计算的 2012 年产出的价值			160
(d) 用 2012 年的价格估计 2011 年数量的价值				
C	T恤	3	4	12
I	计算机芯片	3	12	36
G	保险服务	5	22	110
Y	用 2012 年价格计算的 2011 年产出的价值			158

第一步是使用相邻年份的价格估计产出的价值。

这里，我们用 2011 年和 2012 年的价格估计 2011 年和 2012 年的产出。

在表（a）中，用 2011 年的价格计算的 2011 年产出的价值是 2011 年的名义 GDP。

在表（a）中，用 2012 年的价格计算的 2012 年产出的价值是 2012 年的名义 GDP。

表（c）中是用 2011 年的价格计算的 2012 年产出的价值，表（d）中是用 2012 年的价格计算的 2011 年产出的价值。

在第二步中，我们要用到以上数据。

□ 计算两个百分比变化的平均数

第二步是计算基于相邻年份的价格估计出的产出价值的平均百分比变化。表 A14-2 展示了计算过程。

用 2011 年的价格估计的产出的价值，从 2011 年的 14 500 万美元增加到 2012 年的 16 000 万美元，增长了 10.3%。用 2012 年的价格估计的产出的价值，从 2011 年的 15 800万美元增加到 2012 年的 17 200 万美元，增长了 8.9%。这两个产出价值的百分比变化的平均值是 9.6%，即（10.3%+8.9%）÷2=9.6%。

通过将这个百分比变化应用到实际 GDP 方面，我们可以发现 2012 年的实际 GDP 的价值。因为 2011 年的实际 GDP 是用 2011 年的美元表示的，2012 年的实际 GDP 也是用

2011 年的美元表示的。2011 年的 GDP 是 14 500 万美元，因此 9.6%的增长是 1 400 万美元。用 2011 年的价格表示的 2012 年的实际 GDP 是 14 500 万美元加上 1 400 万美元，等于 15 900 万美元。

虽然实际 GDP 15 900 万美元是用 2011 年的美元表示的，但是计算使用的是组成 2011 年和 2012 年 GDP 的最终产品与服务的平均相对价格。

表 A14-2 实际 GDP 计算的第二步：计算两个百分比变化的平均数

相邻年份的产出的价值		百万美元
以 2011 年价格表示的 2011 年的产出		145
以 2011 年价格表示的 2012 年的产出		160
以 2011 年价格表示的产出的百分比变化	10.3	
以 2012 年价格表示的 2011 年的产出		158
以 2012 年价格表示的 2012 年的产出		172
以 2012 年价格表示的产出的百分比变化	8.9	
产出的平均百分比变化	9.6	

□ 与基年连接起来

最后一步是重复我们刚刚描述过的获取实际 GDP 每年的增长率的计算。在基年——现在是 2005 年——实际 GDP 等于名义 GDP。通过将计算出的增长率应用到每个连续的年份，我们得到用 2005 年美元表示的链式美元实际 GDP。

图 A14-1 展示了一个例子。在基年，即 2005 年，实际 GDP 等于名义 GDP，即 6 000万美元。该图展示了 2002—2012 年间每一年的实际 GDP 的增长率，最后一个增长率是我们在上面表 A14-2 中计算出的 9.6%。

从基年的实际 GDP 出发，我们应用计算出的百分比变化计算其他年份的实际 GDP。例如，2006 年的增长率是 4.6%，因此 2006 年的实际 GDP 比 6 000 万美元高 4.6%，即 6 300 万美元。2005 年的增长率是 3.2%，因此 2005 年的实际 GDP 比 2004 年的实际 GDP 即 5 800 万美元高 3.2%。通过重复这个计算过程到 2011 年，2011 年的实际 GDP 是 8 400 万美元。2012 年，实际 GDP 增长了 8 400 万美元的 9.6%，即 800 万美元，因此 2012 年的实际 GDP 是 9 200 万美元。

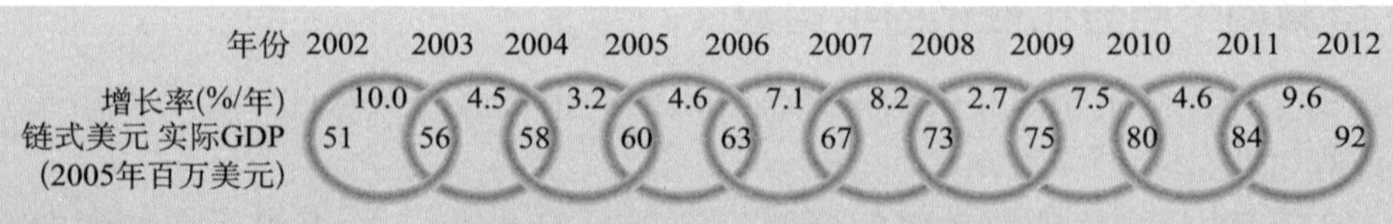

图 A14-1 实际 GDP 计算的第三步：与基年连接起来

我们计算了每两年的实际 GDP 从上年到下年的增长率，然后与基年连接起来。假设基年 2005 年的实际 GDP 是 6 000 万美元，通过应用每相邻两年的增长率，我们计算出每一年用基年的价格表示的链式美元实际 GDP。这里，我们假定了从 2002 年到 2012 年实际 GDP 的百分比变化。以 2005 年美元表示的 2012 年链式美元实际 GDP 为 9 200 万美元。

□ 附录检查站

学习计划中的问题

一个岛国经济体只生产香蕉和椰子。表 1 给出了 2010 年和 2011 年生产的数量与价格。

表 1

(a) 2010 年

项目	数量	价格
香蕉	100	10 美元
椰子	50	12 美元

(b) 2011 年

项目	数量	价格
香蕉	110	15 美元
椰子	60	10 美元

1. 计算 2010 年的名义 GDP 和 2011 年的名义 GDP。
2. 用 2010 年的价格计算 2011 年产出的价值和用 2010 年的价格估计的产出的增长百分比。
3. 用 2011 年的价格计算 2010 年产出的价值和用 2011 年的价格估计的产出的增长百分比。
4. 基年是 2010 年。使用链式美元方法计算 2010 年和 2011 年的实际 GDP。这两年的实际 GDP 分别是用哪年的价格水平计算的?
5. 基年是 2010 年。使用链式美元方法，比较 2011 年名义 GDP 和实际 GDP 的增长率。
6. 基年是 2011 年。使用链式美元方法计算 2010 年和 2011 年的实际 GDP。这两年的实际 GDP 分别是用哪年的价格水平计算的?
7. 比较用 2011 年的价格表示的 2011 年的名义 GDP 和实际 GDP 的增长率。

教师可布置的问题

一个经济体只生产食物和娱乐。表 2 展示了 2010 年和 2011 年生产的数量与价格。

表 2

(a) 2010 年

项目	数量	价格
食物	100	2 美元
娱乐	50	6 美元

(b) 2011 年

项目	数量	价格
食物	75	5 美元
娱乐	65	10 美元

1. 计算 2010 年的名义 GDP 和 2011 年的名义 GDP。
2. 计算用 2010 年的价格计算的 2011 年产出的价值及其增长率。
3. 计算用 2011 年的价格计算的 2010 年产出的价值及其增长率。
4. 使用链式美元方法，如果基年是 2011 年，计算 2010 年和 2011 年的实际 GDP。这两年的实际 GDP 是分别是用哪年的价格水平计算的?

5. 基年是 2011 年。使用链式美元方法，比较 2011 年名义 GDP 和实际 GDP 的增长率。

6. 基年是 2010 年。使用链式美元方法，计算 2010 年和 2011 年的实际 GDP。这两年的实际 GDP 分别是用哪年的价格水平计算的？

7. 比较用 2010 年的价格表示的 2011 年的名义 GDP 和实际 GDP 的增长率。

第15章 工作与失业

本章要点

学完本章，你将能够：

1. 定义失业率以及其他一些劳动力市场指标。
2. 描述美国劳动力市场指标的变化趋势与波动状况。
3. 描述失业的类型，定义充分就业，并解释失业与实际GDP之间的联系。

15.1 劳动力市场指标

在美国有一个由劳工统计局（Bureau of Labor Statistics，BLS）与人口普查局共同负责的项目，每个月都会由1 600名实地调查员与管理者对6万个家庭进行调查，询问一系列关于家庭成员年龄与工作状况的问题。这个项目被称为人口现状调查。接下来让我们看看这个调查项目所收集到的各类数据信息。

□ 人口现状调查

图15-1展示了美国劳工统计局所作的人口划分，它还揭示了不同类型的人口之间的联系。第一个划分将总人口划分为两类：劳动年龄人口与其他人口。**劳动年龄人口**（working-age population）是指所有16岁以上未在服刑、未被医院或军队及其他制度性机构收留的总人口。2011年8月的美国总人口的估计数是31 210万，其中劳动年龄人口是23 990万，16岁以下人口、服役人口与在专门机构中生活的人口等三类人口总数是7 220万。

第二个划分将劳动年龄人口划分为两类：劳动力与非劳动力。**劳动力**（labor force）是就业人口与失业人口之和。2011年8月，美国的劳动力是15 360万，非劳动力是8 630万。非劳动力主要是在校学生与退休人员。

第三个划分将劳动力划分为两类：就业人口与失业人口。2011年8月美国的就业人口是13 960万，失业人口是1 400万。

□ 人口调查的标准

只要被调查者在调查前一周符合以下任何一种情况，就被认为是就业人口：

1. 至少有偿劳动 1 小时，或者为其家族企业无偿劳动 15 小时或更多。

2. 虽然暂时没有工作，但只是临时离开工作岗位或企业。

在被调查的前一周内，被调查者同时符合以下两项：

1. 没有工作。

2. 有工作能力。

以及符合以下任意一项：

1. 在被调查之前的 4 周内曾经努力寻找工作。

2. 等待从被解雇的企业或者岗位中重新获得工作机会。

即认为该被调查者处于失业状态。不符合以上标准的劳动年龄人口既不属于就业人口，也不属于失业人口，而是属于非劳动力。

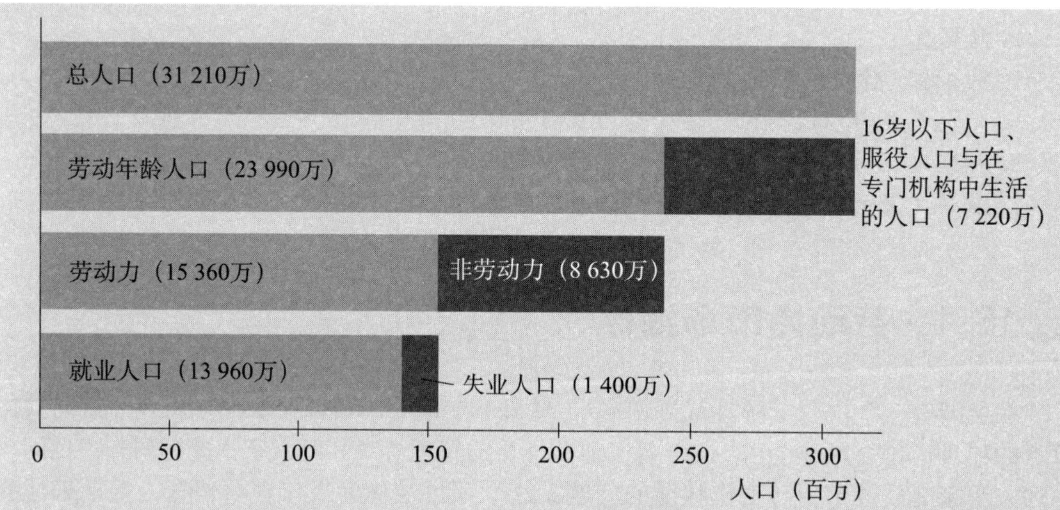

图 15-1　劳动人口分类

美国的人口被分为工作年龄人口和 16 岁以下人口、服役人口与在专门机构中生活的人口。工作年龄人口又被分为劳动力与非劳动力。劳动力又被分为就业人口和失业人口两类。此图显示了 2011 年 8 月的相关数据。

资料来源：Bureau of Labor Statistics.

□ 劳动力市场的两个主要指标

利用从美国人口现状调查项目中获得的数据，劳工统计局计算出了一些反映劳动力市场的指标。两个主要的指标是：

- 失业率
- 劳动力参与率

失业率

失业量的衡量指标反映的是想得到工作却无法找到工作的人数达到的程度，它揭示了劳动力市场上闲置劳动力的数量。**失业率**（unemployment rate）是指失业人口占劳动力的比例，即：

$$失业率=\frac{失业人口}{劳动力}\times 100\%$$

2011 年 8 月，美国失业人口是 1 400 万，劳动力是 15 360 万。用这些数据计算出来的美国 2011 年 8 月的失业率是：

$$失业率=\frac{1\ 400\ 万}{15\ 360\ 万}\times 100\%=9.1\%$$

劳动力参与率

劳动力的数量是关于愿意工作的劳动年龄人口的数量指标。**劳动力参与率**（labor force participation）是指劳动力占劳动年龄人口的比例，即：

$$劳动力参与率=\frac{劳动力}{劳动年龄人口}\times 100\%$$

2011 年 8 月，美国的劳动力是 15 360 万，而劳动年龄人口是 23 990 万。用这些数据计算出来的美国 2011 年 8 月的劳动力参与率是：

$$劳动力参与率=\frac{15\ 360}{23\ 990}\times 100\%=64\%$$

□ 失业的其他衡量方法

官方所定义的失业率忽略了一些非充分利用的劳动力，包括：

- 附着在边界上的工人
- 非全日制工人

附着在边界上的工人

一些人认为他们自己属于劳动力，也是失业人口，但是官方却没有把他们计算在内。他们是附着在边界上的工人。**附着在边界上的工人**（marginally attached worker）* 是指这样一些没有工作的人，他们具有工作能力也愿意工作，在被调查前的 4 周内没有努力地寻找工作，但是却在被调查之前的一段时间内有时也寻找工作。**丧失信心的工人**（discouraged worker）就属于一种附着在边界上的工人。他们在被调查之前的 4 周内并没有努力地寻找工作，这是因为他们被一些找工作失败的尝试打击了积极性。

其他类型的附着在边界上的工人与丧失信心的工人的不同之处在于在被调查之前的 4 周内并没有寻找工作的原因。例如，马丁具有工作能力却没有工作，他在被调查之前的 4 周内也没有寻找工作，而是在洪水之后清理他的家。这样，马丁就只是一个附着在边界上的工人而不是丧失信心的工人。如果马丁的妻子勒娜也具有工作能力却没有工作，但是她在被调查之前的 4 周内没有寻找工作是因为她已经连续找了 6 个月的工作却没有获得一个工作机会，那么勒娜就是一个丧失信心的工人。

失业率与劳动力参与率的计算都没有包含附着在边界上的工人这部分人群。2011 年 8 月，丧失信心的工人达 98.8 万。如果把这部分人加进失业人口与劳动力，失业率就会变成 9.7%，这只比官方的失业率数据高了一点点。同期其他类型的附着在边界上的工

---

* 亦可译为时而工作、时而不工作的工人。——译者注

人有 143.2 万。如果把这些人与那些丧失信心的工人都加进失业人口与劳动力中，失业率就会变成 10.5%，这比官方统计的失业率数据高了 1.4 个百分点。

∵关注美国经济　　人口现状调查

美国劳工统计局与人口普查局为收集到准确的劳动力相关数据做出了很大的努力。它们训练并长期地拥有 1 600 名实地调查员和管理者。每个实地调查员每个月都会联系 37 个家庭，向这些家庭的人提供基本的人口调查统计问卷，并向 16 岁及以上年龄的人详细询问有关劳动力的问题。

如果某个家庭被选中而成为被调查对象，就会有对其进行的连续 4 个月的调查，一年以后再被进行连续 4 个月的调查。每个月内，被连续调查过 8 次的家庭都会从调查对象中被删除，然后有 6 250 个新家庭被加入其中。循环与交叠的家庭调查提供了有关劳动力市场月度与年度变化的非常值得信赖的信息。

当一个家庭第一次被列入调查名单时，调查员会带着笔记本电脑拜访这个家庭。如果这个家庭有电话，大多数的后续调查会通过电话来完成。这主要由三个电话调查中心完成，它们分别位于马里兰州的黑格斯顿、印第安纳州的杰斐逊维尔和亚利桑那州的图森。

关于美国人口现状调查的更多信息请访问 http：//www. bls. gov/cps _ faq. htm。

非全日制工人

人口现状调查项目统计了全日制工人与非全日制工人的数量。**全日制工人**（full-time workers）是指通常每周工作 35 小时或更长时间的工人，**非全日制工人**（part-time workers）则是指通常每周工作少于 35 小时的工人。非全日制工人可以分为两类：由经济原因导致的非全日制工人与由非经济原因导致的非全日制工人。

由经济原因导致的非全日制工人（part time for economic reasons）又称为非自愿性非全日制工人（involuntary part-time workers）。这类工人每周工作 1～34 小时，但仍试图寻找全日制工作。这部分工人无法找到全日制工作，往往是因为经济不景气或者周期性的全日制工作岗位减少。

由非经济原因导致的非全日制工人并不想找到全日制工作，他们往往也不适合从事全日制工作。这类工人往往是因健康问题、家庭负担或个人负担或者在校的学业而被限制拥有全日制工作。

美国劳工统计局使用全日制工作与非全日制工作的数据来衡量存在非就业人群的劳动力市场的松弛程度——一些非全日制工人虽然可以获得一定量的工作但是并没有像他们意愿中的那样获得全日制工作。

2011 年 8 月，美国的就业人口是 13 960 万，全日制工人数量是 11 260 万，而非全日制工人数量是 2 700 万。估计的由经济原因导致的非全日制工人数量是 880 万。当这个数据与附着在边界上的工人数量一起被加进失业人口与劳动力中时，失业率就会变成 16.2%。

检查站 15.1☞ 定义失业率以及其他一些劳动力市场指标。

现实问题

美国劳工统计局报告说 2009 年 7 月美国的劳动力是 15 450 万，就业人口是 14 000 万，而劳动年龄人口是 23 590 万。

1. 计算 2009 年 7 月美国的失业率与劳动力参与率。

2. 劳工统计局报告说 2009 年 7 月总就业中的 24%属于非全日制就业，而其中有 910 万是由经济原因导致的。那么，由非经济原因导致的非全日制就业有多少？

新闻摘要

2011 年夏的青年人劳动力市场

2011 年 4—7 月，16～24 岁的青年人就业人数增长了 170 万，总数达 18 600 万。青年人失业人数从 340 万增加到 410 万。7 月的青年人劳动力增长了 240 万，总数达 2 270 万，同期青年人人口数为 3 800 万。

资料来源：BLS Press Release，August 24，2011.

请问，从 4 月到 7 月，青年人失业率是如何变化的？请计算 7 月份的青年人劳动力参与率。

现实问题参考答案

1. 失业率是 9.4%。劳动力是就业人口与失业人口之和。这样，失业人口就等于劳动力减去就业人口，也就是 15 450 万减去 14 000 万，即等于 1 450 万。失业率是失业人口占劳动力的比例。这样，失业率=(1 450 万÷15 450 万)×100%=9.4%。劳动力参与率是 65.5%。劳动力参与率是劳动力占劳动年龄人口的比例，那么，劳动力参与率=(15 450÷23 590)×100%=65.5%。

2. 由非经济原因导致的非全日制就业人数是 2 450 万。总就业量是 14 000 万。非全日制就业人数是总就业量的 24%，也就是 3 360 万。我们已经知道由经济原因导致的非全日制就业人数是 910 万，用 3 360 万减去 910 万，就得到了由非经济原因导致的非全日制就业人数，也就是 2 450 万。

新闻摘要参考答案

失业率就是失业人口占劳动力的比例，4 月份的劳动力等于 7 月份的劳动力（2 270 万）减去从 4 月到 7 月增长的 240 万。于是，4 月份的劳动力为 2 030 万。同期青年人失业人数为 340 万，所以 4 月份的失业率为（340 万÷2 030 万）×100%=16.7%。在 7 月，青年人失业人数为 410 万，劳动力为 2 270 万，故失业率为 18.1%。从 4 月到 7 月，失业率从 16.7%增长到 18.1%。劳动参与率等于劳动力（2 270 万）与总人口(3 800 万)之比，由此可得劳动力参与率为 59.7%。

15.2 劳动力市场的趋势与波动

从美国的失业率、劳动力参与率以及其他一些劳动力市场指标的变化，我们可以了解到美国劳动力市场的哪些信息？接下来让我们从这些指标中来观察美国劳动力市场的趋势与波动。

□ 失业率

图 15－2 展示了从 1929 年到 2011 年这 82 年间美国的失业率。这段时期美国的平均失业率是 7.2%。但是，从 1948 年到 2011 年的长期平均失业率为 5.8%。这个失业率低于 20 世纪 40—60 年代以及 21 世纪头十年的长期平均失业率，而 20 世纪 70 年代至 90 年代中期以及 2009—2011 年的长期平均失业率高于平均失业率。

在 20 世纪 60 年代，失业率逐渐降低到 3.5%。这个时期大量的工作岗位被创造出来，一部分来自越南战争期间美国国防工业发展所带来的需求，还有一部分来自社会发展计划的实施所带来的消费支出扩张。另一个大量就业机会的爆发点是“新经济”——互联网普及带来的高新技术部门发展——它使 1995 年至 21 世纪头十年的大部分时间的失业率低于平均水平。

图 15－2 中最引人注目的阶段是从 1929 年持续到 1939 年的**大萧条**（Great Depression）时期，这一时期伴随着高失业率、低工资以及经济极度的衰退与艰难。到 1933 年，大萧条最严重的年份，实际 GDP 下降了 30%，同时，正如图中所示，四分之一的人找不到工作。大萧条所带来的恐惧导致了美国“新政”的实施并重塑了一直持续到今天的政治态度。

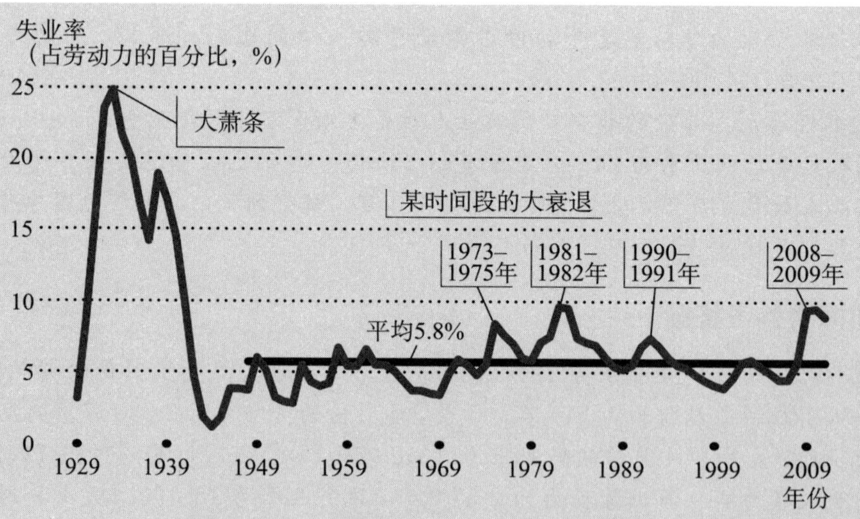

图 15－2 美国的失业率：1929—2011 年

从 1948 年到 2011 年的平均失业率为 5.8%。失业率在衰退期上升而在繁荣期下降。其低谷在二战期间以及 20 世纪 50 年代、60 年代以及 90 年代，而顶峰则在大萧条时期以及 1981—1982 年和 2008—2009 年的衰退时期。

资料来源：Bureau of Labor Statistics.

❖关注全球经济　　世界范围内的失业率

在 2008—2009 年的衰退之前，美国的失业率处于世界范围内其他国家所经历的失业程度的中间水平。最高的失业率出现在欧洲、加拿大与英国，而最低的失业率出现在日本及亚洲的一些新兴国家和地区（如下图所示）。

20 世纪 80 年代与 90 年代世界范围内的失业率差异程度要远高于 21 世纪头十年的情况。

那些平均失业率高于美国的国家同时也都具有较高的失业救济金以及更多的劳动力市场管制。

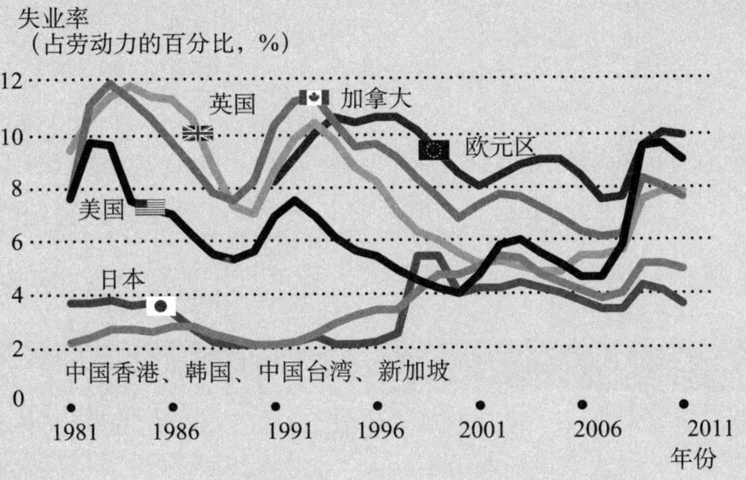

资料来源：International Monetary Fund，*World Economic Outlook*，April 2009.

在 1973—1975 年、1981—1982 年、1990—1991 年以及 2008—2009 年的衰退中，失业率都上升了。战后，失业率在 1982 年的 11—12 月达到了顶点，此时占劳动力 10.8%的人失业。尽管到 2011 年中期，经济已经走出衰退开始缓慢复苏，但是，失业率仍高达 9.1%。现在流行将 2008—2009 年的衰退与大萧条相对比，从图 15－2 中我们可以看到 2010 年与在大萧条中失业率达到顶峰的 1933 年的状况是显著不同的。

□ 劳动力参与率

图 15－3 展示了劳动力参与率从 1960 年的 59%开始持续上升，到了 20 世纪 90 年代末期达到顶点 67%。为什么劳动力参与率上升了呢？其中主要的原因就是加入劳动力市场的女性增加了。

从图 15－3 可以看出在 1960—2000 年这 40 年间，女性劳动力参与率从 37%上升到了 60%。这种上升覆盖了各个年龄段的女性，其原因主要有以下四点。第一，更多的女性得到了大学教育，这提高了她们获得收入的能力。第二，工作场所的一些技术性变化创造出了大量的工作时间灵活的白领工作岗位，这对于女性来讲具有吸引力。第三，技术的发展减少了家务劳动的时间，使得女性有更多的时间从事带薪工作。第四，为平衡收支，越来越多的家庭在寻找第二收入来源。

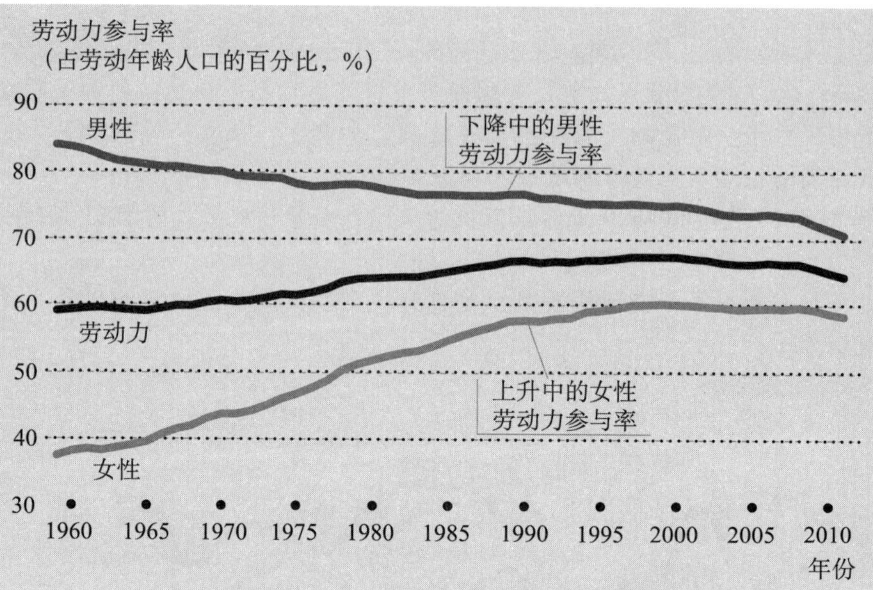

图 15-3 劳动力市场面貌的改变：1960—2011 年

在过去的 51 年中，劳动力参与率上升了。男性劳动力参与率在下降，而女性劳动力参与率在上升。

∵关注全球经济 女性劳动力

在大部分发达国家中女性劳动力参与率都上升了，但是不同国家的情况相当不一样。下图对美国与其他几个国家做了比较。

文化因素差异在这种女性工作选择差异中扮演了重要角色，但是得到大学教育的女性的比例等经济因素最终会超过文化因素对女性劳动力参与率的影响，这就使得不同国家的女性劳动力参与率逐渐趋同。

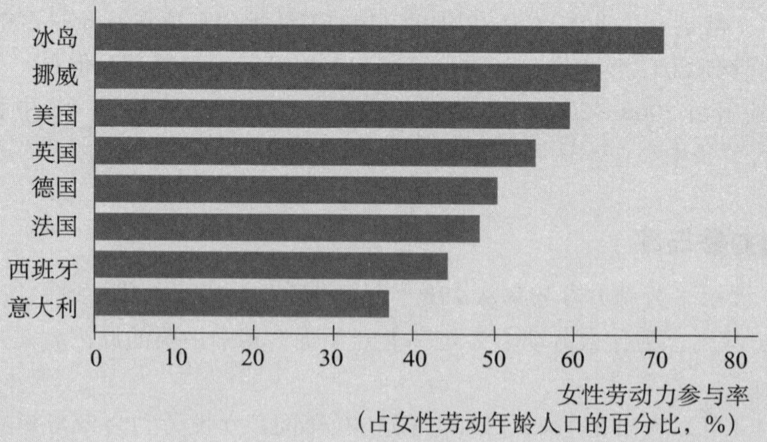

资料来源：OECD.

图 15-3 也展示了美国劳动力市场的另一个重要趋势：男性劳动力参与率从 1960 年的 83%下降到了 2010 年的 70%，如同女性劳动力参与率上升一样，出现这种下降覆盖了男性的各个年龄段。出现这种下降的原因一部分是许多男性选择提前退休。在 20 世纪

90 年代，人们财富的增加使得提前退休成为可能。但是还有一种原因是，年老者一旦失去工作，重新寻找工作就会更加困难。对其他年龄段的男性而言，劳动力参与率下降主要是因为更多人选择接受全日制教育。

□ 失业的替代性衡量指标

我们已经知道了官方的失业率统计没有包含那些附着在边界上的工人以及由经济原因导致的非全日制工人。为了把这些失业人群纳入统计，美国劳工统计局已经推出了三种更为广泛的衡量失业率的指标，即 U－4、U－5 与 U－6。官方统计的失业率（基于失业的官方定义）被称为 U－3。顾名思义，统计指标中也应该有 U－1 与 U－2。指标 U－1 与 U－2 比官方的失业率统计指标 U－3 范围更窄。U－1 是指那些已经连续失业 15 周或更多时间的人占劳动力的比例，它是衡量非自愿失业的长期指标。U－2 是指那些被解雇的人占劳动力的比例，它是衡量非自愿失业的另一个长期指标。

图 15－4 展示了自 1994 年以来以上六种失业率指标的演变历史，之所以起始年份是 1994 年，是因为美国劳工统计局自该年起统计这些指标。这些指标数值的相对大小取决于它们所统计范围的大小——统计范围越广，平均值就越大。这六个指标的轨迹不是完全相同的，但是在衰退期上升而在繁荣期下降的趋势基本一致。一个例外是在 2001 年的衰退中 U－1 几乎没有变化，但是在 2008—2009 年的衰退中 U－1 竟然在不到一年的时间里翻倍了。

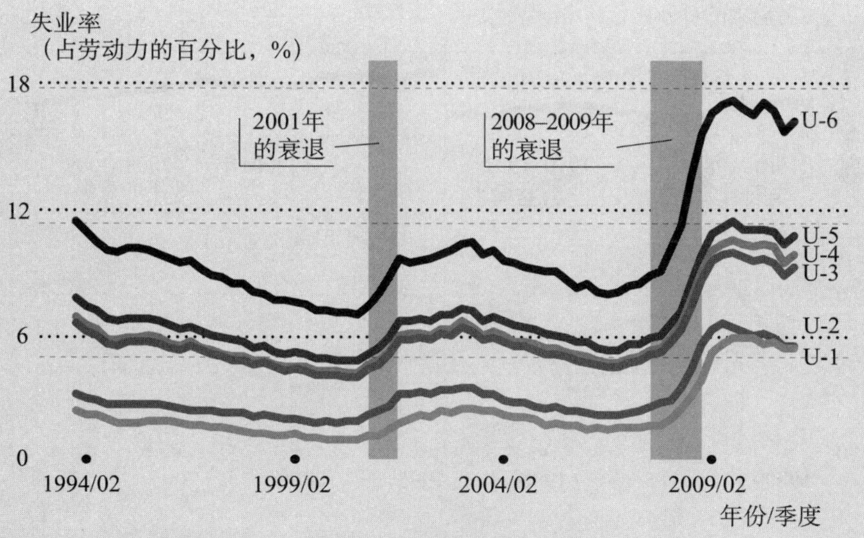

图 15－4　失业的替代性衡量指标：1994—2011 年

失业的替代性衡量指标有：U－1——失业 15 周或更多时间的人占劳动力的比例；U－2——被解雇的人以及那些完成临时性工作的人占劳动力的比例；U－3——总失业人口占劳动力的比例（官方指标）；U－4——总失业人口加上丧失信心的工人占劳动力的比例；U－5——U－4 加上附着在边界上的工人占劳动力的比例；U－6——U-5 加上由经济原因导致的非全日制工人占劳动力的比例。

U－1、U－2、U－3 是失业人口占劳动力的比例。

U－4、U－5、U－6 是失业人口与其他额外失业人口数量之和占劳动力的比例。

资料来源：Bureau of Labor Statistics.

□ 非全日制就业的近距离观察

衡量失业范围最广的指标 U－6 中包含了那些由经济原因导致的非全日制就业人群。现在让我们仔细解释一下非全日制就业。

获得一份非全日制工作对于许多工人来说是具有吸引力的，因为这使他们可以兼顾家庭和其他方面的责任。对于雇主来说，非全日制工人具有吸引力的地方在于不必为非全日制工人支付福利，同时受到的政府管制较少。人们选择非全日制工作有时是因为非经济原因，而有时是因为经济原因而无法找到全日制工作。美国劳工统计局计算了这两类人的数量。图 15－5 展示了 1980 年以来的相关数据（1994 年非全日制就业的定义有变化）。

那些由于非经济原因而从事非全日制工作的人数是那些由于经济原因而从事非全日制工作的人数的两倍。同时，由于非经济原因而从事非全日制工作的人数占劳动力的百分比令人惊讶地稳定在 13％的平均值上（老定义），或者稳定在 14％的平均值上（新定义），这一百分比很少随经济周期而波动。

由经济原因导致的非全日制工人占劳动力的比例变动比较大。在 1981—1982 年的衰退中，它上升到了 6.2％，而在 2008—2009 年的衰退中，它进一步攀升到了 6.4％。

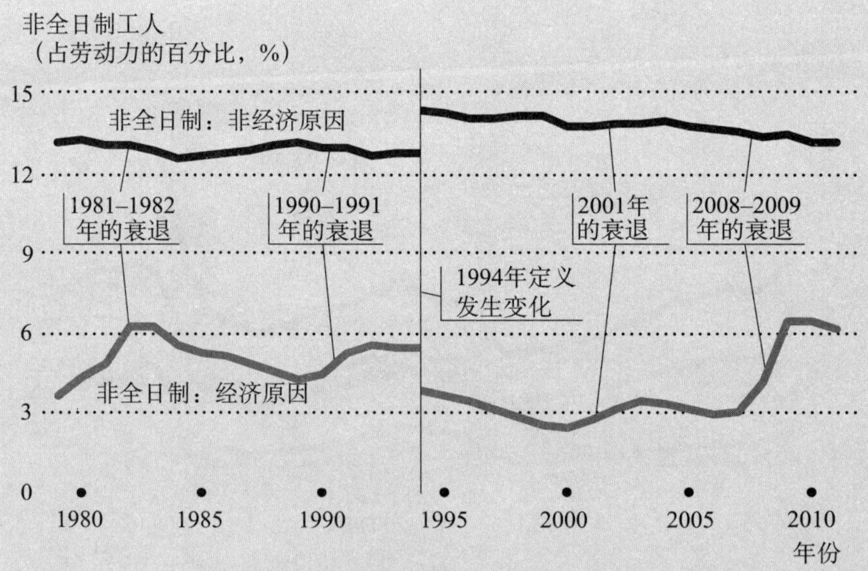

图 15－5 非全日制工人：1980—2011 年

那些由于非经济原因而从事非全日制工作的人数占劳动力的年均百分比为一个稳定的数值 13％（老定义），或者 14％（新定义），这一百分比很少随经济周期而波动。

然而，那些由于经济原因而从事非全日制工作的人数占劳动力的百分比却随经济周期而波动，即在衰退时上升，在繁荣时下降。

资料来源：Bureau of Labor Statistics.

检查站 15.2　描述美国劳动力市场指标的变化趋势与波动状况。

现实问题

1. 图 1 展示了美国 1960—2010 年的失业率。在 20 世纪 60 年代、70 年代、80 年代、90 年代以及 21 世纪头十年，哪个时期中失业率最低，其原因是什么？哪个时期中失业率最高，其原因是什么？

2. 描述男性、女性和总体的劳动力参与率变化的趋势。

图 1

新闻摘要

对青年人来说，这个夏季难寻工作

7 月，本应该是青年人暑期工作最多的时期，但是 2009 年 7 月青年人失业率已经达到了 18.5%。这也是自 1948 年美国劳工统计局开始记录青年劳动力就业情况后最高的数据。青年人劳动力参与率是 51.4%，该数据也是一项历史纪录。

资料来源：*The Wall Street Journal*，August 27，2009.

另外，表 1 展示了美国最近的四个衰退期中青年人的劳动力参与率与失业率数据。

表 1

衰退年份	劳动力参与率	失业率
	（7 月的百分比，%）	
1973	71.9	11.1
1974	73.2	12.4
1975	73.0	16.3
1981	75.3	16.2
1982	74.7	18.6
1990	75.1	10.9
1991	73.6	13.7

续前表

衰退年份	劳动力参与率	失业率
	（7 月的百分比，%）	
2008	65.1	14.0
2009	63.0	18.5

1. 比较表 1 中不同衰退期青年人劳动力参与率的变化。哪一个时期中劳动力参与率下降得最多？

2. 比较表 1 中不同衰退期青年人失业率的变化。哪一个时期中失业率上升得最多？

现实问题参考答案

1. 图 1 显示 20 世纪 60 年代的失业率最低。越南战争期间国防支出上升以及社会福利项目的实施带来了经济的扩张和失业率的降低。

20 世纪 80 年代的失业率最高。在 1981—1982 年的衰退中失业率上升到近 10%。

2. 女性的劳动力参与率上升了，因为（1）更好的教育提高了女性获得收入的能力；（2）具有灵活工作时间的白领工作岗位越来越多地被创造出来；（3）人们有了更多的时间从事带薪工作；（4）为平衡预算，家庭越来越倾向于获得两份收入。男性的劳动力参与率下降了，这是因为更多的男性选择在学校学习，且一部分男性选择提前退休。总体的劳动力参与率上升了。

新闻摘要参考答案

1. 除了 1973—1975 年这个时期，其他的每一个衰退期劳动力参与率都下降了。青年人的劳动力参与率下降最多的时期是 2008—2009 年的衰退期。

2. 在每一个衰退期中失业率都上升了。上升最多的时期是 1973—1975 年的衰退期，其间青年人的失业率从 11.1%上升到了 16.3%——上升了 5.2 个百分点。

15.3　失业与充分就业

总是存在没有工作的人在寻找工作，也就是说，失业总是存在。关键性的原因在于劳动力市场总是处于不断的变化之中。新的工作机会被创造出来，而旧的工作岗位会消失。一些人成为劳动力，而另一些人变成非劳动力。这种转换造成了失业。

我们将失业分为以下三种类型：

- 摩擦性失业
- 结构性失业
- 周期性失业

□ 摩擦性失业

摩擦性失业（frictional unemployment）指的是由于正常的劳动力周转而产生的失

业，如人们进入或离开劳动力队伍、终止现有的工作并寻找更好的工作、工作岗位的创造与消失等。摩擦性失业在一个有活力的、发展着的经济中是永久的、健康的现象。

贯穿人们生命的所有阶段，人们在劳动力市场中的流动是永不停歇的——从学校毕业寻找工作、工作中、可能对现有工作不满而重新寻找工作、最终工作期满退休。

并且，新工作的诞生和旧工作的消亡也是永不停歇的，它们伴随着新公司的诞生、公司的扩张或收缩以及一些公司破产并退出市场。

这种在劳动力市场的流动以及工作的诞生与消失创造了人们寻找工作和公司寻找工人的需求。公司不一定会雇用第一个申请工作岗位的人，而那些失业中的人也不一定接受他们遇到的第一份工作。公司和工人都会花时间分别寻找他们认为的最合适的员工和工作岗位。通过这个寻找过程，人们就能够将他们的技能或兴趣与可以得到的工作结合起来，从而得到满意的工作岗位与收入。

□ 结构性失业

结构性失业（structural unemployment）是指由于技术或国际竞争的变化而导致的对工作技能要求的变化或者工作场所的变化所带来的失业。结构性失业一般比摩擦性失业持续的时间长，这是因为工人往往需要接受再就业培训或者迁移才能重新找到工作。例如，在印第安纳州的加里采用电话自动交换设备以后，城市中的一些工作岗位就消失了。同时，人寿保险销售和零售店员的工作机会在芝加哥、印第安纳波利斯和其他城市出现了。原来的电话接线员的失业状态仍要持续数月，直到他们迁移、接受再就业培训并得到其中一份新的工作。结构性失业是痛苦的，特别是对于年纪大的工人来说，他们最好的选择可能是提前退休，但他们的收入却会比预期的低很多。

结构性失业有时不是很严重。但是有时数量很大，并且在那种时候，结构性失业会衍生出一系列严重的问题。20 世纪 70 年代末 80 年代初的情况就特别严重。

□ 周期性失业

在经济处于低谷时高涨、在经济处于高峰时又跌落的失业被称为**周期性失业**（cyclical unemployment）。如果一个工人在经济衰退时被解雇，而在数月后又因为经济繁荣而被重新雇用，则他经历了周期性失业。

□ "自然"失业

自然失业是指失业仅来源于摩擦性失业和结构性失业，并不包括周期性失业。自然失业数量占劳动力的比例就是**自然失业率**（natural unemployment rate）。

充分就业（full employment）被定义为经济体处于实际失业率等于自然失业率时的状态。

那么，是什么因素决定着自然失业率？它到底是恒定的还是变化着的？

影响自然失业率的因素有很多，但其中最重要的就是如下几个：

- 人口年龄分布
- 结构变化的步伐

• 真实工资率
• 失业救济

∴关注失业　　找一份工作究竟需要花费多长时间？

失业持续时间是随着经济周期的变化而变化的。在 2000 年，经济处于繁荣期，失业率低于自然失业率，仅为 4%。找一份工作所花费的时间的中值为 6 周。而到了 2010 年，经济处于低潮，失业率超过自然失业率，高达 9.6%，寻找工作所花费的时间的中值也上升至 22 周。

下图为我们提供了更多的信息：它显示了 4 种失业持续时间所占的百分比，你可以看到长期性失业（27 周及以上）在经济繁荣期鲜有存在，而在经济低谷期却是个大问题。

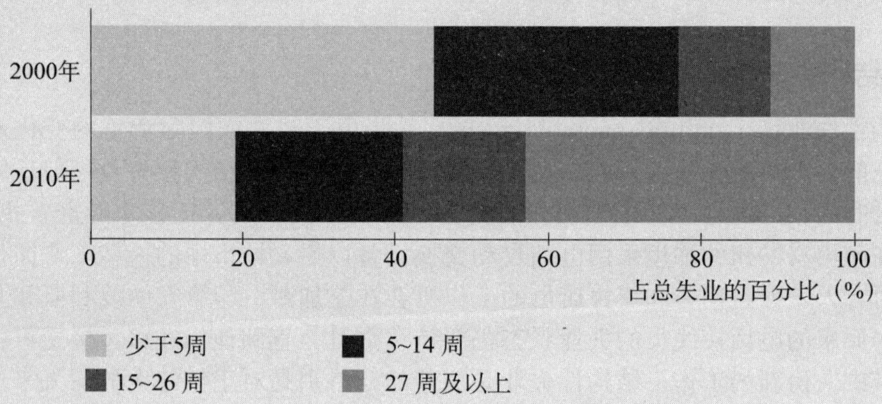

资料来源：Bureau of Labor Statistics.

人口年龄分布

一个人口年轻化的经济体每年都会有大量新的劳动力进入劳动力市场寻找工作，从而产生较多的摩擦性失业。一个人口老龄化的经济体则只会产生极少的新的劳动力，摩擦性失业也会较少。

结构变化的步伐

结构变化的步伐有时很小，同样的机器可以在同样的工作上被使用很多年。但遇到技术剧变时就不一样了，老方法将被横扫，成千上万的工作将会消失，老技术也会失去价值。结构性失业的数量随着技术变革的步伐而波动，而后者又取决于激烈的国际竞争，特别是来自快速变化的亚洲经济体的竞争。目前，美国的很多领域都呈现出较高水平的结构性失业。

真实工资率

自然失业率为真实工资率所影响。任何因素使得真实工资率上升至超过市场均衡水平都会导致劳动力剩余，从而使自然失业率上涨。真实工资率可能超过市场均衡水平有两个原因：最低工资制和绩效工资制。联邦最低工资导致了失业是因为它被设定在高于低技术的年轻工作者的均衡工资率的水平。而绩效工资则是企业为了吸引产业工人而设置的超过流动市场工资的工资，它激励工人努力工作，防止他们离开。当企业将其工资设置在超过流动市场工资的水平时，一些工人就会乐于为其工作但却不能得到该工作。

失业救济

失业救济会降低寻找工作的机会成本，从而提高自然失业率。一些欧洲国家比美国有更多的失业救济和更高的自然失业率。进而，我们可以说失业救济会使自然失业率上升。

目前经济学界关于自然失业率的存在没有什么争议，同样关于自然失业率的变化也没有什么争议。但经济学家们不知道的是它的精确数值和波动范围。国会预算办公室（CBO）预测的 2010 年的自然失业率是 5.2%——比同年的实际失业率的一半略高。

□ 失业与实际 GDP

周期性失业是随着经济周期而变化的波动性失业——在经济衰退时增加，在经济繁荣时减少。当经济处于充分就业状态时，不存在周期性失业。在经济周期的低谷，周期性失业是正的，而在经济周期的高峰，周期性失业是负的。

图 15-6（a）展示了美国 1980—2011 年的失业率，同时也展示了这段时间的自然失业率与周期性失业。图中所示的自然失业率是由美国国会预算办公室估计出来的。

通过图 15-6（a），可以看到在 20 世纪 80 年代的大部分时间、20 世纪 90 年代早期、21 世纪头十年以及 2008—2009 年，失业率都高于自然失业率，从而周期性失业是正的（曲线的黑色部分）。而在 20 世纪 80 年代后期以及 1997—2001 年以及 2005—2008 年这三个时期，失业率都低于自然失业率，从而周期性失业是负的（曲线的灰色部分）。

当失业率围绕自然失业率波动时，实际 GDP 也围绕潜在 GDP 波动。**潜在 GDP**（potential GDP）是当一个经济体的生产要素——劳动、资本、土地与企业家才能——被完全利用时所能达到的实际 GDP 的价值。当经济处于充分就业状态时，实际 GDP 就等于潜在 GDP。实际 GDP 减去潜在 GDP 的数值占潜在 GDP 的比例被称为**产出缺口**（output gap）。

图 15-6（b）展示了美国 1980—2011 年的产出缺口。从图中可以看到当失业率围绕自然失业率波动时，产出缺口也在波动。当失业率高于自然失业率时，如图 15-6（a）所示，产出缺口是负的（实际 GDP 低于潜在 GDP），如图 15-6（b）所示；当失业率低于自然失业率时，产出缺口是正的（实际 GDP 高于潜在 GDP）。当失业率等于自然失业率时，产出缺口是零（实际 GDP 等于潜在 GDP）。

在图 15-6 中也能看到失业率是经济周期的一个滞后反映指标。在衰退期过去很长一段时间之后，失业率仍然在上升。

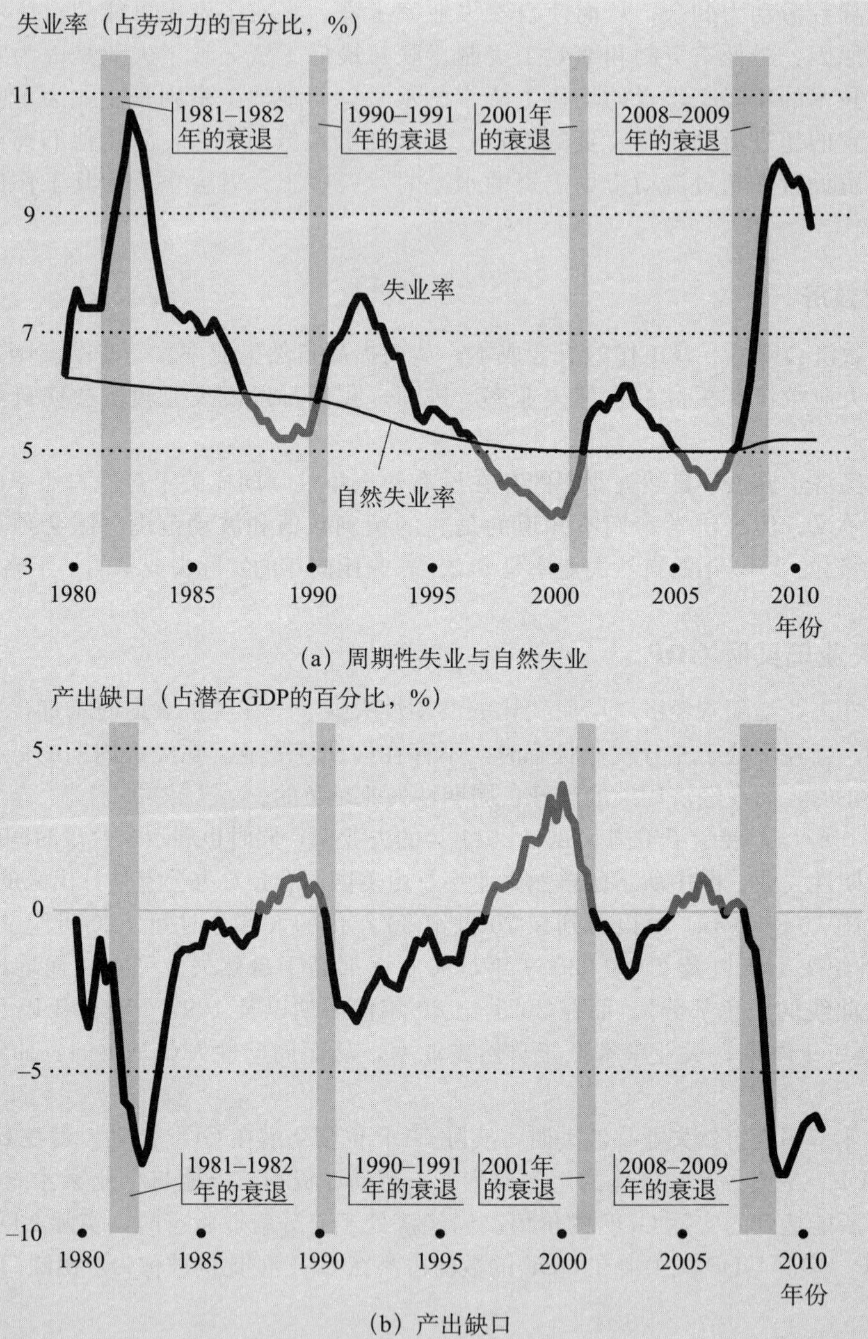

图 15-6 失业和产出缺口的关系

当失业率围绕自然失业率波动时［如图（a）所示］，产出缺口——实际 GDP 减去潜在 GDP 的数值占潜在 GDP 的比例——也在波动［如图（b）所示］。

当失业率超过自然失业率时，实际 GDP 低于潜在 GDP，产出缺口是负的［图（a）、图（b）中曲线的黑色部分］。

当失业率低于自然失业率时，实际 GDP 高于潜在 GDP，产出缺口是正的［图（a）、图（b）中曲线的灰色部分］。

图中的自然失业率是由美国国会预算办公室估算出来的，该数值可能大大低估了 2008 年以后的真实值。

资料来源：Bureau of Economic Analysis，Bureau of Labor Statistics，and Congressional Budget Office.

❖关注你的生活　　你在劳动力市场中的身份与活动

你一生的许多时间都将在劳动力市场中度过。在大部分时候，你将提供劳动服务。但是，首先你必须找到一个工作。当然，你也不可能一辈子只从事一个工作。当你决定停止或者经济环境破坏了你原有的工作时，你就得寻找一个新工作。

当你在寻找工作、得到一个工作、终止一个工作或被解雇并寻找新工作时，你就可能经历许多或者几乎全部的人口划分，这些划分在本章的人口现状调查的介绍中已经介绍过。

在你正在学习经济学的时候，想一下你在劳动力市场中的身份。

- 你是否属于劳动力？
- 如果你属于劳动力，你是就业者还是失业者？
- 如果你是就业者，你是非全日制工人还是全日制工人？

现在想想如果有一个你认识的人是失业者或者曾经失业，判断这个人经历的失业属于以下哪一类：

- 摩擦性失业
- 结构性失业
- 周期性失业

你如何判断这个人的失业类型？

你今天或者在你毕业后找工作时面临的劳动力市场状况部分地取决于国民经济状况——经济是处于衰退期还是繁荣期。

劳动力市场状况也取决于你生活在哪里。参见美国劳工统计局的网站，即 www.bls.gov/sae/sm_mrs.htm。在这个网站上你能找到州、城市或郡的就业与失业情况。通过比较你所在地区与其他地区的劳动力市场状况，你就能发现在哪里能更容易地找到工作。

检查站 15.3☞　描述失业的类型，定义充分就业，并解释失业与实际 GDP 之间的联系。

现实问题

复苏尚不能改善失业

尽管乐观主义者看到了复苏的希望，但是美国国会预算办公室却发现失业在增加。国会预算办公室认为失业率在 2011 年下降到 9.1%之前，会从今年的平均 9.3%继续上升，最高到下一年的 10.4%。

资料来源：*Fortune*，August 25，2009.

在衰退开始前，美国的失业率大约是 6%。

1. 在衰退开始时，企业迅速地解雇工人。这种失业的增加属于摩擦性失业、结构性失业还是周期性失业？

2. 经济已经开始复苏但为何失业率还在上升？

新闻摘要

美国银行的削减幅度可达 4 万人

美国银行高层已经讨论在第一次重组中削减大约 40 000 个职位。这个数字可能会有所变化，但是这次重组肯定会在数年的周期结束后削减美国银行的职工总数。

资料来源：*The Wall Street Journal*，September 9，2011.

邮电业削减 22 万个职位的目标

美国邮电业为挽救极端困难的财政状况，计划削减员工数量 220 000 个。这个以邮费为主要财政来源的行业已经在经济低迷中挣扎多时。

资料来源：*The Wall Street Journal*，August 12，2011.

在上述两个例子中，削减职位会使哪种失业上升？请解释理由。

现实问题参考答案

1. 在衰退开始时，企业倾向于迅速地解雇工人。这时大部分的失业属于周期性失业——与一个国家的经济状况相联系。当被解雇者增加时，失业率就快速上升。

2. 失业率是经济周期的一个滞后反映指标。当复苏开始时，企业开始增加雇用工人。这时失业者将得到工作，但是重新进入劳动力市场的人增加了，这是因为附着在边界上的工人开始寻找工作。在复苏的初期，去寻找工作的附着在边界上的工人数会超过企业可以雇用的数量，这样失业率就继续上升。

新闻摘要参考答案

美国银行为应对技术变革而在重组中削减员工人数。由于在线银行的发展，很多分支机构将会被关闭。其削减人员将会导致结构性失业。而美国邮电业削减人员是为了应付低迷的经济活动。其削减人员将会导致周期性失业。

本章总结

□ 要点

1. 定义失业率以及其他一些劳动力市场指标。
- 失业率是失业人数占劳动力的比例，而劳动力是就业人数与失业人数之和。
- 劳动力参与率是劳动力占劳动年龄人口的比例。

2. 描述美国劳动力市场指标的变化趋势与波动状况。
- 失业率随着经济周期而波动，即在衰退期上升而在繁荣期下降。
- 女性劳动力参与率上升了，而男性劳动力参与率下降了。

3. 描述失业的类型，定义充分就业，并解释失业与实际 GDP 之间的联系。
- 失业可以是摩擦性的、结构性的或周期性的。
- 没有周期性失业时就达到了充分就业。实现充分就业时的失业率就是自然失业率。

• 潜在 GDP 是当经济体处于充分就业状态时所能实现的实际 GDP。

• 由于失业率围绕自然失业率波动，因此实际 GDP 也就围绕潜在 GDP 波动，从而产出缺口也在负值与正值间变化。

□ 关键术语

周期性失业	自然失业率	丧失信心的工人
产出缺口	摩擦性失业	由经济原因导致的非全日制工人
充分就业	全日制工人	非全日制工人
大萧条	潜在 GDP	劳动力
结构性失业	劳动力参与率	失业率
附着在边界上的工人	劳动年龄人口	

本章检查站

□ 学习计划中的问题与应用

利用以下美国劳工统计局进行的劳动力市场调查中 4 个家庭的信息，回答问题 1 和 2。

• 家庭 1：上周，肯迪为建立她的网络商店生意而工作了 20 个小时。在剩下的时间里，她完成了工作申请并参加了两场面试。她的丈夫杰瑞在通用汽车公司的岗位上工作了 40 个小时，她的女儿梅格是个学生，利用假期在星巴克咖啡店工作了 10 个小时。

• 家庭 2：乔伊是一个全日制的银行出纳，他现在正在休假。塞莲娜是乔伊的妻子，她想要一份全日制的工作，上周她作为非全日制收银员工作了 10 个小时。

• 家庭 3：埃里上周没有工作，但是将在两周之内重新回到他原来的固定工作中去。科斯塔是他的配偶，已经找了几个月的工作但是依然没能找到，最终他决定不再找工作，并重新回到学校学习。

• 家庭 4：咪咪和亨利都已经退休了。他们的儿子汉克是一位专业艺术家，他上周画画花费了 12 小时，并卖出了一幅画。

1. 对上述 4 个家庭的 10 个人分别按照美国劳工统计局的劳动力市场人口划分方法分类。谁是非全日制工人，谁是全日制工人？在非全日制工人中，谁属于由经济原因导致的非全日制工人？

2. 计算这 10 个人的失业率与劳动力参与率，并将计算结果与 2011 年的对应比率作比较。

3. 举出由经济原因导致非全日制就业的两个例子，再举出由非经济原因导致非全日制就业的两个例子。

4. 解释非全日制工人的比率与经济周期之间的关系。

5. 区分三种失业类型：摩擦性、结构性与周期性。为每一种失业类型提供一个当前美国经济中的例子。

6. 当产出缺口在正值与负值之间变化时，描述失业率与自然失业率之间的关系。

利用下列信息回答问题 7 和 8。

7 月 17 个州的失业下降，26 个州的失业上升

美国劳工部报告说就业岗位增加最多的是纽约州，增加了 62 100 个岗位。明尼苏达州就业岗位增加了 10 300 个，这是几乎一年来的首次增加。佛蒙特州虽然只增加了 900 个就业岗位，但是其失业率从 7.3%下降到了 6.8%——这是全国范围内最大幅度的下降。

资料来源：The Associated Press，August 21，2009.

7. 在其他条件不变的情况下，说明纽约州的 62 100 个新增就业岗位与明尼苏达州的 10 300 个新增就业岗位使得就业数量、劳动力与失业率发生了怎样的变化。

8. 解释为什么佛蒙特州只增加了 900 个就业岗位，但是它的失业率却下降得比其他州要多。

□ 教师可布置的问题与应用

1. 在美国：

• 比较 2010 年与 2000 年的失业持续时间，并解释其差异最有可能是由以下哪种因素导致的：经济摩擦、经济结构变化还是经济周期。

• 为什么十几岁青少年的失业率要大大高于那些年龄较大的工人？

• 与 2000 年相比，2010 年附着在边界上的工人的失业是如何影响失业持续时间的？

2. 美国劳工统计局报告说 2008 年第二季度劳动年龄人口是 233 410 000，劳动力是 154 294 000，就业人口是 146 089 000。计算该季度的劳动力参与率与失业率。

3. 2011 年 7 月，桑迪岛有 10 000 人就业，1 000 人失业。2011 年 8 月，80 人失去工作并且不准备再找工作，20 人停止工作并退休，150 人被雇用或重新召回，50 人成为丧失信心的工人，40 个新毕业生进入劳动力市场寻找工作。计算从 2011 年 7 月到 2011 年 8 月失业率的变化。

4. 美国劳工统计局的调查得到的一个 320 人的社区的相关数据如下：200 人每周有偿劳动至少 1 小时；20 人没有工作，但只是临时离开原来的工作岗位；40 人没有工作并且不想去找工作；10 人准备接受工作，并在上周努力寻找工作；6 人等待接受工作，被辞退后等待被原工作单位重新雇用。计算失业率与劳动力参与率。

5. 描述 1949—2011 年美国失业率的趋势与波动。在哪些时期失业率高于平均值？在哪些时期失业率低于平均值？

6. 描述 1960—2010 年美国劳动力参与率的趋势与波动。对比并解释女性、男性劳动力参与率的差别。

7. 解释为何自然失业率非零，并说明为何失业率会围绕自然失业率波动。

利用下列信息回答问题 8 和 9。

密歇根的失业率高达 15%

根据美国劳工部门的报告，密歇根州的失业率在 2009 年 7 月已经提高至 15.2%。成为 25 年来第一个失业率超过 15%的州。在经历了汽车工业的崩溃以及住房危机之后，密歇根州已成为全国过去 12 个月失业率最高的州。

资料来源：CNN Money，July 17，2009.

8. 为什么密歇根州的失业问题比 15.2%的失业率统计还要严重？

9. 密歇根州的失业属于摩擦性失业、结构性失业还是周期性失业？请解释。

□ 单项选择题

1. 如果乔迪________，劳工统计局就会把她算作失业者。

A. 上个月有工作，但这个月没有工作

B. 没有工作，因为她供职的美国公司所生产的产品竞争不过便宜的中国产品

C. 想要一份工作，并且已经寻找了一年未果，但仍然不打算放弃

D. 想要一份工作，并愿意得到一份工作，但上周找了一周也没有找到一份工作

2. 附着在边界上的工人是一种________的人。

A. 由于经济原因而从事非全日制工作

B. 由于非经济原因而从事非全日制工作

C. 不工作，却可以得到并将会去工作，但最近没有去找工作

D. 没有工作，却想得到工作，而且已经回到学校培训

3. 如果劳工统计局把所有附着在边界上的工人都算作失业者，那么________将会________。

A. 失业率；上升　　B. 劳动力；不变

C. 劳动力参与率；降低　　D. 失业率；降低

4. 如果经济走向衰退，失业中上升最大的会是________。

A. 结构性失业，因为在大多数州许多工作将会消失

B. 周期性失业，因为许多产业部门将会削减产出导致工作消失

C. 摩擦性失业，因为创造工作将会减慢

D. 结构性和摩擦性失业，因为只有极少的工作被创造出来

5. 当所有的失业都是________失业时经济将达到充分就业。

A. 结构性　　B. 周期性

C. 结构性和周期性　　D. 结构性和摩擦性

6. 潜在 GDP 是________时实际 GDP 的价值。

A. 实际失业率等于自然失业率　　B. 没有摩擦性失业

C. 没有结构性失业　　D. 失业率为零

7. 当失业率________自然失业率时，实际 GDP 就会________潜在 GDP，而且产出缺口会是________。

A. 超出；低于；负的　　B. 低于；低于；负的

C. 超出；超出；正的　　D. 低于；超出；负的

第16章 CPI与生活成本

本章要点

学完本章，你将能够：

1. 解释消费者价格指数的含义及其计算方法。
2. 解释消费者价格指数这个指标的局限性并描述其他衡量价格水平的指标。
3. 根据通货膨胀调整货币的价值，并计算实际工资率和实际利率。

16.1 消费者价格指数

消费者价格指数（Consumer Price Index，CPI）这个指标用来测度城市消费者购买固定的“一篮子”消费产品和服务时所支付的平均价格。美国劳工统计局每个月计算一次 CPI，利用这些数字，我们可以对这一篮子东西的当月成本和之前的某一月份或其他时期的成本进行比较。

□ 如何理解 CPI

编制 CPI 这一指数，首先要确定某一个时期为**基期**（reference base period），令这一个时期的 CPI 为 100。目前，美国的 CPI 的基期是 1982—1984 年。也就是说，1982 年 1 月到 1984 年 12 月这 36 个月的 CPI 的平均值被设定为 100。

2011 年 7 月，CPI 为 225.4。这个数值告诉我们，那固定的一篮子消费产品和服务在 2011 年 7 月时的平均价格要比 1982—1984 年间的平均价格高出 125.4%。

2011 年 6 月，CPI 为 224.3。将这一年 7 月的 CPI 和 6 月的 CPI 相比，我们可以知道，2011 年 7 月城市消费者为市场上那固定的一篮子消费产品和服务支付的价格增长了 1.1 个百分点。

□ 编制 CPI

编制 CPI 是一项庞大的工程，需要花费以百万计的美元，这项工程可分为以下三个阶段：

- 选定 CPI 市场篮子
- 进行月度价格调查
- 计算 CPI

□ CPI 市场篮子

编制 CPI 的第一步就是选定 CPI 市场篮子，这个篮子包括 CPI 所代表的产品和服务及其相对重要性，或者说权重。这么做的目的是使得 CPI 市场篮子中各种产品和服务的权重与其在城市家庭平均预算中的权重一致。举例而言，如果家庭平均花费 2%的收入在公共交通上，那么 CPI 市场篮子中公共汽车、地铁和其他公共交通运输工具的价格的权重也应为 2%。

尽管每个月都会计算 CPI，但 CPI 市场篮子并不是每个月都更新。决定篮子构成的信息来自消费者支出调查（Consumer Expenditure Survey），这项调查旨在了解人们实际购买了哪些东西。这一调查是持续性的，2011 年的 CPI 市场篮子基于 2007—2008 年间的调查。这项调查收集了 88 000 个个人和家庭的信息，他们中的一些个人和家庭每三个月接受一次调查，另一些则做一个两周的详细购物日记，在这个日记中记录他们所购买的每一样东西。（1999 年以前消费者支出调查执行的频率远低于之后。）

尽管消费者支出调查经常更新 CPI 市场篮子，但基期并不随之变化，基期被固定在 1982—1984 年有 20 多年了。

图 16 - 1 展示了 2011 年 7 月的 CPI 市场篮子。这个篮子包括了大约 8 万种产品和服务，它们被分为 8 个大组。在家庭预算中最重要的是住房，约占总开支的 41.5%，第二重要的是交通，占 17.3%，第三重要的是食品与饮料，占 14.8%，这三组约占平均家庭预算的 3/4。医疗、娱乐和教育与通信各占约 6%，穿着用品（服装和鞋）占 3.6%，其他产品和服务占 3.5%。

劳工统计局将以上的每个大类都细分为更多的小类。例如，将教育与通信这一大类分为教科书与消耗品、学费、电话服务和个人电脑服务。

当你看到这些数字时，需要记住的是它们表示家庭平均水平。各个家庭的情况分布在平均水平的周围。想想你的开支情况并将之与平均情形进行比较。

□ 月度价格调查

美国劳工统计局的雇员每个月都会在 30 个地区对 CPI 市场篮子中的 8 万种产品和服务的价格进行核查。由于 CPI 用来衡量价格的变化，所以每个月记录的价格都是基于相同的产品和服务项目。比如，某月一盒果冻豆的价格上升了，但其包含的数量也增加了。那么能不能认为果冻豆的价格上升了？劳工统计局的雇员必须记录质量、大小、重量或包装的详细变化情况，这样才能将价格变化和其他变化分离开来。

掌握原始数据后，接下来就可以计算 CPI 了。

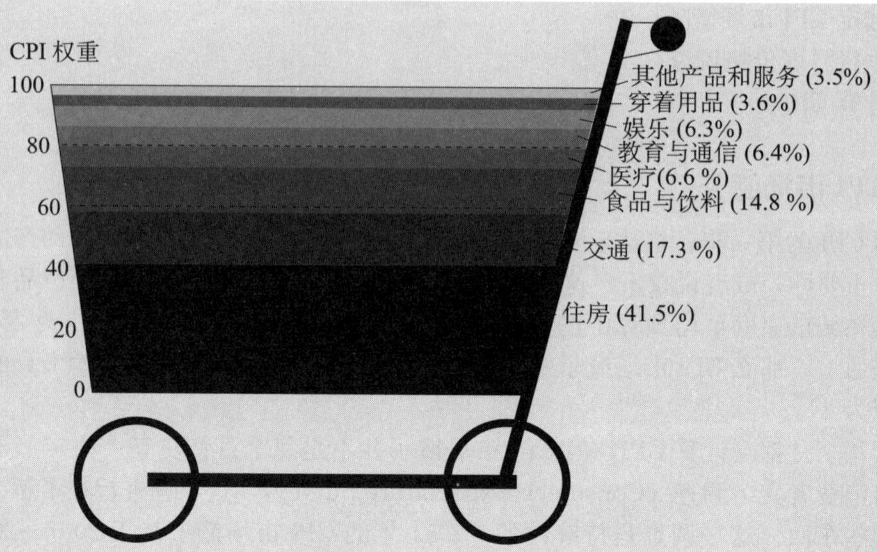

图 16-1 CPI 市场篮子

这一购物车中装有一个家庭平均购买的所有项目。住房（41.5%）、交通（17.3%）和食品与饮料（14.8%）约占家庭总收入的 75%。

资料来源：Bureau of Labor Statistics.

□ 计算 CPI

CPI 的计算可分为三个步骤：

- 算出基期价格下 CPI 市场篮子的成本。
- 算出当期价格下 CPI 市场篮子的成本。
- 计算基期和当期的 CPI。

我们通过一个简单的例子来演示这三个步骤。假设 CPI 市场篮子中只有两种产品与服务：橘子和理发。我们将编制年度 CPI，而不是月度 CPI，并以 2005 年为基期，以 2012 年为当期。

表 16-1 列举了 CPI 市场篮子中各项的数量以及在基期和当期的价格。表 16-1（a）给出的是基期的数据。在这一期中，消费者购买了 10 个橘子理了 5 次理发，橘子和理发的价格分别是 1 美元和 8 美元。要计算基期价格水平下 CPI 市场篮子的成本，即将篮子中各项的数量乘以对应的价格。购买橘子的成本为 10 美元（10 个，每个 1 美元），理发的成本为 40 美元（5 次，每次 8 美元）。所以基期价格下 CPI 市场篮子的成本为 50 美元（=10 美元+40 美元）。

表 16-1（b）给出的是当期价格数据。橘子的价格从 1 美元涨到 2 美元，上涨了 100%（1 美元÷1 美元×100%=100%）。理发的价格从 8 美元涨到 10 美元，上涨了 25%（2 美元÷8 美元×100%=25%）。

CPI 给了我们一个比较平均价格上涨幅度的指标。这种比较基于篮子的成本而不是每项的价格。为了计算当期（2012 年）CPI 市场篮子的成本，我们将篮子中各项的数量乘以其对应的 2012 年的价格。橘子的成本是 20 美元（10 个，每个 2 美元），理发的成本是 50 美元（5 次，每次 10 美元）。因此，固定的 CPI 市场篮子在当期价格下的总成本是 70 美元（＝20 美元＋50 美元）。

表 16－1　消费者价格指数：一个 CPI 计算的简例

(a) 基期价格下 CPI 市场篮子的成本：2005 年

	CPI 市场篮子		CPI 市场篮子的成本
项目	数量	价格	
橘子	10	1 美元/个	10 美元
理发	5	8 美元/次	40 美元
	基期价格下 CPI 市场篮子的成本		50 美元

(b) 当期价格下 CPI 市场篮子的成本：2012 年

	CPI 市场篮子		CPI 市场篮子的成本
项目	数量	价格	
橘子	10	2 美元/个	20 美元
理发	5	10 美元/次	50 美元
	基期价格下 CPI 市场篮子的成本		70 美元

到目前为止，我们已经完成了 CPI 计算的前两步。第三步是要用已经算出来的数字计算 2005 年和 2012 年的 CPI。计算 CPI 的公式为：

$$\text{CPI}=\frac{\text{当期价格下 CPI 市场篮子的成本}}{\text{基期价格下 CPI 市场篮子的成本}}\times 100$$

在表 16－1 中，我们已经得到 CPI 市场篮子的成本在 2005 年是 50 美元，在 2012 年是 70 美元。将这些数字代入 CPI 的计算公式，可得 2005 年和 2012 年的 CPI。设 2005 年为基期，有：

$$2005\text{ 年 CPI}=\frac{50\text{ 美元}}{50\text{ 美元}}\times 100=100$$

$$2012\text{ 年 CPI}=\frac{70\text{ 美元}}{50\text{ 美元}}\times 100=140$$

尽管美国劳工统计局的雇员对月度 CPI 的计算要更为复杂，但其原则和这个简单的示例中所应用的原则是相同的。

图 16－2（a）展示了美国从 1971 年到 2011 年这 40 年的 CPI。该图表明 CPI 在这段时期内一直上升，直到 2009 年有略微的下降。在 20 世纪 70 年代末期和 1980 年，CPI 迅速上涨，不过从 20 世纪 80 年代初开始，增长的势头大大减缓。

□ 测量通货膨胀和通货紧缩

CPI 主要用来衡量生活成本和货币价值的变化。为了更直接地测量这些变化，我们需要进一步计算**通货膨胀率**（inflation rate），它是指两年间价格水平变化的百分比。通货膨胀（简称通胀）率的计算公式是：

$$\text{通胀率}=\frac{\text{当年 CPI}-\text{上年 CPI}}{\text{上年 CPI}}\times 100\%$$

假设当前年份 2012 年的 CPI 为 140，且上年 2011 年的 CPI 为 120。这样，在2012 年：

$$通胀率=\frac{140-120}{120}\times100\%=16.7\%$$

如果通货膨胀率为负，则价格水平下降，我们把这种情形叫做**通货紧缩**（deflation）。美国很少经历通货紧缩，不过 2009 年是罕见的通货紧缩年。访问劳工统计局的网站，你可以查看最新的通货膨胀率。2009 年 7 月，CPI 为 214.8，而在 2008 年 7 月，该值为 219.1。所以，2009 年 7 月前的那一年：

$$通胀率=\frac{214.8-219.1}{219.1}\times100=-2.0\%$$

图 16－2（b）展示了美国从 1971 年到 2011 年这 40 年的通货膨胀率。图 16－2（a）中价格水平的变化和图 16－2（b）中的通货膨胀率紧密相关。价格水平迅速上升，通货膨胀率高企；价格水平缓慢上升，通货膨胀率低；而当价格水平下降时，通货膨胀率为负。

❖关注过去　700 年来的通货膨胀和通货紧缩

下图中这些惊人的数据表明，仅仅从 20 世纪开始，通货膨胀才成为一个持续的问题。在此之前的 600 年间，通货膨胀几乎不存在。16 世纪在欧洲人发现美洲金矿后，通货膨胀率稍有升高，但这次通胀率低于 2%/年——这低于我们目前的水平，并最终回落。在工业革命时代，出现了暂时性的通货膨胀加剧现象，随后出现了一段时期的通货紧缩。

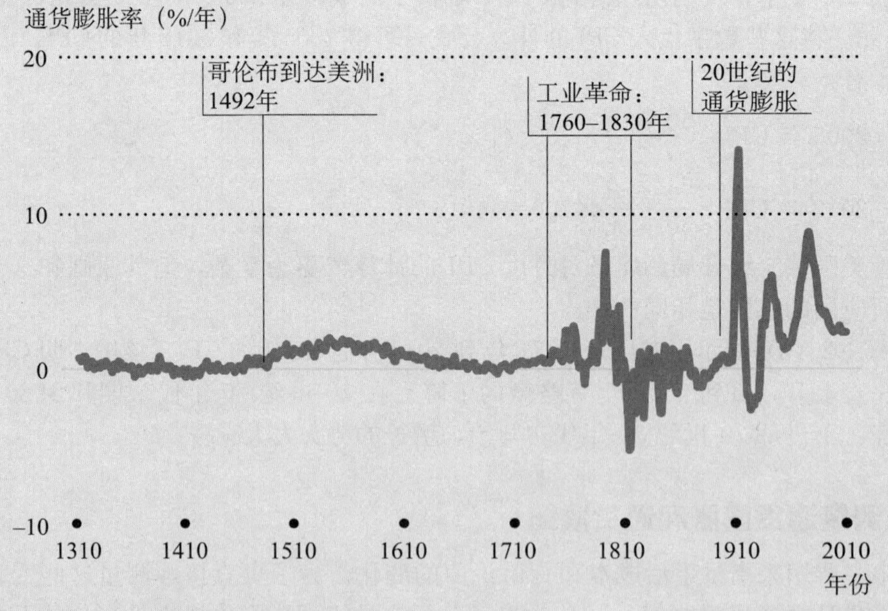

资料来源：E. H. Phelps Brown and Sheila V. Hopkins, *Economica*, 1955, and Robert Sahr, http://oregonstate.edu/dept/pol_sci/fac/sahr.htm.

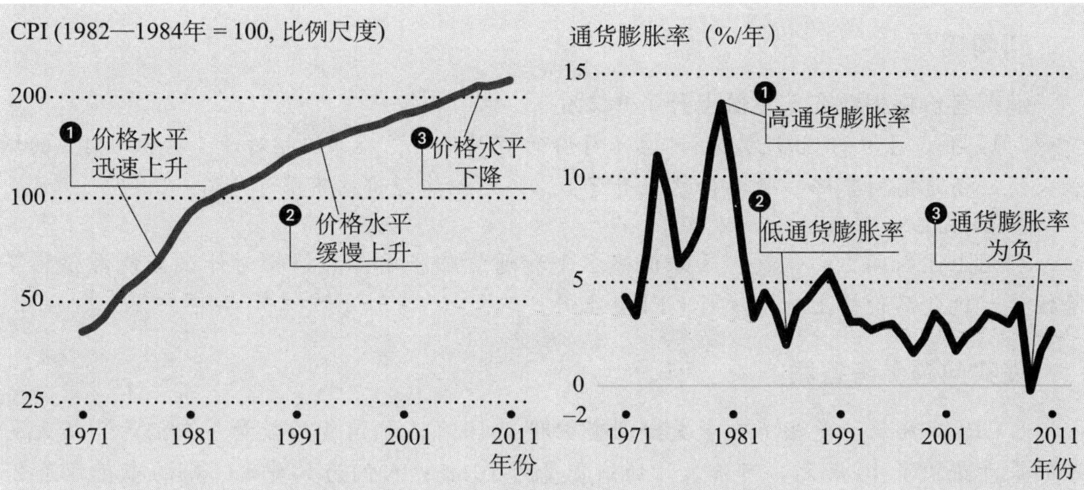

(a) CPI: 1971—2011年 (b) CPI 通货膨胀率: 1971—2011年

图 16 - 2 CPI 和通货膨胀率：1971—2011 年

①价格水平［图（a）］在 20 世纪 70—80 年代期间迅速上升，对应通货膨胀率［图（b）］高企。

②价格水平在 20 世纪 90 年代和 21 世纪头十年缓慢上升，通货膨胀低。

③2009 年价格水平下降，通货膨胀率为负。

资料来源：Bureau of Labor Statistics.

检查站 16.1☞ 解释消费者价格指数的含义及其计算方法。

现实问题

一项斯巴达的消费者支出调查表明，该地区人民只购买果汁和布。2010 年该地区进行了该项调查并且将该年设为基年。这一年，家庭平均购买 40 美元的果汁和 25 美元的布。表 1 列举了 2010 年和 2012 年两种物品各自的价格。

1. 计算基年中的 CPI 市场篮子以及家庭在果汁上的支出占预算的百分比。

2. 计算 2012 年的 CPI 以及 2010—2012 年期间的通货膨胀率。

3. 表 2 给出了俄罗斯的 CPI。计算其 2006 年和 2007 年的通货膨胀率。2007 年的价格水平上升了吗？2007 年的通货膨胀率上升了吗？

表 1

	价格	
	2010 年	2012 年
果汁	4 美元/瓶	4 美元/瓶
布	5 美元/码	6 美元/码

表 2

年	CPI
2005	200
2006	219
2007	237

新闻摘要

消费者价格指数在 5 月份上升了 0.2%

2011 年 5 月份的 CPI 为 226，比 4 月份的 CPI 高 0.2%。但相对于 4 月份 0.4%的增长来说，还是有所下降。食品价格上升了 0.4%，但能源价格下降了 1%。

资料来源：*USA Today*，June 15，2011.

利用上述新闻中的信息，区分价格水平和通货膨胀率，并解释为什么当能源价格下降幅度超过食品价格上升幅度时 CPI 会上升。

现实问题参考答案

1. CPI 市场篮子是指消费者支出调查年即 2010 年人们消费的数量。人们为 4 美元一瓶的果汁花费了 40 美元，可知果汁的消费量为 10 瓶；人们为 5 美元一码的布花费了 25 美元，可知当年布的购买量为 5 码。CPI 篮子即由 10 瓶果汁和 5 码布构成。

在基年，家庭在果汁和布上的平均花费分别为 40 美元和 25 美元，家庭预算为 65 美元。在果汁上的花费占预算的 61.5%：(40 美元÷65 美元)×100%=61.5%。

2. 为计算 2012 年的 CPI，先要分别算出 2010 年和 2012 年的 CPI 市场篮子的成本。2010 年，CPI 市场篮子的成本为 65 美元（=40 美元的果汁+25 美元的布）。2012 年 CPI 市场篮子的成本为 70 美元（=4 美元一瓶的果汁 10 瓶+6 美元一码的布 5 码）。这样，2012 年的 CPI 为：(70 美元÷65 美元)×100=107.7，通胀率为 [(107.7−100)÷100]×100%=7.7%。

3. 2006 年的通货膨胀率为 [(219−200)÷200]×100%=9.5%。2007 年的通货膨胀率为 [(237−219)÷219]×100%=8.2%。在 2007 年，价格水平上升了，但是通胀率下降了。

新闻摘要参考答案

CPI 是表示价格水平的指标，CPI 的百分比变化就是通货膨胀率。食品占 CPI 市场篮子的 14.8%，能源包含在交通和住房之中。当能源价格下降 1%时，CPI 上升了 0.2%，因此其他价格必然上升了 0.2%以上。

16.2 CPI 和其他价格水平指标

CPI 这一指标是用来测度生活成本或者说货币的价值的。CPI 有时候被称为**生活成本指数**（cost of living index）——用来衡量人们为达到特定的生活水平所支付的货币数量的变化。CPI 并不是测度生活成本（货币价值）的完美指标，其原因有两个大的方面：

第一，CPI 并没有测度构成生活成本的所有因素。例如，如果人们遇到一个寒冬，就需要用更多的电或天然气来为住宅供暖。这些项目的价格上升会导致 CPI 上涨，但是，CPI 不会反映购买数量的增加，因为 CPI 市场篮子是固定的。所以，为保持特定的生活水平而发生的支出增长并不能全部体现在 CPI 的增长中。

第二，那些构成生活成本通过 CPI 测量的因素，其测量并不精确。因此，衡量生活成本的 CPI 可能是一个有偏差的指标。

接下来，我们更具体地考察偏差的来源，以及劳工统计局在减少偏差方面的一些办法。

□ 造成 CPI 偏差的因素

造成 CPI 偏差的可能的因素有：

- 新产品引起的偏差
- 质量变化引起的偏差
- 产品相互替代性引起的偏差
- 销售地点的替代性引起的偏差

新产品引起的偏差

每一年都会有不少新产品上市，同时有旧的产品退出市场。今天我们认为的生活中必有的物品，许多在 10 年或 20 年前并不存在。这样的产品包括手机、iPod、笔记本电脑和平板大屏幕电视。从我们生活中逐渐退出的产品包括盒式录音磁带播放机、胶片和打字机。

当我们想用 2011 年的价格水平和 2001 年、1991 年甚至 1981 年的相比时，我们不得不用不同的产品篮子。我们没办法用同样的篮子进行比较，因为今天的篮子在 10 年前并不可得，10 年前的篮子在今天也不可得。

为了使比较可行，劳工统计局尽可能去测量那些既可由过去的产品也可由现在的产品提供的服务的价格。比如说，它会比较为听录制音乐所支付的价格，而不考虑提供这一服务的技术。但这种比较很困难。今日的 iPod 比 Walkman 播放机、Discman 播放机的音质更好，使用起来也更为方便。

新产品代表着数量和质量的多大程度的增加，代表着价格的多大程度的提高？这是一个问题。尽管劳工统计局尽力对这个问题做出解答，但很难确定什么样的调整是必要的。人们通常认为，新产品的引入会使得 CPI 产生向上的偏差（upward bias）。

质量变化引起的偏差

汽车、手机、笔记本电脑以及其他产品每年都在更新换代。比如，中控锁、安全气囊以及防抱死系统都提高了汽车的品质，同时也增加了汽车的成本。是汽车质量改进的程度高于成本提高的程度，还是汽车价格上升的程度高于质量提高的程度？如果价格的上升是由改进质量带来的，就不能算通货膨胀。同样，劳工统计局尽力去评估质量改进对价格变化的影响。但 CPI 很可能过多地将价格上升视为通货膨胀，这样会夸大通货膨胀程度。

产品相互替代性引起的偏差

相对价格变化会使得消费者改变他们的购买组合。人们会减少购买那些相对价格上升的产品，而增加购买相对价格下降的产品。比如，假设胡萝卜的价格上升了，而西兰花的价格不变，这样，胡萝卜相对于西兰花的价格上升了，人们会多买西兰花而少买胡萝卜。假设你在蔬菜购买上的支出不变，多买西兰花少买胡萝卜，并且你获得的享受和之前价格水平下的相同。这时候，CPI 会显示蔬菜价格上升，因为它忽视了 CPI 市场篮子中不同产品间的替代性。

销售地点的替代性引起的偏差

当人们发现价格变高了时，他们可能会更多地光顾折扣商店，而更少地在便利店买东西。这种现象叫做销售地点替代。比如，假设汽油价格每加仑上涨了 10 美分。这时候，你可能不再去附近的加油站加 4.579 美元/加仑的汽油，转而去更远的地方加 4.479 美元/加仑的汽油。你使用汽油的成本上升了，因为这时候必须考虑你多走几个街区所花费的时间和汽油。但总的来说你使用每加仑汽油的成本可能并没有增加 10 美分那么多。不过，这时候 CPI 会显示汽油价格上涨 10 美分，因为 CPI 不考虑销售地点替代。

近些年来，网上购物给人们提供了一个折扣店的替代性选择。这使得销售地点替代更加容易，可能会使这一类偏差更为严重。

□ 偏差的大小

至此，我们了解了引起 CPI 偏差的原因，但这些偏差的程度有多大？1996 年，一个国会顾问委员会专门研究过这个问题，这个委员会的主席是斯坦福大学的经济学教授迈克尔·博斯金（Michael Boskin）。这个委员会给出的答案是 CPI 每年将通货膨胀率高估了 1.1%。也就是说，如果 CPI 给出某年的通货膨胀率为 3.1%，实际上通货膨胀率只有 2%。

自从博斯金教授所领衔的委员会报告他们的结果以来，劳工统计局采取了一些办法来减少 CPI 偏差。其中的一个办法是提高消费者支出调查开展的频率。此外，劳工统计局使用更加精准的模型和方法来尽可能消除造成偏差的因素，使 CPI 这个指标尽可能精确。

□ CPI 偏差的两个后果

避免 CPI 的偏差很重要，因为 CPI 偏差会导致以下两个后果：

- 扭曲私人合约
- 增加政府开支并减少税收

扭曲私人合约

很多工资合约包括了根据生活成本进行调整的条款。比如，美国汽车工人联合会（UAW）和福特汽车公司可能签订这样的协议：约定初始工资为 30 美元/小时，之后的三年，根据生活成本的增加比率涨工资。其背后的理念是工会和雇主都想要根据“实际”工资进行约定。当生活成本增加时，公司想支付相应的工资，以使工人能买得起给定的那一篮子产品和服务。公司也会乐意支付更高的工资，因为其产品可以以更高的价格出售。

假设在福特公司和工会签订的为期三年的合约中，CPI 每年上涨 5%。福特公司第二年支付的工资将增加到 31.5 美元/小时，第三年将进一步增加到 33.08 美元/小时。

再假设 CPI 是有偏差的，真正的价格每年只上涨了 3%，工人们的生活成本也只增加了这么多。这样按照合约的真实意图，要补偿提高了的生活成本，第二年的小时工资应该是 30.9 美元，而不是 31.5 美元，第三年应是 31.83 美元，而不是 33.08 美元。因此第二年每个工人每小时多拿了 60 美分，即每 35 个小时的工作周多拿 21 美元，第三年，每小时多拿 1.25 美元，即每 35 个小时的工作周多拿 43.75 美元。

工人们所多拿的就是福特公司所损失的。数千个工人，每周就是数万美元，整个合约期 3 年就是上千万美元。

如果 CPI 偏差成为共识，并且这一偏差较大，那么，CPI 在被写进合约中时应该加以调整。工会和雇主要就偏差的程度达成一致意见并在合约中做出适当的调整。不过当偏差很小时，由于为达成一个更复杂的合约而进行的谈判会有成本，可能就得不偿失了。

增加政府开支并减少税收

由于价格上涨会降低美元的购买力，CPI 还被用来调整 4 900 万社会保险受益人的收入、2 700 万食品券接受者的收入、400 万退役军人和联邦公务员（及其在世的配偶）的收入以及 300 万顿学校午餐的预算。

联邦政府将近三分之一的支出与 CPI 直接挂钩。如果 CPI 数据有 1.1%的偏差，政府进行补偿的数额将会超过由于美元购买力下降而应给予的补偿。尽管一年 1.1%看起来很小，但十年累积起来，意味着政府近万亿美元的额外支出。

CPI 还用于调整不同收入水平的税率。高收入部分适用高税率，如果不进行调整，税负就太重了。但如果根据有向上偏差的 CPI 进行税收调整，就会对物价上涨进行过度补偿，从而减少税收。

□ 其他价格水平和通货膨胀率指标

还有一些指标也用来衡量价格水平和通货膨胀率。其中一个指标基于批发价格，另一个指标基于生产价格，这两个指标无论是在编制方法方面还是在潜在的偏差方面，都和 CPI 类似。接下来我们将简要介绍另外三个指标，这几个指标的偏差要小一些。这三个指标是：

- GDP 价格指数
- 个人消费支出（PCE）价格指数
- 剔除食品和能源后的 PCE 价格指数

GDP 价格指数

GDP 价格指数（GDP price index），又称 GDP 平减指数（GDP deflator），等于当年计入 GDP 的所有产品和服务的平均价格与其基年平均价格之比。在估计价格水平和通货膨胀率方面，这个指标和 CPI 有两个关键区别：

第一，GDP 价格指数使用所有计入 GDP——消费、投资、政府购买和出口——的产品和服务的价格，而 CPI 只是基于用于消费的产品和服务的价格。比如，计算 GDP 价格指数要包括3M公司用来制造万事贴的纸、国防部购买的核潜艇和英国航空公司购买的波音747。

第二，GDP价格指数根据当期数量来确定每个项目的权重，而CPI根据过去的消费者支出调查来确定每个项目的权重。不过，由于GDP价格指数和CPI所基于的产品和服务的宽度不相同，GDP价格指数并不是一个衡量生活成本的替代指标。

个人消费支出价格指数

个人消费支出价格指数（Personal Consumption Expenditures price index），又称PCE价格指数（PCE price index），等于当期进入GDP的消费支出部分的产品和服务的当期平均价格与基年平均价格之比。和GDP价格指数一样，这个指标相对于CPI的一个优点是利用当期数量信息，这一点相对于CPI可以减少一部分偏差。由于它是基于消费支出的，因而可以被看作衡量生活成本的一个备选指标。

PCE价格指数的一个劣势在于，它的数据会有几个月的迟滞。因此相对来说，CPI能更快地反映通货膨胀率的信息。

剔除食品和能源后的PCE价格指数

食品和能源价格的波动相对于其他价格更为剧烈，加入这两项会使价格水平的走势变得模糊。因此剔除这两个变化很大的项，对实际的价格水平和通货膨胀率可以看得更为清楚。剔除食品和能源后的PCE价格指数的变化率被称为**核心通货膨胀率**（core inflation rate）。

图16-3（a）表示的是由CPI、PCE价格指数、剔除食品和能源后的PCE价格指数分别衡量的三个价格水平。基于PCE价格指数的两个指标非常接近，而CPI在两者之上，在图中40年累积起来大概差了100个百分点。

图16-3（b）表示的是三个消费者价格通胀率。这些指标上升和下降的趋势是一致的，但是CPI指标的波动幅度大于PCE价格指数指标。CPI指标和PCE价格指数指标的平均值大概差0.5个百分点。核心通胀率和PCE通胀率的平均值几乎完全相同，只是核心通胀率的波动更小。从中我们可以知道为什么在表示通货膨胀率方面，核心通胀率这一指标相对更为可靠。

CPI更高这个事实反映了其存在的偏差，印证了基于当期实际支出的PCE价格指数这个指标不会受到很多会给CPI带来偏差的因素的影响。

检查站16.2 **解释消费者价格指数这个指标的局限性并描述其他衡量价格水平的指标。**

现实问题

统计局的经济学家决定考察由替代性带来的CPI偏差。为此，他们在2010年和2011年连续两年进行了消费者支出调查。

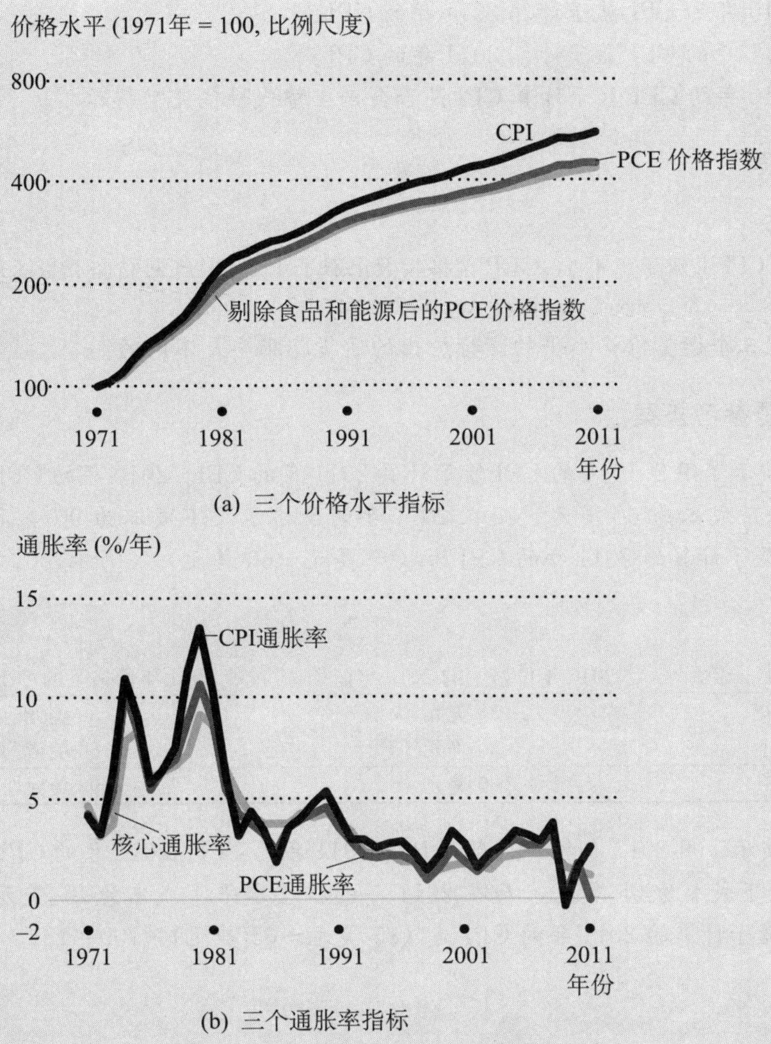

图 16-3　衡量消费者价格的三个指标

从图（a）可以看出，衡量价格水平的三个指标均呈现上升状态，但 CPI 的上升高于两个 PCE 指标，这反映了 CPI 存在的偏差。

图（b）中三个衡量通货膨胀率的指标同时波动，但 CPI 通货膨胀率比 PCE 通货膨胀率和核心通货膨胀率都要高。核心通货膨胀率比另外两个指标的波动幅度都要小。

资料来源：Bureau of Labor Statistics and Bureau of Economic Analysis.

表 1 报告了调查结果，其中包括消费者购买的数量和价格。统计局将 2010 年设定为基年。利用这些信息回答问题 1～3。

表 1

	2010 年		2011 年	
	数量	价格	数量	价格
西兰花	10	3.00 美元	15	3.00 美元
胡萝卜	15	2.00 美元	10	4.00 美元

1. 用 2010 年的 CPI 篮子计算 2011 年的 CPI。
2. 用 2011 年的 CPI 篮子计算 2011 年的 CPI。
3. 用 2010 年的 CPI 篮子计算 CPI 是否会产生替代性偏差？解释之。

新闻摘要

新闻发布

2011 年，CPI 上涨了 1.4%，GDP 价格指数上涨了 1.2%，PCE 价格指数上涨了 1.8%。

资料来源：Bureau of Economic Analysis，August 29，2011.

为什么这三个衡量价格水平的指标给出的通货膨胀率是不同的？

现实问题参考答案

1. 表 2 演示了用 2010 年的 CPI 篮子计算 2011 年的 CPI。2010 年的 CPI 篮子在 2010 年的价格水平下成本为 60 美元，而在 2011 年的价格水平下成本为 90 美元。因此，用 2010 年 CPI 篮子计算的 2011 年的 CPI 为（90 美元÷60 美元）×100＝150。

表 2

项目	2010 年价格下的 2010 年篮子	2011 年价格下的 2010 年篮子
西兰花	30 美元	30 美元
胡萝卜	30 美元	60 美元
总和	60 美元	90 美元

2. 表 3 演示了用 2011 年的 CPI 篮子计算 2011 年的 CPI。2011 年的 CPI 篮子在 2010 年的价格水平下成本为 65 美元，而在 2011 年的价格水平下成本为 85 美元。因此，用 2011 年 CPI 篮子计算的 2011 年的 CPI 为（85 美元÷65 美元）×100＝131。

表 3

项目	2010 年价格下的 2011 年篮子	2011 年价格下的 2011 年篮子
西兰花	45 美元	45 美元
胡萝卜	20 美元	40 美元
总和	65 美元	85 美元

3. 用 2010 年的 CPI 篮子计算的 CPI 存在替代性偏差。西兰花的价格保持不变，而胡萝卜价格上升，消费者多买西兰花、少买胡萝卜，总共的蔬菜支出为 85 美元。但如果消费者没有在两者间做替代性消费，将会花费 90 美元。实际的价格并不像这个 CPI 值显示的那样上涨了 50%。由于替代性，蔬菜成本只增加了 42%（85 美元比 60 美元多 42%）。利用 2011 年的 CPI 篮子，蔬菜价格仅上升了 31%（85 美元相对 65 美元）。这个 CPI 值产生了向上的偏差，因为它没有考虑人们面临相对价格变化时的替代性消费。

新闻摘要参考答案

这三个衡量价格水平的指标基于不同的产品和服务篮子。GDP 价格指数的涵盖范围最广，它的篮子包含所有计入 GDP 的产品和服务——美国当年生产的由家庭、企业、政府和外国人购买的产品和服务。PCE 价格指数篮子包含当年 GDP 中由家庭购买的产品和服务。CPI 篮子仅包含基年城市消费者购买的产品和服务。

16.3 名义价值和实际价值

2011 年，寄一封第一类邮件要花 44 美分。一百年前，这种信件的邮费只需 2 美分。你寄一封信要付出的代价真的是你曾曾祖母所付出的 22 倍吗?

你知道，事实并非如此。今天一美元能买到的东西没有 1911 年能买到的那么多，所以今天邮费的实际成本并不是 1911 年的 22 倍。那么，寄一封信的成本增加了吗? 你在 2011 年寄一封信的实际成本比你曾曾祖母的更高吗?

CPI 可以用来回答此类问题。这正是编制价格指数的主要原因之一。接下来我们看看如何比较 2011 年的一枚邮票与 1911 年的一枚邮票的价格。

□ 不同时期的美元和美分

要比较不同时期美元的价值，我们需要知道这些时期的 CPI。现在，CPI 这个指标所选的基准是 1982—1984 年的均值，即把 1982 年、1983 年和 1984 年这三年 CPI 的均值设为 100。(这三年的实际数字分别是 96.4、99.6 和 103.9，这三个值的平均值为 100，经验证确实如此。)

2011 年的 CPI 为 225.4，而 1911 年的 CPI 为 9.8。用这两个数字，我们可以算出 1911 年和 2011 年的美元的相对价值。为此，我们将 2011 年的 CPI 除以 1911 年的 CPI，两者之比为 225.4÷9.8=23。这就是说，2011 年的平均价格是 1911 年的 23 倍。

我们可以用这个比值将 1911 年的 2 美分邮票的价格转换为 2011 年的对应价格，计算公式为:

$$2011\text{ 年价格下邮票的价值}=1911\text{ 年价格下邮票的价值}\times\frac{2011\text{ 年 CPI}}{1911\text{ 年 CPI}}$$

$$=2\text{ 美分}\times\frac{225.4}{9.8}=46\text{ 美分}$$

所以，其实你曾曾祖母比你付出的代价更高! 寄一封第一类邮件，她比你在 2011 年所付出的要多 2 美分，以 2011 年的价格计，她相当于支付了 46 美分，而你支付了 44 美分。

上面我们的计算是把邮票 1911 年的价格转换为 2011 年的对应价格。我们也可以用相似的方法反过来计算，即将 2011 年的价格转换为 1911 年的对应价格。这种计算的公式为:

$$1911\text{ 年价格下邮票的价值}=2011\text{ 年价格下邮票的价值}\times\frac{1911\text{ 年 CPI}}{2011\text{ 年 CPI}}$$

$$=44\text{ 美分}\times\frac{9.8}{225.4}=1.91\text{ 美分}$$

我们可以这样解释这个数字，你在 1911 年对应的邮票价格为 1.91 美分。按照 1911 年的美元不变价值，你现在为邮票支付的实际价格为 1.91 美分。

刚刚的这些计算都是将名义价值转化为实际价值的例子。名义价值是指用当前美元表示的价值，而实际价值是用给定年份的美元表示的价值。接下来，我们将用类似的方法，看看如何将名义的宏观经济变量转换为实际的变量。

□ 宏观经济学中的名义价值和实际价值

宏观经济学着重区分了名义价值和实际价值。以下三组名义变量和实际变量是宏观经济学的核心，它们是：

- 名义 GDP 和实际 GDP
- 名义工资率和实际工资率
- 名义利率和实际利率

为了比较宏观经济学中的实际变量和名义变量，下面首先回顾你们已经学过的两者间的区别，然后以一种新的方法解释这种区别。

□ 名义 GDP 和实际 GDP

在计算 2011 年的 44 美分邮票的 1911 年价值时，我们将 2011 年的价格乘以 1911 年 CPI 与 2011 年 CPI 之比。通过这一计算，我们发现了以 1911 年美元计的 2011 年邮票的“实际”价值。

不过，在第 14 章中，我们在计算以 2005 年美元计的 2011 年 GDP 时，并没有将 2011 年名义 GDP 乘以两年的价格指数之比。实际上，我们直接将 2011 年生产的产品和服务的价值用 2005 年的价格表示。这是直接计算实际 GDP 的办法。

然而，我们确实可以用 2011 年的名义 GDP 乘以 2005 年与 2011 年的 GDP 价格指数之比，以得到 2011 年的实际 GDP。将 2005 年（基年）的 GDP 价格指数设为 100，这样，我们要计算任何年份的实际 GDP，只需要用名义 GDP 除以当年的 GDP 价格指数，再乘以 100。我们并不这么计算实际 GDP，但我们可以这么解释它。

GDP 价格指数、CPI 或其他的价格指数，可以用来将名义变量转换成实际变量。

∵关注美国经济　　对 CDP 气球进行平减

从 1981 年到 2011 年（2009 年除外），名义 GDP 每年都在增长，部分是由于产品的增加，部分是由于物价的上涨。

你可以把 GDP 想象成一个气球，产品的增加和物价的上涨会把这个气球吹大。在下页图中，GDP 价格指数（即 GDP 平减指数）将名义 GDP 气球中的通货膨胀空气抽出，这样我们就可以知道实际 GDP 的情况了。

小的深灰色气球是 1981 年的实际 GDP（以当年美元不变价值计）。浅灰色气球是 2011 年的名义 GDP（以当年美元不变价值计）。而 2011 年的大的深灰色气球代表当年的实际 GDP。

要看 2011 年的实际 GDP，我们用 GDP 价格指数对 2011 年名义 GDP 进行平减处理，抽掉通货膨胀空气后，我们就可以看出从 1981 年到 2011 年实际 GDP 增长了多少。

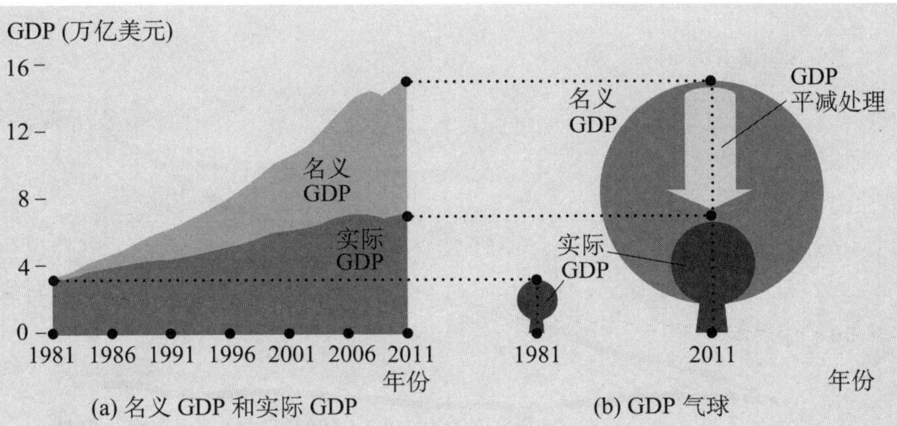

(a) 名义 GDP 和实际 GDP　　(b) GDP 气球

资料来源：Bureau of Economic Analysis.

□ 名义工资率和实际工资率

劳动的价格即工资率——一个劳动力工作 1 小时所获得的收入。在宏观经济学中，我们关注的是整个经济体的表现，因此我们集中关注平均小时工资率。**名义工资率**（nominal wage rate）是指以当期货币价值表示的平均小时工资率。**实际工资率**（real wage rate）指的是以某一基年货币价值表示的平均小时工资率。

要计算对消费者而言的实际工资率，只需将名义工资率除以 CPI 再乘以 100，即：

$$2011\text{ 年实际工资率}=\frac{2011\text{ 年名义工资率}}{2011\text{ 年 CPI}}\times 100$$

2011 年，生产工人的名义工资率（平均小时工资率）是 19.04 美元，CPI 是 225.4，所以

$$2011\text{ 年实际工资率}=\frac{19.04\text{ 美元}}{225.4}\times 100=8.45\text{ 美元}$$

由于我们用固定基准年份的美元不变价值来衡量实际工资率，所以实际工资率的变化衡量的是每小时工作报酬能够购买的产品和服务的数量的变化。而名义工资率的变化衡量的是每小时工作报酬能够购买的产品和服务数量的变化和价格水平变化这两者带来的总变化。所以，实际工资率剔除了名义工资率的通货膨胀因素。

实际工资率是一个重要的经济变量，这是由于它衡量了劳动的实际回报，是生活水平的一个主要决定因素。这个变量之所以重要，还因为它衡量了劳动的实际成本，这影响企业希望雇用的劳动力的数量。

图 16-4 展示了美国在 1981—2011 年间的名义工资率和实际工资率的变动情况。图中名义工资率是制造业工人平均每小时的收入，这个指标是我们所用的几个不同的衡量平均小时收入的指标之一。

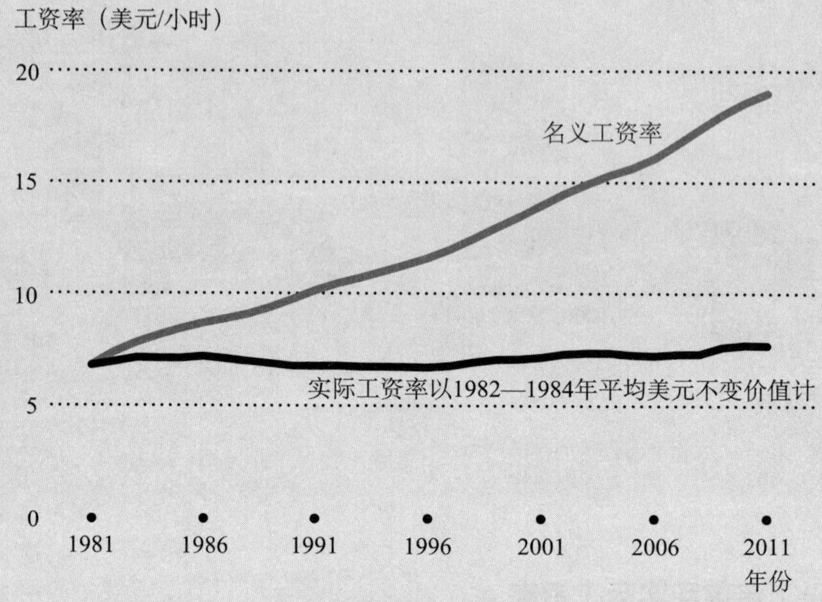

图 16-4 名义和实际工资率：1981—2011 年

名义工资率从我们考察的起点（1981 年）一直在增长。而实际工资率从 1981 年到 20 世纪 90 年代中期略有下降，在这之后略有上升。这 30 年中，实际工资率一直较为稳定。

资料来源：*Economic Report of the President*，2011.

名义工资率从 1981 年的 6.85 美元/小时上升到了 2011 年的 19.04 美元/小时，不过实际工资率的变动却极小。以 1982—1984 年的平均美元不变价值（CPI 的基期美元不变价值）计，2011 年的工资率只有 8.45 美元/小时。

尽管名义工资率一直增长较快，但实际工资率却鲜有变化，这是因为名义工资率增长的速度和通货膨胀率不相上下。去掉名义工资率中的通货膨胀因素后，我们就可以知道平均工资率的实际购买力的情况了。

我们可以看到，实际工资率小有变化。从起点直到 20 世纪 90 年代中期经历了略微的下降，而之后略有上升。

∵关注过去　美国总统的名义工资率和实际工资率

谁赚得更多，是 2011 年的贝拉克·奥巴马（Barack Obama），还是 1789 年的乔治·华盛顿（George Washington）？乔治·华盛顿每年的工资是 2.5 万美元（见下页图中的黑线），但以 2011 年美元不变价值计，他的工资是 59.7 万美元（见下页图中的灰线）。贝拉克·奥巴马 2011 年的工资是 40 万美元。

不过今天总统的住处变得更为舒适，现代出行安排比过去便利很多，将这些加入工作所得，贝拉克·奥巴马的所得相对而言也不寒碜。

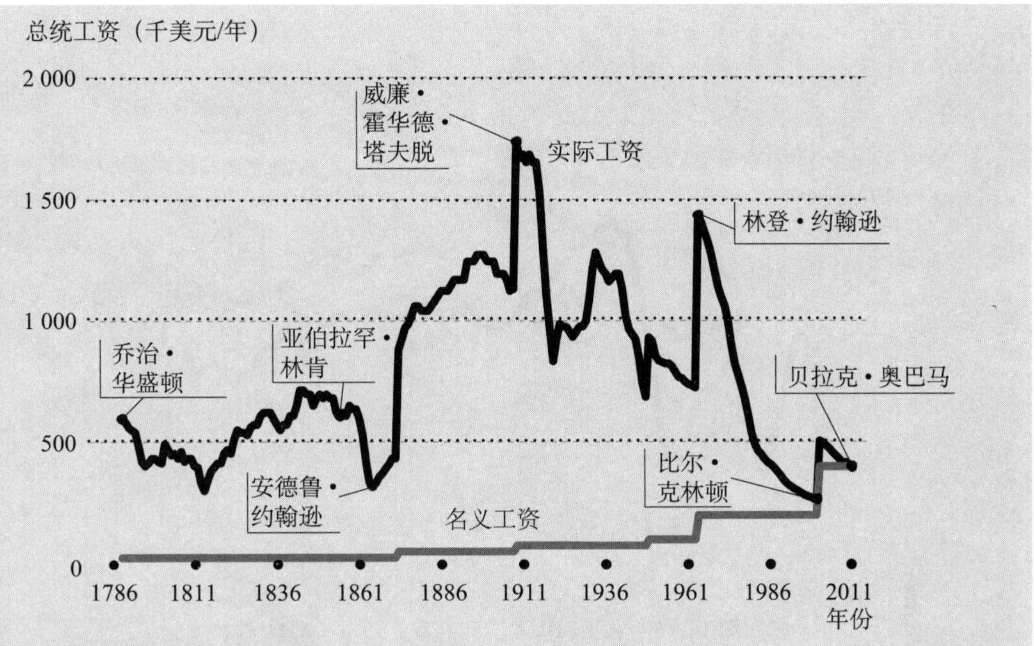

资料来源：Robert Sahr，Oregon State University，http：//www. orst. edu/dept/pol _ sci/fac/sahr/sahr. htm.

□ 名义利率和实际利率

前面我们知道了如何通过 CPI 将名义变量转换为实际变量，具体的办法是将名义变量除以价格指数。不过，将名义利率转换为实际利率有所不同。为弄清这一点，我们先从这两个定义开始讲起。

名义利率（nominal interest rate）是指用美元计的贷款回报与贷款总额之比。举例而言，你在银行存有 1 000 美元，即贷款给银行，每年你获得 50 美元的利息。名义利率就是将 50 美元除以 1 000 美元，即年利率为 5%。

实际利率（real interest rate）是用你所能获得的产品和服务来计算的贷款回报与贷款总额之比。沿用上述例子，在你存满 1 年后，你的银行账户将有 1 050 美元的余额，即 1 000 美元的本金加上 50 美元的利息。假设价格上涨了 3%，这样你一年前用 1 000 美元能够买到的东西过了一年以后需要用 1 030 元才能买到，这样，你“实际”得到多少利息？答案是 20 美元，即年利率为 2%。

由上，为将名义利率转换成实际利率，我们只需用名义利率减去通货膨胀率，即：

实际利率＝名义利率－通货膨胀率

将例子中的数字代入方程。名义利率为 5%，通货膨胀率为 3%，将 5%减去 3%，就得到了实际利率为 2%。

图 16－5 展示了美国 1971—2011 年的名义利率和实际利率。通货膨胀率高的时候，名义利率和实际利率之差就大。有时，实际利率甚至是负的（20 世纪 70 年代中期），这意味着债权人要倒贴给债务人！

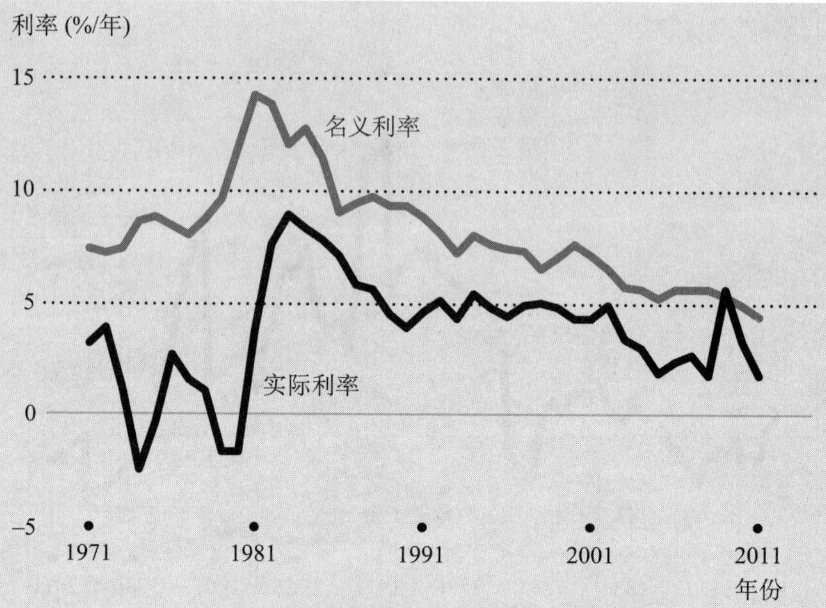

图 16-5 名义利率和实际利率：1971—2011 年

这里的利率是指最具信用的大型企业对长期债券（被称为穆迪 AAA 级债券）支付的利率。实际利率等于名义利率减去通货膨胀率。两条线的纵坐标之差即为通货膨胀率。通常，实际利率为正，但在 20 世纪 70 年代是负的。

资料来源：*Economic Report of the President*，2011.

❖关注票房冠军　哪部电影才是真正的票房冠军？

《乱世佳人》（*Gone with the Wind*）是我们在这里提出的问题的答案。

为了得到这个答案，Mojo 票房网（www. boxofficemojo. com）通过将每部电影已经赚得的票房转化为以当前年份美元价值计的等价收入计算出每一部电影的实际票房收入。它并没有使用 CPI，而是将电影票的平均价格作为它的价格指数。

《乱世佳人》于 1939 年上映。我们仅看它在美国的战绩，上映后该片播放了长达 9 年的时间，到 2011 年，总票房收入接近 2 亿美元。

《哈利·波特与死亡圣器（下）》（*Harry Potter and the Deathly Hallows*，*Part 2*）于 2011 年上映，这一年夏天，该片获得了 3.66 亿美元的票房收入。

所以 2011 年的电影《哈利·波特》的票房收入是《乱世佳人》的 1.83 倍。

为将《乱世佳人》的票房收入转换为以 2011 年美元价值计的价值，Mojo 票房网将各年的票房收入乘以 2011 年的票价再除以当年的票价。

根据 Mojo 票房网的计算方法，以 2011 年电影票价计算出的《乱世佳人》的票房收入为 16.2 亿美元，约为《哈利·波特》的 4.4 倍。

由于 Mojo 票房网使用的是平均电影票价，因此其比较的实际变量是售出的电影票的数量。2011 年的平均票价是 7.96 美元，所以有 2.04 亿人次观看了《乱世佳人》，有 4 600 万人次观看了《哈利·波特》。

❖关注你的生活 一个学生的 CPI

CPI 衡量了典型的城市家庭为一篮子产品和服务支付的平均价格。

学生并不是一个代表性家庭。学生的一篮子产品和服务的价格变化情况如何？答案是，学生所面临的价格增长要比平均家庭所面临的价格增长高出许多。

假设一个学生将 25%的所得用于房租，25%用于学费，25%用于书籍和文具，10%用于食品，10%用于交通，5%用于衣物。

我们可以用这些权重和劳工统计局收集的数据（包括各种类别的价格）来计算学生的 CPI 和通货膨胀率。

下图展示了学生的 CPI 和官方 CPI。从 2001 年到 2011 年，学生的 CPI 增长率比官方的 CPI 增长率高 28%，背后的原因在于，房租、教科书和学费的价格上涨幅度比平均物价的上涨幅度要高。

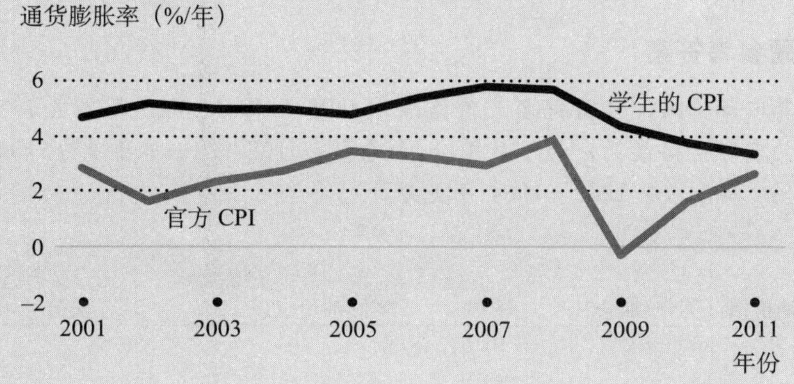

资料来源：Bureau of Labor Statistics.

检查站 16.3 根据通货膨胀调整货币的价值，并计算实际工资率和实际利率。

现实问题

1. 表 1 给出了四个年份的汽油价格。以 1982—1984 年为基期。计算以 1982—1984 年美元不变价值计的各年实际油价。其中，哪年最高？哪年最低？

表 1

年份	汽油价格（美分/加仑）	CPI
1971	36	40.5
1981	138	90.9
1991	114	136.2
2001	146	176.6

2. 福特汽车公司声称，从 2006 年到 2011 年它的劳动力成本削减了 35%。福特汽车公司的工资率（包括福利在内）在 2006 年是每小时 80 美元，而 2011 年是每小时 58 美

元。2006 年的 CPI 是 202，2011 年的 CPI 是 218。请问：实际工资率下降了超过 35%还是低于 35%？

3. 萨莉全年都在非常努力地工作，她将自己的存款投入一个共同基金，这个基金给出的名义年利率为 7%。年初的 CPI 为 165，年末为 177。计算萨莉所获得的实际利率。

新闻摘要

通货膨胀像一个安全阀门

相对于直接降低名义工资率，工人们更乐意接受由 CPI 上升引起的实际工资率的下降。

资料来源：FT. com，May 28，2009.

请解释：为什么通货膨胀会影响一个工人的实际工资率？为什么这个说法可能是对的？

现实问题参考答案

1. 要计算实际价格，只需将名义价格除以 CPI 再乘以 100。表 2 显示了这些计算。1981 年汽油的实际价格最高，为 152 美分/加仑（以 1982—1984 年美分计），2001 年最低，为 83 美分/加仑（以 1982—1984 年美分计）。

表 2

年份	汽油价格（美分/加仑）	CPI	实际油价（以 1982—1984 年美分计，美分/加仑）
1971	36	40.5	89
1981	138	90.9	152
1991	114	136.2	84
2001	146	176.6	83

2. 2006 年的实际工资率（以基年的美元价值计）为（80 美元÷202）×100，即每小时 39.60 美元。2011 年的实际工资率（以基年的美元价值计）为（58 美元÷218）×100，即每小时 26.61 美元。这些工人的实际工资率下降了 32.8%。

3. 萨莉工作的这一年，通货膨胀率为（177－165）÷165×100%＝7.3%。萨莉存入共同基金的存款的实际利率等于名义利率减去通货膨胀率，即 7%－7.3%＝－0.3%。萨莉所得的实际利率是负的。（不过，如果萨莉不将钱存起来而是作为现金持有，情况会更加糟糕，这样实际利率就是－7.3%。）

新闻摘要参考答案

实际工资率＝(名义工资率÷CPI)×100。有两个理由可以解释为什么由通货膨胀导致的实际工资率的下降更容易让人接受：首先，通货膨胀随着时间的推移逐渐地降低实际工资率，而名义工资率的削减则是立刻降低实际工资率；其次，通货膨胀会降低每一个工人的实际工资率，而名义工资率的削减只会降低某些工人的实际工资率。

本章总结

□ 要点

1. 解释消费者价格指数的含义及其计算方法。

• 消费者价格指数是一个衡量城市家庭平均所购买的产品和服务的平均价格的指标。

• 将在当期购买 CPI 市场篮子所花费的成本，除以其在基期的成本再乘以 100，就得到了当期 CPI。

2. 说明消费者价格指数这个指标的局限性并描述其他衡量价格水平的指标。

• CPI 这个指标的编制来源并不包括所有影响生活成本的支出项。

• 新产品的引入、产品质量改进以及由相对价格变化带来的消费者替代性行为，都使得 CPI 不能精确地衡量价格的变化程度。

• 其他衡量价格水平的指标包括：GDP 价格指数、PCE 价格指数以及剔除食品和能源后的 PCE 价格指数。

• GDP 价格指数和 PCE 价格指数这两个指标都利用了当期的购买数量信息，因而能在一定程度上克服 CPI 的局限性。

• 剔除食品和能源后的 PCE 价格指数被用来计算核心通胀率，这个指标反映了通货膨胀的趋势。

3. 根据通货膨胀调整货币的价值，并计算实际工资率和实际利率。

• 为调整货币价值（又称名义价值)，我们将其转换为以给定年份的美元不变价值计的价值。

• 为将以 B 年的美元不变价值计的某个价值转换为以 A 年的美元不变价值计的价值，我们需要将以 B 年的美元不变价值计的这个价值乘以 A 年的价格指数，再除以 B 年的价格指数。

• 实际工资率等于名义工资率除以 CPI 再乘以 100。

• 实际利率等于名义工资率减去通货膨胀率。

□ 关键术语

消费者价格指数	名义利率	核心通货膨胀率
名义工资率	生活成本指数	个人消费支出价格指数
通货紧缩	实际利率	GDP 价格指数
实际工资率	通货膨胀率	基期

本章检查站

□ 学习计划中的问题与应用

1. 浏览一些旅游杂志时，你可能会看到 2008 年土耳其的 CPI 为 434，而俄罗斯的 CPI 为 224。再进一步考察可以发现，土耳其的基期为 2000 年，而俄罗斯的基期为 2001 年。在 2000 年，俄罗斯的 CPI 为 82。请回答从 2000 年到 2008 年，土耳其和俄罗斯两个国家的 CPI 分别增长了多少。

2. 在巴西，CPI 的基期是 2000 年。从基期到 2005 年，物价上升了 5%。2006 年，巴西的通货膨胀率为 10%，2007 年为 9%。计算 2006 年和 2007 年巴西的 CPI。巴西 2008 年的 CPI 为 173，该国 2008

年的通货膨胀率提高了还是降低了？

3. 表1和表2列举了苏西连续两周的购物项目、数量和价格。我们把她第一周所购的东西设为CPI市场篮子。计算她的CPI市场篮子在第一周和第二周的成本。汽油占CPI市场篮子的比重有多大？计算她在第二周的CPI及通货膨胀率。

表1 第一周的数据

项目	数量	价格（每单位）
咖啡	11杯	3.25美元
DVD	1张	25.00美元
汽油	15加仑	2.50美元

表2 第二周的数据

项目	数量	价格（每单位）
咖啡	11杯	3.25美元
DVD	3张	12.50美元
汽油	5加仑	3.00美元
演唱会	1张门票	95.00美元

利用下列信息回答问题4和5。

美国2000年的GDP价格指数约为90，该年实际GDP为11万亿美元（以2005年美元计）。2010年，美国的GDP价格指数约为111，而实际GDP为13.1万亿美元（以2005年美元计）。

4. 计算2000年和2010年这两年的名义GDP，并计算从2000年到2010年，名义GDP增加了百分之多少。

5. 从2000年到2010年，产出增加了百分之多少？从2000年到2010年，生活成本增加了百分之多少？

6. 表3列举了特里在2011年6月和7月的一些支出项目和价格。解释为什么这些价格可能导致产品替代和销售地点替代行为。

表3

项目	6月的价格	7月的价格
	（美元/单位）	
牛排	4.11	4.01
面包	3.25	3.12
熏肉	3.62	3.64
牛奶	2.62	2.62
土豆	1.60	1.62
苹果	1.18	1.19
香蕉	0.62	0.66
鸡肉	1.28	1.26
生菜	1.64	1.68

7. 2010年，80岁的安妮老太太跟她的孙女苏西谈起那些美好的往日时光。她说，1930年，买一所体面的房子只需要15 000美元，而买一件外套只需要5美元。苏西说，现在买一所这样的房子需要22万美元，买一件这样的外套需要70美元了。1930年CPI为16.7，2010年CPI为218.1。请问，房子和外套在这两个年份中的哪一年更便宜呢？

利用下列信息回答问题 8 和 9。

CPI：8 月通货膨胀率上升

相比一年前，8 月的 CPI 上升了 3.8%。食品价格上涨了 4.6%，服装价格上涨了 4.2%，新车价格上涨了 3.8%，医疗价格上涨了 3.2%。

资料来源：CNN Money，September 15，2011.

8. 在 2011 年 8 月之前的一年中，食品、服装、医疗价格的变化分别为 CPI 的变化贡献了多少百分比？

9. 给定材料中所提到的食品、服装和医疗价格的变化，CPI 市场篮子中的其他消费项目的价格变化了多少？

□ 教师可布置的问题与应用

1. 1982 年的电影《E. T. 外星人》（*E. T.：The Extra-Terrestrial*）获得了 4.35 亿美元的票房，而 1997 年的电影《泰坦尼克号》（*Titanic*）的票房为 6.01 亿美元。利用劳工统计局的这两年的 CPI 数据，确定哪一部电影的实际票房收入更高。

2. 皮特的花销如下：10%用于购买书和文具，30%用于交学费，30%用于交房租，10%用于购买食品和饮料，10%用于交通，剩下的用于购买衣服。设 2000 年的各支出项的价格指数为 100。表 1 列举的是 2011 年各项的价格。

对皮特来说，2011 年的 CPI 为多少？（提示：每项对 CPI 的贡献是价格乘以该项支出占总支出的比例。）在 2000—2011 年间，皮特和第 16.3 节“关注你的生活”专栏中的学生所承受的通货膨胀率，哪个更高？

表 1

项目	2011 年价格
书和文具	172.6
学费	169.0
房租	159.0
食品和饮料	129.8
交通	115.4
衣服	92.9

3. 在珊瑚岛上，人们只买果汁和布匹。2010 年人们所购买的东西被视为 CPI 市场篮子。这一年，家庭平均花了 60 美元购买果汁、30 美元购买布匹，果汁和布匹的价格分别为 2 美元/瓶和 5 美元/码。当期即 2011 年果汁 4 美元一瓶，布匹 6 美元一码。计算 2011 年的 CPI 和通货膨胀率。

4. 表 2 和表 3 列举了哈里连续两周所购买的产品的数量和价格。将其第一周购买的东西视为 CPI 市场篮子，计算其第二周的 CPI 及通货膨胀率。

表 2　第一周的数据

项目	数量	价格（每单位）
咖啡	5 杯	3.00 美元
iTunes 歌曲	5 首	1.00 美元
汽油	10 加仑	2.00 美元

表 3	第二周的数据	
项目	数量	价格（每单位）
咖啡	4 杯	3.25 美元
iTunes 歌曲	10 首	1.00 美元
汽油	10 加仑	3.00 美元

利用下列信息回答问题 5 和 6。

设 2005 年为基年。2005 年实际 GDP 为 10 万亿美元（以 2005 年美元计）。2009 年 GDP 价格指数为 11，2009 年实际 GDP 为 11 万亿美元（以 2005 年美元计）。

5. 计算 2005 年和 2009 年的名义 GDP。2005—2009 年的名义 GDP 增长了百分之多少？

6. 从 2005 年到 2009 年，产出增加了百分之多少？从 2005 年到 2009 年，生活成本增加了百分之多少？

7. 1988 年，平均每小时工资率为 9.45 美元，2008 年，平均每小时工资率为 18 美元。1988 年和 2008 年的 CPI 分别为 118.3 和 215.3。哪年的实际工资率更高？

8. 假设给你 1 000 美元让你花，同时你被告知，你只能在西尔斯（Sears）提供的产品目录册中进行选择。不过，你可以在两个不同年份的目录册中进行选择：1903 年的目录册或当前西尔斯网站（Sears.com）上的目录册。你将为你选择的产品支付产品目录册上对应的价格。

你将会选择哪年的目录册，为什么？考虑与你的选择相关的可能的 CPI 偏差来源。

利用下列信息回答问题 9 和 10。

货币市场基金收益率接近于无

上个月，货币市场基金的年收益率为 0.08%，5 年期存款的年利率为 2.6%。年通胀率为 0.1%。

资料来源：*USA Today*，August 12，2009.

9. 计算所提及的各种金融资产的实际利率。

10. 如果通货膨胀率上升到每年 0.2%，要使在接下来的几个月里实际利率保持不变，名义利率应该如何调整？

□单项选择题

1. CPI 测度的是由________为________支付的平均价格。
   A. 城市消费者；特定的消费与服务
   B. 城市消费者；他们所购买的平均的一篮子产品和服务
   C. 所有消费者；房屋、交通和食物
   D. 所有有收入来源的人；生活必需品

2. 美国劳工统计局公布的 2010 年 7 月的 CPI 为 226. 这则新闻告诉你________。
   A. 7 月消费者价格比基期高出 226%
   B. 7 月 CPI 的年通胀率为 26%
   C. 消费者价格在 7 月内上涨了 26%
   D. 相对于基期，消费产品与服务的价格平均上涨了 126%

3. 当价格水平________时，通胀率________。
   A. 快速上涨；上升　　B. 快速上涨；在高位运行
   C. 下降；为零　　D. 缓慢上涨；下降

4. 下列除了________，其他各项将使 CPI 偏误增大。
   A. 新的产品和服务的出现　　B. 产品质量改进

C. 穷人所购的产品与服务　　D. 面对价格变化消费者消费的改变

5. 在各种可选的价格水平指标中，________避免了 CPI 的偏差，是一个更好的衡量生活成本的指标，因为它________。

A. GDP 价格指数；使用了当前的消费篮子

B. PCE 价格指数；使用所有消费品的当前篮子

C. 剔除食品和能源后的 PCE 价格指数；更加稳定

D. GDP 价格指数；包含了所有美国人购买的产品和服务

6. 如果名义 GDP 一年增加了 5%，GDP 价格指数一年提高了 2%，那么该年实际 GDP 增加了________。

A. 7%　　B. 3%　　C. 2.5%　　D. 10%

7. 如果 CPI 从 2010 年的 200 提高到 2011 年的 210，而名义工资率仍保持在 10 美元/小时，那么实际工资率________。

A. 提高了 10%　　B. 提高到 15 美元/小时

C. 降低了 5%　　D. 为 10 美元/小时

8. 当一年的价格水平提高________而实际利率为 1%时，该年名义利率为 3%。

A. 4%　　B. 3%　　C. 2%　　D. 1%

第17章 潜在GDP与经济增长

本章要点

学完本章，你将能够：

1. 解释决定潜在GDP的因素。
2. 定义并计算经济增长率，解释持续增长的内涵。
3. 识别经济增长的主要源泉，解释增长的过程。
4. 描述可能加快经济增长的政策。

宏观经济理论派别及其思路

在前面的三章中，你已经了解了经济学家如何定义和衡量实际GDP、就业和失业、价格水平以及通货膨胀率，这些是描述宏观经济绩效的关键变量。在本章中，你将学习解释宏观经济绩效的宏观经济理论，并为可能改进宏观经济绩效的政策提供理论基础。

这里呈现出的宏观经济理论是今日关于经济运行人们业已形成的共识。但这并不是所有宏观经济学家的观点。今日所形成的共识是之前出现的三个理论流派的融合，最初这三个流派在关于衰退的原因和应对衰退的最优政策方面的观点大异其趣。一些经济学家仍然在沿着这些流派的思想进行探索，而2008—2009年这次严重的衰退加剧了经济学家的争论，也给了经济学家一个平台来展现各自的观点。

我们首先简要介绍当前融合而成的共识所源自的这三个流派的基本思想。

三个主要流派的基本思想

这三个主要的宏观经济学流派是：

- **古典宏观经济学**（classical macroeconomics）
- **凯恩斯主义宏观经济学**（Keynesian macroeconomics）
- **货币主义宏观经济学**（monetarist macroeconomics）

古典宏观经济学

古典宏观经济理论认为，市场运行良好，基于此的宏观经济绩效是我们可能得到的最好的状况。总量波动（aggregate fluctuation）是伴随生活水平提高的经济体繁荣的自然结果，政府的干预只会阻碍市场对资源进行有效配置。第一批古典宏观经济学家包括亚当·斯密、大卫·李嘉图（David Ricardo）和约翰·斯图亚特·穆勒（John Stuart Mill），这些巨匠们的著述集中在 18 世纪和 19 世纪。当代的古典宏观经济学家包括 2004 年诺贝尔经济学奖获得者爱德华·C. 普雷斯科特（Edward C. Prescott）和芬恩·E. 基德兰德（Finn E. Kydland），前者供职于亚利桑那州立大学，后者供职于卡内基梅隆大学和加州大学圣巴巴拉分校。

古典宏观经济理论参与了 20 世纪 30 年代大萧条时期的那场大争论。当时很多人认为，资本主义，即私人所有制、自由市场和民主政治制度这一整套政治体系，将无法存活，并因此主张社会主义，社会主义的政治体系基于国家所有制和集中的经济计划。

根据古典宏观经济理论，大萧条不会退出历史舞台。不过这一理论没有给出任何办法来使经济更快地走出大萧条。

凯恩斯主义宏观经济学

凯恩斯主义宏观经济理论认为，市场在根本上是不稳定的，需要政府积极地干预，以达到充分就业和持续的经济增长。约翰·梅纳德·凯恩斯（John Maynard Keynes）在 1936 年出版了他的巨著《就业、利息和货币通论》（*The General Theory of Employment, Interest, and Money*），成为这个流派的开山之作。他的理论认为，经济萧条和高失业是由家庭的消费不足和企业的投资不足导致的。即私人支出不足是经济萧条（和衰退）的原因。为应对私人支出不足，政府必须增加支出。

20 世纪 50 年代，凯恩斯主义有众多的追随者，成为了主流学派。不过，在 20 世纪 70 年代，这个通胀的时代与凯恩斯主义理论的背景相去甚远，这个理论也就走下了神坛。2008—2009 年的全球衰退使人们担心第二次大萧条的到来，使得凯恩斯的思想重新焕发光芒，对古典宏观经济学进行了一波有力的攻击，其前沿阵地是诺贝尔经济学奖获得者保罗·克鲁格曼（Paul Krugman）在《纽约时报》上的专栏。

货币主义宏观经济学

货币主义宏观经济理论认为，总体上古典理论对经济的描述是对的。不过，经济波动除了是经济繁荣的自然产物，还来自货币数量的波动。货币增速减缓会导致经济下滑，货币数量急剧减少导致了那次著名的大萧条。

米尔顿·弗里德曼（Milton Friedman），这位 20 世纪 60 年代和 70 年代芝加哥学派的精神领袖，是最负盛名的货币主义者。时至今日，没有人会认为货币紧缩是萧条和衰退的唯一因素。不过货币数量是经济波动的重要因素已经被经济学家广泛接受，成为今日经济学共识的一部分。

□ 当前的理论共识

前面介绍的这几个学派提供了重要的洞见，成为今日共识的组成部分。古典宏观经济学为我们描述了一个关于充分就业（或接近充分就业）的经济体的故事。但古典学派无法解释经济体在面临支出锐减时应该怎么办。

凯恩斯主义宏观经济学的故事则是以萧条或衰退为背景的。当支出减少时，对大部分产品和服务以及劳动的需求都减少，价格和工资率却不下降，而市场上产品和服务以及就业的数量都下降，这时经济进入衰退状态。在衰退时，通过增加政府支出或者减税使居民收入的更大份额用于支出，可以修复经济，使之达到充分就业状态。

货币主义经济学进一步阐述了凯恩斯主义的故事。它强调，经济体中货币数量的减少会抬高利率，从而增加借贷成本，而这是影响支出的主要因素，从而让经济体滑向衰退。在衰退时，增加货币数量、降低利率可以促进经济体实现充分就业。保持货币数量的稳定增长，与经济体的潜在产出的增长保持一致，这样可以约束通货膨胀同时减轻衰退的严重性。

纳入今天共识的还有这样的一种观点，即长期的经济增长问题要比短期的衰退更为重要。在下面的“关注美国经济”专栏中，你可以看到，经济增长速度一个小小的降幅会持续影响个人收入，这个成本要比短期衰退中的收入损失大得多。不过衰退的成本也是很严重的问题，因为这些成本主要集中在那些失业的人群身上。

□ 接下来的学习

本书以新的共识作为你将要学到的宏观经济理论的基础。在本章和接下来的两章我们将解释什么决定潜在 GDP 及其增长进程。然后学习货币理论并解释通货膨胀的原因。最后，解释实际因素和货币因素如何共同作用于经济周期。另外，我们还将解释政府和中央银行在改善宏观经济绩效方面可能的政策工具。

∴关注美国经济　　卢卡斯楔子和奥肯缺口

20 世纪 60 年代，美国的人均实际 GDP 增长率约为每年 2.9%。下页的图（a）展示了如果保持这一增长速度的情形（浅灰色线）。在 1970 年以前，平均增速为 2%，深灰色线展示了潜在 GDP 变动的情形。芝加哥大学的经济学家小罗伯特·E. 卢卡斯（Robert E. Lucas Jr.）指出了由经济增速下滑导致的巨大产出损失，图（a）展示了这一损失，即卢卡斯楔子，这一损失达到了令人惊异的 36.7 万美元/人，超过 8 年的人均收入之和。

实际 GDP 围绕潜在 GDP 波动，前者少于后者的部分可以被看作是产出的损失。布鲁金斯研究所（Brookings Institution）的经济学家亚瑟·B. 奥肯（Arthur B. Okun）考察了这一损失。图（b）展示了奥肯缺口，这一缺口为 2.29 万美元/人，约相当于 1 个人 6 个月的收入。

熨平经济周期、消除奥肯缺口有很大的好处。然而，寻找到恢复 20 世纪 60 年代实际 GDP 的增长的办法具有更大的收益。

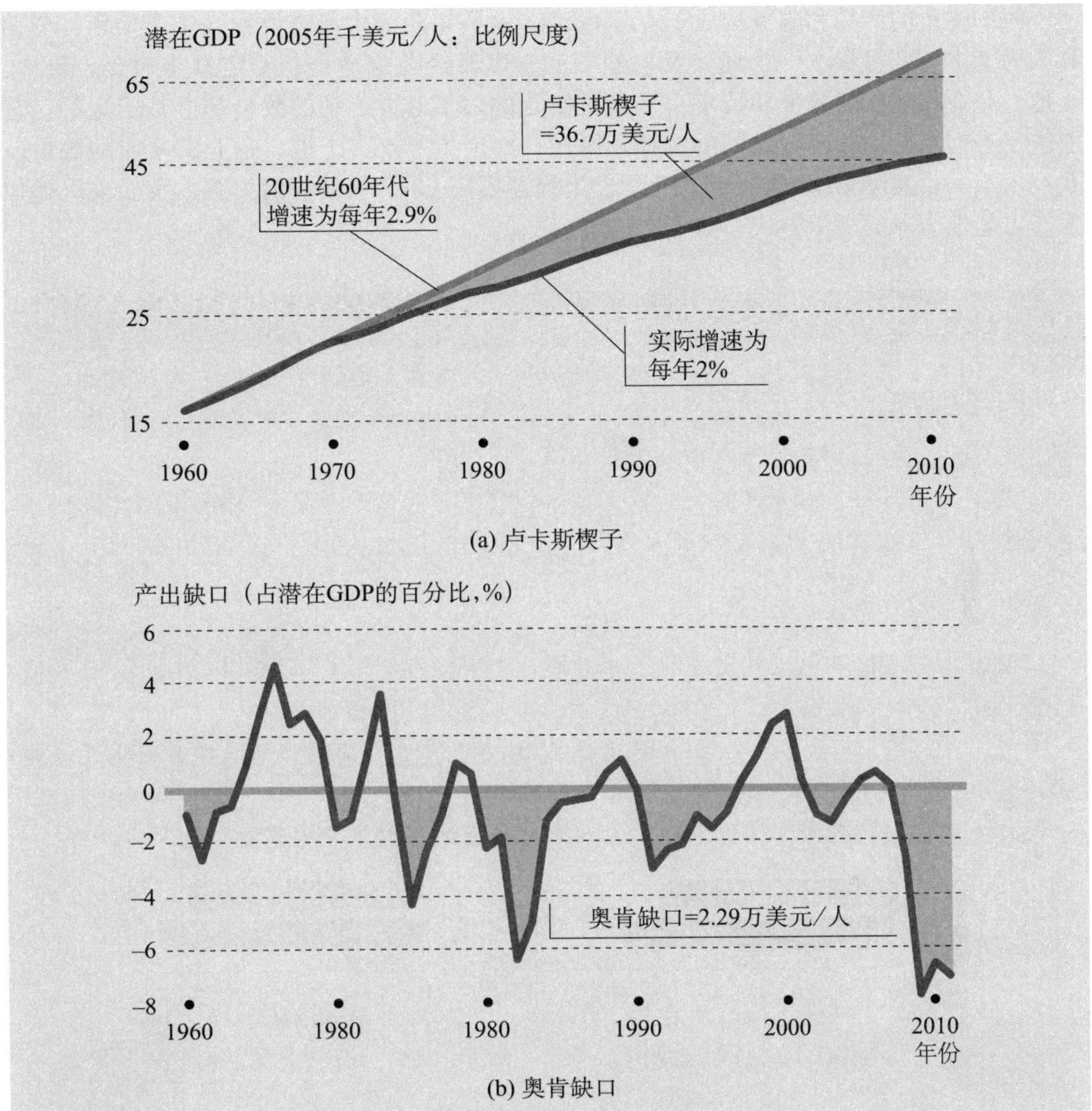

资料来源：Bureau of Economic Analysis and the Congressional Budget Office.

17.1 潜在 GDP

潜在 GDP（potential GDP）是指经济体中的各种生产要素——劳动、资本、土地和企业家才能——被充分利用时的实际 GDP 的值。理解潜在 GDP 的决定因素很重要，其原因有三：第一，当经济体处于充分就业状态时，实际 GDP 等于潜在 GDP，这时候，实际 GDP 的决定因素就和潜在 GDP 的决定因素相同。第二，只有当到达经济周期的波峰及开始从波峰上退下来时，实际 GDP 才可能短暂地超过潜在 GDP。因此，潜在 GDP 是产出的可持续上界。第三，实际 GDP 围绕潜在 GDP 上下波动，意味着整个经济周期的平均实际 GDP 等于潜在 GDP。

我们生产的产品和服务构成了实际 GDP，这些东西的生产需要投入生产要素：劳动和人力资本、实物资本、土地（及自然资源）以及企业家才能。给定某个时刻，资本、土地、企业家才能的数量和技术水平都是给定的。不过，劳动的数量却不是给定的，它取决于人们在劳动和闲暇之间的选择。因此，给定了资本、土地、企业家才能的数量以及技术水平，实际 GDP 取决于就业量。为描述实际 GDP 和就业的关系，我们采取类似生产可能性边界的表示方式，即生产函数。

∵关注全球经济　　美国和欧盟的潜在 GDP

2010 年，美国的实际 GDP 为 59 美元/小时，而在主要的 14 个欧洲经济体中，这个数字只有 52 美元/小时，相差 13%（这两个数值都是以 2010 年美元不变价值计算的）。下面的图（a）展示了这个差距。

美国人不止每小时生产的比欧洲人多，他们工作的时间也更长。在 2010 年，美国人平均每周工作 34 小时，而欧洲人则只工作 30 小时，相差 13%。下面的图（b）展示了这个差距。

欧洲人有更长的假期以及更多的病假，因而他们的周工作时间更短。

更高的每小时产出以及更长的工作时间，两者结合使得美国的人均实际 GDP 远高于欧洲。

在 2010 年，美国人均实际 GDP 大概是 10.3 万美元，而欧洲则只有 8 万美元，相差超过 20%［见图（c）］。

本章将会使你对工资率、劳动时数和产出方面的这些差异的原因有更深的理解。

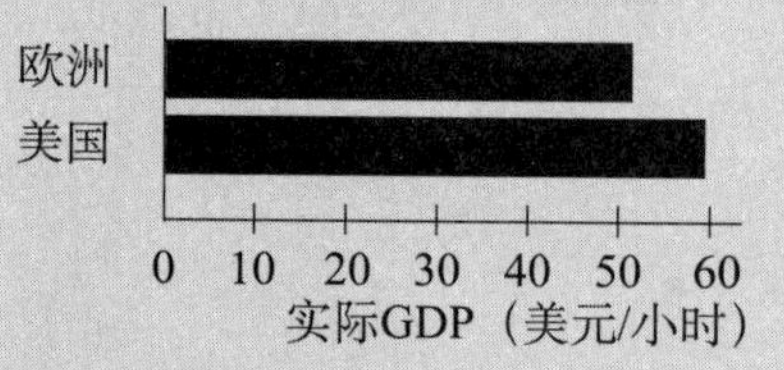

（a）每小时实际GDP

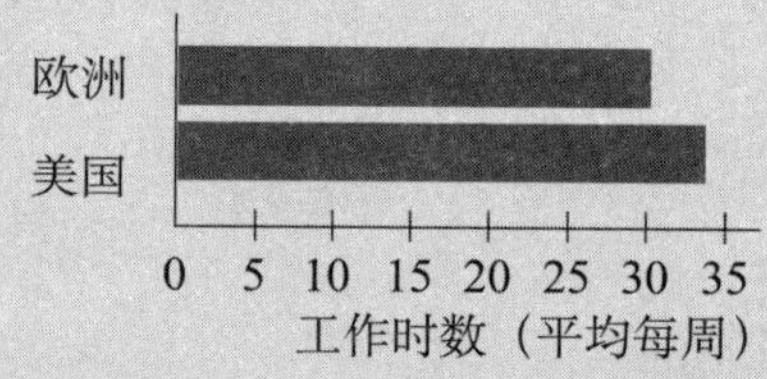

（b）平均周工作时数

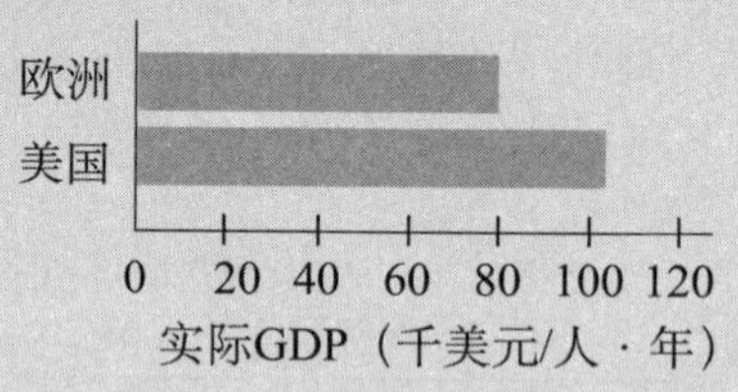

（c）人均实际GDP

资料来源：Bureau of Labor Statistics.

□ 生产函数

生产函数（production function）是指保持影响生产的其他因素不变时，就业与能生产出来的最大实际 GDP 之间的关系。图 17－1 中的 *PF* 曲线是一个示例。

在图 17－1 中，当就业量为 1 000 亿小时时，实际 GDP 为 9 万亿美元（*A* 点）。当就业量为 2 000 亿小时时，实际 GDP 为 13 万亿美元（*B* 点）。当就业量为 3 000 亿小时时，实际 GDP 为 16 万亿美元（*C* 点）。

劳动（10 亿小时/年）	100	200	300
实际 GDP（2005 年万亿美元）	9	13	16
	A	*B*	*C*

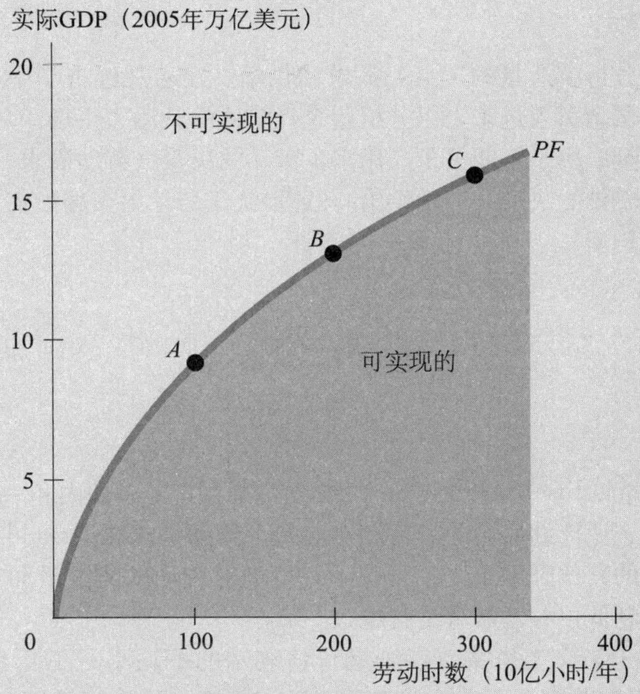

图 17-1　生产函数

生产函数表示在影响生产的其他因素保持不变的情况下，所雇用的劳动与其所能生产的最大实际 GDP 之间的关系。在这个示例中，1 000 亿小时的劳动可以生产 9 万亿美元的实际 GDP（*A* 点），2 000 亿小时的劳动可生产 13 万亿美元的实际 GDP（*B* 点），而 3 000 亿小时的劳动可生产 16 万亿美元的实际 GDP（*C* 点）。

生产函数将可实现的劳动投入时间和实际 GDP 的组合与不可实现的组合区分开来，并且体现了报酬递减的特点：新增的 1 小时劳动所带来的额外实际 GDP 逐步下降。

生产函数和我们在第 3 章学过的生产可能性边界（*PPF*）有一个共同特点。和 *PPF* 一样，生产函数是可实现的产出和不可实现的产出的界限。在生产函数曲线上和生产函数曲线之下的所有点都是可以实现的，而在生产函数之上的点是不可实现的。

生产函数体现了**报酬递减**（diminishing returns）的规律，即新增劳动小时所带来的新增实际 GDP 随着劳动总量的增加而减小。第一个 1 000 亿小时的劳动生产了 9 万亿美元的实际 GDP，第二个 1 000 亿小时的劳动使实际 GDP 增加到 13 万亿美元，即新增的 1 000亿小时只生产了额外的 4 万亿美元的实际 GDP。第三个 1 000 亿小时的劳动使实际 GDP 增加到 16 万亿美元，即产出仅增加了 3 万亿美元。

报酬递减的程度越来越大是因为资本（以及其他生产要素）是固定的。随着投入的劳动力越来越多，为新增的工人配备的资本越来越少，所以新增加的产出也越来越少。

举例而言，一家林业维护公司有三把锯子和一把斧子。这家公司在春天冰雪融化时请三个工人来清扫道路上掉落的树枝和碎屑。如果再雇用一个工人，其额外贡献将小于第三个工人的额外贡献，如果再雇用第五个工人，那么这个人所能做出的额外贡献将会更小。

由于实际 GDP 取决于就业量，潜在 GDP 取决于生产函数和就业量。要算出潜在 GDP，我们必须理解什么决定了就业量。

□ 劳动力市场

我们已经学过分析就业量的工具：需求和供给。在宏观经济学中，我们把需求、供给和市场均衡这些概念引入进来，以分析整个经济体的劳动力市场。

雇佣劳动的数量取决于企业关于雇用多少劳动的决策（劳动需求），也取决于家庭关于工作和其他活动安排的决策（劳动供给），还取决于劳动力市场如何协调企业和家庭的决策（劳动力市场均衡）。因此，我们将考察：

- 劳动需求
- 劳动供给
- 劳动力市场均衡

劳动需求

劳动需求量（quantity of labor demanded）是指在一定时期内和一定实际工资率水平下，经济体中所有企业计划雇用的总劳动小时数。**劳动需求**（demand for labor）是指在影响厂商雇佣计划的其他因素不变的情况下，厂商对劳动的需求量和实际工资率之间的关系。实际工资率越低，劳动需求量就越大。

实际工资率等于名义工资率（以美元价值表示的平均小时工资率）除以价格水平（见第 16 章）。我们将以美元不变价值表示实际工资率（这里将使用 2005 年的美元不变价值）。可以这样理解，即把实际工资率看作是 1 小时劳动所获得的实际 GDP。

实际工资率越低，企业就会发现，雇用越多的劳动力越有利。实际工资率影响劳动需求量，因为企业关心的并不是它们要为 1 小时的劳动支付多少美元（名义工资率），而是它们必须卖出多少产出才能赚到这些美元。因此，企业比较的是 1 小时劳动能带来的额外产出和实际工资率。

如果多雇用 1 小时劳动带来的额外产出大于实际工资率，企业就会多雇用这 1 小时的劳动。当雇佣劳动的总量很小时，增加 1 小时劳动带来的额外产出大于实际工资率。不过每增加的 1 小时劳动带来的额外产出都小于前一个小时劳动带来的额外产出。随着企业雇用的劳动越来越多，最终增加的那 1 小时劳动的产出就会等于实际工资率。当两者相等时，劳动需求量就被决定了，即实际工资率决定了劳动需求量。

苏打水工厂的劳动需求 也许从单个企业而不是整个经济体开始思考，你会更容易理解什么是劳动需求。假设货币工资率为 15 美元/小时，每瓶苏打水的价格是 1.5 美元。对苏打水工厂来说，实际工资率可以用一定瓶数的苏打水来衡量。为找出实际工资率，我们用货币工资率除以产出的价格，即 15 美元/小时除以 1.5 美元/瓶。实际工资率为 10 瓶苏打水/小时。只要苏打水工厂雇用 1 小时劳动能使苏打水的产出增加 10 瓶以上，多雇用劳动就有利可图。当增加 1 小时劳动所增加的产出等于 10 瓶时，苏打水工厂雇用的劳动数量使企业达到利润最大化。

劳动需求表和劳动需求曲线　我们可以用需求表或需求曲线的形式表示劳动需求。图 17－2 中的表列出了劳动需求表的一部分。从中可以看到三个不同的实际工资率对应的劳动需求量。如果实际工资率为 50 美元/小时（*B* 行），年劳动需求量为 2 000 亿小时。如果工资率涨到 80 美元/小时（*A* 行），年劳动需求量将减少到 1 000 亿小时。而如果实际工资率下降到 25 美元/小时（*C* 行），年劳动需求量将增加到 3 000 亿小时。

图 17－2 中绘有对应的劳动需求曲线。*A*、*B* 和 *C* 点分别对应劳动需求表中的 *A*、*B* 和 *C* 行。

	实际工资率（2005 年美元/小时）	劳动需求量（10 亿小时/年）
A	80	100
B	50	200
C	25	300

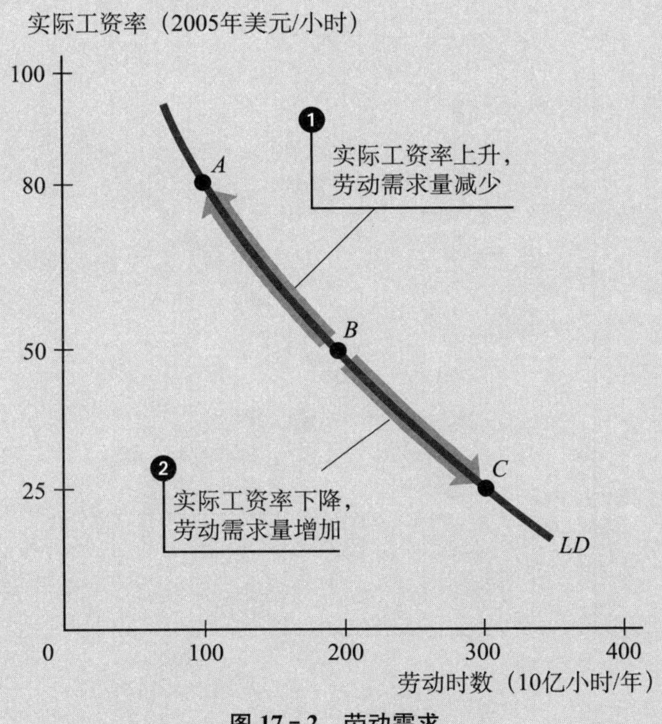

图 17－2　劳动需求

企业只有在多雇用的劳动带来的产出大于实际工资率的情况下，才会选择多雇用。因此，实际工资率越低，企业增加雇用就越有利可图，从而就愿意雇用越多的劳动。

在实际工资率为 50 美元/小时时，劳动需求量为 2 000 亿小时（*B* 点）。

①如果实际工资率上升到 80 美元/小时，劳动需求量会减少到 1 000 亿小时（*A* 点）。

②如果实际工资率下降到 25 美元/小时，劳动需求量会增加到 3 000 亿小时（*C* 点）。

劳动供给

劳动供给量（quantity of labor supplied）是指在一定时期内，在一定的实际工资率水平下，经济体中所有家庭愿意提供的总劳动小时数。**劳动供给**（supply of labor）是指在影响工作决策的其他因素不变的情况下，劳动供给量和实际工资率之间的关系。

我们可以用劳动供给表或劳动供给曲线表示劳动供给。图 17 - 3 中的表是一个劳动供给表的示例。从表中可以获知在三个不同的实际工资率水平下的劳动供给量。如果实际工资率为 50 美元/小时（*B* 行），年劳动供给量为 2 000 亿小时。而如果实际工资率下降到 25 美元/小时（*A* 行），年劳动供给量下降到 1 000 亿小时。如果实际工资率上升到 75 美元/小时（*C* 行），年劳动供给量将上升到 3 000 亿小时。

图 17 - 3 中还绘有对应的劳动供给曲线。曲线上的 *A*、*B* 和 *C* 点分别对应劳动供给表中的 *A*、*B* 和 *C* 行。

	实际工资率（2005 年美元/小时）	劳动需求量（10 亿小时/年）
C	75	300
B	50	200
A	25	100

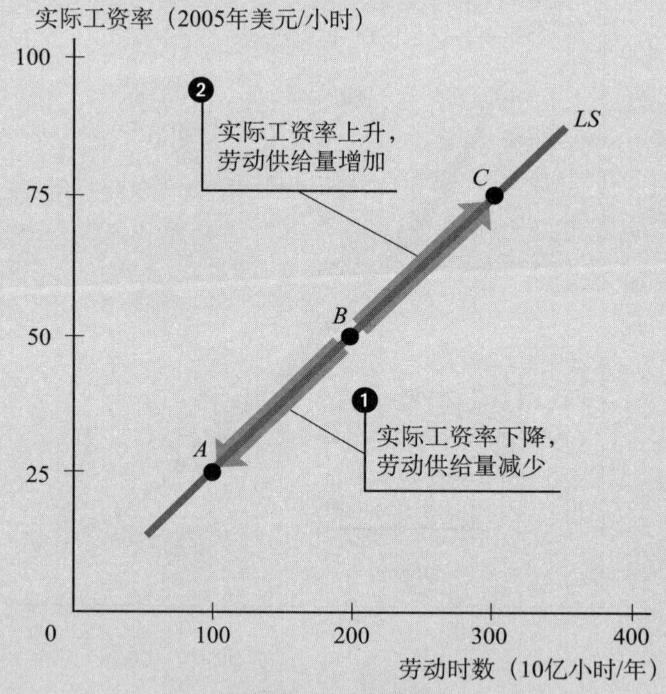

图 17 - 3　劳动供给

只有当实际工资率足够高，能够把人们从其他活动中吸引出来时，才会有人提供劳动。实际工资率越高，劳动供给量就越大。

在实际工资率为 50 美元/小时时，劳动供给量为 2 000 亿小时（*B* 点）。

①如果实际工资率降为 25 美元/小时，劳动供给量会减少到 1 000 亿小时（*A* 点）。

②如果实际工资率上升到 75 美元/小时，劳动供给量会增加到 3 000 亿小时（*C* 点）。

实际工资率影响劳动供给量，其原因是人们关注的不是他们赚了多少美元，而是那些美元能买到的东西。

实际工资率上升，劳动供给量会增加，这是因为：

- 个人工作小时数增加
- 劳动力参与率上升

个人工作小时数　实际工资率是不工作而享受闲暇的机会成本。当享受闲暇的机会成本增加而其他条件不变时，人们将会选择更多地工作。不过，其他的东西并不会不变。实际工资率更高，收入也就更高，进而意味着对闲暇的需求更高，而这会使人们更少地工作。

因此，实际工资率上升带来两种相互抵消的效应。不过对于多数家庭而言，机会成本效应会比收入效应更强，因而实际工资率上升将会使劳动供给量增加。

劳动力参与率　大多数人除了做劳动力还有其他的生产性选择，他们选择工作是因为实际工资率超过了其他生产性活动的价值。例如，父母可以花时间自己照顾孩子，也可以选择送孩子到托儿所。那样，只有在父母的工作所得能够支付托儿所的费用且有富余的情况下，父母才会选择工作。实际工资率越高，父母选择工作的可能性就越大，因而劳动力参与率就越高。

其他影响劳动供给决策的因素　除实际工资率外，很多其他因素也会影响劳动供给决策从而影响劳动供给曲线的位置。所得税和失业补助金是其中的两个因素。

工作—闲暇决策取决于税后工资率，即家庭实际得到的收入。因此，给定工资率，所得税会降低税后工资率，从而减少劳动供给量。结果是劳动供给减少。（所得税不会减少劳动需求，因为对雇主来说，劳动的成本是税前工资。）

失业补助金降低了寻找工作的成本，从而鼓励失业的工人花更长的时间去找到可能的最好的工作。这减少劳动供给。

更高的所得税率和更慷慨的失业补助金会减少劳动供给，会使得劳动供给曲线左移。

现在，我们开始考察劳动力市场如何决定就业、实际工资率和潜在 GDP。

劳动力市场均衡

劳动力市场上供给和需求的作用与产品市场上它们的作用是一样的。劳动服务的价格即实际工资率。实际工资率上升将减少劳动需求量，增加劳动供给量，从而消除劳动短缺。实际工资率下降将导致劳动需求量的增加和劳动供给量的减少，从而消除劳动过剩。当劳动力市场上既不存在短缺也不存在过剩时，我们称劳动力市场是均衡的。

图 17－4（a）展示了劳动力市场均衡。需求曲线和供给曲线与图 17－2 和图 17－3 中的相同。在图 17－4（a）中，当实际工资率低于 50 美元/小时的时候，劳动需求量将会大于劳动供给量，即出现劳动短缺。这时候，实际工资率将会上升。

如果实际工资率高于 50 美元/小时，劳动供给量会大于劳动需求量，即出现劳动过剩。这时候，实际工资率将会下降。

如果实际工资率正好等于 50 美元/小时，劳动需求量和劳动供给量相等，既没有劳动短缺，也没有劳动过剩。这时候，劳动力市场处于均衡状态，实际工资率不会变动。均衡的就业量是 2 000 亿小时/年。在均衡就业水平上，经济处于充分就业状态。因此充分就业量为 2 000 亿小时/年。

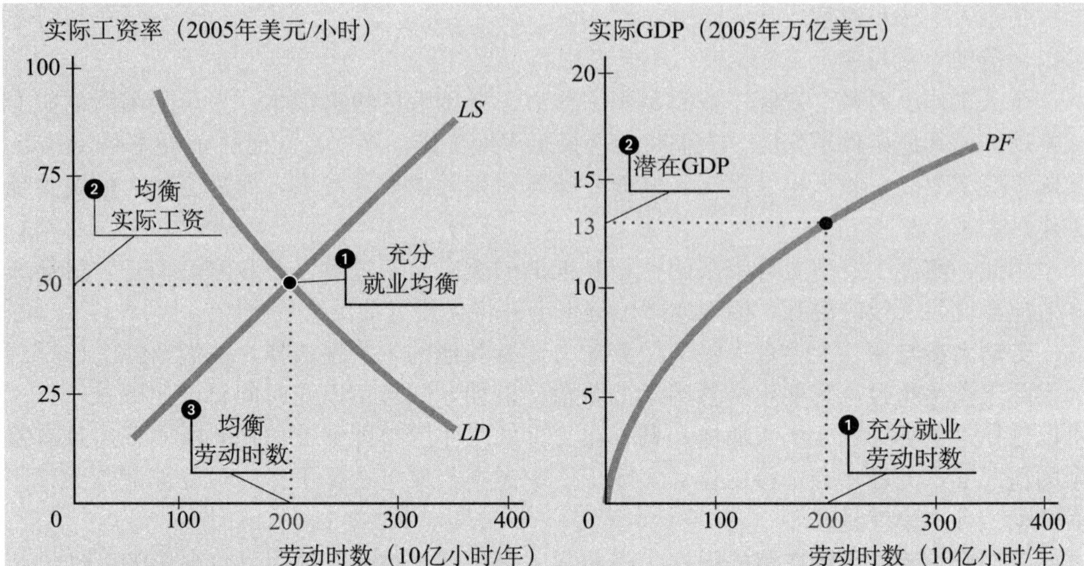

（a）劳动力市场　　（b）潜在GDP

图 17－4　劳动力市场均衡和潜在 GDP

在图（a）中，①劳动需求量和供给量相等时，经济处于充分就业状态。②均衡工资率为 50 美元/小时。③均衡就业水平为 2 000 亿小时/年。

潜在 GDP 是经济处于充分就业状态时的实际 GDP 水平。在图（b）中，①充分就业量为 2 000 亿小时/年。②潜在 GDP 为 13 万亿美元。

充分就业和潜在 GDP

当劳动力市场处于均衡状态时，经济体就实现了充分就业，实际 GDP 等于潜在 GDP。

我们已经看到，实际 GDP 的大小取决于就业量。生产函数告诉了我们给定就业水平时的实际 GDP 值。现在已经确定了充分就业量，那么也就可以确定潜在 GDP 了。

图 17－4（b）描绘了劳动力市场均衡和潜在 GDP 之间的关系。在图 17－4（a）中，均衡时就业量为 2 000 亿小时。图 17－4（b）告诉我们，2 000 亿小时劳动可以生产 13 万亿美元的实际 GDP。这个 GDP 值就是潜在 GDP。

∴关注美国的潜在 GDP　为什么美国人比欧洲人赚得更多、生产得更多？

美国平均每个工人的资本数量比欧洲的高。平均而言，美国的技术生产率也高于欧洲。

这些差异表明，美国的劳动生产率要高于欧洲。

由于美国的劳动生产率更高，因此美国的雇主愿意对给定的劳动量支付更高的工资，因此美国的劳动需求曲线（LD_{US}）在欧洲的劳动需求曲线（LD_{EU}）的右侧，见下页的图（a）。

劳动生产率的差异也意味着，美国的生产函数（PF_{US}）在欧洲的生产函数（PF_{EU}）之上，见图（b）。

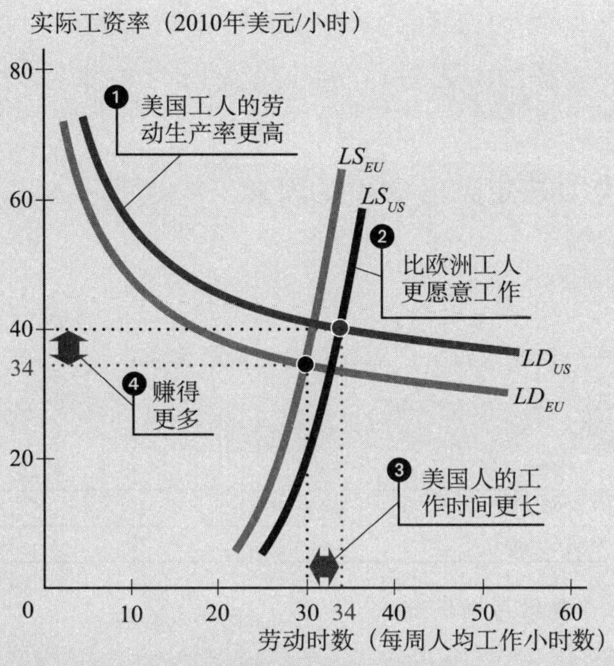

(a) 欧洲和美国的劳动力市场

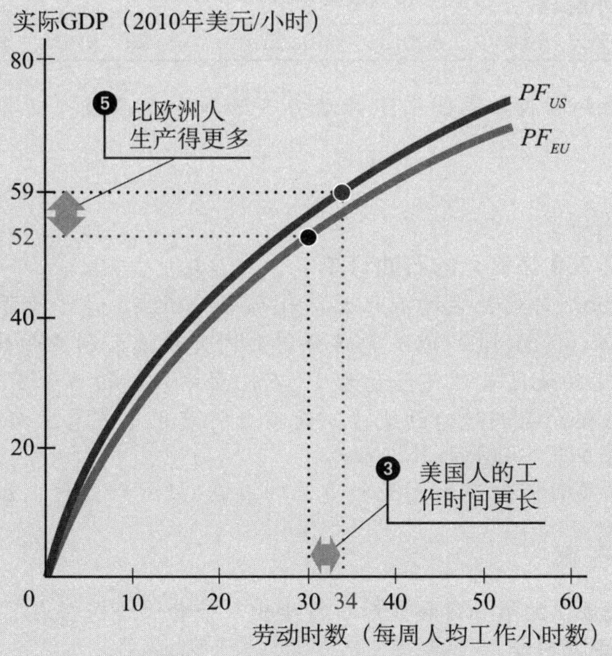

(b) 欧洲和美国的生产函数

欧洲的所得税更高，失业补助金也更高，这意味着在欧洲要吸引人来工作，企业支付的工资要比在美国的企业支付的工资更高。因此，欧洲的劳动供给曲线（LS_{EU}）在美国的劳动供给曲线（LS_{US}）的左侧。

美国的均衡就业量要高于欧洲的均衡就业量，即美国人工作的时间更长，均衡实际工资率也高于欧洲。

美国的潜在 GDP 要高于欧洲，因为美国工人单位时间的产出更高，而且工作时间更长。

检查站 17.1 解释决定潜在 GDP 的因素。

现实问题

1. 表 1 列出了一个经济体的生产函数和它的劳动需求。

表 1

劳动需求量（10 亿小时/年）	0	1	2	3	4
实际 GDP（2005 年 10 亿美元）	0	40	70	90	100
实际工资率（2005 年美元/小时）	50	40	30	20	10

表 2 列出了该经济体的劳动供给。

表 2

劳动供给量（10 亿小时/年）	0	1	2	3	4
实际工资率（2005 年美元/小时）	10	20	30	40	50

利用表 1 和表 2 的数据，画图描述劳动力市场和生产函数。回答均衡时的实际工资率和就业量以及潜在 GDP。

新闻摘要

雪佛龙公司签订 730 亿美元的石油订单

雪佛龙（Chevron）公司巨大的液化天然气项目 Gorgon 终于有了进展。该公司将和埃克森美孚公司（Exxon Mobil）以及壳牌公司共同开发澳大利亚西北海岸的天然气。据估计，Gorgon 和附近的地区天然气储量为 40 万亿立方米，相当于 67 亿桶石油。Gorgon 项目的地址被定在方便向亚洲运输的地方。该项目将雇用 1 万名工人。

资料来源：Radio Australia，September 10，2009.

解释这一巨大的项目将对澳大利亚和美国的潜在 GDP 产生什么影响。

现实问题参考答案

1. 劳动需求根据表 1 的第一行和最后一行绘出，劳动供给根据表 2 的数据绘出（图 1）。生产函数根据表 1 的前两行绘出（图 2）。

当实际工资率为 30 美元/小时、雇用的劳动量为 20 亿小时时，劳动力市场达到均衡（图 1）。潜在 GDP 是与均衡就业量（图 1 中的 20 亿小时）对应的实际 GDP。潜在 GDP 为 700 亿美元（图 2）。

新闻摘要参考答案

澳大利亚的潜在 GDP 将会增加，而美国的潜在 GDP 不变。新能源的发现将使澳大利亚的生产函数提高。没有就业量的增加，实际 GDP 会增加。而且，这一项目会增加劳动需求，增加充分就业状态下的劳动量，这会增加潜在 GDP。尽管该项目由美国企业进行开发，但产出地是澳大利亚。不会改变美国的生产函数，也不会改变美国的劳动需求，因而，该项目对美国的潜在 GDP 没有影响。

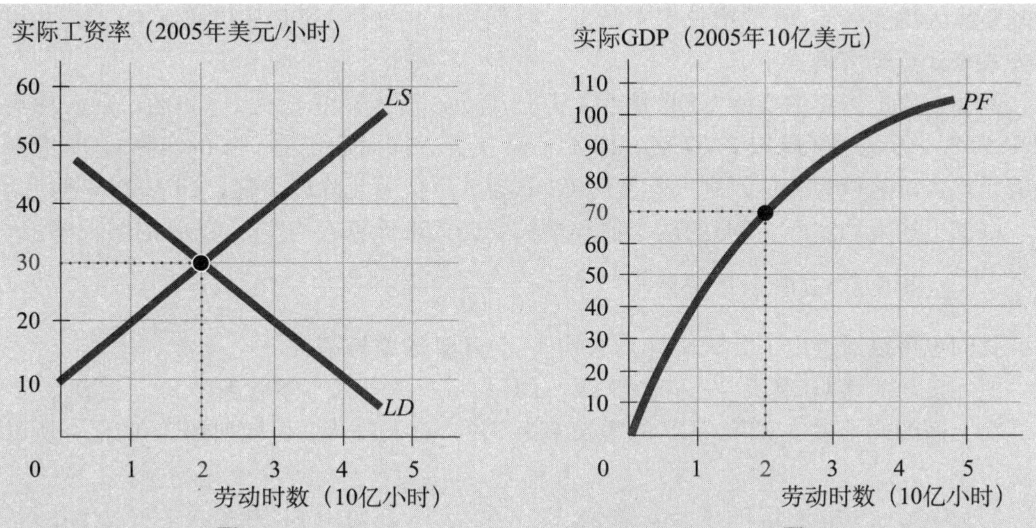

图 1

图 2

17.2 经济增长的基本要素

经济增长（economic growth）是指生产可能性边界的持续扩张。持续数十年的快速经济增长可以使一个贫穷的国家或地区变得富裕，例如，中国香港、韩国、中国台湾以及其他一些亚洲经济体。经济增长缓慢或者停滞则会使一个国家或地区变得赤贫。例如，塞拉利昂、索马里、赞比亚以及很多其他非洲国家。

经济增长有别于经济从衰退中复苏时发生的收入水平上升。经济增长是一种稳定的趋势，而不是一个临时的周期性扩张。

□ 经济增长率的计算

我们用实际 GDP 每年变动的百分比来描述**经济增长率**（economic growth rate）。为了计算经济增长率，我们采用下述公式：

$$\text{实际 GDP 的增长率}=\frac{\text{当年的实际 GDP}-\text{前一年的实际 GDP}}{\text{前一年的实际 GDP}}\times 100\%$$

例如，如果当年的实际 GDP 是 8.4 万亿美元，前一年的实际 GDP 是 8 万亿美元，那么，

$$\text{实际 GDP 的增长率}=\frac{8.4\text{ 万亿美元}-8\text{ 万亿美元}}{8\text{ 万亿美元}}\times 100\%=5\%$$

实际 GDP 的增长率告诉我们经济总量扩张的速度有多快。这个指标对于我们描述不同国家之间的经济增长的潜在变化是很有用的，但它不能反映生活水平的变化。

生活水平取决于**人均实际 GDP**（real GDP per person 或 per capita real GDP），它是用人口总数除实际 GDP 总量而得到的。因此，实际 GDP 的增长对改变人们生活水平的贡献要靠人均实际 GDP 的增长率来衡量。我们用人均实际 GDP 替代实际 GDP，并用上述公式来计算经济增长率。

例如，假定当年的实际 GDP 是 8.4 万亿美元，而人口总量为 2.02 亿，则人均实际 GDP 为 8.4 万亿美元除以 2.02 亿，即 41 584 美元。同时假定前一年的实际 GDP 为 8 万亿美元，人口总量为 2 亿，则人均实际 GDP 为 8 万亿美元除以 2 亿，即 40 000 美元。

根据上述人均实际 GDP 的两个值和增长率公式来计算人均实际 CDP 的增长率：

$$\text{人均实际 GDP 的增长率}=\frac{41\,584\text{ 美元}-40\,000\text{ 美元}}{40\,000\text{ 美元}}\times 100\%=4\%$$

我们也可以通过以下公式来计算人均实际 GDP 的增长率：

$$\text{人均实际 GDP 的增长率}=\text{实际 GDP 的增长率}-\text{人口增长率}$$

在上面的例子中，实际 GDP 的增长率为 5%，总人口从 2 亿增加到 2.02 亿，所以人口增长率为：

$$\text{人口增长率}=\frac{2.02\text{ 亿}-2\text{ 亿}}{2\text{ 亿}}\times 100\%=1\%$$

从而

$$\text{人均实际 GDP 的增长率}=5\%-1\%=4\%$$

这个公式很清楚地表明了，只有当实际 GDP 的增长快于人口增长率时，人均实际 GDP 才会增加。如果人口增长率超过实际 GDP 的增长，人均实际 GDP 会下降。

□ 持续增长的魔法

人均实际 GDP 的持续增长能够使一个贫穷的社会变得富裕。其原因在于经济增长就像复利计算一样。假设你在银行有 100 美元的存款，年利率为 5%。一年之后，你有 105 美元。如果把这 105 美元继续存在银行一年，你会在 100 美元（原始存款）和 5 美元（上年利息）的基础上得到 5%的利息。你正在用利息赚取利息！下一年，情况会更好。那时你可以在 100 美元原始存款以及第一年和第二年的利息的基础上再赚取 5%的利息。你在银行的存款以每年 5%的速度增加。许多年之后，你最初的 100 美元的存款会增加到 200 美元，但是到底需要多少年呢？

一个有效并且通用的公式 **70 规则**（rule of 70）给我们提供了答案。它指的是一个增长中的经济变量数值翻一番所需要的年数，近似等于 70 除以变量的年增长率的百分数。使用 70 规则，现在可以计算出多少年之后 100 美元的存款可以增加到 200 美元，大概为 14 年，即用 70 除以 5 得到。

70 规则适用于任何变量，自然也适用于人均实际 GDP。表 17－1 展示了在另一些年增长率的情况下数值翻一番所需要的时间。我们可以看到，如果年增长率为 1%，则使人均实际 GDP 翻一番所需要的时间大约为 70（70 除以 1）年——人类的平均寿命。如果年增长率为 2%，则翻一番所需要的时间大概为 35 年。如果年增长率为 7%，则翻一番只需要 10 年。

表 17-1　增长率

增长率（百分比/年）	数值翻一番所需要的年数
1	70
2	35
3	23
4	18
5	14
6	12
7	10
8	9
9	8
10	7

我们也可以运用 70 规则回答关于经济增长的其他问题。例如，在 2010 年，美国的人均实际 GDP 大约是中国的 4 倍。中国人均实际 GDP 近年来的增长率大约为 7%。如果保持这个增长率，大概需要多少年中国的人均实际 GDP 可以达到美国 2010 年的水平？

根据 70 规则，答案是 20 年。中国的人均实际 GDP 需要 10（70 除以 7）年可以翻一番。在现在的水平上翻两番再需要 10 年的时间。因此，维持年增长率 7%的水平，20 年后中国的人均实际 GDP 是现在的 4 倍，相当于美国 2010 年的水平。

❖关注全球经济　为什么有些国家富裕而有些国家贫穷？

政治稳定、由法律制度保障的财产权、政府对市场的有限干预，这些是高收入的经济体所共有的关键特征，同时也是那些欠发达的经济体所缺失的。所有发达国家都已经都拥有这些刺激增长的特征非常长的时间，在此期间，它们的劳动生产率和生活水平也不断增长。

美国在 150 年前开始快速增长，并在 20 世纪初期超越了欧洲。在过去 50 年里，这些国家之间的差距没有太大的改变。参见下页的图（a）。

在计划经济向市场经济转变的过程中，东欧国家现在的增长速度更快。

非洲的部落冲突和中南美洲的官僚机构臃肿使得它们的增长速度较低，与美国的差距也越来越大。

在图（b）中，东亚经济体的人均实际 GDP 已经在向美国的水平靠拢。这些经济体就像在同一轨道上的快速列车一样，保持着大致固定的距离。中国香港和新加坡是车头，领先中国台湾大约 15 年，领先韩国大约 20 年，领先中国大陆将近 40 年。

在 1960—2010 年间，中国香港和新加坡已经从贫穷的发展中经济体跻身到了全球最富裕的经济体之列。

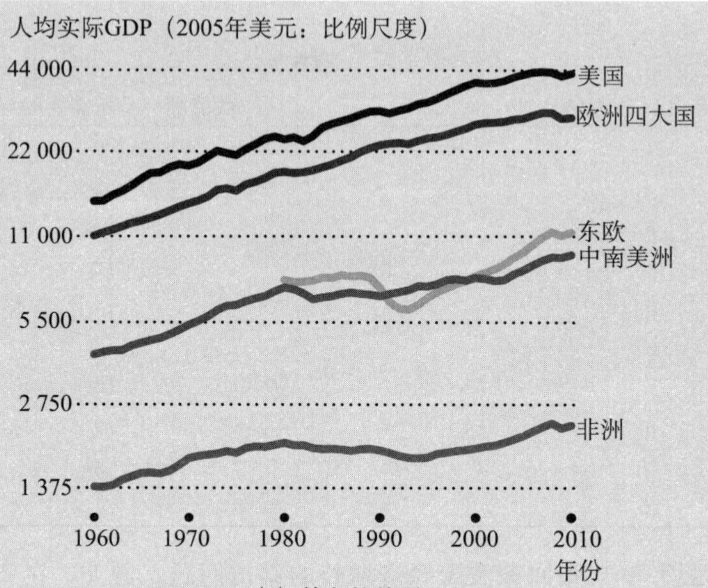

（a）持久的差距

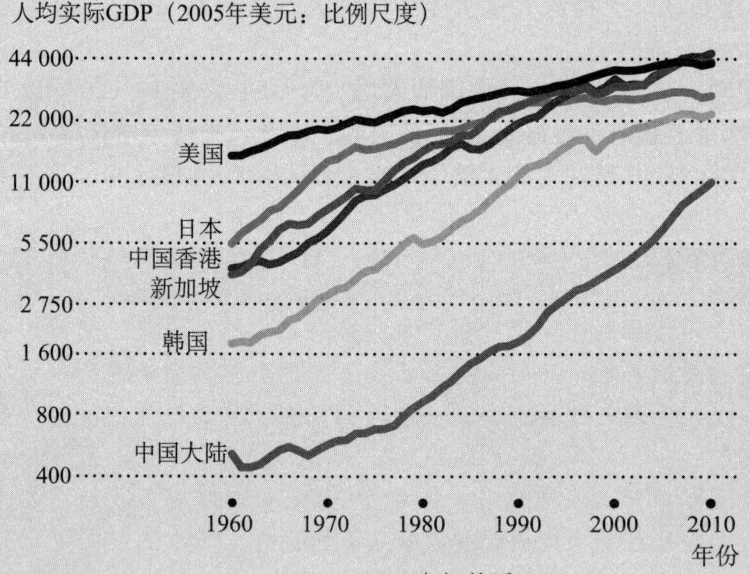

（b）趋近

资料来源：International Monetary Fund，*World Economic Outlook Database*.

检查站 17.2☞ 定义并计算经济增长率，解释持续增长的内涵。

现实问题

1．墨西哥的实际 GDP 在 2010 年是 87 620 亿比索，而在 2011 年的数值则是 91 050 亿比索。墨西哥 2011 年的人口增长率是 1%。计算墨西哥 2011 年的经济增长率和人均实际 GDP 的增长率。

2. 假定一个国家的实际 GDP 的增长率保持在 12%，同时人口增长率保持在 2%，计算这个国家人均实际 GDP 翻一番所需要的年数。

3. 假定印度的人均实际 GDP 的增长率从 8%提高到了 10%，计算人均实际 GDP 翻一番所需要的年数的变化。

新闻摘要

亚洲开发银行降低对中国经济增长的估计

从 1980 年起，中国人均实际 GDP 的增长速度都保持在大概每年 10%。而今年，亚洲开发银行（Asian Development Bank，ADB）将对中国经济增长的估计降低到 9.3%。

资料来源：Bloomberg，September 13，2011.

如果中国保持每年 9.3%的增长速度，额外要用多长时间实现人均实际 GDP 翻一番?

现实问题参考答案

1. 在 2011 年，墨西哥的经济增长率是 3.9%。经济增长率等于实际 GDP 的百分比变化：[(2011 年实际 GDP－2010 年实际 GDP)/2010 年实际 GDP]×100%。我们用实际数值替换，可以计算出墨西哥的经济增长率等于 [(91 050 亿－87 620 亿)/87 620 亿]×100%，也就是 3.9%。墨西哥 2011 年人均实际 GDP 的增长率是 2.9%。人均实际 GDP 的增长率等于实际 GDP 的增长率减去人口增长率，即 3.9%减去 1%，也就是 2.9%。

2. 这个国家人均实际 GDP 翻一番所需要的年数是 7 年。人均实际 GDP 的增长率等于实际 GDP 的增长率减去人口增长率。人均实际 GDP 的增长率等于 12%减去 2%，也就是 10%。70 规则告诉我们，每年维持 10%的增长速度不变，会使变量在 70/10 也就是 7 年后翻一番。

3. 2 年。70 规则告诉我们一个年均增长 8%的变量会在 70/8 即大概 9 年后翻一番。如果增长率上升到 10%，翻一番所需要的年数就是 7 年。

新闻摘要参考答案

保持年均 10%的增速，中国实现人均实际 GDP 翻一番需要 7 年（=70/10）。而如果增长速度保持在年均 9.3%，中国要用约 7.5 年（=70/9.3）的时间实现人均实际 GDP 翻一番。所以额外要多花半年的时间。

17.3 劳动生产率的增长

当生产要素的数量增加或者持续的技术进步使得生产要素更具生产率的时候，实际 GDP 增长。因此，为了弄清影响实际 GDP 增长率的决定因素，我们必须理解决定生产要素的增长率和生产率的增长速度的因素。你将看到储蓄和投资是如何决定实物资本的增长率的，以及实物资本的增长率、人力资本和技术进步是如何相互影响并决定经济增长率的。

我们之所以对实际 GDP 的增长感兴趣，是因为它有助于提高我们的生活水平。但是只有当我们在每个劳动时间内生产更多的产品和服务时，我们的生活水平才能得到提高。因此，我们主要关注的是那些使得劳动更有生产率的因素。首先，我们需要定义什么是劳动生产率。

□ 劳动生产率

每小时劳动所生产的实际 GDP 的数量叫做**劳动生产率**（labor productivity）。它可以用以下公式计算：

$$劳动生产率=\frac{实际\ GDP\ 总量}{总劳动时数}$$

例如，假定实际 GDP 是 8 万亿美元，总劳动时数是 2 000 亿小时，则我们可以计算劳动生产率：

$$劳动生产率=\frac{8\ 万亿美元}{2\ 000\ 亿小时}=40\ 美元/小时$$

当劳动生产率增长时，人均实际 GDP 增长，所以劳动生产率增长是人民生活水平提高的基础。但是什么因素使得劳动生产率增长呢？我们将通过对两大类影响劳动生产率增长的因素的分析来回答这个问题：

- 储蓄和实物资本的投资
- 人力资本的增长和新技术的发现

这两类影响劳动生产率增长的因素相互作用，并且它们是过去 200 年间生产率超乎寻常增长的主要源泉。让我们依次进行分析。

□ 储蓄和实物资本的投资

储蓄和投资决策会带来实物资本的增长，从而提高劳动生产率。在工业革命时期，随着每个工人人均资本量的增加，劳动生产率急剧上升。用手工工具的生产过程可以创造出精美的产品，但与之相比，使用大量人均资本的生产方法则能使工人的生产率高得多，如汽车厂生产线。毋庸置疑，农场和建筑工地、纺织厂、铁矿厂和钢铁厂、煤矿、化工厂、汽车厂、银行和保险公司中资本的积累提高了我们的劳动生产率。

在 1830 年，一个强壮而且经验丰富的农场工人使用镰刀一天可以收割 3 英亩的小麦。1831 年的农场工人通过使用机械收割机，一天可以收割 15 英亩的小麦。而今天的一个农场工人，使用联合收割机，一天收割并且脱粒的小麦能达到数百英亩。

下次你在观看以古老西部或殖民时代为背景的电影时，仔细观察周围的少量资本。不妨设想一下，与你今天的生产率相比，你在这种环境中的生产率会有多高。

资本累积和边际报酬递减

尽管储蓄和投资更多的资本是劳动生产率提高的原因之一，但如果没有人力资本增长和技术进步，也不会带来持续的经济增长。最终，经济增长会放慢直到几乎停滞。其原因在于资本的一个基本性质，也就是所谓的**边际报酬递减规律**（law of diminishing marginal returns)，即：

当资本量很小时，资本的增加会带来产量的大幅上升；而当资本量很大时，资本的增加则只会带来小幅度的产量上升。

该规律适用于所有生产要素，而不仅仅是资本。这也是劳动需求曲线斜率为负的原因。

通过思考我们自己所拥有的资本会如何影响劳动生产率，我们可以理解为什么边际报酬递减规律会适用于资本。当你获得你的第一台电脑时，你的资本量小幅增加了，但是你的劳动生产率却大幅提升了。而一般你不会拥有两台电脑，但如果你有，第二台电脑所带来的劳动生产率的提升一定远小于第一台电脑。如果你没有两台电脑，原因之一就是你会怀疑第二台电脑是否值得花钱购买，因为它仅仅使得劳动生产率提升非常小的幅度。

说明边际报酬递减规律

图 17-5 说明了资本和生产率之间的关系。曲线 *PC* 是**生产率曲线**（productivity curve)，它说明了每劳动小时实际 GDP 是如何随着每劳动小时资本量变动的。

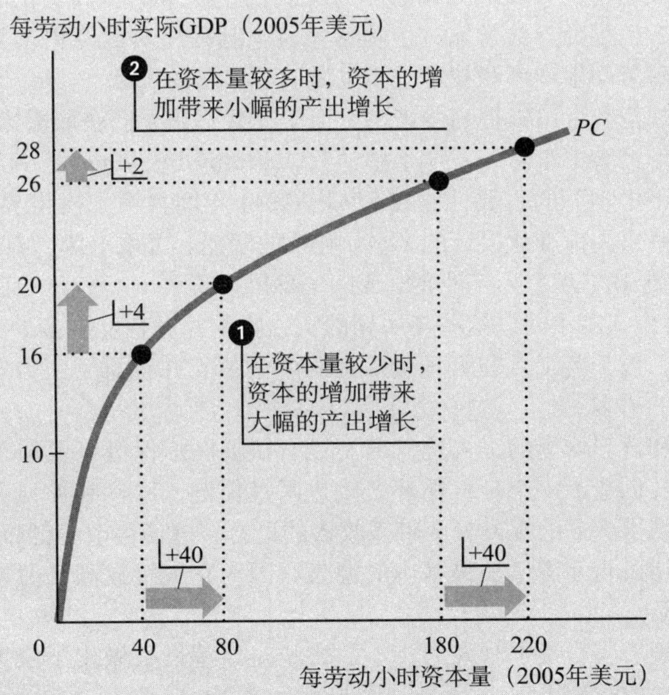

图 17-5　增加资本的效应

当为工人配备更多的资本时，他们会变得更加有生产率。生产率曲线 *PC* 说明了每劳动小时资本量的增加是如何带来每劳动小时实际 GDP 的增长的。

①当每劳动小时资本量从较低的 40 美元增加到 80 美元时，每劳动小时实际 GDP 增加了 4 美元。

②当每劳动小时资本量从较高的 180 美元增加到 220 美元时，每劳动小时实际 GDP 增加了 2 美元。

随着资本量的增加，一个每劳动小时资本量的等额度的增加带来了递减的产出增长。

在图 17－5 中，当每劳动小时资本量（以实际美元计算）从 40 美元增加到 80 美元时，每劳动小时实际 GDP 从 16 美元增加到 20 美元，也就是 4 美元或者 25%的增长。但当每劳动小时资本量从 180 美元增加到 220 美元时（与之前一样都是 40 美元的增幅），每劳动小时实际 GDP 从 26 美元增加到 28 美元，只有 2 美元或者 8%的增长。如果每劳动小时资本量持续增加，劳动生产率的增幅会更小，最终会趋向于停止。

□ 人力资本的增长和新技术的发现

有别于资本累积，人力资本的增长与新技术的发现对劳动生产率有着深远却截然不同的影响，它们不会伴随着边际报酬递减。

人力资本的增长 人力资本——人本身积累的技能和知识——有三个来源：

- 教育和培训
- 工作经验
- 健康和饮食

一百年以前，大多数人上学的时间是 8 年左右。再往前一百年，大多数人根本没有接受过正式的教育。而在今天，90%的美国人上完了高中，超过 60%的美国人会进入大专院校学习。有效的读、写以及交流的能力对我们生产率的提高做出了很大贡献。而数以千计的科学家、工程师、数学家、生物学家、电脑程序员以及很多具有其他专业技能的人士的教育，对劳动生产率和技术进步也做出了突出的贡献。

虽然正式的规范教育可以提高生产率，但学校并不是人们获取人力资本的唯一来源。我们也可以从工作经验中学习——“干中学”（learning by doing）。一个经过仔细研究的例子可以说明“干中学”的重要性。在 1941—1944 年间（第二次世界大战期间），美国造船厂生产了一些采用标准化设计的 2 500 吨位的货船，并取名为“自由之舰”。在 1941 年建造一艘船需要 120 万个人工小时。到 1942 年，需要 60 万个人工小时，而到 1943 年，只需要 50 万个人工小时。这些年所用的实物资本并没有发生多少变化，但却积累了大量的人力资本。数千名工人和管理者从经验中学习，并积累了人力资本，这使生产率在两年后提高了一倍多。

强壮、健康和营养均衡的工人比营养不良、缺乏医疗保健以及缺乏锻炼的工人生产率更高。这个事实创造了一个良性循环。改进医疗保健、饮食和加强锻炼会使得劳动生产率提升；而劳动生产率的提升又会带来收入的上升，这使得改善健康条件更加可能。

人力资本的增长是经济增长最基本的源泉，因为它直接提高了劳动生产率，并且是新技术产生的源泉。

新技术的发现 实物资本与人力资本的增长对经济增长做出了巨大贡献。但新技术的出现与应用做出的贡献更大。

自工业革命起，技术进步就成为了日常生活的一部分。企业会对提高生产率的技术进行常规的研究与开发，而且企业和大学在某些领域——例如生物技术和电子技术——的合作变得司空见惯。

□ 综合影响造成劳动生产率的增长

为了获得技术进步的好处（就是通过运用新技术提高劳动生产率），就必须增加资本。一些最有力和影响深远的技术体现在人力资本上，例如，语言、写作、数学、物理学、生物学和工程学。但大多数技术体现在实物资本上。例如，为了提高运输工人的劳动生产率，内燃机的发现使得数以百万计的马车被汽车和卡车取代；更近的是，为了提高办公室职员的劳动生产率，电脑文档处理技术的发现使得数以百万计的打字机被电脑和打印机取代。

图 17－6 说明了资本累积、人力资本的增长以及新技术的发现的综合影响如何造成劳动生产率的增长。在 1960 年，生产率曲线是 PC_0，工人持有 80 美元的每小时资本，生产出 20 美元的每小时实际 GDP。而到 2010 年，资本已经累积到每小时 180 美元。当人力资本不增长而且没有技术进步时，每小时实际 GDP 本应该只增长到 25 美元。但是结合 2010 年的人力资本和技术，每小时产出增长到了 60 美元。

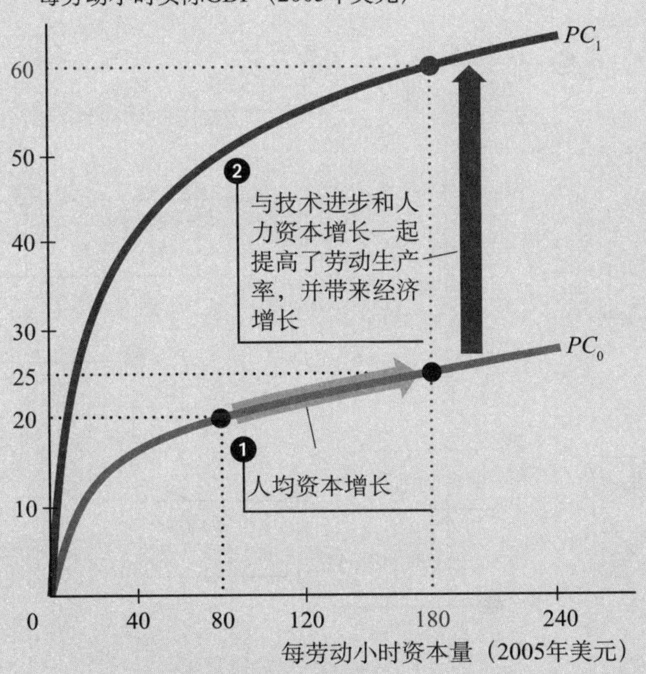

图 17－6 劳动生产率如何增长

在 1960 年，生产率曲线是 PC_0，工人持有 80 美元的每小时资本，生产出 20 美元的每小时实际 GDP。

①当资本量从 1960 年的 80 美元/劳动小时增加到 2010 年的 180 美元/劳动小时时，沿着 PC_0，每劳动小时实际 GDP 从 20 美元增长到 25 美元。

②人力资本的增长和新技术的发现使得生产率曲线上移，使得每劳动小时实际 GDP 从 25 美元增长到 60 美元。

你已经了解了造成劳动生产率增长的因素。实际 GDP 增长是因为劳动力变得更有生产率，以及总劳动时数增加。图 17－7 总结了我们所描述的经济增长的源泉，并且说明了劳动生产率的增长和总劳动时数的增加一起如何造成实际 GDP 的增长。图 17－8 说明了经济增长的过程就像一个永动机的模式。

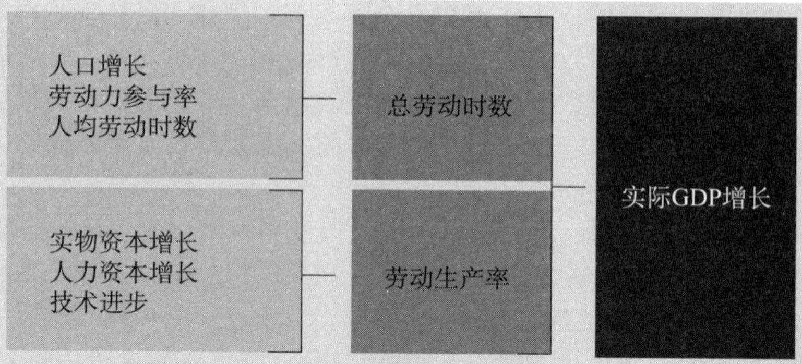

图 17-7 经济增长的源泉

实际 GDP 取决于总劳动时数和劳动生产率。总劳动时数取决于总人口、劳动力参与率和人均劳动时数。劳动生产率取决于实物资本和人力资本的数量以及技术水平。总劳动时数和劳动生产率的增长会带来实际 GDP 的增长。

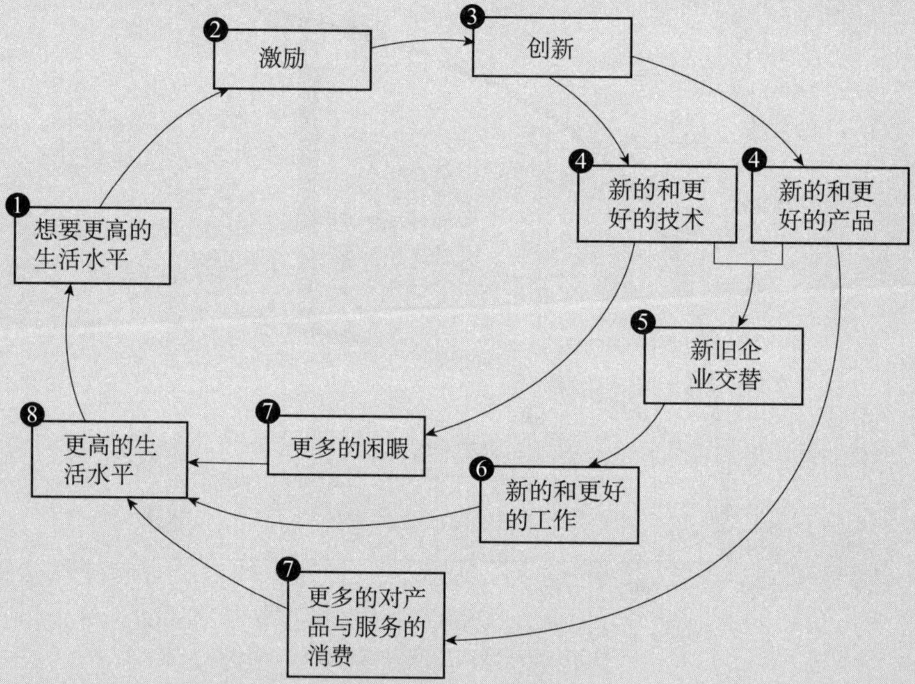

图 17-8 永动机模式

①人们想要更高的生活水平，这促使人们②追求利润，从而③进行创新，这使得④新的和更好的技术以及新的和更好的产品出现，带来⑤企业的新旧交替、⑥新的和更好的工作以及⑦更多的闲暇和更多的对产品与服务的消费。结果导致了⑧更高的生活水平。但人们还想要更高的生活水平，增长的过程周而复始。

资料来源：基于相似的图形，来自 *These Are the Good Old Days*：*A Report on U. S. Living Standards*，Federal Reserve Bank of Dallas 1993 Annual Report。

❖关注你的生活 你是如何影响经济增长，又是如何被经济增长影响的?

你做出的许多选择影响了你个人的经济增长率——也就是你个人生活水平的增长速度。而这些相同的选择，再联系到数百万其他人的类似的选择，会对一个国家乃至世界的经济增长产生深远的影响。

现在，这些选择中最重要的就是你增加你人力资本的选择。只要你进入学校学习，你就已经决定增加自己的人力资本。

在你离开学校的很长一段时间内，你的人力资本还是会持续增加，因为你的赚钱能力会随着在职经验的积累而提高。你也可能决定再次回到学校继续深造。

之后在你人生中一个变得越来越重要的选择就是积攒退休金。这个选择不止是你退休之后的收入的来源，同时也为企业增加实物资本提供了资金来源。

不止是你的选择影响了经济增长；经济增长也会对你有巨大的影响——你如何获取收入以及你的收入可以带给你怎样的生活水平。

因为经济增长，我们今天可以找到的工作已经比一百年前的更加有趣、安全以及不那么繁重，同时报酬要好得多。但对于我们中的很多人而言，经济增长就意味着必须接受改变，随时准备学习新的技能和接受新的工作。

检查站 17.3　识别经济增长的主要源泉，解释增长的过程。

现实问题

利用表 1 的数据回答问题 1 和 2。

表 1

项目	2009 年	2010 年
总劳动时数（亿）	250	256
实际 GDP（2005 年亿美元）	10 000	10 500

1. 计算 2010 年的实际 GDP 的增长率。
2. 计算 2009 年和 2010 年的劳动生产率，以及 2010 年劳动生产率的增长率。

新闻摘要

劳动生产率正在上升之中

劳工统计局报告了自今年初到 2011 年 6 月的如下数据：在非农业部门，随着总劳动时数增加 1.6%，产出增加 2.4%；在制造业部门，随着总劳动时数增加 2.1%，产出增加 4.6%。

资料来源：bls.gov/news.release.

在两个部门中，随着总劳动时数的增加，产出都增加了，但是劳动生产率是否都上升了？在哪个部门劳动生产率的增幅更大？

现实问题参考答案

1. 2010 年的实际 GDP 的增长率是 5%。

增长率＝(10 500 亿美元－10 000 亿美元)/10 000 亿美元×100%＝5%。

2. 2009 年的劳动生产率是每小时 40 美元，2010 年的劳动生产率是每小时 41.02 美元。

劳动生产率等于实际 GDP 除以总劳动时数。

在 2009 年，劳动生产率＝10 000 亿美元/250 亿小时＝40 美元/小时。

在 2010 年，劳动生产率＝10 500 亿美元/256 亿小时＝41.02 美元/小时。

2010 年劳动生产率的增长率是 2.55%。

劳动生产率的增长率＝(41.02－40)/40×100%＝2.55%。

新闻摘要参考答案

产出＝总劳动时数×劳动生产率。在每个部门中，产出增加的幅度都大于总劳动时数增加的幅度，所以劳动生产率一定在上升。制造业部门的产出增加的幅度几乎是非农业部门增加幅度的两倍，而两部门总劳动时数的增幅却差不多，所以制造业部门劳动生产率的增幅一定大于非农业部门的增幅。

17.4 获得更快的经济增长

为什么人类用了超过 100 万年的时间才使得经济开始增长？为什么一些国家即使在今天也几乎没有增长？为什么并不是所有的社会都会储蓄并投资于新的资本、扩张人力资本、发现并运用新技术以带来快速的经济增长？政府部门能采取怎样的行动来鼓励增长？

□ 经济增长的前提条件

经济增长停滞或缓慢的主要原因是一些社会缺乏鼓励那些能够产生增长的行为的激励系统。一个产生导致经济增长的激励的基本前提条件是经济自由。

经济自由

当人们可以做出个人选择，其私有财产受到法律保护，并且人们可在市场上自由买卖时，社会便处于**经济自由**（economic freedom）状态。法律的统治地位——一套有效的法律系统——和保证契约履行的能力是经济自由产生的根本基础。阻碍经济自由的因素包括法院的腐败和政府的官僚主义，诸如进口限制等贸易壁垒，高税率，在诸如健康、安全以及环境方面对企业的严格管制，对银行的种种限制，劳动力市场管制（限制企业雇用和解聘工人的能力），以及诸如侵犯知识产权的市场等非法市场。

经济自由并不要求某种唯一的政治系统。民主系统在这方面做得不错。但是法律的统治地位——而不是民主——才是经济自由产生的关键条件。尊重法律统治地位的非民主政治系统也同样能把事情做好。经济自由程度较高的国家绝对不可能是贫穷的，但是经济自由程度较低的许多国家往往处于经济停滞的困境。

财产权

经济自由要求保护私有财产——生产要素和人们所拥有的物品。关于私有财产保护的各种社会制度安排被称为**财产权**（property rights）。财产权包括对实物财产（土地、房屋以及资本装备）、金融财产（一个人对另一个人的索取权）以及知识财产（例如发明）的权利。清晰地确立并得到执行的财产权使人们拥有工作和储蓄的激励。如果某个人试图盗窃别人的财产，法律系统将会保护这些财产。财产权也使人们相信政府不会没收他们的收入或者储蓄。

市场

经济自由同样要求自由市场的存在。买者和卖者得到信息，在市场中进行交易。市场价格向买卖双方提供信号，为他们创造激励以增加或减少需求和供给的数量。市场使人们能够进行交易、投资和储蓄。然而没有财产权，市场便不能正常运作。

财产权和市场激励人们从事专业化生产并进行交易，激励人们投资和储蓄去扩大他们的人力资本，去发现和应用新技术。早期的人类社会以打猎和采集为基础，由于缺乏财产权和市场，经济就没有增长。在社会产生了激励制度之后，经济才开始增长。但是一个激励系统的存在和产生它的制度并不能保证产生经济增长。它们允许经济增长，但并不必然导致经济增长的出现。

当适当的激励系统存在时，增长产生了，这是因为人们能够专门从事自己有比较优势的那些活动，而且相互之间能够开展贸易。在第 3 章我们了解到人们如何从这样的活动中获益。通过专业化和贸易，每个人都能够以尽可能低的成本得到产品与服务，因而，人们能够从劳动中获得更多的产品与服务。

在经济从具有很少的专业化发展到从专业化和贸易中获益的同时，产出和消费也在增长。人均实际 GDP 在增长，生活标准也在提高。

但是要使经济增长持续下去，人们必须得到促使他们追求引起已有经济增长的三种行为的激励。这三种行为分别是：投资和储蓄、人力资本的扩张以及新技术的发现和应用。

□ 使经济更快增长的政策

为了使经济更快增长，必须提高单位劳动时间的资本的增长率，或者提高人力资本的增长率，或者加快技术进步的步伐。为达到这些目标，政府能够采取的重要行动如下：

- 建立激励机制。
- 鼓励储蓄。
- 鼓励研发。
- 鼓励国际贸易。
- 提高教育质量。

建立激励机制

当对投资、储蓄以及创新的激励足够强时，经济增长才会产生。这些激励需要一个得到运行良好的法律系统保障的财产制度。财产权和法律系统是很多社会所缺少的重要成分。例如，非洲的大部分地区就没有建立这样的机制。增长政策的第一优先目标是建立保证投资、储蓄以及创新存在的制度。俄罗斯是朝这方面努力奋进的一个很好的例子。

鼓励储蓄

储蓄为投资融资，从而带来资本积累。因此鼓励储蓄能够促进资本增长，刺激经济增长。东亚地区的经济有着最高的储蓄率和增长率。而一些非洲国家的储蓄率和增长率都非常低。

税收激励能够增加储蓄。个人退休账户（Individual Retirement Accounts，IRAs）是这方面的一个例子。经济学家声称，对储蓄的最好激励措施是对消费征税，而不是对收入征税。

鼓励研发

每个人都能享用基本研发带来的成果。例如，所有生物企业都可以利用基因剪接技术的新成果。由于一些基础发明能够被复制，发明者的利润受到限制，所以市场对这些方面分配的资源十分不足。

政府能够引导公共资金投资于基础研究，但是具体解决方案并不是那样简单。它需要一种机制，能够将公共资金配置到价值最高的用途上。国家自然科学基金也许是把公共资金分配给大学和公共研究机构，从而支持并鼓励基础科研的一个有效渠道。诸如国防和空间探索等政府计划也会导致用途广泛的创新行为。笔记本电脑和不粘涂料是由美国空间计划带来的创新的两个突出例子。

鼓励国际贸易

国际自由贸易通过获取由专业化和贸易带来的所有可能收益来刺激经济的增长。如今那些增长最快的国家都拥有飞速发展的进出口贸易。《北美自由贸易协定》的诞生和通过欧盟形成的欧洲经济一体化是政府通过贸易刺激经济增长的措施中两个成功的例子。

提高教育质量

自由市场并不能促进教育的发展，这是因为教育所带来的社会效益高于受教育者所得的收益。通过投资于基础教育以及保证语言、数学和科学等方面技能的高标准，政府能够对一国的增长潜力做出巨大贡献。通过税收激励来鼓励私人行为也能够使教育得到扩充和改进。新加坡“信息技术教育”项目就是试图通过教育来刺激增长的最好例证之一。

□ 政策的影响有多大?

列出能够提高一国经济增长率的各种政策措施并不困难，将这些措施转变成可接受的行动并取得成效则是非常困难的事情。

社会本来就处于不同集团利益的不断平衡之中。变革会给一些集团带来收益，给另一些集团带来损失，因而变化总是极其缓慢的。而且即使变革发生了，经济增长率能够上升哪怕半个百分点，也需要很多年来获得它所带来的全部效益。

仅靠政府的一相情愿并不能触发经济增长率的飞速提高，但是它能够实施一系列政策来推动经济增长率的提高。随着时间的推移，这些政策的收益将会非常大。

检查站 17.4☞ 描述可能加快经济增长的政策。

现实问题

1. 经济增长的前提是什么？
2. 为什么非洲大部分地区经济增长缓慢？
3. 为什么经济自由对于经济增长来说非常重要？
4. 财产权在鼓励经济增长中起到什么作用？
5. 如果其他条件都一样，试解释为什么人口接受过良好教育的国家比人口教育程度较低的国家经济增长率更高。

新闻摘要

印度经济撞墙

在短短 6 个月之前，印度经济的增长还是非常迅速的；但现在增长已经停止了。印度需要花费 5 000 亿美元来提升基础设施、教育和医疗设施。农业的生产率还是偏低，同时一些改革（例如强化法律系统）也被忽略了。

资料来源：*Business Week*，July 1，2008.

请解释在这个新闻剪辑中被报道的这些措施如何帮助印度实现更快的经济发展。

现实问题参考答案

1. 经济增长的前提是：经济自由、私有财产权和市场。如果没有这些前提条件，人们便没有激励去采取那些能够导致经济增长的行为。

2. 一些非洲国家经济增长之所以缓慢是因为它们没有经济自由，没有保障私有财产权，市场没有很好地运作。这些国家的人们几乎没有专业化和贸易的激励，也没有积累实物资本和人力资本的激励。

3. 经济自由对于经济增长至关重要是因为经济自由允许人们做出选择，向他们提供激励去追求能够促使增长的行为。

4. 明确的私有财产权和法律系统保障人们拥有工作、储蓄、投资和积累人力资本的激励。

5. 受过良好教育的人比教育程度较低的人拥有更好的技能和更高的劳动生产率。他们能够对研发做出贡献，创造新的技术。

新闻摘要参考答案

基础设施、教育和医疗设施的投资能够增加印度实物资本的积累，从而提高劳动生产率。更好的教育和医疗会提升人力资本，也再一次提高劳动生产率。在农业中使用更好的技术和更多的资本，农民的生产率会提高。强化法律系统会使财产权得到更好的保障。所有这些措施都可以加快印度的劳动生产率和人均实际 GDP 的增长。

本章总结

□ 要点

1. 解释决定潜在 GDP 的因素。
- 潜在 GDP 是劳动力达到充分就业量时所生产的实际 GDP。
- 在充分就业均衡处，实际工资率使得劳动需求量等于劳动供给量。

2. 定义并计算经济增长率，解释持续增长的内涵。
- 经济增长是生产可能性边界的持续扩张。我们用实际 GDP 每年的百分比变化来测定经济增长率。
- 要想使生活水平提高，人均实际 GDP 必须增长。
- 持续的经济增长能够使穷国变得富裕。
- 70 规则告诉我们实际 GDP 翻一番所需要的年数——70 除以实际 GDP 增长的百分比。

3. 识别经济增长的主要源泉，解释增长的过程。
- 当总劳动时数和劳动生产率增长时，实际 GDP 也会增长。
- 当劳动生产率增长时，人均实际 GDP 也会增长。
- 储蓄和对实物资本的投资、人力资本的增长以及技术进步的相互作用能够带来劳动生产率的增长。
- 因为资本的边际报酬递减，仅仅依靠储蓄和对实物资本的投资，并不能带来持续稳定的增长。

4. 描述可能加快经济增长的政策。
- 经济增长需要一个由经济自由、财产权和市场产生的激励系统。
- 通过鼓励储蓄、补贴研发和教育以及鼓励国际贸易，取得更高增长是可能的。

□ 关键术语

古典宏观经济学	货币主义宏观经济学	劳动需求
潜在 GDP	报酬递减	生产函数
经济自由	财产权	经济增长
人均实际 GDP	经济增长率	70 规则
凯恩斯主义宏观经济学	劳动需求量	劳动生产率
劳动供给量	边际报酬递减规律	劳动供给

本章检查站

□ 学习计划中的问题与应用

以下这些事件可能会发生在美国。假设它们只单独出现，利用这些事件回答问题 1～4。

- 戴尔推出新款的人人都买得起的超级计算机。
- 一场大飓风袭击了佛罗里达州。
- 更多的中学生进入了大学。
- CPI 上涨。

- 世界其他经济体的衰退拖累了美国的出口。

1. 将这些事件分为四组：改变生产函数；改变劳动需求；改变劳动供给；不改变生产函数、劳动需求和劳动供给。说明发生改变的方向。

2. 哪些事件会增加均衡就业量？哪些事件会降低均衡就业量？

3. 哪些事件会提高实际工资率？哪些事件会降低实际工资率？

4. 哪些事件会增加潜在 GDP？哪些事件会减少潜在 GDP？

5. 解释为什么人均实际 GDP 的持续增长能使穷国变得富裕。

6. 在 2005 年和 2006 年，印度的实际 GDP 每年增长了 9.2%，而人口每年增长了 1.6%。如果这些增长率是持续的，那么印度能够在多少年里

- 实际 GDP 在 2006 年的基础上翻一番？
- 人均实际 GDP 在 2006 年的基础上翻一番？

7. 解释储蓄和对资本的投资是如何改变劳动生产率的。为什么报酬递减会出现？举一个报酬递减的例子。作一幅生产率曲线的图形来说明你的答案。

8. 解释技术进步是如何改变劳动生产率的。报酬递减会不会出现？举一个技术进步的例子。作一幅生产率曲线的图形来说明你的答案。

利用下列信息回答问题 9 和 10。

放缓的增长

在“十二五”规划期间（2011—2015 年），中国经济增长的目标为年均 7%。这个极具象征意义的目标（中国在过去 5 年的平均增速是 11%）说明了政府希望通过放缓增长，从基础上转变经济结构，增加消费，促进技术进步和增加环保措施。

资料来源：*The Telegraph*, September 25, 2011.

9. 如果中国的经济增长速度从 11%降到 7%，GDP 翻一番需要额外花多少年？在哪一年中国的 GDP 会翻两番？

10. 解释增加消费、促进技术进步和增加环保措施会如何影响经济增长率。

□ 教师可布置的问题与应用

利用下列信息回答问题 1 和 2。

在韩国，每小时劳动实际 GDP 为 22 美元。实际工资率是 15 美元/小时，每周每人工作 46 小时。

1. 在一幅图上，画出美国和韩国的劳动力市场的供给和需求。标出每个经济体均衡时的人均每周劳动时数和实际工资率。解释两国劳动力市场上的差异。

2. 在一幅图上，画出美国和韩国的生产函数。标出每个经济体每小时潜在 GDP 的点。解释两国生产函数的差异。

以下这些事件可能会发生在美国。假设它们只单独出现，利用这些事件回答问题 3～6。

- 中东的一项石油禁运令切断了对美国的石油供应。
- 纽约洋基队赢得了世界大赛。
- 美国工会谈判提高了所有工人的工资。
- 大的科技革命使美国劳动力的生产率加倍。
- 进入美国的移民增加，增加了工作年龄人口。

3. 将这些事件分为四组：改变生产函数；改变劳动需求；改变劳动供给；不改变生产函数、劳动需求和劳动供给。说明发生改变的方向。

4. 哪些事件会增加均衡就业量，以及增加潜在 GDP？

5. 区分一个低和高的收入，以及一个低和高的经济增长率。什么是一个高收入或快速增长的经济

体所具有的主要特征？（或者说，什么是一个低收入和停滞或缓慢增长的经济体所欠缺的主要特征？）请各给出一个低收入和缓慢增长的经济体、一个低收入和快速增长的经济体以及一个高收入和稳定增长数十年的经济体的例子。

6. 在 2005 年和 2006 年，中国的实际 GDP 的增长率是每年 10.5%，而同时人口增长率是每年 0.5%。如果这些增长率保持不变，实际 GDP 在几年之内能够实现在 2006 年的基础上翻一番？人均实际 GDP 在几年之内能够实现在 2006 年的基础上翻一番？

7. 解释实物资本和人力资本的增长如何影响劳动生产率。用图形来说明你的答案。

8. 表 1 描述的是一个经济体的劳动生产率。在第一年中，这个经济体一定发生了什么？

表 1　劳动生产率

每劳动小时资本	每劳动小时实际 GDP	
	第一年	第二年
10	7	9
20	13	17
30	18	24
40	22	30
50	25	35
60	27	39
70	28	42

9. 用一个图形描绘和说明如果经济体在表 1 中的第一年的每劳动小时资本是 30 美元，而第二年的每劳动小时资本是 40 美元，会有什么情况发生。

10. 对比美国把每年产出的 15%投资于新资本，中国把每年产出的将近 50%投资于新资本。中国的每劳动小时资本大约是美国的 25%。解释哪个经济体会拥有更高的每劳动小时实际 GDP、更快的劳动生产率的增速，以及谁会感受到更严重的报酬递减。

□ 单项选择题

1. 美国的潜在 GDP 是________在美国生产的所有产品和服务的价值。
   A. 在参考基年　　B. 当美国失业率为零时
   C. 当美国经济处于充分就业状态时　　D. 当美国通胀率为零时
2. 劳动需求曲线表示________之间的关系。
   A. 劳动雇佣量和企业利润　　B. 所有家庭的工作意愿和实际工资率
   C. 企业愿意雇用的劳动数量和实际工资率　　D. 劳动力数量和实际工资率
3. 劳动供给曲线表示________之间的关系。
   A. 劳动供给量和失去的闲暇　　B. 实际工资率和劳动供给量
   C. 企业供给工作的意愿和实际工资率　　D. 劳动力参与率和实际工资率
4. 家庭的劳动供给决定会受到下列所有因素的影响，除了________。
   A. 享受闲暇而不工作的机会成本　　B. 税后工资率
   C. 失业补助金　　D. 可能的全职工作岗位数量
5. 如果实际 GDP 从 50 亿美元增加到 52.5 亿美元，而人口从 200 万人增加到 202 万人，人均实际 GDP 增加了________%。
   A. 5.0　　B. 1.0　　C. 2.5　　D. 4.0
6. 如果人口增长率是 2%，当实际 GDP 年均增速为________%时，人均实际 GDP 过 7 年就会翻一番。

A. 7　　B. 10　　C. 12　　D. 14

7. 下列因素除了________，都会使得劳动生产率增长。

A. 技术和知识的累积　　B. 每劳动小时资本的增加

C. 消费的增加　　D. 新技术的使用

8. 没有________，一个经济体能实现快速的经济增长。

A. 市场和财产权　　B. 人们愿意储蓄和投资

C. 鼓励研究新技术的激励机制　　D. 人口增长率的上升

第18章 货币与货币体系

本章要点

学完本章，你将能够：

1. 定义货币，并描述其职能。
2. 描述银行的职能。
3. 描述美国联邦储备系统的职能。
4. 解释银行是如何创造货币及美联储是如何控制货币供给量的。

18.1 什么是货币?

货币与火和轮子一样，已经存在很长时间了。许多令人难以置信的东西都曾经被用来当作货币。北美洲印第安人曾经将贝壳念珠（用贝壳做成的珠子）当作货币，斐济人曾将鲸鱼的牙齿当作货币，早期的美洲殖民者曾将烟草当作货币。在埃塞俄比亚和中国西藏曾将盐巴当作货币。贝壳念珠、鲸鱼牙齿、烟草和盐巴有什么共同之处吗？为什么它们被用作货币？今天，如果我们想要买什么东西，我们会用硬币或纸币（美钞）、开支票、发电子支票、使用信用卡或借记卡，或者使用“智能卡”。我们今天所使用的这些东西都是货币吗？为了回答这些问题，我们需要知道货币的定义。

□ 货币的定义

货币（money）是指作为支付手段被普遍接受的任何商品或符号。在这个定义中有三个要素，我们将逐一介绍。

一种商品或符号

货币一般是受到大家认可的东西，并且可以被分成更小的部分。所以货币可以是某种实际存在的商品，如金条、银块等。但它也可以是一种符号，如一枚 25 美分的硬币或一张 10 美元的钞票。货币也可以是一种虚拟的符号，如某银行数据库中的电子记录（我们后面将更多地介绍这种形式的货币）。

普遍接受

货币是被普遍接受的，这意味着它可以用来购买任何商品。某些符号只能用来购买一部分商品，但不能用来购买其他商品。例如，公交车票仅能用来支付乘公交车的费用，你不能用它来买牙膏。所以公交车票不是货币。相反，你可以用一张 5 美元的钞票买公交车票或者牙膏——或者其他价格不超过 5 美元的东西，所以 5 美元的钞票是货币。

支付手段

支付手段（means of payment）是偿付债务的方法。在支付行为完成后，交易也就完成了。假设卡斯从朋友安妮那里买了一辆小汽车，卡斯现在没有足够的钱付车款，但三个月后拿到工资时，他就有足够的钱支付了。安妮同意卡斯三个月后付清车款。卡斯通过向安妮借款买了这部汽车，然后把这笔款还上，安妮给卡斯的贷款不是货币，而卡斯是用货币来偿还这笔贷款。

所以，贝壳念珠、鲸鱼牙齿、烟草和盐巴的共同之处在于它们都是被普遍接受的支付手段，这就是它们能被用做货币的原因。

□ 货币的职能

货币执行三种重要的职能：

- 交易媒介
- 计价单位
- 价值储藏

交易媒介

交易媒介（medium of exchange）是指在产品与服务的交换中被普遍接受的某种物品。货币是一种交易媒介。没有货币，你将不得不直接以产品与服务交换其他的产品与服务——这种交换被称为**物物交换**（barter）。物物交换要求交易双方存在需求一致性。例如，如果你想要可乐，但你只有一本平装小说可供交换，这样你就必须找到一个想卖可乐同时又想要购买平装小说的人。货币保证了这种需求一致性的存在，因为想卖某种东西的人一般总愿意接受货币，因此货币犹如润滑剂，使交易机制更顺畅。它使你可以专注于自身拥有比较优势的活动（见第 3 章），而不用花时间寻找需求的双向一致性。

计价单位

计价单位（unit of account）是指公认的表示产品与服务价格的衡量标准。为了能把钱花在刀刃上，你必须考虑去听摇滚音乐会是否值得其机会成本。但这个机会成本不是美元或美分，而是以你为了听这场音乐会所必须放弃的电影、卡布奇诺咖啡、冰淇淋甜筒或口香糖的数量来计算的。当所有这些产品与服务都以美元或美分来计价时，计算机会成本就变得非常容易（见表 18－1）。如果一场摇滚音乐会的票价是 64 美元，一场电影的票价是 8 美元，你马上就知道听一场音乐会需要放弃 8 场电影。如果一杯卡布奇诺咖啡的价格是 4 美元，那么听一场音乐会就需要放弃 16 杯卡布奇诺咖啡。你只需一次计算就可以知道任何一对产品与服务相互的机会成本。例如，听一场摇滚音乐会的机会成本是 128 块口香糖（64 美元÷50 美分＝128）。

现在设想一下，如果摇滚音乐会售票处用 8 场电影表示音乐会的价格，电影院用 2 杯卡布奇诺咖啡表示电影的价格，咖啡店用 2 个冰淇淋甜筒表示卡布奇诺咖啡的价格，冰淇淋店用 4 块口香糖表示冰淇淋甜筒的价格，将是多么麻烦！想想看为了计算以电影、卡布奇诺咖啡、冰淇淋甜筒或口香糖表示的摇滚音乐会的价格，你需要经过多少次不停的计算？从售票处你可以直接得到以电影表示的音乐会的价格。但是对所有其他商品，你就必须走访不同的地方，以得到用其他商品表示的每种商品的价格，然后用你的决策所需的单位来计算音乐会的价格。遮住表 18－1 中“以货币单位表示的价格”一列，考虑一下听一场摇滚音乐会值多少块口香糖，你会发现这个计算有多么麻烦。它足以使一个人发誓永远不再听摇滚音乐会！如果用美元、美分表示价格，一切又会变得多么简单。

表 18－1　计价单位简化了价格比较

商品	以货币单位表示的价格	以其他商品单位表示的价格
摇滚音乐会	64.00 美元	8 场电影
电影	8.00 美元	2 杯卡布奇诺咖啡
卡布奇诺咖啡	4.00 美元	2 个冰淇淋甜筒
冰淇淋甜筒	2.00 美元	4 块口香糖
口香糖	0.50 美元	

价值储藏

能够被持有并且以后可用来交换产品与服务的任何商品或符号，都被称为**价值储藏**（store of value）。货币是一种价值储藏，否则，在产品与服务的交换中它就不会被接受。一种商品或符号的价值越稳定，就越有利于发挥价值储藏的功能，也就越适宜于担当货币的角色。没有哪种价值储藏手段是完全稳定的。实物的价值，如一所房屋、一辆小汽车或一件艺术品，都会随着时间的推移而发生波动。我们用做货币的商品和符号也是经常波动的，如果出现通货膨胀，货币的价值还会持续下跌。

□ 今天的货币

今日世界上的货币被称为**法定货币**（fiat money）。fiat 是一个拉丁语单词，意思是法令或命令。法定货币之所以是货币，是因为法律规定或命令它是货币。用做货币的物品有价值是因为它们具有法定的地位。

今天我们所用的货币包括：

- 现金
- 银行和其他金融机构中的存款

现金

我们今天在美国所使用的纸币（美钞）和硬币都被称为**现金**（currency）。纸币之所以是货币，是因为政府通过在每一张美钞上印上“这张钞票是所有公共和私人债务的法定清偿货币”宣称了这一点。

存款

银行、信用合作社、储蓄银行以及储蓄与贷款协会的存款也都是货币。因为它们可以被用来作为支付手段，所以存款也属于货币。你不需要去银行取现金来支付，你可以写支票或者用你的借记卡来通知你的银行把钱从你的账户转到另外一个人的账户。

银行内部的现金不是货币

虽然现金和银行存款是货币，但是银行内部的现金不是货币。原因是当现金在银行内部的时候，它就不能用来作为支付手段。当你通过自动柜员机（ATM）取走一些现金时，你将你的银行存款转换成了现金。你改变了所持有货币的形式，但你手中货币的总量没有变化。存款减少，同时现金增加。

如果你把银行存款和银行内部的现金都当作货币，当你从 ATM 中取出现金的时候，货币的数量将会显示减少——你的现金将会增加，但银行存款和银行内部的现金都将减少。

由此可以看出，如果将银行存款和银行内部的现金都看成货币，将会出现重复计算的问题。

□ 测定货币量的官方指标：M1 与 M2

图 18 - 1 列出了货币量测定的官方指标中所包含的两个项目。**M1** 包括个人和企业持有的现金、旅行支票以及个人和企业的支票存款。**M2** 包括 M1 加上储蓄存款及小额定期存款（少于 10 万美元）、货币市场基金和其他存款。定期存款是指存期超过某一固定时间后才能提取的存款。货币市场基金也是一种存款，它投资于短期证券。

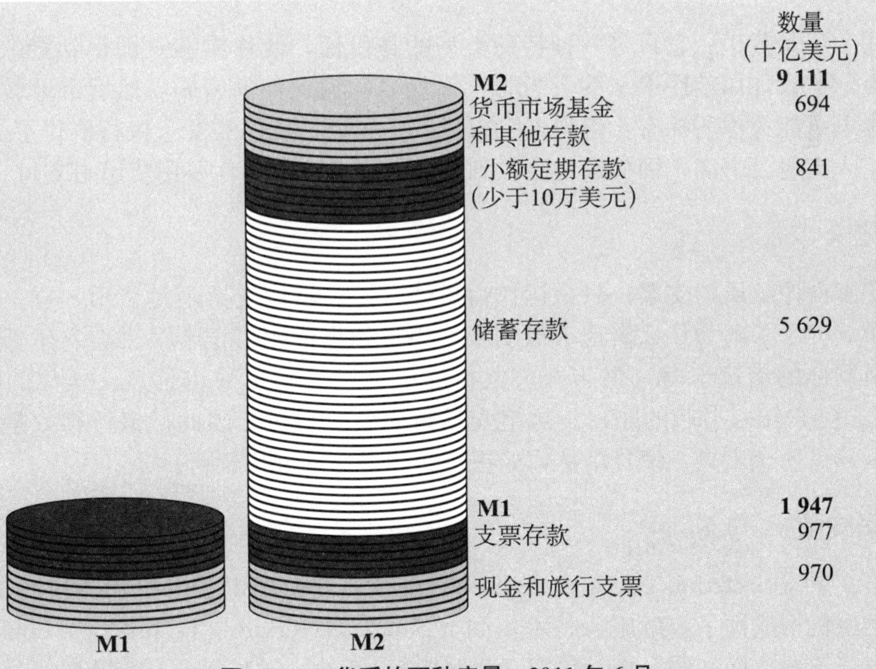

图 18 - 1　货币的两种度量：2011 年 6 月

M1：个人和企业持有的现金以及他们所拥有的支票存款与旅行支票。

M2：M1 加上储蓄存款、小额定期存款、货币市场基金和其他存款。

资料来源：Federal Reserve.

M1 和 M2 是支付手段吗？

检验某种东西是不是货币，主要是看它是不是被普遍接受的支付手段。现金通过了检验。因为支票存款可以通过开支票或借记卡的方法从一个人那里转移到另一个人那里，所以它也通过了检验。所以所有 M1 的成分都可作为支付手段。

一些在 M2 中的储蓄存款可以立即转化为支付手段。你可以通过从 ATM 取现来支付你的食品杂货或汽油费。但是其他的储蓄存款、小额定期存款和货币基金不能立即转化，所以它们不是支付手段。

□ 支票、信用卡、借记卡和电子支票

今天我们定义货币或者描述可以作为货币的东西时，没有包括支票、信用卡、借记卡和电子支票。难道这些我们用来购买商品的东西不是货币吗？

支票

支票不是货币，它是指示银行支付的一种命令。理解为什么支票不是货币的最简单的方法就是，想想当你写支票的时候，你所拥有的货币数量的变化。你并不会因为写了支票来付账单而突然拥有更多的货币。你的货币是你的银行存款，而不是你所写的支票的价值。

信用卡

信用卡不是货币。它只是一种特殊类型的身份证，使你能够立即得到贷款。为了说明这一点，假设你用信用卡来购买教材，你签名和输入你的密码，然后带着教材离开商店。这本书可能为你所拥有，但尚未完成付款。你只是从你的发卡银行取得了一笔贷款，你的发卡人支付了书店，而你最终会收到你的信用卡账单，你要用货币来支付。

借记卡

借记卡就像纸质的支票，只是运作得更快一些。就像支票不是货币一样，借记卡也不是货币。为了了解为什么借记卡像支票，想想如果你用借记卡买书会发生什么。当书店售货员刷你的借记卡时，书店开户银行的电脑里得到了一个信息：从你的账户提取 100 美元，把它转入书店的账户。这笔交易瞬间就执行了。因此，银行存款是货币，但是借记卡只是一个工具，使货币从你的银行转到书店的开户银行。

电子支票

电子支票（electronic check 或 e-check）是纸质支票的电子等价物。超过 90 家银行及其他金融机构成立了金融服务技术集团（Financial Services Technology Consortium），在发展电子支票方面共同合作。美国互联网银行（Bank of Internet USA）通过电子邮件提供互联网电子支票系统。和纸质支票一样，电子支票也不是货币，它们所转账的存款才是货币。

你现在知道支票、信用卡、借记卡和电子支票都不是货币。但是，一种新的信息时

代货币正在逐步出现，那就是电子货币。

□ 萌芽阶段的新货币：电子货币

电子货币（electronic cash 或 e-cash）是纸币和硬币的电子等价物。它是一种电子现金，对那些愿意使用它的人来说，电子货币执行着和其他形式的货币相同的职能。但是要让电子货币成为广泛接受的货币形式，它必须包含一些有形现金的特征。

因为有形现金具有可携带、可辨识、可转让、不可追踪、可以匿名使用以及可用来找零等特点，人们才愿意使用。电子货币设计者的目的就是保持纸币和硬币的所有这些特点。今天的电子货币具有可携带、不可追踪和可匿名使用的特点，但它的可辨识水平还满足不了作为支付手段被普遍接受的要求，所以它还不符合货币的定义。

和纸币、硬币一样，电子货币也可以在商店使用。它还可以在互联网上使用。在商店购物时，购买者使用存有若干电子货币的智能卡，商店会有这种智能卡的读取器。当一个交易完成时，电子货币就从智能卡中转移到商店的银行账户上。利用一种特殊的 ATM 或手机，智能卡的使用者可以从银行账户中提取电子货币。

在互联网上，发行银行提供了几种分别对应美元、欧元和其他货币的电子货币。现在最流行和广泛使用的电子货币系统是 eBay 下属的 PayPal。目前最复杂和最安全的电子货币是比特币（Bitcoin），它可以用来清偿债务以及同美元和其他货币进行兑换。

和纸币相比，电子货币的优点在你遗失钱包时表现得非常明显。如果钱包里塞满了美钞，你就非常倒霉了。但如果里面装的是储存了电子货币的智能卡，你的银行就可以删除卡中的电子货币记录，并向你补发等额的电子货币。

尽管目前电子货币还没有被普遍接受为货币，但将来对它的使用很有可能增长，并且它很有可能会逐渐取代有形现金。

检查站 18.1☞　定义货币，并描述其职能。

现实问题

1. 今天美国的货币包括下列项目中的哪几个？
- 你的维萨卡。
- 自动售货机里的 25 美分硬币。
- 你钱包里的美钞。
- 你刚刚开出的付房租的支票。
- 你去年 8 月为付学费所贷的款项。

2. 2011 年 1 月，个人和企业持有的现金为 9 200 亿美元，旅行支票为 50 亿美元，个人和企业的支票存款为 9 260 亿美元，储蓄存款为 53 780 亿美元，小额定期存款为 9 050 亿美元，货币市场基金和其他存款为 7 050 亿美元。计算 2011 年 1 月的 M1 和 M2 各是多少。

3. 2011 年 8 月，M1 为 21 080 亿美元，M2 为 95 450 亿美元，个人和企业的支票存款为 11 270 亿美元，定期存款为 8 100 亿美元，货币市场基金和其他存款为 7 160 亿美元。计算个人和企业持有的现金与旅行支票是多少，并且计算储蓄存款是多少。

新闻摘要

手机作为钱包：这会成为流行趋势吗？

随着手机的广泛使用，即便在没有电的情况下，消费者现在也可以用手机支付咖啡、汽油和杂货。但是，随着这项技术的可得性增强，专家问：它会普及开来吗？

资料来源：CTVNews. ca，September 24，2011.

当人们使用手机来支付的时候，现金会消失吗？M1 的成分会怎样变化？借记卡会消失吗？

现实问题参考答案

1. 货币被定义为一种支付手段。只有自动售货机里的 25 美分硬币和你钱包里的美钞属于货币。

2. M1 是下列几项的和：个人和企业持有的现金（9 200 亿美元），旅行支票（50 亿美元），个人和企业的支票存款（9 260 亿美元）。M1 共有 18 510 亿美元。M2 是下列几项的和：M1（18 510 亿美元），储蓄存款（53 780 亿美元），小额定期存款（9 050 亿美元），货币市场基金和其他存款（7 050 亿美元）。M2 共有 88 390 亿美元。

3. 个人和企业持有的现金与旅行支票是 9 810 亿美元，现金和旅行支票等于 M1（21 080亿美元）减去个人和企业的支票存款（11 270 亿美元）。

储蓄存款是 59 110 亿美元，储蓄存款等于 M2（95 450 亿美元）减去 M1（21 080 亿美元）再减去定期存款（8 100 亿美元）再减去货币市场基金和其他存款（7 160 亿美元）。

新闻摘要参考答案

大多数人将会携带更少的现金，但是现金不会消失，因为现金可以在地下经济中使用。M1 的主要成分将变为支票存款。手机将是借记卡的最佳替代品，所以借记卡有可能会消失。

18.2 银行系统

银行系统（banking system）包括美联储与接受存款并向个人及企业提供收支服务的银行和其他机构。图 18－2 展示了银行系统的组成机构。位于图中顶部的是美联储（Fed），它为整个货币体系制定规则，监管和调节银行及其他机构的经营活动。有三类金融机构能够接受这些构成国家货币量的存款。

- 商业银行
- 储蓄机构
- 货币市场基金

本节我们将介绍这些机构的功能，在下一节，我们将对美联储的结构加以解释。

□ 商业银行

商业银行（commercial bank）是指经美国财政部（或其州代理处）货币监理署(Comptroller of the Currency）批准成立的接受存款并发放贷款的企业。在 2009 年，大约有 7 250 家商业银行在美国运营，数目低于几年前的 13 000 家。银行数目缩减的原因是 1997 年修改了银行业的法律，允许银行在每个州设立分行，这项修改出台之后便出现了银行兼并的浪潮。并且，有 130 多家银行在 2008—2009 年的金融危机中倒闭了。

银行存款

商业银行接受三大类存款：支票存款、储蓄存款和定期存款。银行向支票存款支付的利率非常低（有时甚至是零），而向定期存款支付的利率则最高。

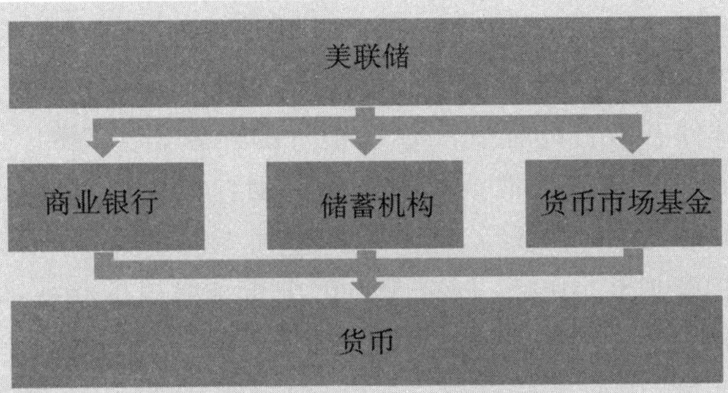

图 18－2 银行系统的机构

美联储监管和调节商业银行、储蓄机构和货币市场基金这些拥有组成整个国家货币的存款的机构的行为。

❖关注过去　　银行的"发明"

在 16 世纪欧洲的某个地方，因为黄金价值很高，并且容易被盗，金匠们有保护得很好的保险箱提供给人们来储存他们的黄金。金匠们发行黄金券给黄金持有者，当持有者需要的时候来提取他们的"储蓄"。

伊莎贝拉存了 100 盎司黄金在金匠莎谬尔手中，从亨利手中买了一些土地。伊莎贝拉可以用两种办法中的一种支付这些土地：去莎谬尔那里提取黄金，然后把黄金给亨利；或者她可以给亨利黄金券，这些黄金券可以让亨利去金匠那里提取 100 盎司黄金。

使用黄金券是一种简单而安全的交易。当亨利想要买别的东西时，他也可以把黄金券给其他人。

所以，金匠的黄金券可以作为支付手段流通，这就是货币！

因为黄金券可以流通，而黄金仍然在金匠的保险箱里，莎谬尔认识到他可以借出黄金券并且收取利息。莎谬尔开出了储存在他那里但并不属于他的黄金券，并且借出了这些黄金券，他是早期的银行家之一。

利润和风险：统筹兼顾

商业银行的目标是使其股东的财富最大化，为了达到这个目标，银行以高于存款利率的水平发放贷款。但是发放贷款是有风险的，高风险的贷款有时得不到偿还，并且高风险的证券的价格有时候会下跌。在这些事件中任何一种情况发生，银行都将会遭受损失，并且抹掉股东的财富。当储户看到银行遭受损失的时候，大规模的取款——银行挤兑——会导致危机。所以银行必须寻找二者的平衡。银行在利用储户的存款时必须谨慎行事，在储户存款的安全和股东的利润之间把握好平衡，为了达到储户存款安全的目标，银行将其资产分为四部分：准备金、流动资产、证券和贷款。

准备金

银行的**准备金**（reserves）由其库存现金和在联邦储备银行的存款余额构成。

银行的库存现金是为存款人提款而准备的。每当你和朋友半夜突然想买比萨饼而从ATM取走现金时，银行都要进行补充。

商业银行在联邦储备银行的存款和你在银行的存款是类似的。银行通过其在联邦储备银行的准备金账户开展与其他银行的收支活动，也可以以此获得现金。联邦储备银行要求商业银行必须持有占其存款的某个最低比率的准备金，这一比率被称为**法定准备金率**（required reserve ratio）。商业银行的准备金有可能超过法定准备金，特别是当借准备金的成本很高的时候。

流动资产

银行的流动资产是短期的国债和银行间的隔夜拆借贷款。流动资产的利率很低是因为这些资产是低风险的。银行间拆借款利率被称为**联邦基金利率**（federal funds rate），是美联储货币政策行动的中心目标。

证券和贷款

证券是美国政府和其他机构发行的债券。有些债券利率低并且很安全，有些债券利率高并且有风险。抵押贷款担保证券就是有风险证券的例子。

贷款是提供资金给个人和企业。它可以使银行取得高利息，但贷款是有风险的，即使风险不是很大，也不可能在双方同意的到期日之前收回。银行同时对信用卡未付余额收取利息，这是对信用卡持有人所发放的贷款。

银行的资产和负债：相对规模

图 18-3 显示了 2011 年银行的资产和负债——存款和其他借款——的相对规模。在执行了它们的利润和风险的平衡之后，银行保持了 13%的总资产在准备金上、13%在流动资产上、21%在证券上和 53%在贷款上。支票存款（M1 的一部分）占有 8%的总资产，其他 51%的总资产是储蓄存款和小额定期存款（M2 的一部分）。

商业银行在 2011 年的资产配置是不寻常的，这是在 2008 年和 2009 年的金融危机后形成的。参见下面的“关注美国经济”专栏。

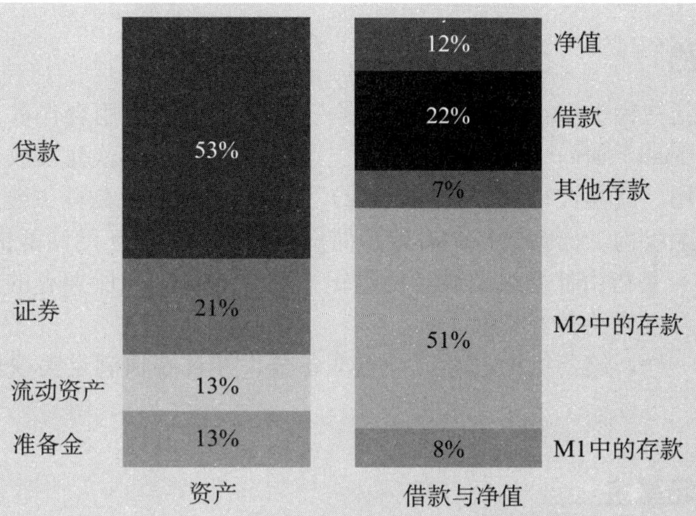

图 18-3 商业银行的资产、负债与净值

2011 年，美国商业银行的贷款在总资产中占 53%，证券占 21%，流动资产占 13%，准备金占 13%。准备金在 2011 年是非比寻常的大。银行分配到这些资产上的资金来源于：M1 中的支票存款，占总资产的 8%；M2 中的储蓄存款和小额定期存款，占 51%；其他存款，占 7%；其他借款，占 22%；银行股东的净值，占 12%。

资料来源：Federal Reserve.

❖关注美国经济　处于金融危机压力下的商业银行

在正常情况下，银行准备金占总资产的 1%以下，流动资产占总资产的 4%以下，贷款占总资产的 68%，证券占总资产的 28%。2007 年 7 月就是一个正常的时间（见下图中的浅灰色柱条）。

在始于 2007 年并在 2008 年加剧的金融危机中，银行遭受了重大损失，因为它们所拥有的证券和贷款的价值下跌了。

面临着风险更高的世界，银行增加了它们的流动资产和准备金。2009 年 9 月（见下图中的深灰色柱条），流动资产几乎达到了总资产的 10%，准备金达到了 8%。

风险和利润的平衡行为从风险喜好转向安全第一。

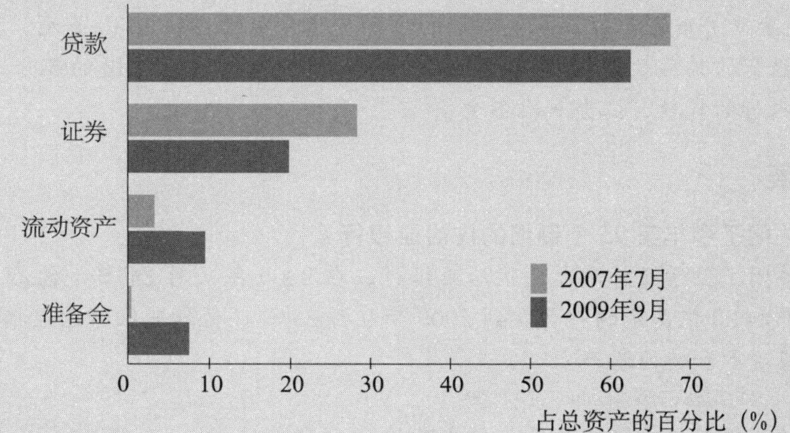

资料来源：Federal Reserve.

□ 储蓄机构

储蓄机构包括三种类型：储蓄与贷款协会、储蓄银行和信用合作社。储蓄与贷款协会（savings and loan association）是指接受支票存款和储蓄存款并发放个人、商业和购房贷款的金融机构。储蓄银行（savings bank）是指接受储蓄存款并主要发放消费者贷款和购房贷款的金融机构。储蓄银行中有些为储户所拥有（称为互助储蓄银行）。信用合作社（credit union）是指由社会组织或经济组织（如企业员工）所拥有的金融机构，它接受储蓄存款并主要发放消费者贷款。

和商业银行一样，储蓄机构也必须持有准备金，并且必须满足美联储所要求的最低准备金率。

□ 货币市场基金

货币市场基金（money market fund）是指通过出售股份来筹集资金，用以购买美国国债等资产的金融机构。货币市场基金的股份犹如银行的存款，股东可以通过其货币市场基金账户开支票，但这类账户多数都受到限制。例如，最低的可接受存款额可能为2 500美元，储户所开支票的最低金额可能是500美元。

检查站 18.2 描述银行的职能。

现实问题

1. 银行系统由哪些机构组成？
2. 什么是银行的平衡行为？

利用下列信息回答问题3和4。

某银行的存款和资产为：支票存款为320美元，储蓄存款为896美元，小额定期存款为840美元，商业贷款为990美元，发行在外的信用卡余额为400美元，政府证券为634美元，现金为2美元，以及在美联储的准备金账户上的存款为30美元。

3. 计算银行的总存款、存款中属于M1的部分和存款中属于M2的部分。
4. 计算银行的贷款、证券和准备金。

新闻摘要

监管者关闭了今年第95个倒闭的佐治亚银行

监管者关闭了位于亚特兰大的佐治亚银行。在2009年7月24日，佐治亚银行有20亿美元的资产和20亿美元的存款。到2009年9月29日，佐治亚银行已经损失了大约20亿美元在房屋贷款和其他资产上。

资料来源：*USA Today*，September 30，2009.

解释佐治亚银行的平衡行为是如何失败的。

现实问题参考答案

1. 构成银行系统的机构包括美联储、商业银行、储蓄机构和货币市场基金。

2. 银行通过以低利率从储户那里借入资金并以高利率贷出来赚取利润。银行必须持有足够的准备金以应付储户提款。

银行的平衡行为是指平衡贷款的风险与存款的安全。

3. 总存款为 320 美元+896 美元+840 美元=2 056 美元。

存款中属于 M1 的部分是支票存款 320 美元。

存款中属于 M2 的部分包括所有存款 2 056 美元。

4. 贷款为 990 美元+400 美元=1 390 美元。

证券为 634 美元。

准备金为 30 美元+2 美元=32 美元。

新闻摘要参考答案

在 7 月佐治亚银行的 20 亿美元资产（房屋贷款和证券）与它的 20 亿美元的存款是平衡的。佐治亚银行希望在资产上所赚取的利润能超过它付给存款人的利息。金融危机提高了所有金融资产的风险，佐治亚银行现在持有的资产与它计划持有的资产相比风险变大了。当人们对他们的房屋贷款违约的时候，这些证券的价值下跌，佐治亚银行的资产价值跌落到 0。监管者由于佐治亚银行的资产已经低于它的存款，别无选择地关闭了银行，并且出售了银行的资产和存款。这家银行平衡风险和利率的行为是不成功的。

18.3 联邦储备系统

联邦储备系统（Federal Reserve System），简称**美联储**（the Fed），是指美国的中央银行。**中央银行**（central bank）是指向其他银行提供存贷服务，同时监管金融机构与金融市场的公共权力机构。中央银行并不向企业和居民提供银行服务。它的客户只有银行（例如美国银行、花旗银行）和美国政府。美联储由 12 个联邦储备区组成，如图 18－4 所示。

美联储的主要任务是调控利率和货币的数量来达到低的、可预测的通货膨胀以及可持续的经济扩张。

□ 美联储的结构

美联储结构的关键部分是：

- 理事会主席
- 理事会
- 地区联邦储备银行

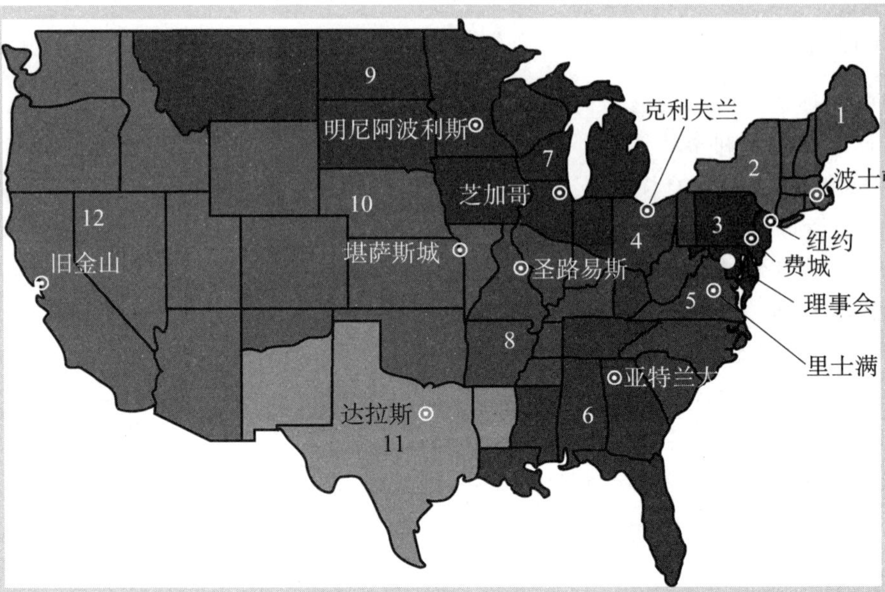

图 18-4　联邦储备区

* 夏威夷和阿拉斯加包含在旧金山联邦储备区之中。

整个美国分为 12 个联邦储备区，每个区都有一个联邦储备银行（一些更大的区还有分行）。联邦储备系统理事会坐落于华盛顿。

资料来源：*Federal Reserve Bulletin*.

- 联邦公开市场委员会

理事会主席

理事会主席是美联储首席执行官，是公众面孔、权力和责任的中心。当经济形势好的时候，主席得到赞誉；当经济形势不好的时候，主席受到指责。本·S. 伯南克（Ben S. Bernanke），之前为普林斯顿大学经济学教授，是现任美联储理事会主席。

理事会

理事会有 7 名成员（包括理事会主席），由美国总统任命，并经过参议院批准，每人任期 14 年。任期是交错的，因此每两年就会有一个理事会的职位空出来。总统任命理事会成员中的一位为主席，任期 4 年，但可以连任。

地区联邦储备银行

全国共有 12 个地区联邦储备银行，对应于图 18-4 所示的 12 个联邦储备区。地区联邦储备银行有 9 名理事，其中 3 名由美联储理事会任命，其余 6 名由本联邦储备地区的商业银行选出。地区联邦储备银行的理事会任命该行行长，再由美联储理事会批准这项任命。

纽约联邦储备银行（被称为纽约联储）占据了特别的地位，因为它要执行一些美联储最重要的政策决策。

联邦公开市场委员会

联邦公开市场委员会（Federal Open Market Committee，FOMC）是美联储的主要决策机构。联邦公开市场委员会包括下列 12 名成员：

- 美联储理事会主席和其他 6 名成员
- 纽约联邦储备银行行长
- 其他 4 名地区联邦储备银行行长（每年轮流一次）

联邦公开市场委员会大约每 6 周开一次会，研究当前的经济形势，决策后交由纽约联邦储备银行采取行动。

□ 美联储的政策工具

美联储最重要的任务是影响利率和监管美国货币的流通量。美联储是如何执行这项任务的？它通过调整银行系统的准备金来达到这一目的。同时，通过调整银行系统的准备金以及随时准备向银行系统提供贷款，美联储可以避免银行的破产。美联储的政策工具有：

- 法定准备金率
- 贴现率
- 公开市场操作
- 特别危机防范措施

法定准备金率

你已经看到商业银行在联邦储备银行持有现金和存款的准备金。美联储要求银行和储蓄机构必须将其吸收的存款中的一个最低百分比作为准备金。这一最低百分比是法定准备金率。美联储对不同的存款规定不同的法定准备金率。现在，对低于特定水平的支票存款，银行需持有 0～3%的法定准备金，超过特定水平的存款，对于超出部分需持有 10%的法定准备金。

贴现率

贴现率（discount rate）是指美联储随时准备将准备金贷给商业银行的贷款利率。贴现率的变化首先需要 12 家联邦储备银行中的至少 1 家银行向联邦公开市场委员会提出建议。如果联邦公开市场委员会同意这些变化，它就会向美联储理事会提请批准。

公开市场操作

公开市场操作（open market operation）是指联邦储备系统在公开市场上买卖政府证券——美国国债和政府债券的活动。当美联储进行公开市场操作时，它会和银行或其他企业交易，而不是和联邦政府交易。纽约联邦储备银行执行美联储的公开市场操作。

特别危机防范措施

2008 年金融危机、缓慢的复苏和持续的财务压力使得美联储增加了三个政策工具，这些新的工具为：

- 量化宽松
- 信贷宽松
- 扭曲操作

量化宽松 当美联储通过大规模的公开市场操作购买低利率或零利率的联邦基金来创造银行的准备金时，这种行为被称为量化宽松。这种行为和以往普通的公开市场购买在规模上和目的上都是不一样的，而且它有可能要求美联储买进一些私人证券而不是政府证券。

信贷宽松 当美联储买进私人债券或贷款给金融机构来刺激它们对外放贷时，这种行为被称为信贷宽松。

扭曲操作 当美联储买进长期政府证券和卖出短期政府证券时，这种行为被称为扭曲操作。目的是压低长期利率和刺激长期贷款与投资支出。扭曲操作从 2011 年 9 月开始执行。

□ 美联储的政策工具怎样发挥作用

美联储通常的政策工具通过改变基础货币的供求从而改变利率来发挥作用。**基础货币**（monetary base）是硬币、联邦储备券和银行在美联储的准备金的总和。

通过提高法定准备金率，美联储可以迫使商业银行持有更多的基础货币。通过提高贴现率，美联储可以使得商业银行借入准备金——借入基础货币的成本更高。通过在公开市场上出售证券，美联储可以减少基础货币。这些行为都将导致利率的上升。

同样地，通过降低法定准备金率，美联储可以允许银行持有更少的基础货币；通过降低贴现率，美联储可以使商业银行借入基础货币的成本更低；通过在公开市场上购买证券，美联储可以增加基础货币。所有这些行为将导致利率的降低。

公开市场操作是美联储的主要工具，我们将在下一节中更加详细地学习它们是如何运作的。

检查站 18.3☞ 描述美国联邦储备系统的职能。

现实问题

1. 什么是美联储？什么是联邦公开市场委员会？
2. 谁是美联储的首席执行官？什么是美联储的主要政策工具？
3. 什么是基础货币？
4. 假设在 2009 年 12 月末，美国的基础货币是 7 000 亿美元，联邦储备券是 6 500 亿美元，银行在美联储的准备金是 200 亿美元。计算硬币的数量。

新闻摘要

风险资产：计算到万亿

在 2008 年 9 月 15 日之前，信贷危机开始爆发，美联储持有少于 1 万亿美元的资产，这些资产大部分都是安全的美国政府证券。到 2008 年 12 月中旬，美联储的资产负债表已经扩张至超过 2.3 万亿美元。大部分的增长是抵押贷款担保证券。大规模的扩张开始于美联储推出贷款计划——给商业银行现金来换取风险资产。

资料来源：CNN Money，September 29，2009.

什么是美联储的政策工具？2008 年美联储用了哪种政策工具把它的资产提高到 2.3 万亿美元？

现实问题参考答案

1. 联邦储备系统（美联储）是美国的中央银行。美国的中央银行是一个公共权力机构，它为银行及美国政府提供银行服务，并监管货币数量及银行系统。联邦公开市场委员会是美联储的主要决策机构。

2. 美联储的首席执行官是理事会主席。现任理事会主席是伯南克。美联储的主要政策工具是法定准备金率、贴现率和公开市场操作。在非常时期，额外的工具是特别危机防范措施。

3. 基础货币是硬币、联邦储备券（美钞）和银行在美联储的准备金的总和。

4. 为了计算硬币的数量，我们利用基础货币的定义：硬币加联邦储备券加银行在美联储的准备金。硬币的数量等于基础货币减去联邦储备券，再减去银行在美联储的准备金。2009 年 12 月末，美国的基础货币是 7 000 亿美元，联邦储备券是 6 500 亿美元，银行在美联储的准备金是 200 亿美元，所以硬币数量等于 7 000 亿美元－6 500 亿美元－200亿美元＝300 亿美元。

新闻摘要参考答案

美联储的政策工具是法定准备金率、贴现率、公开市场操作和特别危机防范措施。美联储用了特别危机防范措施，被称为量化宽松和信贷宽松——美联储的贷款计划拿走了银行自身的风险资产，并增加了它们自己在美联储的准备金存款。

18.4　监管货币的数量

商业银行创造货币，但是这并不表明它们有间乌烟瘴气的房间，里面都是造假者在繁忙地工作。记住，大部分的货币是存款，不是现金。商业银行是通过贷款来创造它们的存款的。

□ 通过贷款来创造存款

了解银行创造存款的最简单的方法是考虑一下当安迪用他花旗银行的维萨卡从雪佛龙加油站买汽油时会发生什么。当安迪在他的信用卡销售单上签名的时候，他从花旗银行得到了一笔贷款，并且同意在稍晚的时候偿付这笔贷款。在一个工作日结束后，雪佛龙加油站的职员带了一堆签过名的信用卡销售单，其中包括安迪的销售单，来到雪佛龙的开户银行。现在让我们假设雪佛龙的开户银行也是花旗银行，花旗银行立即把销售单上的钱转到雪佛龙的账上（减去银行的手续费）。

你可以看出，这些交易已经创造了银行存款和贷款。安迪增加了他的贷款数量（他的信用卡余额），雪佛龙增加了它的银行存款数额。由于存款是货币，花旗银行创造了货币。

如果就像我们刚刚假设的，安迪和雪佛龙使用同一家银行，那么，就不会有更多的交易发生。但是当涉及两家银行时，结果在体质上是一样的。如果雪佛龙的银行是美国银行，那么花旗银行要用它的准备金向美国银行支付。花旗银行增加了贷款，减少了准备金；美国银行增加了准备金和存款。银行系统从整体来说增加了贷款和存款，但是准备金未发生变化。

关注你的生活　货币和你在货币创造中的角色

设想一下一个没有货币的世界，你必须用物品换取你要买的所有东西，那么你要拥有哪种物品来进行这些交易？你会保持一些物品的存货并且大多数人都愿意接受吗？你将只是以物易物，还是将一种商品用作货币呢？在一天内需要多长的时间来进行所有的交易？

现在想想你今天所持有的货币，有多少货币在你的口袋或钱包里？又有多少钱被你放在银行里？你一个月所持有的货币是如何变化的？

在你所持有的货币里，哪些是M1的成分，哪些又是M2的成分？是不是所有M2的成分都是支付手段呢？

现在考虑你在货币创造中的角色。每次当你刷信用卡时，你就帮助发卡行创造了货币。你的信用卡欠款额的增加是一种来自银行的贷款。银行立即向卖家进行了支付。因此，卖家的开户银行的存款和你所欠的信用卡余额一起增长，货币被创造出来了。

当你去自动柜员机取一些现金来支付你的夜宵比萨饼时，你同时限制了你的银行创造货币的能力。

当然，你的交易只是总交易的很小一部分，但是你和其他成千上万的学生一起在货币创造过程中扮演了重要的角色。

如果安迪在自助加油站刷了他的卡，当他加油的时候，所有这些交易将立即发生，货币数量将因他的购买而增加（减去银行收取的交易手续费）。

有三种要素限制了银行系统创造的存款数：

- 基础货币
- 意愿准备金
- 意愿现金持有

基础货币

你已经知道了基础货币是硬币、联邦储备券和银行在美联储的准备金的总和。基础货币的规模限制了银行系统能够创造的货币总量，因为所有的银行都有意愿持有的准备金数量，家庭和企业有意愿持有的现金量，所有这些意愿持有的基础货币量都依赖于货币的数量。

意愿准备金

意愿准备金是银行选择持有的准备金，意愿准备金率是银行想要持有的存款准备金的比率。这个比率超过了法定准备金率，是由银行精心决策后按照它们每日业务的需求来决定的。

银行的实际准备金率随着它们的顾客存款或取款而变化。如果银行的顾客存款，准备金和存款以相同的数量增加，因此银行的准备金率提高；同样地，如果银行的顾客取款，准备金和存款降低相同的数量，银行的准备金率也因此下降。

银行的**超额准备金**（excess reserves）是实际准备金减去意愿准备金。当整个银行系统有超额准备金时，银行可以通过发放新的贷款来创造货币。当银行系统准备金短缺时，银行必须通过减少贷款来减少货币。

意愿现金持有

我们以现金和银行存款的形式来持有货币。我们所持有的现金在货币中的比率不是一成不变的，而是在任何时候，人们对他们应该持有哪种形式的货币，都有明确的观点。

由于个人和企业想要以现金的形式持有他们货币的一部分，因此当银行存款的总量增加时，他们想要持有的现金数量也增加。

因为当存款增加时，意愿现金持有量会增加，所以当贷款发生和存款增加时，现金会离开银行。我们称现金离开银行系统为现金漏出，现金与存款的比率被称为现金漏损率。

现金漏损率越大，银行系统在给定的基础货币量下能够创造的货币和存款就越少，原因是现金漏出使得银行的准备金规模变小（更少的超额准备金），银行的贷款更少。

□ 公开市场操作如何影响基础货币量

当美联储通过公开市场操作购入有价证券（securities，简称证券）时，它用新创造的银行准备金和货币支付。随着银行系统中准备金的增加，银行同业贷款的供给也会增加，而银行同业贷款的需求则减少。因此联邦基金利率——银行同业贷款市场上的利率——随之下降。

类似地，当美联储在公开市场操作中出售有价证券时，购买者会用银行准备金和货币支付。随着银行系统中准备金的减少，银行同业贷款的供给也会减少，而银行同业贷款的需求则增加，因此联邦基金利率随之上升。美联储会设定一个联邦基金的目标利率，利用公开市场操作，通过操控交易规模，来实现自己的目标。

联邦基金利率的改变仅仅是在公开市场操作之后调整过程的第一步。如果准备金增加，银行就可以增加贷款，从而创造更多的货币。如果准备金减少，银行就必须减少贷款，这也就减少了货币量。下面，我们将从公开市场购买开始，研究公开市场操作的影响的一些细节。

美联储购买证券

假设美联储在公开市场购买 1 亿美元的美国政府有价证券，根据证券出售方的不同，我们需要考虑两种情况。可能是银行愿意出售部分有价证券，也可能是非商业银行的个人或企业——一般公众——愿意出售。这两种情况的结果在本质上是一样的，但可能需要一些解释你才会相信。因此我们将研究这两种情况，并从商业银行出售证券这种较简单的情况开始。（卖方可能认为美联储提供的价格很优厚，出售有价证券对它来说有利可图。）

商业银行出售有价证券 当美联储从曼哈顿商业银行（Manhattan Commercial Bank）买入1亿美元的有价证券时，会发生两件事：

1. 曼哈顿商业银行的有价证券减少1亿美元，而美联储的有价证券则增加1亿美元。

2. 为购买这些有价证券，美联储会向曼哈顿商业银行在纽约联邦储备银行的准备金账户上存入1亿美元。

图18－5显示了上述行为对美联储及曼哈顿商业银行的资产负债表的影响。有价证券的所有权从银行手中转到美联储手中，因此银行的有价证券减少了1亿美元，而美联储的有价证券则增加了1亿美元，正如图中从曼哈顿商业银行指向美联储的箭头所示。

美联储会拨给曼哈顿商业银行1亿美元准备金，如图中从美联储指向曼哈顿商业银行的箭头所示。这种行为增加了银行系统的准备金。

商业银行的总资产不变，但其结构变了。它所持有的政府有价证券减少了1亿美元，但它的准备金增加了1亿美元。银行可以用这些新增的准备金发放贷款。当银行发放贷款时，它创造了存款，货币量就增加了。

从这里我们看到当美联储从银行购买政府有价证券时，银行的准备金会增加。如果美联储向公众——比如AIG保险公司——购买政府有价证券，会出现什么情况呢？

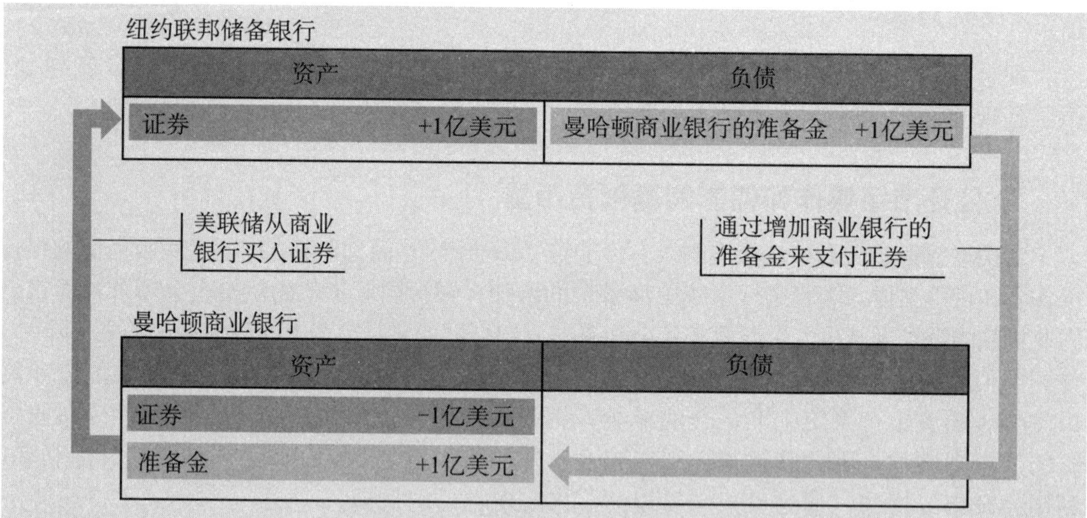

图18－5 美联储从商业银行买入证券

非银行公众出售有价证券 如果美联储从AIG保险公司买入1亿美元的有价证券，会发生三件事：

1. AIG保险公司的有价证券减少1亿美元，而美联储的有价证券则增加1亿美元。

2. 美联储从自己的储备中提取1亿美元支票来支付这些有价证券，而AIG保险公司将这1亿美元支票存入自己在曼哈顿商业银行的账户中。

3. 曼哈顿商业银行从美联储获得这张支票的支付，从而该银行在美联储的准备金增加 1 亿美元。

图 18－6 显示了这些行为对美联储、AIG 保险公司和曼哈顿商业银行的资产负债表的影响。这些有价证券的所有权从 AIG 保险公司手中转到美联储手中，因此 AIG 保险公司的有价证券减少了 1 亿美元，美联储的有价证券增加了 1 亿美元（图中左边的箭头所示）。美联储用可支付的支票支付给 AIG 保险公司，AIG 保险公司将其存到曼哈顿商业银行。这些支票的支付使得曼哈顿商业银行的准备金增加了 1 亿美元（图中右边从纽约联邦储备银行到曼哈顿商业银行的箭头所示）。同时，AIG 保险公司在曼哈顿商业银行的存款也增加了 1 亿美元（图中右边从曼哈顿商业银行到 AIG 保险公司的箭头所示）。这次买卖行为增加了银行系统的准备金。

AIG 保险公司的总资产不变，但是资产结构发生了变化，现在它拥有更多的货币和更少的有价证券。曼哈顿商业银行的准备金和存款都增加了 1 亿美元。由于银行的准备金和存款增加了相同的数量，银行可以用其超额准备金来发放贷款。当它发放贷款时，货币数量增加。

我们已经完成了研究当美联储从银行或公众那里买进政府证券时会发生的情况，当美联储抛售证券时，我们刚才追踪的交易操作恰好相反。

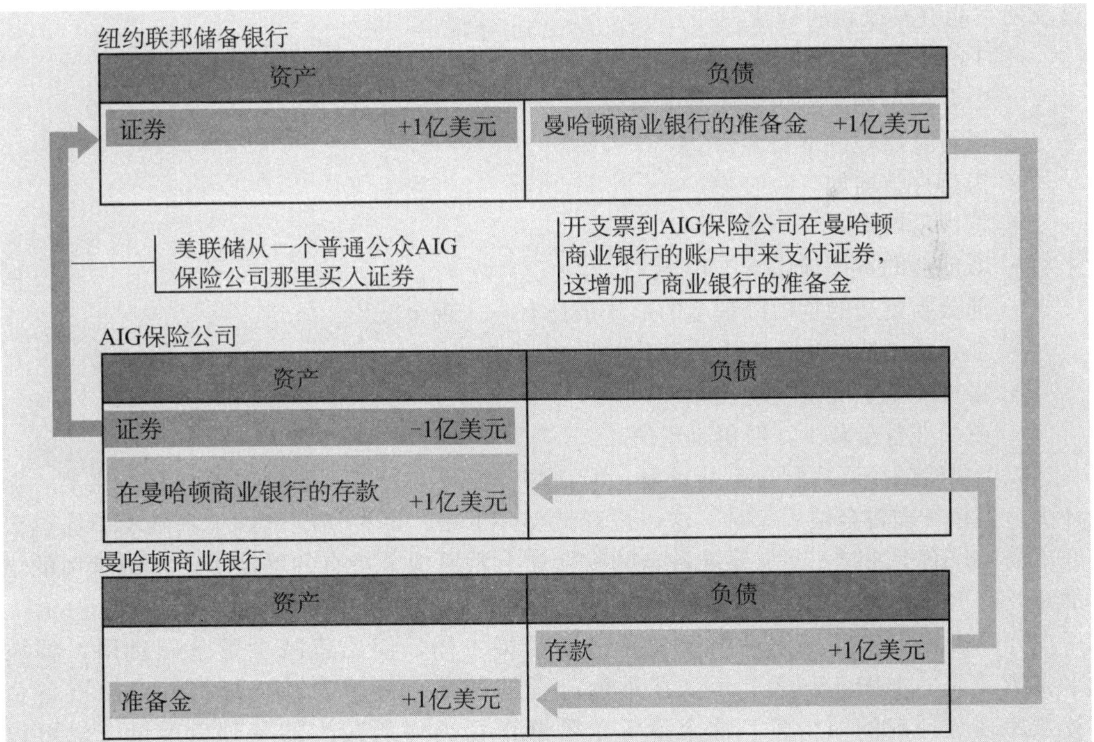

图 18－6　美联储从公众处买入证券

美联储出售有价证券

如果美联储在公开市场出售 1 亿美元的美国政府有价证券，购买者很可能是个人或企业，但不大可能是银行。（只有当银行持有超额准备金并找不到更好的投资时，它才会购买有价证券。）

当美联储向 AIG 保险公司出售 1 亿美元的有价证券时，会发生三件事：

1. AIG 保险公司的有价证券增加 1 亿美元，而美联储的有价证券则减少 1 亿美元。

2. AIG 保险公司从曼哈顿商业银行的存款账户中开出一张 1 亿美元的支票，用来支付这些有价证券。

3. 美联储通过将曼哈顿商业银行的准备金减少 1 亿美元来清算这张支票。

这些行为减少了银行系统中的准备金。此时，曼哈顿商业银行出现了准备金不足的问题，它必须到银行同业拆借市场借入资金以达到法定准备金率的要求。

我们刚刚描述的美联储和银行的资产负债表的变化还不是关于公开市场操作影响的故事的终结，仅仅是开始。

□ 公开市场操作的乘数效应

公开市场购买增加了银行准备金，同时也增加了基础货币。基础货币的增加量等于公开市场的购买量，并且在购买开始时等于银行准备金的增加量。不管美联储是从银行还是从公众那里买入有价证券，银行准备金都会增加并且都会使银行持有超额准备金，这就使它能够发放新的贷款。

此时会发生以下事件：

- 公开市场购买创造了超额准备金。
- 银行贷出超额准备金。
- 银行存款增加。
- 货币量增加。
- 新创造的货币被用于支付。
- 部分新创造的货币以现金的形式被持有——现金漏出。
- 部分新创造的货币以银行存款的形式存在。
- 银行的意愿准备金增加。
- 超额准备金减少，但仍是正值。

以上描绘的循环序列会不断重复，但在每一循环开始时，超额准备金都会比上一循环少。当超额准备金被用完时，这一过程就会停下来。这种情况出现于基础货币通过公开市场操作而增加时——意愿准备金的增加加上意愿现金持有的增加等于基础货币的增加时。图 18－7 描述并总结了一个乘数过程的循环中的一系列事件。

公开市场出售的工作机制像公开市场购买一样，但出售减少了基础货币，释放了乘数效应，如图 18－7 所示。在乘数过程的结尾，货币的减少量等于意愿准备金和意愿现金持有的减少量。这个量等于公开市场出售所减少的基础货币量（你可以绘制你自己版本的图 18－7 来追踪美联储出售证券而银行与公众购买证券时的乘数过程）。

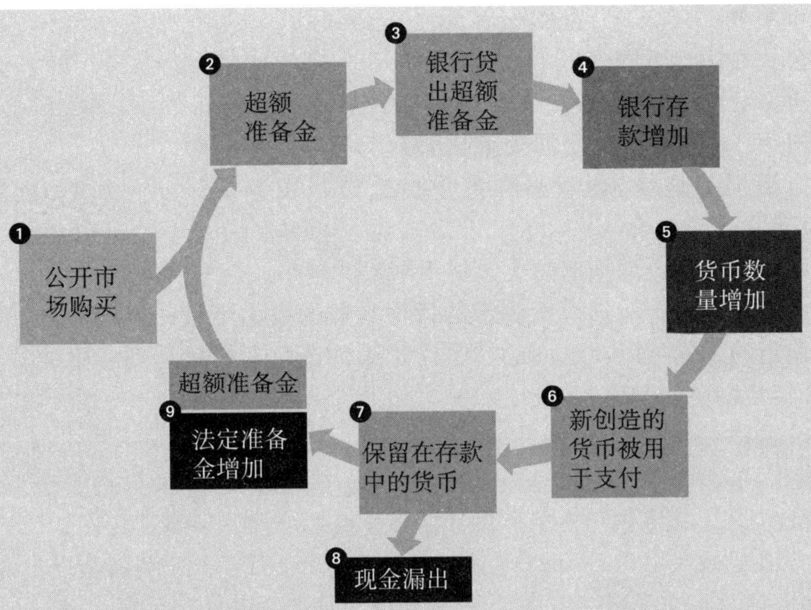

图 18－7 公开市场操作后的乘数过程中的一个循环

①公开市场购买增加了银行的准备金。

②创造出了超额准备金。

③银行贷出超额准备金。

④银行存款增加。

⑤货币数量增加。

⑥新创造的货币被用于支付。

⑦家庭和企业收到支付后，一部分以银行存款的形式持有，⑧另一部分以现金的形式持有——现金漏出。

银行存款增加不但增加了银行的准备金，而且⑨增加了银行的意愿准备金。意愿准备金的增幅小于实际准备金的增幅，因此，商业银行仍然存在超额准备金，但比以前要少。这个过程会不断重复，直到超额准备金被完全消除为止。

公开市场操作所带来的货币量变化的规模是由我们现在正要解释的货币乘数来决定的。

□ 货币乘数

货币乘数（money multiplier）是指基础货币的变化所导致的货币量变化的倍数，同时它也是货币数量变化与基础货币变化的比率。

货币乘数的大小取决于意愿准备金率和现金漏损率，我们称意愿准备金率为 R，称现金漏损率（现金与存款的比率）为 C。这两个比率越小，货币乘数就越大。

为了了解意愿准备金率和现金漏损率是如何决定货币乘数的大小的，我们先来看一看这两个因素：

货币量 M 是存款 D 和现金 C 的总和，因此

$$M=D+C$$

基础货币 MB 是准备金 R 和现金 C 的总和，因此

$$MB=R+C$$

$$货币乘数=M/MB$$

因为 $M=D+C$ 和 $MB=R+C$，因此我们可以得到以下公式：

货币乘数＝$(D+C)/(R+C)$

现在在公式右边上下同除以 D，可得：

货币乘数＝$(1+C/D)/(R/D+C/D)$

注意 $D/D=1$，C/D 为现金漏损率，R/D 为意愿准备金率。

假设现金漏损率是 0.5，意愿准备金率是 0.1，$C=0.5$，$R=0.1$，则货币乘数是 1.5/0.6=2.5。

意愿准备金率和现金漏损率越大，货币乘数就越小。

意愿准备金率和现金漏损率所决定的货币乘数的大小不是一成不变的，因此，货币乘数也不是稳定的。你可以在下面的“关注货币创造”专栏里看到意愿准备金率和货币乘数在 2008 年戏剧性的变化。

❖关注货币创造　美联储是如何创造和调控货币的？

在大萧条期间，许多银行倒闭，银行存款被摧毁，货币供给量暴跌了 25%，大部分经济学家认为是这些事件导致 1929 年的一场普通衰退变成了严重的持续十年的大萧条。

美联储主席伯南克是研究美国经济史上这个悲惨一幕的经济学家之一，他不想在他的任期内再发生同样的事情。

图 1 显示美联储确实向银行系统注入了准备金。美联储在 2008 年秋季的第一轮量化宽松（QE1）过程中使基础货币增加了 1 倍。在 2010 年和 2011 年稳步推进且持续的第二轮量化宽松（QE2）使得基础货币量达到危机前水平的 3 倍多。

这种不寻常的基础货币增加并没有带来货币供给量的增加。图 2 显示了原因。

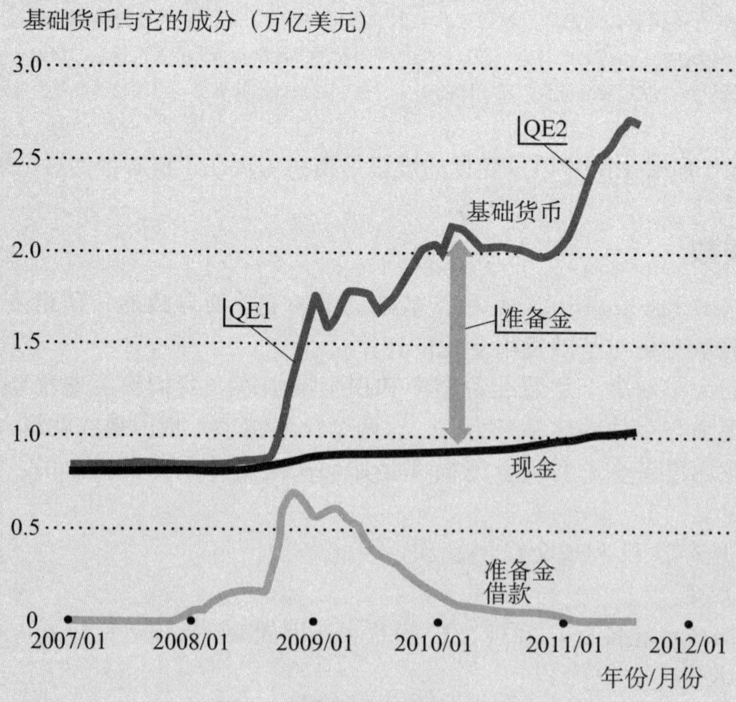

图 1　金融危机中的基础货币

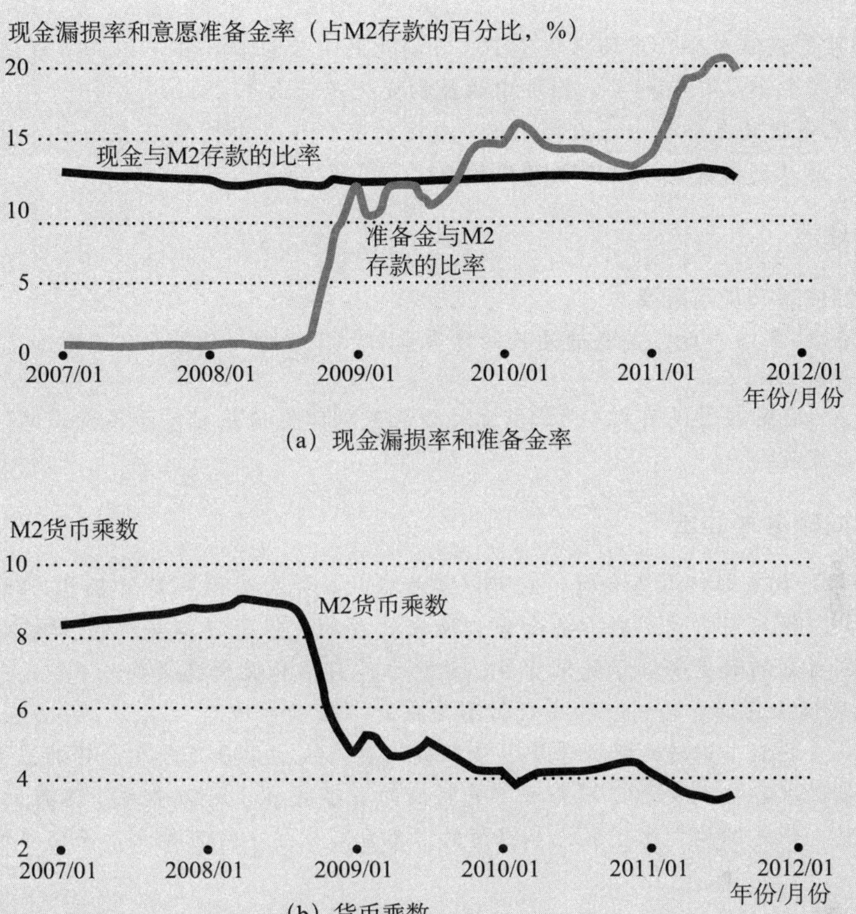

（a）现金漏损率和准备金率

（b）货币乘数

图 2　变化中的货币乘数

在 2008 年，银行的意愿准备金率［见图（a）］从它的一般水平 1.2%提高了 9 倍到 12%，这使得货币乘数暴跌，在图（b）中，货币乘数从一般水平值 9 降到了少见的低值 5。

意愿准备金率暴涨是货币乘数崩溃的唯一原因，你可以在图（a）中看到其他影响货币乘数的因素如现金漏损率几乎没有变化。

雷曼兄弟的倒闭给银行发出了信号，它们将面临非比寻常的高风险水平，这是意愿准备金率提高的主要来源。当银行面临的风险减少时，意愿准备金率将会下降，此时美联储将有必要减少基础货币，否则将面临货币供给量暴增。

资料来源：Federal Reserve and Bureau of Economic Analysis.

检查站 18.4 ☞　解释银行是如何创造货币及美联储是如何控制货币供给量的。

现实问题

1. 银行如何通过发放贷款来创造新的存款？限制银行创造的存款和贷款数量的因素

有哪些？

2. 如果美联储在公开市场出售了100万美元的有价证券，谁可以向美联储购买有价证券？如果美联储从银行购买，经济中的最初变化是什么？

3. 如果美联储在公开市场出售100万美元的有价证券，改变经济体中货币量的过程是怎样的？什么因素决定了货币量的变化？

新闻摘要

美联储使基础货币翻番

在2008年第四季度，美联储使基础货币量增加了1倍，但是M2只增加了5%。

资料来源：Federal Reserve.

为什么M2的数量没有增加5%以上？如果美联储保持基础货币不变，M2的数量将会发生什么变化？

现实问题参考答案

1. 当银行拥有超额准备金时，它可以发放贷款。银行发放一笔贷款就为借款人创造了一笔存款。银行用它的超额准备金来创造新的存款。银行可以发放的贷款数量即它能够创造的新存款的数量受制于基础货币、意愿准备金率和现金漏损率。

2. 美联储出售证券给银行和公众而不是政府。基础货币起初减少100万美元。证券的所有权从美联储手中转到银行手中，美联储的资产减少100万美元。银行支付证券后，其在美联储的准备金减少100万美元。美联储的负债减少100万美元。银行的资产保持原来的数量，但是结构发生了变化。银行的准备金减少了100万美元，而证券增加了100万美元。

3. 当美联储出售证券给银行时，银行准备金减少100万美元。银行的存款不发生变化，因此银行现在准备金短缺。银行收回贷款，存款也减少了相同的数目。意愿准备金率和现金漏损率决定了货币量的减少程度，意愿准备金率和现金漏损率越大，货币量的减少就越少。

新闻摘要参考答案

M2的数量等于货币乘数 $(1+C/D)/(R/D+C/D)$ 乘以基础货币量（R/D 是银行的意愿准备金率，C/D 是现金漏损率）。M2的数量并不会增加更多，这是因为银行提高了它们的意愿准备金率 R/D，使得货币乘数降低。如果美联储没有增加基础货币量，M2的数量将会减少，这是因为货币乘数降低了。

本章总结

□ 要点

1. 定义货币，并描述其职能。

- 货币是作为支付手段被普遍接受的任何东西。
- 货币的三种职能是：交易媒介、计价单位、价值储藏。
- Ml 包括现金、旅行支票和支票存款。M2 包括 M1 及储蓄存款、小额定期存款和货币市场基金。

2. 描述银行的职能。

- 商业银行和储蓄机构的存款都是货币。
- 银行短期借入，长期贷出：依靠二者的利率差，银行可以赚取利润。

3. 描述美国联邦储备系统的职能。

- 联邦储备系统是美国的中央银行。
- 美联储通过规定法定准备金率、设定贴现率、进行公开市场操作以及运用特别危机防范措施来影响经济。

4. 解释银行是如何创造货币及美联储是如何控制货币供给量的。

- 银行通过发放贷款来创造货币。
- 银行能够创造的最大存款量受到基础货币、银行的意愿准备金和意愿现金持有量的限制。
- 当美联储在公开市场操作中购买证券时，它创造了银行准备金。当美联储在公开市场操作中出售证券时，它削减了银行准备金。
- 公开市场操作对货币供给量有乘数效应。

□ 关键术语

银行系统
物物交换
中央银行
商业银行
现金
贴现率
超额准备金
联邦基金利率
联邦公开市场委员会
联邦储备系统（美联储）
法定货币
M1
M2
支付手段
交易媒介
基础货币
货币
货币乘数
公开市场操作
法定准备金率
准备金
价值储藏
计价单位

本章检查站

□ 学习计划中的问题与应用

1. 什么是货币？你认为下列哪几项属于货币？

- 猫食商店的优惠券。
- 一张价值 100 美元的亚马逊公司的礼品券。
- 航空公司对老顾客的优惠里程。
- 你的维萨卡中的信用额度。
- 一位硬币收藏家拥有的美元硬币。

2. 货币的三种职能是什么？下列哪几项拥有部分而非全部的货币职能，哪几项拥有全部职能？哪几项是货币？

- 在美国银行的支票存款
- 面值为 10 美分的硬币

- 借记卡

3. 莫尼卡从她在阿拉斯加银行的账户中取出 10 000 美元购买货币市场基金。这对 M1 和 M2 有何直接影响？

4. 特里从支票账户取出 100 美元并存入储蓄账户。这对 M1 和 M2 有何直接影响？

5. 假定银行有 5 000 亿美元存款，意愿准备金率为 4%，没有超额准备金。银行持有 150 亿美元的现金。计算银行在中央银行共有多少准备金。

6. 简要解释美联储的政策工具和它们的作用。

7. 下表是银行的资产负债表。这家银行没有超额准备金也没有现金漏出。计算这家银行的意愿准备金率。

资产		负债	
（百万美元）			
在美联储的准备金	20	支票存款	80
现金	5	定期存款	120
证券	75		
贷款	100		

8. 美联储从 AIG 保险公司买进了 200 万美元的证券，如果意愿准备金率是 0.1，并且没有现金漏出，计算在公开市场购买完成后，银行的超额准备金是多少。银行系统能够创造的最大贷款量和最大新货币量是多少？

利用下列信息回答问题 9 和 10。

如果意愿准备金率是 5%，现金漏损率是存款的 20%，中央银行在公开市场上买进 100 万美元的证券，请计算：

9. 基础货币和它的组成部分的变化。

10. 货币数量的变化，以及新货币有多少是现金、有多少是银行存款。

利用下列信息回答问题 11 和 12。

韩国：银行准备金率提高

为了控制开支，韩国银行把法定准备金率从 5%提高到 7%——几乎是 17 年来的首次提高。随着准备金率的提高，银行将不得不减少它们发放的贷款量。

资料来源：*The New York Times*，November 24，2006.

11. 解释为什么更高的法定准备金率意味着银行必须减少它们可以发放的贷款。

12. 假设现金漏出为零，意愿准备金率等于法定准备金率，请计算韩国法定准备金率提高之后货币乘数的变化。

□ 教师可布置的问题与应用

1. 当美联储在 2008—2011 年间增加基础货币量时，基础货币量中的哪个成分增加得最多：银行准备金还是现金？这对银行从美联储借来的准备金产生了什么影响？

2. 2008—2011 年的货币乘数发生了什么变化？如果现金漏损率没有变化，那么货币乘数会是多少？如果银行意愿准备金率没有发生变化，货币乘数会是多少？

3. 货币有哪三种职能？下列哪些物品具备部分而不是全部的货币职能，哪些物品是货币？

- 古董钟表
- 储蓄与贷款协会存款

- 你的信用卡
- 美联储博物馆内的硬币
- 政府有价证券

4. 娜奥米买了价值 1 000 美元的美国运通公司的旅行支票，并将账计在她的美国运通信用卡上，这对 M1 和 M2 有何直接影响？

5. 银行有 5 亿美元支票存款、6 亿美元储蓄存款、4 亿美元小额定期存款、9.5 亿美元企业贷款、5 亿美元政府有价证券、2 000 万美元现金、3 000 万美元在美联储的准备金。计算银行的总存款，并指出哪些存款是 M1 的部分，哪些存款是 M2 的部分。计算银行的贷款、证券和准备金。

6. 什么使美联储可以增加货币量并保持基础货币量不变？请解释为什么美联储会或不会

- 改变现金漏损率。
- 改变法定准备金率。
- 改变贴现率。
- 执行公开市场操作。

利用表 1 所示的银行资产负债表回答问题 7 和 8。银行意愿准备金率是 5%，并且没有现金漏出。

表 1

资产		负债	
（百万美元）			
在美联储的准备金	25	支票存款	90
库存现金	15	储蓄存款	110
证券	60		
贷款	100		

7. 计算银行的超额准备金。假设银行使用所有的超额准备金来发放贷款，那么贷款量和银行发放贷款之后的总存款量是多少？

8. 如果没有现金漏出，那么贷款量和银行没有超额准备金时的总存款量是多少？

利用下列信息回答问题 9 和 10。

通货膨胀触发银行紧缩

通过限制银行贷款来控制通货膨胀，中国人民银行把商业银行的法定准备金率从 21% 提高到 21.5%。

资料来源：*South China Morning Post*，June 15，2011.

9. 比较 2011 年 6 月 15 日中国的法定准备金率和今天美国的支票存款法定准备金率。

10. 如果中国和美国的现金漏损率都是 10%，比较这两国的货币乘数。

□单项选择题

1. 一种商品或者符号是货币，如果它__________。

   A. 被广泛接受为支付手段　　B. 是一种价值储藏

   C. 在以物易物中使用　　D. 作为价值储藏是很安全的

2. 在今日美国的货币包括__________。

   A. 现金以及在银行和美联储的存款

   B. 在人们手头上和现金存储器中的现金，以及个人和企业在银行的存款

C. 在自动柜员机中的现金以及人们的银行存款

D. 银行的准备金，以及个人和企业拥有的银行存款

3. 从里克的储蓄账户中取出 500 美元，100 美元作为现金，另外 400 美元存入他的支票账户，则__________。

A. M1 增加 400 美元，M2 减少 500 美元

B. M1 不变，M2 减少 500 美元

C. M1 不变，M2 减少 400 美元

D. M1 增加 500 美元，M2 不变

4. 商业银行的资产包括__________。

A. 个人和企业在银行的存款，以及银行准备金

B. 对个人和企业的贷款以及政府证券

C. 银行准备金和 M2 中的存款

D. 政府证券和借入的资金

5. 美联储的政策工具包括除了__________的所有下列项目。

A. 法定准备金率和公开市场操作

B. 量化宽松

C. 贴现率

D. 对在美联储的存款征税

6. 当一家商业银行做了除了__________的以下所有事项时，它创造了货币。

A. 减少超额准备金

B. 发放贷款

C. 创造存款

D. 把现金放入自动柜员机

7. 在公开市场__________1 亿美元的证券会__________。

A. 购买；增加银行准备金

B. 出售；增加银行准备金

C. 购买；减少美联储的债务

D. 出售；增加美联储的债务

8. 货币乘数__________。

A. 提高，如果银行提高其意愿准备金率

B. 提高，如果现金漏损率提高

C. 等于 1，如果意愿准备金率等于现金漏损率

D. 下降，如果银行提高其意愿准备金率

第19章 总供给和总需求

本章要点

学完本章，你将能够：

1. 给出总供给的定义，并解释影响总供给的因素。

2. 给出总需求的定义，并解释影响总需求的因素。

3. 解释总需求和总供给的趋势及波动如何带来经济增长、导致通货膨胀和经济周期。

19.1 总供给

总供给—总需求模型的目的是解释实际 GDP 和价格水平是如何被决定的。该模型的基本原理与你在第 4 章学到的在一个完全竞争的市场中数量和价格是如何被决定的原理相似。但总供给—总需求模型（*AS*—*AD* 模型）不仅仅是完全竞争市场模型的应用。由于 *AS*—*AD* 模型是描述构成实际 GDP 的全部最终产品和服务市场的，所以，它与完全竞争市场有所不同。这个“市场”中的数量是实际 GDP，价格是用 GDP 价格指数衡量的价格水平。

实际 GDP 的供给量是指在美国的企业计划生产的最终产品和服务的总量。它依赖于以下因素的数量：

- 雇用的劳动量
- 资本、人力资本和技术水平
- 土地和自然资源
- 企业家才能

你在第 17 章已经看到，当经济处于充分就业状态时，实际 GDP 等于潜在 GDP。土地、资本和人力资本的数量以及技术水平和企业家才能是既定的。劳动力市场均衡决定了在均衡实际工资率处的劳动雇佣量，这时的劳动需求量等于劳动供给量。

在经济周期中，由于劳动雇佣量围绕充分就业时的劳动雇佣量波动，因此实际 GDP 围绕潜在 GDP 波动。总供给—总需求模型解释了这些波动。

我们从总供给的基本知识开始学习总供给—总需求模型。

□ 总供给的基本知识

总供给（aggregate supply）是指当其他影响生产计划的因素不变时，实际 GDP 供给量和价格水平之间的关系。这一关系可以表述如下：

当其他影响生产计划的因素不变时，价格水平越高，实际 GDP 供给量就越大；价格水平越低，实际 GDP 供给量就越小。

图 19－1 显示了总供给表和总供给曲线标识的总供给。总供给表列出了每一个价格水平下的实际 GDP 供给量，向上倾斜的 *AS* 曲线显示了这些点。

	价格水平（GDP 价格指数，2005 年＝100）	实际 GDP 供给量（2005 年万亿美元）
E	120	14.0
D	115	13.5
C	110	13.0
B	105	12.5
A	100	12.0

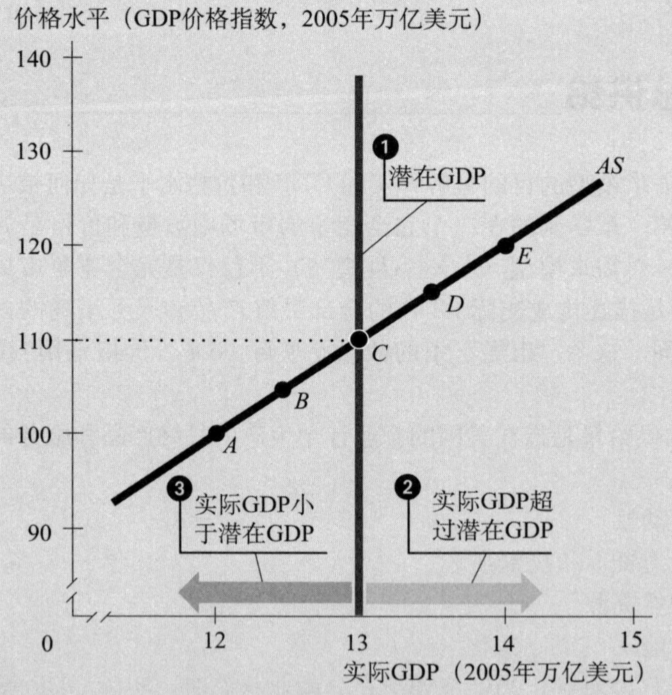

图 19－1 总供给表和总供给曲线

总供给表和总供给曲线（*AS*）显示了当其他影响生产计划的因素保持不变时，实际 GDP 供给量与价格水平之间的关系。*AS* 曲线上的 *A*～*E* 点反映了总供给表中每一行相同的字母。

①潜在 GDP 为 13 万亿美元，当价格水平是 110 时，实际 GDP 等于潜在 GDP。

②如果价格水平超过 110，实际 GDP 超过潜在 GDP。

③如果价格水平低于 110，实际 GDP 小于潜在 GDP。

图 19－1 还显示，潜在 GDP 是 13 万亿美元。当价格水平是 110 时，实际 GDP 供给量等于潜在 GDP 即 13 万亿美元（如 *AS* 曲线上的 *C* 点所示）。

沿着 *AS* 曲线，价格水平是其变化影响着生产计划的唯一因素。价格水平的上升引起实际 GDP 供给量沿着 *AS* 曲线向上移动而增加；价格水平的下降引起实际 GDP 供给量沿着 AS 曲线向下移动而减少。

沿着 *AS* 曲线保持不变的其他影响生产计划的因素是：

- 货币工资率
- 其他资源的货币价格

相反，沿着潜在 GDP 曲线，当价格水平变化时，货币工资率和其他资源的货币价格以同样的比例变化，致使实际工资率（和其他价格）保持在充分就业均衡的水平上。

为什么 *AS* 曲线向上倾斜

为什么当价格水平上升时，实际 GDP 供给量增加，而当价格水平下降时，实际 GDP 供给量则减少？答案是：沿着 *AS* 曲线的移动引起了实际工资率的变化（以及当其他资源的价格固定时，引起了其他资源的实际成本的变化）。如果价格水平上升，则实际工资率下降，而如果价格水平下降，则实际工资率上升。当实际工资率变化时，企业会随之改变劳动雇佣量和产量水平。

让我们观察一个具体的例子。一个番茄酱生产商与工人签订了每小时 20 美元工资的雇佣合同。番茄酱的价格是每瓶 1 美元。番茄酱生产工人的实际工资率是每小时 20 瓶番茄酱。也就是说，企业必须销售 20 瓶番茄酱才能雇用到工人一个小时的劳动。现在假设番茄酱的价格下降到每瓶 50 美分，工人的实际工资率就上升到每小时 40 瓶番茄酱——现在企业必须卖出 40 瓶番茄酱才能雇用到一个小时的劳动。

如果番茄酱的价格上涨，那么实际工资率就下降。例如，如果番茄酱的价格上涨到每瓶 2 美元，实际工资率就下降到 10 瓶番茄酱——企业只需要卖出 10 瓶番茄酱就可以雇用到一小时的劳动。

企业通过改变劳动雇佣量和产量来回应实际工资率的变化。对于整个经济而言，就业量和实际 GDP 就会相应发生变化。企业通过以下三个途径做出回应：

- 改变产量
- 暂时停产和重新生产
- 关闭企业和创建新企业

改变产量

为了改变产量，企业必须改变其劳动雇佣量。如果企业雇用额外 1 单位劳动的成本小于劳动创造的收益，那么企业增加劳动雇佣量就是有利可图的。如果价格水平上升，货币工资率不变，那么之前没有利润的 1 小时劳动现在就能带来利润了，所以企业的劳动需求量和产量都会增加。如果价格水平下降，货币工资率不变，那么之前能够带来利润的 1 小时劳动现在就不能创造利润了，所以企业的劳动需求量和产量都将减少。

暂时停产和重新生产

一个正在遭受亏损的企业也许预期到在未来可能盈利，那么这类企业就会选择暂时停产和解雇工人。

价格水平与货币工资率的相对关系影响着暂时停产决策。如果相对于货币工资率而言，价格水平上升，企业会决定继续生产，那么实际 GDP 供给量将增加；如果相对于货币工资率而言，价格水平下降，大多数企业会由于无法支付工资而选择暂时停产，那么实际 GDP 供给量将减少。

关闭企业和创建新企业

人们抱着营利的目的而开办企业。当利润缩水或亏损时，大量企业倒闭，很少有新企业诞生，企业数量减少。反之，当利润丰厚时，很少有企业倒闭，大量企业应运而生，企业数量增加。

价格水平与货币工资率的相对关系影响着企业的数量。如果相对于货币工资率而言，价格水平上升，则企业利润增加，企业数量增加，实际 GDP 供给量增加。如果相对于货币工资率而言，价格水平下降，则企业利润减少，企业数量减少，实际 GDP 供给量减少。

在经济严重衰退时，企业倒闭现象就如同推倒了一副多米诺骨牌：一个企业的倒闭株连了它的供应商和消费者，引起倒闭浪潮和实际 GDP 供给量的大幅度减少。

□ 总供给的变化

当任一个影响生产计划的因素发生变化，而不是价格水平变化时，总供给都会受到影响而发生变化。尤其是当以下情况发生时，总供给将随之发生变化。

- 潜在 GDP 发生变化。
- 货币工资率发生变化。
- 其他资源的货币价格发生变化。

潜在 GDP 的变化

任何一个改变潜在 GDP 的因素的变化都会引起总供给的变化，使总供给曲线平行移动。图 19－2 显示了这一移动。你可以把 C 点作为锚点。AS 曲线和潜在 GDP 曲线相交于 C 点，当潜在 GDP 变化时，AS 随之移动。当潜在 GDP 从 13 万亿美元增加到 14 万亿美元时，C 点平移到 C' 点，AS 曲线和潜在 GDP 曲线一起向右平行移动。AS 曲线从 AS_0 移到 AS_1。

货币工资率的变化

由于货币工资率的变化改变了企业的生产成本，所以货币工资率的变化会引起总供给的变化。货币工资率越高，企业的成本就越高，在每一价格水平上企业的供给愿意就越小。因此，货币工资率的提高会导致总供给减少。

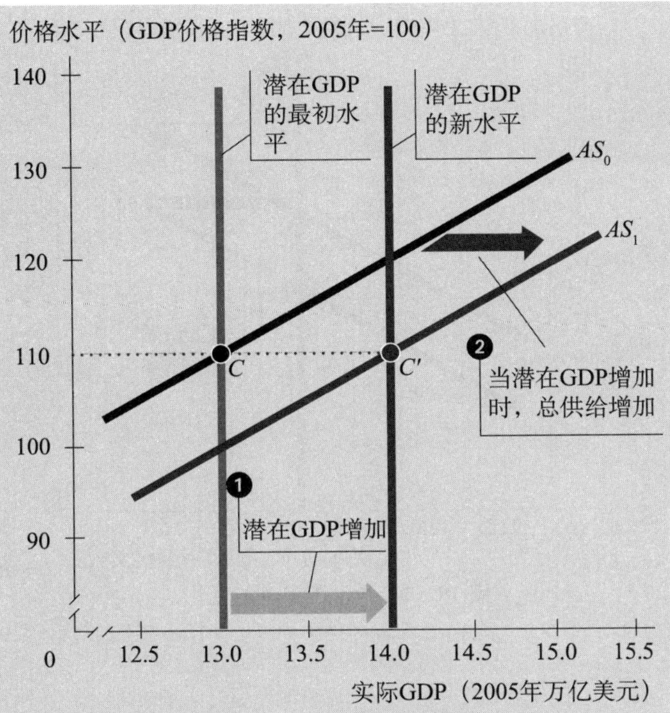

图 19－2　潜在 GDP 增加

①潜在 GDP 增加引起总供给增加。

②当潜在 GDP 从 13 万亿美元增加到 14 万亿美元时，总供给曲线 AS_0 向右移到 AS_1。

假设货币工资率是每小时 33 美元，价格水平是 110。那么实际工资率就是每小时 30 美元（＝33 美元×100÷110）——参见第 16 章。如果充分就业均衡时的实际工资率为每小时 30 美元，该经济体处于充分就业状态，实际 GDP 等于潜在 GDP。在图19－3 中，该经济体处于 AS_0 的 C 点上。在 AS_0 曲线上的所有点的货币工资率都是每小时 33 美元。

现在假设货币工资率上升到每小时 36 美元，而充分就业均衡时的实际工资率仍然是每小时 30 美元。当价格水平是 120 时，实际 GDP 等于潜在 GDP，该经济体现在处于 AS_2 曲线的 D 点上。（如果货币工资率是每小时 36 美元，而价格水平是 120，则实际工资率＝36 美元×100÷120＝30 美元/小时。）在 AS_2 曲线上的所有点的货币工资率都是每小时 36 美元。货币工资率的上升使总供给减少，表现为总供给曲线从 AS_0 平移到 AS_2。

货币工资率的变化并不会引起潜在 GDP 的改变。其原因是，潜在 GDP 仅仅取决于经济体的实际生产能力和在充分就业时雇用的劳动量，它会出现于均衡的实际工资率处。均衡实际工资率可以在任何一个货币工资率上出现。

其他资源的货币价格的变化

其他资源的货币价格对企业的生产计划的影响有点类似于货币工资率的变化对企业的生产计划的影响。它会改变企业的成本。在每一个价格水平上，企业的实际成本发生变化，企业愿意供给的数量发生变化，因而，总供给发生变化。

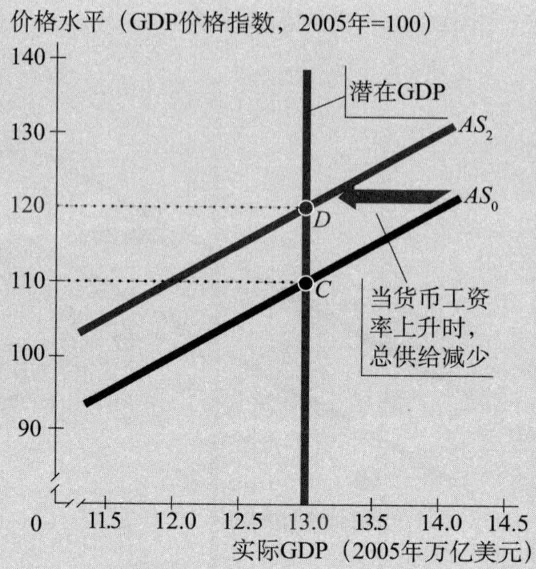

图 19－3　货币工资率的变化

货币工资率的上升引起总供给减少。总供给曲线 AS_0 向左移到 AS_2。货币工资率的上升不会引起潜在 GDP 的变化。

检查站 19.1☞ 给出总供给的定义，并解释影响总供给的因素。

现实问题

1. 解释在下列清单 1 中每一项对印度的实际 GDP 供给量和总供给的影响，并图示之。

清单 1

- 燃料价格上涨。
- 美国企业将其信息技术（IT）和数据处理等服务外包给印度。
- 沃尔玛和星巴克在印度开业。
- 在印度，大学的工程专业毕业生数量增加。
- 印度的货币工资率上升。
- 印度的价格水平上升。

新闻摘要

美国有 8 个州提高最低工资率

科罗拉多州、蒙大拿州、俄亥俄州、华盛顿州和俄勒冈州最近公布了它们的最低工资率，提高的幅度从每小时 28 美分到每小时 37 美分不等。这使得全日制工人的收入年增长了从 582 美元到 770 美元不等。

资料来源：CNN Money，October 3，2011.

请解释最低工资率的提高将如何影响总供给。

现实问题参考答案

1. 随着燃料价格的上涨，在现有价格水平下，实际 GDP 供给量将下降。*AS* 曲线向左平行移动（如图 1 所示）。

随着美国企业将其信息技术和数据处理等服务外包给印度，在现有价格水平下，印度的实际 GDP 供给量将增加。*AS* 曲线向右平行移动（如图 2 所示）。

随着沃尔玛和星巴克在印度开业，在现有价格水平下，印度的实际 GDP 供给量将增加。*AS* 曲线向右平行移动（如图 2 所示）。

由于有更多的大学工程专业毕业生，熟练工人数量增加，在现有价格水平下产量将增加。*AS* 曲线向右平行移动（如图 2 所示）。

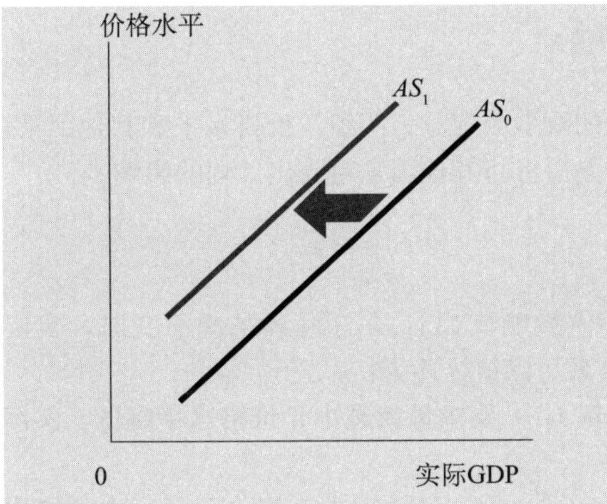

图 1

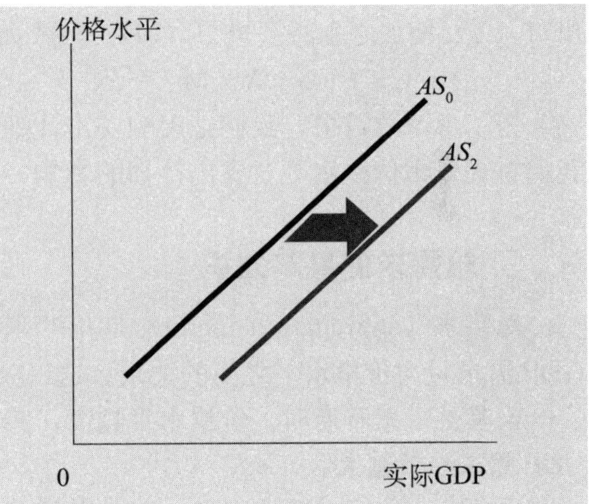

图 2

随着货币工资率的上升，企业成本增加，在现有价格水平下，实际 GDP 供给量将减少。*AS* 曲线向左平行移动（如图 1 所示）。

随着价格水平的上升，当其他因素保持不变时，企业沿着 *AS* 曲线增加实际 GDP 供给量将获得更多的利润（如图 3 所示）。*AS* 曲线不会移动。

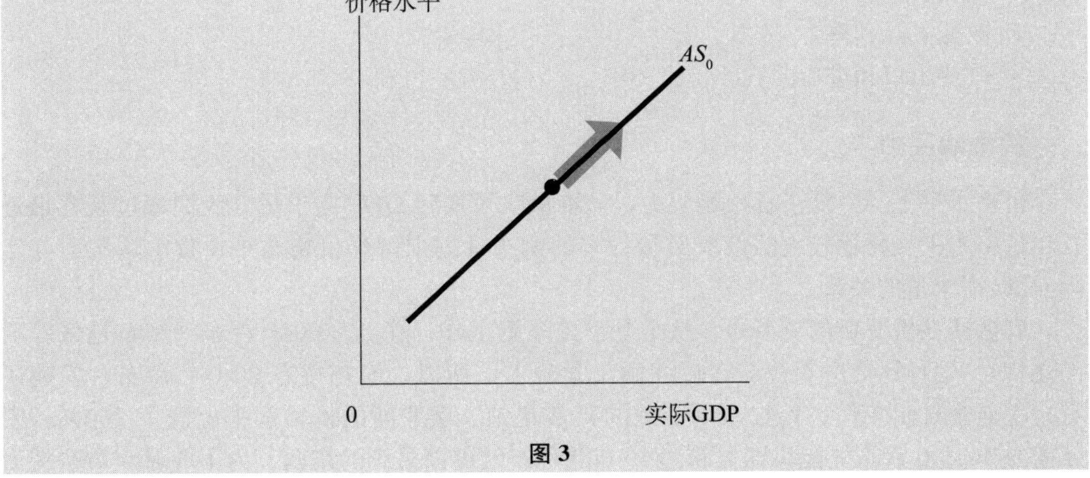

图 3

新闻摘要参考答案

在当前价格水平下提高货币工资率会提高实际工资率，减少总供给。如果最低工资率的上升会提高自然失业率，那么潜在 GDP 将减少，进而总供给将减少。

19.2 总需求

实际 GDP 需求量（Y）是指在美国生产的，家庭、企业、政府和外国人计划购买的最终产品和服务的总量。这个总量是实际消费支出（C）、投资（I）、政府支出（G）与出口（X）相加之和减去进口（M）。公式如下：

$$Y=C+I+G+X-M$$

为了学习总需求，我们把影响支出计划的众多因素分为两组：价格水平和其他因素。我们首先考虑价格水平对支出计划的影响，然后分析其他因素对支出计划的影响。

□ 总需求的基本知识

总需求（aggregate demand）是指当其他影响支出计划的因素保持不变时，实际 GDP 需求量与价格水平之间的关系。这一关系可以被描述为：

当其他因素不变时，价格水平越高，实际 GDP 需求量就越小；价格水平越低，实际 GDP 需求量就越大。

图 19－4 运用总需求表和总需求曲线显示了总需求。总需求表列出了每一个价格水平下的实际 GDP 需求量，向下倾斜的 *AD* 曲线显示了这些点。

沿着 *AD* 曲线，其变化影响着支出计划的唯一因素就是价格水平。价格水平上升会引起实际 GDP 需求量沿着 *AD* 曲线向上移动而减少；价格水平下降会引起实际 GDP 需求量沿着 *AD* 曲线向下移动而增加。

价格水平之所以会影响实际 GDP 需求量是因为价格水平的变化会引起以下变动：

- 改变货币购买力
- 改变实际利率
- 改变出口和进口的实际价格

货币购买力

价格水平上升降低了货币购买力，从而减少了实际 GDP 需求量。我们通过观察最近几年价格水平变化比较大的俄罗斯和日本的购买计划来解释价格水平、货币购买力与实际 GDP 需求量的关系。

安娜住在俄罗斯的莫斯科，整个夏季她辛勤工作，挣到 20 000 卢布（卢布是俄罗斯的通货）。她打算把这笔钱花在攻读硕士学位上，所以，安娜持有 20 000 卢布。安娜还有一份非全日制工作，其收入用于她的日常花销。俄罗斯的价格水平上涨了 100%，安娜需要 40 000 卢布才能买到之前用 20 000 卢布就可以买到的东西。为了应对卢布购买力下降带来的问题，安娜大幅度削减自己的花销。

	价格水平（GDP 价格指数，2005 年＝100）	实际 GDP 需求量（2005 年万亿美元）
A	130	12.0
B	120	12.5
C	110	13.0
D	100	13.5
E	90	14.0

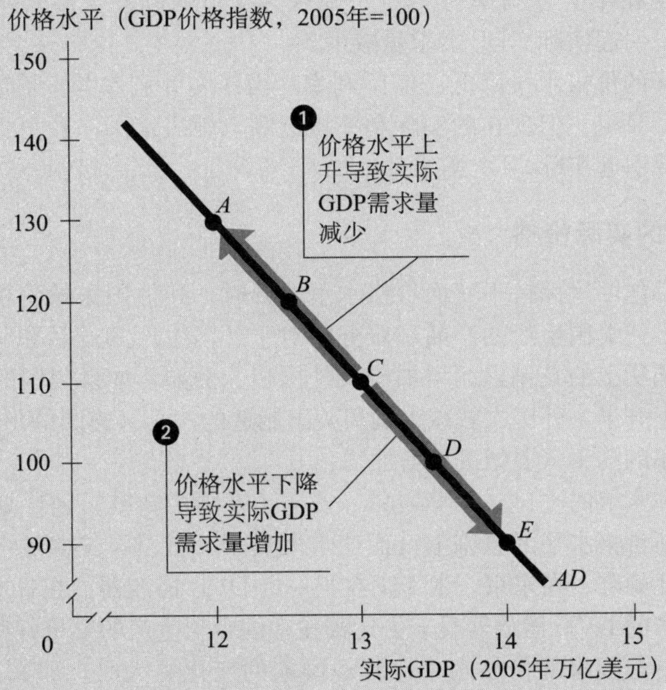

图 19－4　总需求表和总需求曲线

总需求表和总需求曲线（*AD*）显示了当其他影响支出计划的因素不变时，实际 GDP 需求量与价格水平之间的关系。

AD 曲线上的 *A*～*E* 点反映了总需求表中每一行相同的字母。

①当价格水平上升时，实际 GDP 需求量减少。

②当价格水平下降时，实际 GDP 需求量增加。

与上述相似，当其他因素不变时，价格水平下降会引起实际 GDP 需求量的增加。让我们通过观察住在日本东京的米卡的购买计划来找到答案。米卡同样辛勤工作了整个夏季，已经有存款 200 000 日元（日元是日本的通货）。她打算用这笔钱完成下一年的学业。日本的价格水平下降了 10%，所以，现在米卡只需要 180 000 日元就可以买到价格水平下降前用 200 000 日元能够买到的东西。由于货币购买力上升，米卡决定买一个 DVD 播放器。

实际利率

当价格水平上升时，实际利率也上升。价格水平上升使得人们想要持有更多数量的货币——货币需求增加。当货币需求增加时，名义利率上升。在短期，通货膨胀率并不变化，所以，名义利率的上升会引起实际利率的上升。面对更高的实际利率，企业和人们将推迟他们新资本品和耐用消费品的购买计划，削减支出。随着价格水平的上升，实际 GDP 需求量减少。

我们再一次来观察安娜和米卡。她们两人都想买一台计算机。在莫斯科，上升的价格水平增加了货币需求，使实际利率上升。在年实际利率为 5%时，安娜打算借钱买一台新计算机。但现在年实际利率为 10%，她认为支付的利息太高，所以推迟了购买计划。价格水平上升引起实际 GDP 需求量减少。

在东京，下降的价格水平降低了实际利率。当年实际利率为 5%时，米卡打算借钱买一台低配置的计算机。但现在的实际利率接近零，她决定买一台更贵、更时尚的计算机。价格水平下降引起实际 GDP 需求量增加。

出口和进口的实际价格

在美国，当其他因素保持不变而价格水平上升时，其他国家的价格不变，那么，美国价格水平的上升使美国生产的产品和服务相对于外国生产的产品和服务更贵。这使得人们减少在美国国货上的花销，而增加购买外国货。例如，如果美国的价格水平相对于外国的价格水平上升了，外国人就减少购买美国制造的汽车（美国的出口下降），美国人则增加对外国汽车的购买（美国进口增加）。

再看看安娜和米卡的进口。在莫斯科，安娜正在购买新鞋。她计划购买的俄罗斯生产的鞋随着俄罗斯价格水平的急剧上升而变得太贵了，所以，安娜最终买了一双从巴西进口的便宜一点儿的鞋。在东京，米卡正在买一台 DVD 播放器。在日本价格水平下降的情况下，买日本产的 DVD 播放器看上去比买在中国台湾生产的要更好些。

在长期，当一个国家的价格水平比其他国家的变化更大时，那么，汇率就变化了。汇率的变化抵消了价格水平的变化，所以，这种作用于购买计划上的国际价格效应仅仅是短期效应，但却是一种非常强烈的效应。

□ 总需求的变化

除价格水平外，影响支出计划的任一因素的变化都会引起总需求的变化。当总需求增加时，总需求曲线向右移动，图 19－5 显示了总需求曲线 AD 从 AD_0 移到 AD_1 的向右移动。当总需求减少时，总需求曲线向左移动，图 19－5 显示了总需求曲线 AD 从 AD_0 移到 AD_2 的向左移动。改变总需求的因素是：

- 对未来的预期
- 财政政策和货币政策
- 世界经济状况

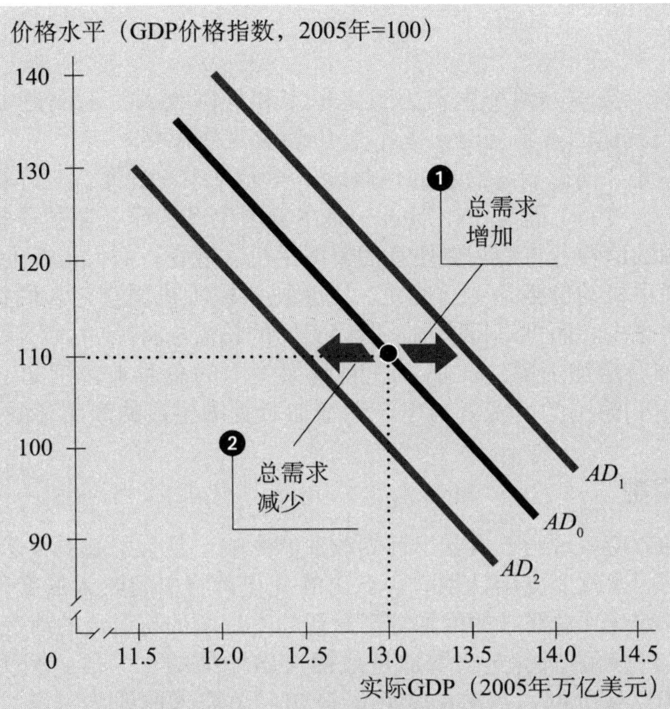

图 19-5 总需求变化

①如果以下情况发生，则总需求增加：

- 预期收入增加、通货膨胀提高或利润增加。
- 政府或美联储采取措施增加计划支出。
- 汇率下跌或全球经济扩张。

②如果以下情况发生，则总需求减少：

- 预期收入减少、通货膨胀降低或利润减少。
- 政府或美联储采取措施减少计划支出。
- 汇率上升或全球经济收缩。

预期

预期未来收入增加会使人们现在增加消费品（特别是大件商品，如汽车）的购买，因此，总需求增加。预期未来通胀会增加总需求，因为人们决定在价格上涨之前，现在多购买一些产品和服务。预期未来利润增加会增加企业当前的投资需求，所以，总需求增加。

相反地，预期未来收入减少、未来价格水平下降和未来利润减少则会减少总需求。

财政政策和货币政策

我们将在第 20 章学习政策行为对总需求的影响。这里，我们简要地指出政府能够运用**财政政策**（fiscal policy）——改变税收、转移支付及政府对产品和服务的购买支出——来影响总需求。美联储可以运用**货币政策**（monetary policy）——改变货币数量和利率——来影响总需求。减税、增加转移支付和政府购买支出会增加总需求。降低利率或增加货币数量会增加总需求。

世界经济

世界经济影响总需求的两个主要因素是汇率和外国收入。汇率是1美元能够购买的外国货币数量。当其他因素不变时，汇率上升会减少总需求。

为了观察汇率是如何影响总需求的，假设1美元兑100日元。一部在日本生产的富士通手机的价格是125美元，而与之相当的一部在美国生产的摩托罗拉手机的价格是110美元，所以世界各国的消费者将购买更便宜的美国手机。现在，假设汇率上升到1美元兑125日元，那么富士通手机的价格是100美元，比摩托罗拉手机便宜，人们将转而购买日本手机，美国的出口将减少，而进口将增加，所以美国的总需求将减少。

外国收入增加会增加美国的出口，进而增加美国的总需求。例如，日本和德国的收入增加，会使日本和德国的消费者与生产者增加对美国生产的产品和服务的购买。

□ 总需求乘数

总需求乘数的效应表现为放大支出计划改变的影响，且会引起总需求潜在地大幅波动。任一影响总需求的因素改变支出计划时，支出的变化都将引起收入的变化，收入的变化又会引起消费支出的变化。总需求的增加等于最初的支出增加与引致的消费支出增加之和。

假设支出增加引致的消费支出增加是最初支出增加的1.5倍。图19－6显示了当投资支出增加0.4万亿美元时总需求的变化。最初，总需求曲线为AD_0，然后投资支出增加了0.4万亿美元（ΔI），曲线$AD_0+\Delta I$表示每一个价格水平下的总支出。收入增加引致了0.6万亿美元消费支出的增加，总需求曲线向右移至AD_1。

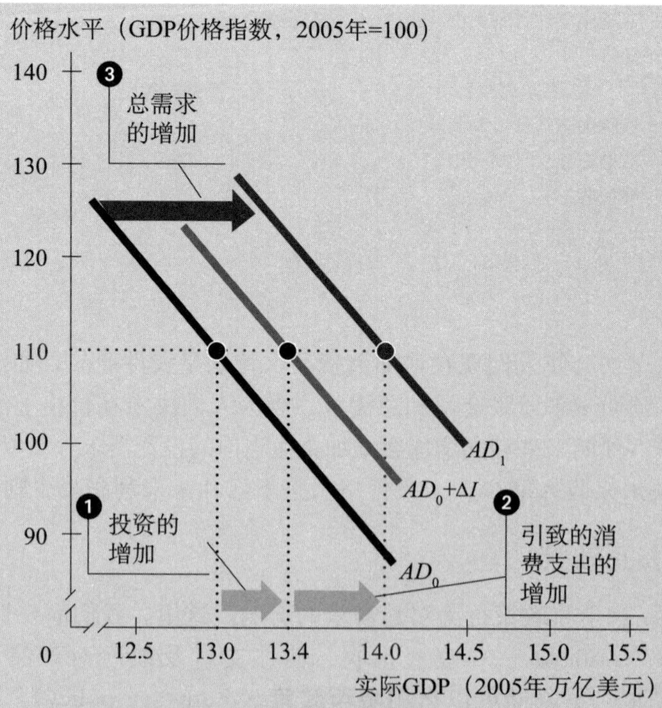

图19－6 总需求乘数

①投资增加引起总需求和收入增加。

②收入增加引致了消费支出的增加，所以，③总需求的增加大于最初的投资增加。

检查站 19.2 给出总需求的定义，并解释影响总需求的因素。

现实问题

1. 墨西哥与美国进行贸易，解释以下事件对墨西哥总需求的影响：
- 墨西哥政府减少所得税。
- 美国经济强劲增长。
- 墨西哥设置要求工厂升级生产设备的环境标准。

2. 解释以下事件对墨西哥的实际 GDP 需求量和总需求的影响：
- 欧洲与墨西哥的贸易进入衰退之中。
- 墨西哥的价格水平上升。
- 墨西哥增发货币。

新闻摘要

耐用品生产订单下降，新建住房销售情况好转

经济分析局宣布 2011 年第二季度耐用品需求下降了 5.3%，同时，新建住房销售上升了 4.2%，美国的出口增加了 3.6%。

资料来源：Bureau of Economic Analysis，September 29，2011.

解释新闻中的事件是如何影响美国的总需求的。

现实问题参考答案

1. 减税会增加可支配收入，进而增加墨西哥的总需求。强劲的美国经济增长会增加美国对墨西哥生产的新产品的需求，进而增加墨西哥的总需求。随着企业更新生产设备，投资增加，进而总需求增加。以上每一个事件都会使 *AD* 曲线向右移动（如图 1 所示）。

2. 欧洲经济衰退减少了墨西哥的出口需求，所以墨西哥的总需求减少。*AD* 曲线向左移动（如图 2 所示）。价格水平的上升使实际 GDP 的需求量沿着 *AD* 曲线减少，但 *AD* 曲线不会移动（如图 3 所示）。货币数量的增加会使总需求增加，进而 *AD* 曲线向右移动（如图 1 所示）。

新闻摘要参考答案

对耐用品和新建住房的购买是投资，耐用品销售的减少会减少总需求，而新建住房销售的增加会增加总需求。美国出口增加意味着对美国生产的产品和服务的需求增加，所以它会增加美国的总需求。

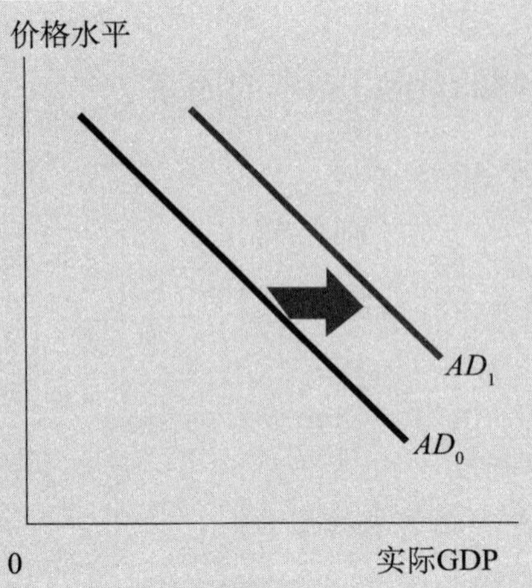

图 1

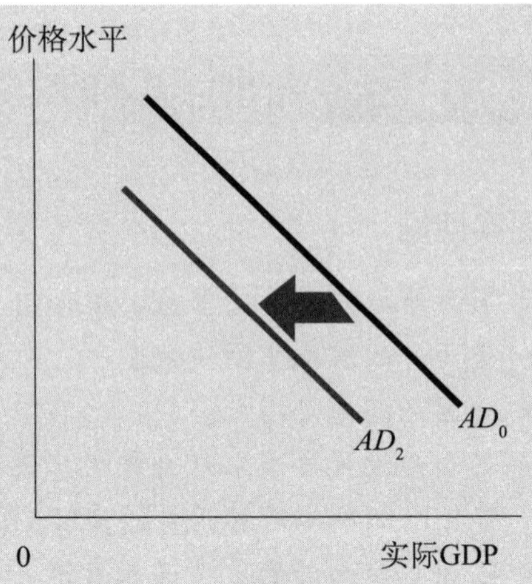

图 2

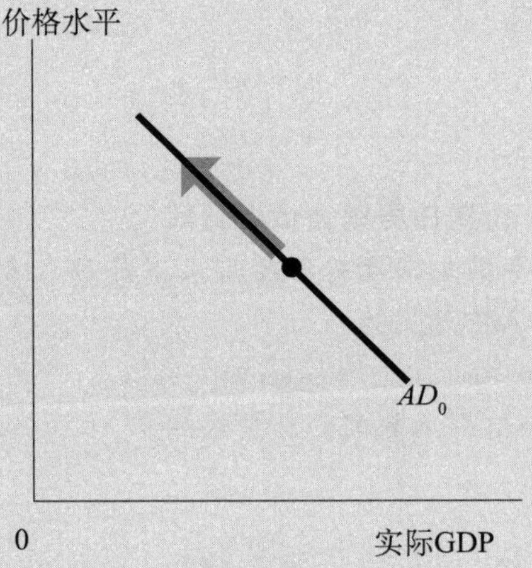

图 3

19.3 理解经济趋势和波动

AS—*AD* 模型的主要目的是解释实际 GDP 和价格水平在经济周期中的波动情况。但是，这个模型也可以帮助我们理解在前面的章节里学习过的经济增长和通货膨胀的趋势。解释经济趋势和波动的第一步是把总供给和总需求结合起来，并确定宏观经济均衡。

□ 宏观经济均衡

总供给和总需求决定了实际 GDP 和价格水平。在 *AD* 曲线与 *AS* 曲线的交点上，实际 GDP 需求量等于实际 GDP 供给量，宏观经济处于均衡状态，即达到**宏观经济均衡**（macroeconomic equilibrium）。图 19－7 显示了一个价格水平为 110、实际 GDP 为 13 万亿美元的宏观经济均衡状态。

为了观察为什么这一状态是均衡状态，我们思考一下价格水平不为 110 的情形。假设价格水平为 100，实际 GDP 是 12 万亿美元（在 *AS* 曲线上的 *A* 点处）。实际 GDP 需求量超过 12 万亿美元，所以企业无法满足对它们的产出的需求。存货投资减少，消费者争相购买产品和服务，致使企业扩大产量，提高价格，直到实际 GDP 达到 13 万亿美元、价格水平是 110 时，企业才满足了对它们产出的需求。

现在假设价格水平为 120，实际 GDP 为 14 万亿美元（在 *AS* 曲线上的 *B* 点处）。实际 GDP 需求量不到 14 万亿美元，所以企业不能全部售出它们的产品和服务。非意愿存货投资剧增，企业减产降价，直到全部产品售出为止，此时实际 GDP 为 13 万亿美元，价格水平为 110。

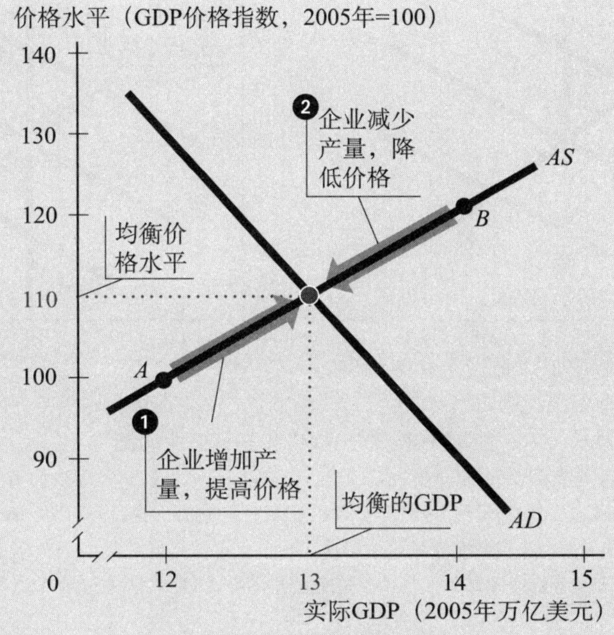

图 19-7　宏观经济均衡

宏观经济均衡是指总供给曲线上的实际 GDP 供给量等于总需求曲线上的需求量时的经济运行状态。

①在价格水平是 100 时，在 *AS* 曲线上的 *A* 点处实际 GDP 供给量是 12 万亿美元，实际 GDP 需求量超过了实际 GDP 供给量，企业增加产量，提高价格。

②在价格水平是 120 时，在 *AS* 曲线上的 *B* 点处实际 GDP 供给量是 14 万亿美元，实际 GDP 需求量小于实际 GDP 供给量，企业减少产量，降低价格。

在价格水平是 110 时，实际 GDP 供给量等于实际 GDP 需求量，宏观经济实现均衡。

□ 三种宏观经济均衡

在宏观经济均衡中，经济体可能处于充分就业状态、高于充分就业状态或低于充分就业状态。图 19-8（a）显示了这三种可能性。**充分就业均衡**（full-employment equilibrium）状态——此时均衡实际 GDP 等于潜在 GDP——出现在 *AD* 曲线与总供给曲线 AS^* 相交时。

货币工资率比较高时的总供给曲线是 AS_1。实际 GDP 等于 12.5 万亿美元，低于潜在 GDP，经济处于低于充分就业状态，有一个**衰退缺口**（recessionary gap）。货币工资率比较低时的总供给曲线是 AS_2。实际 GDP 等于 13.5 万亿美元，高于潜在 GDP，经济处于高于充分就业状态，有一个**通货膨胀缺口**（inflationary gap）。

趋向充分就业的调整

当实际 GDP 低于潜在 GDP，或实际 GDP 高于潜在 GDP 时，货币工资率大幅度变化直至充分就业。图 19－8（b）显示了这种调整过程。

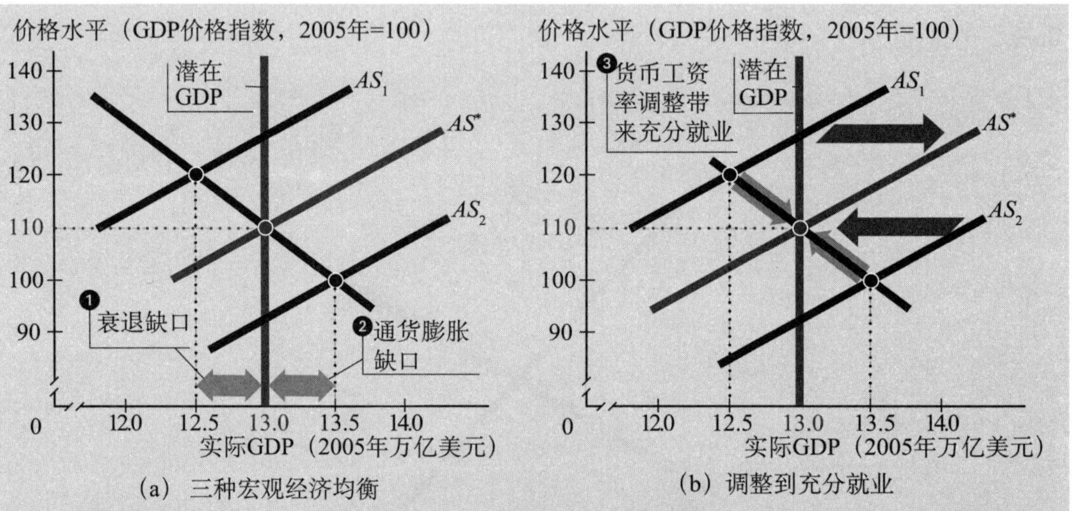

（a）三种宏观经济均衡　　（b）调整到充分就业

图 19－8　产出缺口和充分就业均衡

在图（a）中，①当均衡实际 GDP 低于潜在 GDP 时，存在一个衰退缺口；②当均衡实际 GDP 高于潜在 GDP 时，存在一个通货膨胀缺口。当均衡实际 GDP 等于潜在 GDP 时，达到宏观经济均衡。在图（b）中，当存在产出缺口时，③货币工资率调整把经济推向充分就业。当存在一个衰退缺口时，货币工资率下降，使 *AS* 曲线从 AS_1 向 AS^* 移动；当存在一个通货膨胀缺口时，货币工资率上升，使 *AS* 曲线从 AS_2 向 AS^* 移动。

当存在一个衰退缺口时，劳动力出现剩余，企业能够以一个较低的工资率雇用新工人。随着货币工资率的下降，*AS* 曲线从 AS_1 向 AS^* 移动，价格水平下降，实际 GDP 增加。货币工资率持续下降，直至实际 GDP 等于潜在 GDP——充分就业均衡。

当存在一个通货膨胀缺口时，劳动力出现短缺，企业必须以一个较高的工资率雇用新工人。随着货币工资率的上升，*AS* 曲线从 AS_2 向 AS^* 移动，价格水平上升，实际 GDP 减少。货币工资率持续上升，直至实际 GDP 等于潜在 GDP。

□ 经济增长和通货膨胀趋势

劳动力的增加和劳动生产率的提高引起经济增长，使潜在 GDP 增长。货币量的增加快于潜在 GDP 的增加会导致通货膨胀。

AS—AD 模型可以解释经济增长和通货膨胀的趋势。在 *AS—AD* 模型中，经济增长表现为潜在 GDP 曲线的不断向右移动。通货膨胀表现为总需求的持续增加快于潜在 GDP 的增加——向右移动的 *AD* 曲线快于向右移动的潜在 GDP 曲线。下面的“关注美国经济”专栏显示了 *AS—AD* 模型是如何解释美国的经济增长和通货膨胀趋势的。

□ 经济周期

总供给和总需求的波动导致经济周期。劳动生产率增长率的波动引起总供给的波动，进而带来潜在 GDP 增长率的波动。这种潜在 GDP 增长率的周期波动被称为**实际经济周期**（real business cycle）。但是总需求波动是经济周期的主因。因为总需求的波动快于改变总供给的货币工资率的变化。结果经济从通货膨胀缺口向充分就业转变，继而向衰退缺口转变，然后又按原路返回。

下面的"关注美国经济"专栏显示了最近的由总需求波动引起的经济周期性波动的情形。但是，在 2008—2009 年，正如你将在后面的"关注经济周期"专栏中看到的，总需求和总供给对经济周期的产生都发挥了作用。

❖关注美国经济　美国的经济增长、通货膨胀和经济周期

美国的经济增长、通货膨胀和经济周期是由总需求和总供给变化导致的。美国潜在 GDP 曲线的右移带来经济增长，向右移动的美国 *AD* 曲线快于向右移动的潜在 GDP 曲线，使美国出现通货膨胀。图（a）显示了一般的增长和通货膨胀。

图（b）显示了美国从 1970 年到 2011 年的经济增长和通货膨胀历史。每一点都代表这年的实际 GDP 和价格水平。黑点代表 1970 年，灰点代表 2011 年。点的向右移动代表经济增长，向上移动代表通货膨胀。

在 20 世纪 90 年代，沿着向上的轨迹移动的点表示低的通货膨胀率和较快的经济增长。在 20 世纪 70 年代，沿着陡峭向上的轨迹移动的点表示低的通货膨胀率而较慢的经济增长。

请注意，向上移动的点呈波浪状，偶尔向左移动。这种移动方式表明了经济周期

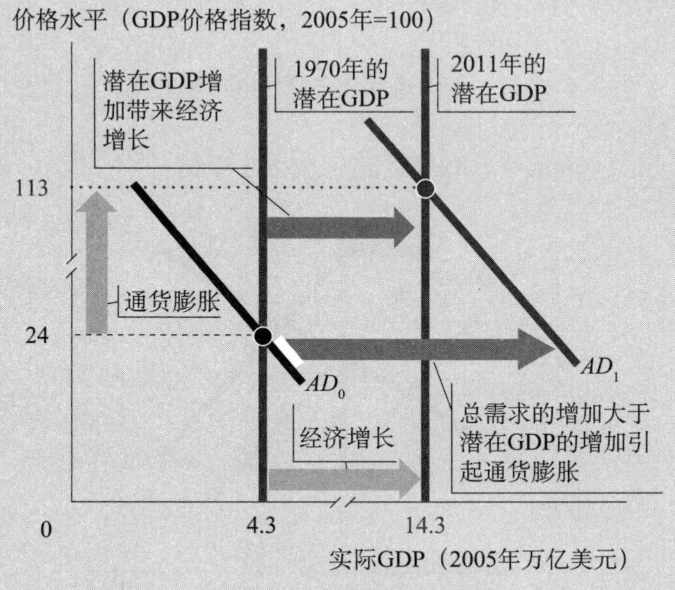

（a）经济增长和通货膨胀

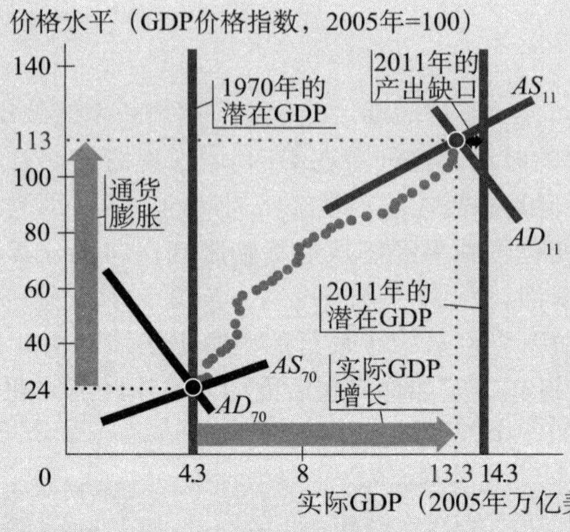

(b) 美国的经济增长和通货膨胀

中的繁荣和衰退。

通过与潜在 GDP 相比，我们可以看到 1970 美国经济处于充分就业状态，2008—2009 年的衰退缺口很大。

图（c）显示了总需求变化带来了经济周期。图（d）显示了从 2000 年到 2011 年的最近的经济周期。

在图（c）中当 AD 曲线是 AD_0 时，经济在 A 点上，存在一个通货膨胀缺口。图（d）显示在 2000 年有一个现实的缺口，如 A 点所示。

总需求减少到 AD_1，使实际 GDP 达到潜在 GDP，在图（c）和图（d）中经济向 B 点移动。

总需求继续减少到 AD_2，使实际 GDP 低于潜在 GDP，在图（c）和图（d）中存在一个衰退缺口。

在现实中，总需求不减少。它的增加慢于潜在 GDP 的增加。但图（c）显示了 AD 曲线与潜在 GDP 曲线的相对位置。

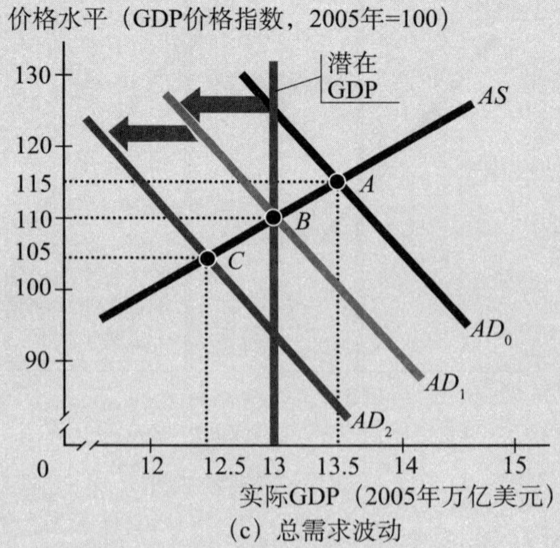

(c) 总需求波动

(d) 美国的产出缺口

□ 通货膨胀螺旋

你已经了解到如果总需求的增长快于潜在 GDP 的增长，将会出现通货膨胀。但是，正如实际 GDP 存在周期性，通货膨胀率也具有周期性。实际 GDP 螺旋和通货膨胀螺旋存在相互关系。为了研究这种相关性，我们把通货膨胀的原因区分为两种：

- 需求拉动的通货膨胀
- 成本推进的通货膨胀

需求拉动的通货膨胀

由总需求的增加引发的通货膨胀被称为**需求拉动的通货膨胀**（demand-pull inflation）。需求拉动的通货膨胀可以被任何改变总需求的因素引发，但推动其持续下去的唯一因素是货币数量的增长。

图 19－9 描述了需求拉动的通货膨胀的过程。潜在 GDP 是 13 万亿美元。最初，总需求曲线是 AD_0,，总供给曲线是 AS_0，实际 GDP 等于潜在 GDP。总需求增加，使得 AD 曲线移动到 AD_1，实际 GDP 增加，价格水平提高，出现了一个通货膨胀缺口。劳动力的短缺引起货币工资率上升，导致总供给减少，从 AS_0 移动到 AS_1。价格水平继续上升，实际 GDP 返回到潜在 GDP 水平。

货币数量再次增加，总需求曲线向右移动到 AD_2。价格水平进一步提高，实际 GDP 再一次超过潜在 GDP。货币工资率的提高再一次减少了总供给。总供给曲线移动到 AS_2，价格水平进一步提高。随着货币数量的持续增加，总需求增加，价格水平在一个持续的需求拉动的通货膨胀螺旋中上升。

成本推进的通货膨胀

由成本增加引发的通货膨胀被称为**成本推进的通货膨胀**（cost-push inflation）。成本增加的两个主要原因是货币工资率的提高和原材料如原油的涨价。

成本推进的通货膨胀由成本增加引发，但推动其持续下去的唯一因素是货币数量的增长。

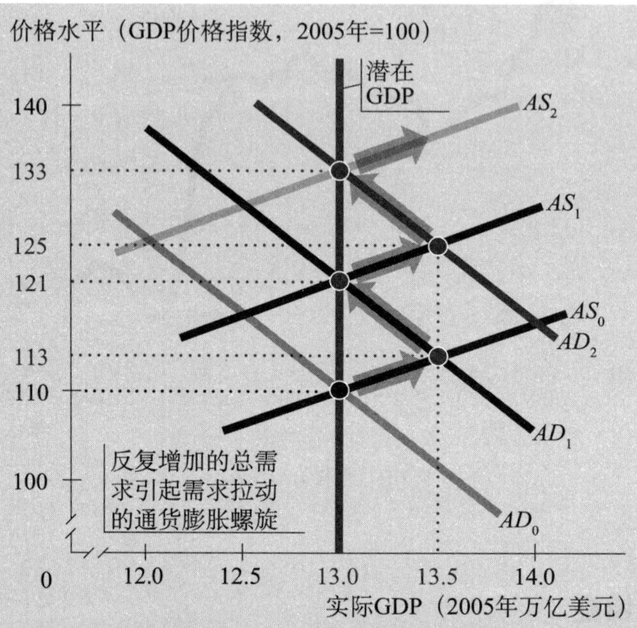

图 19－9　需求拉动的通货膨胀

每一次货币数量增加都会引起总需求增加，使总需求曲线向右移动，从 AD_0 移动到 AD_1，再移动到 AD_2。

每一次实际 GDP 超过潜在 GDP，货币工资率都会提高，引起总供给曲线向左移动，从 AS_0 移动到 AS_1，再移动到 AS_2。

价格水平从 110 提高到 113、121、125、133，等等。

需求拉动的通货膨胀螺旋导致实际 GDP 在 13 万亿美元和 13.5 万亿美元之间波动。

图 19－10 显示了成本推进的通货膨胀。总需求曲线是 AD_0，总供给曲线是 AS_0，实际 GDP 等于潜在 GDP。石油的世界市场价格提高减少了总供给。总供给曲线向左移动到 AS_1，价格水平上升，实际 GDP 减少，存在一个衰退缺口。

当实际 GDP 减少时，失业率提高，并超出自然失业率，美联储增加货币数量来使失业率回归到自然失业率水平。总需求增加，AD 曲线向右移动到 AD_1。实际 GDP 返回到潜在 GDP 水平，但价格水平上升。

现在，石油生产者看到他们所购买的所有东西的价格都上涨了，于是他们再次提高石油价格以使石油的相对价格不变。现在总供给曲线移动到 AS_2，价格水平上升，实际 GDP 减少。

如果美联储再次用增加货币数量的方式做出反应，那么总需求曲线会移动到 AD_2。价格水平上升，经济重新恢复到充分就业状态。这样，就产生了一个成本推进的通货膨胀螺旋。

实际 GDP 的减少与价格水平的上升并存的现象被称为**滞胀**（stagflation）。滞胀使美联储处于进退两难的境地。如果美联储无视石油生产者提高石油价格的行为，经济就会处于低于充分就业状态。如果美联储针对石油生产者提高石油价格的行为增加货币数量，以重新实现充分就业，就会引发石油价格的又一次上涨，进而需要继续增加货币数量才能实现充分就业。

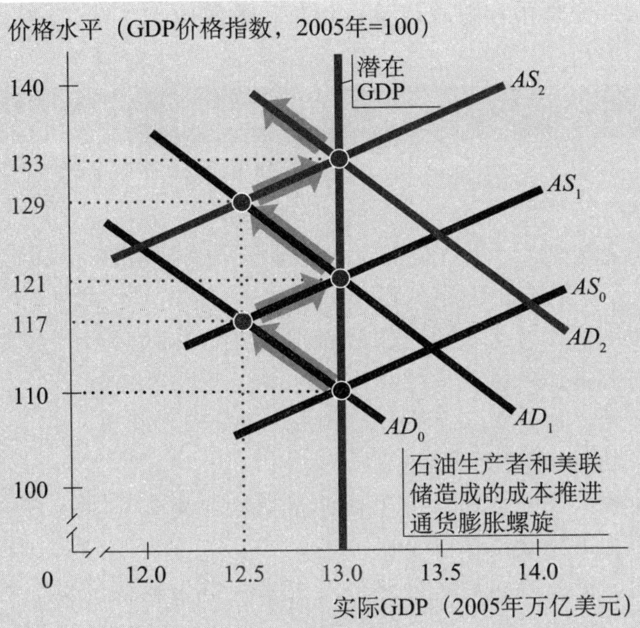

图 19-10 成本推进的通货膨胀

每一次成本增加都会使总供给减少，总供给曲线从 AS_0 向左移动到 AS_1，再移动到 AS_2，等等。

每一次实际 GDP 减少到低于潜在 GDP，美联储都会增加货币数量，总需求曲线从 AD_0 向右移动到 AD_1，再移动到 AD_2，等等。

价格水平从 110 上升到 117、121、129、133，等等。

成本推进的通货膨胀螺旋导致实际 GDP 在 13 万亿美元和 12.5 万亿美元之间波动。

通货紧缩和大萧条

2008 年 10 月，当金融危机袭击美国时，美国民众害怕 20 世纪 30 年代那场可怕的经济危机会重现。从 1929 年到 1933 年，美国和许多国家经历了通货紧缩和萧条——大萧条。价格水平下降 22%，实际 GDP 减少 31%。

2008—2009 年的衰退远没有大萧条那么严重，实际 GDP 减少 4%，价格水平小幅持续上升。为什么大萧条如此严重，而这次的衰退与之相比却比较轻微？你可以用在本章学习的知识回答这些问题。

在大萧条期间，银行倒闭，货币数量收缩 25%。美联储袖手旁观，没有采取任何行动反击货币购买力的崩溃之势，所以，总需求一路下挫。由于货币工资率不能迅速下降，所以，总需求的减少导致实际 GDP 减少。最终，货币工资率和价格水平也下降，而就业和实际 GDP 收缩至其 1929 年水平的 75%。

相反，在 2008 年的金融危机中，美联储使基础货币翻番，将金融机构从绝境中解救出来。货币数量持续增加。与此同时，政府增加其支出，使总需求增加。货币数量增加和政府支出增加的联合效应是控制了总需求的减少，防止了实际 GDP 大幅度减少。

现在面临的挑战是，随着私人支出如消费支出、投资支出和出口开始增加和回到正常水平，总需求增加，如何退出货币和财政刺激。太多的货币和财政刺激将导致通货膨胀缺口和更快的通货膨胀。太少的货币和财政刺激将会留下衰退缺口。

你将在第 20 章探究货币和财政政策行动及政策效应。

∵关注你的生活　AS—AD 模型的运用

运用你在本学期积累的所有知识，通过观察和阅读新闻，尝试分析美国经济现在处于经济周期的哪个阶段。

首先，你能否确定实际 GDP 是高于、低于还是等于潜在 GDP？其次，你能否确定实际 GDP 是处于繁荣阶段还是衰退阶段？

接下来，尝试提出你对未来的美国经济的看法。你如何看待那些加在总供给和总需求上的压力，它们将如何推动或拉动经济？

在未来的数月里，你认为实际 GDP 会快些还是慢些扩张？你认为实际 GDP 与潜在 GDP 之间的缺口会扩大还是缩小？

你预期总需求和总供给会如何变化，你预期这些变化将如何影响劳动力市场？你预期失业率会提高、下降还是保持不变？

跟你班上的朋友谈论现在的美国经济及未来的美国经济。你们的意见一致还是有较大的分歧？

∵关注经济周期　为什么美国经济在 2008 年出现衰退？

什么因素导致经济周期？什么因素引起 2008—2009 年美国经济的衰退？

经济周期理论

主流经济周期理论认为，潜在 GDP 是以一个稳定的比率增长的，而总需求是以一个波动的比率增长的。

因为货币工资率变化缓慢，如果总需求的增长快于潜在 GDP 的增长，实际 GDP 将高于潜在 GDP，出现通货膨胀缺口。通货膨胀率上升，实际 GDP 被拉回到潜在 GDP 水平。

如果总需求的增长慢于潜在 GDP 的增长，实际 GDP 将低于潜在 GDP，出现衰退缺口。通货膨胀率下降。由于货币工资率对衰退缺口的反应非常慢，在总需求的增加出现之前实际 GDP 都无法重新回到潜在 GDP 水平。

总需求波动的主要原因是投资需求的波动。消费支出则对收入变化做出反应。

如果总供给减少导致滞胀，也会出现经济衰退。总需求和总供给同时减少可能会导致衰退。

2008—2009 年的衰退

2008—2009 年的衰退是总需求和总供给同时减少导致衰退的例子。下页的图显示了这两股力量的贡献。

在 2008 年经济的顶峰，实际 GDP 是 13.4 万亿美元，价格水平是 108。在 2009 年第二季度，实际 GDP 已经下降到 12.9 万亿美元，价格水平上升到 110。

开始于 2007 年、进一步恶化于 2008 年的金融危机减少了可贷资金供给，导致投资坍塌式下降。

全球经济衰退使美国的出口需求减少和总需求减少。

美国大量的政府支出注入使总需求的减少平缓，但这样的状况并不能阻止总需求的减少。

我们不能把价格水平上升和实际 GDP 下降的账只算到总需求减少头上。总供给必定已经减少了。2007 年石油价格和货币工资率上升，这是两个导致总供给减少的主要原因。

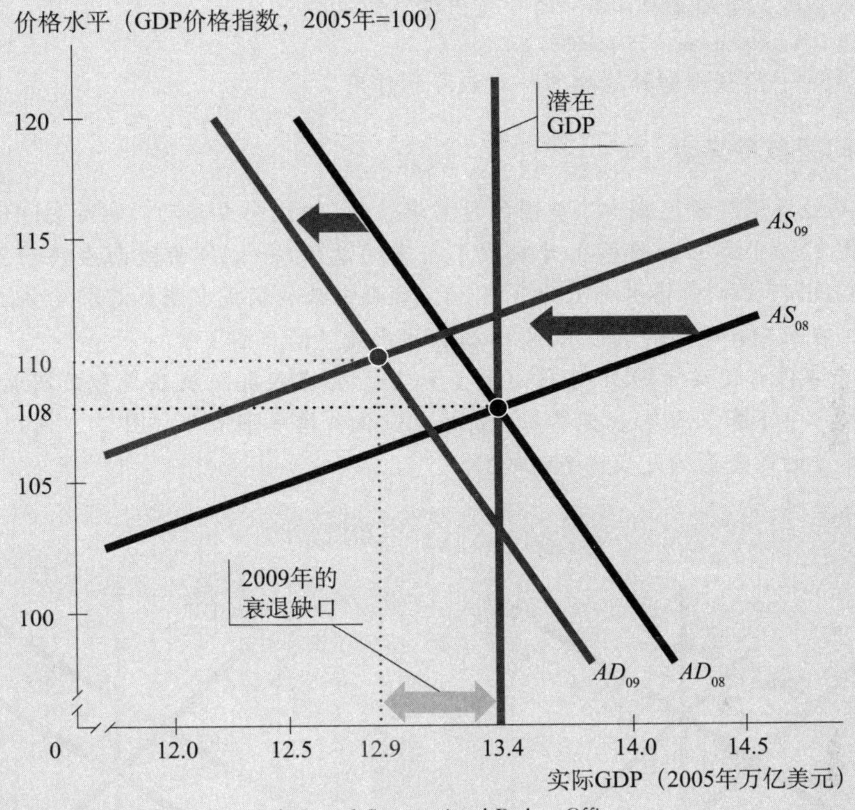

资料来源：Bureau of Economic Analysis and Congressional Budget Office.

检查站 19.3 请解释总需求和总供给的趋势及波动如何带来经济增长、导致通货膨胀和经济周期。

现实问题

当以下事件发生时，美国经济处于充分就业状态：

- 世界经济深度衰退。
- 世界石油价格大幅上升。
- 美国企业预期未来利润下降。

1. 分别解释每个事件对总需求和总供给的影响。在短期实际 GDP 和价格水平将如何变化？

2. 解释这些事件对实际 GDP 和价格水平的综合影响。

3. 如果有的话，哪个事件会导致滞胀？

新闻摘要

两年中美国的收入首次下降

消费者支出在 8 月份上升 0.2%，在 7 月份上升 0.7%。收入出现自 2009 年 10 月以来的第一次下降，下降了 0.1%。消费支出占总需求的 70%。

资料来源：Associated Press，September 30，2011.

依据 AS—AD 模型解释这些事件对经济的作用。

现实问题参考答案

1. 世界经济深度衰退减少了美国的总需求。AD 曲线向左移动。实际 GDP 和价格水平下降（图 1）。世界石油价格上升减少了美国的总供给。AS 曲线向左移动。在短期，美国实际 GDP 下降，价格水平上升（图 2）。预期未来利润减少使总需求减少，AD 曲线向左移动。在短期，美国的实际 GDP 和价格水平都下降（图 1）。

2. 三个事件都使实际 GDP 下降（图 1 和 1）。世界经济深度衰退和预期未来利润减少导致价格水平下降（图 1）。世界石油价格上升使价格水平上升（图 2）。所以，这些事件对价格水平的综合影响是模糊不清的。

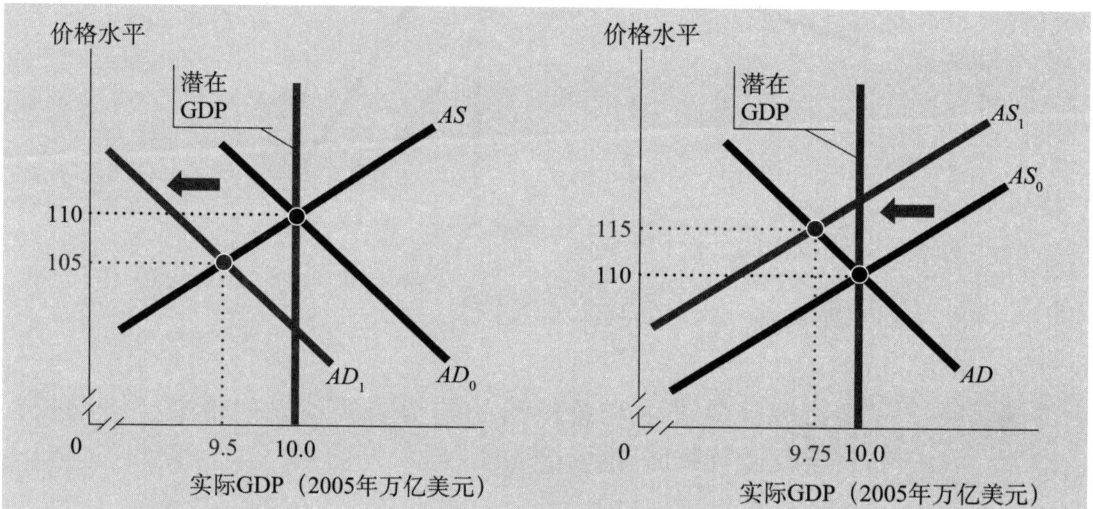

图 1　　图 2

3. 滞胀是指价格水平上升，同时实际 GDP 减少的状况。世界石油价格上升使总供给减少、实际 GDP 减少和价格水平上升，导致滞胀。

新闻摘要参考答案

新闻摘要没有给出关于总供给的信息。消费支出占总需求的 70%，所以，消费支出增加会增加总需求、GDP 和总收入。

收入下降使总需求的其他组成部分（投资、政府支出和净出口）下降，从而使经济沿着 AS 曲线向下移动。或者，总供给减少，使经济沿着 AD 曲线向上移动。

本章总结

□ 要点

1. 定义总供给，并解释影响总供给的因素。

• 总供给是指当其他影响生产计划的因素不变时，实际 GDP 供给量与价格水平之间的关系。

• 在给定货币工资率的条件下，价格水平提高使实际工资率降低，劳动需求量增加，实际 GDP 供给量增加，所以，*AS* 曲线是向上倾斜的。

• 潜在 GDP、货币工资率和其他资源的货币价格的变化都会引起总供给的变化。

2. 定义总需求，并解释影响总需求的因素。

• 总需求是指当其他影响支出计划的因素不变时，实际 GDP 需求量与价格水平之间的关系。

• 价格水平上升使货币购买力降低，实际利率上升，与国外的产品相比，国内产品的实际价格上涨，实际 GDP 需求量减少。所以，*AD* 曲线是向下倾斜的。

• 预期未来收入、通货膨胀、利润、财政政策、货币政策、汇率和外国实际 GDP 的变化都会引起总需求的变化——*AD* 曲线的移动。

3. 解释总需求和总供给的趋势及波动如何带来经济增长、导致通货膨胀和经济周期。

• 在宏观经济处于充分就业状态、高于充分就业状态或低于充分就业状态时，总需求和总供给决定了实际 GDP 和价格水平。

• 宏观经济处于偏离充分就业的均衡状态时，货币工资率的变化把实际 GDP 拉回到潜在 GDP 水平。

• 经济增长是指潜在 GDP 持续性的增加。当总需求的增加快于潜在 GDP 的增加时，会出现通货膨胀。

• 总需求和总供给的波动引起经济周期。

• 需求拉动和成本推进力量引起通货膨胀螺旋与实际 GDP 螺旋。

□ 关键术语

总需求	财政政策	货币政策
总供给	充分就业均衡	实际经济周期
成本推进的通货膨胀	通货膨胀缺口	衰退缺口
需求拉动的通货膨胀	宏观经济均衡	滞胀

本章检查站

□ 学习计划中的问题与应用

1. 解释在印度，随着更多的人接受高等教育，潜在 GDP 和总供给在长期如何变化？

2. 解释以下每一个事件对美国实际 GDP 需求量和总需求的影响。

• 世界经济强劲扩张。

• 美国价格水平上涨。

· 国会提高所得税。

3. 当其他因素不变，美联储减少货币数量时，美国经济处于充分就业状态。解释美联储的行为在短期对总需求的影响。

4. 表1设定了某经济体的总需求和总供给计划。宏观经济均衡状态是什么？如果潜在GDP是6 000亿美元，宏观经济均衡的类型是哪种？解释在长期实际GDP和价格水平是如何调整的？

表 1

价格水平（GDP价格指数）	实际GDP需求量（2005年十亿美元）	实际GDP供给量（2005年十亿美元）
90	900	600
100	850	700
110	800	800
120	750	900
130	700	1 000

5. 假设美国经济存在衰退缺口，而世界经济走向扩张。解释世界经济扩张对美国实际GDP和失业率的短期影响。

6. 假设美联储增加货币数量。在 *AS*—*AD* 图中显示增加货币数量对宏观经济均衡的短期影响。解释经济恢复充分就业的调整过程。

利用图1以及最初的总供给曲线 AS_0 和总需求曲线 AD_0，回答问题7～9。

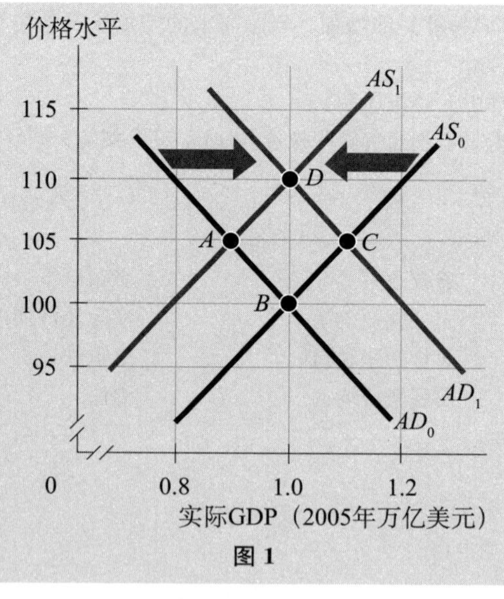

图 1

7. 一些因素导致总需求曲线从 AD_0 移动到 AD_1。描述两个可能引起总需求曲线发生这种变化的因素。总需求曲线这样变化后的宏观经济均衡是什么？如果潜在GDP是1万亿美元，经济处于何种宏观经济均衡状态？

8. 一些因素导致总供给曲线从 AS_0 移动到 AS_1。描述两个可能引起总供给曲线发生这种变化的因素。总供给曲线这样变化后的宏观经济均衡是什么？如果潜在GDP是1万亿美元，经济存在通货膨胀缺口、衰退缺口还是不存在产出缺口？

9. 一些因素导致总需求曲线从 AD_0 移动到 AD_1，总供给曲线从 AS_0 移动到 AS_1。新的宏观经济均衡是什么？

10. 随着通货紧缩的缓解，日本经济走向复苏。

年初，日本除新鲜食品外的消费者价格下降 0.4%——自 2009 年以来的最小幅下降。失业率意外地从 5.1%下降到 4.9%——自 9 月份以来第一次下降。日本经济将“很快”从衰退中复苏。

资料来源：Bloomberg，January 27，2011.

在 AS—AD 图中显示日本 2010 年的宏观经济均衡状况。显示为什么经济正在走向复苏且通货紧缩缓解。

□ 教师可布置的问题与应用

1. 根据主流经济周期理论，衰退的一般原因是总需求减少、总供给减少还是两者都是？最有可能引发衰退的总需求的成分是哪个？总需求乘数是如何影响衰退的？

2. 假设美国经济处于充分就业状态。解释以下每一个事件对总供给的影响：

- 工会将货币工资率推高 10%。
- 价格水平上涨。
- 潜在 GDP 增加。

3. 假设美国经济处于充分就业状态。联邦政府削减税收，其他影响总需求的因素不变。解释削减税收在短期对总需求的影响。

利用以下信息回答问题 4 和 5。

世界石油价格波动引起美国短期宏观经济均衡的波动，一些人建议当石油价格上涨时，美国政府应该降低对石油的税收，反之亦然，以稳定美国石油市场的价格。

4. 这种行为将如何影响总需求？

5. 这种行为将如何影响总供给？

6. 表 1 设定了日本的总需求和总供给。潜在 GDP 是 600 万亿日元。短期宏观经济均衡的状况如何？日本存在通货膨胀缺口或衰退缺口吗？如果有，有多大？

表 1

价格水平（GDP 价格指数）	实际 GDP 需求量（2000 年万亿日元）	实际 GDP 供给量（2000 年万亿日元）
75	600	400
85	550	450
95	500	500
105	450	550
115	400	600
125	350	650
135	300	700

7. 假设世界石油价格上涨。在 AS—AD 图中显示世界石油价格上涨对美国短期宏观经济均衡的影响。解释经济恢复充分就业的调整过程。

8. 解释全球经济衰退对美国宏观经济均衡的短期影响。解释经济恢复充分就业的调整过程。

利用以下信息回答问题 9 和 10。

众议院共和党改变基础设施的进程

众议院的共和党抛弃了计划，以大幅削减基础设施开支。而现在他们又说要找到一条新路子以支付一个耗费 3 000 亿美元的多年度高速路建设项目。

资料来源：*The Wall Street Journal*，September 30，2011.

9. 解释政府增加基础设施建设支出对美国总需求和总供给的影响。

10. 2011 年美国经济存在衰退缺口。运用 *AS*—*AD* 模型显示基础设施完工对美国实际 GDP 的影响。

□ 单项选择题

1. 当_________时，总供给增加。

A. 价格水平上涨　　B. 货币工资率下降

C. 消费支出增加　　D. 石油的货币价格提高

2. 当潜在 GDP 增加时，_________。

A. 总需求增加　　B. 总供给增加

C. 总需求和总供给都增加　　D. 价格水平上涨

3. 如果_________，实际 GDP 需求量增加。

A. 货币购买力提高　　B. 货币工资率提高

C. 价格水平下降　　D. 名义利率下降

4. 预期收入增加会增加_________。

A. 消费支出，引起当前的总需求增加

B. 投资支出，引起当前的总供给增加

C. 货币需求，引起当前的总需求减少

D. 未来消费支出，不会影响当前的总需求

5. 当实际 GDP _________等于_________时，宏观经济均衡实现。

A. 需求量；实际 GDP 供给量

B. 需求量；潜在 GDP

C. 供给量；潜在 GDP

D. 需求量；实际 GDP 供给量和潜在 GDP

6. 如果经济处于充分就业状态且美联储增加货币数量，_________。

A. 总需求增加，出现衰退缺口，货币工资率开始上升

B. 总供给增加，价格水平开始上升，经济开始扩张

C. 总需求增加，出现通货膨胀缺口，货币工资率开始上升

D. 潜在 GDP 和总供给同时增加，价格水平不变

7. 在过去的 10 年中，对中国生产的产品的需求增加带来了中国出口的持续增加，这超过了供给的增加。结果，中国经历了_________。

A. 价格稳定期和持续经济增长

B. 价格水平上升和需求拉动的通货膨胀

C. 价格水平上升和成本推进的通货膨胀

D. 价格水平上升和实际工资率下降

第20章 财政政策与货币政策

本章要点

学完本章，你将能够：

1. 描述联邦预算过程，并解释财政政策的效应。
2. 描述美联储的货币政策过程，并解释货币政策的效应。

20.1 联邦预算与财政政策

财政政策（fiscal policy）是使用联邦预算，以实现快速持续的经济增长和充分就业的宏观经济目标。什么是联邦预算？它是如何形成的？

□ 联邦预算

联邦预算（federal budget）是美国政府关于税收收入、支出、财政盈余或赤字的年度报告。

预算时间表

美国总统和国会按照图 20－1 中的时间表制定联邦预算。尽管总统提议并最终批准预算，但是做出严格支出和税收决策的工作还是要由国会负责。众议院和参议院通过各自的预算委员会提出各自的预算计划。两院通过正式会议解决彼此的观点分歧，并起草预算案，最终通过为预算法案。

预算余额：盈余和赤字

政府的预算余额等于税收收入减去支出，即：

预算余额＝税收收入－支出

如果税收收入等于支出，政府便有**平衡预算**（balanced budget）。如果税收收入超过支出，则政府就有**预算盈余**（budget surplus）。如果支出超过税收收入，则政府便有**预算赤字**（budget deficit）。表 20－1 描述了 2012 财政年度的收入、支出和预算余额计划。

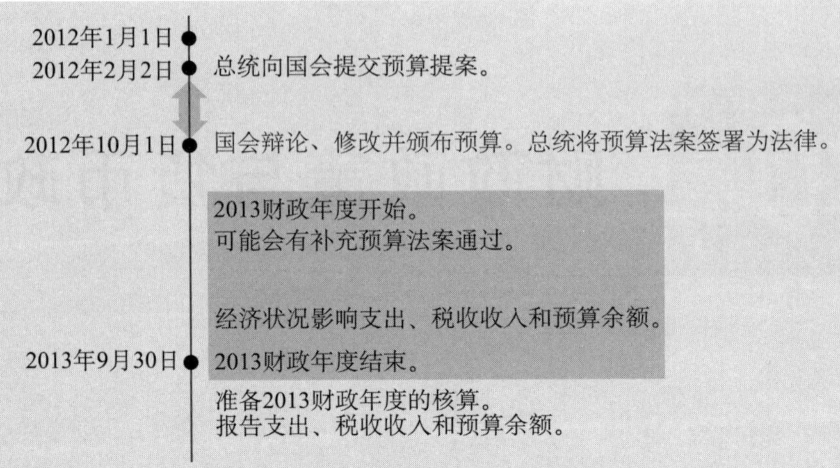

图 20-1　2013 财政年度的联邦预算时间表

美国财政年度从 10 月 1 日到来年的 9 月 30 日。2013 财政年度是从 2012 年 10 月 1 日开始的一个财政年度。

联邦预算过程从 2 月的总统提案开始。国会在从 10 月 1 日开始的财政年度之前讨论、修改这些提案并颁布预算。总统将预算法案签署为法律。在整个财政年度期间，国会还可能通过补充预算法案。在财政年度结束后要对预算的结果进行决算。

表 20-1　2012 财政年度联邦预算

项目	预算（10 亿美元）	
税收收入	2 850	
个人所得税		1 118
社会保障税		1 025
企业所得税		421
间接税		286
支出	4 091	
转移支付		2 566
产品和服务支出		1 165
债务利息		360
预算余额	−1 241	

预计 2012 年联邦预算有大量的赤字。预计税收收入为 28 500 亿美元，比支出 40 910 亿美元少 12 410 亿美元。个人所得税是最大的收入来源，转移支付是最大的支出项目。

资料来源：*Budget of United States Government*，*Fiscal Year 2012*，Table 14.1.

盈余、赤字和债务

政府为预算赤字融资，必须借款，并在盈余时再偿还债务。政府未偿还的债务——源自过去的预算赤字的债务——被称为**国债**（national debt）。一个财政年度末的国债，等于上一个财政年度末的国债加上本财政年度的预算赤字或减去本财政年度的预算盈余。例如：

2013 年末债务＝2012 年末债务＋2013 年预算赤字

下面的“关注过去”专栏描述了美国预算赤字和债务的历史。

个人类比

政府的预算和债务与你的预算和债务类似，只不过数量更多。如果你每年用助学贷款上学，你就会有预算赤字和不断增加的债务。在你毕业后，如果你有一份工作并且每年偿还部分贷款，你每年就会有预算盈余和不断减少的债务。

财政政策类型

财政政策行为可以分为：

- 相机决策的财政政策
- 自发的财政政策

源于国会某个法案的财政政策行动被称为**相机抉择的财政政策**（discretionary fiscal policy）。相机抉择的财政政策要求改变支出计划或改变税法。增加国防开支或削减个人所得税都是相机抉择的财政政策的例子。

因经济状况而被触发的财政政策行动被称为**自发的财政政策**（automatic fiscal policy）。例如，失业增加会引起对失业者的救济金增加，而收入下降会导致税收收入下降。

□ 相机抉择的财政政策：需求侧效应

相机抉择的财政政策影响总需求和总供给。我们首先看需求侧效应。政府支出和税收的改变对总需求都有乘数效应，这和第 19 章你学过的乘数效应相似。

政府支出乘数

政府支出乘数（government expenditure multiplier）是指政府产品和服务支出的变化对总需求的放大效应。政府支出是总支出的一个组成部分，所以当政府支出增加时，总需求也会增加。实际 GDP 增加会引起消费支出增加，这又会带来总支出的进一步增加。这个乘数过程和第 19 章中描述的一样。

税收乘数

税收乘数（tax multiplier）是指税收的变化对总需求的放大效应。税收的减少会增加可支配收入，这导致消费支出增加。税收减少的作用如同政府支出增加的作用。但是税收乘数的数值要比政府支出乘数的数值小，这是因为减税 1 美元所引起的额外支出低于 1 美元。边际消费倾向决定了由减税所引起的支出额的初始增加和税收乘数的大小。例如，如果边际消费倾向是 0.75，那么减税 1 美元引起消费支出额最初仅仅增加 75 美分。在这个例子中，税收乘数是政府支出乘数的 0.75 倍。

∵关注过去　联邦收入、支出、赤字和债务

1940 年，第二次世界大战的头一年，每赚 1 美元，联邦政府要抽税 6.5 美分并支出 9.3 美分。到了 1943 年，战争进入历史上最残酷的阶段，在赚的每 1 美元中政府要花费 40 美分并抽税 12 美分。1943 年和 1944 年，政府的财政赤字几乎占到 GDP 的 30%［见下页图（a）］。

巨额财政赤字的结果是快速增长的政府债务。到 1946 年，债务—GDP 比率（即债务占 GDP 的百分比）达到峰值时，政府欠债超过了当年的 GDP。

在 20 世纪五六十年代，伴随平衡预算和实际 GDP 的快速增长，政府的债务—GDP

比率下降。到 1974 年，债务—GDP 比率降至不到 23%［见图（b)］。

20 世纪 80 年代，随着国防预算的膨胀和一些税率的削减，预算赤字又重现。结果债务—GDP 比率不断增长，到 1995 年几乎攀升至 50%。

20 世纪 90 年代，支出限制和实际 GDP 的持续增长降低了债务—GDP 比率。但是，国防和国土安全开支的急涨、税收削减，以及 2009 年和 2010 年政府支出因应对全球金融危机和衰退而高涨，在所有这些因素的综合作用下，债务—GDP 比率再次膨胀。

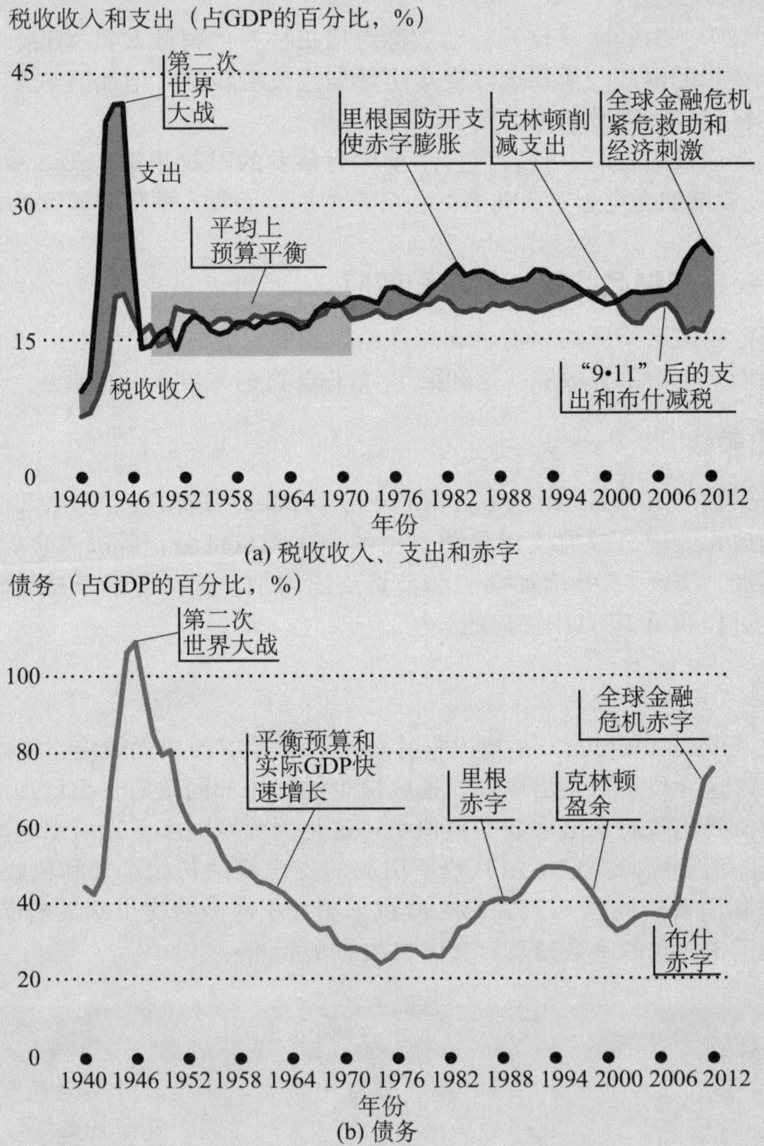

(a) 税收收入、支出和赤字

(b) 债务

资料来源：*Budget of The U. S. Government*, *Fiscal Year 2012*, Historical Tables, Table 7. 1 and 14. 1.

转移支付乘数

转移支付乘数（transfer payments multiplier）是指转移支付的改变对总需求的效应。

这个乘数的作用如同税收乘数的作用，但方向相反。转移支付增加会增加可支配收入，这又会导致消费支出增加。转移支付乘数的大小和税收乘数的大小一样。如同减税 1 美元所引起的额外支出低于 1 美元，转移支付增加 1 美元所引起的额外支出也低于 1 美元。同样，边际消费倾向决定了由转移支付增加所引起的支出增加额的大小。

平衡预算乘数

平衡预算乘数（balanced budget multiplier）是指政府支出和税收同时变化——保持预算平衡不变——对总需求的放大效应。平衡预算乘数不为 0。平衡预算乘数大于 0，因为政府支出增加 1 美元所引起的总需求的增加量超过 1 美元，而税收增加（或转移支付减少）1 美元所引起的总需求的减少量小于 1 美元。所以，当政府支出和税收都增加 1 美元时，总需求会增加。

我们上面讨论的乘数效应数值的大小是经济学家争论不休的主题，且观点不一，我们将在后面的“关注财政刺激”专栏中分析一些观点。现在，我们将这些争论放在一边，来看看一个成功的相机抉择的财政政策是如何运作的。

成功的财政刺激

当实际 GDP 低于潜在 GDP，以及政府想要增加实际 GDP 和创造或者保留工作岗位时，政府通过增加政府支出或者减少税收收入来采取**财政刺激**（fiscal stimulus）政策。图 20－2 向我们展示了成功的财政刺激方案如何增加了总需求。

在图 20－2（a）中，潜在 GDP 是 13 万亿美元，但是实际 GDP 只有 12 万亿美元。经济位于 *A* 点，这里存在一个衰退缺口（见第 19 章）。

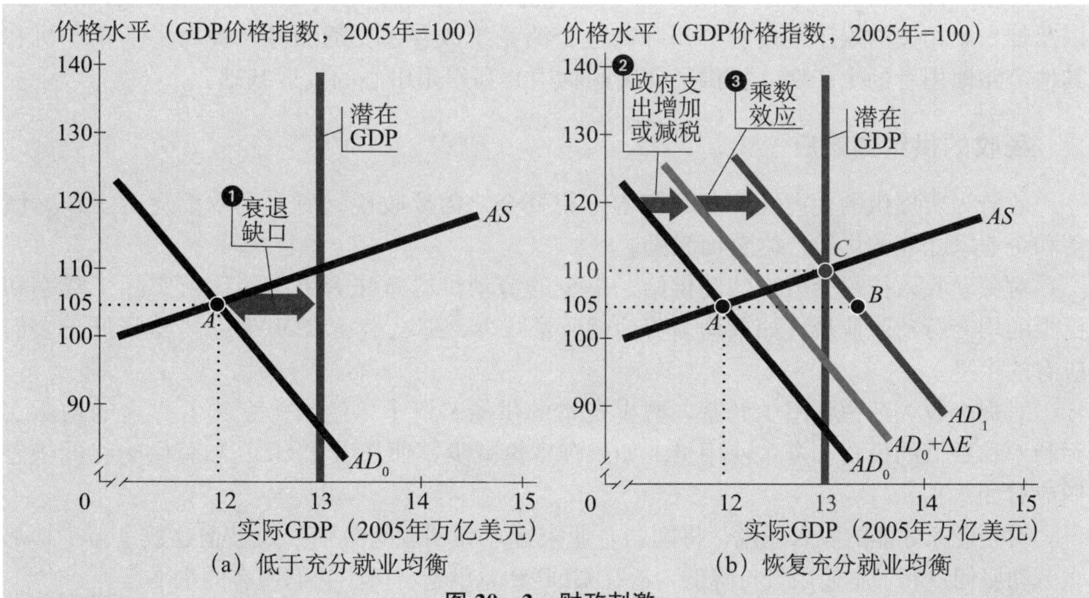

图 20－2　财政刺激

潜在 GDP 为 13 万亿美元。在 *A* 点，实际 GDP 为 12 万亿美元，因此①存在 1 万亿美元的衰退缺口，②政府支出增加或减税使支出增加 ΔE。

③乘数效应增加了引致支出，*AD* 曲线右移至 AD_1，价格水平上升到 110，实际 GDP 增加到 13 万亿美元，衰退缺口被消除。

为了消除衰退缺口和恢复充分就业，政府实施财政刺激。政府支出增加或减税使得总支出增加 ΔE。如果它是支出计划仅有的变动，AD 曲线将变为图 20－2（b）中的 $AD_0+\Delta E$。但初始支出的增加将触发乘数过程，它会使得消费支出增加。随着乘数过程的结束，总需求增加，AD 曲线向右移至 AD_1。

保持价格水平不变，经济将从最初的 A 点移动到 AD_1 上的 B 点。但是增加的总需求与向右上方倾斜的总供给曲线的结合会引起价格水平的上升，因此经济会移动到新的均衡点 C。价格水平将上升到 110，实际 GDP 将增加到 13 万亿美元，经济恢复到充分就业。

□ 相机抉择的财政政策：供给侧效应

政府支出和税收都影响总供给，现在我们分析财政政策的供给侧效应。

政府支出的供给侧效应

政府提供法律制度、秩序、公共教育、公共健康等服务，所有这些都会提高一国的生产能力。例如，美国为什么比落后的发展中国家具有更高的生产率，其中一个原因就是美国比落后的发展中国家提供了更好的教育和健康服务。美国政府也提供社会基础设施（资本），如高速公路、桥梁、隧道和水坝等，这些设施会提高美国的生产能力。

政府的服务和资本可能供给过度，超过某一点以至于不再提高生产能力。但是，我们不可能到达这一点。

增加政府支出即增加生产性服务和资本，将增加潜在 GDP 和总供给。

20 世纪 30 年代建设的胡佛水坝和 20 世纪 50 年代建设的州际高速公路系统，是增加政府的生产性支出的最显著的两个例子。胡佛水坝增加了电力生产，改善了水源管理，以及带来了相关的娱乐性设施。州际高速公路系统改善了交通服务，提高了卡车司机和其他道路使用者的生产率，提供了郊区购物中心和娱乐中心的发展基础。

税收的供给侧效应

政府为所提供的生产性服务和资本筹集资金，需要收税。所有税收都会对工作、储蓄和企业家才能的供给产生负面激励。

对劳动收入征税会减少劳动供给。更少的劳动供给意味着更高的均衡实际工资率和更少的均衡劳动就业量。如果均衡劳动就业量减少，那么潜在 GDP 和总供给将低于它们应有的水平。

对资本收入征税将减少储蓄，减少资本的供给。资本供给减少意味着更高的均衡实际利率和更低的投资和资本使用量。如果资本量减少，那么潜在 GDP 和总供给将低于它们应有的水平。

对企业家才能的收入征税，将削弱企业家冒险和创业的激励。如果企业数量减少，那么劳动雇佣量和资本使用量将降低，潜在 GDP 和总供给将低于它们应有的水平。

增加所有类型的税收都将加强我们刚才描述的负面激励效应。增加税收将减少劳动、资本和企业家才能的供给数量，减少潜在 GDP，减少总供给。而减少税收有相反的效应。减少税收会增强对工作、储蓄和企业家才能的供给的激励。因此，减少税收会增加潜在 GDP，增加总供给。

政府规模的供给侧效应

如果政府既增加支出又增加税收，那么政府的规模将扩大。更多的生产性政府支出会增加潜在 GDP，但是为支出筹资而提高税收会减少潜在 GDP。因此，扩大政府规模可能增加也可能减少潜在 GDP 和总供给，这主要取决于哪一种效应更大。一些经济学家（和政客）相信，政府规模扩大会增加潜在 GDP 和总供给，尽管增加税收会减少激励。而另一些则认为，税收产生的负面激励足够大，因而，小政府有更高的生产率，相应地潜在 GDP 和总供给也更大。

对潜在 GDP 产生的供给侧效应

图 20－3 阐述了财政政策对潜在 GDP 的影响。起初，生产函数为 PF_0，充分就业的劳动量为 2 500 亿小时，潜在 GDP 为 13 万亿美元（见第 17 章）。

减税提高了工作激励，结果劳动供给量增加，充分就业的均衡就业量增加。在图 20－3 中，就业量增加到 2 600 亿小时/年。减税也增强了对储蓄和投资的激励，相应地增加了资本量。随着人均资本数量的增加，劳动生产率提高，生产函数向上移动到 PF_1。

就业量增加和生产函数上移，结果潜在 GDP 增加到 14 万亿美元。潜在 GDP 的增加提高了总供给水平，也增加了现实的实际 GDP 数量。

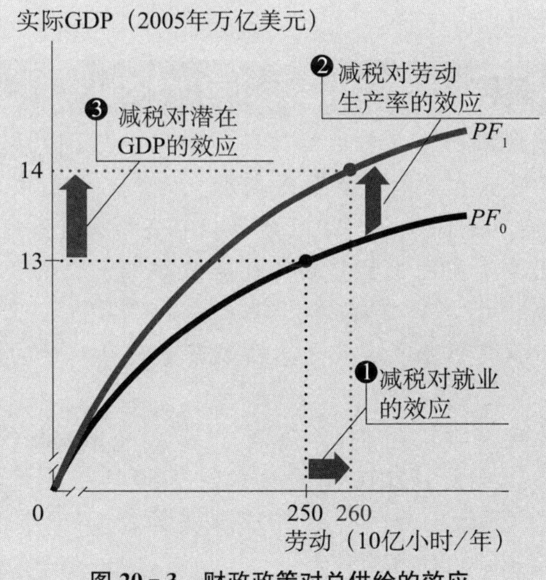

图 20－3　财政政策对总供给的效应

①减税强化了工作激励，增加劳动供给，增加就业。

②减税强化了储蓄和投资激励，从而增加资本量，提高劳动生产率。

③减税对就业和劳动生产率的综合效应为增加潜在 GDP。

□ 相机抉择的财政政策的局限性

相机抉择的财政政策会受到以下四种因素的制约：

- 立法时滞
- 相机抉择的空间收窄
- 潜在 GDP 的估计
- 经济预测

立法时滞

立法时滞是指国会通过改变税收或支出所需的法律所花费的时间。或许经济将受益于当前的财政刺激，但等到国会通过法案时，经济需要的可能是另一个不同的财政药方。

相机抉择的空间收窄

在 21 世纪头十年联邦支出的增长比任何其他的和平时期都要快。安全威胁的增加导致军费和国土安全开支大规模增加，而人口老龄化使得社会保障和医疗保险等福利项目的开支大规模增加。

政府应得权益计划（entitlement program）的增加不但压缩了相机抉择支出的空间，而且埋下了一颗“定时炸弹”，对经济增长和未来的财政政策将产生潜在的灾难性后果。（见下面的“关注美国经济”专栏。）

今天，大约有 80％的联邦预算项目被禁止列入相机抉择政策的范畴，而剩下的 20％的项目则很难削减。

❖关注美国经济　　社会保障和医疗“定时炸弹”

在二战后的出生高峰期产生了所谓的“婴儿潮”一代，这决定了美国今天的人口的年龄分布。共有 7 700 万在“婴儿潮”时期出生的人，他们中出生较早的一部分人于 2008 年开始领取社会养老保障金，2011 年开始有资格获得医疗保险金。到 2030 年，所有的在“婴儿潮”时期出生的人都将获得社会保障和医疗保险计划的支持，政府的保障支出将翻倍。

政府的社会保障和医疗保险义务都是债务，就像政府发行的用于为当期预算赤字融资的债券。

这种债务有多大？经济学家贾格迪什·戈卡莱（Jagadeesh Gokhale）和肯特·斯迈特斯（Kent Smetters）估计，2010 年这种债务为 80 万亿美元，每年增长 2 万亿美元。假设 80 万亿美元的估计正确，由于 2012 年美国的 GDP 为 14 万亿美元，因此，这种财政失衡是一年生产总值的 5.7 倍。

对于未来来说，这颗“定时炸弹”是一个灾难。联邦政府可以如何履行其社会保障和医疗保险义务？下面有四种可选措施：

- 提高所得税
- 提高社会保障税
- 削减社会保障收益金
- 削减政府支出

戈卡莱和斯迈特斯估计，需要将所得税提高 69％，或者将社会保障税提高 95％，或者将社会保障收益金削减 56%。即使政府停止所有其他支出，包括国防开支，政府也无法支付其账单。如果采用上述四种措施，每个人将遭受的痛苦可能会减轻，但这种痛苦仍然是刻骨铭心的。

国会已经指派一个“超级委员会”来寻找削减联邦预算 1.5 万亿美元的方法，但是对于如何制订这种开支削减计划没有达成一致意见。财政政策的选择前途坎坷。

潜在 GDP 的估计

潜在 GDP 难以估计，有时我们甚至不知道产出缺口的正确符号。由于判断实际 GDP 是低于、高于还是等于潜在 GDP 是不容易的，因此一个相机抉择的财政政策行动也许会导致实际 GDP 偏离而不是趋近潜在 GDP。

经济预测

改变财政政策需要很长的时间才能发挥作用，所以财政政策应以预期未来的经济状况为目标。经济预测不精确，且经常有误差，可能会误导国会的决策。

相机抉择的财政政策以上四个方面的局限性不会影响自发的财政政策。下面我们将对此进行分析。

□ 自发的财政政策

自发的财政政策是税收收入和支出随实际 GDP 一起波动的结果。自发的财政政策的这些特征被称为**自动稳定器**（automatic stabilizers），因为它们不需要政府采取明确的行动便可以对实际 GDP 起稳定作用。

在预算收入方面，税法规定的是税率而不是税额。所缴纳的税额取决于税率和收入。但是收入随实际 GDP 波动，所以税收收入取决于实际 GDP。随实际 GDP 而变化的税收被称为**引致税收**（induced taxes）。当实际 GDP 在经济扩张过程中增加时，工资和利润会上升，所以对这些收入所征的税——引致税收——也会上升。当实际 GDP 在经济衰退过程中减少时，来自收入的引致税收也会减少。

在预算支出方面，政府会制订计划使符合条件的个人或企业获得津贴，用在这些计划上的支出被称为**困难补助性支出**（needs-tested spending），由它引起的转移支付依赖于个人和企业的经济状况。当经济衰退时，遭遇失业和陷入经济困境的人数会增加，因而失业补助金和食品券方面的支出也会增加。当经济扩张时，遭遇失业和陷入经济困境的人数会减少，困难补助性支出也因此会减少。

自动稳定器引起财政预算余额的周期性波动，这不同于预算中的结构性改变。

□ 周期性与结构性预算余额

为了识别由经济周期引起的政府预算赤字，我们区分结构性与周期性预算余额。**结构性盈余或赤字**（structural surplus or deficit）是指经济处于充分就业状态时发生的预算余额。也就是说，结构性预算余额是在给定国会制定的支出计划和税收法案的情况下能够实现充分就业的预算余额。**周期性盈余或赤字**（cyclical surplus or deficit）是纯粹由于税收收入和支出没有处于充分就业水平而发生的预算余额。也就是说，在通胀缺口中税收收入上升而支出下降，在衰退缺口中税收收入下降而支出上升，由此产生的余额为周期性预算余额。实际的预算余额等于结构性预算余额和周期性预算余额之和。当经济回到充分就业状态时，周期性赤字将自我消除，而结构性赤字的消除需要国会采取行动。下面的“关注美国经济”专栏分析了美国结构性和周期性预算余额的近代变化历史。

❖关注美国经济　美国的结构性和周期性预算余额

美国2011年的联邦预算有1.4万亿美元赤字，接近1万亿美元的衰退缺口。由于衰退缺口巨大，可以预期一些赤字将是周期性的。但是，2011年的赤字中有多少是周期性的，有多少是结构性的？

根据国会预算办公室的资料，2011年周期性赤字为0.4万亿美元，结构性赤字为1万亿美元。下图描述了从1991年到2011年美国的周期性赤字和结构性赤字变化情况。

可以看见，结构性赤字2007年较小，2008年开始增大，2009年爆发性增长。这些结构性赤字大部分是由于2009年的财政刺激计划而产生的。

国会预算办公室说，2014年经济将恢复充分就业，周期性赤字将被消除。但是结构性赤字将是国会法案的重点关注对象。没有人知道该采取什么样的相机抉择措施来减少结构性赤字，正是这个缺点使得经济充满巨大的不确定性。

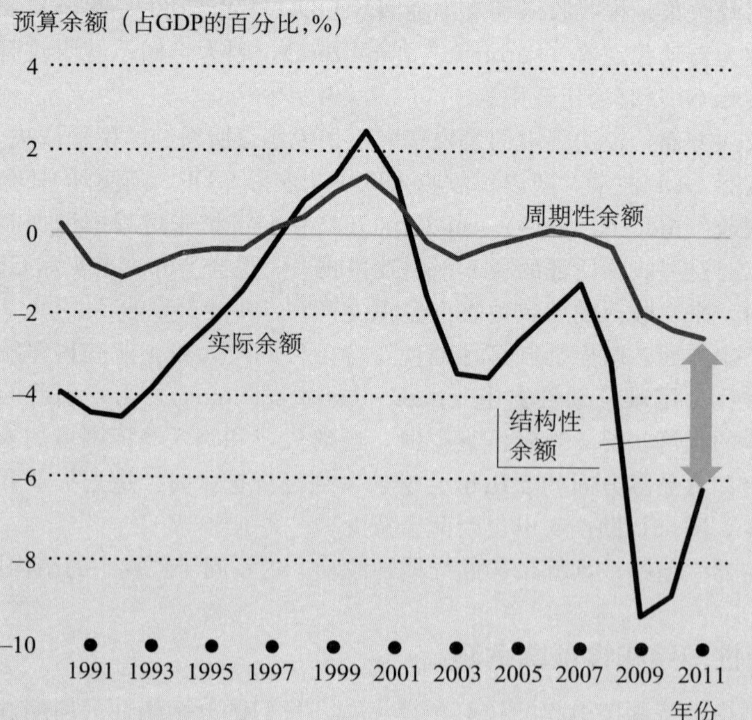

资料来源：Congressional Budget Office.

□ 思想流派和当今共识的裂痕

2008 年和 2009 年的宏观经济事件使得经济学家对财政政策效应的共识产生分歧。

凯恩斯主义者，例如 2008 年诺贝尔经济学奖获得者保罗·克鲁格曼（普林斯顿大学）和奥巴马的首席经济顾问克里斯蒂娜·罗默（Christina Romer，加州大学伯克利分校任内休假），认为财政刺激促进实际 GDP 和就业增长的乘数效应非常大。

然而，主流经济学家，如罗伯特·J. 巴罗（Robert J. Barro，哈佛大学）、1995 年诺贝尔经济学奖获得者小罗伯特·E. 卢卡斯（芝加哥大学）和约翰·B. 泰勒（John B. Taylor，斯坦福大学），则认为凯恩斯主义者夸大了财政刺激的乘数效应，因为财政刺激计划“挤出”了私人消费支出和企业投资。这些经济学家说，财政刺激的一个持续后果是政府变得更大，潜在 GDP 下降，实际 GDP 增长率放缓，并使后代人的政府债务负担加重。

❖关注财政刺激　　财政刺激能够终结衰退吗？

2009 年 2 月，在 2008—2009 年衰退最严重的时期，国会通过了《美国复苏与再投资法案》(American Recovery and Reinvestment Act)，它是总统在丹佛论坛签署的一个 7 870 亿美元的一揽子财政刺激方案。

国会的这个法案是相机抉择的财政政策的一个例子。国会采取的这个行动有助于终结 2008—2009 年的衰退吗？会使衰退严重程度较之前减轻吗？

奥巴马政府的经济学家自信那个答案是“是”，刺激方案对缓解和终结衰退有重要贡献。

但是很多也许是绝大多数经济学认为刺激方案的作用很小，真正起作用的不是相机抉择的财政政策而是自动稳定器。

让我们更深入地探究财政政策和它们可能的效果。

相机抉择的财政政策

在许多发言中，奥巴马总统承诺到 2009 年夏季末财政刺激将保住或创造 650 000 个工作岗位。在 2009 年 10 月，政府的经济学家宣称这个承诺实现了，财政刺激保住或创造了承诺的 650 000 个工作岗位。

这个成功的断言可能是正确的，但它并不是一个令人吃惊的断言。为了说明为什么，我们首先问一下 650 000 个人将生产多少 GDP。在 2009 年，平均每一个被雇用的人所生产的实际 GDP 是 100 000 美元，所以 650 000 个人将生产 650 亿美元的 GDP。

虽然国会通过的财政刺激方案的总金额是 7 870 亿美元，但到 2009 年 2 月仅花费（或用于抵税）了 20%的刺激资金，所以刺激资金大约为 1 600 亿美元。

如果政府支出 1 600 亿美元创造了 650 亿美元 GDP，则支出乘数为 0.4（=650/1 600）。

这个乘数大大小于奥巴马所言的最终将达到的 1.6 的乘数。他们相信，就如同凯恩斯一样，乘数起初比较小，但经过一段时间后，当支出随着收入的增加而增加时，乘数会变得越来越大。最初的支出上升会增加总支出，而总支出的增加会创造更多的收入，这反过来会引致更多的消费支出。

自发的财政政策

政府收入对经济状况非常敏感。当个人收入和公司利润下降时，所得税也会下降。

当失业上升时，失业补助金和其他社会福利津贴支出也会增加。这些财政政策的改变是自动的，没有来自国会的推动，它们也会自己启动。

自发财政政策变动的规模取决于衰退的程度。在 2009 年，实际 GDP 下降到比潜在 GDP 低 6%——衰退缺口大约为 8 000 亿美元。

根据这种衰退程度，税收收入暴跌而转移支付暴涨。下图显示了这种暴跌暴涨相对于 GDP 的程度。你可以看到自动稳定器的行动力度远远大于相机抉择的财政政策——前者相当于后者的 6 倍。是这个自动的行动而不是刺激方案在抑制工作岗位流失中发挥了主要作用。

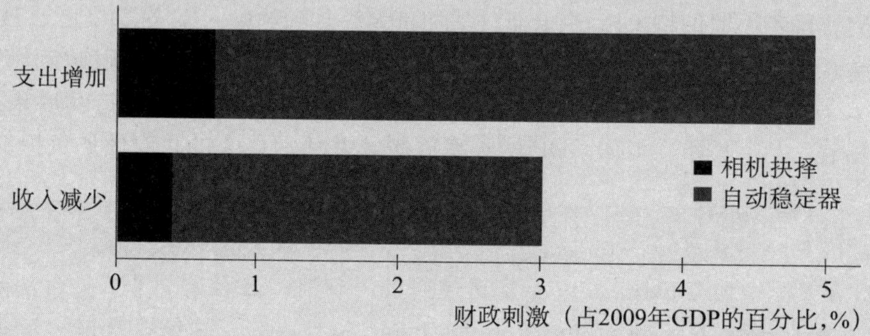

资料来源：Budget of the United States，2010，Bureau of Economic Analysis，and White House press release.

检查站 20.1 描述联邦预算过程，并解释财政政策的效应。

现实问题

1. 将以下政策按照自发的财政政策、相机抉择的财政政策或者两者都不是进行归类。
   - 在经济衰退时期减少税收收入
   - 追加政府支出以改善高速公路
   - 增加公共教育预算
   - 在经济繁荣时期削减基础设施建设支出
2. 解释当政府国防支出增加 1 000 亿美元时，总需求会怎样变化。
3. 解释当政府税收增加 1 000 亿美元时，总需求会怎样变化。
4. 解释当政府支出和税收同时增加 1 000 亿美元时，总需求会怎样变化。

新闻摘要

如何抑制赤字?

印第安纳州民主党参议员埃文·贝赫（Evan Bayh）注意到，民主党人想要花费的超出了我们之所能；共和党人试图减少的税收超出了我们之所能。所以我们被巨额的赤字缠住了。

资料来源：*The New York Times*，October 31，2009.

什么政策将使总需求变动得最多：民主党人同意削减预算支出还是共和党人同意增税?

现实问题参考答案

1. 在经济衰退时期减少税收收入是自发的财政政策。

追加政府支出以改善高速公路是相机抉择的财政政策。

增加公共教育预算是相机抉择的财政政策。

削减基础设施建设支出是相机抉择的财政政策。

2. 总需求的增加多于 1 000 亿美元，这是因为政府支出增加了引致支出。

3. 总需求的减少多于 1 000 亿美元，因为税收的增加具有乘数效应，它会减少引致支出。

4. 由于政府支出增加 1 000 亿美元而增加的总需求多于 1 000 亿美元，由于税收增加 1 000 亿美元而减少的总需求多于 1 000 亿美元，但是增加的量要大于减少的量，因此综合在一起，总需求会增加。

新闻摘要参考答案

预算支出削减对总需求的影响取决于削减的项目是产品和服务支出（政府支出乘数）还是转移支付（转移支付乘数）。税收增加将减少总需求（税收乘数）。政府支出乘数要超过另外两个乘数，因此，削减政府的产品和服务支出将使总需求减少得最多。

20.2　美联储与货币政策

货币政策（monetary policy）是指调整利率和货币数量以便实现物价平稳和充分就业这一双重目标。联邦储备系统（美联储）理事会制定货币政策时独立于政府，但要遵守 1913 年的《联邦储备法》，以及其后续的修订案，最近的修订案是在 2000 年通过的。《联邦储备法》将美联储的目标定义为实现“就业最大化”和“价格稳定”，这就是著名的美联储的双重使命（dual mandates）。

□ 货币政策过程

美联储制定货币政策的过程包括以下三个部分：

- 监测经济状况
- 联邦公开市场委员会决策
- 向国会报告货币政策

监测经济状况

每家联邦储备银行通过与企业领导人、经济学家、市场专家和其他人交谈，监测该地区的经济状况。联邦公开市场委员会在特意使用的**褐皮书**（Beige Book）中总结全国的经济状况。

褐皮书可以在美联储网站获取，它是了解整个美国经济现状的很好的现有信息资源。

联邦公开市场委员会的决策

联邦公开市场委员会每年召开 8 次例会，进行货币政策决策。由于一年中的第一次和第四次例会持续 2 天（其他 6 次例会只持续 1 天），联邦公开市场委员会有机会评估除现期的公开市场操作效果之外的更长期的经济展望。

在每次例会之后，联邦公开市场委员会都会宣布其决策，描述对其达到价格稳定和充分就业目标的可能性的看法。如果一次会议纪要被确认为正确的会议记录，那么联邦公开市场委员会将在下一次计划的例会上公布该会议纪要。例如，一个年度的第 1 次会议纪要将在该年度第 2 次会议之后公布。

联邦公开市场委员会例会的完整的文字记录将在 5 年之后发布。这种时间滞后使得联邦公开市场委员会的成员能够更加坦率地交换观点，而不必担心他们的讨论会被金融市场交易者打断。最终出版这些例会的完整文字记录使得公众能够详细审视联邦公开市场委员会的决策过程。

向国会报告货币政策

每年两次，2 月和 7 月，美联储为国会准备一份货币政策报告，并且，美联储理事会主席在众议院金融服务委员会发表证词演说。货币政策报告和理事会主席的证词演说回顾过去一年的货币政策和经济发展，并对来年的经济进行展望。

□ 联邦基金利率目标

在每次联邦公开市场委员会例会后，美联储都会通过设定一个联邦基金利率目标值宣布其货币政策决策。图 20－4 显示了 2000 年以来的联邦基金利率。

你可以看到，在 2000 年之初联邦基金利率为 5.5%，在 2000—2001 年间联邦基金利率上升到 6.5%。美联储将该利率提高到这样一个高水平是为了降低通胀率。

在 2002—2004 年期间，联邦基金利率创出历史新低。其原因在于通货膨胀被固定在每年 2%附近，美联储对衰退的关心胜过对通胀的担心，因此美联储将重心更多地放在了避免衰退上。

从 2004 年中期到 2006 年初，美联储日益担忧通货膨胀压力的增大，共 17 次提高了联邦基金利率，使联邦基金利率攀升到 5.25%。这个利率水平一直保持到 2007 年 9 月。

在全球金融危机爆发之初，美联储谨慎地采取行动削减联邦基金利率。但是随着危机的加剧，利率削减得越来越频繁，削减的幅度越来越大，2008 年 10 月底，利率接近于 0。由于美联储大幅度削减利率，一个季度变化 1 个百分点（也称 25 个基点）的常态被抛弃了。最初是不同寻常的 50 个基点，最后到 2008 年 10 月，达到空前的 100 个基点。自 2008 年底以来，联邦基金利率接近于 0。

为了达到联邦基金利率目标，联邦公开市场委员会指派纽约联邦储备银行进行公开市场操作，调整银行系统的准备金数量，以至于商业银行愿意以联邦基金目标利率相互贷款。

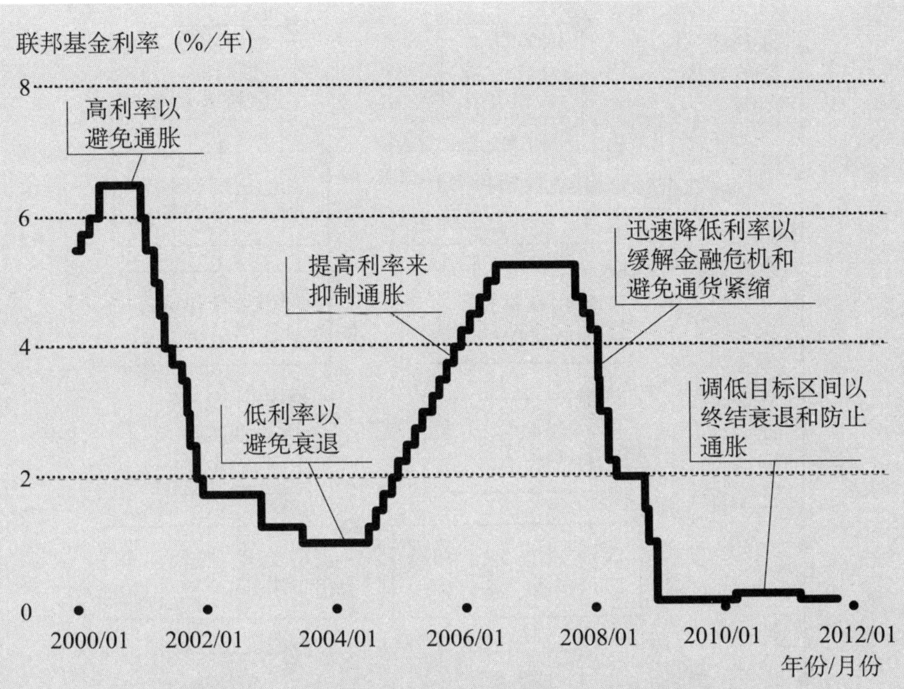

图 20－4　美联储的关键货币政策工具：联邦基金利率

美联储设定联邦基金利率的目标值，然后采取行动以保持该利率接近其目标值。

当美联储打算放缓通胀时，就会提高联邦基金利率的目标值。

当通胀率低于目标值，且美联储意欲避免衰退时，就会降低联邦基金利率的目标值。

当美联储专注于恢复金融稳定时，就将联邦基金利率目标值大幅降低，几乎降至 0。

资料来源：Board of Governors of the Federal Reserve System.

□ 美联储行动的涟漪效应

当美联储改变联邦基金利率时，这将产生一个涟漪效应，全面扩散，影响实际 GDP 和价格水平。图 20－5 提供了这些涟漪效应的一个图解式概括。这些涟漪效应扩散的时间为一到两年之间。下面看看传递过程的每个阶段。

其他利率的改变

联邦基金利率发生变化的第一个效应就是改变其他短期利率。这种利率效应会很快出现，并且是可以预测的。其原因为对另一家银行的隔夜贷款是短期债券如国库券的近似替代品，因此，这些类似资产的利率就非常接近。

汇率改变

美国的利率相对于其他国家的利率上升将致使国外资金为了追求更高的利率而流向美国。当人们将资金转向美国时，他们会购买美元，因而，美元需求增加，汇率上升。

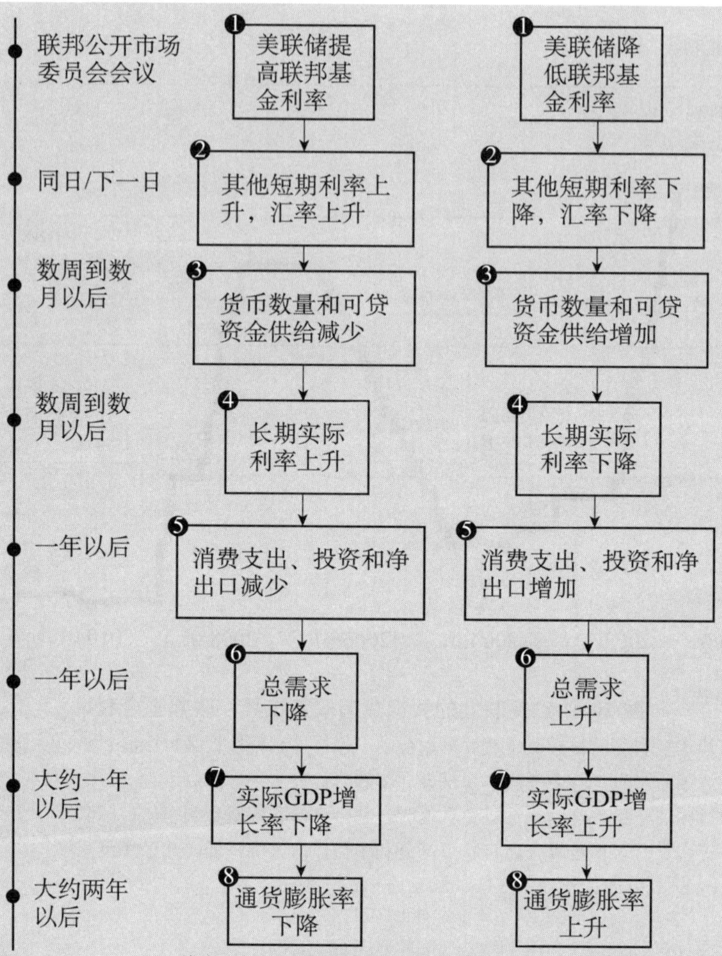

（a）美联储的紧缩政策　（b）美联储的宽松政策

图 20－5　美联储行动的涟漪效应

美联储改变利率目标和进行公开市场操作以便：

①改变联邦利率。同一日②其他短期利率发生变动，汇率也同样发生变动。联邦公开市场委员会会议数周到数月后③货币数量和可贷资金供给发生变化，导致④长期实际利率发生变动。

直到联邦公开市场委员会会议一年以后，⑤消费支出、投资和净出口发生变动，从而⑥总需求发生变动。最终联邦基金利率变动的涟漪效应导致⑦实际 GDP 发生变动，以及联邦公开市场委员会会议大约两年以后⑧通货膨胀率发生变动。

货币数量和银行贷款变化

联邦基金利率发生改变，这是因为美联储已经反方向改变了银行准备金的数量。银行准备金量改变，银行就改变它们的贷款数量，从而改变存款和货币数量。当美联储削减联邦基金利率时，货币数量和贷款增加。

长期实际利率

联邦基金利率的下降使银行贷款供给增加，从而增加可贷资金的供给并降低均衡的实际利率。联邦基金利率的上升使银行贷款供给减少，从而减少可贷资金的供给并提高均衡的实际利率。

消费支出、投资和净出口改变

利率影响人们的支出决策。在其他因素保持不变的情况下，实际利率越低，消费支出额就会越大，而储蓄额就会越小。在其他因素保持不变的情况下，实际利率越低，投资额就会越大。

利率下降导致了汇率降低。美元价格下降意味着外国人购买美国生产的产品和服务时支付得更少，因而，美国出口增加。

总需求改变

消费支出、投资和净出口是总需求的组成部分。因此，当这些组成部分改变时，总需求也改变，且变化方向相同。但是，由于存在乘数效应，总需求改变的数量大于这些组成部分的改变量。支出变化改变收入，收入改变引致消费支出变化。

□ *AS*—*AD* 模型中的货币稳定性

我们已经分析了美联储的行为如何影响经济的大致情况。下面，我们将分析货币政策如何被用来稳定实际 GDP。

美联储实行宽松的政策以应对衰退

图 20－6（a）描述了投资需求。将投资需求视为总支出组成部分中对利率变化敏感的代表。假设没有通胀，利率等于实际利率，也等于名义利率。利率为每年 5%，投资需求量为 2 万亿美元。在图 20－6（b）中，总需求为 AD_0，总供给为 AS，均衡的实际 GDP 为 12 万亿美元，小于潜在 GDP，因而存在衰退缺口。

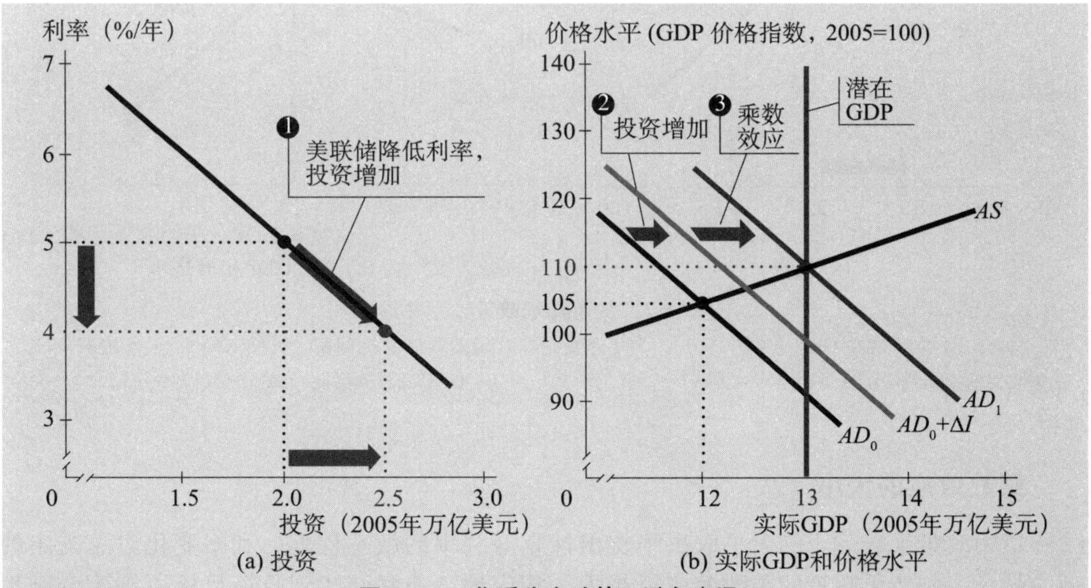

图 20－6　货币稳定政策：避免衰退

实际 GDP 小于潜在 GDP［见图（b）］。为了避免衰退，①美联储降低利率［见图（a）］。②支出增加 ΔI，③乘数促使支出进一步增加。总需求曲线向右移动到 AD_1。实际 GDP 增加到潜在 GDP 水平，避免了衰退。

美联储现在在公开市场上购买债券，导致利率降低到每年 4%。投资需求增加到 2.5 万亿美元。其他利率敏感性支出项目（未在图中标出）也增加。如果只有这种投资改变，那么，总需求将增加到 $AD_0+\Delta I$。

投资乘数使得总支出进一步增加，总需求曲线移动到 AD_1。美联储的行动消除了衰退，拉动实际 GDP 回到 13 万亿美元的潜在 GDP 水平，价格水平回到 110。

美联储实行紧缩的政策以应对通胀

图 20-7（a）中利率为每年 5%，投资数量为 2 万亿美元。在这个投资水平上，总需求为图 20-7（b）中的 AD_0。总供给曲线为 AS，均衡实际 GDP 为 14 万亿美元，超过了潜在 GDP，因而存在通胀缺口。

美联储现在在公开市场卖出债券，导致利率上升到每年 6%。投资需求量减少到 1.5 万亿美元。如果总支出中只有这种投资改变，那么，总需求将减少到 $AD_0-\Delta I$。但是，由于投资乘数的作用，总支出进一步减少，总需求曲线向左移动到 AD_1。

可见，美联储的行动已经消除了通胀威胁，使得实际 GDP 减少到与潜在 GDP 相等。

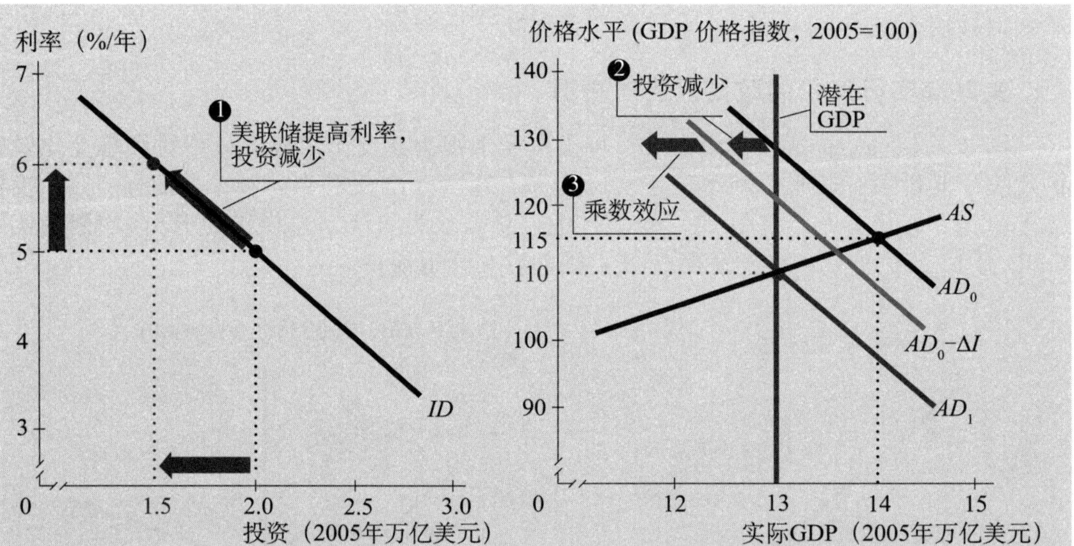

图 20-7 货币稳定政策：避免通胀

实际 GDP 大于潜在 GDP［见图（b）］。为了避免通胀，①美联储提高利率［见图（a）］。②支出减少 ΔI，③乘数促使支出进一步减少，总需求曲线向左移动到 AD_1。实际 GDP 减少到潜在 GDP 水平，避免了通胀。

乘数效应的大小

货币政策乘数效应的大小取决于支出计划对利率的敏感程度。利率变化对总支出的效应越大，则货币政策的乘数效应就越大，相应地，美联储达到政策目标所需改变利率的幅度也就越小。

∵关注危机中的美联储　美联储能够将我们从另一场大萧条中拯救出来吗？

大萧条的故事是复杂的，在今天，即使在经过了几乎 80 多年的研究后，经济学家们对它产生的原因依然没有达成完全一致的意见。但是这个故事中的一部分是非常清楚的，它就是米尔顿·弗里德曼和安娜·J. 施瓦茨（Anna J. Schwartz）所说的：美联储出错了。

金融风险的上升会促使银行提高它们持有的准备金，同时每一个人都会减少他们的银行存款并持有更多的现金。

在 1929—1933 年间（图 1）银行的意愿准备金率从 8%上升到 12%，现金漏损率从 9%上升到 19%。

货币乘数（图 2）从 6.5 下降到 3.8。货币数量（图 3）暴跌 35%。

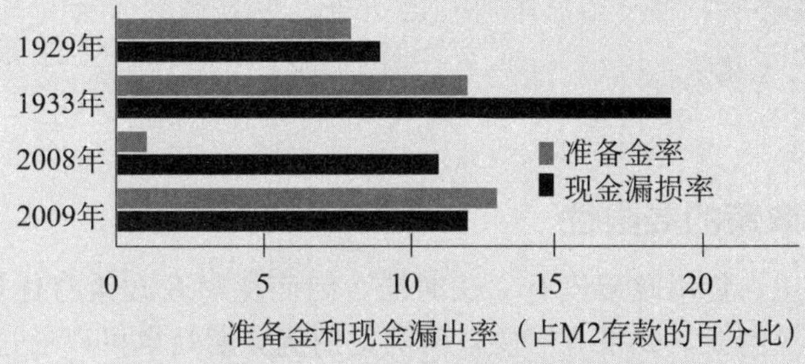

图 1　逃奔安全：准备金率和现金漏损率上升

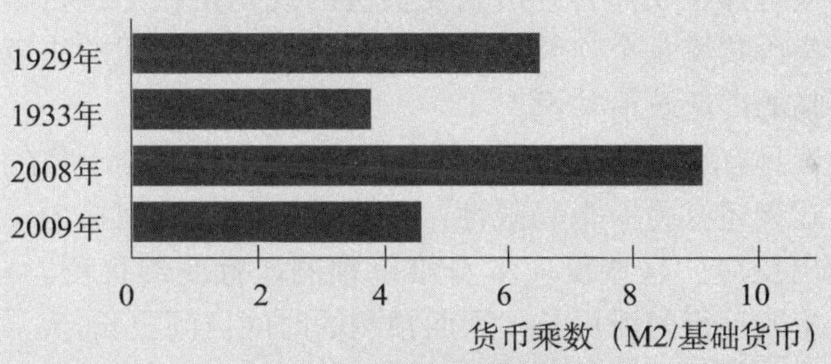

图 2　货币乘数的崩溃

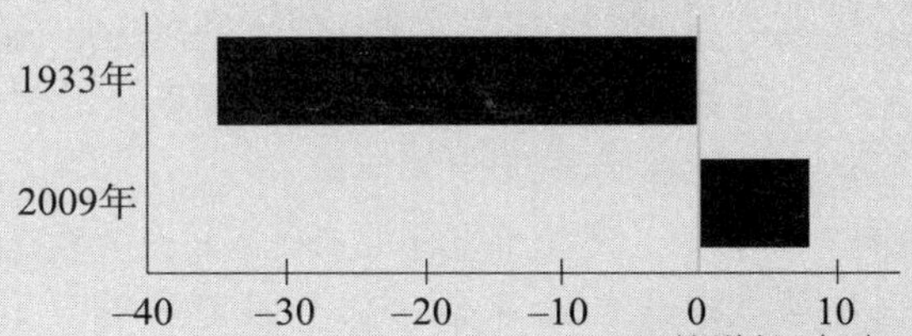

图 3　货币萎缩对增长

与这种货币的巨量萎缩相伴随的是类似的银行贷款的萎缩和大量银行的破产。

弗里德曼和施瓦茨说一个更警惕和更聪明的美联储是可以（也应该）避免这种货币和银行贷款萎缩及银行破产的。

美联储可以向银行注入准备金以适应它们持有更多准备金的安全需求，并抵消家庭提取银行存款所造成的现金持有量上升的影响。

本·伯南克的美联储几乎完全是按照弗里德曼和施瓦茨所说的美联储在大萧条中需要做什么来行事的。

在2008年末，当银行面对的金融风险上升时，美联储向银行注入了大量它们想要持有的准备金（图1）。

货币乘数从2008年的9.1下降到2009年的4.6（图2）——比在1929—1933年间下降得更多——但是并没有出现货币数量的萎缩（图3）。而且从那一年到2009年8月，M2增加了8%。

我们不能确信美联储在2009年避开了一场大萧条，但是我们可以确信美联储的行动有助于限制2008—2009年衰退的深度及其持续的时间。

"双重使命"使美联储陷入了进退两难的境地。经济复苏并不顺利，失业率也没有下降。另外有迹象表明，通货膨胀率可能会上升。联邦公开市场委员会对于美联储接下来应该怎么做存在分歧。

□ 货币稳定政策的局限性

与财政政策相比，货币政策没有立法时滞，因而比财政政策有优势。联邦公开市场委员会每年召开8次例会，如果有需要，两次定期例会期间也可以通过电话交流。并且，每天纽约联邦储备银行都在联邦公开市场委员会的规则授权下进行公开市场操作来改变货币数量。因此，货币政策是个连续的政策过程，不受长时间的决策时滞的限制，也不需要财政政策所面临的广泛政治共识。

但是，货币政策具有财政政策的另外两个局限性：难以估计潜在GDP，经济预测易犯错。此外，货币政策还有另一个局限性：货币政策效应是间接的，且取决于私人决策如何对利率改变做出反应。这些反应本身难以预测，且变幻莫测。一个相关的问题是，货币政策比财政政策的运行时滞更长，因而预测的时间区间更长。

∵关注你的生活　财政政策和货币政策，以及它们如何影响你

考虑现在的美国经济。运用你在课程中所积累的知识，通过阅读或观看现在的新闻，设法分析今天美国经济所面临的宏观政策问题。

美国有周期性问题吗？美国的经济处于充分就业状态还是有衰退缺口或通胀缺口？

根据你对当前美国宏观经济状态的评估，你会推荐和赞同什么类型的财政政策？你会推荐什么类型的货币政策？

你在意联邦赤字的大小吗？如果在意，那么你建议如何减少联邦赤字？

考虑你在媒体中看到的近期财政政策的变化。这些财政政策变化是否反映了联邦政府关于经济状态的观点，对此你有什么看法？联邦政府的观点是否和你的观点一致？

进一步考虑现在的财政政策改变，你预期这些改变将如何影响你？你的支出、储蓄和劳动供给决策将如何改变？

以你对财政政策改变做出的反应为例，这些政策改变会影响总供给、总需求或者两者吗？你认为它们将如何将影响实际GDP？

通过阅读或观看现在的新闻，设法分析美国今天面临的货币政策问题。

最大的货币政策风险是什么，通胀还是衰退？如果风险是通胀，你希望美联储采取什么行动？如果风险是衰退，你希望美联储做什么？通胀与衰退，哪一个问题你最在乎？你想要美联储更关心通胀并保持高利率，还是想要美联储更关心衰退并保持低利率呢？

当本·伯南克是普林斯顿大学的一名经济学教授时，他研究通胀目标制（inflation targeting），发现该政策运行良好。

你认为美国应该加入通胀目标制的队伍吗？美联储应该宣布一个通胀目标吗？观看媒体对美联储的利率决策和货币政策策略演变的评论。

检查站 20.2　描述美联储的货币政策过程，并解释货币政策的效应。

现实问题

1. 列举从联邦基金利率上升到通货膨胀率变动的传导过程中依次发生的一系列事件。

经济已经陷入衰退，美联储采取措施以减轻衰退的严重性。利用这一信息回答问题 2 和 3。

2. 美联储应该采取什么措施？说明美联储的政策措施在货币市场和可贷资金市场中的影响。

3. 解释美联储的措施是如何改变总需求和实际 GDP 的。用图阐述你的结论。

新闻摘要

美联储费尽心机的权衡术

联邦公开市场委员会对经济的复苏有点过于乐观，但又说不会很快出现政策收紧。

资料来源：*Business Week*，June 6，2009.

美联储在做出何时提高联邦基金利率的决策时必须考虑的涟漪效应和时滞是什么？

现实问题参考答案

1. 当美联储提高联邦基金利率时，其他短期利率和汇率会上升；货币数量和可贷资金供给量会下降，长期实际利率将上升；消费支出、投资和净出口会减少；总需求会下降；最终实际 GDP 增长率和通货膨胀率会下降。

2. 美联储降低联邦基金利率，使其他短期利率下降，并使货币供给量增加。联邦基金利率的降低使银行贷款供给增加，导致可贷资金供给增加，实际利率下降。

3. 更低的实际利率（以及更低的汇率）和更多的货币数量与贷款量增加了总支出。总需求增加，AD 曲线向右移至 $AD_0+\Delta E$。乘数效应提高了总需求，AD 曲线向右移至 AD_1。实际 GDP 增加，衰退得以避免（图 1）。

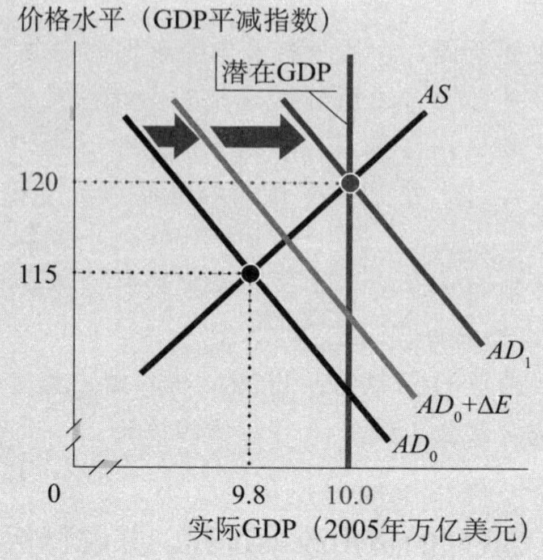

图 1

新闻摘要参考答案

图 20－5 描述了涟漪效应和时滞。美联储可以迅速地影响利率，但对于美联储改变利率的行动，货币数量和贷款量做出反应需经历好几个月的时间，支出做出反应的时间在 1 年以上，通货膨胀率做出反应的时间则在 2 年以上。

本章总结

□ 要点

1. 描述联邦预算过程，并解释财政政策的效应。

• 联邦预算是美国政府关于支出、税收收入、预算盈余或赤字的年度报告。

• 财政政策是指运用联邦预算为联邦政府融资和稳定整个经济。

• 财政政策可以是相机抉择的或自发的。

• 政府支出和税收的变化对总需求有乘数效应，利用乘数效应可以促使实际 GDP 保持在潜在 GDP 水平。

• 在现实中，立法时滞、相机抉择的空间收窄、估计潜在 GDP 的困难性和经济预测的局限性严重制约了相机抉择的财政政策。

• 自动稳定器的形成是因为税收收入和支出随着 GDP 的波动而波动。

2. 描述美联储的货币政策过程，解释货币政策的效应。

• 美联储以公开透明的过程制定货币政策，它设计三个主要部分：褐皮书、联邦公开市场委员会的例会和给国会的货币政策报告。

• 联邦公开市场委员会宣布改变货币政策时，它是以改变联邦基金利率的目标来说话的。

• 联邦公开市场委员会改变利率，其对经济的涟漪效应通过改变总需求实现。

• 货币政策乘数效应的大小取决于支出计划对利率的敏感程度。

- 货币政策没有立法时滞，但是其政策效应是间接的，且依赖于利率如何影响私人决策。

□ 关键术语

自发的财政政策	自发稳定器	平衡预算	平衡预算乘数
褐皮书	预算赤字	预算盈余	周期性盈余或赤字
相机抉择的财政政策	联邦预算	财政政策	财政刺激
政府支出乘数	引致税收	货币政策	国债
困难补助性支出	结构性盈余或赤字	税收乘数	转移支付乘数

本章检查站

□ 学习计划中的问题与应用

1. 假设在某经济中，投资为 4 000 亿美元，储蓄为 4 000 亿美元，税收收入为 5 000 亿美元，出口为 3 000 亿美元，进口为 2 000 亿美元。请计算政府支出和政府预算余额。

2. 将以下项目按照自发的财政政策、相机抉择的财政政策或者两者都不是进行分类。

- 增加国土安全支出。
- 在衰退时期增加失业补助金。
- 在和平时期减少国防支出。
- 流感爆发导致公共医疗补助支出上升。
- 削减农业补贴。

3. 美国经济陷入衰退，存在巨大的衰退缺口。请描述会出现什么样的自发财政政策。描述一个不会提高预算赤字的财政刺激政策。

利用以下信息回答问题 4 和 5。

国际货币基金组织：世界经济进入“危险的新阶段”

国际货币基金组织预测美国经济今年只增长 1.5%，2012 年增长 1.8%。而在 6 月还预测 2011 年增长 2.5%，2012 年增长 2.7%。国际货币基金组织首席经济学家奥利弗·布兰查德（Olivier Blanchard）说，经济恢复能力很弱，需要更强的财政政策来改善经济展望。

资料来源：*USA Today*, September 20, 2011.

4. 如果更强的财政刺激得到执行，解释其效应。

5. 加拿大总理斯蒂芬·哈珀（Stephen Harper）2008 年 11 月 6 日曾警告，如果政策制定者采用太强的财政刺激，可能损害长期经济增长。解释他所说的话的意思。

利用下列信息回答问题 6～8。

图 1 显示了阿蒂卡经济中的总需求曲线（*AD*）和短期总供给曲线（*AS*），潜在 GDP 是3 000亿美元。

6. 价格水平和实际 GDP 是多少？阿蒂卡经济中存在失业问题或通货膨胀问题吗？为什么？

7. 如果中央银行不采取货币政策措施，你预计会发生什么？你会建议中央银行采取什么样的货币政策措施？你预计这种政策措施会有什么样的效果？

8. 假定干旱使得阿蒂卡的潜在 GDP 降低到 2 500 亿美元。解释如果中央银行降低联邦基金利率，将会发生什么。你会推荐央行降低利率吗？为什么？

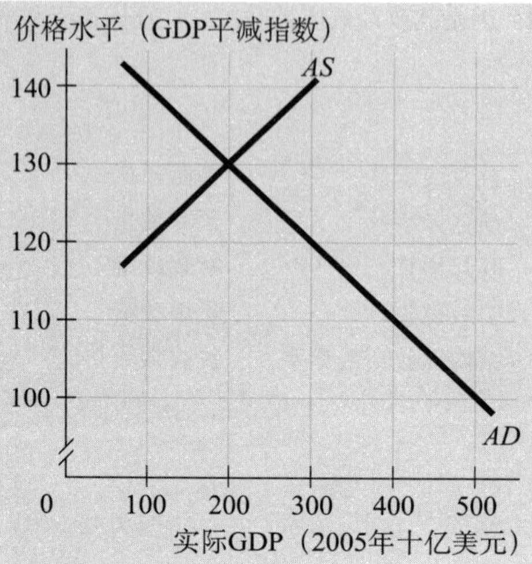

图 1

9. 扩张经济的方法有很多。

过度刺激在长期内可能导致美国经济出现通货膨胀。但是对于现在而言，通货膨胀率正在下降。债券利率反映通货膨胀预期依然在美联储长期目标水平以内。

资料来源：*Australian Financial Review*，May 9，2009.

解释为什么 2009 年通货膨胀率在下降，过度刺激在长期内如何导致通货膨胀。

□ 教师可布置的问题与应用

1. 从 1929 年的峰值到 1933 年大萧条结束时，政府税收收入在 GDP 中的比重下降了 1.9%，政府支出则增加了 0.3%。实际 GDP 下跌了 25%。对这次经历与 2008—2009 年衰退时的财政政策进行比较和对照。

2. 大萧条与 2008—2009 年的衰退，哪一个事件中银行的意愿准备金率和现金漏损率大幅提高，货币乘数大幅度下降？

3. 假设美国政府新增高速公路和桥梁的建设支出 1 000 亿美元。解释这些支出将对总需求和实际 GDP 的效应。

4. 假设美国政府新增高速公路和桥梁的建设支出 1 000 亿美元。解释这些支出将对困难补助性支出和政府预算盈余的效应。

5. 描述财政刺激的供给侧效应，解释减税如何影响潜在 GDP。

6. 运用总供给—总需求图阐述经济衰退时财政刺激对实际 GDP 和价格水平的效应。

利用下列信息回答问题 7 和 8。

国会预算办公室估计 2011 年财政赤字为 1.3 万亿美元

国会预算办公室预测在刚完成的财政年度内联邦预算达到了约 1.3 万亿美元。2011 年赤字等于 GDP 的 8.6%，与 2010 年占 GDP 的 8.9%的赤字相比稍有下降。通过扩展收入来源，同时大幅度削减支出，赤字下降到 GDP 的 3%左右，许多分析家说这个赤字比率是可持续的。

资料来源：*USA Today*，October 8，2011.

7. 如果这个削减赤字的计划包括减少转移支付以及增加相同数量的税收，那么这一政策如何影响预算赤字和实际 GDP？

8. 如果这个削减赤字的计划包括对富人的征税增加，解释这一政策如何对潜在 GDP 和实际 GDP

增长率可能造成严重的供给侧后果。

9. 假设通货膨胀率上升到 5%/年，且美联储、国会和白宫正在讨论各种不会影响就业和产出的控制通胀的方法。总统想降低总需求，但是想采用这样一种方式，该方式能最大可能地保持高水平的投资来促进长期经济增长。解释美联储满足总统目标的最好政策行为。

10. 比较和对照在大萧条和 2008—2009 年衰退期间美联储应对意愿准备金和意愿现金持有量暴涨的货币政策。

□ 单项选择题

1. 联邦政府预算的主要支出为________，它的主要收入来源为________。
   A. 债务利息；政府债券的销售
   B. 产品和服务支出；对产品和服务所征的税收
   C. 社会保障和其他福利；个人所得税
   D. 对企业的补贴；公司税
2. 当联邦政府的________时，美国国债________。
   A. 支出超过税收收入；增加
   B. 支出超过税收收入；减少
   C. 税收收入比支出上升得更快；增加
   D. 税收收入比支出上升得更快；减少
3. 刺激经济的相机抉择的财政政策包括________。
   A. 降低中等收入家庭支付的税率
   B. 提高汽油税
   C. 经济衰退时降低税收收入
   D. 企业利润增加时提高对企业的征税
4. 自发的财政政策________。
   A. 需要政府行动
   B. 较弱，除非政府削减支出以减少赤字
   C. 在经济随着经济周期变化时发挥作用
   D. 是在经济衰退时减少赤字
5. 美联储的“双重使命”是为了实现________。
   A. 政府预算盈余和低利率
   B. 低通胀和最大化就业
   C. 稳定的货币数量和价格稳定
   D. 零失业和稳定的支付手段
6. 当美联储降低联邦基金利率时________。
   A. 总需求同时增加
   B. 投资增加，但只是在经济增长率上升后
   C. 短期内货币数量和贷款量增加
   D. 大约 2 年后通货膨胀率提高
7. 美联储应对通胀的方法是通过________。
   A. 降低联邦基金利率，使得利率下降，总需求减少
   B. 提高联邦基金利率，使得利率上升，总需求减少
   C. 减少基础货币，使得利率上升，储蓄增加
   D. 降低长期实际利率，使得投资增加，促进经济增长
8. 为了减少失业和消除衰退缺口，美联储________。
   A. 通过降低联邦基金利率，使货币数量增加，从而刺激总需求
   B. 通过降低联邦基金利率，使潜在 GDP 增加，从而刺激总供给
   C. 增加就业，使得实际 GDP 增加
   D. 增加银行准备金，使得银行能够向企业发放新的贷款，从而增加总供给

译后记

中国人民大学出版社邀请我翻译罗宾・巴德和迈克尔・帕金所著的《经济学精要（第六版）》，我欣然接受了，主要有以下原因。罗宾・巴德和迈克尔・帕金是我在加拿大西安大略大学经济学系留学时（1986—1988 年）的老师。迈克尔・帕金时任加拿大西安大略大学经济学系主任。迈克尔・帕金是货币主义的杰出代表人物、世界著名经济学家，两度担任加拿大经济学会会长。作为他们的学生，我岂有不译之理。我与他们一直有交往，我邀请他们于 2004 年访问过江西财经大学，我还写过一篇回忆我与帕金的交往的文章《我与帕金老师》。再者，几年前，我曾翻译过他们所著的《宏观经济学原理》和《微观经济学原理》教材。最后，每次翻译他们的教材，我都深受感动，他们精心编写教材，值得我们好好学习。

由此我想起一件往事。培生出版公司曾邀请我与帕金合作编写一部中国版的《经济学》教材，并希望我能征求帕金的意见。帕金很快回信道："我不能想象还有比你更好的合作者人选。我很高兴你愿意从事这项任务。"遗憾的是，这件事后因出现了版权问题而搁浅。然而我还是希望有机会和帕金合作编写《经济学》教材。

我邀请了部分老师和研究生参加本书的翻译工作。他们是万远鹏、吕翔翔、胡嘉玮、李胜兰、陶培灵、虞晓庆、张梦芸、张志龙、熊文倩、罗慧俊、涂小青、陶蕾、刘春、易秀莲、匡昊、王宇锋、吴涛、李佳、肖璐和李国民。他们提供了相应的翻译初稿，副主译李胜兰教授、肖璐副教授和李国民副教授对初稿进行了校对，最后由主译王秋石教授统校全书。

翻译难免有误，请读者批评指正，并请谅解。

王秋石
江西财经大学教授、博导、副校长
2017 年于蓝石斋

经济科学译丛						
序号	书名	作者	Author	单价	出版年份	ISBN
1	经济学精要(第六版)	巴德、帕金	Bade, Parkin	89.00	2018	978-7-300-24749-6
2	空间计量经济学——空间数据的分位数回归	丹尼尔·P. 麦克米伦	Daniel P. McMillen	30.00	2018	978-7-300-23949-1
3	高级宏观经济学基础(第二版)	本·J. 海德拉	Ben J. Heijdra	88.00	2018	978-7-300-25147-9
4	税收经济学(第二版)	伯纳德·萨拉尼耶	Bernard Salanié	42.00	2018	978-7-300-23866-1
5	公司治理(第五版)	罗伯特·A.G. 蒙克斯	Robert A. G. Monks	69.80	2017	978-7-300-24972-8
6	国际经济学(第15版)	罗伯特·J. 凯伯	Robert J. Carbaugh	78.00	2017	978-7-300-24844-8
7	经济理论和方法史(第五版)	小罗伯特·B. 埃克伦德等	Robert B. Ekelund. Jr.	88.00	2017	978-7-300-22497-8
8	经济地理学	威廉·P. 安德森	William P. Anderson	59.80	2017	978-7-300-24544-7
9	博弈与信息:博弈论概论(第四版)	艾里克·拉斯穆森	Eric Rasmusen	79.80	2017	978-7-300-24546-1
10	MBA宏观经济学	莫里斯·A. 戴维斯	Morris A. Davis	38.00	2017	978-7-300-24268-2
11	经济学基础(第十六版)	弗兰克·V. 马斯切纳	Frank V. Mastrianna	42.00	2017	978-7-300-22607-1
12	高级微观经济学:选择与竞争性市场	戴维·M. 克雷普斯	David M. Kreps	79.80	2017	978-7-300-23674-2
13	博弈论与机制设计	Y. 内拉哈里	Y. Narahari	69.80	2017	978-7-300-24209-5
14	宏观经济学精要:理解新闻中的经济学(第三版)	彼得·肯尼迪	Peter Kennedy	45.00	2017	978-7-300-21617-1
15	宏观经济学(第十二版)	鲁迪格·多恩布什等	Rudiger Dornbusch	69.00	2017	978-7-300-23772-5
16	国际金融与开放宏观经济学:理论、历史与政策	亨德里克·范登伯格	Hendrik Van den Berg	68.00	2016	978-7-300-23380-2
17	经济学(微观部分)	达龙·阿西莫格鲁等	Daron Acemoglu	59.00	2016	978-7-300-21786-4
18	经济学(宏观部分)	达龙·阿西莫格鲁等	Daron Acemoglu	45.00	2016	978-7-300-21886-1
19	发展经济学	热若尔·罗兰	Gérard Roland	79.00	2016	978-7-300-23379-6
20	中级微观经济学——直觉思维与数理方法(上下册)	托马斯·J·内契巴	Thomas J. Nechyba	128.00	2016	978-7-300-22363-6
21	环境与自然资源经济学(第十版)	汤姆·蒂坦伯格等	Tom Tietenberg	72.00	2016	978-7-300-22900-3
22	劳动经济学基础(第二版)	托马斯·海克拉克等	Thomas Hyclak	65.00	2016	978-7-300-23146-4
23	货币金融学(第十一版)	弗雷德里克·S·米什金	Frederic S. Mishkin	85.00	2016	978-7-300-23001-6
24	动态优化——经济学和管理学中的变分法和最优控制(第二版)	莫顿·I·凯曼等	Morton I. Kamien	48.00	2016	978-7-300-23167-9
25	用Excel学习中级微观经济学	温贝托·巴雷托	Humberto Barreto	65.00	2016	978-7-300-21628-7
26	宏观经济学(第九版)	N·格里高利·曼昆	N. Gregory Mankiw	72.00	2016	978-7-300-23038-2
27	国际经济学:理论与政策(第十版)	保罗·R·克鲁格曼等	Paul R. Krugman	89.00	2016	978-7-300-22710-8
28	国际金融(第十版)	保罗·R·克鲁格曼等	Paul R. Krugman	55.00	2016	978-7-300-22089-5
29	国际贸易(第十版)	保罗·R·克鲁格曼等	Paul R. Krugman	42.00	2016	978-7-300-22088-8
30	经济学精要(第3版)	斯坦利·L·布鲁伊等	Stanley L. Brue	58.00	2016	978-7-300-22301-8
31	经济分析史(第七版)	英格里德·H·里马	Ingrid H. Rima	72.00	2016	978-7-300-22294-3
32	投资学精要(第九版)	兹维·博迪等	Zvi Bodie	108.00	2016	978-7-300-22236-3
33	环境经济学(第二版)	查尔斯·D·科尔斯塔德	Charles D. Kolstad	68.00	2016	978-7-300-22255-4
34	MWG《微观经济理论》习题解答	原千晶等	Chiaki Hara	75.00	2016	978-7-300-22306-3
35	现代战略分析(第七版)	罗伯特·M·格兰特	Robert M. Grant	68.00	2016	978-7-300-17123-4
36	横截面与面板数据的计量经济分析(第二版)	杰弗里·M·伍德里奇	Jeffrey M. Wooldridge	128.00	2016	978-7-300-21938-7
37	宏观经济学(第十二版)	罗伯特·J·戈登	Robert J. Gordon	75.00	2016	978-7-300-21978-3
38	动态最优化基础	蒋中一	Alpha C. Chiang	42.00	2015	978-7-300-22068-0
39	城市经济学	布伦丹·奥弗莱厄蒂	Brendan O'Flaherty	69.80	2015	978-7-300-22067-3
40	管理经济学:理论、应用与案例(第八版)	布鲁斯·艾伦等	Bruce Allen	79.80	2015	978-7-300-21991-2
41	经济政策:理论与实践	阿格尼丝·贝纳西-奎里等	Agnès Bénassy-Quéré	79.80	2015	978-7-300-21921-9
42	微观经济分析(第三版)	哈尔·R·范里安	Hal R. Varian	68.00	2015	978-7-300-21536-5
43	财政学(第十版)	哈维·S·罗森等	Harvey S. Rosen	68.00	2015	978-7-300-21754-3
44	经济数学(第三版)	迈克尔·霍伊等	Michael Hoy	88.00	2015	978-7-300-21674-4
45	发展经济学(第九版)	A.P. 瑟尔沃	A. P. Thirlwall	69.80	2015	978-7-300-21193-0
46	宏观经济学(第五版)	斯蒂芬·D·威廉森	Stephen D. Williamson	69.00	2015	978-7-300-21169-5
47	资源经济学(第三版)	约翰·C·伯格斯特罗姆等	John C. Bergstrom	58.00	2015	978-7-300-20742-1
48	应用中级宏观经济学	凯文·D·胡佛	Kevin D. Hoover	78.00	2015	978-7-300-21000-1
49	计量经济学导论:现代观点(第五版)	杰弗里·M·伍德里奇	Jeffrey M. Wooldridge	99.00	2015	978-7-300-20815-2
50	现代时间序列分析导论(第二版)	约根·沃特斯等	Jürgen Wolters	39.80	2015	978-7-300-20625-7
51	空间计量经济学——从横截面数据到空间面板	J·保罗·埃尔霍斯特	J. Paul Elhorst	32.00	2015	978-7-300-21024-7
52	国际经济学原理	肯尼思·A·赖纳特	Kenneth A. Reinert	58.00	2015	978-7-300-20830-5
53	经济写作(第二版)	迪尔德丽·N·麦克洛斯基	Deirdre N. McCloskey	39.80	2015	978-7-300-20914-2

经济科学译丛						
序号	书名	作者	Author	单价	出版年份	ISBN
54	计量经济学方法与应用(第五版)	巴蒂·H·巴尔塔基	Badi H. Baltagi	58.00	2015	978-7-300-20584-7
55	战略经济学(第五版)	戴维·贝赞可等	David Besanko	78.00	2015	978-7-300-20679-0
56	博弈论导论	史蒂文·泰迪里斯	Steven Tadelis	58.00	2015	978-7-300-19993-1
57	社会问题经济学(第二十版)	安塞尔·M·夏普等	Ansel M. Sharp	49.00	2015	978-7-300-20279-2
58	博弈论:矛盾冲突分析	罗杰·B·迈尔森	Roger B. Myerson	58.00	2015	978-7-300-20212-9
59	时间序列分析	詹姆斯·D·汉密尔顿	James D. Hamilton	118.00	2015	978-7-300-20213-6
60	经济问题与政策(第五版)	杰奎琳·默里·布鲁克斯	Jacqueline Murray Brux	58.00	2014	978-7-300-17799-1
61	微观经济理论	安德鲁·马斯-克莱尔等	Andreu Mas-Collel	148.00	2014	978-7-300-19986-3
62	产业组织:理论与实践(第四版)	唐·E·瓦尔德曼等	Don E. Waldman	75.00	2014	978-7-300-19722-7
63	公司金融理论	让·梯若尔	Jean Tirole	128.00	2014	978-7-300-20178-8
64	经济学精要(第三版)	R·格伦·哈伯德等	R. Glenn Hubbard	85.00	2014	978-7-300-19362-5
65	公共部门经济学	理查德·W·特里西	Richard W. Tresch	49.00	2014	978-7-300-18442-5
66	计量经济学原理(第六版)	彼得·肯尼迪	Peter Kennedy	69.80	2014	978-7-300-19342-7
67	统计学:在经济中的应用	玛格丽特·刘易斯	Margaret Lewis	45.00	2014	978-7-300-19082-2
68	产业组织:现代理论与实践(第四版)	林恩·佩波尔等	Lynne Pepall	88.00	2014	978-7-300-19166-9
69	计量经济学导论(第三版)	詹姆斯·H·斯托克等	James H. Stock	69.00	2014	978-7-300-18467-8
70	发展经济学导论(第四版)	秋山裕	秋山裕	39.80	2014	978-7-300-19127-0
71	中级微观经济学(第六版)	杰弗里·M·佩罗夫	Jeffrey M. Perloff	89.00	2014	978-7-300-18441-8
72	平狄克《微观经济学》(第八版)学习指导	乔纳森·汉密尔顿等	Jonathan Hamilton	32.00	2014	978-7-300-18970-3
73	微观经济学(第八版)	罗伯特·S·平狄克等	Robert S. Pindyck	79.00	2013	978-7-300-17133-3
74	微观银行经济学(第二版)	哈维尔·弗雷克斯等	Xavier Freixas	48.00	2014	978-7-300-18940-6
75	施米托夫论出口贸易——国际贸易法律与实务(第11版)	克利夫·M·施米托夫等	Clive M. Schmitthoff	168.00	2014	978-7-300-18425-8
76	微观经济学思维	玛莎·L·奥尔尼	Martha L. Olney	29.80	2013	978-7-300-17280-4
77	宏观经济学思维	玛莎·L·奥尔尼	Martha L. Olney	39.80	2013	978-7-300-17279-8
78	计量经济学原理与实践	达摩达尔·N·古扎拉蒂	Damodar N. Gujarati	49.80	2013	978-7-300-18169-1
79	现代战略分析案例集	罗伯特·M·格兰特	Robert M. Grant	48.00	2013	978-7-300-16038-2
80	高级国际贸易:理论与实证	罗伯特·C·芬斯特拉	Robert C. Feenstra	59.00	2013	978-7-300-17157-9
81	经济学简史——处理沉闷科学的巧妙方法(第二版)	E·雷·坎特伯里	E. Ray Canterbery	58.00	2013	978-7-300-17571-3
82	管理经济学(第四版)	方博亮等	Ivan Png	80.00	2013	978-7-300-17000-8
83	微观经济学原理(第五版)	巴德、帕金	Bade, Parkin	65.00	2013	978-7-300-16930-9
84	宏观经济学原理(第五版)	巴德、帕金	Bade, Parkin	63.00	2013	978-7-300-16929-3
85	环境经济学	彼得·伯克等	Peter Berck	55.00	2013	978-7-300-16538-7
86	高级微观经济理论	杰弗里·杰里	Geoffrey A. Jehle	69.00	2012	978-7-300-16613-1
87	多恩布什《宏观经济学(第十版)》学习指导	鲁迪格·多恩布什等	Rudiger Dornbusch	29.00	2012	978-7-300-16030-6
88	高级宏观经济学导论:增长与经济周期(第二版)	彼得·伯奇·索伦森等	Peter Birch Sørensen	95.00	2012	978-7-300-15871-6
89	宏观经济学:政策与实践	弗雷德里克·S·米什金	Frederic S. Mishkin	69.00	2012	978-7-300-16443-4
90	宏观经济学(第二版)	保罗·克鲁格曼	Paul Krugman	45.00	2012	978-7-300-15029-1
91	微观经济学(第二版)	保罗·克鲁格曼	Paul Krugman	69.80	2012	978-7-300-14835-9
92	克鲁格曼《微观经济学(第二版)》学习手册	伊丽莎白·索耶·凯利	Elizabeth Sawyer Kelly	58.00	2013	978-7-300-17002-2
93	克鲁格曼《宏观经济学(第二版)》学习手册	伊丽莎白·索耶·凯利	Elizabeth Sawyer Kelly	36.00	2013	978-7-300-17024-4
94	微观经济学(第十一版)	埃德温·曼斯费尔德	Edwin Mansfield	88.00	2012	978-7-300-15050-5
95	国际宏观经济学	罗伯特·C·芬斯特拉等	Feenstra, Taylor	64.00	2011	978-7-300-14795-6
96	卫生经济学(第六版)	舍曼·富兰德等	Sherman Folland	79.00	2011	978-7-300-14645-4
97	宏观经济学(第七版)	安德鲁·B·亚伯等	Andrew B. Abel	78.00	2011	978-7-300-14223-4
98	现代劳动经济学:理论与公共政策(第十版)	罗纳德·G·伊兰伯格等	Ronald G. Ehrenberg	69.00	2011	978-7-300-14482-5
99	宏观经济学(第七版)	N·格里高利·曼昆	N. Gregory Mankiw	65.00	2011	978-7-300-14018-6
100	宏观经济学:理论与政策(第九版)	理查德·T·弗罗恩	Richard T. Froyen	55.00	2011	978-7-300-14108-4
101	经济学原理(第四版)	威廉·博伊斯等	William Boyes	59.00	2011	978-7-300-13518-2
102	计量经济学基础(第五版)(上下册)	达摩达尔·N·古扎拉蒂	Damodar N. Gujarati	99.00	2011	978-7-300-13693-6
103	《计量经济学基础》(第五版)学生习题解答手册	达摩达尔·N·古扎拉蒂等	Damodar N. Gujarati	23.00	2012	978-7-300-15080-8

经济科学译丛						
序号	书名	作者	Author	单价	出版年份	ISBN
104	计量经济分析(第六版)(上下册)	威廉·H·格林	William H. Greene	128.00	2011	978-7-300-12779-8
105	国际贸易	罗伯特·C·芬斯特拉等	Robert C. Feenstra	49.00	2011	978-7-300-13704-9
106	经济增长(第二版)	戴维·N·韦尔	David N. Weil	63.00	2011	978-7-300-12778-1
107	投资科学	戴维·G·卢恩伯格	David G. Luenberger	58.00	2011	978-7-300-14747-5
108	宏观经济学(第十版)	鲁迪格·多恩布什等	Rudiger Dornbusch	60.00	2010	978-7-300-11528-3
109	金融学(第二版)	兹维·博迪等	Zvi Bodie	59.00	2010	978-7-300-11134-6
110	博弈论	朱·弗登博格等	Drew Fudenberg	68.00	2010	978-7-300-11785-0

金融学译丛						
序号	书名	作者	Author	单价	出版年份	ISBN
1	固定收益证券手册(第八版)	弗兰克·J. 法博齐	Frank J. Fabozzi	228.00	2017	978-7-300-24227-9
2	金融市场与金融机构(第8版)	弗雷德里克·S. 米什金等	Frederic S. Mishkin	86.00	2017	978-7-300-24731-1
3	兼并、收购和公司重组(第六版)	帕特里克·A. 高根	Patrick A. Gaughan	79.00	2017	978-7-300-24231-6
4	债券市场:分析与策略(第九版)	弗兰克·J·法博齐	Frank J. Fabozzi	98.00	2016	978-7-300-23495-3
5	财务报表分析(第四版)	马丁·弗里德森	Martin Fridson	46.00	2016	978-7-300-23037-5
6	国际金融学	约瑟夫·P·丹尼尔斯等	Joseph P. Daniels	65.00	2016	978-7-300-23037-1
7	国际金融	阿德里安·巴克利	Adrian Buckley	88.00	2016	978-7-300-22668-2
8	个人理财(第六版)	阿瑟·J·基翁	Arthur J. Keown	85.00	2016	978-7-300-22711-5
9	投资学基础(第三版)	戈登·J·亚历山大等	Gordon J. Alexander	79.00	2015	978-7-300-20274-7
10	金融风险管理(第二版)	彼德·F·克里斯托弗森	Peter F. Christoffersen	46.00	2015	978-7-300-21210-4
11	风险管理与保险管理(第十二版)	乔治·E·瑞达等	George E. Rejda	95.00	2015	978-7-300-21486-3
12	个人理财(第五版)	杰夫·马杜拉	Jeff Madura	69.00	2015	978-7-300-20583-0
13	企业价值评估	罗伯特·A·G·蒙克斯等	Robert A. G. Monks	58.00	2015	978-7-300-20582-3
14	基于Excel的金融学原理(第二版)	西蒙·本尼卡	Simon Benninga	79.00	2014	978-7-300-18899-7
15	金融工程学原理(第二版)	萨利赫·N·内夫特奇	Salih N. Neftci	88.00	2014	978-7-300-19348-9
16	投资学导论(第十版)	赫伯特·B·梅奥	Herbert B. Mayo	69.00	2014	978-7-300-18971-0
17	国际金融市场导论(第六版)	斯蒂芬·瓦尔德斯等	Stephen Valdez	59.80	2014	978-7-300-18896-6
18	金融数学:金融工程引论(第二版)	马雷克·凯宾斯基等	Marek Capinski	42.00	2014	978-7-300-17650-5
19	财务管理(第二版)	雷蒙德·布鲁克斯	Raymond Brooks	69.00	2014	978-7-300-19085-3
20	期货与期权市场导论(第七版)	约翰·C·赫尔	John C. Hull	69.00	2014	978-7-300-18994-2
21	固定收益证券手册(第七版)	弗兰克·J·法博齐	Frank J. Fabozzi	188.00	2014	978-7-300-17001-5
22	国际金融:理论与实务	皮特·塞尔居	Piet Sercu	88.00	2014	978-7-300-18413-5
23	金融市场与金融机构(第7版)	弗雷德里克·S·米什金 斯坦利·G·埃金斯	Frederic S. Mishkin Stanley G. Eakins	79.00	2013	978-7-300-18129-5
24	货币、银行和金融体系	R·格伦·哈伯德等	R. Glenn Hubbard	75.00	2013	978-7-300-17856-1
25	并购创造价值(第二版)	萨德·苏达斯纳	Sudi Sudarsanam	89.00	2013	978-7-300-17473-0
26	个人理财——理财技能培养方法(第三版)	杰克·R·卡普尔等	Jack R. Kapoor	66.00	2013	978-7-300-16687-2
27	国际财务管理	吉尔特·贝克特	Geert Bekaert	95.00	2012	978-7-300-16031-3
28	金融理论与公司政策(第四版)	托马斯·科普兰等	Thomas Copeland	69.00	2012	978-7-300-15822-8
29	应用公司财务(第三版)	阿斯沃思·达摩达兰	Aswath Damodaran	88.00	2012	978-7-300-16034-4
30	资本市场:机构与工具(第四版)	弗兰克·J·法博齐	Frank J. Fabozzi	85.00	2011	978-7-300-13828-2
31	衍生品市场(第二版)	罗伯特·L·麦克唐纳	Robert L. McDonald	98.00	2011	978-7-300-13130-6
32	跨国金融原理(第三版)	迈克尔·H·莫菲特等	Michael H. Moffett	78.00	2011	978-7-300-12781-1
33	统计与金融	戴维·鲁珀特	David Ruppert	48.00	2010	978-7-300-11547-4
34	国际投资(第六版)	布鲁诺·索尔尼克等	Bruno Solnik	62.00	2010	978-7-300-11289-3

图书在版编目（CIP）数据

经济学精要：第六版/（ ）罗宾·巴德，（ ）迈克尔·帕金著；王秋石等译.—北京：中国人民大学出版社，2018.1
（经济科学译丛）
ISBN 978-7-300-24749-6

Ⅰ.①经… Ⅱ.①罗… ②迈… ③王… Ⅲ.①经济学—教材 Ⅳ.①F0

中国版本图书馆 CIP 数据核字（2017）第 191125 号

"十三五"国家重点出版物出版规划项目
经济科学译丛
经济学精要（第六版）
罗宾·巴德
迈克尔·帕金 著
王秋石 等译
Jingjixue Jingyao

出版发行	中国人民大学出版社		
社　　址	北京中关村大街 31 号	**邮政编码**	100080
电　　话	010－62511242（总编室）		010－62511770（质管部）
	010－82501766（邮购部）		010－62514148（门市部）
	010－62515195（发行公司）		010－62515275（盗版举报）
网　　址	http://www.crup.com.cn		
	http://www.ttrnet.com（人大教研网）		
经　　销	新华书店		
印　　刷	北京七色印务有限公司		
规　　格	185 mm×260 mm　16 开本	**版　　次**	2018 年 1 月第 1 版
印　　张	37 插页 2	**印　　次**	2018 年 1 月第 1 次印刷
字　　数	897 000	**定　　价**	89.00 元

Pearson

尊敬的老师：

您好！

为了确保您及时有效地获得培生整体教学资源，请您务必完整填写如下表格，加盖学院的公章后以电子扫描件等形式发给我们，我们将会在2～3个工作日内为您处理。

请填写所需教辅的信息：

采用教材			□中文版 □英文版 □双语版
作　者		出版社	
版　次		ISBN	
课程时间	始于　年　月　日	学生人数	
	止于　年　月　日	学生年级	□专科　□本科1/2年级 □研究生　□本科3/4年级

请填写您的个人信息：

学　校			
院系/专业			
姓　名		职　称	□助教 □讲师 □副教授 □教授
通信地址/邮编			
手　机		电　话	
传　真			
official email（必填） （eg：×××@ruc.edu.cn）		email （eg：×××@163.com）	
是否愿意接受我们定期的新书讯息通知：　□是　□否			

系/院主任：________________（签字）

（系 / 院办公室章）

____年____月____日

资源介绍：

——教材、常规教辅资源（PPT、教师手册、题库等）：请访问 www.pearson.com/us/higher-education。（免费）

——MyLabs/Mastering 系列在线平台：适合老师和学生共同使用；访问需要 Access Code。（付费）

地址：北京市东城区北三环东路36号环球贸易中心D座1208室（100013）

Please send this form to：copub.hed@pearson.com

Website：www.pearson.com